月望东山 ◎ 著

读一页就上瘾的三国史

上册

北京理工大学出版社
BEIJING INSTITUTE OF TECHNOLOGY PRESS

版权专有　侵权必究

图书在版编目（CIP）数据

读一页就上瘾的三国史：全 3 册 / 月望东山著. --
北京：北京理工大学出版社，2024.8.
ISBN 978-7-5763-4168-3

I. K236.09

中国国家版本馆 CIP 数据核字第 20247JY423 号

责任编辑：顾学云　　**文案编辑：**顾学云
责任校对：周瑞红　　**责任印制：**李志强

出版发行 / 北京理工大学出版社有限责任公司
社　　址 / 北京市丰台区四合庄路 6 号
邮　　编 / 100070
电　　话 /（010）68944451（大众售后服务热线）
　　　　　（010）68912824（大众售后服务热线）
网　　址 / http://www.bitpress.com.cn

版 印 次 / 2024 年 8 月第 1 版第 1 次印刷
印　　刷 / 天津中印联印务有限公司
开　　本 / 710 mm × 1000 mm　1/16
印　　张 / 55
字　　数 / 801 千字
定　　价 / 168.00 元（全 3 册）

图书出现印装质量问题，请拨打售后服务热线，负责调换

目录

第一章　刘备的决策 … 001

第二章　孙权的心思 … 017

第三章　烈焰 … 041

第四章　大幻灭 … 081

第五章　曹丕有点烦 … 103

第六章　曹家的接班人 … 121

第七章　出师表 … 131

第八章　一场游戏一场谋 … 143

第九章　诸葛亮的眼泪 … 157

第十章　决战皖城 … 173

第十一章　卷土重来 … 187

第十二章　焦虑的抉择 … 199

第十三章　祁山、祁山 … 211

第十四章　超级间谍 … 227

第十五章　斗智亦斗力 … 253

第十六章　曹植与洛神 … 269

第一章

刘备的决策

就在曹丕改年"黄初"的第二年，即公元221年的春天，一场莫名的寒潮铺天盖地，由北及南，漫天而来。

蜀中，寒潮夹着冷雨，迷迷蒙蒙，整座成都城都被笼罩其中，如梦似幻，好不苍茫。

在这场倒春寒中，成都城的百姓都在谈论着一个让人不安的消息。

先是说那个纵横天下多年的曹操死了，然后又说被曹丕逼迫逊位的汉献帝被害身亡了。

人们相信曹操是真死了，却几乎无人相信汉献帝还活着，因为急着称帝、改国号的曹丕，怎么可能好心到放过汉献帝，让他在人间继续苟活！

权臣旁伺，弱皇帝的命运唯有死路一条。昔日秦二世便是如此，即算楚汉争霸，义帝还不是被项羽派人追杀于江水之上？如今如果有人说汉献帝还活得好好的，那这个人一定是个骗子。因为曹丕父子就是天下最大的"骗子"，从骗皇帝到骗诸侯，最后骗天下百姓，终于把那偌大的权位骗到了手，还改了国号"魏"，刘氏天下眨眼便成了曹氏天下。

此时，成都城的王宫里，刘备呆呆地坐着，神情哀伤。

和刘备一起发呆的还有诸葛亮等诸多大臣。大家都在为汉献帝可能已经遇害而默哀。

不知过了多久，刘备沉重地叹息一声，说道："想汉帝已被曹氏所害，我身为汉中王，痛不欲生，诸位且回去准备，速为汉帝发丧。"

诸大臣皆默然退下。

王宫里顿然空荡起来，刘备眼睛一闭，多少风云激荡的记忆又浮现在眼前。

董卓乱汉，天下惊走。诸侯云集讨董，首推袁绍为盟主。彼时曹操不过一校尉，而刘备则默默无闻，尚无参加诸侯会盟的资格。然而多年混战，当年的那些英雄纷纷作古，连曹操也蹬腿儿了。这天下空空荡荡，同时代的英雄人物仅留刘备一人而已。此时他心中万千情感，是悲凉？是寂寞？还是孤独？

百般滋味，让人一时难释啊。

曹公，你终于走了。这天下，从来都是我怕你。如今你不在了，我岂能容一个后生曹丕拦住我称霸天下之路？想到这里，刘备不由眼睛猛睁，心里顿然有了想法。

刘备召集群臣，为汉献帝举行发丧之礼，并追谥其为孝愍皇帝。隆重的仪式、哀伤的钟声引得万众悲戚。刘备登高而立，当众号哭，历数曹氏扰乱朝纲，夺汉帝之权，害汉廷之帝等罪。

这一幕，与四百年前刘邦为义帝发丧时历数项羽之罪的情形何其相似。

当时刘邦实力虽弱，却列出了项羽十宗罪，令天下诸侯云集响应，合力讨伐之。一时集六十万众，杀入项羽老巢彭城，并于彭城筑高台而歌，风光无限。而今之势，天下三分，魏国十之有八，强权霸道。刘备仅有蜀中一州，与其相比，何其弱哉！然而只要他高举反曹氏篡权的旗帜，还怕天下心系汉朝的百姓士子不归附吗？

诸臣见刘备为汉献帝举行丧礼，个个心知肚明。丧礼结束后，众臣立即上奏，请刘备继承汉朝大统，也就是——称帝！

议郎阳泉侯刘豹，青衣侯向举，偏将军张裔、黄权，大司马属殷纯，益州别驾从事赵莋，治中从事杨洪，从事祭酒何宗，议曹从事杜琼，台学从事张爽、尹默、谯周等大臣都在这张上奏的名单之上。

此一行人威武雄壮地来到王宫求见刘备，一见到刘备，便齐声说道："大王，臣等为万民请命，请大王择日称帝，以继承汉祚。"

刘备望着几个大臣，肃然不语。

良久，刘备才说道："昔日曾有人请曹公称帝，曹公说，那是把他放在火上烤。今日诸臣前来，是想置我于火炉之上吗？"

诸臣慌忙道："臣等不敢。臣等的确是为万民请命。曹操之时，天无祥瑞，天命不达，他岂敢称帝，而今天命归于大王，请大王勿虑！"

刘备心里一颤，问道："天命何在？"

诸臣连忙说道："昔时孔子曾甄别《河图》《洛书》，以及五经之谶纬，无不灵验。今臣等案查《洛书》，分别见有'赤三日德昌，九世会备，合为帝际'及'天度帝道备称皇，以统握契，百成不败'，又有'九侯七杰争命民炊骸，道路籍籍履人头，谁使主者玄且来'。"

刘备一听，心里犹如一阵春风吹过，无比惬意。然而他表面波澜不惊，脸上依然是一副肃穆之貌。

谶纬这玩意，汉朝人并不陌生。西汉开国之主刘邦称帝前，曾无数次对外人宣称他是赤帝之子，头顶五彩之云。刘邦这么说，自然是为了在起义时吸引众人前来归附，可传说毕竟只是传说，无据可考。东汉光武帝刘秀开国时，为了证明自己是天命所在，并未像刘邦那样瞎编乱造，而是派人从古书里抠字眼，将凡是与"秀"有关的吉祥话都摘录下来，并公开宣称这就是所谓的"天命"。此风一开，汉朝的学究们便忙得不可开交，到处搜集古书，一旦发现与刘秀称帝有关的预言，便献上去领赏。如此，经过二百多年的熏洗，信仰谶纬便成了东汉人的传统。刘备自称中山靖王之后，当然也相信谶纬。

刘备这名字，看起来似乎的确大有来头。刘备，字玄德。依诸臣之说，《洛书》里竟然出现两次"备"字及一次"玄"字，看来刘备当真是天命所在？

诸臣见刘备沉吟不语，又侃侃说道："《孝经》上说，东汉传九世而备现。光武帝至汉献帝，恰是九世。又有，臣下父辈在时，曾说西南有黄色的天子之气，直立数丈，出现多年，且时时有景风祥云，由天而降，此皆是祥瑞。又有，建安二十二年中，云气蒸腾如旗，从西向东，沿天而行。《河图》《洛书》说，出现如此祥瑞的地方，必有天子出现。当时汉献帝尚在位，臣下等不敢走漏风声。臣听闻圣王顺天命而行动，就与天意契合。愿大王顺应天心民意，速速登基称帝，使海内安定。"

连祥云瑞气都出现了，刘备听得心里舒服极了。

良久，只听刘备叹息一声，缓缓说道："寡王不才，天下未定，寡王不敢称帝啊。"

故作姿态是政治家的必修课，刘备当然也不例外。曹丕一个晚辈后生要称帝，尚且知道要先推辞三次呢，难道刘备还不如曹丕吗？

刘备拒绝称帝后，诸臣退下，马上又有一批级别更高的大臣前来游说了。

此次出场的人有太傅许靖、安汉将军麋竺、军师将军诸葛亮、太常赖恭、光禄勋黄柱、少府王谋等数位大臣。他们来到王宫求见刘备。刘备自知他们为何而来，便让他们进来奏事。

待诸葛亮等人进来，刘备悠悠地问道："诸臣为何事而来，竟如此急迫？"

诸葛亮等人齐声说道："天下兴废，系于大王一人之身，愿大王万勿推辞。"

刘备故作糊涂，又悠悠地说道："天下是天下人的天下，寡王愿为天下奋不顾身，何时因爱惜自己而推辞过？"

包括诸葛亮在内的众大臣语调慷慨激昂地说道："曹丕篡逆，弑杀君王，湮灭汉室，窃据神器，劫迫忠良，酷烈无道。曹氏遭人鬼怨恨，天下人谁不思念刘氏？今上无天子，海内人心惶惶，无所倚仗。据臣所知，群下上书前后不下八百人，皆言祥瑞。天命昭昭，不知您为何不肯追思高祖及光武恩德，继承汉祚，顺应天心民意？"

刘备默然不响，心里却掀起了惊涛骇浪。

众人说得对啊，天下是刘氏的天下，汉室四百年的荣光岂能丧于一个小小的狼子野心的曹丕之手？想自己征战一生，为汉室奋战数十载，人尚在世，雄心不减，岂能容汉室天下落于曹丕之手？我若不称帝，鬼神难容，刘氏列祖列宗又岂能容我于世？

半晌，刘备顿了顿，沉声说道："寡王何德何能，继承汉祚？"

诸葛亮等人一听，又急声说道："举目天下，刘氏圣者能人唯大王一人。大王本是中山靖王之后，嫡系庶出已历百世，天地降福，人皆所见。且大王英姿伟硕，神武盖世，仁德施于天下，爱人好士，四方归心。何况考省《灵图》，谶、纬预言昭著。天意、民心、仁德皆系大王一身，大王若不称帝，谁又能称帝？"

刘备肃然望着诸葛亮等人，顿了顿，缓缓说道："此事还是过急了，容本王再想想。"

诸葛亮一听，急得又说道："曹丕篡逆已一年有余，此事宜急不宜缓啊。若久拖不决，民心松懈，岂不是白白错失良机？"

刘备心里一震，又说道："本王心里有数，你们先退下吧。"

说到这儿，这场谈话已经无法再进行下去了，诸葛亮只好率诸臣缓缓退下了。

望着诸葛亮等人的身影，刘备已下定了称帝的决心。朝中该出场的大臣已经全数登场，到了这个关口，他若还惺惺作态，那就是自找苦吃了。

或者，应该马上择良日称帝？

刘备心里正想着，侍从突然来报："大王，有人求见。"

刘备不禁暗自窃喜。如果此时有人再次劝他称帝，那就正好三次了，那样，他自然就不便再次拒绝，便可爽快地答应称帝了。

刘备问道："来者何人？"

宫廷侍从答道："是前部司马费诗。"

刘备一听，便乐了，叫道："原来是公举，请他进来。"

刘备等着费诗进宫，心情十分愉悦。

费诗，字公举，刘璋主益州时曾为绵竹令，刘备攻打绵竹时，费诗举城投降。后来，刘备平定成都，便拜费诗为督军从事，后转任太守，又被任命为前部司马。当年刘备称汉中王时，曾派费诗为特使，前往荆州拜关羽为前将军。关羽听说自己与老将黄忠并列，心中十分不服。费诗以三寸不烂之舌，竟说服关羽受命。如此，费诗算是出色地完成使命，还归成都。

只是诸臣都上书劝刘备称帝，为何费诗姗姗来迟？

没一会儿，费诗进来宫里。刘备见到他，微笑问道："公举，你为何事而来啊？"

费诗神色凝重，拱手说道："大王，臣有一事思量已久，今天斗胆前来向大王进言。"

刘备见费诗如此神情，心里不由一紧，问道："公举有话请说，不必讳言。"

费诗望着刘备，从容说道："既然大王不忌讳，那就恕我斗胆了。"

刘备眉头一皱，望着费诗。

费诗顿了顿，缓缓说道："大王因为曹操父子逼主篡位，辗转万里，召集士众，讨伐国贼。然而今天大敌未克，便急着自立称帝，恐怕有违人心。昔时高祖与楚王约定，先破秦者为秦王。待高祖入咸阳，俘虏子婴，且还推辞不称王。现在大王未出门庭便想称帝，臣窃以为这样的做法不可取！"

刘备一听，只觉这话犹如迎面劈来一刀，让他闪躲不及。他神色灰暗，愣了半晌，就是不说话。

费诗见刘备神色不对，似乎早已料到，又从容说道："臣这样说，不过是替大王着想，并无半点私心，请大王明察！"

说完，费诗便伏在地上叩首。

良久，刘备硬邦邦地说："寡王知道你无私心，先退下吧。"

费诗抬头望了望刘备，还想说什么，刘备却对他挥了挥手。他只好将哽在咽喉里的话硬硬地吞下，默默退下。

刘备呆呆望着费诗，心里一阵冷笑。

昔时高祖举事时常骂某某儒者为"竖儒"。比如一代纵横家郦食其，尽管他曾为刘邦出谋划策，却因为出了个馊主意而被骂竖儒。何为竖儒？就是顽固不化、不与时俱进者。今天看来，刘备待费诗还算客气，没有当面骂他竖儒。昔时高祖入关后为何不称王？他并非不想，而是不敢。若当时他脑袋一热称了王，不出几日，项羽那四十万大军肯定让他鬼哭狼嚎，无处躲藏。因为忌惮项羽，所以当时刘邦才不得不退守霸上，以观局势变化。费诗竟没看清高祖退让的原因而瞎说一通，这不是竖儒又是什么？再者，费诗又说刘备未出门庭而自立，此话看似有理——天下十分，曹丕占八分，刘备占一分，孙权占一分，孙权坐拥江南，以长江为天堑，对曹丕似乎还有称臣之意。即使刘备此时称帝，也是名不副实。但他说刘备此时称帝会让人们心生疑惑，那就纯属瞎说了。曹丕称帝已经一年有余，且据有北方大半领土。若此时刘备还不称帝，恐怕北方百姓就当真以为刘备丢下了他们，那时百姓归附魏国将变成理所当然之事，岂不更糟？所以，刘备此时称帝非但不会让百姓起疑，反而会激发百姓追怀汉朝的念想，甚至举事以待刘备。如此看来，还是诸葛亮等人看得清楚，若不及时称帝，那才是错失了天下民心！

想到这里，刘备不禁对费诗心生不悦。良久，只听他大声叫道："来人！"

宫廷侍从官匆匆赶来，叫道："大王有何吩咐？"

刘备冷冷说道："传令，迁费诗为永昌从事。"

宫廷侍从官听得一愣，但他马上回神，叫道："遵命！"说完便匆匆出宫去了。

此时此刻，费诗已经彻底扰乱了刘备的心。他再也不想理会什么再三推让的说辞了。其实如果算上其他大臣的上书，早已不止三次了。他决定听从诸葛亮等人的建言，择良日登基称帝。

夏天，四月初六，汉中王刘备于成都西北的武担山筑坛称帝。仪式结束后，按照规矩，大赦天下，同时改元章武，以诸葛亮为丞相，许靖为司徒。

称帝这年，刘备恰好实龄六十。

这一生辗转，四处奔忙，无数次的逃亡与寄人篱下，终于为他换来了一段崭新的岁月。所谓英雄暮年，壮心不已，可如今大半天下还落在曹丕手里，刘备人生艰难的下半场，似乎才刚刚开始。

称帝事毕，刘备雄心勃勃，准备出征。

古今多少事，败就败于懈怠。新朝末年，王莽失政，天下大乱。那被喻为一时英雄的公孙述，有称帝之心却无雄视天下的胸怀，尽管据有蜀地，却只甘于在蜀中称霸，不敢东出。时至今日，刘备可不想做公孙述第二，一生只识成都城，把天下拱手让给他人。曹操说，老骥伏枥，志在千里。曹操年逾六旬仍东征西讨，难道他刘备就比曹操差吗？

懈怠使人懒惰，人一旦懒惰，最后的结局不是等死就是等着挨刀。且不说公孙述，刘备的老伙计公孙瓒不就是一个典型吗？公孙瓒年轻的时候意气风发，何其壮哉！他占据幽州后，与袁绍交了几次手，吃了几次败仗，竟然就一蹶不振，囤粮自守，企图作壁上观。袁绍岂能让他如愿，自然是把他收拾得干干净净。

长说短说，总之，刘备不能闲着。

当年刘表在世时，他寄居刘表麾下，已经耽误多年，此时若不趁机出征，难道要等到死亡来临时才唉声叹气地抱怨当初不奋发吗？

天下三分，对手无非两个——曹丕和孙权。

曹丕是旧恨，孙权是新仇。那孙权竟然趁刘备与曹操相持于汉中时，派人偷袭关羽。关羽之死让刘备始终耿耿于怀。什么孙吴联盟，一切都不过是权宜之计罢了。既然已经撕破了脸，那就开打吧。把关羽的仇报了，把孙权收拾了——对啊，只要征服了江东，他不就有充足的资本，可以和北方的曹丕开战，进而统一天下了吗！

刘备主意已定，准备遣将分兵出发。就在这时，有人匆匆赶来，想要阻止他实施这个计划。

来者是赵云。

赵云之勇，天下皆知。赵云于汉中北山大败曹操时，被刘备喻为"浑身是胆"，于是，蜀地人皆称他为虎威将军。世人只知赵云勇猛无敌，却不知他心中所愿，又是为谁而战。昔时，赵云先是跟随公孙瓒，认识刘备后，便誓死追随刘备，其铁胆忠心，谁人不知？然而只有赵云自己知道，他半生纵横沙场，并非逞一时之勇，以换一世虚名。他的梦想只有一个，就是像西汉骠骑将军霍去病一样,横扫千军,为国除去强寇。

当年刘备平定益州,自立为汉中王后,准备将成都城中高大的屋舍和田地、桑地分赐诸将,以示奖赏。可刘备此话一出,立即受到了赵云的反对。

赵云说道:"昔时汉武帝封赏霍去病,霍去病婉言相拒,并且慷慨激昂地说道:'匈奴未灭,何以家为。'如今国贼未灭,岂敢求安?诸将须得安定天下,各返故乡,归耕本土,这才合适。益州人民初罹兵难,何不归还田宅,让他们安居复业,届时有兵可调,有役可服,亦得民心,岂不更好?"

赵云豪言一出,刘备听得啧啧称赞,立即打消了计划,就按赵云所言,将田宅还给了百姓。

赵云并不是个话多的人,若要让他说话,必是关乎国计民生之事。此时,赵云听说刘备要向东吴进兵,一下就急了,所以火急火燎地赶来找刘备。

一见到刘备,赵云便开门见山地说:"陛下,此时还不是讨伐孙吴的时候啊!"

刘备听得一愣,问道:"子龙为何这么说?"

赵云道:"汉朝国盗是那曹操曹丕父子,而非孙权。若先灭魏,则孙权自然归降。尽管曹操已死,其子曹丕篡汉盗取天下,更是死敌。所以,此时应该顺应民心,早图关中,占据黄河及渭河上流,再顺流而下征讨逆贼。到时,关中义士必担粮策马前来迎接王师。如今的形势,岂能将曹魏搁在一边,先与孙吴作战?万难皆有先后,如果颠倒顺序,与吴交兵,到时必将难以解脱。臣窃以为,先与吴交战,并非上上之策。"

刘备微微一笑,缓缓说道:"子龙觉得曹丕与孙权比,如何?"

赵云顿了一下,答道:"论英雄气魄,曹丕似不如孙权。"

刘备点点头,继续说道:"我与孙权打过交道,此人素有其父兄之志,虽居江东一隅,却志在天下,不可小觑。曹丕其人,没有半点军政阅历,仅靠那点智力诈术,托他老爹的福才坐上魏主之位。此人不入我法眼。孙权杀我虎将关羽,与我撕破脸皮,此刻我正当沿江而下,顺势攻占江东。江东若被收入我囊中,曹丕小贼自然不在话下。"

赵云惊诧地望着刘备，急得问道："即便曹丕不如孙权，然曹氏经营天下多年，十有其八，兵强势众，我等若此时挥师东下，岂不让曹丕坐收渔翁之利？曹操之前兴兵汉中，铩羽而归，郁郁而终。若我大军出动，汉中必定空虚。曹丕谋将必定率兵西入，偷袭汉中。到时，我军首尾交战，必将顾此失彼，如之奈何？"

刘备摇头说道："你放心，我料曹丕不敢出兵汉中。"

赵云一脸惊讶地望着刘备，问："陛下如何断言曹丕不敢出兵汉中？"

刘备沉吟半晌，缓缓说道："子龙还记得官渡之战吗？"

赵云不解，追问道："陛下究竟是何意？"

刘备似有得意之色，微微一笑，说道："官渡之战前，难道曹操就没斟酌过，他若出兵与袁绍决战，当时江东的孙策、荆州的刘表会出兵偷袭许昌吗？但是最后，曹操还是决定与袁绍决战，为何？因为他料定刘表不会出兵，而孙策被刘表牵制，亦不敢出兵。所以，曹操才以一战之功，从容地将袁绍收拾了。你道我为何料定曹丕不敢偷袭汉中，因为关中义士一直都未归降曹氏，当初以曹操之强，夏侯渊之猛，尚且拿不下汉中。如今不过小小后生曹丕，岂敢举兵汉中？若是举兵，他能跨过关中那道坎吗？就算举兵前来，我有一将足可将其拒之门外。"

赵云又是一愣："谁可抵挡曹兵？"

刘备胸有成竹地说道："替我挡千万曹兵的就是你，浑身是胆的赵子龙。"

赵云急得叫道："陛下不让我出兵东征吗？"

刘备摇头说道："我要你率兵守备江州，届时你进可到荆州，退可守汉中。汉中这个大本营交给你来守，我才放心。至于讨伐孙权，我与车骑将军张飞足矣。"

赵云见刘备一副志在必得的样子，一时无话反驳，只好声音沙哑地说道："既然陛下心有谋算，那就依您的意思办吧。"

赵云说完，转身悻悻离去。

刘备呆呆望着赵云远去的背影，半晌才喃喃说道："子龙啊，你是真不知道我的心思啊。昔日我的死敌是曹操，今天我的死敌却是孙权！孙权夺我荆州，杀我猛将关羽，又几乎夺走皇子刘禅，此等耻辱，我岂可不报！"

想起关羽，刘备不由得流下了两行滚烫的泪水。

想当年，他与关羽及张飞三人相识，比肩而立，策马同行，四处奔忙，犹如四肢般从未相离。当时曹操想以千里马及侯爵之位留住关羽，关羽不为所动，为一"义"字千里奔走。当年陶谦与曹操有杀父之仇，其中虽有误会，曹操仍攻入徐城屠城。如今关羽被江东小儿孙权设计袭杀，难道我刘备就不能为义薄云天的关羽报仇吗？

想到这里，刘备咬咬牙，立即派人叫张飞率兵前往江州，准备挥师东下。

此时，张飞正屯兵于阆中。

世人皆知，论雄壮威猛，张飞逊于关羽，这二人都被称为万人敌，是当之无愧的虎将。尽管两人齐名，性格却迥然不同。关羽性格刚直，内心骄傲，善待士卒，而对所谓的士大夫却极为不屑；张飞为人暴烈而少恩，与关羽相反的是，他极爱君子却一点也不怜恤下属。

建安十九年（214年），当时张飞率兵攻打江州，击破巴郡，活捉巴郡太守严颜。张飞见到严颜后，大声呵斥道："大军横于城下，你为何不肯降，反而发兵抵抗？"

严颜一点也不惧怕张飞，正色道："尔等无礼，侵夺我州土，我州只有断头将军，无降将军也！"

张飞被对方话语激怒，一时暴跳如雷，当即命人将严颜拖出去砍头。

严颜听说要被砍头，竟面不改色，从容说道："砍头便砍头，何必如此发怒？"

张飞一听，见严颜面色如故，竟被对方豪迈的气势征服，决定释放严颜，并以礼相待。由此，张飞爱惜君子严颜的故事成了一段佳话，传遍天下。可是张飞虽爱惜君子，却常爱拷打下属，这劣迹于军中也是久传不衰。为此，刘备曾经语重心长地对张飞说:"你对部将下属用刑太过,动辄鞭笞左右健儿,此为取祸之道,你可要小心哪。"

张飞却将刘备的话当成了耳边风,转头便忘了个精光。不料刘备一语成谶,一场大祸正悄悄降临。

这天夜里,张飞早早安寝,准备明天动身,率兵前往江州,然后沿江而下,讨伐孙权。

夜已深了,这天的风异常闷热,有两团黑影却悄悄地摸进张飞的军帐。这二人是张飞的部将张达和范疆。

军帐里点着一盏军灯,灯火闪烁,照着张飞熟睡的脸。两人点了点头,猛地抽出大刀,奋力一跃,冲到床头。只听见一声沉闷的咔嚓声,睡梦中的张飞已被砍去了头。张范二人用盒子装了人头,转身跑向停在军帐外面小树林里的两匹快马,二人跃上快马,直奔江东方向,投奔孙权去了。

不出数日,张飞被部将砍杀的消息传入成都城。刘备听说了消息,先是一愣,转而顿足悲号:"张飞死矣!这是天要丧我吗!"

张飞在刘备心中的地位并不亚于关羽。之前,刘备册立刘禅为太子时,替太子娶了张飞女儿为太子妃。前有孙权袭杀关羽,后又有小人谋杀张飞投奔孙权。刘备对孙权的恨意已经无可转圜,到了不共戴天的地步!

转眼到了秋天。

刘备张罗数月,终于整军出行,他亲率各路军马讨伐孙权。孙权听说此事,立即派使者前来讲和。不久,孙权派特使送来了一封信,这是一封刘备不得不重视的信,因为写信的人是诸葛亮的哥哥,时任南郡太守的诸葛瑾。

刘备展开信笺,眼前跳入数行字:"世人皆知陛下征讨东吴,是为报东吴夺荆州及杀关羽的大仇,然而陛下不妨稍微抑制愤怒,细想一想:陛下对关羽的感情,何时超过了您对先帝之情?与海内相比,小小荆州又算得了什么呢?谁当在先,谁应为后,您若用心细审,必能明辨,届时,平定天下岂不是易如反掌?"

寥寥数十个字,令刘备如承泰山之重。

依诸葛瑾的话，刘备应该和孙权尽释前仇，然后发兵北上，替汉献帝报仇。如此，既能大仇得报，又能将偌大海内疆域尽收囊中，岂不妙哉。如今为了一个小小的荆州，他竟与江东兵戈相向，这不是本末倒置了吗？

不知过了多久，刘备才从恍惚中醒来。只见他挥毫疾书，书毕落笔，昂头叫道："来人！"

侍从官立即跑来，叫道："臣在！"

刘备把密封的信交给侍从官，叫道："把信交给诸葛瑾的信使。"

"诺！"侍从官捧着信，匆匆小跑出去了。

没过几日，诸葛瑾收到了刘备的信。他打开信件一看，顿时呆住了。信里只有一行斗大的字：荆州与关羽之恨，耻辱至极！朕与孙权小儿不共戴天！

诸葛瑾半天说不出话来。

此时，诸葛瑾与刘备互通消息的事已经传遍了江东。江东一片哗然，到处都是质疑之声。有人便跑来告诉孙权，让他小心诸葛瑾。孙权一听，脸上一笑，坦然说道："孤与子瑜有生死不易之誓，子瑜之不负孤，犹如孤之不负子瑜也！"

尽管孙权替诸葛瑾说了话，奈何军中仍是一片质疑之声。大敌当前，陆逊眼见这一幕，自然忧心忡忡。他想了想，决定请孙权亲自出面澄清此事。

陆逊对孙权说道："诸葛瑾与刘备来往之事，谤言四起，至尊可否出面证明诸葛瑾与刘备并无私通之事，以消除诸位将领的疑虑？"

孙权叹息着说道："诸葛瑾是我特地遣去与刘备通信的。君臣之间，若是以诚相待，又何必多此一举；若是君臣不同心，就算说破嘴解释又有何用？"

陆逊疑惑地望着孙权，问："至尊此话是何意？"

孙权解释说道："子瑜跟随孤多年，亲如骨肉。他的为人我最是清楚，不符合道义的行为，他绝不会做；不符合道义的言语，也从不乱说。昔日刘玄德派孔明入吴，孤曾尝试对子瑜说：'你既与孔明是同胞兄弟，弟弟跟随兄长本是天经地义，你为何不把孔明留下？如果孔明愿意留下跟随你，孤当以书报与刘玄德，料刘玄德亦会同意。'不料，孤此话一出，子瑜却答道：'臣弟诸葛亮已托身于他人，以他的心性，必将以死报之，绝无二心。他不会留下来，就像我不会离开一样。'他的这些话不就是很好的证明么，我还要证明什么呢？"

陆逊一声叹息，无话可说。

孙权见状，又说道："孤与子瑜，可谓神交，岂是区区流言所能离间的？你的好意我也了解。孤话已至此，你理当明白孤对子瑜之心。"

孙权语毕，陆逊猛然醒悟，慷慨说道："至尊胸怀有如汪洋，臣下佩服至极。臣下已明了至尊之意，回去后一定凝聚军心，排除干扰，与子瑜合力抗敌。"

孙权听得仰首哈哈大笑道："此话甚合孤意。既然刘玄德不想闲着，我们也不能闲着。来而不往非礼也，让他刘玄德知道知道，江东可并非他想捏就捏的软柿子！"

"诺！"陆逊听得心头热血激荡，拱手与孙权作别，大步离去。

此时，刘备剑已出鞘，对江东已是志在必得。他派将军吴班、冯习等率先头部队，首先攻破了巫县，接着向秭归进兵，有兵众约四万人。

刘备得了巫县，武陵等地的土著便纷纷向孙权求救。孙权一刻也没闲着，即刻拜陆逊为大都督，持节，督将军朱然、潘璋、宋谦、韩当、徐盛等五万人，出兵拒敌。

来者汹汹，去者昂昂。滔滔江水，悠悠长江。四万兵对五万众，两军犹如两只蓄力的拳头，只待于长江相撞，或许，这又将是一场悲壮惨烈的水上之战。

第二章

孙权的心思

八月，天气转凉。江东一艘快船驶出武昌，直扑江北。船至江北，岸上已有快马等候。一行身影自船上跃下，翻身上马，朝洛阳直奔而去。

数日后，洛阳宫廷侍从急入宫中，向曹丕禀报：江东特使来见。

曹丕听得一惊，问道："是孙权特使？"

宫廷侍从答道："正是！"

曹丕似乎想到了什么，心里一阵得意。半晌，才悠悠说道："孙权特使捎来了什么口信？"

宫廷侍从急忙说道："回陛下，特使说有一封极为重要的国书，要当面呈递给陛下。"

曹丕愣了一下，脸上露出笑意，缓缓说道："传特使上殿！"

"诺！"宫廷侍从大声应了一声，急步离去。

宫廷侍从才出宫去，曹丕便率群臣上殿，等待孙权特使前来朝见。曹丕坐定，诸臣聚集，却一片安静。大家都在等着看那孙权特使到底给曹魏皇帝带来了一封什么样的国书。

"江东特使到！"众人正翘首以盼时，宫廷侍从一声大叫，所有目光刷地朝殿外望去。

紧接着，只见宫廷侍从领着孙权特使走进殿里。特使略显拘谨，小步快跑着跟在宫廷侍从后面。

进到殿里，孙权特使伏地叩首，大声说道："陛下，臣孙权特使前来拜谒。"

孙权特使这一声"臣孙权"让在场所有人都极为震惊。天下三分，曹丕称帝，蜀国刘备也紧随其后，此时孙权非但不称帝，反而派特使前来表达称臣的意愿，这是示弱，还是示好？

此时，曹丕在殿上听见孙权特使称臣，心里犹如吹过一阵春风，浑身无一处不自在。

当下，曹丕实龄三十四，孙权实龄三十九。论军政阅历，曹丕不如孙权。然而这么一个纵横江东，曾与曹操决战赤壁且取胜的英雄，此时竟然派特使前来称臣，这让刚刚登基做皇帝不久的曹丕怎能不欣喜若狂？

曹丕心中恍惚，半晌才回过神，悠悠问道："特使此次前来，是替孙将军称臣归顺的？"

曹丕话音乍落，孙权特使昂首叫道："正是！"

满朝哗然，群臣无不惊讶。让孙权主动称臣，这是不战而屈人之兵啊！这时，有人向曹丕贺道："陛下英明，才令江东不远千里前来称臣！"

此话才落，众臣亦纷纷跟着庆贺。

曹丕被众臣一阵恭维，心里好生得意。半晌，他又悠悠问道："国书何在？"

特使一听，马上递上国书。宫廷侍从小步上来接过国书，转身上殿交给曹丕。

曹丕打开国书，慢悠悠地读了起来。半晌，只见他高兴地说道："孙将军于国书里说愿做魏国藩属。此为国之幸事，来人，将国书交给诸臣传阅传阅。"

宫廷侍从从曹丕手上取走国书，交给诸臣。诸臣争相阅读，个个神采飞扬，犹如碰上了百年难得的大喜事。

孙权特使见火候已到，又昂首大声说道："陛下，孙将军为表称臣诚意，特地给陛下送回来了一个人。"

曹丕听得心中一惊，问道："何人？"

孙权特使大声说道："于禁将军。"

"于禁？！"满朝大臣一听于禁竟被送回来了，一片惊呼。

这时，只见于禁一步一步地向殿上走来。众臣举目望去，只见于禁步履蹒跚，须发尽白，脸色憔悴，简直像是变了一个人。

于禁走到殿上，一眼望见殿上的曹丕，不禁仰首悲叫一声："陛下，老臣前来拜见！"

于禁伏地叩首，泪流不已。

一旁诸位大臣都不禁唏嘘起来。樊城一战，于禁孤军困守，遭遇大水，无处可逃，成为关羽俘虏。而后关羽被斩，于禁又被送往东吴，受到了孙权优待。这些年于禁辗转于大江南北，终归曹魏，其中心酸，谁人可知？

曹丕望着于禁，心里冷淡，脸上却不得不装出一副悲戚模样，沉重地说道："于将军请起，你这一路受苦了！"

于禁缓缓站起，脸上老泪纵横。

曹丕顿了一下，又说道："来人，于将军年迈，一路颠簸，备受辛苦，先扶他下去歇息，改日朕要好好设宴，为于将军接风洗尘。"

曹丕话音才落，两个宫廷侍从走过来，扶着于禁下殿去了。

曹丕望着于禁慢慢远去，两眼漠然，无动于衷。

等于禁离开大殿，曹丕又说道："来人，送特使回馆舍歇息。"

又一个宫廷侍从走过来，引导孙权特使离开大殿。

该走的都走了，大殿一片安静。曹丕整顿精神，望着诸臣说道："既然孙权都派特使前来请降了，大家不妨议一议，说说对这件事的看法。"

诸臣一听，纷纷说道，还有什么可议的呢？如今不费一兵一卒就让孙权请降称臣，还送于禁回朝表示诚意，既然如此，不如安心受用。

"陛下，依臣看，此事并没那么简单。"正当诸臣为孙权请降称臣纷纷叫好时，有一个洪亮的声音响彻大殿，让所有人都吃了一惊。

曹丕也着实吃了一惊，举目望去，原来说话的是侍中刘晔。

刘晔，字子扬，淮南人。自东汉末年至三国初期，刘晔的身影并不陌生。其人智计过人，独具远见卓识，然其智谋却常常不被人所采纳。早年他曾跟随庐江太守刘勋，刘勋不听其计，后被孙策所败。而后，他又跟随曹操，以主簿身份随军出兵汉中。当时，刘晔建议曹操开山破路，直入益州腹地，一举剿灭刘备，以免遗祸。不料，曹操却畏惧那崇山峻岭，不敢向前，只好撤军。果不其然，曹操一撤军，刘备就一举占据汉中，并称汉中王。

曹丕初登基时，于大殿上召问诸臣，说关羽遭东吴袭杀，刘备会不会出兵替关羽报仇？当时诸多大臣纷纷说道："蜀地不过是一小国，只有关羽是名将。关羽军破兵败而死，国内谁人不忧惧至极，此时此刻，刘备还敢出兵吗？"

唯有刘晔力排众议，站出来说道："臣窃以为，刘备必为报关羽之仇，出兵与东吴交战。"

刘晔话音刚一落地，满殿诸臣无不惊奇。曹丕也不由惊讶地问道："刘侍中何以见得刘备必然出兵？"

刘晔目光如炬，胸有成竹地说道："蜀国虽为小国，但刘备雄才大志，必然谋求壮大，此时用兵，便能显示自己兵力有余。况且，刘备与关羽，名为君臣，实亲如兄弟。关羽受辱而死，刘备若不兴兵报仇，这份情谊如何彰显？"

果不其然，不出一年，刘备就兴兵向东吴而来，孙权被逼无奈，只好遣使向曹丕称臣。

此时此刻，对孙权请降之事，刘晔又有什么与众不同之见？

曹丕见刘晔独自出来反对，心里一阵惊疑，不由问道："刘侍中，你有什么看法，可说来大家听听？"

刘晔望望众僚，又望望曹丕，侃侃说道："孙权无故请降，内必有因。之前臣说过，孙权派兵袭杀关羽，刘备必定兴师动众，为关羽报仇。于孙权来讲，强敌当前，人心不安，又担心我们乘机挑衅，所以才忍辱前来请降。其请降好处，一是让我们找不到出兵理由；二是假借魏之强援威慑敌人，使刘备狐疑不敢用兵。所谓天下三分，魏国独有其八，而吴、蜀仅各保一州。昔时赤壁之战，吴蜀两国唇齿相依，相互救援，这不过是小国互保互利。如今形势大变，两小国互相攻伐，此天欲亡之。如若此时用计，可一举平定天下。"

刘晔语气激昂，众人听得又惊又奇，既叹服又充满疑虑。

曹丕沉吟半晌，又问道："请刘侍中细细说来，此时该如何用计？"

刘晔目光炯炯地望着曹丕说道："若此时拒绝孙权请降，举兵沿小路渡江袭击东吴。如此，蜀国刘备攻于外，我魏国攻于内，不出十天，吴国必亡。吴国若亡，蜀国则孤立，若割东吴一半土地送给蜀国，料想蜀国也不能长保。待破吴之后，东吴之地必为我魏国所有。"

刘晔眸中闪动着精光，犹如林中正伺机捕猎的虎豹，叫人心惊。若依其计而行，东吴岂能不灭？蜀地岂能孤守？天下岂能不统一？

半晌，曹丕叹息一声，摇头说道："别人投降称臣，而我无故讨伐，恐怕这样不得人心，失却天下人之望也。不如这样，既然已受吴之降，便率兵伐蜀，如此亦能一举两得，岂不妙哉？"

曹丕此话一出，诸臣如获至宝，纷纷说道："陛下英明，此计可行！"

刘晔见众僚附和皇帝，心里一叹，又昂首说道："水无常形，兵法无常。蜀国远而吴国近，若我兴兵伐蜀，刘备听闻后必定撤兵救援，如此，两军相攻，战事一旦胶着，不知到何年何月才止歇。到时，陛下既不得吴国之利，又受蜀国拖累之苦，岂不是两边不讨好？今天刘备怒发冲冠，誓要兴兵伐吴报仇雪恨，若听闻我魏国亦出兵伐吴，必然高兴进兵而与我争割吴地，一定不会改变伐吴计划。如此一来，我魏国轻松便可得吴国之利，将来若伐蜀，一统天下，岂不是易如反掌？"

刘晔此话一出，众僚听得目瞪口呆，一时不能反驳，都不禁愣愣地望着曹丕。

曹丕望望诸臣，又望望刘晔，沉重地摇了摇头。

刘晔见曹丕摇头，语气越发激昂，又说道："东吴凭借汉水及长江远绝中原，其不臣之心久矣。陛下圣德虽然媲美尧舜，然而东吴诸人狡诈无常，难以感化。今天他们大难临头，就求为陛下之藩臣，其用心实难取信于人。彼东吴外迫内困，才派出特使前来请降。此时可趁火打劫，袭取东吴。一旦纵虎归山，必留数世之患，陛下不可不察啊！"

曹丕听着刘晔的劝说，心里却不是滋味。

兵者，国之大事，生死之地，存亡之道，不可不察也。刘晔只知要与蜀国争抢，瓜分东吴这块肥肉，哪里知道东吴可是一块硬骨头啊！想当年，曹操倾全国之力，浩浩荡荡，兵锁大江，其势前无古人，可谓壮哉。岂不料，孙权竟不畏曹操，仅以五万水兵，就将曹操数十万兵打得落花流水。之后，曹操几次演练水军，企图再次攻吴，但吴国数次派人称臣。曹操便给足面子，撤兵作罢了。曹丕自认胆魄才智，远不如其父曹操，曹操尚不能办到的事，他岂能办得到？退一步说，即便刘备举兵数万，来势汹汹，他便能打得过孙权吗？江东地广人众，人才辈出。当初以万人敌关羽之强尚过不得长江，今天凭刘备一己之力就敢说横渡江水？且两小国互相攻伐，相互争利，大国坐收渔翁之利，岂不更妙？

曹丕思考许久，这才回过神来，对刘晔缓缓说道："朕明了卿之好意，然朕意已决，今天之事，就议到此处。"

言毕，诸臣纷纷退朝。

刘晔愣愣地望着曹丕，欲言又止，良久，也只好摇头叹息，默默走了。

罢朝后，曹丕没有回宫歇息，而是直接出宫，去见于禁了。

于禁再次见到曹丕，自觉愧对魏国，涕泪涟涟。

曹丕见状，安慰道："于将军不必惶恐惭愧，春秋时晋国荀林父败于邲，为楚所辱；秦国孟明视丧师于殽，被晋国所擒。然秦、晋皆不夺其官爵，反而使其官复原职。后来晋国凭借荀林父，终获狄国国土，秦国则凭借孟明视，称霸西戎，小国尚且如此，何况我煌煌大魏，岂能因一败绩而怪罪于将军？"

曹丕这番话，让于禁又惊又喜，连忙伏首谢罪。

曹丕扶起于禁，又安慰道："樊城一战，天降水灾，非战之罪。所以朕此次前来，特拜卿为安远将军。"

于禁一听，不禁悲泣道："陛下之恩德，臣无以报答啊。"

曹丕望着于禁，叹息道："于将军言重了。将军先好好歇息几天，再去高陵拜谒吧。"

曹丕说完,拍拍于禁肩膀,转身悠悠离去。

第二天,于禁便骑马前往高陵。在邺城,于禁远远望见了铜雀台。巍巍铜雀台,却再也见不到故人曹公,于禁感怀不已,来到高陵,更是悲从中起,于是翻身下马,跪在地上悲声叫道:"曹公啊,老臣回来了!"

往日的一幕幕在于禁眼前闪过。想当年,青州兵横行无道,于禁听说后,便率兵出击。青州兵乃是曹操起家队伍之一,敌不过于禁,便跑到曹操那里告发于禁。曹操不为所动,反而认为于禁有古代名将之风,信而用之。之后,曹操与袁绍在官渡对峙,于禁冲锋陷阵,挡住了袁绍一次又一次进攻,他奋勇杀敌,替曹操粉碎了袁绍入主中原的梦想。君臣相交,恩义交融。不料,樊城一战,于禁投降关羽,让曹操为之惊愕不已,不禁叹息道:"我信任于禁三十年,怎知他竟阵前倒戈,反而不如庞德!"

于禁一闭眼,眼前都是往日的光荣与耻辱,睁开眼,却只有眼前这无边的荒凉。于禁老泪纵横,缓缓爬起,一阵北风吹来,犹如风中落叶,摇摇欲坠。良久,于禁收住眼泪,一步一步向高陵里屋走去。

进得陵中,于禁举目四望。这时,他目光落在了屋里壁上的一幅画上,一时呆若木鸡,一动不动。

这明显是一幅刚刚画好的画,笔墨未干,空气里还飘着一股浓烈的墨香味。画上画的是樊城之战,画中人物有神威盖世的关羽,有须发偾张奋战的庞德,一旁的于禁却作伏地投降之状。

于禁久久呆立,胸膛中犹如火山岩浆翻滚,几欲喷涌。

这时,屋里走出一人,看见于禁,一时也呆住了。于禁转眼望向他,问道:"你是画师?"

对方点了点头。

于禁又问:"这画是刚刚作好的?"

对方望望画上的于禁,又望望画外的于禁,不禁吓得跪地叩首叫道:"将军饶命！"

于禁沉声问道："是陛下吩咐你赶过来画的？"

对方凄厉地叫道："正是！"

话语刚落，于禁犹如被人用一记重锤狠狠地击中胸膛。顿时，胸膛欲裂，一股从未有过的耻辱感让他悲愤难抑。他终于看清，曹丕表面上恭维他，暗里却是一副阴险小人嘴脸，他派人赶来作画，便是以此来嘲讽他。这时，于禁打了个趔趄，缓缓转身面对正屋里曹操的画像。他有千言万语想对曹操诉说，几次张口却始终无言。终于，他颤抖着用力张张嘴，突然一股鲜血朝屋顶一喷。于禁两眼空茫，颤抖着嘴又想说什么，可嘴一动，又一股鲜血喷涌出来，人便缓缓地倒在了地上。

一代战将于禁一生征战，经历无数生死，在生命的最后关头，却因曹丕这致命的一击，终于因惭愧耻辱而倒下了。没过几日，便再次发病而死。

曹丕其人，真是世间少有。降将归来，可以废，可以杀，他偏偏表面一套背里一套，以画辱之，令其不堪受辱而死。此种做法，世上凡人及君子都不齿，何况堂堂一个皇帝？是可叹，抑可悲？

如此看来，曹丕的胸怀与曹操比起来，就像小溪小流比之江洋大海，有天差地别啊。

然而对于禁之死，曹丕似乎并不上心。

现在让他上心的是孙权。孙权让曹丕有一种不真切的梦幻之感。曹操生前曾说，生子当如孙仲谋。曹丕登基不满两年，孙权这个曾经与曹操决战于长江之中的少壮英雄，竟然派特使前来向他请降，这是何等荣耀？所谓英雄惜英雄，既然孙权主动请降，那么曹丕也得还孙权一个大礼，不能让孙权丢面子。

八月十九日，曹丕下诏，派遣太常卿邢贞前往江东，封孙权为吴王，加九锡。

消息一传出，侍中刘晔就急了。

刘晔匆匆赶来对曹丕说道："陛下，万万不可封孙权为吴王！"

曹丕漠然地望着刘晔，问道："刘侍中有何话想说？"

刘晔急得顿首说道："先帝征伐天下，天下十分，魏国有八，威震海内。陛下受禅即位，德合天地，声名远播。孙权虽世上少有雄才，却也不过是骠骑将军、南昌侯之类的人物，官轻势卑，不足为道。江东士民皆畏中国之强大，不敢与我魏国对抗。如今他们不得已才前来请降，陛下可进其将军之号，封十万户侯，却千万不可封之为王啊。王位距离天子之位仅一阶之差，礼制服用十分混乱，且尊其位号，简直是为虎添翼，如何了得？"

曹丕一听，神色淡然地说道："先帝在时，已封孙权为讨虏将军。且孙权以诚意前来投降称臣，若我只封他将军之号，如何体现朕之诚意？"

刘晔叹息一声，又说道："孙权之降，不过是权宜之计，是假投降，陛下岂能信他！如果仅因为相信他就封他为王，等他击退蜀兵，翅膀变硬，必会与我们反目成仇。到时我们若兴兵征伐，他便怂恿其士民说，他是以礼侍奉中国，可中国皇帝却率兵前来征讨，摆明了是想俘虏我们去做他们的仆妾。如此，其士民必义愤填膺，战力十倍。"

曹丕一听，默然不响。

刘晔所言，似有道理。但是细细想来，却经不住推敲。天下三分，刘备实力不如孙权，尚且敢于称帝。孙权派人前来称臣，封他为王又如何？难道要出兵兴讨，逼他称帝，搞得天下有三个皇帝才罢休？且大国博弈，从来都不是一锤子买卖，都是一个循序渐进的过程。就好像男女之间恋爱一样，相爱的时候就爱个痛快，岂管以后分手时如何痛苦？当务之急，是要先稳住孙权，合力对付刘备。如若他们双方打得你死我活，那自然是好事。而要稳住孙权，就必须大胆地给其好处，若仅封他个将军或侯爵，那岂能奏效？

半晌，曹丕从思索中回过神来，缓缓对刘晔说道："卿之善意，朕心里明白。今天就说到这里罢了。"

曹丕说完挥挥手，就让刘晔退下了。

刘晔望了望曹丕，知道这一趟又白来了，只好无奈地摇摇头，走了。

刘晔走后，太常卿邢贞不日便出发，奉诏悠悠然渡江而去，抵达江东。岂料，邢贞一到，江东诸大臣就吵成了一团。

有人说道："就算受封，也要封个上将军或者九州伯，封个吴王，岂不矮人半截了吗？"

一时间，众人议论纷纷，争论不休。

孙权望着诸臣都是一副义愤填膺要跳脚的样子，从容淡定地说道："九州伯，自古以来从未听说过。昔时沛公亦受项羽之封做了汉王，今日我被封为吴王，亦合时宜，又有什么损失呢？"

说得对啊，天下究竟是谁的，现在还说不定呢！当年项羽封刘邦为汉王时，天下有十八王，可是八年楚汉争霸，最后胜出的不还是那个被处处打压的刘邦吗？如今天下三分，这场好戏才刚刚开始，鹿死谁手，尚且难说，一切只能交给时间来证明。既然如此，争论这一时的输赢，又有什么意义？

既然孙权一锤定音，众臣也就不争了。于是，孙权率群臣出都亭，准备迎接邢贞。

此时，正值冬天十一月。江面上风卷浪涌，举目望去，一片茫茫，只见一艘大船缓缓驶来。船到岸边，太常卿邢贞缓缓下船，抬眼望去，见东吴已派人准备妥当，马车停在岸边，还有一行人在一旁毕恭毕敬地等候着。邢贞顿了顿足，缓缓向马车走去。上了马车，那四马奔跑如飞，向都亭方向疾驰而去。

车到都亭门，邢贞坐在马车上一动不动，等待孙权前来叩见。

这时，一个人慢悠悠地走了过来。他走到邢贞前面驻足而立，望着邢贞不说话。

邢贞也望着对方，四目相对，默然无语。

站在邢贞面前的这个人就是张昭。半晌，只听张昭缓缓说道："特使为何迟迟不肯下车？"

邢贞傲慢地说道："难道吴王不应该先来迎接我吗？"

张昭冷笑一声，厉声说道："礼以敬为主，法以肃为主。君敢妄自尊大，是否以为江南俱是孤寡老弱,无义士敢亮三寸白刃行刺你吗?!"

邢贞心里一震,他张了张嘴,终是默然下了车。

这时,吴国中郎将徐盛横眉怒目,愤然说道:"盛不能挺身而出,为国吞并许、洛、巴蜀之地,而令至尊与邢贞结盟,真是耻辱至极!"

徐盛说完,涕泪横流,泣声不止。

徐盛的这番话自然也传到了邢贞耳里。邢贞转头望去,只见吴国整齐的官员队伍中,前排有一个高大如山的将领正在拭泪呜咽。

邢贞愣了许久,叹息一声,对随从缓缓说道:"东吴将相如此,岂能久居人下?依我看,吴魏联盟或许用不了多久就会自然瓦解咯!"

邢贞说完,快步向孙权走去。

当日,邢贞以持节使者身份册封孙权为吴王,加九锡,授玺绶策书、金虎符,以大将军使持节督交州,领荆州牧。

三国初期的一桩大买卖,就这样成功敲定了。

世间诸多事,不是为利而聚,便是为利而散。当年曹操举兵东来,刘备孙权齐心协力,团结抗曹,何其壮哉!转眼多年过去,因荆州之事,关羽之死,孙刘翻脸,孙权转投魏国怀抱,与曹丕卿卿我我,情投意合,岂不讽刺?

魏国特使邢贞离开吴国后,孙权亦礼尚往来,派特使到洛阳向曹丕答谢致意。

替孙权前往洛阳者为中大夫赵咨。赵咨来到洛阳,拜见曹丕。曹丕对孙权上心,自然对这个特使也不怠慢。于是,他摆酒设宴,热情招待东吴特使。

酒到酣处,曹丕的话便多了起来。他看向赵咨,慢悠悠地问道:"天下英雄可分为三六九等,不知吴王是何等人物?"

赵咨一听,心里一乐,脸上却神情肃穆,说道:"吴王乃是聪明、仁智、雄略之主!"

"哦?"曹丕眉毛一挑,顿了一下,又问道,"何以见得?"

赵咨沉吟半晌,从容回答道:"昔时周瑜病逝,军中无首,吴王于凡夫之中识得鲁肃，将其擢至高位，代替周瑜为都督，此为聪也；鲁肃走后，又于军中拔擢吕蒙代替都督之职，是为明也。昔日魏吴势如水火，吴生擒于禁将军而不加害，是为仁也；攻取荆州而兵不血刃，是为智也；据荆、扬、交等三州而虎视天下，是为雄也；屈身于陛下，甘心称臣，是为略也。"

赵咨侃侃而答，曹丕听得半晌，竟无言以对。

良久，曹丕又问道："不知吴王学问如何？"

赵咨一听，心头又是一乐。曹氏三父子以文学扬名天下，谁人不知。曹操一曲《龟虽寿》里的"老骥伏枥，志在千里；烈士暮年，壮心不已"让天下文士无不汗颜；曹植一篇《洛神赋》里的"翩若惊鸿，婉若游龙。荣曜秋菊，华茂春松。髣髴兮若轻云之蔽月，飘飖兮若流风之回雪"更是让世人惊叹不已。而曹丕本人也有《燕歌行》，其中的名句"郁陶思君未敢言，寄声浮云往不还"亦是别出心裁，让人耳目一新。而今，曹丕故意拿学问文学与孙权对比，不就是想将孙权比下去吗？

赵咨沉吟片刻，从容说道："吴国有战船万艘，带甲之士上百万，吴王日理万机，任贤使能，志存经略。即使如此，其若有余闲，亦博览群书，阅尽史籍，采奇猎异，岂能如一般书生，只会寻章摘句而已？"

赵咨这番话将一个气势非凡、腹有良谋、胸怀大略的孙权形象描绘得淋漓尽致，入木三分。赵咨夸赞孙权的同时，竟还不忘讥讽曹丕不过是一个寻章摘句之徒，这让人如何受得了？

曹丕见压不住赵咨气势，便冷笑一声，摇身一变，凶相毕露，说："朕想发兵攻打吴国，不知可否？"

曹丕想道：听这赵咨的语气，仿佛孙权是天降奇才，海内无敌，天下无双似的。既然孙权这么厉害，为何还要向我大魏称臣？今天不压压你这特使的气势，还真以为我曹丕奈何不了区区孙权？

赵咨，字德度，南阳人。其人博学多识，应对敏捷。如此，孙权才任命他为中大夫。此次出使魏国，孙权心知曹丕必定会趁机折辱吴国，便决定派赵咨出使。如今看来，孙权所料果然没错，曹丕还是惦记着折辱江东，所谓外交无小事。面对曹丕的来势汹汹，使臣若有任何应对不慎，都可能酿成不良后果。

这时，赵咨见曹丕亮出獠牙，非但不惧，反而语气一振，抬首对曹丕说道："如果陛下出大国之兵征伐，东吴自有防备御敌之术。"

曹丕眉毛一扬，又冷笑道："难道吴国就不怕魏国吗？"

赵咨缓缓起身，神色镇定地说道："吴国有带甲之兵上百万，有滔滔江汉之水为天然屏障，进可攻，退可守，有什么可害怕的？"

曹丕听得一震，望着赵咨，久久不语。

所谓打蛇打七寸，说话要击中要害。赵咨之言，恰好戳到了曹丕痛处。当年，袁绍不也是有沃野千里，甲兵百万，而曹操何惧之有？而后曹操征伐东吴，北兵不习水战，且南方潮湿，瘟疫横行，未战而气势先靡。如此，才有赤壁之战的惨痛教训。天佑东吴，竟让长江、汉水为其天然屏障，一点也不亚于关中崤、函之固。也正因如此，曹丕才心有余悸，不敢加兵，从而接受孙权称臣。不料曹丕心中隐痛，竟还是被眼前这个能言善辩、不惧兵威的东吴外交使者看破了。

半晌，曹丕语气一软，摇头一叹，不得不佩服地对赵咨说道："壮哉赵咨！朕心里尚有一问，不知吴国之内，如中大夫赵咨者还有几人？"

赵咨见曹丕语气放软，却又想试探吴国底气，心里暗自痛快。只见他顿了顿首，从容说道："陛下不知，东吴之地，人杰地灵，聪明通达者不下八九十人；而如臣这等庸碌之辈，简直是车载斗量，不可胜数啊！"

曹丕听完赵咨的回答，久久不语。

所谓有非凡之君，必有非同寻常之臣。赵咨有这样的气势，可见孙权其人。这个吴王，果然不是寻常之人啊。

良久，曹丕举起酒杯，打破尴尬气氛，仰首哈哈笑道："刚才的问答，不过是酒中趣言，特使不必较真。特使此次前来，一定要喝个高兴啊。"

说完，曹丕一仰而尽，又拍手叫道："起乐！"

话毕，一行歌伎缓缓进来，舞乐一起，便翩然起舞。刚才那剑拔弩张之势，便被这绵绵的乐声化得一干二净了!

赵咨不辱使命,悠然回到江东。孙权听闻赵咨以胆识折服曹丕,心中无比畅快,高兴之余,便拜赵咨为骑都尉。

授完官职,孙权问赵咨:"不知德度还有什么话要跟孤王说?"

赵咨沉吟半晌,严肃地说:"依臣之见,东吴与北方曹丕终不能坚守长久之盟。当务之急,朝廷应该继承汉朝四百年之国祚,应东南之运,改年号,正服色,以应天顺民。"

赵咨此话说得再明白不过,就是劝孙权及早称帝,与魏共分天下,而不是安于现状,甘当一介吴王。

赵咨这话,孙权深以为然。曹丕称帝了,刘备也紧随其后,东吴岂能甘居人后。不过,称帝之事,也不能急于一时。等跟刘备打完这一仗,后面的事慢慢再办。

想到这里,孙权叹息着对赵咨说道:"公之所言,孤已深记于心。"

至此,曹丕暗中与孙权的角力斗智,算是孙权赢了一局。岂料,赵咨回来没多久,魏国使者又悠然渡江而来。这回曹丕玩了个新花招,让东吴向魏进贡吴国的珍宝玩物,其中包括雀头香、大贝、明珠、象牙、犀角、玳瑁、孔雀、翡翠、斗鸭、长鸣鸡等。

孙权一看魏国列出的名目,暗自倒吸一口冷气。这曹丕的歪主意真不少,此举目的,索要玩物是假,趁机抬高魏国的宗主地位是真。

此时,东吴诸多大臣亦看破曹丕心思,纷纷进宫对孙权说道:"荆州及扬州之地,进贡皆有常法,而魏国索求珍玩之物,不合礼法,不能随便给他。"

孙权一听,悠然一笑,想起了一段典故。

秦末汉初时,匈奴冒顿射死其父后,自立为单于。当时,茫茫草原上,势力最强者其实并非匈奴部族,而是东胡。东胡人认为冒顿单于不过是一个软柿子,想捏就捏,于是便派使者前去索要财物。第一次,东胡使者对冒顿说:"我想要头曼单于曾经骑过那匹千里马。"头曼单于正是冒顿单于的父亲,匈奴诸臣一听东胡如此无礼，一齐说道："东胡人索要的可是匈奴的宝马，千万不要给他。"冒顿单于却仰首哈哈一笑，说道："怎能因为一匹马而得罪邻国？"于是便给了他。东胡人以为冒顿单于好欺负，便得寸进尺，趁机提出要单于阏氏。冒顿眼睛眨也不眨，就将自己的老婆送给了东胡。东胡两次试探后，断定冒顿单于畏惧东胡，便再次提出要求，要匈奴割让与东胡交界的一块土地。这一次，冒顿单于非但不给，还怒而发兵，一举剿灭东胡，并趁势横扫草原上的其他部落，称霸西北大草原，成为雄踞草原的唯一霸主。

历史是多么的相似。时至今天，曹丕就像当年那个东胡王，屡屡试探孙权。先是以势压人，为难特使赵咨，岂料赵咨不辱使命，反而让曹丕碰了一鼻子灰。曹丕心有不甘，如今又派特使前来索要玩物，估计就是想试探试探，看孙权是否敢跟魏国翻脸。

更关键的是，此刻孙权正准备跟刘备开战，岂敢跟魏国过不去呢？

想毕，孙权便面向诸大臣，淡淡说道："东吴正与刘备于西北对峙，江东百姓，依靠魏国休养生息。而魏主曹丕所索求者，于我来说不过是一些瓦石东西罢了，孤岂能爱惜！况且，魏主于服丧期间索求玩物，此等人，还可与他讲礼吗？"

孙权一句话便拦住诸臣，大家一时无话反驳。如今魏国强大，魏主无礼，东吴既想靠他来保存自己，又想跟他好好讲礼，鱼和熊掌岂可兼得？

孙权见诸臣无话，便安排人将曹丕索要的奇珍异宝，全都送了过去。

这第二回合孙权吃了个哑巴亏，却隐忍不发，静静地等着曹丕再次出招。

转眼到了十二月。

每逢冬季，尽管雨水稀少，江流枯竭，但天气干冷，正是天子出门巡游打猎的好时机。于是这个冬天，曹丕决定出门逛逛。

他想去的地方是哪里呢？东边。

为什么要东巡？大家都心知肚明。东巡前，曹丕做了一件事，就是派人封孙权的太子孙登为万户侯。这消息传来，孙权先是一愣，似乎明白了曹丕想干什么。

可还记得，当初汉高祖刘邦初登基时，曾为韩信拥兵一方而苦苦发愁。谋士陈平却说道："擒韩信，用一大力士足矣，陛下不必忧愁。"刘邦追问陈平有什么办法，陈平却气定神闲地对刘邦说："古之天子有出巡会见诸侯之礼，陛下不如假称想游历云梦泽，届时韩信必定前来迎接谒见。只要他一来，还怕捉不住他吗？"刘邦深以为然，后依陈平之计，果然将韩信捉住并送回长安，夺了他楚王的尊位，降他为淮阴侯。

今日，曹丕学东胡人用了一计，又想学汉高祖刘邦，借巡行出游之机，让吴王等人前来迎接，到时即可一网打尽。

想得可真美啊！

孙权不由得深深吐了一口气，立即拒绝了曹丕封太子为万户侯的"好意"。只要不接受他这个大礼，后面就可以有充分的理由不去拜谒迎接了。

那么，此次该派谁去晋见曹丕呢？孙权想了想，立即想到了一个人，西曹掾沈珩。

沈珩，字仲山，吴郡人。此人少时就好读经典，尤好《春秋》内、外传。后人皆说，一部编年体的《资治通鉴》就是一部权谋史。殊不知，早在三国时期的读书人，读书必读《春秋》，因为《春秋》可是中国历史上第一部编年体通史，其中不知记载了多少权谋斗争之故事。沈珩就是因为好读《春秋》，所以智谋出众，凡遇典故，必能对答如流，从无遗漏。曹氏父子素好权谋智斗，派此人出使跟他过两招，或许能正对曹丕胃口。

沈珩领命后，带着孙权的亲笔信及东吴特产，悠然上路了。

见到曹丕，沈珩献上礼物，又将孙权的亲笔信递了上去。曹丕读了孙权的信，一时默然。

孙权在信里说道，太子孙登年幼无知，不宜封侯。故特派沈珩前来向陛下表达谢意。

看来孙权是有备而来的啊。想到这里，曹丕心里不禁一阵苦笑。良久，只见他整肃神情，讽刺地问道："吴国是不是怕朕向东边巡游呀？"

沈珩定定地望着曹丕，摇摇头，从容说道："不怕！"

曹丕心里冷笑一声，紧盯着沈珩，又问道："吴王为何不怕朕东巡？"

沈珩神色如常，镇定自若，不慌不忙地说道："吴魏结盟，言归于好，所以吴王不怕。当然，若魏国背盟而动，东吴也自有防备。"

曹丕一听，脸色顿时一黑。良久，他又问道："本来应该是太子前来道谢，太子何故不到？"

原来曹丕东巡，打的是东吴太子的主意。曹操生前曾经让孙权派太子入朝为侍，孙权死活不肯。不料今天曹丕亦想让孙权送太子入朝为质，若太子前去，必被扣留。

想得可真美哟。

这时，只见沈珩顿了顿，仰首从容说道："臣在江东时，既没有机会上朝，也没有机会参加宴会。至于陛下所说的太子入朝之事，臣可是连听都没听说过。"

曹丕听了这话，默然半晌，再次无言以对。

之前赵咨曾对曹丕说，如他赵咨者，车载斗量，不可胜数。今天看沈珩举止从容，对答如流，此话竟似不虚。

良久，曹丕又笑着说道："特使此次前来，风尘仆仆，一路辛苦，朕特命人置办酒宴，今天咱们就好好畅饮一番！"

沈珩见曹丕神色变化，也爽朗说道："谢陛下，臣岂敢推辞。"

言毕，侍从官引导沈珩走进宴席。才入席，沈珩见席中还坐着一个人，心里不禁微微一惊——这个让沈珩有所顾忌的人，就是一直以来怂恿曹丕出兵讨伐东吴的侍中刘晔。

这一天，在魏国的宴会上，沈珩与曹丕及刘晔你来我往，觥筹交错之间屡屡交锋。沈珩无半分屈服之意，始终不卑不亢，谈笑之间独当八方，风采毕现。

不日，沈珩回到江东。孙权听说了沈珩与曹丕及群臣言语交锋的故事，不由喟叹道："曹魏君臣狼子野心，处处打东吴的主意。之前德度不辱使命而归，今日仲山之举，亦不负国。国之有卿，可谓东吴之大幸啊。"

沈珩肃然说道："此次出使魏国，臣发现侍中刘晔智谋过人，屡次为魏主献策出谋，依臣所见，魏吴联盟终不能长久。兵法说，不要心存侥幸，寄望于敌人主动停止攻势，即始终要有防范敌人的办法。当务之急，国家应该休养生息，减轻徭役，专注农桑，广集军资；修缮舟车，增补战具，充盈府库；抚养鳏寡孤独，使其各安其所；广揽天下才俊，奖励将士。如此，则天下可图也！"

孙权啧啧叹道："仲山之言，为朝廷所虑，感人肺腑。卿不负国家，孤王岂敢负江东！"

言毕，孙权以沈珩出使魏国有功，封其为永安乡侯，迁为少府。

到此，孙权与曹丕三次较量，均不落下风，真乃可喜可贺。高兴之余，孙权决定设宴摆酒，一饮为快。

当初，孙权攻下荆州，将国都迁至公安，后又迁至鄂城，并改鄂城为武昌。浩浩长江，武昌依江而立。武昌有山名为樊山，山背靠大江，江上有钓台。这钓台居高望远，能将滚滚长江上的万千风景尽收眼底。如此胜地，当然也是饮酒作乐之地。孙权令人于钓台上大摆宴席，并高声宣称："今天诸臣尽管畅饮，不醉不归。"

孙权酒令一出，众臣便开怀畅饮，再加上舞乐助兴，众人更是酣畅淋漓地喝了个痛快，没过多久，只见宴席上东倒西歪，趴倒一片。

孙权酒量甚好，望着那些不胜酒力的大臣，不禁昂首哈哈大笑："来人，给我把喝醉的都浇醒。今天须得痛痛快快地喝，不喝到不省人事，坠落台下，绝不罢休！"

话音方落，侍立一旁的侍从官便跑去提水，将醉倒的臣僚一一浇醒。被浇醒的官员被冷水一激，似又有了继续狂欢痛饮的力气，摇摇晃晃地举杯喝了起来。

众人皆醉我独醒。在这场痛快得有些忘形的畅饮中，有一个人静静坐着，神情冷淡，似乎十分不悦。

此人便是张昭。

张昭性格刚硬耿直，素来为江东人所畏惧。之前，曹丕派特使邢贞前来江东册立孙权为吴王，邢贞想摆架子，迟迟不肯下车，便是张昭径直上前，三言两语就把那邢贞吓得乖乖下车，再不敢摆谱了。不要说邢贞，即使是孙权，心中对张昭亦存三分敬畏。孙权与其兄孙策一样，向来好动，喜欢打猎。而且每到出猎时，总是好勇斗狠，一马当先。有一次，孙权亲自骑马射虎，不料路上突然有只猛虎跃出，一下抓住孙权马鞍。幸好孙权从容镇定，策马挣脱猛虎，并将猛虎射死。当时，陪同孙权出猎的张昭脸色大变，走上前去，对孙权厉声叫道："将军怎能如此莽撞？身为至尊人主，理当驾驭英雄，驱使贤能，岂能为逞一时之勇而驰逐原野，与猛虎搏斗？如果出了意外，岂不被天下人所笑！"

张昭一席话让孙权既羞又愧。当年，孙权兄长孙策就是因为逞一时之勇，独自追逐猎物，才让埋伏的敌人有机可乘，最终被射杀身亡。若孙权再步孙策后尘，不仅孙氏遭人耻笑，更可怕的是江东从此群龙无首，恐一夕沦入他人之手啊。

当时，孙权愧疚地对张昭说："我年少无知，考虑事情不周到，今日之事，我该向你表示歉意。"

孙权的个性与孙策如出一辙，受到长辈或臣子劝诫时，总会当面表示谦虚接受，然而事后总是该干什么就干什么。对张昭的劝说，他表面听取，可是风一吹过耳边，就忘了个干干净净。之后，他非但不怕老虎，还迷上了打虎。为了防止老虎像上次一样突然窜出来伤人，他派人专门制作了一辆射虎车，在车子四面加上铁栏，故意让车顶不加盖。每次出游打猎时，孙权便令一人驾车，而他则立于车内，将上半身探出车外，射杀猛兽。凡有猛兽前来攻击车子，孙权就徒手与猛兽搏斗，并以此为乐。张昭听说此事后，又来劝诫，孙权不以为然，总是一笑置之。

孙权以与猛兽搏斗取乐，还不听劝。如今在国宴之上又纵酒无度，毫无节制,这成何体统？张昭一言不发,坐了一会儿,便独自走出去,坐在车里气得一动不动。

孙权正喝得高兴,发现张昭不见了,便派人出来招呼。张昭想了想,又重新走回席间。

孙权见张昭一脸不悦神色,笑呵呵地说道:"昔时孟子有言,独乐乐,不如众乐乐。今日之宴,孤不过是想与众臣同乐罢了,公为何生气？"

张昭一听这话,眉头一拧,肃然说道:"昔日纣王以酒为池,悬肉为林,使男女共逐于其间,彻夜长饮。当时,他亦认为那是快活,而不以为恶。"

张昭此言一出,孙权默然。

良久,只见孙权惭愧地向群臣说道:"今天就到这,都散了吧。"

孙权悻悻离去。

喝酒如打虎。尽管被张昭说了几句,但孙权似乎愈发沉迷其中,不可自拔。不久,孙权又设宴与诸臣畅饮。当宴会快结束时,孙权便起身,一一与诸臣共饮。

当时,座中有一位大臣正与他人侃侃而谈,见孙权即将来到跟前,脸色突变,摇头晃脑地说道:"哎呀呀,我不行了。"说完便倒地不起。

这个自称酒量不行、自行倒地的人名叫虞翻。

虞翻,字仲翔,会稽余姚人。虞翻做过旧会稽太守王朗的功曹,当年孙策攻下会稽郡时,继续任其为功曹。孙策遇难后,孙权又拜他为骑都尉。虞翻学有所成,与孔融等人交好,备受海内赞誉,然而他性格粗莽耿直,屡屡冒昧劝谏孙权,令孙权心生厌恶。之后,孙权便将他贬至杨泾县。吕蒙攻打关羽时,爱惜**虞翻**之才,便借故对孙权说,虞翻懂得医术,不如让他随军前往。孙权不便拒绝,就答应了吕蒙的请求。不料,这虞翻依然不长记性,因为一事又将孙权给得罪了。

吕蒙击败关羽后,孙权听说魏国大将于禁将军被关羽扣押,便亲往城中将他**释放**。当时孙权乘马出城,于禁策马与之并行。虞翻一见,便上前呵斥道:"尔等降虏，何敢与吾君策马并行！"

说完，虞翻甩鞭就要打于禁。孙权一看，怒气上涌，大声喝道："休得无礼！"

虞翻被孙权大骂，乖乖收手，一时不敢动了。

回到楼船上，孙权设宴款待群臣。酒过三巡，有舞乐助兴，众人更是其乐融融。当时于禁亦在席间，见江东诸臣畅饮庆功，不禁举酒自哀，闻乐落泪。虞翻见状，冷笑说道："你以为装出一副可怜兮兮的样子，就能免除死罪吗？"

孙权见虞翻又对于禁出言不逊，心里一阵不悦，然而顾念酒会气氛，一时不好发作，暂时将怒火压下去了。殊不知，虞翻只图口头爽快，哪里知晓帝王心术？古今帝王若想成就天下大业，就必须胸怀宽广，曹操当年亦曾感叹"周公吐哺，天下归心"。于禁可谓魏国的将才，当年曹操与袁绍在官渡相持，于禁可是一马当先，为曹操立下了汗马功劳。此等良将，若能为江东所用，岂不妙哉？虞翻却当众屡屡羞辱闻名天下的于禁，若逼得于禁拔剑自杀，这名声传出去，怎么得了？更别说若魏国派人来要人，交不出人来，岂不坏了大事？

虞翻屡次三番得罪孙权，自知不讨孙权喜欢。此次孙权宴请群臣，他见孙权走过来，便假装不胜酒力，就地躺倒了。

这时，孙权举着酒杯慢悠悠地走到虞翻面前，见虞翻趴在地上，脸上一笑就过去了。不料，就在孙权准备和别人喝酒时，突然发现虞翻竟又缓缓地坐了起来，还和邻座谈笑风生。

孙权见状，怒从胆边生，猛地拔剑叫道："虞翻，你竟是假装醉酒，好大的胆子！"

话毕，孙权便举剑朝虞翻砍去。

孙权忽然大怒，让在座诸臣目瞪口呆，一时措手不及。就在这危急关头，只见大司农刘基一跃而起，死死抱住孙权叫道："大王息怒，大王息怒，杀不得啊！"

暴跳如雷的孙权一边挣扎一边大声骂道："小小虏奴，有何杀不得！"

虞翻骂于禁为降虏，殊不知他也曾是孙策的降虏。虞翻羞辱于禁也就罢了，还敢装醉避酒，羞辱孙权，这真真是自寻死路。

刘基见孙权酒后暴怒，不敢放手，又好言好语劝道："大王若喝了几杯酒就杀了这能言善辩之士，即使虞翻有罪，可天下又有谁知其中缘故？大王素有容贤畜众的美名，为海内所仰慕，今日一旦弃之不顾，岂不惜哉！"

孙权余怒未平，又骂道："昔日曹孟德能杀孔融，今天我杀虞翻又有何不妥！"

孔融秉性刚直，屡次冒犯曹操，使得曹操忍无可忍，终于对他痛下杀手。曾与孔融交好的虞翻，似乎也走上了孔融的老路，屡屡冒犯主上却不知反省。当孙权真要狠下杀手，以解心头之恨时，又为之奈何？

刘基见孙权决心要杀虞翻，又劝道："曹孟德残害士人，天下人对其多有批评。大王素来躬行德义，欲成就一番尧舜那样的大业，您怎么能自比曹孟德呢？"

刘基一席话犹如清风扑来，令孙权一下子清醒了许多，情绪也就渐渐缓和了下来，默然不语。

有人说，每个人心里都住着两尊"神"，一个是日神，一个是酒神。日神使人清醒，酒神使人癫狂。一旦癫狂起来，那酒神便摇身一变，化身魔王；若是清醒，便犹如天使停驻心中，对凡事皆可理性判断。当此天下纷争之际，用人惜才，理应固守，怎可因一件酒宴上的小事而让自己遭到天下人的非议呢？且吴国如今正要应对蜀国刘备来势汹汹的进攻，那一边魏国又虎视眈眈，身为吴国之主，怎可因行酒作乐之事杀人？

孙权越想越心惊，心里不由一阵羞愧。良久，只见孙权倒吸一口气，对左右之人缓缓说道："都记住了，以后凡是我喝酒时说要杀的人，都不能杀！"

众人一听，满心欢喜，纷纷贺道："大王英明！"

这时，又一阵凉风吹来，孙权心里不由得沉重起来。他突然想起了陆逊，也不知在应对刘备这件事上，他究竟准备得怎么样了！

第三章

烈焰

转眼就到了黄初三年（公元222年），二月。寒风拂过长江江面，天地一片肃杀。此时，蜀国之主刘备伫立在长江边，举目远眺，心中犹如长江的波浪，正前赴后继地翻滚着，奔腾不止。

益州牧兼治中从事黄权就站于刘备身边，君臣二人，各有心事，黄权亦是默然不语。

良久，刘备从沉思中回过神来，对黄权说道："此次自秭归出兵攻打吴国，不知公衡有何谋算？"

黄权，字公衡，巴西郡人。刘备入蜀前，他曾是刘璋的主簿，后投降刘备，受到重用。此刻听到刘备发问，黄权望向刘备，许久不语，只觉眼前不断闪动着过去的峥嵘岁月。

时间真如流水般无情。当年刘璋请刘备入蜀讨伐张鲁时，黄权曾力劝刘璋，说刘备等人征战多年，闻名天下，请他来对付张鲁，不亚于养虎遗患。当务之急，应当守住四面关隘，静观时局变化。刘璋不听，决意派人将刘备请来，结果便是益州易主。说来真是铁打的益州流水的诸侯。如今刘备打算征讨吴国，蜀国诸多有识之士都持反对意见，然而大家都不敢说。黄权也不敢说。但是今天，他还是决定斗胆说出心里的话。

想定，黄权缓缓地对刘备说道："臣有一计，不知该不该说。"

刘备望着黄权微微一笑，说："有何不该，有话请说。"

黄权沉吟半晌才说道："吴人强悍，擅长水战。而我方水军居于上流，乘水势而下，恐怕进易退难。不如让臣等为先锋攻击敌寇，陛下坐镇后方指挥即可。"

刘备一听，脸色一沉，不悦道："不行！此次出征，朕志在必得。"

黄权一听就急了，马上叫道："陛下……"

"不要说了。"还没等黄权把话说完，刘备大手一挥，厉声说道，"朕征战一生，何惧之有？孙权小儿，自然不在话下。朕已经想好了，朕要亲自出征，从江南出兵，你就坐镇江北，以防魏师偷袭。"

黄权瞠目结舌，望着刘备，慌得一时无话可说。刘备贵为一国之主，坐拥蜀地，竟要亲征吴国，若有个三长两短，蜀国岂非大势去矣！

半晌，黄权终于止不住哭了起来，叫道："陛下，为蜀国计，请三思而行啊！"

刘备面色深沉地望着黄权说道："荆州之失，关羽之死，朕若不亲征报仇，天下人将如何看朕，别人不明白，难道你还不明白吗！"

刘备这话竟将黄权心中的万千言语尽数堵住，黄权只得低泣不语，叹息不已。

半晌，刘备抚着黄权肩膀说道："朕知道你心里在想什么，你是为朕好，但此次出征，朕一定会打个漂亮的胜仗。你就在江北好好给我盯着魏军。"

说完，刘备转身离去。

不日，刘备任命黄权为镇北将军，督江北诸军，自己则亲率诸将，从长江以南沿山截岭，在夷道猇亭驻军。

夷道县，汉朝时属南郡，几年前被陆逊占领，属吴国宜都郡。刘备率大军兵临城下，准备与吴国开战了。

此时，吴国诸将亦摩拳擦掌，准备应战。

吴军这边，也已部署停当，孙权以陆逊为大都督，假节，督朱然、潘璋、宋谦、韩当、徐盛、鲜于丹、孙桓等诸将，共五万人。

当年，曹操亲率数十万大军气势汹汹地杀奔而来，周瑜率五万水军出战。当时刘备说，五万水军恐怕太少。周瑜却说："不少，你只管观战就行。"果然，曹操兵败赤壁，周瑜一战成名，这一战也成了流传千古的以少胜多的著名战例。如今，久经沙场的刘备已经虚岁六十二，而陆逊不过虚岁四十，也不知雄心勃勃、目空一切的刘备是否会步曹操的后尘，成就陆逊的一段千古传奇？

陆逊率领诸将，居高望远，见蜀军营帐沿江而设，起起伏伏，心中滋味复杂难言。这时，身旁诸将早就按捺不住，大声叫道："大都督，刘备老贼都出兵了，你还犹豫什么！"

陆逊望了半响，才缓缓说道："刘备举军东下，锐气正盛，且其顺流而下，据守险要之地，易守难攻。即使一时发起攻击，亦不能速战速决。若战势稍有不利，影响全局，那就成了大问题。"

诸将一听，都不服地问道："那依大都督之见，现在该怎么办？"

陆逊沉吟片刻，这才说道："为今之计，宜按兵不动，安抚将士，静观时变。"

诸将更是不服，都齐声叫道："都火烧眉毛了，还要静观时变吗？"

陆逊遥指远处，从容说道："《孙子兵法》有云：'夫地形者，兵之助也。料敌制胜，计险厄远近，上将之道也。知此而用战者必胜，不知此而用战者必败。'此处若是平原旷野，我方恐怕要受敌寇攻击角逐之苦。但举目望去，眼前尽是起伏的山峦。刘备沿山行军，军阵无法舒展，必会自困于山林之间，此刻我们应该等待时机，以逸待劳！"

诸将一听，又是不屑，又是激愤。一个声音冷冷传来："大都督，您这莫不是畏战了？"

陆逊一听，转头默然看向诸位将军。这才真正意识到，眼前这帮将领，个个都不好驾驭。

朱然，字义封，其父朱治曾追随孙坚和孙策南征北战，为江东立下了不世功勋。朱然曾深得孙策喜欢，并与孙权同窗学习，与之情同手足，可谓孙权一大心腹。潘璋，字文珪，他性情放荡，嗜酒如命，后因赊酒无数，无钱还债，便追随孙权，得其赏识，后被孙权拜为将军，招募士兵，围剿匪贼。合肥之战中，张辽屡次袭扰孙权，潘璋数次冲锋陷阵，为孙权解围，被拜为偏将军。孙权派兵袭杀关羽时，潘璋属下又擒住关羽之子关平等人，可谓一代功臣。徐盛，字文向，此人素来以勇气闻名于世。孙权主事以来，他征黄祖，拒曹公，立下了汗马功劳。孙权向曹丕称臣后，曹丕派邢贞前来册立孙权为吴王，当时徐盛便异常愤怒，恨不能奋身杀敌，吓得那邢贞出了一身冷汗，这才知道东吴猛将能臣辈出。至于宋谦和韩当，就更不用说了，这两人都曾跟随孙策南征北战，当年孙策与太史慈在神亭岭猝然相遇，大打出手时，两人就在孙策左右。至于孙桓，那更是孙氏宗室，这时做的是安东中郎将一职。

这么一看，眼前这帮将领各个身怀绝技，既为主上心腹，又是有功之臣，既是得力爪牙，又是宗室贵戚，而陆逊本人一介书生，该如何统领这帮久经沙场的老江湖？

陆逊将眼睛一闭，又想起了一件事。

当年，曹操率军陈兵赤壁时，孙权为了稳妥起见，曾拜老将程普和周瑜为左右都督。赤壁之战时，程普因为资历老，与周瑜之间常有争执，赖周瑜安抚得当，这才有了赤壁之战的大捷。如今的情形，若不安抚好眼前这帮功臣老将、公室贵戚，吴军能一举击败刘备吗？

想到这里，陆逊缓缓睁开眼，猛地一拍剑，昂首说道："诸君可知刘备是什么人？刘备其人，天下闻名，即便曹操亦对他颇为忌惮。今天刘备陈兵边境，可谓是一个强劲对手。诸君蒙受国恩，理当和睦相处，共破此虏，报答主上才是，为何如今却不听号令？我虽是一介书生，受的却是主上之命，主上委屈诸位听我指挥，自然是因为我还有些许长处。诸君本应各司其职，安敢推辞？"

话至此处，陆逊顿了顿，猛地抽出剑来，大声喝道："军有军规，令出必行，不可违背！"

说完，陆逊狠狠地朝空气挥了一剑。诸将为他气势所慑，面面相觑，一时无言。

半晌，诸位将领才缓过神来，拱手朗声说道："我们愿听从大都督指挥。"

陆逊神情肃穆，大声说道："没有我的命令，谁都不可轻举妄动。为今之计，先静观其变，再作决定。"

"听令！"诸将齐声说道。

陆逊按兵不动，刘备却悄然行动了。

刘备派人沿着垠山开辟了一条通往武陵的路，又派出侍中马良携带金帛财宝，前往五溪游说土蛮，对当地酋长授予官职，以扫清路障。紧接着，他又派人从巫峡开始筑营，营房堡垒前后相连，一直抵达夷陵地界，前后足有数十屯营。

一切布置妥当，刘备便以冯习为大督，统领全部人马，以张南为前部督，率兵出击。

然而让刘备大吃一惊的是，半年过去了，陆逊竟像是决意龟缩不出似的，将蜀军视若空气。这场战事久拖未决，蜀兵也被限制在了山里，无法伸展自如。

刘备登高而望，望了半晌，似乎明白了什么。他连忙召来将领吴班，悄悄叮嘱了几句，吴班听完便匆匆离去了。没过多久，只见吴班拉起一支数千人的队伍来到一块平地上，若无其事地扎起了营。

这边吴军诸将一看这情形，犹如恶狼看见了羊，兴奋至极。立即有人向陆逊报告，愿请缨出战，消灭这支数千人的蜀军队伍，为国立功。

陆逊听完，抬眼四望，脸色一片凝重。

吴国将领见陆逊半天不语，着急问道："大都督，您何不赶紧下令？"

半晌，陆逊摇头说道："刘备此举必有诈，且静观其变。"

"有诈？"吴军众将又是一片哗然。两军相持已有半年之久，好不容易看见对方主动送上门来，这么好的机会，怎会有诈？

陆逊似乎看出了诸将的心思，又说道："刘备征战半生，用兵老练，用这数千人马于平地扎营，不过是抛出的小小诱饵，就是要引得你我上当。一旦我们上当受骗，轻易出击，蜀军必有伏兵从斜谷杀将出来，将我军剿灭。我军一旦失利，便是失势。刘备得利，便是得势。且刘备居于上流，更会乘胜追击，气势如虹,如此,吴军就危险了!"

笼在诸位将军心头的迷雾顿时散去,众人不禁叹了口气,说道:"刘备果真如此阴险!"

陆逊微微一笑:"诸君若是不信,等着瞧瞧便是。"

陆逊自认是一介书生,却十分熟悉兵法人性。此刻,他克制住贪婪之心,就是为了避免上当。而那一边,刘备见陆逊按兵不动,心里一叹,悠悠说道:"此计已被陆逊识破,再躲起来就没意思了。"

说完,刘备只好令伏兵从斜谷出来,与吴班会合。

伏兵一出,山林间鸟雀惊飞,烟尘四起,惊得在远处观望的吴军将领直冒冷汗。果然如陆逊所料,若当初直接扑上去,恐怕就是螳螂捕蝉黄雀在后,此刻已经成了刘备砧板上的一块肉了。

吴军将领指着刘备伏兵对陆逊说道:"大都督英明,我们差点成了被吃掉的羊。"

陆逊轻轻一笑,从容说道:"之前之所以不听诸君之话,不愿贸然出击,就是料定对方会有这么一招。既然刘备已经亮出了爪牙,现在倒是一切都好办了。"

说完,陆逊转身回到军帐,立即给吴王孙权上了一道奏疏。

陆逊胸有成竹地写道:"夷陵乃要害之地,可谓吴国门户。此地虽易得,更易失。若失了此地,不仅有损于当地,更会令整个荆州陷入被动。所以今日之战,战则必胜,万望上下一心,共渡难关。刘备逆势而为,不牢牢守住自家,却将自己送上门来,可谓天赐良机。臣虽不才,愿借至尊神威,以顺讨逆,击败敌人。臣考察刘备历次行军用兵,总是败多胜少,由此推论,当不足为惧。最初,臣担忧他水陆并进,如今他却舍弃舟船,改用步兵,且处处扎营。臣已仔细观察其布置,料定其必不会再有其他变化。伏愿至尊高枕无忧,不必挂念!"

密信写成,陆逊派人用快马送出,即刻着手准备打响他此生最伟大的战役。想起来,这真叫人热血沸腾。昔日周瑜以赤壁一战而千古留名,而夷陵之战,也必将把他陆逊的名字载入史册。

此时已是闰六月。滔滔江水从三峡流经夷陵，在重峦叠嶂中，犹如巨蛇蜿蜒而走，回旋自如。湍急的江水一路奔腾，流至西陵峡口时，突然水流放缓。而夷陵正在峡口处，将吴蜀分隔开来，可谓国之门户。

陆逊率领诸将眺望峡口的蜀军，目光坚定地说道："我们与蜀军僵持已半年有余，决战之时，就在今日！"

诸将不解，纷纷说道："若要主动攻击刘备，何不在刘备刚刚抵达此地，立足未稳之时？如今蜀军沿江而下，已纵深五六百里，前后相守也已有七八个月，各地要害都已固守，此时出击，我们还有利可图吗？"

陆逊目光如炬，气定神闲地说道："刘备久征沙场，经验丰富，可谓老奸巨猾。蜀军初出征时，军队士气正盛，况且刘备思虑周全，我军岂可进击？如今双方已相持超过半年，他占不到我们半点便宜，又无计可施，必定士气低落，若要取胜，就在今日。"

话毕，陆逊便开始调兵遣将，他令安东中郎将孙桓亲率一支军队，前往夷道县攻击蜀军前锋。接着，又派出一支军队试探性攻击蜀军的一个屯营。蜀军据险而守，扎营得法，吴军刚冲上去，没过多久就被敌人给吃掉了。

吴国将领们远观战局，跌足叹息着对陆逊说道："早就说过了，蜀兵固守营地多时，防备有术，像这样贸然发动攻击，不过是徒然送死罢了！"

话才说完，有哨马来报，说安东中郎将孙桓被蜀兵围困，请求支援。

诸将一听说孙桓被围，又惊又怒，立即请求陆逊出兵救援。不料陆逊听说此事，却淡淡地说道："任他去，不用去救。"

诸将对此难以置信，吃惊地望着陆逊说道："孙安东可是公族，如今被蜀军围困，为何不去救他？"

陆逊镇定自若地说道："安东平日颇得士卒之心，且城池牢固，粮食充足，有什么可担忧的？待我的计策得以施展，即使不去救他，到时他一样能够自行脱困。"

诸将听得此话，更觉莫名其妙，又追问道："如今孙安东被围，派出去向蜀营发起进攻的士卒也已被吃掉，敢问大都督还有什么妙计？"

陆逊凝视着蜀兵连绵的屯营，缓缓说道："我已经知道该怎么对付他们了。"

诸将将信将疑地看着陆逊，又看了看那依山耸立的蜀营，实在是不知道陆逊葫芦里到底卖的是什么药。

正值盛夏时节，天气炎热干燥，暑气蒸腾，闷热非常。陆逊望了望西垂的太阳，抹了一把身上的汗水，对诸将问道："诸君以为刘备与曹操相比，如何？"

诸将齐声说道："刘备当然不及曹操。"

陆逊又问道："当年曹操陈兵长江，比今天刘备陈兵夷陵，又如何？"

诸将又说道："当年曹操陈兵长江，江东无人不怕，如今刘备与之相比，那可就差远了。"

陆逊听得一笑，再问道："当初我们对付曹操时，有多少兵？"

诸将异口同声地答道："三万！"

陆逊再问："如今我们对付刘备，又有多少人？"

诸将答道："五万！"

陆逊定定地望着诸将，不疾不徐地说道："周公瑾领三万水军，尚且能战胜曹操，刘玄德不如曹孟德，今天决战，我们有五万水军，还怕战胜不了刘备吗？"

诸将听得均是一愣，面面相觑，一时答不上来。

陆逊顿了顿，慢悠悠地问道："当初江东是如何破曹操数十万大军的，诸君可还记得？"

诸将苦笑道："先是火战，趁敌人自乱阵脚而击溃之。"

陆逊笑着拊掌说道："这就对了，今日之战，我们不如故伎重施，将这把火再点一次，也让刘备永生不忘。"

"用火攻？"诸将一听，各个眼睛发直，汗毛倒立，往远处的蜀营望去。

陆逊悠然一笑，气定神闲地遥指蜀营，侃侃说道："孙子兵法有云：'发火有时，起火有日。时者，天之燥也。'如今正是炎炎夏日，天气闷热，树叶干燥，遇火便着，且刘备数十座屯营皆在四面立起栅栏，用以自保。此虽貌似无懈可击，但却犯了兵家大忌。蜀营据险而立，连绵七百余里，前进难，后退亦难，此时若放一把火，火借风势，风助火攻，咱们再趁乱出击，我料定刘备逃不出这重峦叠嶂，必要埋骨于此。"

诸将听陆逊娓娓道来，一时恍然大悟，纷纷鼓掌叫妙。

陆逊摇头叹息道："时也！命也！当年曹操与袁绍在官渡决战，曹操用一把大火烧了袁绍的乌巢辎重，袁绍由此兵败；赤壁之战，曹操用铁索锁住了数十万大军，自以为越过长江如履平地，可惜天不助曹操，吹起一阵东南风，被周大都督用火攻之策，烧得曹操再也不敢陈兵东南；如今，我也要让刘备吃上一把火，叫他再不敢兵临夷陵，叩我国门！"

陆逊话才说毕，只听林中啪啪作响，漫山树摇。诸将望着天，都不禁一阵狂喜，叫道："大都督，起风了，是东风，东风。"

此时，太阳摇摇欲坠，就要西沉。东风沿江而起，朝西吹去，吹动了满山树叶，吹动了蜀国营垒那连绵不绝的旗帜。

陆逊望着天色，脸上露出了笑容。

老子说："飘风不终朝。"行军打仗的人都明白一个道理：昼风久，夜风止。黄昏之时吹起的这阵风，到夜里只会越来越猛，而天明之时必将停息。如果趁东风吹起时，在夜里用火攻，再趁乱出击，等明天一早，敌人定会尸横遍野。

诸将已经按捺不住内心的兴奋了，纷纷叫道："决战就在今日，大都督赶紧下令吧！"

风吹过山林，不过片刻，天色就暗得更快了。众鸟归林，猿猴悲鸣，好一个寂静的黄昏。趁着这越来越浓重的暮色，吴军有一支队伍犹如一群轻巧的猿猴，个个怀抱一束茅草，神不知鬼不觉地沿着山势向蜀军营地摸去。

这时，天色彻底暗了下来。蜀营里一片寂静。相持长达半年之久，蜀军被困在这山里，进退两难，真是快要憋出病来。这些日子，士兵们吃饱喝足，闲来无事，也就早早地睡下了。他们并不知道，在自己疲劳懈怠的时候，死神正悄然降临。

山里不知什么鸟忽然呜呜地叫了起来，此起彼伏，由近及远，听得人毛骨悚然。鸟叫声刚歇，蜀营外便亮起了一束火光，紧接着又有一束火光冒了出来，不知是什么被点燃了。这时风助火势，那燃烧的火焰竟如水面的波纹般迅速扩散——一座营寨被烧着了，两座营寨被烧着了，一座座营寨都顺次燃起来了。

兵法有云："火发而其兵静者，待而勿攻。"这是说，如果营外起火，营里却没有反应，说明敌人早有防备，不能轻举妄动。然而此时，山上起伏连绵的蜀军营寨中纷纷冒起火光，到处都是惊慌失措的悲鸣声，呼救声。陆逊遥望火光，静静地听着那沸腾喧嚣的声音，当即拔剑而起，朝天叫道："火势已成，胜利在望，杀！"

杀字一落地，满山埋伏的吴军便一跃而起，争先恐后地向蜀国军营扑去。吴军水陆并进，一齐发难，将蜀军打了个措手不及。在这场残酷的混战中，蜀军将领张南、冯习、胡王沙摩柯等人皆被斩首。蜀军四十座大营相继陷落，另有蜀将杜路及刘宁等人无路可逃，只得请降。

在一片喊杀声中，毫无防备的刘备惊慌失措，只能夺路而逃。不得已之下，他只得率领属兵直奔马鞍山，一逃到山顶，立即陈兵布防。陆逊听说刘备逃到了马鞍山，岂肯放弃这活捉刘备的大好时机，亲率诸军，将山团团围住。身后的这场大火烧得半边夜幕通红，在烈火的舔舐下，种种惨状不堪言表。刘备在马鞍山的守军亦敌不过吴军攻势，顷刻之间，便土崩瓦解。

不得已，刘备只得趁着夜色仓皇逃跑。

刘备一逃，吴军自然紧追不舍。此处山路狭窄，道路奇险，又只有小路可走。刘备见吴军紧咬不放，挥剑对驿站官兵叫道："放火，拦住他们！"

可惜山道驿站的蜀兵无火可放，只得将败逃之兵丢弃的铠甲或兵器等通通堆起来堵住山路，然后浇上油，点起一把火。冲天的火光犹如一道巨大的火墙，堵住了吴军的追兵。有了这一道救命的火墙，刘备终于得以逃脱，跑进了白帝城。

这吞噬万千生灵的厮杀声，震天动地地响了整整一夜。

刘备在白帝城里痛苦煎熬着过了一夜。第二天，天色微明，喊杀声渐渐平息。刘备登高远望，只见茫茫江雾笼罩着群山。等太阳渐渐升起，山雾尽散，他终于看清了这战场的惨状——蜀军的舟船、器械、水陆军资，全被吴军夺得一干二净。而蜀兵尸骸塞江而下，惨不忍睹。

刘备呆呆地望了半晌，又是羞愧，又是悲愤地说道："我怎么会被陆逊小儿折辱，这定是老天爷干的呀！"

一语落地，真让人哭笑不得。

想当年，项羽兵败，英雄走上了末路，眼看大势已去，无可挽救，却不懂自我反省，反而仰天长叹，对下属说道："今日之败，是天将亡我，非战之罪也！"

和项羽一样，四百年后的这一天，当刘备孤独地立于这苍凉的白帝城上，面对惨烈的败局时，竟也有如出一辙的仰天一叹。

先是不听劝告，以身犯险，当敌人扼守关隘，无法前进时，与之僵持不下长达七八月，直到敌人趁其懈怠，突然发起火攻，竟一败涂地，这难道也能怪天吗？

陆逊料事如神，事事尽在掌中，志在必胜。果然不出其所料，火攻之计一成，被蜀兵包围的孙桓也就自然而然脱困了。孙桓率兵归来，见到陆逊，感叹地说道："刚被围时，不见救兵，心里对您十分怨恨。如今看来，真是错怪了大都督，还是您调度有方啊！"

陆逊在夷陵一战成名，奏凯而还。吴王孙权闻讯，亲自前来慰问。君臣相见，孙权心里不胜唏嘘。东汉末年，群雄逐鹿中原，三分天下的英雄们中，曹操和刘备这两位纵横天下的"老江湖"，竟然都输给了年轻的孙权。而孙权之所以能赢，全因为江东出了周瑜和陆逊这样的青年才俊。

这时，孙权才知道诸位将军与陆逊争执，被陆逊按剑呵斥的事情，心里不由一惊，对陆逊说道："诸将不听调度，公为何不向孤奏明此事？"

陆逊肃然说道："臣深受国恩，承受的重任大于个人才能。且诸将之中既有德高望重的老将及公族贵戚，又有您的心腹重臣，臣理当与他们共克大敌，成就大事。臣虽愚钝，却仰慕昔日蔺相如、寇恂为国事忍让之义。"

孙权一听，心里不禁对陆逊赞叹不已，自然也想起了蔺相如与寇恂这两段典故。

蔺相如是战国时代赵国人。最初他只是一个小小舍人，后出使秦国，因完璧归赵之功被赵王赏识，拜为上大夫。后来，蔺相如陪侍赵王参加渑池之会，席间秦王令赵王为其鼓瑟，却不肯为赵王回礼击缶，蔺相如无所畏惧，大声呵斥秦王，逼迫秦王向赵王回礼。蔺相如为赵国挽回了颜面，秦国也没占到便宜。回去后，蔺相如便被赵王拜为上卿，位于大将军廉颇之上。之后，心存不服的廉颇屡屡想羞辱蔺相如，不料蔺相如为赵国君臣团结考虑，多次有意避开廉颇。廉颇明白蔺相如心志后，心生惭愧，负荆请罪，从此将相相和，留下了一段千古佳话。

寇恂则是东汉开国元勋。寇恂有治世之才，被刘秀拜为颍川太守。当时执金吾贾复的部将杀了人，寇恂将其下狱，并按律将其斩首。贾复得知此事，深以为耻，对部众说道："我与寇恂一同为官，今天却被他羞辱，大丈夫岂能忍受？待我与他相见，必叫他吃我一剑！"寇恂听说此事，时时避让贾复，不与其相见。有人对寇恂的做法十分不解，寇恂却解释道："昔日蔺相如不畏惧秦王而避让廉颇，那是顾及国家大义，区区赵国尚知此义，我身居高位，岂可因私仇而忘却国家大义？"之后，刘秀得知寇恂与贾复结仇之事，便劝道："天下未定，两虎安得私斗？"在寇恂的避让和刘秀的劝导下，贾复这才与寇恂重归于好。

如今强魏在北，刘备在西，三国分立，天下未定，不也正是需要将相和睦，共定天下吗？陆逊身为统帅，大敌当前而镇定自若，忍让诸将，共克大敌，真可谓吴国的栋梁啊！

想到这里，孙权仰起头哈哈大笑，对陆逊道："你做得对。江东有如此大才，何愁天下不定？"

说罢，孙权便宣布赏赐诸将，加拜陆逊为辅国将军，领荆州牧，改封江陵侯。

庆功宴毕，诸将闻知刘备尚在白帝城，无不摩拳擦掌，纷纷请战。徐盛、潘璋、宋谦等联合上书，对孙权竞相夸口道："刘备必可活捉，请求主上乘胜追击！"

孙权便召陆逊前来询问："诸将求战，你如何看？"

此次陪陆逊前来见孙权的还有朱然，朱然率先说道："此事万万不可。"

孙权疑惑地问："有何不可？"

朱然望了望陆逊，欲言又止。良久，只听陆逊缓缓说道："至尊可还记得关羽之败？"

孙权一脸疑惑，问："关羽之败与刘备夷陵之败有何关系？"

陆逊侃侃答道："当初关羽败逃，曹孟德尚在世，却没有派兵追杀关羽，就是担心关羽被杀，东吴解除了危机后，便转头对付他曹操。如今之势，何其相似。曹丕对外宣称帮助东吴讨伐刘备，实则内怀奸心，率一群虎狼之臣对江东虎视眈眈。此时东吴若一举剿灭刘备，曹丕西南方向的威胁彻底消除，他定会全力对付江东，到时江东又能以谁为依靠？留得刘备在，便能牵制曹丕，他便不敢对江东轻举妄动！"

陆逊话音落地，朱然亦昂首叫道："主上，大都督所说，正是臣心中所想。"

孙权一听，望望朱然，又望望陆逊，点头赞道："此话有理。夷陵之战，咱们就点到为止，留下刘备这只老虎，料曹丕君臣那群恶狼也不敢与东吴为敌。"

孙权一锤定音，决定不再追击刘备，便悠然转身，回武昌去了。

风依然吹拂着长江，吹过弥漫着哀伤的白帝城。年逾六旬的刘备困守于此，既无法前进，又无法后退，何等凄凉！不久，刘备退守白帝城的消息传入了成都城。成都城丞相府里，灯前，诸葛亮独自端坐，案几上放着一张军中急报，他一时失神，神情恍惚。

良久，诸葛亮仰头叹息，自言自语道："孝直啊，若你还在，必能制止主上此次东征，即使随军东行，也一定不会让主上陷入危机之中。"

孝直，即法正。刘备东行时，有奇谋智术的法正已经溘然长逝。赵云和黄权的话，刘备或许不听，可法正如果还活着，他来劝阻刘备，倒是有可能奏效。可诸葛亮也是刘备的左膀右臂，他为何不劝阻刘备，反而在事后叹息呢？《孙子兵法》有云："主不可以怒而兴师，将不可以愠而致战；合于利而动，不合于利而止。怒可以复喜，愠可以复悦，亡国不可以复存，死者不可以复生也。"此中道理，难道诸葛亮不懂？既然他懂，又为何不肯劝阻刘备？

事实上，诸葛亮当初也没料到，事情会如此结果。

诸葛亮心里自然是反对刘备与东吴交恶的。但是荆州之失及关羽之死，让刘备恼羞不已，积怒在心。诸葛亮与刘备共事多年，深知其个性，若在其盛怒之时劝阻，多数是无法奏效的。而他打消劝阻之念，当然还有一个考虑，那就是蜀军居于长江上游，能借助地形优势。以刘备毕生丰富的征战经验，即使不胜，想必也不会大败而返。岂料人算不如天算，江东竟有这么一个不世出的军事天才陆逊，将刘备的一举一动都看得清清楚楚，并伺机一举击破了蜀国军队。

夷陵之败，难道真的是天意？

事已至此，诸葛亮只能揣着明白装糊涂。夷陵之败，他当然不能怪罪主上。身为丞相，只能想方设法为主上开脱一切罪责。当初袁绍在官渡之战前，受到田丰等人劝阻说："不要贸然行动，轻易出战，战则必危。"不料，田丰一席话惹得袁绍大怒，被关了起来。官渡之战失败后，袁绍反省自己了吗？当然没有。他非但没有释放田丰，反而恼羞成怒，派人将田丰杀了。袁绍气量狭小，曹操也好不到哪儿去。曹操在赤壁之战中吃了败仗，竟还大言不惭地给孙权送去了一封信，信上说："赤壁之战，恰逢瘟疫横行，孤烧船自退，竟使周瑜小儿虚获大名。"曹操数十万大军输给了周瑜的五万水军，心中自然是有一万个不服，所以退军路上他还说了一句："若是郭奉孝在，孤不至于沦落至此。"如今刘备输给后起之秀陆逊，诸葛亮当然知道他心里亦有一万个不服，只能替刘备开脱道："若是孝直在，主上便不至于陷入如此危险的境地！"刘备自己也叹道："此次战役，我为陆逊小儿所折辱，这难道不是老天爷的意思？"

这恐怕就是人的劣根性的一种。

袁绍、曹操、刘备等人人性的弱点在失败面前暴露无遗。若能找出一个可以充当正面典型，冲破人性盲区的人，或许要数汉高祖刘邦。

无论如何，如今败局已定，叹息也好，埋怨也罢，又有何用？所谓当局者迷，旁观者清。当刘备连营七百余里，准备与吴国开战时，有人已经断定不出数日，刘备必败。

作出这个判断的人，正是曹丕。

蜀吴相争，曹丕远在洛阳观战，心里自然是惬意无比。表面上看，他选择站在孙权这一方，支持吴国对抗刘备，可谁知道他心里想的究竟是什么。当曹丕听说刘备于长江沿岸的山林之地结营七百余里，心里不禁冷笑，对群臣慢悠悠地说道："刘备败局已定！"

群臣一时不解，问道："陛下何以见得？"

曹丕摇头叹息道："《孙子兵法》有云：'不知山林、险阻、沮泽之形者，不能行军。'刘备不知兵法，竟然在地势险峻之处扎营，还将营寨前后连接长达七百里，这已犯了兵家大忌。朕料定不出数日，孙权报捷的奏书就要送到朕这里来了。"

所谓不被蛇咬，不知蛇的可怕。当初曹操就是用铁索连接战船，才让周瑜有机可乘，刘备身为赤壁之战的参与者，怎么会如此不长记性？

真是可悲可叹！

曹丕的叹息声还未散去，孙权的报捷书信果然就到了。

但是，曹丕看着孙权的奏书，却半点也笑不出来。他不希望孙权赢，当然也不想刘备输。他最想看到的结果当然是双方展开一场旷日持久的恶斗，直斗到两败俱伤，无力挣扎，然后他再坐收渔利。但是，孙权却让他的心愿落空了。

终究是人算不如天算。曹丕轻叹一声，缓缓闭上眼，不想再说话了。

转眼就到了七月。七月，冀州大旱，到处爆发饥荒。此时，长江以北亦是一片狼藉。夷陵之战，刘备虽然逃脱，匆忙之下却忘了在江北防备魏军南下的黄权。此时的黄权叫苦连天，却无可奈何。他想撤兵返回蜀国，却发现道路已被东吴截断。既无法返回蜀地,又不能向吴国投降,思前想后,他决定率军投降魏国。

黄权投降魏国的消息传回蜀国,蜀国官员立即向刘备请示逮捕黄权的妻儿老小。刘备听后,半天不语,良久,才摇头说道:"是孤负了黄权,黄权并未负孤!"

一语落地,令人唏嘘。刘备自诩汉高祖刘邦后裔,总算还有些高祖遗风,在重大错误面前,毕竟是低头认错了。夷陵之战前,黄权就曾劝说刘备在后方留守,让他为前锋,去与吴军交战。现在看来,黄权竟是对的。且黄权被吴国所迫,无路可去,不投降吴国而投降魏国,亦在情理之中。既然如此,刘备又有何理由去拘捕人家的妻儿老小呢?

刘备传令,不许拘捕黄权全家,待之如初。

或许,这就是刘备承认过失、承担罪责的另类表达吧!

此时,在遥远的洛阳城里,曹丕听闻黄权率军前来投降,喜出望外,亲自召见黄权。蜀吴相争,他本就渴望从中渔利。如今看来,黄权来降,就是一大好处啊。

曹丕备酒设宴,为黄权接风洗尘。酒过三巡,曹丕饮了一口酒,啧啧赞道:"君舍逆效顺,不远千里前来投奔,是仰慕古人之风,效仿过去的陈平、韩信啊!"

想当年,楚汉争霸之时,陈平、韩信曾于西楚霸王项羽麾下效命。岂料项羽徒有匹夫之勇而无识才之能,陈平、韩信先后离开项羽,转投刘邦。刘邦识才,让陈平和韩信各自建功立业,大放光芒。如今曹丕重提汉朝典故,将黄权比作陈平、韩信,也算是十分抬举了。

黄权不禁叹息道:"陛下言过其实了!"

"哦?"曹丕两眼定定地望着黄权。

黄权顿了顿,缓缓地说道:"臣曾受汉主厚待,于臣而言,降吴绝不可能。然还蜀无路,只能前来向陛下效命。且败军之将,免死即为侥幸,何敢慕古人之风！"

"公所言极是！"曹丕顿了一下，又问道，"不知将军在蜀中担任什么职位？"

黄权一听，望着曹丕，羞愧地说道："任镇北将军一职。"

曹丕若有所悟地说："刘备可是要你防备我魏军南下？"

黄权重重地点头："正是！"

曹丕突然仰头哈哈大笑："天意！一切都是天意啊！"

黄权愣愣地望着曹丕，一时莫名其妙。

曹丕笑了一会儿，才缓缓说道："夷陵之战，刘备不以公为前锋，反而以公为镇北将军，此为一大失策；刘备亲率大军，竟于山林险阻中以木栅连营七百余里，犯了致命的过错。如今，刘备败北，公率军来投我，是天助曹而不助刘，天意啊！"

曹丕一席话说得黄权心情愈加沉重，半天不语。

良久，曹丕眼中流露出得意之色，悠然说道："公既然前来效命，朕就拜你为镇南将军，封育阳侯。南边是非多，以后就拜托将军了！"

黄权一听，连忙拱手说道："臣遵命！"

曹丕若有所思地顿了一下，又想起一事。昔日陈平舍弃项羽转投高祖刘邦，刘邦问陈平居楚时担任什么官职，陈平答曰：都尉。高祖刘邦便拜陈平为都尉，又让他当了自己的护卫统领。今日，黄权既已被封为镇南将军，是不是还缺了点什么？

半晌，曹丕回过神来，感叹道："朕加拜你为侍中，今后与朕同进同出。"

黄权愕然，连忙说道："臣何德何能，能陪在陛下左右？"

曹丕哈哈一笑，说道："既然公有陈平之举，朕便以陈平之才待公，有何不妥？"

黄权听得又是羞愧，又是激动，忙不迭地说道："陛下之恩，臣不敢忘；陛下之命，臣不敢辞！"

曹丕又是哈哈一笑，举起酒杯肃然道："天下未定，朕愿与公共克大敌，开创万世基业。"

黄权亦举起酒杯，君臣对饮。

曹丕为人，一举一动，必有打算，向来思虑缜密。关键之时，必有关键之举。他拜黄权为镇南将军，意图十分明显，就是想用其对付孙权，助自己一臂之力。他跟孙权周旋多时，或许现在已经到摊牌的时刻了。

曹丕为何想跟孙权翻脸？那是因为他自觉上了孙权的当。一想起这事，他心中就隐隐作痛。

之前，孙权将于禁送回来时，还将于禁的护军浩周以及军司马东里衮一并送回来了。孙权这样做，看起来真是诚意十足。曹丕当然高兴，便将浩周和东里衮召来询问："孙权此人可信吗？"

护军浩周爽快答道："孙权臣服之意，十分真诚。"

军司马东里衮却摇头说道："依臣之见，此人不一定是真心称臣。"

曹丕一听，看了看浩周，又看了看东里衮。良久，才说道："朕心里有数了。"

当时，曹丕选择了相信浩周，便派人封孙权为吴王。之后，曹丕又派浩周出使吴国。浩周对吴王孙权说道："陛下不信大王会让太子入朝为质，臣便以全家百余口性命为担保，这才取信于陛下。"

孙权听后，泪湿衣襟，指天发誓，说一定会让太子入朝。

浩周得到孙权的许诺，心满意足地回魏国复命去了。不料，曹丕左等右等，就是不见孙权将太子孙登送来。每次追问，孙权都以虚辞拖延，顾左右而言他，就是不见实际行动。曹丕见状，便派人告诉孙权，他准备派侍中辛毗和尚书桓阶前往东吴与孙权订立盟约，并让孙权遣太子入朝为质。孙权一听此消息，只好回话说，盟约之事，决不接受。

既然不肯遣送太子入朝，就说明之前所说的那些话，通通都是骗人的。

曹丕被激怒了。看来，只有兵临城下，才能令孙权乖乖低头。

主不可以怒而兴师。怒而兴师，乃是不祥之兆。曹丕默默地想了想，决定还是先找个人来问问。

曹丕想找的人，正是贾诩。

在魏国的政治舞台上，贾诩是一个十分低调的人。当初，曹操想立太子，左右为难之时，贾诩提起袁本初和刘景升父子的故事，点醒了曹操，曹操这才决意按嫡长子继承制立曹丕为太子。曹操立太子后，贾诩却没有以此邀功。他自知不是曹操旧臣，又长于谋略智术，害怕被人猜忌，便关门自守，谢绝私交。即便贾家男女婚嫁，亦不敢和高门大姓结亲。尽管贾诩把自己包裹得严严实实，半点不漏，天下人一谈论起有智慧、有谋略的人，还是会想起他来。也正因如此，曹丕登基后，便拜贾诩为太尉，封其为魏寿乡侯。

如今，曹丕想对孙权用兵，贾诩身为太尉，自然该问他一问。

曹丕亲自前往太尉府，一见到贾诩，就问道："朕欲讨伐抗命者以统一天下，不知吴蜀两国，该先讨伐哪一国？"

贾诩沉吟良久，缓缓说道："攻城略地，需先手握兵权，建立大业，崇尚德政，教化万民。陛下顺天受命，安抚四海，宜以德行抚育百姓而等待时机，如此，平定天下也就不难了。"

曹丕默然不语，等着贾诩把话说完。

贾诩顿了顿，又继续说道："吴、蜀虽是蕞尔小国，却都有险可守。刘备有雄才大略，诸葛亮有治国之才，孙权能明辨虚实，陆逊则料敌如神。两国有如此君臣，且又据险以自守，水军游于江河之间，恐怕一时难以取胜。所谓用兵之道，先胜而后战，先衡量敌人的虚实再选择良将，这样一旦开战，才能作出正确的决策。臣以为，魏如今国之内，群臣之间，无人可与刘备、孙权抗衡。即使陛下亲率大军出征，也未必有胜算。所以，依臣之见，若为长远计，应先安抚百姓，推行德政，再相机而动。"

曹丕听了这番话，神情恍惚。良久，他才回过神来，沉声问道："依贾太尉之见，是不同意用兵喽？"

贾诩身体一颤，用浑浊的双眼望着曹丕，语气虚弱："陛下，老臣今年已七十有六，行将就木，不过是一具还能动的僵尸罢了。陛下若是亲征，老臣行动不便，也是心有余而力不足。古人语，鸟之将死，其声也哀；人之将死，其言也善。老臣这番话，也算是尽忠之言，愿陛下三思而后行。"

曹丕一听，眉头微微一皱，说道："朕知道该怎么做了，贾太尉就先歇息吧。"

曹丕说完，就站起身来，头也不回地走了。

贾诩看着曹丕离去的背影，嘴角不由一阵颤抖。自从跟随董卓南征北讨，他献计无数，从未失算。回首往昔，凡听其计者，皆能收获惊喜，凡不听其计者，无不跌足叹息。贾诩自知此生最后一计已献给了曹丕，不过看来不会被采纳了。

"曹公啊，为了江山基业，臣已经尽力了。"贾诩心里默念，缓缓闭上眼睛，眼角淌下了两行浊泪。

曹丕一离开太尉府，他打算出兵东吴的消息便在洛阳官场传开了。这时，侍中刘晔闻讯匆匆赶来求见曹丕。

刘晔一见到曹丕，劈头便问："臣听说陛下要亲征东吴？"

曹丕微微一笑，叹息一声，说道："刘侍中啊刘侍中，你果然料事如神。当初孙权称臣请降，你曾说，孙权突然请降，必然事出有因，如今一看，孙权果然是为了对付刘备，不得已才向朕请降。孙权全力对付刘备时，你又劝朕向东吴出兵，奈何朕当时看走了眼，没有听从你的建议。但是如今朕实在咽不下这口气，决定对孙权用兵，不知侍中有何见解？"

刘晔一听，急得直跺脚，连声说道："陛下，万万不可啊！"

曹丕定睛望向刘晔，讶然问道："之前满朝文武无人同意出兵东吴，只有你提议用兵，如今朕决意对东吴用兵，难道不是正合你的意吗？"

刘晔一听，一时急得不知如何是好。正踌躇间，他想起了当初自己以主簿身份随曹操出征刘备之事。当时曹操夺取了汉中，刘晔曾提议乘胜追击，杀向成都，曹操有所顾虑，没有采纳他的建议。几天后，曹操再问刘晔，此时可否向成都进军。刘晔却摇头说，形势已经大变，机会已失，现在出兵，为时已晚。曹操只好撤兵。不料今天，曹丕竟然又犯了一样的错误。

当初刘备挥师东进，那正是进攻东吴最佳时机。现在夷陵之战已经结束，东吴大胜，士气正旺，曹丕现在出兵，能有几成胜算？

想到这里，刘晔摇头说道："兵势无常。此一时，彼一时。夷陵一战，孙权得志，吴国万众一心。且东吴以长江大湖为天然屏障，此时绝不可仓促出兵啊！"

曹丕一听，心里十分不悦，默了半晌，冷冷地说："就是因为孙权得志，我才要挫一挫他的锐气！他答应遣太子入朝为质，说来说去，最后却是一场骗人的把戏。你说这口气，朕能忍吗？"

刘晔娓娓劝道："向东吴用兵，不在一时。我们可以再等战机出现。"

曹丕冷笑一声："战机？现在就是最好的战机。当初公劝朕出兵时，朕见他姿态卑屈，便未出兵征讨。如今他翻脸不认账，不肯送太子入朝为质，那朕还客气什么？这不正是最佳的战机吗！"

刘晔急得又说道："主不可怒而兴兵，陛下三思啊。"

曹丕一听，仰头哈哈大笑："朕并未发怒，朕正得意这战机的降临呢。好了，朕意已决，公无须多言。"

说完，曹丕转身离去。刘晔一人呆呆站在原地，失魂落魄。

时间很快就进入了九月。晚秋时节，天气转凉，放眼望去，一派肃杀的景象。不久，曹丕与孙权终于兵戈相向，这茫茫天地之间，又将再度燃起战火。曹丕命令征东大将军曹休、前将军张辽、镇东将军臧霸率军从洞口出发，令大将军曹仁出濡须，令上军大将军曹真、征南大将军夏侯尚、左将军张郃、右将军徐晃包围南郡。此时，东吴亦调兵遣将，孙权以建威将军吕范统领五路军马，以水军抵挡曹休；遣左将军诸葛瑾、平北将军潘璋、将军杨粲等救援南郡，裨将军朱桓则率军与曹仁在濡须对峙。真是箭在弦上，不得不发。

一个月后，十月初三这天，曹丕突然发布了一道诏书——他决定在洛阳附近的首阳山东侧建造自己的陵墓。曹丕要求丧礼一切从俭，不用金银明器，一律用瓦器，并下令将这份诏书藏于宗庙，副本则放在尚书、秘书、三府。

虽然古代皇帝们都是生前就开始建造陵墓，但曹丕今年不过三十六岁，且此时魏吴两国即将开战，颁布此诏，可真是耐人寻味。似乎这是曹丕在向世人宣告，他已经做好了必死的准备。

就在曹丕准备兴兵的时候，孙权的态度似乎又发生了改变。东吴境内，尚有诸多土著未被征服。内有心腹之患，外有强敌，孙权不得不给曹丕上书，在书中以卑微至极的言辞、自责的态度说道："若您认定我罪大恶极，定不肯容我，那么就允许我把土地还给人民，寄居交州终老一生吧。"

孙权的态度十分明显，魏吴两国若是交战，遭罪的还是百姓。

贾诩曾对曹丕说，孙权是个能明辨虚实的人。但何为虚，何为实，恐怕只有孙权心里明白。从曹操时代到现在，孙权总是以无比卑微的姿态，对曹氏父子说着表面恳切的辞令，背地里却热切地追逐着最实在的利益。为了那实在的利益，他从不在乎说过多少甜蜜的谎言。在这两国即将兵戎相见的当口，他竟企图以最卑屈的姿态麻痹敌人！

孙权似乎要将那套骗人的把戏坚持到底了。接着，他又给浩周写了封信，说想为太子孙登向曹氏宗室求婚。又说孙登年幼，想派孙长绪和张子布随孙登一起入朝为质。这话说了一次又一次，曹丕和浩周这对屡屡被骗的君臣早就听腻了。正所谓听其言，观其行，一切漂亮的外交辞令，没有实际行动作支撑，永远只是一纸空言。

曹丕收到孙权的文书后，两眼一瞪，冷笑一声，毫不客气地回信道："朕与君之间，大义已定。君以为朕喜欢劳师远征，远赴长江汉水吗？如果你早上将孙登送来，那朕晚上就撤兵。"

何谓大义已定？按曹丕的说法，吴国向魏国称臣，魏国则为宗主国，这便是大义。如果孙权当真认可这君臣关系，就马上把孙登送来，以示诚意。不然的话，双方就只能兵戎相见了。

很快，孙权收到了曹丕的回信，他看了半天，叹了口气，心里知道，那套说辞已经彻底失灵了。

既然已经撕破脸，那就开战吧！

孙权一怒之下，改元黄武，亲率大军赶赴长江边，与魏军抗衡。

当初曹丕刚刚登基时，就改元黄初；后来刘备称帝，又改元章武；如今孙权亦改元黄武。这些年号究竟是什么意思，认真追究起来，这里面还大有文章。按五德始终说，东汉崇尚火德，曹丕取代东汉，就须代之以土德。土德崇尚黄色，于是便改年号为"黄初"。刘备自诩为高祖后裔，只能继承火德，将事业进行到底。"章"字意为秩序、条理，而"武"则是武力、武功、征伐之意。刘备改元"章武"，就是想通过赫赫武功，让汉朝天下恢复条理和秩序。而孙权改元"黄初"的意图也相当明确，就是表明不愿再向曹丕称臣，也要"自立门户"称帝。

孙权心中自然不服：曹丕能称帝，为何我不能？曹丕能取代东汉，为何我就不能？黄武，就是表明他要以武力征服天下，从曹丕手中抢走这土德之运。

孙权的狐狸尾巴终于露出来了！三国时代，从此正式开启。

那一边，曹丕见孙权不再称臣，气得一蹦三丈高，立即从许昌出发，踏上南征之路。

十一月十一日，曹丕抵达宛县。

曹丕刚到宛县，远在洞口（今安徽省和县南长江渡口）的征东大将军曹休就来信了。

曹休，字文烈，曹操同族子侄。东汉末年，天下大乱，曹氏宗族四散，各自逃离乡里。当时曹休不过十余岁，父亲去世后，他独自与一位门客办了丧事，便带上母亲，渡江逃往吴郡。后来，曹休听说曹操举兵，便改名换姓回到北方求见曹操。曹操一见曹休便夸道："此吾家千里驹也！"此后便令曹休与曹丕同起同住，吃穿用度皆与曹操亲子无异。此后，曹休便跟随曹操出征，在军中担任虎豹骑宿卫统领一职。当年，曹操率兵进入汉中讨伐刘备时，以曹洪为帅，任命曹休为骑都尉。曹操曾对曹休说道："你名义上是参谋，实际上是统帅！"这话传到曹洪耳朵里，曹洪便事事听从曹休指令。曹休也不负曹操所望，在汉中大破刘备属将吴兰，连虎将张飞亦只能闻讯而逃。曹操死后，曹丕登基，曹休更是一路升迁，被拜为镇南将军，统领诸路军马。此次出征，曹丕便任命曹休为征东大将军，统帅各路人马。

曹休出师时，文帝曹丕亲自为他送别，临行前，曹丕下车，紧紧握住曹休的手，那托付之意，不言而喻。在这紧要关头，曹休岂能辜负曹丕所托？他在洞口扎营后，雄心万丈地给远在宛县的曹丕写了一封请战书，说道："臣愿亲率精锐，横渡长江，从江南之地取得补给。臣若遭遇不幸，请陛下万勿挂怀。"

曹丕看着信，心里立即火烧一样着急起来。

说到行军打仗，一定要谋定而后动。有利则上，无利则止。曹休身为主帅，没有制胜的方案，仅凭胆量就想征服江东，这绝非取胜之道啊。

曹丕一时手足无措，埋头叹息，不知如何是好。

这时，有人见曹丕满脸忧色，便说道："陛下满脸忧愁，是因为安东大将军曹休要横渡长江之事吗？"

曹丕猛地抬头，定睛一看，来者竟然是董昭。

董昭何许人也？说来令人唏嘘。当初，曹操纵横天下，身边有众多谋臣，然而风流总被雨打风吹去——郭嘉走了，荀彧走了，程昱走了，贾诩也已经老得走不动了，刘晔被曹丕厌弃。如今留在曹丕身边，为他出谋划策的，也就只有董昭了。

曹丕见到董昭，犹如见到救命稻草，连忙问道："安东大将军想横渡长江，与敌人交战，公以为如何？"

董昭立即摇头，神情严肃地说道："难。"

曹丕紧紧盯着董昭问："难在何处？"

董昭心中似有万千韬略，目光炯炯地望着曹丕说道："魏师之中，唯曹休愿渡江作战，然而独木难成林，此事要成，须诸将配合才行。臧霸等人既富且贵，毫无斗志，无法配合，因此困难。诸位将领如今不过是想保住爵位，岂肯冒险？

一旦曹休孤身涉险，必会受挫。到那时，即使陛下命令诸将渡江，他们也会犹豫不决，不听命令啊！"

董昭一席话正合曹丕心中所想。曹丕听得冷汗直冒，顿了顿，又问道："那么当务之急，如何是好？"

董昭道："陈兵长江，以待时变。"

曹丕沉吟良久，这才说道："那我就先按兵不动，不让曹休出兵。"

当时的洞口是长江中下游的重要渡口。此时风卷长江，巨浪滔天。长江以北，曹休、张辽和臧霸等将领正虎视眈眈。与其隔江相对的正是东吴老将吕范。之前，孙权拜吕范为平南将军，屯兵柴桑；后孙权迁都武昌，便改拜吕范为建威将军，封其为宛陵侯，任丹杨太守，治理建业，督管扶州至大海这一片区域。

东吴将领各个枕戈待旦，提防着曹休等渡江，一旦魏军渡江，建业便沦陷在即。吕范身系建业之安危，岂能让曹休得志？

吕范率领徐盛、全琮、孙韶等人，全神贯注，时刻紧盯着对岸。

两边都在等待战机的出现。

这时，天地之间爆发出长江巨浪的怒吼声，天不知不觉地暗了下来，接着，江上起了狂风，狂风掀起巨浪，猛烈地拍打着战船。那拍打之声一阵接着一阵，叫人胆寒。

在巨浪的拍打下，战船开始摇晃，吕范听着这巨浪声，望着随波摇摆的战船，又看了看灰暗的天空，心中顿然涌起一阵恐惧。

"传令！将战船系牢！"吕范大喊一声，便跑下了船板。

吴国将士得了军令，立即跑去拉绳索。江面上风声如吼，人声鼎沸，大家都忙得不可开交。

这阵狂风是从东南方向吹来的。隆冬十一月，海上难见台风，这狂风是怎么起来的，真叫人莫名其妙。狂风大作时，曹休也正在对岸远望。他看见东吴水军战船东摇西晃，心里不由一阵狂喜。只听他迎风大声呼喊道："天助我也！战机来了！"

诸将闻言一惊，纷纷赶了过来。

此时，凶暴的狂风横扫东吴战船，折断船桅，拽断船索，吹散船只。那些被吹散的战船晃晃悠悠地向北岸漂来。

这简直如有神助，将肉白白地送到嘴边！曹休当即下令准备战斗。

当东吴那些被暴风吹散的战船漂过长江中线，继续向北岸漂来时，曹军战船四出，犹如恶狼扑羊，围着被吹散的东吴战船撕咬。吴军战船上一片鬼哭狼嚎，被斩杀者及俘虏者数以千计。

此时，一匹快马仰天长嘶，向宛县奔去。没过多久，曹丕得知长江起大风，东吴战船被吹散，曹军大胜，心中一阵狂喜。本来犹豫是否出兵横渡长江的曹丕当即下令魏军乘胜追击，杀过长江。

这匹嘶鸣的战马，又将曹丕的诏书从宛县快速送回了洞口。

诏书抵达曹休军营时，长江已是一片风平浪静。东吴援军及时赶到，与曹军在长江中鏖战了几个回合，便鸣金收兵了。然而，曹休一看到曹丕准许渡江作战的诏书，便两眼放光，心里狂喜，认为建立不朽功业的机会已经到了。

曹休举目远望，只见东吴水军正晃晃悠悠地返回南岸，立即命臧霸率军追击。

臧霸领命而去。奈何东吴已做好万全准备，见曹军追来，立即调头与之激战。这一战，东吴大胜，将魏军打了个落花流水，魏军将军尹卢战死。

这一来一去，算是扯平了。

十一月三十日，天上出现了日食。

孙权在武昌城头仰望天空，默然不语。此时，他已经得知曹军与吕范水军在长江打了个遭遇战。东吴水军虽然受损，但对方亦有损失。然而让他忧愁的是，此次曹丕举国之力而来，不再像赤壁之战后的虚晃一枪，装装样子。如此看来，两国必有恶战。既然如此，必得稳住长江上游的刘备，不然两面受敌，东吴怎么受得了？

孙权想了想，决定派太中大夫郑泉前往蜀地，请求与蜀国恢复邦交。

不久，消息传回。蜀国派太中大夫宗玮前来回复说，同意两国恢复往来。

压在孙权心头的一块石头终于落了下来。

然而，白帝城中的刘备却耿耿于怀。刘备听说魏军准备与吴国大战，便给陆逊写了一封信，十分不甘地说道："听说曹贼兵临长江、汉水，此时我若举军东下，不知将军还能抵挡得住否？"

不日，刘备收到了陆逊回信，信中这样说道："贵军新败，创伤未复。两国刚刚恢复邦交，您不想着弥补过错，竟有空穷兵黩武？若您还不自知，举残兵而来，只怕有去无回呀！"

陆逊的信让刘备看得又激愤又悲哀，气得一阵猛咳。

当年曹操与袁绍在官渡对峙，刘备曾劝刘表对曹军出兵，趁火打劫，刘表不听，错失良机。如今魏吴相争，亦是蜀国趁火打劫的大好时机。奈何夷陵大战后蜀军元气大伤，一时心有余而力不足。

想到这里，刘备不禁抚着胸脯叹息道："若我再年轻十岁，决不让陆逊得志。奈何我已年老多病，不然立即出兵，灭吴就在顷刻之间！"

此时窗外江风呼啸，天地之间苍凉一片。刘备默默地居高远眺长江，眼睛一阵潮湿。英雄暮年，无力东征，壮志未酬。难道苍天真要刘备就此埋骨白帝城了吗？

突然，刘备猛地捶了捶胸口，闭上眼，缓缓地瘫倒在地。

刘备终究还是老了。天下还是那个天下，然而纵横天下的早已不是当年的旧人，或许到了把这片天地让给那些后起之秀的时候。

岁月便像这奔腾不息的长江，从不为谁而停留。

长江下游，曹休与吕范才交过手，长江上游，东吴水军就悄然出动了。

吴军将领孙盛率领万人强占江陵中洲，用以支援南郡。

江陵中洲即百里洲，是长江中的一个小岛。从枝江县西至上明，东到江津。江津北岸就是江陵故城。江陵城当时是南郡的政治中心，为兵家必争之地。那一厢，曹军见吴军行动，亦不甘落后，挥师进攻。

黄初四年春，天气乍暖还寒。曹真派老将张郃向孙盛发起进攻。张郃久经沙场，是一员悍将。他一怒之下，一举夺取了江陵中洲，牢牢地把这块地盘握在了手里。

魏军旗开得胜。此时，位于曹休上游的曹仁亦不甘落后，领军数万，扬言要攻占濡须渡口以东三十里处的羡溪，却是声东击西，一见敌人离开濡须渡口，便马不停蹄地直取濡须。

此时，吴军负责守备濡须渡口的将领是朱桓。

朱桓，字休穆，吴郡人。孙权初为将军时，他做的是给事幕府，担任余姚县令。之后，丹杨、鄱阳盗贼蜂起，攻城杀人，处处屯聚。孙权便以朱桓为将，前往讨伐。朱桓平定盗贼有功，被拜为裨将军，后镇守濡须渡口。

朱桓听说曹仁要攻打羡溪，立即分兵前往救援。不料兵一发出，便见曹仁举兵朝他扑来，朱桓心里一惊，大呼上当。惊慌之下，他不得不派出快马，调回前往羡溪的军队。

可一切都已经迟了，调兵的将令刚刚发出，曹仁已经如一只猛虎般扑到了面前。

此时，朱桓军中不过五千人，诸将听闻曹仁率兵前来，不禁各个色变，人人自危。

曹仁何许人也？在曹氏子弟中，曹仁是个罕见的智勇双全的将领。此人破袁术、攻陶谦、征吕布、迎天子、伐张绣、攻袁绍、拒周瑜，可谓战功赫赫。当年江陵之役，周瑜大兵压境，守备江陵的曹仁不畏强敌，于军中招募死士三百人，率军出城与敌人大战，早已将生死置之度外。后来曹操谈起此事，都不禁感叹曹仁真乃天人也。

如此悍将，突然率军扑来，且吴军兵少将寡，岂能抵挡？

朱桓见军中一片惊惧，却镇定自若，从容说道："两军相对，胜负在于将领，而不是人数多寡。今日之战，我必胜。"

诸将见朱桓自信满满，心中狐疑，不敢吱声。

朱桓似乎看破了诸将心思，淡定地问道："诸君不如说说，曹仁用兵，与我朱桓相比，如何？"

诸将一听，面面相觑。曹仁南征北战，立下无数战功。朱桓此前不过靠着征讨山贼，立了点军功罢了，此刻，他竟不把曹仁放在眼里，着实让人吃惊。

半晌，诸将心虚地问道："曹仁……曹仁不如将军？"

朱桓微微一笑，跟诸将讲起了兵法："兵法有云：'兵有客之分，有主人之分。客之分众，主人之分少。客倍主人半，然可敌也。'此说虽有理，却是指在平原无城池可守之地，且士卒勇怯相等的情况下的用兵之道。"

话音刚落，朱桓语气激昂起来："今天我们情况大有不同。曹仁非智勇双全之将，士卒又胆小怕死，且跋涉千里，人困马疲。我与诸君占据高城，南临大江，北背山陵，完全可以以逸待劳，为主制客，岂有不胜之理？即使曹丕亲自率兵来攻，也不足为惧。"

诸将一听，先是一惊，转而一喜。虽然朱桓说曹仁不是什么智勇双全之将，这话似有偏颇，然而狭路相逢勇者胜。且东吴为主，曹魏为客。客人千里奔袭，主人则据险自守，以逸待劳。如此，东吴也不是全无胜算。

想到这里，诸将齐声叫道："愿听将军之令，与曹仁誓死一战。"

朱桓见诸将同心，心里顿时轻松了一截。接着，他开始调兵遣将，提前布局。所谓兵不厌诈，既然曹仁打算调虎离山，朱桓决定将计就计。他下令偃旗息鼓，故意向曹仁示弱，引诱曹兵前来攻城。

此时，曹仁正在濡须城外眺望这座城池。

老将曹仁望了许久，心里冷笑。纵横疆场多年，任何风吹草动都躲不过他的眼睛。当年曹操与吕布对峙时，有一次曹兵收割稻子，营中只剩下些老弱之兵，曹操决定将计就计，唱了一出"空营计"。结果反倒令吕布以为有诈，灰溜溜地走了。今日，吴军主力已经被调离濡须，朱桓的"空城计"还能奏效吗？

曹仁一笑，对儿子曹泰说道："我给你一支兵，你亲自去攻打濡须城。我于城外拦截吴国援军，你只管放手一搏！"

曹仁此计甚妙。将这大好的立功机会留给曹泰，真可谓肥水不流外人田。

接着，曹仁又分别派遣将军常雕、王双等乘油船袭取中洲。所谓油船，就是用牛皮包裹船身，涂油以防水的快船。而中洲，则是濡须渡口附近的一座小岛，正是朱桓及部将家眷的所居之地。曹仁准备同时发起进攻，各个击破，一举剿灭朱桓所部。

正当曹仁为自己的部署感到得意时，有人却在一旁提醒说："将军此计，怕是会落空。"

曹仁抬头一看，说话的人是蒋济。

如今的魏国，昔日的谋士们已百花凋零，除了董昭，只剩一个蒋济。董昭跟随曹丕，而后起之秀蒋济此时就在曹仁军中。

曹仁愣了愣，问："子通为何这么说？"

蒋济，字子通。曹仁素来极为欣赏他。这时，蒋济指着远处的吴军，缓缓说道："将军请看，敌寇盘踞在西岸，战船则在上游列阵待命。此时若进兵中洲，一旦敌船截断退路，我军恐怕有去无回啊！"

曹仁默默望了半晌，这才说道："若是往常，我必听子通之言。然而如今我强敌弱，机会千载难逢。趁吴国援军未到，我们必须把濡须渡口拿下！"

说完，曹仁便令儿子曹泰发起进攻，自己则亲率万人于濡须北岸做曹泰的后援。

果然，曹仁父子上当了。

朱桓一见曹仁出兵，立即派出一支兵截击前往中洲的常雕，自己则率军对付曹泰。

此时吴军士气昂扬，个个摩拳擦掌，准备与魏军拼死一战——若不击退魏军，不仅自身难保，而且连藏于濡须中洲的家眷也难幸免。守家卫国，自当拼死搏杀，岂可后退？

朱桓昂首挺立，挥剑道："兄弟们，为了吴国，为了我们的妻儿老小，今日必得和曹泰那厮拼了！"

随后，朱桓率领吴军与前来攻城的曹泰厮杀起来。一时杀声震天，金鼓齐鸣。曹泰简直不敢相信自己的眼睛，那看起来不堪一击的吴军，竟然在这生死关头爆发出了惊人的战斗力！

两军对阵，一番厮杀，魏军劣势逐渐显露，眼看招架不住，曹泰只好下令且战且退，烧掉营房，一走了之。

朱桓击退曹泰，挥师直奔濡须中洲而去。

此时，魏将常雕等人的油船因体积不大，被吴国战船包围，左冲右撞，无法突围。正当两军缠斗之时，朱桓率军赶到，只见吴军人人挥舞手中兵器，士气如虹，对着魏军一阵砍杀。魏军损失惨重，被斩杀及落水溺死者千余人。魏将常雕被斩杀，王双被俘虏。

这场战役的结局果然应了蒋济的话——一旦敌船截断退路，魏军恐怕有去无回啊。

朱桓以弱胜强，打退曹泰的进攻，取得了濡须口大捷。此时，长江上游的江陵地区，却在上演着另一番惨烈战斗。

此时，吴国负责驻守江陵的将领是朱然。

吕蒙病重时，吴王孙权问他："你要是有个三长两短，谁能代替你呢？"

吕蒙答道："朱然。此人有胆识，有操守，可以任用。"

吕蒙去世后，孙权便令朱然驻守江陵。此时的江陵风雨飘摇，遍地狼烟。魏国大将张郃击破吴将孙盛后，孙权立即派诸葛瑾率兵前往救援。可是魏国的另一位猛将夏侯尚如恶狼般朝诸葛瑾扑来，诸葛瑾不敌夏侯尚，接连败退。

此时江陵城与外界音讯断绝，陷入危境。孙权见状，再派潘璋和杨粲等前去解围，奈何魏军强悍，久攻不下。失去救援的江陵，此时犹如人间炼狱。城中缺少粮食，疫病流行，能够作战的将士不过五千人。

朱桓凭五千人守住了濡须渡口，此时大军压境，朱然能挡得住魏军的进攻吗？

黑云压城。江陵城外，曹真摆开军阵，虎视眈眈，犹如一只张牙舞爪的猛兽，随时都要把江陵城撕个粉碎。

话说东汉末年诸多英雄之中，曹操之所以迅速崛起，曹氏家族诸多子弟出力甚多，功不可没。袁绍家族尽管四世三公，但很不团结，袁绍兄弟不和，袁绍的几个儿子又互相攻讦。袁氏家族的气数就这样被折腾完了。反观曹操家族则不然，曹家子弟个个勇猛，人人争先。曹仁、曹洪、曹休以及曹真等，没有一个是庸人。

曹真，字子丹，乃曹操养子。曹操刚起兵时，曹真之父就因为招募义兵而被杀。曹操可怜曹真年幼失怙，将其收养，令其与曹丕一同生活，视之如亲子。曹真成人后，颇为悍勇。一次，曹真出门打猎，路上被老虎追逐，他非但不怕老虎，反而奋身而起，拉弓射虎，一箭将猛虎射倒。曹操听说此事后，赞其勇猛，便让他统领虎豹骑兵。曹操征讨汉中时，曹真随军出征，在下辩击破刘备部将，被拜为中坚将军。后来，夏侯渊于阳平被刘备击杀，曹操忧心不已，便拜曹真为征蜀护军，率徐晃等人迎击刘备。曹真果然不负曹操所望，率军在阳平地区击破刘备部将高详。曹丕称帝后，便拜曹真为镇西将军，掌管雍、凉二州军务。此次出征江东，曹丕便将曹真从关中调回来，拜为中军大将军，与夏侯尚等人一道出兵。

猛将对猛将，自然少不了一场恶斗。

城外的曹真望着江陵城，沉思许久，心里便有了攻城之计。当年江陵城被曹仁占领，周瑜率兵来攻，当时曹仁兵少，周瑜日夜围攻，战况极其激烈。后来，曹仁亲率死士出城与周瑜鏖战，奈何寡不敌众，最后只好撤军，江陵便被东吴占领。

时过境迁，一报还一报。今天，魏军也想让东吴的守军在江陵城尝尝曹仁当年的滋味。

曹真想毕，脸上露出冷冷笑意，只见他挥剑而起，厉声喝道："诸军听令，起山！"

起山命令一出，诸军立即出动，开始秩序井然地运土筑山。接着，曹真又命令一支军队秘密开凿地道，直通江陵城里。

很快，一座座土山依江陵城墙垒起，前后相连。又过了一阵子，高大的土山上又修起了坚固的城楼。曹真爬上一座城楼，向江陵城远眺，竟将城内的情形看得一清二楚。只见江陵城中一片静寂，如同无人之城，静静等待着一场巨大风暴的到来。

此时，魏军已将箭弩尽数搬到了土山的城楼上，各就各位，就等曹真一声令下了。

曹真昂首挺立。半晌，他终于下定决心，挥剑而起，狠狠地朝江陵城方向凌空一劈，怒喝一声："放箭！"

顿时箭雨如蝗，直扑江陵城！

看着铺天盖地的箭矢飞来，江陵城里的吴国守军无不惊慌失措，唯有守将朱然面不改色。朱然一见满天飞矢，镇定自若地举剑而起，朝天吼道："起盾！"

一声令下，城墙上的守兵立即举起盾牌，罩在头顶，仿佛为整座城池披上了一张巨大的铠甲。接着，箭如雨落，只听见一阵巨大的金属声响。许久，箭雨方歇，朱然缓缓起身，厉声叫道："起霹雳车！"

霹雳车，又称发石车。因其发动时声音巨大，故称为霹雳车。沙场之上，从来是一物克一物。昔日官渡之战时，袁绍就曾筑土山，凭借地势放箭，曹操便派将士举盾而行，以霹雳车还击，结果袁绍修建在土山上的城楼被曹军的霹雳车一一击垮，一片狼藉。

既有先例，朱然怎么会坐以待毙？所谓来而不往非礼也，魏军射来飞箭，吴军就还他飞石。

朱然刚刚下令，城外的魏军仿佛有所察觉，满天箭矢又如雨点般扑来。

朱然望了望天上，不慌不忙地大声吼道："发石！"

顿时，硕大的飞石迎着满天的飞箭呼啸而去。接着，只听一声巨响，一颗巨石命中了土山上的一座城楼，楼上士兵大叫着滚落下来。紧接着，又一座城楼被击成了土块齑粉。

在这飞石与箭矢的较量中，江陵城坚如磐石，纹丝不动。反观城外的土山城楼，却是受损严重，魏军的两座兵寨竟然被吴军的飞石砸成了断壁残垣。

日落西山，天地寂静。朱然举目远望，见魏军虽已鸣金收兵，却依然秩序井然，不禁叹道：长此以往，城内守军人心浮动，吴军处境必将越来越险恶。

敌众我寡，输赢乃兵家常事。只是如果两军对阵之时内部出了奸细，那就万事俱休了。当年袁绍与曹操在官渡对峙时，不就出了个投敌的许攸吗！

此时，江陵城粮食告罄，人心不稳，朱然心知不能有丝毫放松，表面上若无其事，眼睛却紧紧地盯着城中局势的变化。就在这时，他突然注意到了一个人。

这个人就是江陵令姚泰。

此时，姚泰正率兵屯守于北门。北门城外，魏军士气高昂。姚泰却像霜打的茄子，提不起精神来。朱然心中不免生疑：莫非此人生了叛逃之心？

等到深夜，只见城里有个身影悄悄来到北门城角处，抛出绳索，准备翻墙出城。说时迟，那时快，那人正准备爬上城墙，一支利箭破空而来，正射在他的身上，只听见"啊"的一声惨叫，人便落了下来。接着，只见一束火光燃起，一行人迅速上前，一把将此人扣住。

那中箭的人奄奄一息，望着火光里一张熟悉的脸，痛苦得说不出话来。

来者正是朱然。

朱然默然半晌，缓缓问道："谁派你出城，为何深夜出城？"

那中箭之人是江陵令姚泰的下属，他痛苦挣扎，不愿供认。

朱然的裨将猛地抽出利剑，架在那人颈侧，低声吼道："还不速速说来！"

那人一见剑锋，吓得连忙说道："不关我的事，是江陵令派我出城的。"

朱然似乎早已料到是姚泰所为，一点也不惊讶，猛然喝道："来人，速去把江陵令给我抓来！"

不一会儿，江陵令姚泰便被五花大绑地推到朱然面前。

朱然冷冷地望着姚泰道："你身为江陵令，不以江陵为重，竟要叛城而去，不觉得可耻吗？"

姚泰耷拉着头颅,悲哀地说道:"将军只知守城建功,可知城中百姓之苦?城中粮食告罄,饿殍遍野,与其活活饿死,不如投诚活命。我身为江陵令,为城中百姓着想,何错之有?"

朱然冷哼一声:"身为吴将,竟然还信口雌黄,为自己开脱。东吴从来只有死战之将,没有降将。今天你想投敌叛国,就是吴国之耻!"

朱然顿了顿,猛然喝道:"来人,把他拖下去斩了!"

城中众人听说朱然斩杀江陵令之事,无不骇然。接着,朱然传令,城在人在,人在城在,誓要为守住江陵,战至最后一兵一卒。

江陵城宛如一块坚硬的大石头,叫曹真一时无可奈何。这时,魏国军中另一员大将望着江陵城,心中似乎又有了新的攻城之计。

这位大将就是征南大将军夏侯尚。

夏侯尚,字伯仁,乃夏侯渊的堂侄。夏侯氏与曹氏世代结亲,夏侯尚虽为异姓子弟,却与曹氏子弟形同骨肉。夏侯尚尽忠竭诚,且富有谋略,深受曹丕器重,他与曹丕相知相伴,在内为腹心,在外为爪牙。曹操在世时,夏侯尚曾任军司马,随军出征,平定冀州。曹丕即位后,迁夏侯尚为征南将军,授荆州刺史。期间,夏侯尚曾出奇兵,大败刘备于上庸。之前,孙权上书请降时,诸多将领颇为得意,以为孙权是真心投降,不必再备战。夏侯尚却料定孙权不会就此甘心,其中定然有诈。于是,当诸将松懈时,夏侯尚却修整战具,认真备战。果不其然,终于到了孙权露出爪牙的这天,夏侯尚的准备也就大大地派上了用场。

时值二月,长江水位尚浅,岸边滩涂裸露。夏侯尚于长江之畔踌躇许久,终于召集诸将前来开会。

诸将坐定,夏侯尚环视众人,说道:"我军欲攻占江陵城,前后已半年有余,如今敌寇城坚池深,一时奈何不得,不知诸位有何妙计?"

诸将连忙问道:"大将军可有妙计?"

夏侯尚微微一笑:"这话是我问你们的,怎么你们反而问起我来?"

诸将马上说道:"我们才疏学浅,岂有良计。大将军一向深谋远虑,定有妙计。之前与诸葛瑾一战，全赖大将军之计，魏军方得大胜。"

听诸将说起前事，夏侯尚心中难免得意。

当时吴军孙盛被张郃攻破，诸葛瑾率军前来救援，与夏侯尚隔江相对。诸葛瑾兵分两路：一路渡过江心，屯兵江渚；一路水军于江中游弋，与江渚之军相互呼应。

诸葛瑾以为如此布阵便能天衣无缝，不料夏侯尚一眼就瞧出了破绽。

一天夜里，夏侯尚调兵遣将，悄然行动。他派人准备了许多油船，然后亲率万余步骑兵，从长江下游秘密横渡长江。一过长江，夏侯尚立即向诸葛瑾发起攻击。驻守在北岸的魏军见南岸火光四起，亦发起进攻。魏军水陆并进，杀了诸葛瑾一个措手不及。吴军战船被魏军烧毁，诸葛瑾身陷重围，只好败逃而去。

那么，这一次，夏侯尚打算怎么对付朱然这块硬骨头呢？

只听夏侯尚悠然说道："此时江中水浅，我军可用船将步骑兵载入江渚之中，然后在水面建造浮桥，南北往来，畅通无阻，如此攻城，诸将以为如何？"

诸将一听，纷纷赞道："依大将军之计，江陵必克！"

夏侯尚见诸将均无异议，便下令分头行动。浮桥搭成，屯兵江渚，一切准备就绪后，他便修书一封，送往宛城，告知曹丕自己准备攻城。

曹丕接到书信看了半晌，心中隐隐升起一股不祥之感，却又说不出个所以然来。他想了想，立即派人将董昭召来。

不一会儿，董昭匆匆赶来。曹丕将夏侯尚的奏书递给董昭，叹息道："江陵久攻不下，夏侯尚想出一计，准备攻城，董公看看此计如何？"

董昭接过书信一看，抬头看向曹丕，脸色十分难看。

曹丕更觉得大势不妙，问道："董公以为夏侯将军此计如何？"

董昭摇头叹息道："此计若成，大势去矣！"

曹丕大惊，连忙问道："公为何有此一说？"

"兵者，国之大事，死生之地，存亡之道，不可不察也。昔日武帝智勇过人，行军用兵尚且谨慎小心，不敢如此轻举妄动。"董昭一脸忧愁，顿了顿，又沉声说道："行军打仗，向来是前进容易，后退困难。平地没有险阻，后撤尚且艰难，若深入敌阵，就必须考虑撤退时的安全，不可一厢情愿。夏侯将军屯兵于江渚之中，可谓自断后路；架浮桥而渡河，可谓火中取栗；浮桥狭窄，一旦被敌人击于半渡之时，全军必将受困。此三者，深为兵家所忌。吴军若攻击浮桥，浮桥一断，魏军精锐恐怕就要尽归东吴所有了！臣深感不安，将军竟对这诸多隐患视而不见，岂不是糊涂吗？"

曹丕越听，心越往下沉。

董昭继续道："况且此时冰消雪融，若江水突然暴涨，该如何防御？若迅速撤退，不能破贼，却也能减轻损失，保全部队。无论如何，屯兵江渚、架设浮桥之计，都是险之又险，请陛下明察。"

听到这里，曹丕不由想起了濡须口一战。当时曹仁不听蒋济的话，冒险深入敌后，却被吴军截断后路，导致魏军伤亡千余人。若此时夏侯尚又轻敌冒进，一旦被敌军识破，魏国精锐就真要成了东吴的俘虏。

良久，曹丕才对董昭说道："公所见深远，朕马上令夏侯将军撤军。"

曹丕大袖一挥，宛城便奔出一匹快马，带着诏书直奔江陵而去。

宛城距离江陵不远。夏侯尚接到诏书时，屯兵行动才刚开始。得了曹丕之令，他只好命令屯守江渚的魏军尽数撤回。

不料夏侯尚一撤军，立即惊动了东吴。

殊不知，当夏侯尚为谋取江陵而殚精竭虑时，东吴也悄悄地给他布下了天罗地网。吴将潘璋已经做好竹筏，准备乘夜前往，烧掉浮桥，只要烧断浮桥，吴军便会从东西两头同时发起进攻，届时必能洗去诸葛瑾战败之耻。不料吴军正准备行动，就被董昭识破了。

夏侯尚刚刚下达撤军之令，东吴水军便闻风而来。魏军见状，争先恐后，挤成一团，浮桥几乎阻塞。夏侯尚心急如焚，眼看吴国水军逼近，立即派出战船于江中列阵，准备迎战。

奇怪的是，东吴水军只在江上晃了一下，便原路返回了。

夏侯尚望着东吴水军远去的帆影，心里不禁暗自抽了一口凉气——自己竟然成了待宰的肥羊而不自知！

夏侯尚所部终于完成后撤。十天后，江水突然暴涨，曹丕闻讯对董昭叹道："董公见事，何其准确！朕若不听公之言，哪怕魏国精锐不为吴所有，也要尽数葬身于鱼腹之中了。"

这时，南方的瘟疫也如那暴涨的江水，四处蔓延。曹丕见攻城无望，只好灰溜溜地下诏，令诸军班师回朝。

这场因怒而起、虎头蛇尾的军事行动，终于草草结束了。

第四章　大幻灭

滚滚长江，自西向东，浩浩江水，洗去了斑驳血痕。长江之畔，先有夷陵之战，后有**魏吴之战**。夷陵之战，刘备被陆逊折辱，受困于白帝城，卧床不起；曹丕出征东吴，竟也只能遗憾撤军。三国之主竞技长江，最得意者，不过孙权一人而已。人哪，总是当局者迷，旁观者清。刘备不听大臣劝阻而出师，兵败夷陵，当时曹丕在洛阳城里悠悠叹道："刘备不懂兵法，兵败夷陵是理所当然。"后曹丕因被孙权所欺，怒而兴师，结果无功而返，他又何尝懂得兵法？

不过，这两场战争，终于彻底撕碎了罩在孙权脸上的面纱，露出了他的真实面目。三国鼎立的局势，由此正式拉开了大幕。

此时正是三月春回大地之时，白帝城上却是风急猿哀，满城悲戚。刘备兵败受辱，又加上年老体衰，犹如万箭穿心，正躺在病床上奄奄一息。

刘备知道自己时日无多，立即派人前往成都城，召丞相诸葛亮前来，以托付后事。

诸葛亮听说刘备病重，立即匆匆赶来。

不料诸葛亮一离开成都城，蜀国内部却莫名燃起了一把火：有人竟趁机发动了叛乱。

叛乱者乃汉嘉郡太守黄元。

黄元与诸葛亮素来不和，他听说蜀主刘备病重，怕诸葛亮秋后算账，便举郡造反，攻陷了临邛城。消息传入成都，城中一片混乱。此时，诸葛亮正在前往白帝城的路上，且成都守备空虚，如果黄元杀进成都城中，后果将不堪设想。

就在群龙无首、满城慌乱之时，益州治中从事杨洪立即禀报太子，请求发兵平定叛乱。太子召诸臣前来议事，众说纷纭，却都认为黄元胸无大志，必不敢进犯成都。他若不向成都进军，必会南下占据南中。

这时，杨洪起身冷笑一声说道："黄元素来凶暴，又刻薄寡恩，岂能有如此远见。"

众人望着杨洪，问道："依杨公之见，黄元将何去何从？"

杨洪扫视众人，目光坚定地说："我料定黄元必沿水路东下，若是主上平安，他必将主动投降受死；事若不济，便会逃入吴地乞求活命。只要我们派兵在南安峡口阻击，定能将他活捉。"

众人一听，亦觉有理。太子刘禅便派郑绰等将领率兵前往拦截，另派一军前往征讨。果不其然，黄元大败，便顺江东下，准备投奔东吴。船行至南安峡口时，被郑绰等蜀军生擒斩杀。

小小星火，以为要成燎原之势，却也不过是虚惊一场。

几日后，诸葛亮赶到白帝城，见到了奄奄一息的刘备。君臣相见，不胜唏嘘。诸葛亮心中有千言万语，却久久说不出口。良久，只听刘备虚弱地叹息道："都是天意啊。"

此刻，刘备不禁想起了一件旧事。

有一个名叫李意其的蜀人，无人知晓他的身世，但人人都说此人活了数百年，是汉文帝时期的人。当时刘备打算讨伐吴国，曾派人将李意其召来询问。李意其一到，刘备待他礼数周全，向他询问此次出征的吉凶，他却不肯明说，请人拿来纸笔作起画来。这李仙人一连画了数十张画，每张画上画的都是兵马军械，画完以后，依然一字不说，又在刘备面前一张张地撕破。最后，他又画了一个大人物，命人掘地，再将此画埋进去。做完这件事，他便拂袖悠然离去了。

刘备不明其意，望着李仙人离去的背影，心中十分不悦。

此后，刘备出兵伐吴，不料大败而归，受辱病发，卧床不起。如今回想起来，刘备这才明白。原来李意其画的那几十张画，就是暗示刘备出征时的数十万大军。他手撕画纸,就是说此次出征将大败而归。而那张被埋于地下的大人物之像,原来暗指刘备会因为这次大败而病死。

不过,这也只是事后的怪谈罢了,作不得数。

这时,刘备猛地回神,犹如回光返照,定定地望着诸葛亮,艰难地说道:"你来得正好,朕有话要跟你说。"

诸葛亮眼睛湿润,语气恭肃地说道:"陛下有话尽管吩咐。"

刘备伸出大手紧紧地握住诸葛亮,郑重地说:"我唯有将太子托付给丞相了!望丞相辅佐太子,振兴蜀国。"

诸葛亮一听,连忙叩头说道:"辅国之义,臣不敢辞;兴蜀之责,臣不敢忘。臣必定鞠躬尽瘁,死而后已。"

诸葛亮的一番话让刘备涕泪横流。刘备哽咽了一下,又说道:"君之才,十倍于曹丕,朕相信君必能兴蜀,成就大业。若我这个儿子是个可造之才,你就辅佐他;若是他不成器,你可取而代之。"

诸葛亮一听,泪流满面,连忙又叩首说道:"陛下天恩,臣永不敢忘。臣在一天,必竭心尽力,尽忠职守,至死不渝!"

刘备听了诸葛亮这番话,心中感慨万分。想当年,他流落江湖多年,一事无成。为遇良臣,三顾茅庐,方与诸葛亮畅聊天下大势。时至今日,汉朝基业虽未恢复,但当初三分天下有其一的谋划,也算是实现了。奈何天不假年,英雄迟暮,纵然遗憾,也无计可施了。

良久,刘备拿出一封信交给诸葛亮,郑重地说道:"这是朕留给太子的遗诏,朕想对他说的话,都在里面了。"

诸葛亮接过诏书,任眼泪不停淌落,肩上如同背着泰山,沉重得抬不起头来。

数日后,诏书送回成都城。太子刘禅打开书信读道:"人年满五十而死,不算夭折,我年逾六十而崩,有何遗憾?但以你们兄弟为念。努力!努力!勿以恶小而为之,勿以善小而不为。牢记唯贤德可以服人。汝当与丞相共事,事之如父。"

字里行间，作为父亲的刘备如在刘禅眼前，作最后的叮嘱劝诫。

四月，夏天，刘备于白帝城驾崩，享年六十三，谥号昭烈。

谥法有云：昭德有劳曰昭，有功安民曰烈。刘备一生，始终以伟岸的英雄之躯坚定地追寻着梦想。奔波、挫折、嘲讽、逆境，都未曾改变其坚如磐石的心志。纵然论才能，刘备不如曹孟德，然而其百折不挠，终不居于人下的志向，千年以来，是多少仁者志士的榜样。在临终之际，他将国事托付给诸葛亮，诸葛亮也以余生践诺。君臣之情，如此赤诚，古往今来，又有多少帝王自叹不如？

壮哉刘备！

刘备去世后，三国这盘大棋还需有人继续执子博弈。不久，诸葛亮返回成都，以李严为中都护，留守白帝城。

五月，太子刘禅继位，时年十七。刘禅封丞相诸葛亮为武乡侯，领益州牧，此后，事无大小，都交由诸葛亮来决断。

八月，蜀中细雨绵绵，秋意陡增。此时，成都城的丞相府中，诸葛亮独自静坐，翻着几案上一封又一封的书信。给诸葛亮写信的都是魏国的士大夫：魏司徒华歆、司空王朗、尚书令陈群、太史令许芝以及谒者仆射等。

良久，诸葛亮读完书信，心中不禁一阵冷笑，猛地挥手一扫，信件如雪片般从几案上纷纷落下。魏国这帮臣僚，个个能说会写，洋洋洒洒，谈古论今，无非是想不动一兵一卒，劝诸葛亮向魏国称臣。

真是既可恨，又可耻！诸葛亮心里暗骂一声，拿起笔来，大义凛然地给这帮无聊的魏国文臣回了一封信。

诸葛亮下笔如飞，走笔如龙："你们难道不记得项羽了吗？他不以德服人，虽身处华夏，有帝王之威，却死于非命，成为后世之戒。你们再不吸取教训，恐怕就要步其后尘了！你们年纪也老大不小了，顺承伪朝廷的意志来劝我投降，也是在为祸害国家的王莽之流开脱罪责呀！光武帝刘秀不就将王莽叛军一举剿灭了吗！正邪之战，从来不在于人数多寡。曹孟德靠着坑蒙拐骗，使着阴谋诡计，不还是丢了汉中吗！那时他便知道天下不是他想拿就能拿得动的！任凭你们怎么舌灿莲花，如何诋毁唐尧虞舜，曹丕篡位也是不争的事实，何必还要浪费笔墨呢？这都是君子不屑于做的事。有一万个心存死志的人，就足以横行天下了！过去轩辕氏靠着数万士卒便平定了海内，何况我们以数十万人马，讨伐你们这些篡位的逆贼呢！"

白纸黑字，字字铿锵，毫不留情，每句话都如同惊涛拍岸，狠狠地拍向了曹丕和那帮无耻臣僚。天下三分，谁能笑到最后，还要看谁治国有道。如此推断，或许不出数年，历史自会给出评断。

诸葛亮搁下笔，犹如出了胸中的一口恶气，端坐良久，神情便也和缓了许多。

不知过了多久，诸葛亮突然听到侍从官报道："尚书邓芝求见。"

诸葛亮听得一惊，连忙说道："伯苗来了，快请进。"

邓芝，字伯苗，义阳郡新野人，乃东汉开国大臣司徒邓禹之后。东汉末年，天下大乱，邓芝环视天下，无处可去，只好入蜀避难。初到异乡，邓芝名声不显，很不受人待见，一时抑郁不得志。听说当时益州从事张裕善于看相，邓芝心里一动，便前去拜见张裕。

东汉末年，民间流行品评人物。当时诸多人物，一旦被人品评，便可声名鹊起，被世人所知，加官晋爵，不在话下。连曹操亦不能免俗。当时年轻还未出名的曹操曾多次到名人许劭那里请求品评，对方对他不理不睬，逼得曹操险些动粗，许劭只好说了一句："君清平之奸贼，乱世之英雄。"曹操听后，得意极了，昂首哈哈大笑而去。邓芝满腹经纶，不为蜀地人所知，拜见张裕，也不过是想求几句好话，以便谋生而已。

果然，善于看相的张裕见到失意的邓芝，微笑着啧啧叹道："君不必彷徨，待年过七十，必封侯拜将。"

邓芝听后，愕然片刻，从此不再彷徨，而是积极投身仕途，寻找出路。他听说巴西太守庞羲礼贤下士，便前往投靠。后来，刘备率兵入蜀，与邓芝畅谈天下大势，邓芝之才让刘备大为惊异，刘备便提拔其为县令，之后又升其为广汉太守。

邓芝从此踏上了人生的康庄大道。但是，更加波澜壮阔的人生还在等着他去经历。

这时，邓芝走进丞相府，看见诸葛亮脚下的信纸，先是一愕，然后望向诸葛亮，默然不语。

诸葛亮似乎看出了邓芝的心思，说道："这是魏国官员来信，不读则已，一读就叫人气闷。"

邓芝似乎明白了什么，点头道："若是没猜错，他们应该都是来劝丞相称臣的吧。"

诸葛亮点头道："正是！"

邓芝听罢，哈哈一笑："今天我就是为此事而来。要化解魏国威逼之势，其实不难。"

诸葛亮一听，眼睛一亮："君有何良策，快快说来。"

邓芝坐定，悠悠说道："先主在时，吴王孙权已派人与蜀国交好，两国恢复邦交。丞相辅佐太子，应派出使者，继续与东吴交好。如此，凭蜀地山川之峻，东吴长江之险，谅魏主曹丕也不敢轻举妄动。"

邓芝话音刚落，诸葛亮连声叹道："咱们是想到一块儿去了！可是先主崩殂，我担心吴主另有所图，一时不知该派谁出使吴国。今天我总算是找到合适的人了。"

邓芝讶然问道："丞相找到谁了？"

诸葛亮哈哈笑道："此人不就在眼前吗？若君出使吴国，必不辱使命。"

邓芝听罢，拱手说道："得丞相如此看重，邓芝必不敢忘国。"

邓芝领命而去，不日便启程前往吴国。然而到了吴国，一连数日，邓芝却连孙权的影子都没见着。

邓芝心里有一股不祥之感。看来被诸葛亮说中了——孙权听说刘备崩逝，果真起了异心，不愿再见蜀国使者了。

此时，若换作他人，没准就灰溜溜地回去复命了。然而邓芝却认为，既然来了，就断然不能无功而返。

邓芝沉吟良久，决定向孙权上表陈情。表书写好后，他请人送进吴宫，同时还给孙权带了一句话："臣出使吴国，是为蜀汉，更是为了东吴的利益，请吴王三思。"

果然，没过多久，孙权便派人来请，他要接见邓芝。

孙权一见到邓芝，就叹息道："孤诚心诚意地愿与蜀汉交好，然而孤担忧蜀主年幼，且蜀汉国力弱小，为形势所迫，一旦魏国出兵攻打，恐怕将无力自保。"

原来吴蜀双方都在猜测和试探。现在，是到了打开天窗说亮话的时候了。

孙权语音刚落，邓芝悠悠说道："蜀汉存亡之事，大王多虑了。"

孙权一听，问道："哦？孤如何多虑了？"

邓芝神情肃穆，侃侃说道："吴、蜀二国，坐拥荆、扬、交、益四州之地。大王英雄盖世，诸葛亮亦是一时豪杰。且蜀有斜谷、骆谷、子午谷重重险阻，内有剑门关天险；吴则有吴淞江、钱塘江、浦阳江等江流，若互为臂助，唇齿相依，进可兼并天下，退可鼎足而立，这是天然之理。"

邓芝说着，见孙权默然不语，顿了顿，接着又说道："吴、蜀相互依存，则鬼神难犯。不过，大王若向魏国称臣，魏主曹丕必命大王入朝，再令太子为质。您若不从命，魏主必兴兵讨伐，到时蜀军亦顺流东进。如此，敢问大王，还能坐拥江南之地否？"

邓芝一席话已将吴蜀合则两利、分则两害的局面剖析得清清楚楚，孙权听得神情严肃，半天不语。之前，曹丕陈兵长江，吴、魏两国先后打了洞口、濡须口、江陵城三场战役，孙权决不肯遣子入侍，自立年号黄武，如此，吴魏两国交好的日子已经一去不复返了。为今之计，东吴只有与蜀国交好，共敌魏国，方可保住这江东之地。

良久，孙权向邓芝叹道："君所言极是，真可谓明时务。吴蜀可谓唇齿兄弟，当务之急，必须通力合作，共同抵抗强魏！"

在邓芝的劝说下，孙权总算作出决断，与魏国彻底断交，专心与蜀汉交好。为表诚意，他又派中郎将张温出使蜀汉。从此，蜀汉之间信使往来不绝。不久，邓芝再度出使东吴，孙权设宴，与之畅谈天下之事。

酒过三巡，孙权悠然问道："若蜀汉合力消灭强魏，天下太平，蜀汉二主分治天下，不亦乐乎？"

邓芝摇头说道："大王此言错矣！"

孙权微微一笑，问道："何错之有？"

邓芝从容说道："所谓天无二日，地无二主。蜀吴并力灭魏后，人主必将广施德政，臣子也必会各自尽忠竭能，所谓跃马扬鞭，只怕一场大战才刚刚开始。"

孙权一听，心头疑惑顿时消散，哈哈笑道："你是实诚人，说的也都是实诚话。"

说罢，二人举杯共饮。这时，席间舞乐动人，两国的陪臣亦举酒互相遥祝，一派其乐融融的景象。

武昌城内，孙权和邓芝把盏言欢，喜不自胜。此时，越过长江，在遥远的洛阳城中，曹丕却坐郁郁寡欢，默然不语。眼看孙权又与蜀汉交好，将曾经向魏称臣之事抛之脑后，叫人情何以堪？可恨呀可恨，若不是隔着长江天堑，魏军精锐踏平江东，还不是一朝一夕的事？

难道就因为一次无功而返，就只能眼睁睁地看着孙权在高楼之上开怀畅饮，无忧无虑地坐拥江东吗？

真是岂有此理！

想到这里，曹丕不由怒火中烧，挥拳狠狠地砸在了几案上。

黄初五年（公元224年），秋天，七月。

曹丕突然起驾离开洛阳，以东巡之名抵达许昌。人到了许昌，众臣才知道，曹丕又要发起一场征讨吴国的战争。

消息一出，有人就惊呆了。

此人就是侍中辛毗。上次曹丕征伐江东时，辛毗曾以军师身份随大将军曹真出征，在江陵与吴将朱然交手。岂料，大军才返回一年有余，曹丕又想大动干戈，这实在让人震惊。

情急之下，辛毗立即求见曹丕，想当面说个清楚。

见到曹丕，辛毗火急火燎地问道："陛下要兴兵征讨东吴？"

曹丕似乎猜到辛毗要说什么，顿了半晌，才肃然问道："朕的确是这么想的，不知爱卿有何良策？"

辛毗叹息说："陛下，臣以为，此事急不得。"

"哦？"曹丕眼皮一抬，追问道，"为何？"

辛毗顿了顿，神情诚恳地说道："如今天下刚刚安定，地广民稀，而陛下欲兴师伐吴，臣以为此举无利可图。先帝在时，屡次起兵伐吴，却也只能望江而叹。如今六军士卒与先帝在时相比，并无增加，又举兵伐吴，恐怕不易取胜。"

曹丕一听，心里冷笑一声。辛毗是说，先帝战功赫赫，智谋超群，尚且奈何不了东吴，他一个守成之君，如此折腾，岂非自找苦吃？可他正当年壮，此时若不折腾，难道要等到七老八十再去建功立业吗？

曹丕神情不悦，问道："依卿之见，当务之急，便是休养生息？"

辛毗连忙应道："陛下所言极是。为今之计，不如养民屯田，再过十年，若对东吴用兵，必可毕其功于一役，届时何愁不能统一天下？"

曹丕听得心里一沉，更加不悦了。上次出师伐吴时，刘晔曾说不可仓促，行将就木的贾诩亦说要先修德，再论征战之事。如今，贾诩不在了，刘晔不劝了，又来了一个辛毗——竟还是想用老子无为之计，口口声声说什么休养生息，等时机成熟，再谈用兵之事。可他们说得轻松，哪里知道他这当皇帝的心中是何感想。人生短暂，岁月如梭。如果不趁青壮之时努力奋斗，坐等东吴、蜀汉势力壮大，到时又何来胜算？

半响，曹丕阴沉沉地望着辛毗，冷冷说道："卿之所言，是让朕把统一大业留给子孙？"

辛毗一听这话，竟斩钉截铁地说道："陛下所言极是。昔日周文王便将伐纣之事留给了周武王，就是知道时机还未成熟。"

曹丕一听，顿时哑口无言。

良久，他才沉声说道："朕意已决，卿无须多言。"

说完，曹丕便闭口不言了。辛毗看了看曹丕不悦的神色，心里一叹，只好黯然退下了。

八月，曹丕留尚书仆射司马懿镇守许昌，他则亲自整治水军，登龙船，沿着蔡河、颍水进入淮河，抵达寿春。

曹丕那边兵船一动，消息就传入了江东。东吴一片哗然。

东吴诸将，甚至包括孙权在内，都对曹丕再次兴兵伐吴之事感到震惊。上次魏军征讨吴国，无功而返，仅隔一年，竟又杀了个回马枪——看来曹丕心里是一万个不服啊！

孙权立即召集诸将商议御敌之计。众说纷纭，莫衷一是。这时，只见一位将领出列，昂首说道："至尊，臣有一计。"

众人闻声望去，原来说话的人是徐盛。

上次魏军兵分三路，与东吴在长江对峙，徐盛就率军驻扎在长江下游的洞口，与曹休夹江而立。当时东吴战船遭遇大风，被刮到敌营中，就是徐盛所部水军。危难之时，徐盛却镇定自若，收拾残军，以少敌多，与曹休且战且退，竟也没让对手捞到好处。此役过后，徐盛因功被迁为安乐将军，受封芜湖侯。

这一次，徐盛又有什么御敌之妙计？

孙权一听徐盛开了口，心里一阵激奋，不由问道："徐将军有何妙计，请说！"

徐盛望了望诸将，又望了望孙权，缓缓说道："此次魏主曹丕亲征，志在渡江。其船出寿春，必欲渡江攻建业城。所谓兵不厌诈，我们不如用芦苇包裹木头，搭起架子，在建业城外做成假墙、假楼，再令水军于江中游弋。如此，曹丕见我军有所防范，必不敢轻举妄动。"

诸将一听，哄然大笑道："筑假墙、假楼有何益处？若魏军派斥候探听，岂不坏事？"

徐盛闻言，胸有成竹地说："若我军戒备，何患魏军斥候？去年洞口一役，魏军自以为吴军已成惊弓之鸟。此次若见我在江边筑起高楼，必会相信此墙楼是真的。"

诸将一听，均面面相觑。

这时，沉默良久的孙权突然说道："筑假墙、假楼之计，诸将以为不可，孤以为，可以一试。"

徐盛一听，目光灼灼地望着孙权。

孙权又问道："依你之计，假城楼多久可以筑成？"

徐盛昂首说道："只需一晚就可建成数百里。"

孙权点点头说道："那好，你的计策，孤准了。"

徐盛拱手，高声回道："臣领命。"说完，转身大步离去。

九月，曹丕率军浩浩荡荡地来到广陵。深秋时节，天气变化频繁，绵绵秋雨遮住了江面，看上去一片朦胧。因这场秋雨，长江江水暴涨，滔滔滚滚，一泻千里。

曹丕于龙船上登高远望，望着眼前无情的滔滔江水，心里久久不能平静。隔着这茫茫江水，对岸的景象依稀可辨。建业城所在地，城楼不知何时拔地而起，连绵数百里，前不见头，后不见尾。且吴军大船在江面上来回游动，看这架势，东吴是早有准备了。

这时，又是一阵秋雨落下，水中泛起圈圈涟漪。曹丕抬头望天，又看了看滔滔江水，不由一声长叹，道："我大魏虽有千军万马，奈何却不能渡江作战，派不上用场！"

说罢，曹丕又是一阵怔忡。这时，江中突然卷起一阵暴风，大船摇晃起来，曹丕一时站立不稳，差点摔倒。立于一旁的侍卫见状，大声叫道："护驾！"

一众侍卫忙扑上来扶住曹丕，将他送回船舱之中。

这时秋风愈急，大雨愈狂，整个长江犹如被恶龙搅浑，激荡不已。曹丕所乘龙船，竟也无力抵挡风势，被大风吹得不断摇晃。

曹丕心中苦笑，良久，叹息自嘲道："看来朕来得真不是时候啊。"

话未说完，大船已越来越颠簸，像是随时要倾覆。众臣惊慌失措，只听甲板上不时传来咚咚的摔倒的声音。曹丕有侍卫守护，暂时无虞，只是腹内被颠得无比难受，终于忍不住哇的一声吐了起来。

曹丕一吐，甲板上的众臣似乎也忍不住了，纷纷倒地哇哇狂吐。

好一个狼狈的场面！

不知过了多久，大风终于止息，大雨渐停，大船也渐渐地稳了下来。曹丕所乘的龙船差点失去控制，此时总算转危为安。护卫将船上清扫了一番，一干失魂落魄的官员似乎也安静了下来。

大家都气喘吁吁地望着曹丕，不敢多言。

曹丕缓缓起身，走出船舱，昂首远望。众臣也跟着走出船舱，呆呆立在一旁。

良久，曹丕突然问道："对岸戒备如此森严，你们说，孙权会不会亲自率兵来与朕决战？"

群臣一听，纷纷说道："陛下亲征，孙权必然忧心忡忡。其性好猜忌，不敢将大权交与臣下，所以必会亲自应战。"

群臣正众说纷纭，一个声音悠悠响起："依臣所见，孙权必然不敢亲自前来。"

众人循声望去，原来说话的人正是刘晔。

刘晔算得上是魏国谋臣之中最有远见卓识之人。每次朝议，他的看法总是与众不同，但每次都被他说中。此次讨伐东吴，不见刘晔有劝阻之举，曹丕便让他随军出征了。

曹丕转头望着刘晔，问道："卿有何见解？"

刘晔神情肃穆，望了望长江对岸，又望了望曹丕，这才缓缓说道："孙权以为陛下欲以泰山压顶之势直扑长江，必将遣将横渡长江前来阻拦。而其本人则坐镇后方，静观时变。"

曹丕一听，这话似有道理，一时默然。

曹丕在长江停留多日，果然不见吴王孙权身影。曹丕苦笑："朕还想会会孙权，与他决战于长江之中，不料他当真是个胆小鬼。"

曹丕心生退意，便想撤兵班师。

这时，曹休派快马赶到，呈表说："臣刚从俘虏口中得到消息，说孙权已到濡须口。"

曹丕心里一颤，眼睛一亮，扭头对身边将领说："诸将以为这情报是否可靠？"

中领军卫臻上前一步，拱手说道："回陛下，依臣所见，孙权所凭借的正是长江天险，他必不敢亲自率兵前来。这必是因为害怕陛下天威而制造出来的假象。"

曹丕冷笑一声，叫道："传令曹休，拷问降虏，看是否真有此事。"

快马立即报知曹休。过了几日，曹休又派快马来报：孙权果然狡诈，之前来投降的正是他所派来的细作。

曹丕一听，摇头苦笑。挥挥手，班师回朝去了。

十月，既疲惫又尴尬的曹丕回到了许昌。这已经是他第二次无功而返了，可他会就此罢休吗？

一眨眼的工夫，时间来到了黄初六年（公元 225 年）春天，二月。

这时，在许昌休养数月的曹丕又坐不住了。他下诏任命陈群为镇军大将军，随车驾监督众军，又任命司马懿为抚军大将军，留镇许昌。

三月，气温才微微回暖，他便悠然率众出城去了。

曹丕此次出城，不是踏青，而是直奔召陵而去。召陵在豫州郾城东。曹丕一到召陵，立即派人开挖河渠。这条沟渠极宽绰，曹丕给它起名"讨虏渠"。

有心人一眼就看出来了，曹丕派人开挖沟渠，不过是为了方便运送粮草，征讨东吴。

难道曹丕又要出征了？

三月末，曹丕又回到许昌。没多久，他就召集群臣，再度商议讨伐东吴的大计。

果然，他又要兴师伐吴了。

这时，有人听说曹丕又要起兵，急忙赶来劝阻。

当然，曹丕每次出征，都有人来劝阻，只是每次来的人不一样罢了。这次赶来劝阻他出师的人，是一个新面孔。

这个人就是宫正鲍勋。

后世之人虽不知鲍勋是何许人也，但也许听说过东汉末年有一个名叫鲍信的有识之士，曾与曹操结交。鲍勋就是鲍信之子。关于鲍信与曹操的故事，那可就说来话长了。

鲍信从少年起就胸怀大志，不仅宽厚仁慈，稳重刚毅，还有谋略。当年，大将军何进任命鲍信为骑都尉，并让他负责招兵事宜。鲍信招募了上千人，准备返回洛阳，不料刚到成皋就听说了何进遇害的消息。等鲍信回到京师，董卓恰好也来到了洛阳。鲍信深知董卓必会作乱，力劝袁绍趁机袭击董卓，以除后患。可惜袁绍徒有其表，畏惧董卓，不敢先发制人。董卓作乱后，鲍信不得不离开京城，再次返回乡里招兵买马。这一次鲍信收获极大，竟招揽兵卒二万人，骑兵七百人，辎重五千余乘。那年，曹操亦举义兵，鲍信与弟弟响应曹操。曹操便向袁绍举荐鲍信，让他做了破虏将军。

众所周知，袁氏四世三公，门生故吏遍布天下，属下众多，豪杰多来归附。然而鲍信却独具慧眼，对曹操推心置腹地说："环顾天下，有不世出之谋略，能率领天下英豪拨乱反正的，我看只有您一人而已。袁绍徒有其表，看似强大，迟早会战败身死。您就耐心等待时机吧！"

曹操听了鲍信此话，颇为惊异，便与之结为莫逆之交。

东汉末年，天下风云变幻，横行一时的董卓被杀后，袁绍势力迅速扩张，占据了幽州。这时，鲍信又对曹操说："奸臣趁机颠覆王室，天下英雄云集响应，是为义而来。如今袁绍身为盟主，却只重私利，不顾国家，长此以往，天下必再生乱。然而要制衡他，如今众英雄还力不从心，但一遇上难题就后退，如何能拯救天下？以我之见，您不如先在黄河以南仔细经营，以待其变。"

曹操深以为然，便主动出任东郡太守，同时推荐鲍信为济北相。后黄巾军大举进攻州界，曹操认为，敌贼恃胜而骄，打算在寿张之地设奇兵袭击他们。曹操与鲍信先行出兵，不料援军未到，曹操和鲍信便与黄巾军遭遇，双方火拼，曹操几乎陷入死地。鲍信见状，与黄巾军死战，曹操这才得以冲出重围。鲍信却死于乱军之中，时年四十一岁。

曹操失去好友，痛哭不已。建安十七年（公元212年），当时担任丞相之职的曹操感念老友功勋，任命鲍信之子鲍勋为丞相掾。

鲍勋，字叔业，颇有其父之风，以有节有义闻名于世。所谓"宫正"，即御史中丞一职，负责监督百官。皇帝出征之事不在其职责范围之内。然而鲍勋见曹丕一次又一次劳师远征，实在忍无可忍，便前来劝谏。

见到曹丕，鲍勋慷慨说道："王师屡次出征而未能克敌，那是因为吴、蜀两国唇齿相依，凭借地势，互为臂助。去年陛下出征东吴，突遇狂风暴雨，所乘龙船几乎倾覆。陛下自蹈危险之地，臣下看着几乎胆裂，陛下若有难，宗庙社稷岂不一夕倾覆？此事应引以为百世戒。不料陛下又要劳师远征，军资日费千金，国内空虚。东吴之虏谲诈狡猾，臣以为切不可再出兵矣！"

鲍勋言辞恳切，却不顾曹丕神色。曹丕冷冷望着鲍勋，突然怒火中烧，猛地喝道："来人，把他赶出去！"

接着，曹丕又下了一道诏令，贬鲍勋为治书执法。

曹丕并不是个焦躁易怒的性子。之前屡次出征，多少人前来劝谏，他也并未发怒。这一次贬斥鲍勋，除了劝谏出征之事，其实是因为他早就厌烦此人了。

有道是伴君如伴虎。曹丕怒贬鲍勋，百官便谁也不敢再去摸老虎屁股了。五月二日，曹丕亲率大军出征，抵达谯县。

八月，曹丕想乘船从谯县沿着涡水进入淮河，再转入广陵。尚书蒋济此时对他说道："此时水道难通，建议改道。"

曹丕却不肯听从建议，仍按原计划行军，十月终于抵达广陵。

曹丕伫立江畔，心潮久久不能平静。

千古悠悠，滚滚长江，面对天下分裂的局面，哪位英雄不想叱咤风云，建立一番功业？曹操生前，以为能横渡长江，扫平东吴，岂料屡次铩羽而归，只能遗憾谢世。如今曹丕几次三番劳师远征，不过是想完成先帝曹操之遗志，只是时也，势也，命也。此刻立于长江之畔的曹丕，是否能不留遗憾呢？

此次出征，魏师有十余万人，旌旗蔽日，连绵不绝，前后竟达数百里。

曹丕望着这士气正盛的魏军，又望了望对岸。对岸的吴军亦守备森严，漫天旌旗飘荡，好一派肃杀之景。

曹丕正在沉思，突然一阵大风吹来，不由打了个寒战。他抬头望天，只见天色灰暗，天地之间空阔无比，却是寒意逼人。曹丕突然又有一种不祥的预感。此时才十月，往年的这个时候，断不至于如此寒冷。莫非老天爷是成心和他作对吗？

曹丕正胡思乱想，侍卫连忙上前说道："陛下，江风寒冷，请回船避一避吧。"

曹丕无奈地回到船舱里，立即召来诸将，商议渡江大计。

这时，天色越来越暗，风越刮越猛，天地之间，犹如万千孤魂野鬼正在痛苦哀号。

第二天，曹丕刚刚醒来，就听侍从在外面叫道："陛下，大事不好了！"

曹丕心里一颤，问道："何事？"

侍从答道："江面结冰，船走不动了！"

曹丕一听，浑身一颤，急忙穿戴起来。他刚走出大船，只觉一阵巨大寒气迎面扑来，令他从头到脚如坠冰窟。侍从见状，立即又给曹丕披上一件大氅。曹丕紧裹大氅，张目远望，只见长江沿岸到处都是刺目的冰面。他又迎着冷风朝江中望去，只见江心处浪花翻滚，景色极为壮观。

曹丕一时看呆了。

这时，诸将纷纷赶来，惊慌地说道："陛下，天气严寒，江面结冰，我们的船都开不动了。"

曹丕望了望诸将，又望了望远处翻滚的浪花，脸上露出无奈的苦笑。良久，只见他摇头沉沉叹息道："天助东吴，以此大江划分南北，使我魏师不能渡江。时也，命也！"

不知过了多久，曹丕又问道："这鬼天气，何时是个头？"

有人答道："目下才十月，寒冷天气不过刚刚开始。"

曹丕一听，又是一阵苦笑——若是魏军被这天气困住，数月后，等春天一到，江水又将暴涨，到时又有新的困难。如果长期据守于此，空耗军粮，又有何意义？看来，他是不得不认命了。曹丕前后两次来到广陵，上次是遇见大风，这次是遇见江水封冻。所谓人算不如天算，老天不肯帮忙，如何成事？

江水结冰之事犹如利剑，直刺曹丕心窝。数日后，曹丕见此事一时无解，只好下令班师。

此刻，曹丕真是心灰意冷。而魏军上下，听说又要撤兵，便纷纷松懈了下来。

殊不知，就在魏军露出懈怠之意时，不远处，有两只眼睛正盯着他们的一举一动，犹如草原上等待着最佳进攻时机的饿狼。

沙场之上，输赢有时候不过是一念之间。当年孙权围攻合肥，数月不克，最后只好灰溜溜地撤军走人。岂料合肥城中的张辽见吴军松懈，犹如一阵狂风从合肥城里呼啸而来，直扑孙权。孙权惊慌失措，幸好诸将力战张辽，这才保住性命过了江。

此时，曹丕灰心撤军，便是重蹈了当年孙权的覆辙。于是，东吴军中，就有人想趁此机会，让他尝尝当年孙权落荒而逃的滋味。

这个人就是孙韶。

孙韶，字公礼。孙韶十七岁那年，伯父孙河遇害，孙韶便接收孙河的余部，修缮战具，筑起楼橹，保护京城县。当时，孙权在外征战，率军回吴郡，抵达京城县外时，心生一计，想试探京城县的守备如何。不料，孙权才下令攻城，城墙之上便警报声大作，呼喊之声不绝于耳，城外之人无不慑服。没多久，孙权派人射书入城，向城中解释，城中的呼吼之声这才止息。

第二天，孙权进城，见到孙韶，见他身长八尺，器宇轩昂，心里十分欢喜，便拜他为广陵太守、偏将军，统领孙河旧部。孙权被封为吴王后，改封孙韶为镇北将军，命他防范魏军。数年来，孙韶身为边防将领，善养士卒，深得人心。且孙韶镇守边疆，从无半点松懈，常派斥候侦察敌情。正因如此，孙韶少有败绩。

曹丕想撤军回朝，一举一动都被孙韶的侦察兵看得一清二楚。孙韶闻讯，决定来个出其不意，攻其不备，也好解解馋。

夜黑风高。东吴镇北将军孙韶派属将高寿于军中招募死士五百人，趁夜色悄悄出发，抄小路，直扑曹丕的车驾队伍而去。

区区五百人，打的就是"闪电战"，需见好就收。

曹丕的车驾正在返程的狭窄车道上左右摇晃，深夜，人困马乏，警戒十分松懈。东吴的五百死士埋伏在道旁的深草之中，犹如闻到了羊肉味的饿狼，心中既兴奋又激动。

黑暗之中，只听高寿高声叫道："杀！"

顿时，杀声四起，震天动地。魏军还不知道发生了什么事，就陷入慌乱之中，匆忙应战。高寿等人目标明确，直扑曹丕车驾。这时火光四起，侍卫官看见黑压压的人影扑向曹丕，大声叫道："护驾！护驾！"

魏军精锐立即从四面八方护住曹丕主车，且战且退。东吴五百死士却紧追不舍，挥刀便砍，将生死置之度外。在一片混战中，曹丕顺利逃出重围，高寿等人却劫走了曹丕副车及羽盖，呼啸而去。

这突如其来的袭击，真教人心惊胆战啊。

魏营中，军心初定，曹丕立即召诸将前来大营议事。诸将赶来，曹丕已经恢复了心神，神色凝重地说道："朕准备撤军，不过现在江面结冰，这千艘大船一时回不去，该如何处置？"

诸将一听，面面相觑，一时没了主意。

良久，有人说道："不如留下兵卒在此屯田。"

曹丕一听，默然无语。半晌，他见尚书蒋济不说话，心中惭愧。出征之前，蒋济曾说水道不通，不利于出征。现在果然被他说中了。

半晌，曹丕望着蒋济沉声说道："蒋尚书有何高见？"

蒋济见曹丕问计，抬头望向曹丕，果决地说道："臣以为，不宜留下兵卒屯田。"

曹丕眉头微皱，问道："有何不妥？"

蒋济目光灼灼，语气却十分沉稳："此地靠近高邮湖，北临淮水。春天一到，水势暴涨，敌寇容易趁势前来劫掠。臣以为，不可在此屯田。"

曹丕听罢，默然片刻，缓缓说道："就依蒋尚书所言，撤军北还。"

随后，曹丕正式下令撤军。不料水越来越浅，魏军的千艘战船，于水中搁浅，一时动弹不得。

曹丕问蒋济："现在怎么办？"

蒋济答道："挖水道，将船拖入淮水即可。"

曹丕点点头："那朕先启程，船队就交给你了。"

曹丕说完，就先打道回府了。

蒋济只好领命，准备开挖水渠拖船。此时，魏军战船连绵数百里，奈何无法前行，真是可悲可笑。蒋济立即下令开挖四五条水道，将所有战船聚拢一处，并修筑土堤，阻断湖水。如此，便可以将后面的船拖进湖中，同时挖开堤堰，使水流进淮河。就这样，上千艘战船终于进入淮河，顺利北归。

黄初七年（公元 226 年）春，正月十日，曹丕回到洛阳。

人是回来了，却带回了一身的晦气，狼狈不堪。让曹丕感到欣慰的是，蒋济顺利地将这上千艘战船给他带回来了。

曹丕于洛阳宫召见蒋济，叹息着说："此次出征，天公不作美，先遇大河结冰，后遭埋伏，可叹至极。然而幸亏蒋尚书将战船带回，功莫大焉。"

蒋济连忙说道："这是臣分内之事，不敢贪功。"

曹丕叹了一声，说道："卿可知，得知战船将被困于高邮湖时，朕是怎么想的？"

蒋济说道："臣不敢妄加猜测！"

曹丕老脸一红，说道："当时诸将建议留兵屯田，朕就想，索性烧掉一半战船。幸亏爱卿出了条妙计，替朕解了这个大难题。朕想不到，卿所率领的船队，竟与朕几乎同时抵达谯县。回想起来，卿之所见，都甚合朕意。从今往后，讨贼伐虏，就拜托卿谋划良策矣！"

蒋济被曹丕这么一夸，受宠若惊，连忙说道："陛下之望，臣不敢负。若为国家计，臣愿肝脑涂地，竭诚效命！"

曹丕听得心里既欣慰又悲哀。欣慰的是，有忠臣智士，乃魏国之幸；悲哀的是，他身为皇帝，三番两次出征，竟每每无功而返。岁月如梭，生命短暂，不知何时才能一统山河，了却心中之憾。

想到这儿，曹丕猛地咳了起来。

蒋济看着曹丕咳得满脸紫红，惊骇地叫道："陛下……"

曹丕咳了半天，终于缓了过来，气喘吁吁地说道："此次出征，朕不幸染疾，不碍事！"

蒋济一听曹丕染疾，心怦怦直跳——南方瘟疫向来如附骨之疽，一旦染病，恐怕就是不祥之兆。

曹丕见蒋济一脸惊恐，微微一笑，摆手说道："今天先到这儿吧，朕想歇一下。"

　　蒋济见状，连忙惶恐说道："臣先退下了。"

　　曹丕紧绷着嘴，望着蒋济离去。等到不见了蒋济背影，他终于忍不住，又闭上眼睛猛烈地咳了起来。

　　霎时，宫里乱成了一团。

第五章 曹丕有点烦

曹丕三次讨伐东吴，不仅无功而返，还染了疾，真叫人哭笑不得。此时的洛阳城夜色深沉，宫里一片寂静，残烛的光静静地照着一个落寞的身影。

不知何时，曹丕已翻身起床，坐在床前，望着烛光发呆。

人生便如眼前的这支蜡烛，烧着烧着，就要消失；又如这烛光，自以为能照耀宇宙，却可能连一阵突来的风都抵挡不住。人如此脆弱，众生在生死面前也无甚分别。只是短短几十年，想做的事没做成，叫他如何放得下？

想到这里，曹丕心里不免生出一股恶气，喃喃自语道："奈何不了东吴，可这厮朕非把他杀了解恨不可，不然，朕真是枉活一世。"

让曹丕恨得咬牙切齿的不是别人，正是那个鲍勋。

鲍勋不过是说了一番劝谏之语，况且他又不是第一个劝阻曹丕出征之人，为何竟让曹丕起了杀意？事情当然没有这么简单。关于鲍勋与曹丕之间的过节，那就说来话长了。

建安二十二年，曹丕被立为太子，鲍勋被拜为中庶子。中庶子是太子的侍从，曹操本意是让清正刚直的鲍勋辅佐曹丕。话虽如此，然而多少年以来，太子的侍从官岂有胳膊肘向外拐的道理？岂料，鲍勋为人刚正，凡事都要和太子对着干，弄得曹丕下不来台。不久，太子曹丕终于找机会把他赶出东宫，迁为黄门侍郎，再后来，又让他去做魏郡西部都尉。

中国古代做官的传统，向来是宁做京城吏，不为地方官。鲍勋身为中庶子，整天陪在太子左右，只要等到太子登基称帝，他自然可以乘势而上，平步青云，但他竟然被贬出了东宫。按理说他应该"改过自新",找个机会讨好太子,也许还可以再次回到邺城——

还真有这样的机会。

曹丕身边有一宠妾,名叫郭夫人。郭夫人有一个弟弟叫郭曲周,就在鲍勋所管辖的魏郡做县吏。郭曲周仗着姐姐的势力,竟然不知死活,私盗官府布匹,被鲍勋查办定罪,理应斩首示众。曹丕听说此事,屡次给鲍勋写信求情,让他网开一面,放过郭曲周。

如果换个人,也许就会悄无声息地把事情办妥,然后等着被调回邺城。不过这个鲍勋是个硬骨头,而且仿佛浑身只有一根筋,非但不给太子留情面,反而将郭曲周所犯之事一一列出,呈送到了曹丕跟前。

本来之前就在太子宫里闹得不欢而散了,如今鲍勋这么干,曹丕气得七窍生烟,岂有不怀恨在心的道理?

他决定找个机会好好修理修理这个不识抬举的家伙。

曹丕有才华,既会写文章又会作诗。但他也心胸狭窄,心机颇深,且报复心还不小。不久,鲍勋就被曹丕抓到了把柄——曹丕听说鲍勋管辖的地界有休假的兵卒超过规定期限却没有按时归队,顿时喜上心头,秘密给中尉写了封信,让他上奏请求罢免鲍勋。

鲍勋被罢了官,曹丕总算出了一口恶气。但是,在魏国这个不大不小、低头不见抬头见的官场里,总有再次碰面的时候。不久,鲍勋又跟曹丕"狭路相逢"了。

鲍勋被罢官后,没多久,曹操就拜他为侍御史。曹操去世后,曹丕代汉称帝,鲍勋也被迁为驸马都尉兼侍中。

转了一圈,鲍勋又回到了曹丕的身边。

曹丕冷眼觑着鲍勋的身影,不禁打了个寒战,浑身冷飕飕的。要是让这家伙长期待在自己身边,那还有好日子过吗?

事情果然不出曹丕所料。

曹丕受禅称帝后，鲍勋犹如一只巨大的苍蝇整天在皇帝耳边聒噪。曹丕想大兴土木，鲍勋闻讯，立即赶来劝阻道："魏国当务之急，唯有军事与农事，理应轻徭薄赋，万勿大兴土木。"

曹丕无奈，只好打消了兴建宫殿的念头。

之后，曹丕又想率众出门游猎。鲍勋一听，匆匆赶来，拦在御车前引经据典，滔滔不绝，不厌其烦地说："臣听说三皇五帝，均以孝道治天下。陛下怜惜百姓，如同古之圣君。陛下所为，欲令千秋效仿，怎可于服丧期间纵情游猎。臣冒死劝谏，请陛下明察！"

这话若说给曹操听，曹操或许会仰头大笑，嘉奖鲍勋，然后取消行程，博一个肯听劝谏的名声。可惜鲍勋错了，他面对的是一个心胸狭窄，只顾眼前、不管身后事的曹丕。曹丕听了这番话，大怒，将鲍勋的奏书撕得稀巴烂，然后依然出城游猎去了。

那天，曹丕纵情游猎，停下休息时，曹丕问侍臣："游猎之乐与音乐之乐，哪一种更使人快乐？"

侍中刘晔一听，当即迎合说："当然是游猎更使人快乐！"

曹丕一听，高兴得哈哈大笑。

此时，队伍里的鲍勋却站了出来，反对说："陛下，臣以为，游猎之乐不如音乐之乐。"

曹丕一见鲍勋，心里不由一紧，这家伙又要来扫兴了！

曹丕冷冷地说："哦？是吗？"

鲍勋看也不看曹丕脸色，又开始长篇大论："音乐，上可通神明，下可调人事，所谓移风易俗，教化万民，没有比音乐更好的。而狩猎之事，暴身于野，伤害生灵，又受风吹雨打，不得空闲。过去鲁隐公于棠地观赏捕鱼，《春秋》亦讽讥此事。所以，即使陛下认为游猎之事更重要，愚臣亦认为不妥。"

曹丕强忍怒气，脸色差到了极点。

曹丕正恼怒，鲍勋顿了一下，声调抬高，又说道："刘晔身为侍中，不为国计，不为民计，只顾阿谀奉承，取悦陛下。请有司议刘晔之罪，清除奸佞，以正视听！"

曹丕实在听不下去了，当即暴怒，喝道："起驾回宫！"

曹丕回去后，立即下诏贬鲍勋出宫，迁其为右中郎将。无论如何，他也要让这只讨厌的"说教苍蝇"离开自己的视线。

鲍勋为人刚正不阿，敢于犯颜直谏，因此不讨曹丕喜欢，然而他的所作所为，却很受同僚欣赏。黄初四年，尚书令陈群、仆射司马懿等人一起向曹丕上书，举荐鲍勋为宫正。

前面说过，宫正即御史中丞，负责监察百官。鲍勋当着曹丕的面说请有司议刘晔之罪，此事传出后，百官无不惊骇。如此直臣，若不让他担任宫正之职，那就是朝廷莫大的损失了。

举荐鲍勋为宫正的奏书送到宫里，曹丕一看，先是一怒，之后却是无奈地摇了摇头。

曹丕怒的是又看到了鲍勋这个名字，无奈的是百官还真的畏惧鲍勋。如果不让鲍勋当宫正，可又实在找不到能让百官忌惮的人。

曹丕只好忍着怒气，准了。

后面的事情就不赘言了。曹丕第三次出征东吴，唯有鲍勋跑来劝阻。曹丕一怒之下便将鲍勋贬官。而贬官之后，鲍勋终于又被曹丕抓到了一个把柄。

曹丕从寿春回来，经过陈留郡，便驻军在陈留郡的边界。陈留太守孙邕前往谒见曹丕，出来以后又顺路去拜访了鲍勋。当时，军中营垒尚未修好，只竖有封道的标志。孙邕不走正道，抄了小路。军营令史刘曜见状，便想治孙邕的罪。但鲍勋却以营垒未成，免除了孙邕之罪。曹丕率军回到洛阳后，因刘曜有罪，鲍勋上奏请求贬斥刘曜。刘曜恼羞成怒，亦与鲍勋翻脸，上奏说鲍勋私下免除了太守孙邕之罪，有包庇纵容之过。

刘曜的奏书送到曹丕手里，曹丕当然暗自欢喜，立即下诏说："鲍勋指鹿为马，立即交廷尉审理。"

廷尉不敢怠慢，马上公布审理结果，说："依律，当判处鲍勋五年监禁。"

消息传出来，曹丕还没来得及高兴，廷尉正、廷尉监、廷尉平等三官立即辩驳道："鲍勋此罪，依照法律，顶多罚金二斤。"

三官的奏书送到宫里，曹丕一看，勃然大怒，将奏书狠狠地摔在地上，叫道："鲍勋理当处死，你们这些人竟然纵容他。来人，将三官收捕，交给刺奸官，再送十只老鼠与他们同居一处。"

看看，怒火攻心、气得失了风度的曹丕，这就现出了本来面目——心中有怨，必然报复，且变本加厉，不计成本。作为君主，曹丕实在算不上胸怀宽广。

此时，曹丕收押三官、决意诛杀鲍勋的消息传到了宫外。钟繇、华歆、陈群、辛毗、高柔等人纷纷上奏，称鲍勋之父有功于太祖，求请赦免鲍勋死罪。

奏书送到曹丕几案上，曹丕扫了一眼，不想理睬这些求情的文书。做臣子的怎么知道帝王的心思？天下有功之人何其多，有功而不懂谦让，反而居功自傲，处处挑战帝王底线，岂不是自寻死路？想当年曹操在时，孔融是怎么死的？崔琰又是怎么死的？鲍勋心里没数，难道这帮替鲍勋说情的官员心里也没个谱吗？

想到这里，曹丕下诏，立即处死鲍勋。

负责处理鲍勋一案的廷尉高柔接到了曹丕的诏书，只看了一眼，神情漠然，一动不动。

使者惊讶地望着高柔问："廷尉为何还不动手？"

高柔神情严肃地答道："请谒者回禀陛下，鲍勋罪不当死，恕臣高柔不能奉诏行事。"

使者惊讶地望着高柔，却也无可奈何，只好回宫复命。曹丕听说高柔不肯奉诏，心中又是一阵暴怒，当即叫道："来人，把高柔给朕召来。"

说完，他仿佛又想到了什么，立即召侍从来，又向他们吩咐了什么。侍从听完，匆匆走了。

没一会儿，高柔赶来。这时，早就守候在侧的特使见高柔进门，立即持节上车，匆匆朝廷尉官署赶去。

这边曹丕见高柔来了，并不着急，慢悠悠地跟他磨起了嘴皮。过了许久，侍从悄悄进来禀报，说："特使已奉诏诛杀鲍勋。"

曹丕一听，犹如搬开了一块压在心上的大石头。良久，他冷漠地对高柔说道："卿可以回去了。"

说完，曹丕头也不回，冷冷地拂袖而去。

鲍勋就这样被杀了，天下人无不扼腕叹息，许多朝廷官员也在为这位敢于犯颜直谏的大臣垂泪伤悲。昔日曹操杀孔融，杀崔琰，已叫天下人心寒，今日曹丕定要杀鲍勋而后快，更是叫人齿冷了。归根结底，鲍勋无非是敢于直言不讳地进谏，说了一些违逆曹丕心意的话罢了。更何况鲍勋的父亲鲍信当年还曾舍命救过曹操，曹丕竟然不看僧面，也不看佛面，定要置鲍勋于死地。如此君王，当真是叫人心寒。

罢了！罢了！无论众臣如何反对，后人如何评价，曹丕是一点也不在乎。此时他病情越来越重，尽管时日无多，他那颗执着于打击报复的心仍在蠢蠢欲动。

诛杀鲍勋后，曹丕两眼一闭，眼前又浮现出一个可恨的身影来。

此人就是骠骑将军曹洪。

曹洪？这可是战功赫赫的曹氏宗室成员，为何曹丕会想到他？

曹洪，字子廉。世人或许只知曹洪是曹操的堂弟，却不知道此人还是个巨富。当初，曹操刚刚担任司空时，亲作表率，每年都要作资产评估，以便征调物资。当时谯县县令认为曹洪的财产与曹操的一样多，曹操听后，喟然叹道："我家哪里能与子廉相比！"

不过，曹洪虽然有钱，但为人却是出奇的吝啬。曹丕在东宫做太子时，曾找曹洪借一百匹绢布，曹洪想都没想，直接拒绝了。因为这件事，曹洪就被曹丕记恨上了。

或许曹洪爱钱如命，爱到忘了这天下极有可能就是曹操父子俩的。他为何不肯借绢布给太子？或许是低估了人性，更低估了曹丕身为帝王那睚眦必报的性情。得罪这样的人，也算是要钱不要命了。

换个角度想想，不舍得花钱的曹洪或许认为，自己身为曹氏宗亲，既是长辈，又是功臣，即使有一天曹丕掌权，也奈何不了自己。

曹洪这样想，那真是大错特错了。

此时，洛阳宫里，曹丕正咬牙切齿地想着曹洪，侍从抱着一摞奏书走了进来。曹丕起身翻阅，读着读着，眼睛不由一亮，马上叫道："来人！"

侍从闻言，匆匆走来。

这么一眨眼的工夫，曹丕身上的病气似乎一扫而空，他精神一振，大声叫道："传令，即刻将都阳侯曹洪下狱，处死！"

侍从听得浑身一颤，应了声诺，便匆匆走了。

原来，有人在刚刚送进来的这摞奏书里列举了曹洪门客犯法之事。曹丕一看，大喜，等了这么多年，可算是逮住曹洪的把柄了。生前能把此人解决掉，也算是拔掉了一根扎在心头多年的刺。

侍从刚走，大将军曹真匆匆走进来，连忙问道："陛下，听说您要诛杀都阳侯？"

曹丕嘴角浮起一丝冷冷的笑意，得意地说："怎么，有何不妥？"

曹真与曹丕从小一起长大，两人感情十分深厚。曹丕若要死，必会将大事托付给曹真。若生前将曹洪除掉，日后曹真做起事来，无人掣肘，也能放开手脚。所以，诛杀曹洪于曹真而言，当然也不是一件坏事。

但是，曹真脸上却毫无欣喜的神色，反而忧心忡忡地说道："陛下今天若是诛杀曹洪，曹洪必会认为是臣怂恿陛下这么做的！"

曹丕斩钉截铁地说道："我自有打算，卿不必多虑！"

曹真一时无言，只好默然不语地退出去了。

曹真才走，侍从就来报："太后驾到！"

曹丕闻言一惊，刚起身，就见卞太后怒气冲冲地走了进来。

曹丕见母亲一脸怒气，似乎猜到了什么。他正要说话，只见卞夫人怒声喝道："听说你要杀都阳侯曹洪？"

曹丕默然不语，算是承认了。

卞夫人见状，厉声道："你这个忘恩负义的家伙，你难道忘了梁、沛两地间的那场战役了吗？若不是子廉，你岂能有今天？"

卞夫人气得浑身颤抖，目眦欲裂，忽的双眼一闭，泪流满面，而那段刻骨铭心的往事又涌上了心头。

昔日，董卓乱汉，曹操举义兵前往讨伐，路上被董卓部将徐荣所败。曹操骑马逃跑，在一片慌乱中不慎落马。曹操的坐骑受惊而逃。当时，敌寇追得甚急，曹洪见状，立即跳下马去，将自己的坐骑交给曹操。曹操推辞道："我走了，你怎么办？"曹洪却悲壮地说道："天下可以没有我曹洪，却不能没有你。"曹操听罢，只得骑上曹洪的马逃离。曹洪一路步行，护送曹操抵达汴水。当时汴水滔滔，不知深浅，无法强渡。曹洪便沿着汴水一路寻找船只，终于找到一艘小船，便载着曹操渡过汴水回到谯县，这才逃过一劫。

往事历历在目，救命之恩，岂可忘记？卞夫人缓缓睁开眼，死死地盯着曹丕。她见曹丕不答话，又问道："怎么了，你是否也觉得理亏？"

曹丕心中怨愤，脸上却十分委屈地说道："母后有所不知，儿臣这么做，自有儿臣的道理。实在是因为曹洪门客犯法，曹洪有包庇纵容之责，不可饶恕，理当处死。"

卞夫人见曹丕还是不肯放过曹洪，两眼一瞪，大声说道："天道是理，人道亦是理。天下岂有儿子杀救父恩人之事？苍天在上，你好自为之。"

卞夫人说完，怒气冲天地走了。

曹丕望着卞夫人离去的背影，心里难受得要命，嗓子眼直发堵。他实在忍不住，又咳了起来。在剧烈的咳嗽声中，只见他哇的一声，喷出了一嘴的血。

而卞夫人已经走远，并未听见曹丕吐血的声音。她走到半道，突然又想起什么，径直向后宫走去。

卞夫人要去找的，正是那位郭皇后。

自古婆媳关系最难处。想起这郭皇后，卞夫人就更来气了。在曹丕后宫的诸多女人当中，最受卞夫人喜欢的，不是郭皇后，而是甄氏。

甄氏，中山县无极郡人。

这是一个自出生就披着神话光环的奇女子。据说她刚出生时，每晚睡觉，家人总感觉有人拿着玉衣给她盖上。甄氏的父亲甄逸早逝，甄氏夜夜啼哭，呼唤父亲，这让全家人都感到惊奇。后来，一个叫刘良的善于看相的人，给甄氏八个兄弟姐妹相面。这相面人看了半晌，独独对甄氏啧啧叹道："此女贵不可言！"

在古代，连小孩子都知道，所谓"贵不可言"，就是说男的会成为帝王将相，女的便迟早是皇后王妃。无论如何，后来的甄氏倒真的是贵不可言。只是不知道，这是不是后世编造出来的神话，抑或冥冥之中命运的安排？

时间转瞬即逝。甄氏终于慢慢长大，不过这孩子似乎与普通的孩子有所不同。八岁那年，甄家门外来了个骑马耍把戏的人，家里诸姐妹都跑出去看热闹，唯有甄氏一人在家呆坐。戏尽人散，姐妹们回来见到她，奇怪地问："你怎么没去？"

甄氏认真地回答道："这是女子能观赏的吗？"

众人无言。

九岁，别的女孩不是学刺绣，就是看花观鱼，她却独自读起书来。且她记忆力惊人，过目不忘，后来甚至用笔墨写起文章来。诸兄见状，戏谑道："你一个小女孩，不习女红，竟读书识字，还有没有女孩的样子？"

甄氏严肃地回答道："我听说古代贤女，没有不学习从前的成败故事以警示自己的。如果不读书，我怎么学得到东西呢？"

甄氏之言，让人感慨。八九岁的小女孩，就立志要做个熟读圣贤书的贤女。众人便看出来了，甄氏不仅早熟，而且早慧。

转眼到了十岁这年。当时正值东汉末年，甄氏对母亲说道："如今世道乱，囤积宝物，并非良策。所谓匹夫无罪，怀璧其罪。如今诸多人都面临饥馁冻饿，不如赈济乡民，广施恩惠。"

甄氏此言一出，全家称赞，便依言而行。

《易经》有云，积善之家，必有余庆。甄氏这个出身于世族大家，且积德行善的奇女子，正一步一步走向这乱世舞台的中央，演绎自己的传奇。

建安年间，袁绍替次子袁熙迎娶甄氏。不久，袁熙便出任幽州刺史，甄氏没有随夫远行，而是留在冀州陪侍婆婆。当时，袁绍已得北方四州，志得意满，不顾群臣劝阻，举兵南下与曹操决战。结果袁绍大败，抑郁而死。曹操则趁机攻破邺城，平定了冀州。

当时曹丕亦随军出征，他一到邺城，就直奔袁绍府上。

当时传言，江南有二乔，河北甄宓俏。孙策迎娶大乔，周瑜迎娶小乔，成就了一段佳话。在北方，要说倾国倾城的美人，那非甄氏莫属。

所以，曹丕直奔袁绍府上，就为了一件事，就是寻找那传说中的绝世美人甄氏。

曹丕走进袁绍家中，见一老一少两个女人正害怕得瑟瑟发抖。那年轻女子见曹丕进来，害怕得将头伏在老妇人的怀里，不敢看这闯进袁府的不速之客。

曹丕缓缓走到老妇人面前，伸手就触碰那个年轻女子，老妇人惊慌失措，伸出双手作势要跟曹丕拼命。曹丕微微一笑，叹道："刘夫人何必如此？"

原来这位老妇人正是袁绍的妻子刘氏。

曹丕顿了顿，又问道："刘夫人，埋首者是谁？"

事到如今，刘氏也不敢隐瞒，颤声说道："是我儿袁熙之妻。"

曹丕听得心头一阵狂喜，缓和语气说道："让你家新妇抬起头来。"

刘氏望了望曹丕，又望了望怀里的甄氏，半晌，才轻轻地抚了抚甄氏的背，叫她抬起头来。

甄氏一抬头，曹丕便惊住了。虽然甄氏鬓发散乱，满脸泪水，神情凄惶，但仍看得出是个少见的美人。

良久，曹丕说道："来人，打一盆水过来。"

一会儿工夫，曹丕的侍从端来一盆水。曹操对刘氏说道："刘夫人，请你为新妇洗洗脸。"

剑锋悬于头顶，刘氏看了曹丕一眼，只得从命，将甄氏的头发绾起，然后替甄氏擦起脸来。没一会儿，甄氏犹如一块蒙尘美玉拂去尘埃，露出了绝世容颜。

曹丕呆呆地看了半晌，叹道："所谓北方有佳人，一顾倾人城，大概就是这样了。"

当天，曹丕看中甄氏的消息就传遍了邺城。曹操闻讯，知晓曹丕心意，便替他做主，迎娶甄氏。

刘氏轻抚着甄氏的手感叹道："本以为咱俩性命不保，如今，我再也不用担心死的事情了。"

袁绍不听劝阻，不经深思熟虑，轻易与曹操开战，结果落得家败人亡。转眼之间，不仅袁氏偌大的地盘落入曹操之手，连儿媳也成了曹家的儿媳，可谓输了个精光，落得个天地一片白茫茫。

不过，从踏进曹家那天起，甄氏才明白何为"贵不可言"。甄氏因为倾国倾城之貌，又因为谦虚的品德，极受曹丕宠幸。然而，熟读古书的甄氏并不因为宠幸而得意扬扬。相反，她头脑极为清醒，知道在后宫这尔虞我诈的战场之中，如何才能活得长久。

东汉初年，汉明帝刘庄的皇后马氏就是一位好皇后。她谦和恭顺，孝顺太后。当时，尽管甄氏并未被封为王后，却颇有马皇后之风。在后宫里，她常劝勉那些得宠的宫女，而宽慰那些无宠者，且从不拉帮结派，排除异己。她还经常对曹丕说："过去黄帝子孙繁多，是因为姬妾众多，这才国运昌盛。臣妾愿太子广求淑女，以衍嗣绵延。"

甄氏果然是读过古书的人，连帮太子扩充后宫以助淫逸之乐都能说得如此自然。曹丕听了这话，自然喜不自胜，对她多有嘉奖。

有一次，曹丕想驱逐一个姓任的妃子出宫，甄氏听说后，赶来劝阻道："任氏出身名门望族，德色兼备，臣妾有所不及，您为何遣她出宫？"

曹丕听后一声冷笑，恨恨说道："任氏性格狷狂急躁，先后不知多少次怒骂我。我忍无可忍，才决定将她赶出宫去。"

甄氏一听，急得眼泪都流了下来，又劝道："臣妾受敬遇之恩，人所共知。任氏被逐之事一旦传出去，他人必会以为是臣妾怂恿您这么做的。届时轻则以为臣妾自私，重则以为臣妾有专宠之罪，望您重新考虑。"

曹丕的心向来冷酷顽固。甄氏的几句话，岂能打动得了他？于是，那任氏还是被曹丕驱逐出宫了。

甄氏受宠，却不想专宠，且能在其他姬妾有难时挺身而出，此种贤德，也算是世上少见。正因为如此，她特别讨卞夫人的欢心。

建安十六年（公元211年）七月，太祖曹操率兵讨伐关中，卞夫人随军出征，在孟津驻留。当时卞夫人身体有恙，消息传回邺城，甄氏心神不宁，日夜忧愁哭泣，脸色憔悴。后来，身边的人告诉甄氏，卞夫人得的是小病，已经好了。甄氏却不相信，说："夫人在家时，每次患疾，便多日难愈，如今随军出征在外，怎会好得如此之快？"

甄氏反而更为卞夫人担忧了。直到卞夫人回信，说病已大好，甄氏这才破涕为笑，不再忧愁烦恼。半年后，卞夫人回到邺城，听说甄氏为她日夜忧思，好生感动。婆媳见面，感慨万千，抱头痛哭。两人哭毕，卞夫人对甄氏说："新妇以为我得的病跟以前一样难以痊愈吗？这次我得的不过是个小病，十余日便好了！你看我脸色便知。"

甄氏含着泪，默然不语。

卞夫人不禁又拭泪说道："新妇有如此孝心，真可谓孝妇！"

甄氏得曹丕宠幸，又得婆婆卞夫人疼爱，本以为会顺风顺水，无忧无虑，顺利地成为皇后。岂料，后宫风云变幻，另一个女人的横空出世，彻底打碎了甄氏的美梦。

古往今来，以色事君者，皆色衰而爱弛，像这样的事，那可是数不胜数。当年，卫子夫以绝色之姿受汉武帝宠幸，成为在位三十八年的皇后。然而在巫蛊之祸中，却落得被迫自杀的悲惨结局。汉武帝所爱的王夫人、李夫人早逝，反而被武帝时时追忆，久久不忘。卫子夫及太子死后，武帝立受宠的钩弋夫人之子为太子,却又为防外戚专权,杀死了钩弋夫人。喜新厌旧,绝情负义,不仅是汉武帝的本色,也是曹丕的本色,更是自古以来诸多皇帝的自私本色。不知不觉,曹丕对甄氏越来越感到厌倦。于是郭夫人、李夫人、阴贵人等趁机争宠,牢牢地占据了曹丕的内心。

在这些人当中,最得势者,就是这位郭夫人。

郭夫人,安平广宗人。这也是一个自幼就带着光环的女人。年少时,她早慧成熟,父亲郭永感叹道:"此乃吾家女中王也。"于是便以"女王"为女儿的字。不过郭夫人的经历十分坎坷,她早年便痛失双亲,于战乱中四处流离,投身于铜鞮侯家。曹操当权后,才被送入东宫服侍太子。

当时,曹丕的日子却不好过。弟弟曹植才高八斗,声名远播,甚至让太子之位的归属都产生了动摇。这让曹丕心里十分忧虑。关键时刻,工于心计的郭夫人暗地里为曹丕出谋献策,帮助丈夫击败了曹植,保住了太子之位。此后,曹丕对郭夫人既信赖,又宠幸,便逐渐疏远了甄氏。

后宫如战场,从来都不是风平浪静的。郭夫人既然得到了曹丕的心,便有了取代甄氏之意。然而,取代甄氏却并非易事,这是一道横在郭夫人后位之路上的巨大障碍。因为尽管当时甄氏还没被立为后,但她的儿子曹睿却极有可能成为太子。若曹睿被立为太子,郭夫人还能当上皇后吗?

更可怕的是,郭夫人没有生子。

这真是件令人头痛的事,郭夫人会因此打退堂鼓吗?

甄氏读书,郭夫人也读书。凡是现实生活中不能解决的问题,都可以从历史中寻找经验。郭夫人发现,东汉的马皇后,可以作为她的人生榜样。

甄氏有马皇后之风,郭夫人竟也效仿起马皇后来,也不知这是巧合,是命中注定,还是有意为之?

郭夫人以马皇后为榜样,便也向卞夫人示好。卞夫人崇尚节俭,不事奢华,且又知事明理,所以极受曹操喜欢。当年,曹操出征,见卞夫人浑身上下没有一件珠玉,连所用的器具都是黑色的,便将一堆珠宝放在她面前,让她挑选。卞夫人看了看，从容地从中取出一件中等宝物。曹操奇怪地问："你为何不取上等或下等宝物，偏要选中等的？"卞夫人从容回答道："如果我挑了上等宝物，人家就会说我贪心，取下等宝物，人家就会说我虚伪狡诈，所以我选中等宝物，就可以让世人无话可说。"曹操一听，深感佩服。

太后有这样一副性情，郭夫人想与之亲近，自然要和她的生活步调保持一致。所以，在外人看来，出身卑微的郭夫人也是一个勤俭节约、不事奢靡、不纵情声色的好女人。

郭夫人想了想，决定出击了。

没多久，后宫便流言蜚语满天飞，人人都说甄氏因为失宠，怨言极多，经常暗地里诅咒曹丕。曹丕一听，当即火冒三丈，暴跳如雷。所谓打蛇要打七寸，郭夫人这一招，恰好击中曹丕的痛处。曹丕这自私狭隘、不能容人的性子，早已被郭夫人看破，既然当年曹丕不能忍受任氏对他的轻慢，那么现在他也不会容忍甄氏对他的不敬——不管这是不是真的。

不久，怒火中烧的曹丕遣使赐死甄氏，而郭夫人则被立为皇后。

这些事当然逃不过卞夫人的法眼。不过尽管卞夫人对郭皇后耿耿于怀，却也不会过分干涉儿子的事情，所以一直强忍怨气。如今，曹丕又因为一己之私，要杀死曾救曹操于危难之中的曹洪，老人家实在忍无可忍，决定拿郭皇后开刀。

此时，郭皇后正住在永安宫中。她听说太后来找她，匆匆出门迎接。两人相见，卞夫人气得脸色通红，半天不说话。

郭皇后见卞夫人怒气冲冲，战战兢兢地问道："不知母后因何事而怒？"

卞夫人冷冷地扫了郭皇后一眼，不由又想起了甄氏之死，一时更是怒气难平。半晌，卞夫人压了压心头怒火，冷冷说道："皇后深居宫中，可知前殿发生了何事？"

郭皇后摇头说道："不知母后说的是什么事？"

卞夫人顿了顿，说道："你既身为皇后，可知曹氏家事？当年，太祖受困于梁沛之地，是子廉舍命相救，将坐骑让与太祖，太祖这才逃脱。所谓滴水之恩，当涌泉相报，此中道理，皇后可懂？"

郭皇后一听，立即说道："母后所言极是，臣妾不敢忘！"

卞夫人听罢，怒气稍歇，又说道："现在皇帝不念旧情，欲杀曹子廉，皇后可知此事？"

郭皇后一听，吃惊地望着卞夫人说："臣妾当真不知此事。"

卞夫人突然提高声量，大声说道："我向来不想干涉朝政和后宫之事，然而子廉之事实为我曹氏家事。我已劝过皇帝，得饶人处且饶人，奈何他固执己见，不听我话。所以，我只好来找你，不知你能否向皇帝说情，求他放过子廉。"

郭皇后顿时六神无主，连忙说道："母后，陛下决定的事，恕臣妾不敢多言。"

"不敢多言？"卞夫人一听，冷冷一笑，厉声说道："别以为我老糊涂了！当年太子有难，是谁在背后出谋划策？甄氏为何而死，难道你已经不记得了？"

郭皇后一听，吓得魂飞魄散，一时不知所措，急得眼泪都流了下来，她哭着说："母后，甄氏之死，当真与臣妾无关。"

卞夫人又是一怒，说道："我今天来，不是想追究前事，只是想告诉你，若曹洪今天死了，我明天就令皇帝将你废掉。你好自为之。"

说完，卞夫人身子一扭，头也不回地走了。

空荡荡的永安宫里，只剩郭皇后如同被雷劈过一般，瞠目结舌，一动不动地留在原地。

是夜，曹丕回到永安宫，见郭皇后满面泪痕，心中疑惑，不由问道："这是怎么啦？"

郭皇后抬头望着曹丕，悲伤地说道："臣妾不敢说！"

曹丕似乎明白了，问："母后来过永安宫？"

郭皇后见曹丕一猜便中，大哭着说道："陛下救我！"

曹丕心里一堵，也喘着大气，沉着脸说："母后说什么了，皇后为何如此惊恐？"

郭皇后哭丧着脸，以袖掩面，哭着说："母后说，陛下若不放过曹子廉，便要……将我废了！"

曹丕两眼圆睁，一时不敢相信，连声说："母后当真是这样说的？"

郭皇后流着眼泪，沉重地点了点头。

曹丕心里又是一堵，猛地一咳，却怎么也咳不出心里的气，一时连连喘息，像是要断气了一样。

郭皇后见状，一边惊恐地抚着曹丕的胸膛，一边叫道："陛下休怒，都是臣妾的错！"

曹丕咳得像是丢了半条命，他猛地深吸一口气，慢慢呼气，这才逐渐平缓下来。

郭皇后连忙命宫女端来温水，她亲自将温水送到曹丕嘴边，曹丕又深深地吸了一口气，将水喝了个精光。

半晌，曹丕怒声叫道："真是岂有此理！"

郭皇后见曹丕又动怒，连忙安抚道："陛下以孝治天下，不要跟母后一般计较。然而陛下依律法治理天下，何错之有？臣妾想通了，若母后定要因此废了臣妾，臣妾也绝无怨言。臣妾只愿陛下息怒，不要伤了龙体。"

曹丕一听这话，心里焦急，跌足说道："你糊涂了，你是朕的皇后，朕怎么舍得废你。"

郭皇后轻轻摇头，抚着曹丕背脊说道："陛下治国自有陛下的考虑，可别因为臣妾的事伤了陛下和母后的和气。"

曹丕心里又痛苦，又无奈。一边是威力无穷、势若泰山的母后，一边是柔情似水、深得宠幸的皇后，手心手背都是肉，哪边他都舍不得啊。

半晌，曹丕深深地叹了口气，说道："算了，那就放过曹洪吧。"

郭皇后又惊又喜，流泪不禁流了下来，叫道："陛下！"

曹丕轻轻地搂了搂郭皇后，悲哀地说道："朕身患重疾，也活不了几天了。朕虽想除掉曹洪这根心头刺，但也不能不管你。"

郭皇后听了这话，心里更加悲伤，紧紧抱着曹丕叫道："陛下不要说这种不吉利的话。"

曹丕心里一苦，眼角渗出了眼泪，也抱紧了郭皇后。

曹丕为了保住郭氏的皇后之位，不得不向卞夫人妥协。不日，曹丕下诏，仅将曹洪免官、削爵。曹洪捡回这条命，仿佛在鬼门关前绕了一圈，立即向曹丕上书谢罪。

早知如此，又何必当初呢！

五月，曹丕病情加重。甄氏被赐死后，曹睿一直由郭皇后抚养，曹丕见自己时日无多，便决定立曹睿为太子。

十六日，曹丕召见中军大将军曹真、镇军大将军陈群、抚军大将军司马懿，交代后事，让他们共同辅政。

十七日，曹丕崩殂，享年四十。

滚滚长江东逝水，刘备兵败夷陵，一战失利，命丧白帝城；曹丕旌旗浩荡，屡次兵临长江，却都无功而返，最终饮恨而死。也许，这正是一种无法逃脱的历史宿命？

第六章

曹家的接班人

沉沉暮色笼罩着北方的大地，魏国被一种从未有过的沉重颜色笼罩着。六月初九，文帝曹丕出殡，葬于洛阳东北的首阳山。一个时代就这样结束了，只留下一抹落日余晖。然而第二天，一轮新的红日即将升起，随之而来的便是一个新天地。

魏国的新皇帝曹睿就是这一轮新的太阳，随着父亲的谢幕，他缓缓地从幕后走到了台前。这一年，曹睿年仅二十二岁。一时间，整个魏国，乃至整个天下，都在默默打量着这个神秘的年轻皇帝，好奇他将以什么样的面目出现在世人面前。

毕竟，这个青年皇帝有点不同寻常。

曹睿，字元仲。当年，曹操平定冀州，替曹丕纳甄氏为妾，不久甄氏便生下了曹睿。在众多子嗣中，曹操独独喜爱曹睿，常令他随侍左右。十五岁时，曹睿被封为武德侯，黄初二年，被封为齐公，黄初三年，又被封为平原王。恰在这时，甄氏失宠被赐死，然后曹丕下诏，令郭皇后抚养曹睿。

甄氏死时，曹睿已经十七岁。父亲曹丕对甄氏的始乱终弃，始终让这个少年耿耿于怀。曹丕似乎也察觉到了曹睿的心思，不免替郭皇后的未来担忧。曹睿因为异常聪慧而深受太祖曹操喜欢，曹丕也一直想立他为太子。但是现在情况有变，如果立曹睿为太子，一旦曹丕驾崩，郭皇后的下场可想而知。为了郭皇后，曹丕生了改立太子之心，连取代曹睿的人他都已经想好了，此人就是别的妃子所生的京兆王。

曹睿性格恬静，一直潜心读书。然而，他又像一只敏锐的兔子，嗅到了宫中弥漫的这股不祥之气。

一天，曹睿起了个大早，独自前往永安宫。宫女见曹睿前来，不敢怠慢，立即禀报郭皇后。郭皇后问宫女："皇子前来，所为何事？"

宫女说道："说是来请安的。"

郭皇后不敢相信，让宫女引人进来。曹睿在宫女的引导下，从容走到郭皇后面前，深深一拜，说道："儿臣前来向母后请安。"

郭皇后又惊又喜，这孩子能主动前来请安，说明心里已经认可她这个后母了。

郭皇后慈祥地望着曹睿说："快快请起。你能来，我心里不知有多高兴。"

从此，曹睿每天晨昏都会向郭皇后请安。郭皇后将此事告诉曹丕，曹丕心中既欢喜又感慨，如果曹睿真心愿意侍奉郭皇后，那真是一件皆大欢喜的大好事。

这天，曹睿跟随曹丕出城打猎。行至半道，曹丕看见一对母子鹿飞驰而过，连忙搭弓放箭，母鹿中箭而倒。曹丕见状，对身旁的曹睿说道："你快射那只小鹿！"

曹睿却一动不动，呆呆地望着小鹿跑掉了。

曹丕疑惑地望着曹睿问道："你为什么不放箭？"

曹睿望着曹丕，眼中不知何时已淌出了泪水，他缓缓说道："陛下已杀其母，臣不敢再杀其子。"

曹丕一听，不由得放下手中弓箭，惊诧地望着曹睿。

这一幕让曹丕不禁想起了甄氏。人非草木，孰能无情？何况曹睿还是自己的亲生儿子。甄氏已被赐死，若再杀其子，岂不是太绝情了吗？况且，曹睿对小鹿尚且如此仁义，其侍奉郭皇后之心，又有什么可怀疑的？即使他对郭皇后耿耿于怀，但他有一颗善良之心，又能坏到哪里去？

那一刻，向来冷酷无情的曹丕似乎被曹睿的这一举动打动了，便下定决心，立曹睿为太子。

在危机重重的东宫之争中，曹睿凭借着自己的政治敏锐度，四两拨千斤般力挽狂澜，成功坐上了太子之位。

曹睿当上太子，住进了东宫。或许有人会以为，煎熬多年，他终于可以扬眉吐气了。然而随后曹睿的许多行为都让人大跌眼镜——他搬进东宫后，竟然深居简出，既不结交朝臣，也不过问政事，而是整天读书思考，一副置身事外的样子。

这是一个多么敏感的孩子！他深邃的目光似乎穿透了人性的迷雾，他那颗还未成熟的心先已洞悉了人心，参透了人生的无常。他深知所谓太子之位并不是煮熟的鸭子，已经板上钉钉。只要曹丕还活着，一切都存在变数。此时不知有多少双眼睛正死死地盯着东宫，只要他一不小心犯错，马上就有人跑到皇帝那里打小报告，到时候注定又会有一场腥风血雨。当务之急，就是蛰伏东宫，积蓄能量，不被任何人抓住把柄。由此看来，曹睿的不争，不出风头，的确是一个绝佳的策略。所谓夫唯不争，天下莫能与之争是也。

如今，曹丕走了，曹睿终于顺利登基。魏国的大臣们以为，蛰伏东宫多时的曹睿应该可以大大方方、从从容容地出来亮相了。然而，正当众大臣等着一睹新皇帝风采的时候，却迟迟不见曹睿亮相。

转眼，数天就过去了。

百官心里着急。有人上奏请求召见，可奏书进了宫，就像石头被丢进深水之中，连个响声都没有。

正当百官手足无措时，宫里突然传出消息：皇帝准备召见大臣。但只能让一个人进去，其余人都得在外面等待。

百官先是一愣，后是一惊，纷纷猜测新皇帝到底要单独召见哪位大臣。

就在百官胡思乱想时，只听侍从官高声叫道："传侍中刘晔！"

有幸成为唯一被新皇帝曹睿召见的人，竟然是差点被鲍勋告倒的刘晔。

刘晔听见传诏，抖擞精神，跟着侍从官缓缓进门去了。刘晔这一进去，就是一整天。百官好奇不已，竟想躲在大门外偷听，却什么也没听到。等刘晔从大门里出来，百官立即围上去，争着问道："怎么样？"

刘晔微微一笑，故意卖关子道："什么怎么样？"

百官齐声道："陛下是何等人物？"

刘晔又是微微一笑，叹道："老夫与陛下畅聊一天，可谓获益匪浅。陛下比之秦皇汉武，也只是才具微微不及罢了。"

百官一听，一片哗然，各个激动不已。新皇帝如果真有秦皇汉武那样的才略，何愁蜀汉、东吴不平，何愁天下不统一？真可谓天佑大魏！

转眼到了八月。天气骤变，秋风呼啸，黑云压城。

此时，吴王孙权听说魏主去世，果断下令出兵伐魏。

曹丕三次兵临长江，孙权都没敢露面。曹丕一死，他仿佛变了一个人，竟亲自率军攻打江夏郡。三国这个战场，不变的永远是人性。回头看，那些纵横天下多年的人，总是不大瞧得起晚辈后生，结果总是很悲哀。当年袁绍瞧不起曹操，结果曹操大胜；曹操瞧不上孙权，结果孙权大胜。曹操一死，刘备心中狂喜，以为可以放手一搏了，结果输给了陆逊。如今曹丕死了，或许孙权也认为，这生于深宫之中、长于妇人之手的曹睿，何来胆略与东吴抗衡？此时正是出兵伐魏的绝佳时机！

这一次，孙权能逃出这条三国定律吗？

此时，魏国负责屯守江夏郡的是太守文聘。岁月悠悠，已然四十五岁的孙权变成了前辈，他的对手江夏郡太守文聘，却也是个久经沙场的老面孔。

文聘，字仲业，南阳宛人。

当初，文聘是刘表麾下大将，负责防御北方。刘表死后，其子刘琮为荆州牧。曹操大兵压境，软弱无能的刘琮只好举城投降。刘琮投降时，命文聘一同归附曹操，文聘却说道："臣文聘不能保全荆州，只配在家待罪。"

曹操渡过汉水时，文聘独自前往求见曹操。曹操问他："你为何姗姗来迟？"

文聘叹息一声，伤感地说："降臣来迟，事出有因。降臣之前不能辅佐刘荆州，如今刘荆州已死，但臣仍据守汉水之地，全为保全州郡，不负刘荆州所托。

然而计策落空，以致沦落至此，心里实在悲哀，所以无颜前来拜见。"

说完，文聘不能自已，泪如雨下。

曹操见状，心为之一动，悲伤地说道："仲业，卿真乃忠臣也！"

此后，曹操对文聘礼遇有加，并让他与曹纯一起追击正在逃跑的刘备，将刘备围困于长坂。曹操平定荆州后，因江夏与东吴相接，且文聘熟悉长江的防务，便拜他为江夏太守，并令其训练指挥来自北方的士卒。曹丕第一次举兵讨伐江东时，文聘曾与夏侯尚一同围困江陵，因御敌有功，升任后将军，受封新野侯。

如今，孙权亲率大军兵临江夏，文聘能顶得住吗？

此时，文聘正屯守在江夏郡石阳城。石阳城外是连绵的城栅，城栅外面是空旷的原野，原野上百姓四散，都在一边望着天，一边急忙收粮。天色越来越暗，乌云随风翻滚，如海浪般袭来，似乎大雨就要倾盆而下。

石阳城里谁都没有料到，城破的危险犹如那天上乌云，近在眼前。距离石阳城数十里，孙权正率着五万大军扑来。隆隆的战车声、马蹄声惊得林中鸟如同那天上的乌云，黑压压、成群成群地掠过石阳城上空。没过多久，一骑快马进城，一人踉踉跄跄地边跑边叫道："不好，吴军杀来了！"

呼喊声马上就传到了文聘耳里。文聘立即派斥候出城侦察，不一会儿，斥候回城报告："吴王孙权正率大军向石阳城方向赶来。"

文聘听得一惊，问道："有多少人马？"

斥候说道："约莫五六万人马。"

文聘听得心里一沉，不禁抬头远望。刚一抬头，只觉脸上一凉，紧接着大雨倾盆而下，天地中瞬间宛如万马奔腾，响成一片。这时，风越来越大，风吹着雨，雨点打着墙、敲着地，原野上来不及躲雨的百姓纷纷四散，在这狂风暴雨中消失不见。

一城人的心都不由得提到了嗓子眼。

正当众人心惊胆战时，突然听到轰的一声巨响，一段城墙竟然在暴雨的冲击下坍塌了。紧接着又是轰轰两声巨响，又一段城墙坍塌了。一名属将跑来报告：

"将军,吴军将到,城墙倒塌,要不要派人抢修?"

文聘立在屋檐下,思虑片刻,摇头道:"传令下去,全城百姓不许出门。"

属将一时不解,疑惑问道:"文将军,难道不修城墙了吗?"

文聘摇头说道:"东吴大军即将杀到,凭此断壁残垣,岂能挡得住孙权的铁骑。为今之计,不如将计就计。"

属将还是不解,追问:"文将军的意思是?"

文聘微微一笑,问道:"昔日曹公以空城待敌,吕布不战而退。如今我再借用曹公的空城计,跟孙权周旋周旋。"

属将听得一惊,久久呆立,不敢相信。

文聘目光如炬,眺望这茫茫天地,从容说道:"速派快马出城向朝廷报告。剩下的,就看我的了。"

文聘说完,当即转身回屋去了。

大雨哗啦啦地下着,天上雷鸣,地上的城墙也接连崩塌。一城百姓都在紧张颤抖,人人关上大门,不敢迈出一步。这场大雨下了半天,方才慢慢停歇。石阳城里不见一个人影,整座城宛如一座空城,让人只敢远观,不敢靠近。

此时,空旷的原野之上,孙权大军如同天降,浩浩荡荡,连成一片。孙权远望石阳城,默默无语,心里顿时起了疑虑。

部将观望了片刻,对孙权说道:"大王,这石阳城一片死寂,似无防备,此时要不要攻城?"

孙权摇摇头,说道:"没有我的命令,不可轻举妄动。不然,咱们就要上文聘的当了。"

部将不解:"大王是说,文聘这是用的诱敌之计?"

孙权点头说道:"文聘并非莽夫。魏国派他镇守江夏,全因其有忠诚之心。况且他深谙兵法,又经营江夏数十年。如今我兵至而敌人全然不动,其中必然有诈。兵法有云:'实者虚之,虚者实之。'虚虚实实,不知真假。就算文聘城里不设伏兵,也必有援兵。"

部将恍然大悟，一时亦不敢动。

正当孙权于城外犹豫徘徊时，其攻打石阳城的消息，风一般传入了洛阳城。洛阳满城惊呼，百官纷纷上奏，请求出兵前往救援。当此危难之时，新帝曹睿也再不能躲着不露面了。

这天，曹睿上朝会见百官，正式亮相。百官一见到曹睿，纷纷请战，朝中一时争论不休，闹成一片。曹睿却十分沉静，一动不动地望着这帮老臣，半天不说一句话，仿佛心中自有乾坤。百官见曹睿处变不惊，又惊又奇，有人问道："陛下，石阳城危急，朝臣们都奏请出兵，不知陛下如何打算？"

曹睿默默地望着群臣，半晌，才淡淡说道："石阳之围，不出兵亦可解。"

诸臣听得大吃一惊，面面相觑——这么大的事，怎么到了这新帝嘴里，竟如此云淡风轻？

众臣正疑惑，只听曹睿悠悠说道："孙权善于水战，他之所以下船登陆攻城，是希望打石阳个措手不及。然而此时朕料文聘已有所防备，所以不足为虑。兵法有云，攻城之势，必有两倍兵力以上，方可出动。此时，只需派出轻兵与文聘呼应，孙权不久便会撤兵。"

曹睿此言一出，诸臣莫不称奇，但没人再说什么，均依计而行。

曹睿退朝后，一骑从洛阳疾驰而出，不知去向。没过多久，正前往江夏巡视边防的治书侍御史荀禹就收到了朝廷命令，立即征发所在郡县一千余步骑兵，朝石阳城奔去。

夜色深沉，狐疑不安的孙权驻军在石阳城城外。这时，只听空中响起了几声奇怪的鸟叫声，几只飞鸟朝远处的山上飞去。暮色沉沉，远处的山上突然亮起了微光。定睛一看，那微光越来越亮，竟然连成了一条横线。

再仔细一看，就能发现，那是一行火光。山上的火光似乎是发给城中魏军的信号，石阳城中顿时火光冲天，一片光明灿烂。眼前之景惊动了东吴大军，有人匆忙向孙权报告。

孙权登高而望，脸色大变。他猜得果然没错，文聘白天如此镇定，原来是早已知晓有援军照应。很明显，他们是想趁夜色前后夹击吴军。

孙权突然叫道："命令三军，有序撤退。"

霎时，东吴大营里火光四起，隆隆的战车声、清脆的马蹄声再次响起，并纷纷散去。此时，城中的文聘将军望了望远处山上的火光，又望了望正在撤离的东吴大军，沉声道："传令，开城门，追击！"

话音刚落，石阳城守军立即开启城门。文聘下楼，横刀拍马，率领众将士朝东吴大军追去。此时的孙权岂敢恋战？东吴诸军互相呼应，且战且退，扬尘远遁了。

石阳城这一役，孙权不仅白跑一趟，还输得莫名其妙，极为窝囊。文聘御敌有功，增食邑五百户。消息传开，满朝大臣无不啧啧称奇，都说陛下举重若轻，料敌如神，真不愧为秦皇汉武一类的人物啊！

第七章

出师表

孙权才铩羽而归,又有人摩拳擦掌,准备再跟魏国掰一下手腕。魏国大臣中,估计没人想到,想和魏国一决高低的人竟然是蜀国丞相诸葛亮!

此时,在遥远的西蜀成都城中,诸葛亮望着眼前的地图,心里犹如潮水汹涌,奔腾不息。刘备走了,蜀汉一统天下的雄心壮志并未改变。然而刘备初丧,西南诸多土著趁机作乱,若要北伐,必得先令西南的地方部族对蜀汉心服口服,不再叛乱才行。

西南当地发动叛乱的首领主要有两个,一个是雍闿,一个是孟获。

最初,益州郡的豪强雍闿袭杀郡守正昂,勾结隶属东吴的交趾郡太守士燮,归附东吴。之后,益州郡太守张裔刚上任,雍闿竟又袭击郡府,生擒张裔并将其交给吴国。雍闿因功被吴主拜为永昌太守。当时永昌功曹吕凯、府丞王伉等人闻讯,立即率领郡中吏卒,关闭边境,屯兵自守。雍闿不能顺利入郡,被挡在了外面。雍闿见不能进城,便派郡人孟获诱骗、煽动土民,土民对孟获言听计从,纷纷起义响应。消息传入成都,诸葛亮认为刘备新丧,不宜出师,仅派人前往安抚民众,关闭边境,平息战事。

一转眼,一年多时间就过去了。

经过一年多的酝酿准备,黄初六年(公元 225 年)春天,二月刚过,诸葛亮决定亲自出师剿灭雍闿所部。军队还未出发,就有一个人对诸葛亮说道:"此次出征,山高水险,丞相宜做长久之计呀。"

诸葛亮眼睛一亮,抬头一看,见来者竟是参军马谡。

马谡，字幼常，襄阳宜城人。当时，襄阳宜城的马氏五兄弟都有才名，为乡里所称赞。但是，五兄弟中，名声最响亮的并不是马谡，而是马谡的兄长马良。宜城人都说："马氏五常，白眉最良。"就是因为马良眉毛中有白毛，所以世人都称他为"白眉良"。可惜的是，刘备东征吴国，败于夷陵，马良也死在此战役之中。

马谡最初以荆州从事之职跟随先主刘备入蜀，后来担任了绵竹成都令等职位。因其人知兵法，有才华，好议论军国大计，深受诸葛亮器重。奇怪的是，马谡竟不被刘备看好。先主刘备临死前，特别嘱咐诸葛亮说："马谡此人喜欢夸夸其谈，言过其实，不可大用，你还是应该慎重！"

不过诸葛亮显然没有把刘备的话听进心里，刘备死后，诸葛亮依然固执己见，任命马谡为参军，每每和他讨论军务之事，总是通宵达旦，畅快不已。

此时，诸葛亮远征南中土民，身为参军的马谡，当然不能不出谋划策。

诸葛亮见马谡有话要讲，不由说道："我素知你有才干，然而此次出征，或有思虑不周全之处，你若有良计，可说来听听。"

马谡目光炯炯，说道："南中土民仗着山高路险，不服蜀汉，已经不是一天两天了。即使我们今天打败他们，明日他们仍会叛乱。如今丞相准备以举国之力北伐，南中土民知道蜀汉国内空虚，定然更加肆无忌惮。若将他们一举铲除，永绝后患，恐怕这不是仁义之举，一时也办不到吧。兵法有云，用兵之道，攻心为上，攻城为下，心战为上，兵战为下。我以为，您最好用计使蛮夷心服口服，方为上策。"

诸葛亮一听，叹服道："你真是说到我心坎里了！我们的目标是北伐中原，而不是跟土民纠缠。所以此次出征，既要速战速决，又要点到为止，决不恋战。"

计策既定，诸葛亮便率军出征。黄初六年（公元225年）七月，诸葛亮率军抵达南中。

诸葛亮大军一到，一战便击破土民部队，诛杀雍闿。其余蜀军见诸葛亮旗开得胜，亦积极响应，包围其他土民，攻克诸县，并与诸葛亮会合。

雍闿既死，土民首领便仅剩孟获一人收拾残军，继续抵抗诸葛亮。

这天，诸葛亮踱着步子走出营房，久久眺望着这绵绵高山，不禁想起临行前马谡说的话来，默然不语。半晌，他重回营中，写了一道军令："对孟获，只能生擒而不可斩杀。"

在诸葛亮看来，南中俱是崇山峻岭，不可恋战。若要征服土民，光靠杀戮决计不可，只能以攻心之计，让他心服口服。所谓擒贼先擒王，只要将孟获降服，其余各部必定望风披靡。

军令传出，蜀汉军队便深入大山与孟获周旋。不久，孟获竟被活捉，送到了诸葛亮面前。

诸葛亮一见孟获，如见故人，一边亲自上前为其松绑，一边说道："哎呀呀，真是百闻不如一见，今日得见孟获兄，果然不同凡响。"

孟获见诸葛亮亲自给自己松绑，先是一愣，再听诸葛亮一上来就跟自己称兄道弟，心里不由一阵冷笑，昂首挺胸，沉着脸不说话。

诸葛亮见孟获似有不服之意，哈哈一笑，道："孟兄初来乍到，可否愿意到军中走走？"

孟获猛然抬头，不服气地说道："走就走！"

诸葛亮见状，摇头一笑，慢悠悠地走在前面，带着孟获参观蜀军的兵营要塞，又观看蜀汉军队是怎么练兵、操练的。末了，诸葛亮似有得意之色，问道："不知孟兄对我军印象如何？"

孟获冷笑一声，昂首说道："恕我直言，之前我不知虚实，所以败下阵来。今日有幸得以观看蜀军操练阵势——也不过如此。若能再战，我必能取胜！"

诸葛亮一听，不由哈哈大笑。笑毕，诸葛亮突然严肃地说道："既然孟兄不服气，那就让你回去，我们择日再战，如何？"

孟获不敢置信，望着诸葛亮半信半疑地问："此话当真？"

诸葛亮爽朗一笑，说道："军中无戏言，你尽管放心回去备战。"

孟获双手一拱，说道："那就择日再战，后会有期！"

孟获说完，昂首挺胸地走出蜀军大营，没过多久，便消失于茫茫大山之中了。

诸葛亮望着孟获离去的背影，笑而不语。

第二天，天刚蒙蒙亮。诸葛亮走出军营，于大营前凝视群山，似乎在搜寻着什么。不久，只听山中一声鸟叫，远处的一座大山顿时群鸟惊飞，在天空中四处乱撞，一片嘈杂。

诸葛亮望着那座大山，脸上轻轻一笑，叫道："起军鼓！"

"咚！"一声军鼓响起，随即又"咚！咚！"两声，紧接着，暴风骤雨般的军鼓之声响彻山谷。随着鼓声，蜀军轻车熟路地摆开军阵，似乎早已做好了准备，气势雄壮。这时，军旗摇动，将军一声大吼："散！"诸军便有序散开，迅速地向山里扑去。那边见蜀汉军队袭来，也顿时响起一声怒吼："杀！"

杀声遍野，良久不息。

诸葛亮气定神闲地远观战局，仿佛在欣赏着一场大戏。不知过了多久，山里的厮杀声渐渐弱了下来。这时，突然传来一声："报！"

诸葛亮问道："何事？"

士兵大声说道："孟获已被活捉！"

诸葛亮淡淡一笑，说道："去问他服是不服。"

"诺！"士兵领命而去。

没过多久，士兵又回来报告："孟获说他还是不服，想与丞相再战。"

诸葛亮挥挥手，悠然说道："他若想再战，就放他回去，若再不服，就再次将他活捉，切记，不可伤他性命。"

士兵领命回去，放掉了孟获。岂料，孟获一被放走，立马又被活捉了，他屡战屡败，前后足足被活捉了七次。最后，孟获被推到诸葛亮面前，惭愧无比，连头也抬不起来了。

诸葛亮问道："你可心服？"

孟获满面羞惭，叹道："公果然天纵神威，从此之后，南人再也不敢反叛了！"

诸葛亮哈哈一笑，说道："不打不相识。从此以后，土民、汉民就是一家人了。"

收服孟获后，诸葛亮乘胜追击，一举平定益州、永昌等四郡。每平一郡，便任命郡中土民首领为郡太守。属将不解，对诸葛亮提醒道："丞相拜他们为郡太守，就不怕他们再次反叛？"

诸葛亮一听，摇头笑道："若不这么做，必增负累。"

属将还是不解，问道："何来负累？"

诸葛亮缓缓解释道："南中之地，若留外人治理，则必须留兵驻守，如此一来，就须人力运送军粮，此为一不易；土民刚刚战败，父兄死伤者甚多，若只留外人治理而不留兵，则必成祸患，此为二不易；多年来，土民与汉官相互仇杀，罪孽深重，若留外人治理，他们必会终日猜忌不安，时日一久，亦成祸患，此为三不易。今天我不留兵，就是省了运粮之苦。如此，只要土民社会恢复纲纪，各自相安无事，我就心满意足了！"

至此，四郡皆平。诸葛亮派人网罗土民之中有才干的人，连同孟获一起，统一授官，这就是所谓以夷治夷的道理。自此以后，终诸葛亮一世，南中再也没有发生叛乱。

太和元年（公元227年）春天，三月。

此时距离诸葛亮平定南中诸郡，已过去了一年半。这一年多来，诸葛亮一心一意扑在一件事情上，就是秘密筹划，准备北伐。

北伐中原这四个字，犹如一团燃烧在诸葛亮心中的火，始终不熄。这年，诸葛亮已经四十七岁了。岁月如梭，时不我待。当务之急，就是趁热打铁，北伐中原，一统天下。这是多少英雄倾尽毕生心血追求的伟大事业！此事曹操没有完成，刘备亦没有完成，天下英雄，舍我其谁？每每一念及此，诸葛亮总是心潮难平，夜不能眠。为此，他事无巨细，又要治国，又要治军，只恨无分身之术。经过一年多的准备，蜀军终于在这个特殊的春天做好了出征的准备，激动人心的时刻似乎就要到来了。

诸葛亮令长史张裔、参军蒋琬留守丞相府处理政事，他则亲自率军前往汉中。临出发前一晚，诸葛亮坐于府中沉思良久，心里似有牵绊。

此时诸葛亮心里想的只有一个人——皇帝刘禅。

刘备这一生，不甘居于人下，奋斗不息，然其才略基业较之曹操，真是差了不知几截。别的不说，曹操的孩子们就比刘备的孩子聪明。曹操、曹丕父子都在文学史上占一席之地，更别说还有那写了《洛神赋》的曹植。再看刘禅，一对比，就显得无比寒碜。

建安十二年，甘夫人生下刘禅，建安十三年，刘备败于长坂，全赖赵云舍命保护，甘夫人及幼主这才冲出曹军的重围，捡回一条命。按理说，刘禅也算是从战火中一路历练过来的，然而他就像一块朽木，哪怕孔子再世，也只能说一句"不可雕也"。刘备深知自己的儿子刘禅没有什么经世治国的大才，所以临死之前特别嘱咐诸葛亮："此等竖子，如果能辅佐就辅佐，不能辅佐，则可取而代之。"归根结底，这孩子究竟有多不成器，或许只有刘备最清楚了。

这年，刘禅已有二十一岁。此时，在遥远的北方魏国，曹氏已是第三代人当皇帝了，且曹睿仅比刘禅大三岁。曹睿一亮相，就令魏国上下信服，甚至被侍中刘晔喻为秦皇汉武一类的人物。

那么，刘禅又是哪一类的人物呢？

想到这里，诸葛亮心里不由一叹。如果硬要将刘禅归为哪一类的人物，或许说他是个平凡的、等待挖掘的、需要引导的孩子最为恰当。那么，该怎么引导这个年轻的皇帝呢？

诸葛亮沉默不语。

良久，诸葛亮睁开眼，身子陡然坐直，以一个名臣兼人生导师的身份，挥毫给刘禅写下了一封在心中酝酿已久的奏疏。

这就是著名的《出师表》。

诸葛亮笔尖凝聚了万钧之力，一字一句写道："先帝创业未半，而中道崩殂，今天下三分，益州疲敝，此诚危急存亡之秋也。然侍卫之臣不懈于内，忠志之士忘身于外者，盖追先帝之殊遇，欲报之于陛下也。诚宜开张圣听，以光先帝遗德，恢宏志士之气；不宜妄自菲薄，引喻失义，以塞忠谏之路也。"

烛光里，诸葛亮仿佛置身于宇宙洪荒之中，神思涌动，洋洋洒洒，犹如江河之水一泻千里。写着写着，不知何处传来一声鸡鸣，诸葛亮不禁顿了一下，抬头朝窗外望了望，随即俯首写下了最后的几句话："愿陛下托臣以讨贼兴复之效，不效，则治臣之罪以告先帝之灵，责攸之、祎、允等之慢以彰其咎。陛下亦宜自谋，以咨诹善道，察纳雅言，深追先帝遗诏，臣不胜受恩感激。今当远离，临表涕零，不知所言。"

言尽于此，诸葛亮搁笔，抬头时，已泪水纵横，模糊了双眼。

诸葛亮此等雄心壮举，赤胆忠心，真是感天动地，千古不朽。数百年后，南宋有一个叫陆游的伟大诗人遥望陷落的北方，缅怀诸葛亮，悲伤地感叹道："出师一表真名世，千古谁堪伯仲间。"

不日，诸葛亮告别刘禅，率军来到沔北阳平石马。纵然一路千里迢迢，有无数艰难险阻，亦要勇往直前，翻山越岭，直驱中原。真可谓前路漫漫，步步艰难。

沔水从白马戍南边流过，此处有白马山，因山石似马，一眼望去，栩栩如生，所以人们又称之为白马城，亦称之为阳平关。沔水悠悠，阳平关云雾缭绕，看上去不知虚实。历史仿佛又回到了从前，想当初，曹操率兵至此，一战拿下了阳平关，却不敢再向前一步深入蜀国腹地。曹操英雄一世，为何突生怯意？大概是因为蜀道之难，难于上青天。如果大军深入，退路一旦被截断，或许就只能葬身于这大山深处了。此时，诸葛亮再次兵临阳平关。登高远望，阳平关内外高山连绵。此等险要之地，连曹操都进不来，诸葛亮又能出得去吗？

诸葛亮屯兵汉中的消息马上就传到了洛阳。满朝大臣一听诸葛亮要强攻阳平关，纷纷上奏请求出战。奏书如雪片般飞进洛阳宫里，堆满了曹睿的几案。曹睿看了半晌，展开地图，久久思索。不知过了多久，只听他冷笑一声，喃喃说道："诸葛亮这是当我年少好欺负吗？来而不往非礼也。既然你要来，那我就好好招呼招呼你老人家。"

曹睿出兵的心意已决，正准备下诏，突然，他脑子里跳出一个名字，心里不禁一动。半晌，只听他缓缓说道："传散骑常侍孙资前来议事！"

孙资，字彦龙。这是一个早慧成熟，却又大器晚成的人。孙资幼年时即露慧根，可惜三岁便失去双亲，由兄嫂抚养成人。成年之后，孙资入太学讲习，博览群书，引起了同郡人王允的注意。王允与之交谈，发现此人颇有智慧，深以为奇。后来，曹操担任司空一职，想任用孙资，孙资却未答应。孙资并非不想当官，而是情非得已。当时他兄长为乡人所害，他怒而拔刀，替兄长报仇。杀人之后，他只好举家迁到河东避难。不久，河东郡守听说孙资颇有才华，又想让他做官，孙资却称病拒绝。当时河东人贾逵是孙资好友，他对孙资好言相劝，说道："你有盖世之才，恰逢天下大乱，主上四处寻觅人才，你正应该以古之先贤为榜样，心怀桑梓之敬。然而你宁可违抗君命也不愿出仕，这不正像手里捧着一块价值连城的和氏璧却不肯沽卖吗？我还是觉得这么做是不可取也。"

孙资一听，深有所悟，终于放下思想包袱，到郡守那儿报到去了。孙资先做了功曹，后来做了计吏。一次，尚书令荀彧偶然见到孙资，一番交谈，大惊，不由感叹道："北州动乱已久，贤才零落，不料还有个孙计吏。"

此后，荀彧便向曹操上表，举荐孙资为尚书郎。不过，数年光阴一晃而过，在曹操及曹丕时代，被誉为盖世之才的孙资犹如一块蒙尘的美玉，不见一丝光芒。直到曹睿继位，孙资的命运才终于起了变化。

孙资能被曹睿单独召见，源于一件事，这件事让曹睿对他刮目相看。

曹睿刚继位时，吴国番阳人彭绮举兵反叛，投靠魏国。同时，彭绮向魏国宣称，愿为魏伐吴。消息传来，魏国上下一片沸腾，以为灭吴的大好机会已经来到。上朝时，朝臣亦纷纷上奏，说此时伐吴，有彭绮为内应，必能灭吴。曹睿见诸臣兴奋异常，却神情冷淡，沉默不语。

之后，曹睿召见孙资，问他对朝臣奏请出兵灭吴之事有什么想法。孙资却不假思索地说道："若此时出兵，必会无功而返！"

曹睿见孙资的想法竟与朝臣不同，颇感惊奇，不由又问道："何以见得？"

孙资从容地说道："吴国番阳郡，自从第一次发生叛乱之事，就连年动乱。不过其叛军人少，且谋略浅薄，每次叛乱都不堪一击。过去，文帝曾密议伐吴大事，洞濡一役，杀敌上万，得船数千，然而不过几日，吴国战船竟又聚集，可谓迅速。之后，江陵被围数月，孙权以一千多人屯驻东门，而其城池竟然坚如磐石，毫无崩解之势。吴军为何如此坚挺？因其治国有方，上下同心而已。由此推论，彭绮叛乱，不足以成为孙权的心腹大患。"

此言一出，曹睿听得又惊又喜，深以为然，便不再讨论出兵伐吴之事。后来，事情果然不出孙资所料，彭绮兵败，被番阳太守活捉。

经此一事，曹睿见孙资料事如神，便拜他为散骑常侍。何谓散骑常侍？入则充当皇帝的顾问，出则为侍从。孙资担任此职，就成了皇帝的心腹。

这时，曹睿传召孙资，没过多久，孙资就匆匆赶到。孙资一到，曹睿就说起他准备出兵汉中，与诸葛亮一较高低之事。孙资一听，一时默然不语。

曹睿见孙资默然，心里未免不安，问道："卿对朕出兵汉中，有何看法？"

孙资望了望曹睿，半晌才缓缓说道："臣以为，出兵汉中，为下下之计。"

曹睿吃惊地望着孙资问："卿何出此言？"

孙资神情严肃，从容不迫地说道："过去太祖讨伐南郑，率军进入汉中，与张鲁作战。然而阳平一役，可谓惊心动魄——历经诸般艰险，方才转危为安。为此，太祖还亲自前往汉中调动夏侯渊的军队，并且感慨地说，南郑之地简直是地狱，中斜谷道可谓五百里石穴。汉中之深险，由此可见。当时太祖能将夏侯渊的军队带出如此险要之地，不知有多欣慰。太祖善于用兵，见蜀贼躲于山岩之侧，似吴虏窜于江湖之上，尚且都要委屈避让，不苛责将士不尽力杀敌之罪，更不争那一时的意气，为什么会这样？这就是人们所说的见胜而战，知难而退啊。"

曹睿仿佛一个认真专注的学生，静静地听着孙老师给他上这堂历史军事课。

孙资见曹睿严肃端坐，一动不动，顿了顿，接着说道："兵者，国之大事，不可不察。如今魏军驻守在南方荆、徐、扬、豫四州的精锐，已经有十五六万人。如果要出兵南郑，讨伐诸葛亮，不仅道路艰险，还要大力征兵，如此，耗费人力物力财力，天下必定骚乱。陛下不可不深思熟虑啊！"

曹睿听得默默无语，半晌，才问道："依卿之见，朕该如何是好？"

曹睿话才出口，孙资似早有准备，当即脱口说道："要想打赢防守之战，必要有三倍于敌人的兵力，才能谈论策略。诸葛亮出兵阳平关，他若有五万兵，我军必要调动十五万，何其难也。不如就以今日之兵，派遣诸将据守险要之地，其威力足以震慑强寇，稳定战局。如此，大将可安睡，百姓亦可相安无事，不出数年，魏国必然日渐强盛，东吴、蜀汉二房必然疲敝！到时，再谈一统天下之事也不迟。"

孙资语气和缓，曹睿心里却如刀枪相交，激荡难安。孙资说得对啊，三国犹如一盘大棋，心急只会坏了大事，害了自己。当初文帝曹丕不愿将统一的任务留给下一代，不惜代价，三番两次出征东吴，结果终究是铩羽而归。天下纷乱已有数十年，而天下一统，却是百年大计，若没有长远打算，将希望寄托给一两代人，简直比登天还难。况且当今之势，东吴与西蜀再度结成联盟，魏国一旦出兵南郑与诸葛亮交手，那么东吴必然闻风而动，与之呼应。如此，魏国以一敌二，将毫无胜算，又让百姓活活受罪，那绝不是明智之举。

所谓明智之举，就是固守险要之地，发展农业，使魏国强大，等待时机。一旦时机出现，就以迅雷不及掩耳之势出击，岂不是事半功倍？

半晌，曹睿心里渐渐平静了下来，似乎坦然了许多。他望着孙资缓缓说道："卿所言极是！朕心里有数了！"

一语既出，如同一块命运的巨石终于落地。孙资见曹睿将自己的话听到心里去了，也不禁露出了笑容，心里一时畅快无比。

第八章

一场游戏一场谋

诸葛亮三月离开成都，眨眼已到了隆冬十二月。阳平关的夜晚凄凉无比，北风呼啸，犹如鬼魂在山间悲号。蜀军大营里，灯光昏暗，摇晃不定。昏黄的灯光下，诸葛亮正在执笔写信。这封信太重要了。诸葛亮北伐的第一件事，不是调兵遣将，而是使用离间计除掉久久扎于心中的一颗钉子。

这颗钉子，就是魏国新城太守孟达。而诸葛亮正在写的信，便是给孟达写的。

说起孟达，可谓一言难尽。

孟达，本字子敬，扶风人。因刘备叔父叫刘子敬，避讳改字子度。孟达父亲孟他曾于东汉灵帝年间靠着非常手段取得高位，一时成为坊间茶余谈资。当时，中常侍张让把持朝政，孟他仕途不顺，想来想去，便打起了张让的主意。张让当时权势熏天，几乎一手遮天，其门前车马往来，络绎不绝，竟造成交通拥堵。孟他发现，若想进张让的门，必须先贿赂张家门口那些看家护院的家奴。主意一定，孟他便不计成本，尽情贿赂张让的家奴，没过多久，孟他就因为贿赂过度，家业迅速凋零。张让家奴见状，心中惭愧，便问孟他有什么要求，可尽管提。孟他见火候已到，知道多年的努力没有打水漂，便喟然叹道："如果你们真想帮我，就让我得到提拔。"

众家奴一听，当即许诺，一定帮他这个忙。

这天，张让大门外依然是熙熙攘攘，聚集着数百前来求张让办事的贵人车驾，将偌大的一条大街挤得如同闹市。快到中午，孟他亦驾车前来，车辆未到，众家奴已在张让宅第外列队恭候。随着一声让路的呵斥声，众家奴拨开一条路来，让孟他的马车径直驶入张家。此时，大门外诸多贵客便惊奇地踮脚仰望。此后，孟他声名鹊起，人们都认为他与张让的交情不一般，便纷纷带着奇珍异物前来巴结。孟他也不客气，一一笑纳，转手就将得到的这些宝物送给了张让。张让一看，自然大喜，不久便拜孟他为凉州刺史。

奈何后来董卓进京，天下大乱，张让等宦官失势倒台，孟他的凉州刺史亦不保，家道从此中落。当时孟达正值少年，见中原兵荒马乱，无处谋生，便与同郡人法正前往蜀地。

法正得志后，孟达成为法正的副将。当时刘璋派孟达跟随法正，各率二千兵马迎接刘备入蜀，孟达因迎主入蜀有功，被刘备拜为宜都太守。然而这时却发生了一件让孟达十分恐惧的事，他害怕获罪，就彻底跟刘备翻脸，投奔魏国去了。

事情起因于关羽。

当时关羽率军与魏军交手，包围了樊城及襄阳。关羽见兵力不足，派人命孟达率兵前来支援。然而孟达见有人不去，便也回绝了关羽，不肯出兵。

那另外一个不肯出兵的人，就是刘封。

刘封本是刘备于荆州时收养的义子。刘备入蜀时，刘封才二十出头，一身武艺，气力过人，堪称张飞第二。刘封跟随刘备平定益州后，被拜为副军中郎将。建安二十四年（公元219年），刘备命孟达攻打上庸，又担心孟达一人难以独自完成任务，便派刘封沿沔水而下，与孟达在上庸会合，统率孟达诸军。攻破上庸后，刘封被任命为副军将军。孟达本以为上庸这块肥肉他是吃定了，却不料半路来了个争夺功劳的刘封，这让他愤愤不平，耿耿于怀。

刘封自诩为刘备养子，根本没把关羽放在眼里，关羽请他发兵，他借口说人心不稳，怨不奉命。孟达亦不把刘封放在眼里，见刘封不应命，也以同样的借口拒绝出兵。关羽攻打樊城、襄阳时，势头正盛，刘封和孟达或许不愿为他人作嫁衣裳。岂料，后来形势逆转，关羽兵败，遗恨千古。关羽死后，刘备对孟达和刘封恨之入骨。恰逢孟达好友法正去世，且孟达又与刘封相争，鼓吹乐队被刘封夺去。孟达既怕朝中无人说情要担罪，又怕刘封会借机暗算他，思来想去，觉得留在蜀地即使不死亦无出头之日，便上表与刘备请辞，率军向魏国投降了。

孟达叛逃，如砍刘备一臂。孟达走时，带走了四千多人。当时曹丕刚刚登基，素知孟达大名，见孟达前来归降，大喜。高兴之余，曹丕便派近臣中善于相面之人，前去观察孟达。不久，相面者回来向曹丕报告，有的啧啧叹道："孟达可谓将帅之才也。"有的赞不绝口："孟达乃卿相之器也。"

曹丕听得心里暗喜，仿佛捡到了一块稀世珍宝，更加喜不自胜。

曹丕想了想，决定亲自给孟达写一封信，以表心意。只见他缓缓写道："近日闻卿不远千里前来效命，孤心里不胜感慨，心意难平。过去，伊尹弃商投周，百里奚离开虞国而入秦，乐毅因有感于伍子胥离楚入吴，誓为父兄复仇之事，亦如蝉蜕般助燕攻齐。此三者真可谓审时度势，知兴废成败之必然，选择正确道路，是以功绩彪炳史册，千古不朽。昔时虞卿入赵，身挂相印；陈平归汉，陪侍参乘。孤于卿之情，远超过往。"

只言片语间，曹丕已然将孟达当成伊尹、百里奚、乐毅、虞卿、陈平一类的人物了。

这时，曹丕顿了顿，接着写道："卿来归附，当明孤意。卿想见孤，孤亦想见卿。若卿愿来相见，且先安抚部曲，待部曲稳定，可率轻骑来见。"

曹丕写好书信，派人送去。不久，孟达便轻装简从，抵达谯县。

曹丕于谯县摆酒设宴，与孟达在宴席上高谈阔论。觥筹交错，一番畅谈，曹丕竟发现孟达举止自若，才辩过人，语出惊人，在座众人无不为之瞩目。孟达果然不负曹丕所望。酒足席散，曹丕便牵着孟达的手乘辇车而去。

趁着酒意，曹丕抚着孟达的背戏语道："今日孤待卿不薄，卿想必不是刘备派来的刺客吧？"

一语说得孟达仰头哈哈大笑："陛下视臣如陈平，陈平不负汉王，臣亦不敢有负陛下。"

一语既出，曹丕听得也不由得大笑。

此后，孟达深受曹丕信任，被任命为散骑常侍，领新城太守，封侯，持节。

曹丕还将西南防务大任委托于他。曹丕待孟达甚厚，大臣们不解，刘晔劝曹丕道："孟达有苟且之心，恃才好术，必不能对陛下感恩怀义。其管辖区域东接吴国，西连蜀国，可谓国之要塞。如果孟达有不臣之心，必将给国家带来祸患。"

曹丕不以为然，哈哈大笑，得意地说："卿不明朕意。朕用孟达防备西蜀，不过是以蒿箭射蒿中罢了。"

大臣们这才恍然大悟。曹丕此举，不过是拿西蜀降将防范西蜀，此所谓以敌制敌是也。

一晃数年过去，新皇帝曹睿继位，孟达发现，自己曾经的好日子可能就要一去不复返了。因为宠幸自己的曹丕驾崩，朝廷中跟自己一向交好的夏侯尚等人也病卒了。他本就深受魏国诸大臣的猜忌，如今朝中又无人援助，长此以往，保不准哪天就身首分离，彻底完蛋了。怎么办？孟达有一种不寒而栗之感。然而，他很快就想到了办法——他决定给诸葛亮写封信，透露自己举军叛魏归蜀的想法。那一厢，诸葛亮一看信，知道孟达想再度归附西蜀，心里不由一乐，一条离间计就从脑海中跳了出来。

可这离间计该怎么使才好呢？毫无疑问，魏兴太守申仪就是一个可以拿来做文章的人物。

当年，刘封与孟达攻打魏国上庸时，上庸太守为申耽。申耽就是申仪的哥哥。当时申耽抵挡不住刘封和孟达的攻势，只好举城投降，并将妻儿及宗族送入成都做人质。刘备见其投降心诚，依然拜其为上庸太守，同时加拜申耽的弟弟申仪为建信将军。不料，孟达投降魏国后，申仪也立即举兵反叛，再度归附魏国。曹丕也不念旧恶，拜申仪为魏兴太守。尽管申仪和孟达同时为魏国效命，然而申仪对孟达却心怀怨恨。若不是孟达攻破上庸，他便不会成为魏国的叛臣。尽管人又回到了魏国，但他无法忘记其中的痛苦。所以，一提起孟达，申仪总是恨得牙痒。

这次，诸葛亮决定给申仪送一份大礼，让他彻底除掉孟达。

奇怪，诸葛亮北伐，孟达主动归降，愿意配合诸葛亮攻打魏国，这不是绝佳的好事么，为什么诸葛亮反其道而行之，一心想除掉孟达？

　　诸葛亮之所以是诸葛亮，正是因为他看事情看得长远，看人看得很透。诸葛亮想除掉孟达，不为别的，不过是因为他对这等反复无常的人痛恨至极。孟达是什么人？曹丕说他是陈平一类的人物，在诸葛亮看来，孟达岂能与陈平相提并论？想当初，陈平之所以离开项羽投奔刘邦，是因为项羽容不下他。而陈平自从跟随刘邦，就再也没想过要回到项羽那里。反观孟达，他在西蜀遇到了难关，便举兵投了魏国。现在宠幸他的曹丕死了，好日子到头了，他竟又想归附西蜀，这是一个典型的投机分子。

　　这样一个人，岂能再信他的鬼话？

　　若再细细想一想，就更加了解孟达为人的可恶。关羽攻打樊城和襄阳城，一时失利，身为蜀将，孟达却对关羽的呼救置若罔闻，简直目无军纪，有贻误战机之罪，令人齿冷心寒。再者，孟达叛逃后，竟几次三番给刘封写信，劝刘封投降魏国。不料，刘封还没想好，申仪就举兵造反，刘封败走，逃回了成都。刘封一回成都，诸葛亮担忧刘封此人性子刚猛不可靠，只怕刘备百年之后无人可制衡，便力劝刘备将刘封杀了。刘备也毫不含糊，将刘封赐死。

　　刘封临死前，悲哀地说了一句话："恨不听孟子度之言。"诸葛亮这才知道孟达一直暗地里劝刘封叛逃。这不是吃着西蜀的饭，又想砸西蜀的锅吗！诸葛亮连刘备的义子刘封都不放过，难道还会让孟达回来再兴风作浪吗？

　　主意一定，诸葛亮就行动了。

　　这天夜里，诸葛亮属将郭模率领一支队伍，趁夜色离开汉中郡，消失在茫茫黑夜里。第二天，蜀军大营有人发现少了郭模，便向诸葛亮报告，说郭模率军逃跑了。

　　诸葛亮一听属将郭模逃跑，故作吃惊地问："何时逃跑的？"

　　属将回答道："昨天夜里。"

　　诸葛亮又问道："派人去追了没有？"

　　属将答道："今天才发现人不见了，现在派人去追吗？"

诸葛亮眼睛一暗，摇头叹息道："算了，现在去追，为时已晚，派人做好警备，以防偷袭即可。"

诸葛亮说完，将前来报告的属将打发走了。

眼前是连绵不绝的高山。此时郭模已经率兵逃出了汉中郡。出了汉中郡，前面就是魏国的魏兴郡。郭模二话不说，便朝魏兴郡跑去。这时，魏兴郡太守申仪见郭模要向魏国投降，又惊又喜，连忙备酒招待郭模。

酒到酣处，郭模悠然说道："府君归附魏国，可谓弃暗投明，哪像有些人，吃里爬外，两边通吃。"

申仪听得一惊，疑惑地问道："您这话说的是谁？"

郭模故作神秘地说道："您不妨猜一猜？"

申仪若有所思地想了想，试探着说道："您说的不会是夷陵之败后投奔魏国的黄权将军吧？"

郭模听得哈哈一笑，道："黄权之降，先主刘备无话可说。先主亦说是他负了黄权，而不是黄权负他。且黄权将军光明磊落，投一主便效忠一主，岂可做出三心二意之事来？"

申仪一听，思索半天，才沉声说道："弃蜀投魏之人，屈指可数。您这么一说，我大约知道是谁了。"

郭模点头说道："府君是聪明人，我说的就是孟达！孟达先负蜀国，投奔魏国后，倚仗新城太守之任，东连吴，西连蜀，密图魏国。此等事情连小人都不屑为之，孟达却做得心安理得，其心可诛。"

申仪听得眼睛不由一亮，问道："孟达想背叛魏国，您可有证据？"

郭模冷笑一声，慢悠悠地掏出一封信札，在申仪面前晃了晃，说道："证据就在这里。这是孟达写给蜀汉丞相诸葛亮的信，被我给偷了出来。我要交给魏主，当面揭发孟达。只不过咱们是故交，您知道有这事便行，不可泄露。"

申仪眼睛一眯，哈哈一笑，举杯说道："哎呀呀，现在咱们俩一同效命魏主，以后就是自己人了。"

说完，两人一饮而尽，好不痛快。孟达企图叛变的把柄总算被抓到，宴席一散，申仪当即派人马不停蹄地去往洛阳告密。没过多久，孟达勾结吴蜀两国，准备叛变的消息迅速传开了。

洛阳城人心浮动，大家都为孟达是否叛变而争论不休，唯独皇帝曹睿比较淡定，不为所动。仅凭一封信不能说明什么，他根本就不相信孟达会弃魏投蜀。

北风萧瑟，万物凋敝。洛阳城一骑快马风一般掠过平原，如箭直射宛城。快骑一入宛城，直扑屯驻宛城的魏军大营。那魏军大营里，坐着一个不世出的高手。他得知孟达要叛变，似乎一点也不惊讶，只是淡淡地对来者说道："陛下对孟达怎么看？"

来者报道："陛下不信，所以特地派人前来询问将军的意见。"

这位高人听了，沉沉一叹："该来的都会来的。"说完便闭口不言了。

这个不世出的高人就是司马懿，当时担任骠骑将军一职，负责宛城防务，加督荆、豫二州诸军事务。

在三国这张大棋盘里，没有人是天下无敌的。一物降一物，循环往复，无休无止。董卓自诩天下无敌，死在了吕布手里；袁绍自诩北方无敌，却输给了曹操；曹操自以为能扫平天下，却被周瑜拦在了长江北岸；关羽自以为神勇无比，却被吕蒙设计袭杀；刘备自诩老练，该纵横无阻，却败给了晚辈后生陆逊；诸葛亮或许认为，凭他的谋略，北伐中原必能成功。殊不知，上天给他送来了一个死敌——司马懿。

这个神一般的对手是怎么成长起来的？似乎也不是一两句话能说得完的。

司马懿，字仲达，河内郡温县孝敬里人。《晋书》说司马懿祖先出自高阳帝之子重黎，为夏官祝融。这些遥远的传说自然是不靠谱的，多半是司马氏家族得势后，生拉硬拽，给自己贴金的。但其可靠的家谱，其实可以追溯到秦汉之际。话说当年高祖刘邦率兵前往关中攻打咸阳，走到半路，突然听说赵国将领司马卬亦想渡过黄河前来攻打关中。刘邦一听，立即率兵横在黄河边上，硬是不让司马卬过河，对方无奈，只好撤兵了。这个当年企图渡河与刘邦争夺咸阳的将领，后来因为与诸侯伐秦有功，亦被项羽封为殷王，建都于河内。于是司马氏家族便在河内繁衍生息，一转眼四百年就过去了，司马氏家族中便出了司马懿。

司马懿的父亲司马防曾任京兆尹之职，司马防生有八子，个个聪明，世称"司马八达"。八子中，若论最著名者，当属司马懿。司马懿年少时便有过人的见识，且博学多闻，聪明无比，可谓人中龙凤。前面已经说过，东汉末年流行品评人物，当时司马懿未及弱冠，有一个叫杨俊的相面者前来给他相面，不禁啧啧感叹道："此非常人也！"后来，尚书崔琰与司马懿兄长司马朗聊天时，竟也当面吹捧道："君弟司马懿聪颖过人，英明决断，刚毅特立，你可比不上他！"

经此一番吹捧，司马懿的名声便传了出去。当时曹操任司空一职，听闻司马懿有才，便召他入朝为官。岂料，司马懿见曹操有不轨之心，有违儒教君臣之义，不想屈节，便推托说自己患有风痹之症。曹操见司马懿以患病为由推脱，料定其中有诈，便派人秘密前往司马懿家里刺探消息，晚上，果然看见司马懿躺在床上一动不动。后来，曹操当了丞相，又任用司马懿为文学掾，并说："叫你来你就必须来，如果还装病犹豫不决，那我就不客气了。"司马懿见瞒不过狡猾的曹操，只好乖乖赴任。

到此，司马懿算是正式出道了。

要是将司马懿比作一种动物，那也许就是猫头鹰了。他似乎长着一双猫头鹰的眼睛，一眼便能看见黑夜里的猎物。且其不出手则已，一出手就是稳准狠。曹操在世时，身边有诸多谋士，且曹操本人又是盖世英雄，看人做事十分了得，司马懿想取得曹操的信赖，机会十分渺茫。于是，经过反复斟酌，他将宝押在了太子曹丕身上。

曹丕才是司马懿政治人生的未来所寄。

司马懿身为文学掾，刚好曹丕亦喜欢舞文弄墨，一来二往，互相唱酬，两人便声气相通起来。之后司马懿的官越做越大，从文学掾到黄门侍郎，又从议郎升为丞相东曹属，不久又转任主簿。曹丕被选为继承人后，他便成了曹丕的侍臣。在这个乱世，曹丕是司马懿的老板，更是炙手可热的猎物。只有彻底征服曹丕，将来才有可能成为魏国的重臣。

司马懿是这么想的，也是这么做的。

他与陈群、吴质、朱铄号称四友，成了太子曹丕身边最核心的人物。当年，曹操想废曹丕立曹植，司马懿闻风而动，四人没日没夜地替曹丕出谋划策，总算成功断绝了曹操改立太子之心。如此，司马懿便成了曹丕最信赖的大臣。

魏文帝曹丕即位时，司马懿被封为河津亭侯，转任丞相长史。黄初二年，迁为侍中、尚书右仆射。曹丕驾崩前，司马懿亦是顾命辅政大臣之一。等到魏明帝曹睿即位时，又改封为舞阳侯，迁骠骑将军。

司马懿认真耕耘多年，终于修成正果了。

然而仕途是一条充满无尽欲望与遐想的道路。既然选择了这条路，就只能跟着欲望勇往直前，直到抵达人生巅峰的那一刻。而此时，司马懿才不过是来到了半山腰而已。他需要一场又一场的战功来建立他的威望，从而实现他最后的梦想。司马懿的终极梦想是什么？只有他自己知道。他现在想告诉我们的是，诸葛亮北伐，一定会给他建功立业的机会。

此时，司马懿屯驻的宛城与孟达驻守的新城郡，隔着一条汉水，距离约有一千二百里。这天，几匹快马匆匆离开宛城，渡过汉水，没几日便来到了新城郡。

来者向城里亮明了身份，孟达一惊，立即率人亲自前来迎接。然后又是摆酒设宴，接风洗尘。

孟达将来者引入宴席，酒过三巡，举杯感叹道："孟达之心日月可鉴，岂能叛魏投蜀，那些不过都是谣传，望梁参军回去后在司马将军面前替我美言几句呀。"

来者原来是司马懿的参军梁几。

梁几漠然道："俗语说，苍蝇不叮无缝的蛋。魏国待孟将军如何，世人皆看在眼里；至于孟将军待魏国如何，谣言是不是空穴来风，依在下看来，不是我美言几句就能解决的。"

梁几话里藏刀，句句刁钻，孟达听得心里一颤，良久，才缓缓说道："依梁参军之见，我该怎么做才好？"

梁几眼睛一眯，紧紧地盯着孟达说道："解铃还须系铃人，恐怕还须孟将军辛苦走一趟。"

孟达脸色陡然一沉，紧张地说道："梁参军的意思是要我入朝？"

此言一出，梁几紧跟着说道："对！只有你亲自入朝把话说清楚，这才能从根本上解决问题。不然的话，敢问将军，还有什么可以证明你是清白的？"

孟达的心如坠冰窟，脚底不由得寒气直冒。看来，司马懿还是不相信自己。什么入朝述职，定是虚言，一旦他离开军队，只身入朝，不过是自投罗网罢了。

半晌，孟达才沉声说道："好吧，我知道该怎么做了。"

说完，孟达无力地闭上眼睛，酒也懒得喝了。梁几见孟达已解其意，站起身，拱手说道："既然我已将话传到了孟将军的耳朵里，我的任务也就完成了，暂且告辞，后会有期。"

梁几起身悠悠离去。

孟达依然紧闭双眼。不知过了多久，只见他缓缓睁开眼睛，脸上杀意毕现，狠狠说道："司马懿逼人太甚，既然你不仁，休怪我不义！"

叛意已决，孟达猛然起身，回到住处，当即给诸葛亮写了一封信。信中写道："司马懿率兵屯驻宛城，紧盯着我的一举一动。然而宛城距离洛阳八百里，距离我处则有一千二百里，我若起兵，其当上表天子，如此来回一趟需一月之久。到时，我军早已准备妥当，据险而守。且新城地势险要，司马懿一定不会亲自率兵前来，只要他不来，我就谁也不怕。"

书信写好后，孟达召来快马，将信送出。接着，便准备叛乱。

此时，宛城里，司马懿像一头耐心十足的猛虎，等待着猎物出穴活动。没几日，孟达准备举兵的消息传来，只见他冷冷一笑：好啦，准备干活啦。

事实上，早在孟达叛蜀投魏，被曹丕召见时，司马懿就多次劝诫曹丕，说孟达油腔滑调，花言巧语，必不可信。奈何当时曹丕硬是不听，而曹睿继位后，竟然也不信孟达会反复无常，举兵反魏，真是奇怪。

这时，司马懿缓缓舒展身子，徐徐提笔，写了一封信。

这封信竟然是写给孟达的。

信里说："过去将军抛弃刘备，托身魏国，魏国以边防之重任、谋伐蜀国之大事托付将军，赤诚之心犹如天上日月。时至今日，蜀国之内，无论贤愚，无不对将军恨之入骨。此次诸葛亮举兵北伐，苦其无路，便想办法破坏将军与魏国的关系。所谓郭模泄露将军欲叛国之事，实在让人不敢置信。试想一下，此事非同小可，诸葛亮怎会轻易把它泄露出来？此中必有诈，望孟达明察。"

信一写完，司马懿立即着人快马送出宛城，直抵新城郡。

孟达一看司马懿来信，不由狐疑起来。如果司马懿信里所言为真，那诸葛亮真是太可怕了。如果当真举兵响应诸葛亮，魏国必率兵前来攻打，两军相斗，获益者便是诸葛亮。那么问题来了，诸葛亮与司马懿到底谁才是可靠的呢？举兵，怕上诸葛亮的当；不举兵，怕上司马懿的当，真是两难啊。一时间，向来自诩老谋深算的孟达，同时碰上诸葛亮和司马懿，竟然觉得脑子不够用了。

于是，想不明白的孟达，只好按兵不动，静观其变。

高手过招，步步惊心，稍不留神，便会输个一败涂地。孟达按兵不动，恰好就中了司马懿的计了。

其实，司马懿一送出书信，就展开了秘密行动——准备率兵前来攻打孟达。诸将不解，对司马懿说："尽管孟达有勾结东吴西蜀之心，然而他还没有实际动作，是否再等等看？"

司马懿冷笑道："孟达此人毫无信义可言。我给他写信，不过是缓兵之计，让他进退两难。他犹豫不决之时，恰好是我军迅速行动之时。"

诸将这才恍然大悟。

之前，孟达料定，即使司马懿出兵，也不会亲自前来。孟达真可谓愚而又愚。他真是太小看司马懿了，根本不知道他这个对手究竟是何许人也。恰恰相反，司马懿为图大事，早就想亲自出马了。今日机会降临，他岂可错过孟达这个待宰的猎物。

天才放亮，司马懿便率军出动，日夜兼程，马不停蹄，仅八日就抵达新城郡上庸城外。

天还未亮，孟达恍惚间突然听到侍卫叫道："将军，不好了，司马懿大军兵临城下了。"

孟达听得一跃而起，如在梦中。他擦擦眼，不敢相信地问道："司马懿来了？"

侍卫又答道："城外黑压压到处都是魏军。"

孟达当即跳下床，直扑城外。这时，天已微微放亮，孟达居高而望，只见司马懿大军犹如饿狼，已牢牢地将城池围了个水泄不通。

孟达瞠目结舌，此时才大梦初醒。

之前，他料定司马懿不会亲自出兵，如今司马懿就在城外；他料定司马懿要出兵，来回折腾至少一个月，可人家仅用八天就到了家门口。

司马懿真是一个可怕的对手。

孟达呆呆望了半晌，才魂不守舍地回到府邸。他于案几前痴坐半晌，脑袋一时凝固，不知想到哪里去了。司马懿真是再狡诈不过，此时此刻，也只有一条路——叛魏，跟着诸葛亮一条道走到黑了。

良久，孟达才回过神来，提笔给诸葛亮写信。只见他沉沉写道："我不过才举兵八日，司马懿大军竟然抵达城下，何其神速也，望丞相出兵前来支援！"

这封信悄悄送出去后，孟达心里不知是何滋味。他或许并不知道，自己既中了司马懿的缓兵之计，也中了诸葛亮的离间之计。无论是司马懿还是诸葛亮，都想除掉孟达。因为他是一个危险的投机分子，留他一天，不亚于养虎遗患，说不定哪一天就会死在他的手里。

没几日，屯驻在汉中郡的诸葛亮收到了孟达的求救信。读完信，诸葛亮得意极了，优哉游哉，半晌，才传令派出一军，前往支援孟达。

既然要做戏，那就要演得逼真。蜀军这边一动，东吴那边也收到了孟达的求救信，两边都象征性地各派一军前来支援。没几日，蜀军抵达西城安桥，吴军抵达木阑塞。

曹丕生前，为表示他对孟达的无比信任，特别将房陵、上庸、西城三郡合为新城郡，拜孟达为新城太守。此时孟达身在上庸城内，西蜀和东吴的援军距离上庸城尚远，且司马懿听说东吴、西蜀出兵，早已派兵前往拦截了。如此，所谓的东吴、西蜀援军根本不顶用，只能眼睁睁地遥望孟达挨打了。

孤独的上庸城三面环水，水道外面，又竖以木栅栏。此时已是太和二年的春天，正月。寒风吹皱了水面，打在孟达的脸上。孟达纵横沙场多年来，从未像今天这样恐惧。遥遥望去，他派人在城外竖立的木栅栏简直不堪一击，司马懿大军犹如猛兽涉水，轻易就抵达城下，并摆开了阵势。八路大军从八个方向将剑锋对准了城内，犹如一群环伺的恶兽，随时都能将这座城池撕个粉碎。

冷风也打在了司马懿的脸上。这天，司马懿摆好阵势，于阵前冷冷地望着上庸城，许久不说话。不知过了多久，侍卫报告：“将军，诸军已准备妥当。”

司马懿一听，缓缓抽出长剑，猛然一挥，大声吼道：“诸军听令，杀进上庸城！”

顿时，只见满天箭雨，遮天蔽日，直扑城里。同时，四面八方响起了震天动地的喊杀声。

在三国的诸多战役里，攻城是一项十分艰难的技术活。关羽攻樊城，久攻不下，攻势转败，一发不可收拾；孙权率数十万兵进攻合肥数月，竟无功而返，差点落到猛将张辽手里；曹操大军兵临阳平关，见山势险峻，亦不敢久驻，只得悻悻离去。如今，司马懿攻新城郡上庸城，几日能拿下孟达，着实是个谜。

出人意料的是，谜底很快就解开了。

十六天后，司马懿攻破上庸，怒斩孟达。同时，他认为曾经的叛将申仪久在魏兴郡担任太守一职，且与诸葛亮素有来往，十分危险，便将申仪也一并押往洛阳。

一战成名！从此，司马懿开启了他最华丽、最刺激的人生新篇章。

第九章

诸葛亮的眼泪

孟达被斩后，首级传入京师，于洛阳繁华之地焚烧示众。消息传入汉中郡，诸葛亮不禁仰天长叹，出了心中的一口怨气。此刻，若关羽及刘备地下有知，也该欣慰安眠了。

成功拔掉孟达这颗钉子，诸葛亮下一步就是设计出蜀路线，而出蜀的关键一步就是拿下关中长安。古往今来，长安都是兵家必争之地。若占据长安，进可直驱东出，退可据关而守。如此，魏国必将国无宁日。

曹操生前曾将关中之地托付给钟繇，之后钟繇被调回洛阳，改由夏侯渊镇抚。阳平关一役，夏侯渊被刘备一剑斩落马下，当即毙命。文帝曹丕称帝后，便拜夏侯楙为安西将军，顶替夏侯渊镇抚关中之职。夏侯楙正是夏侯惇的儿子，自小就跟曹丕亲密，当年曹操想把女儿清河公主嫁给下属丁仪，曹丕却极力反对。最后，清河公主便嫁给了夏侯楙。所以，夏侯楙能当上安西将军，负责镇守关中，全是托了曹丕的福。这家伙胸无韬略，到了关中，想的不是疆场之事，而是置办产业。他有权有钱后，便学会了及时享乐，到处网罗美女，整天歌舞升平，好不快乐。当此情景，连清河公主都看不下去了，扭头便回洛阳找娘家诉苦去了。

让这么一个纨绔子弟来镇守关中，那真是遂了诸葛亮的意。

机不可失，诸葛亮立即召集诸将，商讨攻打关中之计。众人才坐定，有人就率先发言，提出了一条惊天奇策，企图一战而夺取关中。

首先发言的，就是**魏延**。

魏延，字文长，义阳人。当年，他曾以部属身份跟随刘备入蜀，因数次立下战功，被任命为牙门将军。刘备当汉中王时，将治所迁往成都，准备从部将当中提拔一个得力的镇抚汉川，当时众议纷纷，皆认为这么重要的地方肯定要交给张飞。张飞竟也十分得意，说镇守汉川之职非自己莫属。岂料，等到正式公布消息时，中榜者竟然不是张飞，而是魏延。

刘备一力提拔魏延为督守汉中的镇远将军，领汉中太守。消息传开，全军皆惊。刘备此举犹如当年刘邦拜韩信之举。当年，刘邦准备拜大将军时，周勃、灌婴、樊哙等亲信皆以为大将军之职非他们其中一人莫属。等到升坛拜将时，才知道大将军竟然是韩信，汉军上下一片惊呼。一眨眼四百年过去了，刘备将汉中如此重要的地方交给魏延，可谓意味深长。刘邦借韩信之谋东出，与项羽争霸天下；刘备难道就不想借魏延之智东出，与魏国一较高下？

拜将完毕，刘备大会群臣，当众问魏延道："今委卿以重任，卿居汉中，会怎么做呢？"

魏延目露精光，环视四周，向着刘备从容不迫、气宇轩昂地说道："若曹操率大军前来，臣便为大王率兵与之抗衡；若是其他偏将敢率十万人的军队前来，臣就请求为大王将他们一网打尽！"

刘备见魏延气势冲天，一副信心满满的雄壮样子，心中不由一悦，仰头叫道："善！蜀国虽然地狭人少，但只要有魏延这样的志向，就不怕什么曹操、魏国了。"

众人闻言，无不附和，纷纷称赞魏延说的话极有志气。

之后，刘备称帝，进一步任命魏延为镇北将军。多年以来，魏延常驻汉中，颇为用心，他熟悉汉中山川河流，用心揣摩战法，对敌人的举动了然于胸。所以，今日诸葛亮与诸将谋划出川之计时，魏延当仁不让，第一个发言。

魏延胸有成竹地说道："我听闻夏侯楙是魏主曹操的女婿，此人胆怯无谋，胸无韬略。假如丞相给魏延精兵五千，运粮者五千，从褒中县出兵，沿秦岭向东，顺子午道北进，不出十天，便可抵达长安。到时，无能之辈夏侯楙必定望风弃城而逃，长安就只剩御史及京兆太守等人。我军凭横门粮仓之米及收集逃散百姓之谷，便可自足。魏国若闻风召集兵马赶来，尚且需要二十余日。到时，丞相从斜谷出来，亦可抵达长安，如此，便可一战而平定咸阳以西地区。"

此计一出，满座皆惊。

翻开史书，我们便知，四百年前，刘邦被困在汉中，韩信派樊哙等明修栈道，吸引敌人注意，而他自己则率主力翻山越岭，暗度陈仓，一战而定三秦之地。如今魏延从子午道出兵，与当年韩信出奇兵的方式何其相似！魏延果然有韩信之志，而当年刘备将汉中重镇托付给他，似乎也当真没有看错人。

这时，只见诸葛亮望了望众人，又望了望魏延，半晌才说道："文长此计可谓一着险棋，我以为十分不妥。"

魏延听罢一愣，问道："敢问丞相，有何不妥？"

诸葛亮望着地图，指着图上高耸的山脉悠悠说道："兵法讲究奇正。从子午道出奇兵，从褒中斜谷出正兵，奇正相合，攻打长安，似乎有道理。然而蜀军来汉中，魏国必然有所防备，若魏国遣将于子午道设一支伏兵，那么我军便犹如羊投狼群，一去不回了！"

魏延一听，马上摇头反驳道："兵法有云，知己知彼，百战不殆。魏国镇抚关中之将乃是夏侯楙，而非司马懿。上庸一役，司马懿以迅雷不及掩耳之势，一举拿下孟达，可以说司马懿真是懂用兵之法的人。若是司马懿镇抚关中，他深谋远虑，必定会在子午道设伏，然后大开其门，等待我们上当。然而夏侯楙只会左拥右抱，饮酒作乐，岂会想到设伏于子午道一事？如此，我们定能打关中地区一个措手不及，丞相又担心什么？"

魏延话音刚落，诸葛亮又摇头说道："正因为夏侯楙是平庸无能之辈，我们就更要求稳。我们可以安心无恙地走平坦大道，从祁山出兵，顺道平定陇右，如此便既能克敌又无危险，又何苦用险计呢？"

魏延抬头久久凝视诸葛亮，一时呆愣，简直不敢相信自己的耳朵。

战争又不是请客吃饭。请客吃饭，我们才需兼顾主客之情，不疾不徐，求个万全之策。然而古往今来，哪场战争是靠着万全之策取胜的？所有战争都是赌博，赌的就是胆量和谋略，靠的正是出奇制胜。如果个个都像诸葛亮这般求万全之策，那么历史上还会有项羽的破釜沉舟、韩信的背水一战、刘秀的昆阳之战、曹操的官渡之战、周瑜的赤壁之战、陆逊的夷陵之战吗？

丞相啊丞相，难道你是糊涂了吗？

从地图上来看，蜀国若从子午道出兵，便像一把锋利的匕首直刺长安心脏，手起刀落，干脆利落，毫不拖泥带水。若依诸葛亮之计，走平坦大道，即从反方向西进祁山，再由祁山北出攻取陇右。如此，绕了一个大弯，即使攻占了陇右地区，距离长安却越来越遥远，且时间成本相当高昂，若魏军闻风而来，坚城固守，蜀军还能打下长安城吗！那时估计黄花菜都凉了。

不知过了多久，魏延才缓过神来，沉声问道："丞相兵出祁山，似乎是安全了，可是这么一来，势必会错过一个绝佳的出奇兵攻克长安的机会。"

诸葛亮叹息一声，缓缓说道："我也是迫不得已。夷陵之战，先主兵行险着，却一败涂地。我身为丞相，若不为国家计，一旦有事，如何向先主交代？"

魏延一听，默然无语。

原来，诸葛亮是自觉输不起了。的确，先主刘备已在夷陵吃了一次败仗，蜀国元气大伤，如今北伐中原，若首战不慎，再输一次，肯定会大挫蜀国将士的锐气，那还谈什么北伐一统天下？时也，命也，当初刘备将汉中重地交给魏延，就是让他研究对手，以待将来能派上用场。事到如今，魏延心中琢磨多年的计策被诸葛亮一句话给否决了，他想创造韩信那样出奇兵、占领汉中的奇迹，亦全部泡汤了。

真是让人无可奈何啊！

魏延猛然想到，自己的计策被诸葛亮否决，真的是因为诸葛亮所说的这个原因吗？或者说是他自己的问题？或者说是诸葛亮另有私心？魏延扪心自问，自己的确向来自视甚高，且桀骜不驯，勇猛过人，善养士卒，又极受先主刘备重用。难道就因为这个，引起了诸葛亮的猜忌，想借此敲打他？又或是担忧魏延从子午道出兵取胜后，更加骄傲，不可驾驭？若非如此，那就只有一个原因，即诸葛亮有私心，想用自己信赖的人做前部先锋。

不过，事实似乎并非如此。这天，在崎岖的莽莽大山之中，西蜀大军倥动，诸葛亮命令镇东将军赵云、扬武将军邓芝率兵从斜谷道直扑出去，牢牢占据了箕谷。离箕谷不远处就是五丈原，过了五丈原，前面就是郿县。只要占据了郿县，便可挥兵东下，直指长安。

魏国听闻蜀军将要攻打郿县，立即派曹真率领关中诸将，屯军郿县。

中计了。

曹真主力一到郿县，哪知诸葛亮虚晃一枪，亲率大军攻打祁山。蜀军队列整齐，号令严肃。这时，天水、南安、安定等郡听闻诸葛亮大军前来，纷纷归降。

一切都在诸葛亮的预料之中，陇右果然如愿落入了他的手中。

这时，诸葛亮声东击西、出兵祁山的消息传入洛阳，朝廷上下无不震惊。多年以来，西蜀一直都被魏国压制着，只有挨打和退守的份儿，岂敢有像刘邦一样闯出汉中与魏国争霸的胆量？自从刘备死后，西蜀更是寂然无声，不敢惹事。魏国见西蜀无事，便逐渐放松警备。岂料今日，诸葛亮竟然出兵北伐，魏廷诸臣一时手足无措，不知如何应对。

这天上朝时，群臣犹如被捅了巢穴的群蜂，神情惊慌，议论不休。然而大殿之上，曹睿却淡然自若，默然不语。

有人激动地问道："陛下，诸葛亮兵出祁山，陇右一时沦陷，事情紧急，该如何是好？"

真是一群没胆量、没定力的家伙，曹睿心里暗暗冷笑了一声。半晌，只听他悠悠说道："诸葛亮今日倾巢而出，正中朕的下怀，何须惊慌？"

群臣一听，人人疑惑，连忙问道："敢问陛下高见？"

曹睿从容说道："多年来，诸葛亮一向凭借地势之险峻，龟缩西南，不敢出兵，魏国亦无从下手。如今诸葛亮倾巢而出，自投罗网，恰好是一举将其歼灭、一统天下的大好机会。所谓擅长用兵的人，只有主动调动敌人，而不被敌人所调动。在朕看来，诸葛亮出兵祁山不是坏事，反而是一桩大好事。"

群臣一听，恍然大悟。曹操和曹丕在世时，都忙着对付东吴，企图先下东吴再攻西蜀，从而实现天下一统的梦想。现在新皇帝曹睿换了个思路，先图西蜀后图东吴，这未尝不是好计策。既然如此，诸葛亮主动率兵前来，岂不是天大的好事？

想到这里，群臣异口同声，大声齐呼："陛下英明！"

曹睿见群臣支持讨伐西蜀，立即派遣老将张郃率领五万步骑兵前往关西阻截诸葛亮。紧接着，他御驾亲征，在长安城坐镇指挥。

这场战役无论是对诸葛亮或是对曹睿，都是一场巨大的挑战。诸葛亮初次北伐，意义深远，如果旗开得胜，必然鼓舞士气；曹睿初次亲征，如若不利，丧失关西之地，必然重挫魏军士气。

到底鹿死谁手，且看战场厮杀！

陇山横跨南北。此时魏国老将张郃正率军急进，越过陇山，于陇山山脚下陈兵待敌。张郃是员老将，什么大场面没见过？想当年，阳平关一役，刘备亲率万余精卒，兵分十路趁夜急攻张郃。张郃率亲兵与刘备鏖战，硬是把刘备给挡回去了。其后，夏侯渊被刘备斩杀，军心不稳，张郃从容勒兵布阵，众人这才安定下来，从容撤退。

如今，诸葛亮到底要派哪个大将前来跟张郃交手？

此时，蜀军大营里，诸葛亮也正召集诸将，商议出兵大计。诸将之中，除了宿将魏延和吴壹，还有诸葛亮的参军马谡。让谁做先锋，众人一时争论不休，诸将皆认为魏延和吴壹最为合适，然而诸葛亮听了，却默然不表态。

凡是临战任用大将，无不是用人不疑，疑人不用。如果用此标准去衡量军中诸将，那非马谡不可。马谡常与诸葛亮讨论军国大计，二人心意相通，极受诸葛亮赏识。且诸葛亮南征西南土民时，若不是马谡献上安抚土民之计，或许诸葛亮还陷在西南土民无穷无尽的纠缠之中。此次出征，尽管马谡是个新面孔，但在此之前，诸葛亮跟他多次讨论过破敌之策，此刻岂不正是让马谡大显身手之时？

想毕，诸葛亮便分派任务，宣布任命马谡为先锋大将。

此言一出，魏延两眼发直，心里犹如蛇咬，疼痛不已。良久，只听他叹息一声，默默走出大营。现在，他总算明白了诸葛亮的心思——诸葛亮放弃出子午道奇袭长安之计，原来是心里根本就没有他魏延。

世事如此捉弄人。

魏延与马谡二人，先主刘备看中的是魏延而不是马谡，而诸葛亮看中的却是马谡而不是魏延。或许刘备早已料到诸葛亮有朝一日定会重用马谡，所以临死前特别嘱咐诸葛亮，说马谡此人不可重用。可如今，诸葛亮还是将刘备的话当成耳边风，不仅彻底将魏延边缘化，反而重用了马谡。

英雄识人，竟如此不同，让人唏嘘不已。

不日，马谡率军浩浩荡荡地冲出祁山，直奔街亭。此时，张郃听闻蜀军前来，也率大军如猛虎下山，一跃而出，横在了马谡面前。两军相遇，马谡没有率军冲锋，亦没有于山脚下结营布阵与敌人对峙，竟然放弃山下布防，率军直奔山顶驻防。

那一厢，张郃抬眼一望，脸上露出了一股冷冷的杀气。

往事历历在目。建安二十四年，刘备与夏侯渊相持一年之久，刘备见无法攻破夏侯渊防线，便改道南渡沔水，沿山直上，于定军山上结营。当时，夏侯渊心浮气躁，率军前来争夺定军山，不料刘备居高临下，积势而发，犹如巨石滚动，轰然而下，大败魏军，夏侯渊亦死于此役之中。时至今日，马谡率军上山，占据有利地势，难道又想重演定军山的那一幕吗？

简直是做梦！

所谓兵不厌诈。兵法是死的，人是活的。这一次，老将张郃决定给马谡上一堂生动的兵法课。紧接着，只见张郃率军将马谡团团围住。一围住蜀军，张郃又做了一件让马谡深感痛苦的事。

张郃做了什么事呢？

《孙子兵法》云："绝地无留；绝山依谷。"所谓绝地，是指没有泉水、牲畜、柴火之地。这种地方，是坚决不能久留的。如果想在山里留下来，就必须靠近山谷泉水。然而马谡竟然不在山谷驻兵，反而跑到山顶上去，只需一招，就能让山上的军队丧失战斗力。

这一招，就是截断水源。

张郃发现，蜀军取水的水源地不在山顶，而在山脚。于是他便迅速派兵将蜀军取水的道路截断，活生生地将他们困在了山上。

也是奇怪，诸葛亮熟读兵书，按理说不应该教马谡率军往山上走呀？事实上，率军上山不是诸葛亮的主意，而是马谡违背诸葛亮的意思自作主张的。还是奇怪，马谡为何不于山谷之处驻军，竟要将军队带到山上去躲起来？难道他不熟悉兵法吗？

错。

恰恰相反，马谡很了解《孙子兵法》，他率军上山可能是出于两个原因：首先，他根本不把张郃放在眼里，料定张郃奈何不了他；其次，如果张郃率兵围攻他，那么他就使出一个撒手锏——置之死地而后生。

这就是《孙子兵法》所说的"死地而战"。

当年，韩信背水一战，就是活生生的案例。今天，似乎马谡也要将韩信演过的这一出戏重演一遍。如果马谡这样想的话，那他真是太天真了。他的对手可不是当年韩信面对的那个赵国庸将陈馀，而是久经沙场、见识过诸多生死之战的魏国老将张郃。马谡不了解张郃，然而对方却将他的命脉拿捏得死死的。

当年，韩信率众背水一战，其精彩之处是利用背水的态势，引诱敌人倾巢而出，而原先埋伏于山上的奇兵则趁城中空虚，一举攻占城池，前后呼应，趁敌慌乱之时，果断反击，这才赢得了胜利。马谡想上演一出背水一战的好戏，请问，他有援军呼应吗？

一场生死较量，一触即发！

此时，马谡正在高山顶上居高临下，眺望四方，神态悠闲，没人知道他心里到底在想什么。马谡不急，可身边的裨将王平可急坏了。

王平字子均，巴西郡人。早年曾跟随曹操征讨汉中，后来向先主刘备投降，被拜为牙门将、裨将军。让人惊奇的是，此人平生所识之字不超过十个，但是行军打仗，竟然无师自通。

王平望了望山下，又望了望马谡，良久，终于斗胆说道："马参军，我们被困此地，外无援军，形势十分不利。不如派一支军队趁夜悄悄摸下山插旗呐喊，以迷惑敌军。如此，敌人必定自乱阵脚，我军可趁乱果断出击，或许还有胜算。"

马谡看也不看王平，悠然说道："不必多此一举。匹夫张郃，不足为惧！"

王平见马谡如此刚愎自用，十分揪心，叹息一声，默默退下去了。

转眼数日过去了。

这天，张郃于南山脚下列兵布阵。早春的寒气于山里缓缓升腾，笼罩着整座南山。南山的寒气十分浓重，却遮不住张郃那鹰一般的眼睛。只见他默默地望着眼前起伏的山峦，脸上不由闪过一丝不易察觉的冷笑，犹如嗅到了山里猎物的气味。

敌军水源已被截断，军心涣散，此时若不出击，还待何时？半晌，张郃猛然挥剑，大声吼道："起鼓！"

咚！咚！咚！战鼓陡然响起，天空中到处都是惊鸟，纷纷向着远山飞去。

张郃眼睛一瞪，又叫道："点火，放箭！"

顿时，马谡驻守的那座孤零零的南山山头四周火光猛蹿，火借风力，呼啦啦地向山上烧去。同时，满天飞箭腾空而起，嗖嗖朝山上射去。此时，山上亦传来激昂的号叫声，只见无数巨石滚滚落下，直扑魏军而来。

魏军早已做好准备，山脚下架起了数道树栅，山上滚落的巨石都被拦在了树栅之外。

一轮火攻箭雨后，张郃听到山上的乱叫声，如猛兽张开血盆大口般叫道："杀！"

顿时，杀声四起，遍地惨叫，经久不息。

张郃率军杀上山去，蜀兵纷纷逃散。这时，山的背面一处隐蔽角落突然鼓声大作，喊杀之声此起彼伏。张郃听得猛然一惊，抬眼望了望，心里不由狐疑起来——难道蜀兵还于此地埋有伏兵？

想至此，张郃不敢恋战，只得见好就收，撤退了。

殊不知，张郃一退兵，便见蜀军王平率领一支千余人的队伍跃出山林，顺着山路溜下山去了。

张郃这一仗打得何其解气。他不但彻底挫败了马谡的部队，还趁机出击，攻打南安、天水、安定三郡的叛兵。一时间，陇右又回到了魏国手里。那一厢，赵云与邓芝亦败于箕谷，蜀军真是兵败如山倒。真可谓一着不慎，满盘皆输。诸葛亮前进不得，无计可施，只好灰溜溜地率兵折返回去了。

街亭战败，箕谷失利，诸葛亮回到汉中郡后，脑袋依然嗡嗡作响，不敢相信。本来是一盘好棋，怎么就被马谡给搞砸了呢？街亭就在略阳县，如果马谡能抢先拿下略阳县，就像一颗钉子一样牢牢地钉在祁山之中，不论对方有多神武，也无可奈何。马谡怎么就违背了这个最基本的常识，竟然率军跑到山上去驻扎呢？他到底想干什么？真是让人莫名其妙！

原来世间之事并不像想象中那么复杂，生死存亡不过一念之间。马谡脑子里划过的一个念头，竟然让蜀军一败涂地。此罪甚大，教人如何收场？

诸葛亮当机立断，派人将马谡下狱，准备诛杀。

行刑这天，十万将士肃然无声，默默地望着马谡被推上刑台。诸葛亮亲自主持行刑。马谡见到诸葛亮，两眼滚泪，悲哀地说道："明公视我马谡如同亲子，马谡视明公亦如父亲，今日伏罪，明公开斩，于理于节均不亏，谡虽死无恨。"

一语既出，诸葛亮亦两眼淌泪，哽咽道："知我心者，马谡也。今日我杀你，是因为国有国法，迫不得已。你我故人之情，我永记于心，君死之后，我必为君抚养遗孤。"

诸葛亮哀恸无比，十万将士也不禁动容，流下悲伤的眼泪。哭泣声呜呜作响，穿山越岭，化成满天乌云笼罩着蜀国的天空。先主刘备有识人之明，一眼看穿马谡不堪大用，诸葛亮误用马谡而挥泪斩马谡，亦是向世人证明，实非为一己之私。魏延见了，亦可平息心中不被重用之恨了。他诸葛亮不过是天下为公，鞠躬尽瘁罢了。

就在将士们悲哀哭泣时，诸葛亮猛然回神，大声叫道："时辰已到，行刑！"

话音刚落，一道鲜血飞溅而出，诸葛亮的视野里一片模糊的鲜红。远处夕阳西下，雾气朦胧，不知从哪里吹来一阵山风，却在山谷中悲鸣不已，仿佛天地也被这份悲哀感染了。

就在诸葛亮挥泪斩马谡时，有数匹快马从成都城疾驰而出，日夜兼程，向着汉中郡而来。然而，当他们抵达汉中时，马谡已被问斩。其中有一人听闻马谡已死，十分悲伤，一脸哀戚之色。

此人就是蒋琬。

蒋琬，字公琰，零陵湘乡人。蒋琬弱冠之年便闻名乡里，后来先主刘备入蜀，便前往跟随，被任命为广都县长。当时，刘备曾骑马游玩，悄悄进了广都城。进了城，刘备不禁大怒，当即就想杀了蒋琬。原来蒋琬这人根本就不理政事，还天天醉酒。刘备欲问罪蒋琬的消息一传出，军师诸葛亮便匆匆赶去，对刘备说道："蒋琬乃社稷之才，而非管辖一县的县长之才。他处理政务，以安民为本，不以修饰外表为务，愿主公明察。"刘备见诸葛亮如此抬举蒋琬，也就不再问罪，仅将蒋琬免官了事。

蒋琬被免官以后，有一天夜里做了一个奇怪的梦。他梦见有一个牛头摆在门前，流血不止。蒋琬醒来后，心里又惧又怕，便去找以占梦出名的赵直。赵直叹息着对他说道："哎呀呀，牛头流血，此事再清楚不过了。"

蒋琬莫名其妙，问道："此话何意？"

赵直说道："你仔细推敲一下，从两个牛角到鼻子，是不是一个'公'字？这说明你做官必能做到公卿之位，这是大吉之兆。"

蒋琬一听，喜不自禁，被刘备免官的阴影竟然一扫而空。

不久，蒋琬再度被起用，拜为什邡令，之后刘备自立为汉中王，改任蒋琬为尚书郎。诸葛亮担任丞相后，便任命蒋琬为东曹掾，后来他与马谡一起被拜为参军。马谡和蒋琬都是被诸葛亮看好的大才，马谡随诸葛亮出征时，诸葛亮留蒋琬与长史张裔留守丞相府处理政务。街亭兵败，诸葛亮受挫之事传回成都，蒋琬深感震惊，立即来汉中求见诸葛亮。

二人相见，不胜唏嘘，悲伤之情溢于言表。蒋琬叹息着对诸葛亮说："昔日楚国杀成得臣，晋文公喜不自禁。天下未定而明公杀谋士，难道不可惜吗？"

春秋时期，晋文公与楚国将领成得臣战于城濮，楚国战败，晋军在楚国营地住了三天，吃缴获的楚军军粮，但晋文公竟面有忧色，不能释怀。有人疑问，晋文公叹息道："只要成得臣尚在，我的忧愁就不能停止。"之后，晋文公听闻楚国杀了成得臣，这才喜上眉梢。蒋琬引用这个典故，意思十分明了——马谡之于蜀国，便如当年成得臣之于楚国。而诸葛亮杀马谡，是灭了自己的威风，长了敌国的志气。

蒋琬一话犹如细针刺痛了诸葛亮的心。一提起马谡，诸葛亮又泪流不止，他一边流泪一边悲伤地说道："过去孙武之所以能纵横天下，只因他军法严明。如今天下分裂，征战不休。若废弃军法，如何能够实现讨伐敌国的远大志向？"

诸葛亮连连落泪，蒋琬一时竟无语反驳。

诸葛亮说得对啊。《孙子兵法》有云：言法令者必胜也。孙武是这样说的，也是这样做的。过去孙武以吴国宫女练兵，开始时，众美女不以为意，后来孙武杀了吴王宠姬二人以明其法，众宫女这才惊骇收敛，不敢再任情纵性。此后，孙武替吴国练兵，果然打了胜仗。先主刘备在世时常说，汉贼不两立。如今诸葛亮继承先主刘备遗志，出兵讨贼，若不明军法，放过马谡，那么魏延等人会心服口服吗？若不心服，何来战斗力？又谈什么讨贼、一统天下？

良久，诸葛亮泣声渐弱，蒋琬这才感叹道："丞相诛杀马谡以明军法而不徇私，三军震动，何愁讨贼之功不成？"

诸葛亮摇头，沉沉叹道："祁山蒙羞，北伐首败，此事我有着莫大的责任。不过，我不会逃避责任，会向陛下及十万将士作出一个公允的交代。"

言毕，诸葛亮当即给刘禅写了一封请罪书。诸葛亮眼泪未干，心潮难平，他在书中写道："臣以愚弱之才，受先主信赖，位至丞相，可谓德不配位。今日臣执掌三军，不能使军法明晰，遇事亦不谨慎，以致有街亭马谡违命之误、箕谷失利之过。臣决事不明，亦不能知人善任，理应受责，臣愿自贬三等，以罚其咎。"

诸葛亮自降三级，被贬为右将军，不过依然行使丞相权力。赵云亦败于箕谷，不过他及时收兵，损失不大，也从镇东将军被贬为镇军将军。有过必罚，有功必赏，全军上下，能得奖赏之人，唯有那个大字认不得十个的王平。

王平加拜参军，统五部兼当营事，即兼管军营中的日常事务，并被拜为讨寇将军，封亭侯。

马谡熟悉兵法，却比不过大字不识几个的王平。如此看来，行军打仗，不在于兵书读了多少，而在于胸中是否有韬略。马谡违背诸葛亮命令，弃城守山，这是一错；又不听王平劝说，派小股部队迷惑敌人，贻误战机，这是二错。若不是王平使计鸣鼓自守，吓退张郃，蜀军先锋可能就此全军覆没。

痛定思痛，诸葛亮连续多日心潮不能平息。他又召来邓芝问道："街亭兵退，兵将离散，各自逃命，将顾不了兵，兵亦顾不了将。然箕谷失利，兵将不相离，完整无缺，这又是何故？"

邓芝当时在赵云军中，想起此事，不由感叹道："箕谷虽然失利，但赵云将军身先士卒，主动断后，所以军资物什，几乎没有损失，大军也才能安然无恙，有序撤退。"

诸葛亮一听，默然半晌才沉沉说道："如此看来，赵将军亦算有功！"

说完，诸葛亮派人将赵云请来。诸葛亮面有愧色，对赵云说道："箕谷一战，赵将军虽败犹荣，军粮辎重没有损失，大军亦得保全，我听闻赵将军军中尚有军资，那就请赵将军取出来奖赏将士吧。"

赵云一听，拱手说道："军事不利，不敢有赏。但丞相既然开了口，不如将这些东西全部上缴至赤岸粮库，等冬天来临，以此为犒赏。"

诸葛亮心里十分感动，点头说道："善哉！赵将军高风亮节，顾全大局，让人钦佩啊！"

语气中尽是寥落与唏嘘。

此时，蒋琬亦在席中，他见诸葛亮神色略显落寞，不由昂首说道："北伐出师不利，事出有因，若此时征蜀中之兵，发来汉中，趁贼国志得意满之时，打他个措手不及，定有胜算。"

"刚刚兵败就立即卷土重来，这样做和赌徒有何分别？"诸葛亮严肃地望着蒋琬，顿了顿，目光炯炯地说道，"此刻，重要的是反思失败的原因，而不是贸然行动。反观之前出兵，无论是祁山还是箕谷，我军兵力皆多于贼军，依然被贼军所败，为什么？原因不在于兵多与少，而在于将帅。今后，我要裁兵减将，明罚思过，以等待时机，做到随机应变。若不能做到，即使兵将众多，又有何益！从今往后，望诸君常忧国家利弊，批评我的过失，如此则大事可定。攻克贼敌，建立功业，也不过是一瞬间的工夫罢了！"

诸葛亮决定休养生息，训练士兵，等待下一次战机的出现。

此时，曹真驻足于大山高处，眺望着远处的汉中郡。半晌，只听他冷笑一声，指着远处一座城池对身旁的将领说道："诸葛亮兵败祁山，必不甘心，下次北伐，必定还会从这里出兵。我命令你驻守此城，只要你坚守不出，料诸葛亮飞不出汉中郡半步！"

那将领一听，拱手说道："遵命！末将必不负将军所望，尽力拦截诸葛亮。"

曹真得意地说道："好，有你这句话，我就不怕诸葛亮再耍什么阴谋诡计了。"

曹真将一支军队交给这个将领留守这片神秘之地，率军返还。接着，魏国皇帝曹睿也悠悠地从长安返回了洛阳。

第十章 决战皖城

三国这场大戏，向来是你方唱罢我登场。

西边的诸葛亮兵败祁山而还，正准备韬光养晦，东边的孙权就按捺不住，准备一跃而起，挑战魏国了。

此时正是太和二年（公元228年），五月。夏日骄阳似火，恰逢天下大旱，民不聊生，哀鸿遍野，好不凄惨。

一个月黑风高的夜晚，孙权秘密召见鄱阳太守周鲂，商量讨魏大计。

周鲂，字子鱼，吴郡阳羡人。少年时就十分好学，被任命为宁国县长，后转为怀安县长。周鲂发家，起源于讨伐山贼。当时，钱塘大帅彭式等召集众人准备作乱，周鲂率军讨伐，不到一个月便斩杀彭式及其党羽，因功而被任命为丹杨西部都尉。之后，鄱阳大帅彭绮亦作乱，攻陷城池，孙权拜周鲂为鄱阳太守，令其出兵讨贼。周鲂亦不负孙权所望，一举攻破贼军，生擒贼首彭绮并送往武昌。

那么，孙权此次召见周鲂，又准备把什么任务交给他？

周鲂一来，刚坐定，孙权就问道："洞口一役，江风把吴国舰船吹向北方，曹休趁乱斩杀俘虏吕范部队近千人，此等耻辱，你可还记得？"

周鲂肃然说道："臣铭记于心，日夜厉兵秣马，从不敢忘。"

孙权脸上杀意弥漫，眼神凌厉，又说道："孤此次召你来，就是想与你设计引诱曹休，将其一网打尽，一雪前耻。"

周鲂不由眼睛一亮，问道："大王有何妙策，尽管吩咐！"

孙权顿了顿，故作神秘地说道："多年来，你多与山贼打交道，孤想托你秘密寻得为曹魏所知晓的山贼首领，令其诈降，引诱曹休，然后咱们再杀他个措手不及，你以为如何？"

周鲂神色沉静，默然半晌，才说道："大王此计，臣窃以为不可。"

孙权一愣，抬头问道："有何不妥？"

周鲂从容说道："臣恐山贼首领不可靠，一旦事情泄露，岂不前功尽弃？臣以为，与其让山贼首领来办这事，不如直接让臣来当叛将。"

孙权一愣，问道："让你来？"

周鲂一挺胸，目光坚定地说道："请大王放心，臣绝不敢辜负国家之义、大王之恩。"

孙权沉吟半晌，缓缓说道："你办事孤自然是放心的，孤不放心的是曹休，孤怕他不会上钩。"

周鲂奇怪地问道："大王为何担心曹休不上当？"

孙权叹息一声，缓缓说道："赤壁一役，黄盖诈降，骗过了曹孟德，致使其兵败赤壁。今日故伎重施，只怕曹休警惕，不敢相信你。"

周鲂一听，脸上不由一笑，坚定地说道："依臣之见，曹休必定重蹈覆辙，再次上当受骗。"

孙权听得又是一奇，问道："如何见得？"

周鲂悠悠说道："当年赤壁一役，曹孟德何以相信黄盖将军？就是因为他得意忘形了。当时曹孟德举数十万大军东下，刘表之子刘琮献城而降，曹孟德如此轻而易举就得到了荆州，又听说江东诸多大臣都闻风丧胆，人心惶惶，便以为江东人人自危，黄盖将军率军投降，也是情理之中，如此才骗过了他。今日，曹休也不过是个狂妄自大的人，洞口一役，竟不将吴军放在眼里，妄图踏马长江，饮水南岸，一举攻破东吴，若不是魏帝曹丕及时下诏阻拦，其所率之军早就成了我们的俘虏！不过，曹休当时击败吕范将军，被拜为扬州牧后，觊觎江东之心不死，妄图以此建功立业，此时若施以利令智昏之计，必定成功。"

孙权一听，不由啧啧称赞道："善哉！子鱼有见地！"

周鲂又说道:"不过,为了让曹休上当,咱们还得演好一场戏。"

孙权眼睛一亮,问:"什么戏?"

周鲂一笑,缓缓说道:"一出苦肉计!过去黄盖将军略施小计便让曹孟德上当,今日若不再大大地演一场戏,又怎么能让曹休对臣背叛东吴归降曹魏之事深信不疑?"

孙权一听,不由拊掌大笑:"妙哉!"

两人谈定大计,周鲂趁夜离开武昌,回到鄱阳。没几日,孙权的特使便前往鄱阳,扬言要调查周鲂。一拨特使才走,又来一拨,一拨接一拨,动作极大,风声愈发紧了。这天,鄱阳郡百姓又听说孙权特使前来,纷纷跑出城来看热闹。众人见孙权特使车马未到,太守周鲂却剃光了头,伏于郡城门外,久久不起。顿时,孙权要彻底查办周鲂的消息铺天盖地,像风一样吹到了曹休耳朵里。这股风越刮越烈,曹休对这消息竟也深信不疑了。

成功酝酿了舆情,正餐就准备上桌了。

这天夜里,风干物燥,深夜,两个黑影从鄱阳县城墙上落下绳索,越城而出,赶向不远处树上拴着的两匹快马。不一会儿,那两道黑影骑着快马飞奔离去,消失在星光闪烁的夜色里。不久,却见鄱阳城门悄然打开,冲出一匹快马,亦消失于苍茫夜色里。

一天后,两匹快马到达曹休大营外,侍卫上前质询,没多久就进大营里禀报。又过了一会儿,只见侍卫匆匆出来,带着这两个陌生面孔进了曹休大营。

曹休于大营里严肃端坐,两个陌生人被带到曹休面前,当即行跪拜之礼,大声说道:"在下董岑、邵南,我二人乃周鲂太守亲信,特携周太守亲笔信前来请降。"

说完,二人拿出了亲笔信。侍卫立即上来,将二人手里的亲笔信接过,交到了曹休手里。曹休不紧不慢,缓缓打开,果然是周鲂的亲笔信。

信里这样写道:"鲂凭借着千载难逢的机会,得以成为您管辖范围内的百姓,然而远隔江河,未能向将军表达敬仰之情,只能遥遥仰望,不能自已。所谓狐狸将死，必将头颅朝向出生时的山丘；人有恋乡之结，亦不过是人所常情。然而我受制于人，错失拜见之礼，如今终于得到机会，向将军陈述我的心意。"

扬州管辖吴郡，周鲂乃吴郡人，他以州郡人的身份陈情献媚，让当时担任扬州牧的曹休心里又惊又喜。曹休顿了顿，又往下读信："鲂远在边陲，江河阻绝，将军恩泽教化，未蒙抚及，只能在这山谷之间遥寄思慕之心。鲂早有归附将军之意，奈何鲂与吴王有君臣之义，未被将军所信任。鲂在东吴为官，主管一郡，不料却被吴王无端猜忌，屡屡被苛责，进退两难，祸难就在眼前。思前想后，鲂决定效仿古人，弃暗投明，归附将军，愿将军降春天之雨，哀悯、拯救我于水深火热的危难之中！"

读到这里，曹休不由得深深叹了一口气，得意之情溢于言表。

之前，他已听闻吴王准备查办周鲂，如今看来，并非空穴来风。周鲂身为扬州州民，且走投无路，前来归降，似乎也合情合理。

周鲂的信还不止一封，曹休看完一封，接着又看另外一封。信中周鲂愤怒地写道："前任鄱阳太守王靖，从前也是因为郡中百姓叛乱而被斥责，王靖竭力陈情解释，亦不能得以解脱，于是准备秘密叛逃归降魏国，不料事情败露，全家被杀，连婴孩都不能免罪。从王靖之事可见吴王为人十分狠毒，即使兢兢业业效命之臣，亦不受其厚赏。由此看来，吴王令鲂为鄱阳太守，现在又频频苛责，有杀鲂之意，此事路人皆知。鲂苟且偷生，日日忧虑，肝胆如焚。鲂心中忧思愤懑，又有何用？望将军详察，考虑我接下来说的话。吴主最近暗中调兵遣将，企图向北图谋魏国。吕范、孙韶等进入淮北；全琮、朱桓奔向合肥；诸葛瑾、步骘前往襄阳；陆逊、潘璋等率军出征；而吴主则亲率主力袭击石阳，另又派遣从弟孙奂修治安陆城，建造军库，运送军粮，以此作为军用之资。此外，诸葛亮企图再次进军关西。此时，长江沿岸，东吴诸将已纷纷离开治所，仅留下三千兵卒守备武昌城。如果将军率万余军队兵指皖南，直向长江，鲂则从鄱阳率领吏民为内应，沿线诸郡闻风必群起响应。攻克吴国，不过是举手之劳罢了。"

曹休读到这里，欣喜若狂，不禁抬头望了望还跪伏于地上的两个陌生面孔，脸色一沉，冷冷问道："尔等与周鲂是何关系，他竟让你二人前来送信，是不是想使诈？"

那两人一听，立即说道："在下不敢，望将军明察！"

言毕又呈上一封信。曹休接信，只见里面写道："鲂所遣董岑和邵南二人，其自小于鲂家长大，鲂视他们犹如亲子，依赖信任，无以复加。如此，鲂便让他们以叛逃之名前往魏国，此中秘密，连骨肉至亲都不敢告知。出发之前，鲂已嘱咐他们，到扬州府后应该声明是前去投降的，此计不过是想让从魏国叛逃来吴之人获此消息。董岑与邵南二人将军可以留下一个，以作为将来互通消息的信使，另一个则可让其带着您的书信回来，并告诉他说是后悔叛逃，回来自首。吴主有规定，后悔叛逃自首者皆可免罪。如此，两头的漏洞都可加以堵塞，永不泄露天机。鲂于危难之中遥望尊驾，万望将军明察！"

曹休读到这里，已经基本打消了心中疑虑。扬州果然人才济济，这密谋叛逃之计，竟然被周鲂设计得滴水不漏，真可谓高明至极！

半晌，曹休语气和缓了许多，对周鲂的两个信使说道："起来吧，二位一路辛苦了。"

这时，两旁的侍卫便带着两人下去歇息了。曹休望着两个信使离去的背影，一时怔忪。半晌，只见他奋笔疾书，写了一封书信，然后将书信和周鲂写给他的信一道加急送往洛阳。

快马奋蹄出城，没几日便抵达洛阳。又过了几日，曹休收到洛阳城皇帝曹睿的诏书，令其率十万大军出征东吴，深入皖城，接应周鲂；与此同时，曹睿又派遣司马懿率兵从宛城出发，前往江陵；贾逵则率军向濡须口进发。

三军俱发，浩浩荡荡，大战一触即发。

大鱼上钩了！

殊不知，周鲂派董岑等二人前往曹休大营时，亦将写给曹休的书信草稿派人送往武昌孙权处。此时，吴王孙权听闻曹休率领十万步骑兵深入皖城，欣喜若狂。他万万没想到，周鲂精心设计的这场诈降的骗局，非但骗过了一心想要建功立业的曹休，还骗过了年轻的魏主曹睿。魏国上下一片昏庸，此次若不好好收拾他们，还待何时？

想到这里，孙权不禁雄心勃勃，亲自率军直扑皖城，迎击曹休。

转眼到了八月，风依然烈如火，吹在脸上热辣辣的。此时，孙权已抵达皖城，而曹休的十万大军尚在路上。一想到曹休即将中计落入虎口，孙权意气高扬，准备给予魏军迎头痛击，干掉魏国曹休主力，以洗多年来被魏国重兵压境之耻。

孙权将希望寄托在了陆逊身上。

这天，孙权举行隆重仪式，拜陆逊为大都督，假黄钺。为表达对陆逊的信任与敬重，孙权亲自执马鞭晋见陆逊。此举令三军震动，备受瞩目。

古时候，当将帅代表帝王出征时，帝王每每于将帅车后为其推车，以示隆重；将帅征战归来，帝王则率百官出城迎接。此所谓"去当推毂送，来伫出郊迎"！

接着，孙权又宣布，任命朱桓、全琮为左右督，各率三万人准备迎击曹休。

风声呼啸，旌旗猎猎。此时，行军路上的曹休突然听说孙权率军出征，一时傻了——原来周鲂于密信里说的东吴兵力部署全是胡编乱造的，而对方做的这一切，都不过是引诱他出战罢了。

此时此刻，大军该何去何从？曹休一时愣住了。

行军打仗不是赴宴吃饭，想来就来，想走就走。三军俱发，一发而动全身，此时若退，便是示弱，敌军必趁机出击。如此，以泄气之兵迎锐气之卒，想想都觉得恐怖。但如果不退兵，那又中了敌人的计谋，岂不成了千古笑话？

曹休想了又想，最后决定，既然来都来了，也不能白走这一趟，那就跟东吴好好打一仗，孙权陆逊何足惧哉！

曹休这样决策，原因有二：一是他兵力众多，足有十万；二是司马懿与贾逵正兵分两路前来支援，牵制吴军。如此，以魏国十万主力迎击吴军，有何可惧？

主意一定，曹休便将计就计，率军抵达石亭，准备与吴国开战。

一图在手，天下局势皆可明了。从地图上看，出了皖城，前方就是石亭，而石亭背后则是道路狭窄的夹石。此时，有人默默望着地图，似乎若有所思。良久，只见他奋笔疾书，给孙权上书，献了一招制敌之计。

给孙权上书的人，正是朱桓。

上次，曹丕率军东征，朱桓于濡须口与曹仁一战，击破曹仁儿子曹泰所部，一战成名。之后，孙权因其有功，封其为嘉兴侯、奋武将军，领彭城相。其因临危不惧，极受孙权喜爱。此次迎战曹休大军，孙权便拜他为右都督，领军三万。

朱桓在信中激动地对孙权说道："曹休不过凭宗族亲戚的身份担当大任，并非智勇之将。今日一战，其军必败，战败则必逃，其败逃必走夹石、挂车两地。然而这两条道皆是险厄之地，若派出一万人运木柴、石头塞住要道，曹休大军即可一网打尽，生擒曹休亦不在话下。臣请所率领的军队前往截断曹休后路，若蒙大王神威庇佑，曹休能够投降，那么我们便可以乘胜追击，进逼寿春，割占淮南，将目标锁定在许昌与洛阳。这是千载难逢的机会，不可丧失！"

朱桓写完，心情久久不能平静。良久，才回过神来，派人将信用快马送往皖城。

孙权接到朱桓奏书，不敢迟疑，立即召陆逊前来商议。陆逊一到，孙权就将朱桓的奏书交给他。陆逊看了半晌，一句话也不说。

孙权见陆逊久久不说话，似乎明白了几分，不由问道："朱休穆之计，伯言以为如何？"

陆逊摇头一叹，缓缓说道："臣窃以为此计不可行。"

孙权一愣，问道："有何不妥？"

陆逊目光炯炯，从容说道："依朱休穆之计，截断曹休后路，看起来似乎是曹休自寻死路，实则可怕至极。如果陷曹休于死地，不留后路，十万曹军会坐以待毙吗？曹孟德曾有言，曹休乃曹家的千里驹。曹休有项羽之勇，若截断其后路，其必不惜一切代价死战、力战，后果将不可想象。所以《孙子兵法》有云，归师勿遏，围师必阙，穷寇勿迫。留有后路，恰恰是一战而克敌的妙策！"

"朱休穆险些误我！"孙权一听，不由得倒抽了一口凉气，庆幸说道。

孙权依陆逊原定计划进兵。至此，一场巨大的网已然铺开，等待着曹休自投罗网。

当曹休狂妄无知地一步步迈向深渊时，魏国的高人都在哪里？难道没人看见东吴张开的血盆大口吗？其实，魏国的高人见曹休举兵深入，个个心惊肉跳，都在忙碌着上疏陈情。

首先出来说话的是尚书蒋济。

蒋济可是三国里的老江湖，他长有老鹰一般的利眼，即使在黑夜里，稍微有一点风吹草动，都逃不出他的法眼。他听说曹休深入皖城，欲与孙权决战，立即上书给皇帝曹睿说道："曹休深入虏地，与孙权精兵对峙，而东吴将领朱然等据守长江上游，就在曹休背后。我军根本就无利可图。"

与此同时，前将军满宠亦上书说道："曹休虽然英明果断，但是很少指挥大军，此次行军，背靠群湖，面对大江，易进难退，此兵之挂地也。"

何为挂地？《孙子兵法》有云："地形有通者，有挂者。我可以往，彼可以来，曰通；可以往，难以返，曰挂。挂形者，敌无备，出而胜之；敌若有备，出而不胜，难以返，不利。"

所以，满宠又忧虑地说道："大军若从无彊口深入，需在此地严加防备。"

无彊口，就在夹石东南。这是一条易进难退的挂道。然而，满宠的这番话曹休是听不到了。因为此时曹休已经跟陆逊打起来了。

石亭大风烈烈，肃杀无比。曹休的十万大军摆开阵势，气势磅礴，不可一世。陆逊却气定神闲，将军队分为三道。陆逊自率中军，命令朱桓与全琮为左右翼，旌旗蔽天，气势豪迈无比。陆逊登车远望，神情凛然，一眼就看破了曹休所布之阵。曹休亲率主力位于阵前，大军两旁的险要之地却布有若干伏兵。如果吴军冲锋，一旦陷入埋伏圈，自然是有去无回了。

良久，陆逊冷笑一声，迎风吼道："三军听令！"

话语才落，"咚"的一声，战鼓敲响了。这时，陆逊又叫道："杀！"

杀声一落，战鼓激烈地响了起来，天地之间，到处都是喊杀之声。东吴大军左右两翼犹如群狼出动，直接瞄准魏军伏兵，而陆逊则直接攻击曹休主力，三道并进，排山倒海，席卷而去。

就战场而言，东吴是主，曹魏是客，主人主动出击迎客，客人却措手不及。曹休挡不住陆逊，他所布下的伏兵亦挡不住吴兵的冲击，一时间，曹魏大军犹如丧家之犬四处逃命。曹休见伏兵被驱逐出险地，只好且战且退。魏军的防守一松懈，东吴军队就咬得更猛了，追南逐北，杀得不亦乐乎，一直将曹军追到了夹石。此时，陆逊早派出一支军队守在夹石，截断曹休的后路。既无法前进，又无法后退，曹军被斩上万人，牛马骡驴车乘等万辆及军资器械等，皆被洗劫一空。

就在曹休面临灭顶之灾时，有一人正率援军以迅雷不及掩耳之势向夹石紧急扑来。

此人即魏帝曹睿之前派往东边与曹休会合的贾逵。说来有趣，前来拯救曹魏大军的贾逵，竟然与曹休还是一对生死对头。

贾逵，字梁道，河南襄陵人，自幼就喜欢玩行军打仗之类的游戏，祖父贾习看到了，觉得惊奇，断定这个孙子必为贾家未来的大将军，于是用口述的方式教授他兵法。成人后，贾逵闯荡江湖，第一份工作是在郡里做了个小吏，起点颇低。然而他这个初出道的小人物，却一步步地成长蜕变，创造了一个令人咋舌的神奇故事。贾逵才华出众，后来被任命为渑池县令。时值天下大乱，贾逵跟随曹操南征北战，被任命为弘农太守，后建功立业，又被提拔为谏议大夫。曹操死后，鄢陵侯曹彰从长安赶来洛阳奔丧，想向贾逵索取王玺，贾逵正色拒绝，并厉声喝道："太子在邺城，先主玺绶是你该过问的吗？"一句话噎得曹彰无话可说。

正直刚硬的贾逵力护玺绶，深得太子曹丕的信赖。曹丕继位后，便任命贾逵为邺城令，不久又迁为魏郡太守。他曾因别人犯罪受到牵连，曹丕却不以为然，将他赦免，后来又举荐他为豫州刺史。至此，尽管贾逵中间经历了种种曲折，但他的人生却是一路平步青云，前途一片光明。就在这时，有一个人跳出来，截断了贾逵仕进的康庄大道。

这个人，就是生了虎胆的曹休。

一次，文帝曹丕想拜贾逵为都督，曹休听说此事，立即对曹丕说道："贾逵这人性格刚直，素来轻慢诸位将军，不可任用他为都督。"听了曹休此话，曹丕便打消了拜贾逵为都督的念头。

此次东征，明帝曹睿派贾逵监督前将军满宠、东莞太守胡质等四军。按计划，贾逵应从皖城西的西阳向皖城挺进，与曹休合兵后直指皖城东边的东关。但是，贾逵得知东吴并没有出兵防守东关，而是将所有兵力调向皖城与曹休决战，当即断定，只会逞勇力而无谋略的曹休一旦与东吴交战，必定战败。

既然这样，还打什么东关，救人要紧哪。

主意已定，贾逵迅速部署兵力，让水陆两军迅速向皖城进发。走了二百里，魏军捕获东吴斥候，这才得知曹休战败，且被东吴军截断了夹石退路，正被围困在其中。

果然不出所料啊！

诸将听说曹休大军主力被东吴大军围困在夹石，脚底直冒寒气，一时不知所措。有人对贾逵说道："曹将军主力都被围困了，我们这点兵力肯定是救不了他的，不如等待后面的援军到来再出发。"

贾逵沉吟半晌，神情严肃地说道："曹休兵败于外，路绝于内，进不能战，退不得还。危在旦夕，不得不救。"

诸将见状，有人又暗示道："将军可还记得，当初文帝想拜您为都督，是谁在背后说了您的坏话？"

贾逵摇头说道："公是公，私是私，公私不能混淆。曹休兵败被困，若是不救，岂不辜负了国家？"

诸将听得心里无不钦佩，便不再说什么了。

良久，只听贾逵悠悠说道："贼军为何仅派轻兵于夹石截断曹休的退路？"

诸将一时不解，问道："这是为何？"

贾逵神态自若地说道："是贼军主力已全部调去对付曹休主力，兵力不足所致。既然这样，当前之势，我们应该奋勇疾进，出其不意，打他个措手不及。《左传》有云，先人有夺人之心。我援军先到，负责截断曹休后路的贼兵闻风必逃。若不如此，一旦贼军援军抢先一步，占据要害之地，到时兵力再多，又有何用？"

贾逵一番话当即说服了诸将，接着，他便命魏军昼夜不停，径直向曹休所部进发，抢先占据夹石险地。抵达夹石时，贾逵又命令兵士四处设疑兵，大张旗鼓地向前挺进。果不其然，东吴军负责断后的轻兵听说魏国援军赶到，一片惊呼，作鸟兽散，逃之夭夭了。

被截断的退路终于打开了。曹休主力迅速撤出夹石，终于躲过了一场巨大的灾难。

躲过一劫的曹休驻马回望夹石，心中又羞又怒。羞的是这一仗竟被东吴军打得毫无还手之力，怒的是他的死冤家贾逵来得太晚了，以致他输得如此狼狈！

曹休咬了咬牙，猛然叫道："来人，去给豫州刺史传话，让他去将散落的兵器捡回来！"

侍从不敢怠慢，立即拍马去见贾逵，把曹休的话转达给他。

贾逵一听，冷冷一笑，说道："本人是为国家来做豫州刺史的，不是来捡兵器的！"

说完，贾逵转身就走，率军悠然返回了。

那一厢，曹休见贾逵引军返还，忍着羞辱的怒火也回去了。一回到洛阳，曹休依然没完没了，在上表谢罪之余，还说贾逵失期，其亦有罪。贾逵见曹休非但不感激他的救命之恩，还倒打一耙，不由大怒，亦上表说曹休愚蠢，犯了兵家之忌，自寻死路。

两人的奏书飞进洛阳宫，都落到了曹睿的几案上。曹睿默默地看了半晌，摇头苦笑，半天说不出话来。几案的另一边，还躺着尚书蒋济和前将军满宠于战时送来的奏书。此二人的奏书都一语中的地指出了曹休大军深入敌后必败的道理，贾逵何罪之有？

一个是刚直的大臣,一个却是曹氏宗室,叫他如何取舍?

不久,结果出来了。

兵败夹石,曹休自然有责任。但因其为曹氏宗室,所以不再追究。消息传出,天下一片哗然。曹睿貌似明智,不料竟如此愚蠢。自古以来,败军者必诛,今日的魏国,竟可以因为曹休是宗室而不问责,真是滑天下之大稽!

曹休躲过了问责,却躲不过自责。文帝东征时,他就上表力主杀过长江,剿灭吴军,当时曹丕不允。此次东征,明帝曹睿允许他出兵了,不料却输得脸面全无,他这一张老脸都不知道往哪搁了。

一连数日,曹休闭门在家,整天神思恍惚。这个当年被曹操喻为曹家千里驹的大将军,回顾皖城这场战役时,觉得自己好似一个大傻瓜。他轻易就上了周鲂的当,为一傻;已识破周鲂使诈,却轻敌冒进,为二傻;不识夹石之地为兵家所言的挂地,以致被围困,为三傻。如此,真可谓"三傻大将军"!

这天,曹休一会儿惭愧,一会儿愤怒。突然,只听他大喊一声,背后流脓的疮口迸裂,咚的一声倒在地上,断气了。

曹休死后不久,贾逵亦病重,气若游丝。临死前,他不无遗憾地对左右亲信说道:"我享受国恩,却不能斩孙权及其属将以见先帝。我死后,丧事一律从简,不得铺张。"

是年,贾逵病卒,享年五十五,谥号肃侯。

第十一章

卷土重来

太和二年（公元228年），十一月，冬天。

凛冽的寒风吹着，吹起了遍地的萧条悲哀，吹不开蜀中弥漫的迷茫，吹不灭诸葛亮心中的斗志。这一天，诸葛亮听说曹休兵败皖城，魏兵东下，而关中空虚，顿觉这个机会千载难逢，于是立即召集军事会议，商议北伐。

然而诸葛亮此计一出，群臣个个狐疑，纷纷反对。年初蜀军才大败于祁山，年尾却又率军出征，一年两次北伐，劳师动众，是否于国力消耗太过？同时，经过上次失败，越来越多的人似乎觉得，魏国实力强悍，蜀国北伐似乎自不量力，他们又何必再自找苦吃。

诸葛亮见群臣一副苟且偷安、自甘蜷缩于蜀中一隅的懈怠模样，心中又悲又愤，立即上书，向蜀汉皇帝刘禅表达了自己执意北伐的斗志与理由。

诸葛亮的这道奏书，就是著名的《后出师表》。

"先帝深虑汉、贼誓不两立，王业不偏安，故托臣以讨贼也。以先帝之明，量臣之才，固知臣伐贼，才弱敌强也。然不伐贼，王业亦亡。惟坐而待亡，孰与伐之？是故托臣而弗疑也。"

白帝城与先主刘备分别的一幕仿佛就在诸葛亮眼前。刘备奋战一生，自知才不如曹操，却依然奋不顾身，与之争锋，为什么？只为争那一口气罢了。蜀汉之地不过是一块跳板，而不是一块安逸地听取蛙鸣的世外桃源。刘备临死之前，最忧虑的就是蜀汉群臣偏安一隅，不思北伐，有违立国初心。所以，他千叮咛万嘱咐，要求诸葛亮只要有一口气在，就要率领诸臣奋勇直前，不能放弃。而今天，诸葛亮每每回想先帝刘备征战沙场的一幕幕，依然万分感慨，不敢忘怀。他就是要以刘备奋进的精神告诉群臣，即使我们的才能不如别人，兵力不如敌人，也要跟敌人斗争到底。不懈努力是先帝刘备的立世精神，更是蜀国应该具有的立国之本。这也就是所谓的宁愿站着死，不要跪着生。

想到这里，诸葛亮沉重地写道："高祖刘邦深明大义，犹如日月在天，当时谋臣众多，亦涉险创业，历经重重危险后才安定。如今陛下才能不如高祖，谋臣亦不如张良、陈平等人，而想从长计议，轻松取胜，此为臣不解之一也；遥想当初，刘繇、王朗各据州郡，却坐而论道，只会引用圣人子曰之言，整天把酒言欢，今年不战，明年不征，徒使孙策势力坐大，遂并江东，此为臣不解之二也；曹操其人智慧谋略远超世人，用兵之道神鬼莫测，不输孙子、吴起，即使如此，他依然曾经受困于南阳、乌巢、祁连山，在黎阳深受逼迫，几乎在伯山战败，在潼关濒危，经历了这么多生死大事，才缔造一个虚假的安定局面，而以臣之才北伐，想不经历安危就能谋取天下，此为臣不解之三也。"

诸葛亮这话犹如万根利箭，箭箭射中诸臣心窝。回想历史，高祖刘邦、高人曹操，有天助之力尚且主动披荆斩棘，筚路蓝缕，才换来一时安定。如果蜀国之臣不惜时进取，岂不要重蹈刘繇及王朗的覆辙——不是被剿灭，就是成了人家的臣子。如此，岂不可耻？

诸葛亮字字锥心，泪如雨下，将心中悲痛一泄而出："自臣到汉中，中间不过一年而已，然而蜀中大将如赵云等人，已丧七十余人；其他如散骑、武将等亦有一千余人。此皆数十年、合四方精锐而得，而非一州所有。如此下去，不出数年，蜀中还会再损失三分之二，蜀中无精锐，如何图谋敌国？追忆往昔，先帝败于荆州楚地，当时，曹操轻轻一拍手，天下便定。然而先帝雄心不死，壮心不已，东连吴、越，西取巴、蜀，举兵北征，杀夏侯渊，如此才重挫曹操，奠定了蜀国之基。岂料东吴违背盟约，关羽败亡，先帝兵败夷陵，曹丕称帝，发生了一连串不可预见的事情。举目天下，臣鞠躬尽瘁，死而后已。至于成败，非臣所能预料。"

至此，诸葛亮的态度已经十分鲜明。赵云等诸多名将病卒，蜀中再难找出名将猛士。若继续苟且偷安，必然灭亡；积极进取，或许还能取胜。不想在安逸中灭亡，就要敢于从危险之中杀出一条血路来。至于未来如何，谁也无法预测。这就是尽人事，听天命。

诸葛亮语出惊人，一锤定音。十二月，隆冬之际，他便率兵出征。

可还记得，当时曹真撤兵北还时，曾指着一个神秘的关隘对属将郝昭说道："诸葛亮若再次北伐，必从此处出汉中，务必将此处守牢了。"

那么，曹真派兵屯守的那个神秘地方是哪里？

陈仓！

果然，此次诸葛亮选择的东出汉中之路，就要经过陈仓。

诸葛亮率兵出散关，包围陈仓。奈何郝昭已有防备，诸葛亮不能攻克，一时被卡住了。

诸葛亮想了想，叫来了一个人。此人名唤靳详，是郝昭的同乡。

诸葛亮对靳详说道："郝昭坚守陈仓关口，企图拦住我们，麻烦你走一趟，前去游说郝昭，把他拿下。"

靳详领命，来到了陈仓城外。他立于高处遥遥呼喊郝昭，郝昭见是熟人，便出来与他对话。郝昭听了半晌，全都是靳详劝降的话语，不得已，只好遥遥回话道："魏国国法想必你是最熟悉不过的，我的为人你也清楚。我深受国恩，族人众多，若是投降，全家必被诛杀。你不必多言，我只有死战到底。还请告知诸葛亮，让他尽管进攻！"

靳详见说不动郝昭，只好悻悻回报诸葛亮。

诸葛亮一听郝昭不肯归降，心里不禁一颤。兵法有云："攻心为上，攻城为下。"若劝不动郝昭，那就只能硬碰硬了。

诸葛亮想了想，沉重地一叹，对靳详说道："你再走一趟，告诉对方兵马稀少，别白白送死。"

靳详只好带着这句话再度来到陈仓城外对郝昭喊话。那一厢，郝昭懒得听了，毫不客气地叫道："我话已说尽，别再唠叨，我认识你，但城上的箭可不认识你！"

靳详听得一愣，灰溜溜地又回来了。

诸葛亮一听郝昭誓死不降，心中大怒，杀意顿起。半晌，只听他缓缓说道："既然郝昭不怕死，我倒要看看他是个怎么不怕死的！"

此时，诸葛亮手握数万重兵，而郝昭守军不过千余人。就算魏军听闻陈仓被围，举兵前来，也是远水救不了近火，届时陈仓早被攻破了。

这是一场硬战，诸葛亮决定先啃下郝昭这块硬骨头。

这一天，诸葛亮摆开阵势，准备攻城。陈仓城下，蜀军将攻城的云梯、冲车沿城摆开，气势十分雄壮。陈仓城上，郝昭率军严守，火箭、绳索、石磨，一应俱全，准备应战。

冬风呼啸，山林耸动。诸葛亮登高而望，对陈仓已是志在必得。半晌，只见他轻轻一挥袖，战鼓手遥遥望见，便咚咚地敲起了鼓。鼓声一响，只见排山倒海般的蜀军架着云梯向前冲锋。

郝昭等魏国守军似乎不为所动，冷冷地望着蜀兵杀来。蜀兵云梯才搭上陈仓城墙，只见郝昭猛地拔剑高举，高声叫道："放箭！"

顿时，点着火油的箭直射云梯，云梯顿时被烧着，蜀兵纷纷落下云梯，有的迅速被火舌吞没。诸葛亮见云梯抵挡不住郝昭守军的火箭，即刻派出冲车企图破城而入。

郝昭准备好的绳索和石磨就是专门对付冲车的。蜀兵的冲车一来，郝昭便命人将用绳索绑好的石磨从城上推下——石磨撞碎了冲车，魏军用绳索将石磨拉起，又撞下去。蜀兵冲车亦被撞破，无计可施。

诸葛亮见蜀兵纷纷败下阵来，脸色沉重，一时难以心安。

郝昭不怕死，原来是早有准备！

既然云梯和冲车都破不了魏国守军，那就先将城上守军打退。想到这里，诸葛亮立即使出了撒手锏。

诸葛亮立即派人制造了百尺长的高架，蜀兵立于高架之上，一眼便能看见城里的一举一动。诸葛亮一声令下，无数飞箭居高临下地朝城中射去，箭如雨下。这一幕，在三国攻城的历次战役中并不少见。当初袁绍与曹操于官渡决战时，袁绍就是率先筑起高楼土山，准备以无数飞箭先声夺人，压制曹操守军。奈何当时曹操早有防备，制造了霹雳车还击袁绍。袁绍军队筑起的高楼土山纷纷被击毁，无奈败下阵来。

此时，郝昭守军人少，能来得及造霹雳车吗？面对漫天扑进城来的飞箭，只能架起铁盾，纷纷躲闪。

魏国守军似乎一下子被压制住了。

这时，又听一声令响，蜀兵不知从哪里又来了一支军队，运着土石直奔城下。这些土石一到城下，便倒进了护城河中，如此，没几个来回，护城河竟然被填平了。

护城河一填平，蜀兵大军涌上，直接攀城攻击。

郝昭在城上见蜀兵攀着城墙要杀上来，急忙大声吼道："来人，加高城墙。"

一声令下，魏国守军便纷纷一边奋战，一边筑墙。没过多久，魏军竟于城上筑起了一堵高大的城墙来。

诸葛亮见攀城作战无望，又改从地下进攻。诸葛亮派人挖出一条地道，派工兵准备突入城中。郝昭见状，亦从城里出击，于城内挖出一条巨大横沟，阻止蜀兵入城。

兵来将挡，水来土掩。这一交战，二十多天就过去了。蜀军竟然没占到半点便宜，陈仓依然岿然不动。

这可真是莫大的耻辱！数万兵竟然攻不下一座仅有千余守兵的陈仓城。

此时，诸葛亮猛然发觉，他对攻城之事太过乐观了，而对敌军守将郝昭又太过低估了！

此时，一支强悍的魏国军队正在朝陈仓城赶来。更让诸葛亮恼火的是，率领魏军赶来的将领，竟然是他的老对手张郃。

上次北伐，马谡所率之军被张郃所破，天水、安定等叛郡亦被他扫平，可谓功亏一篑，令人心痛。张郃得胜后，被曹睿大力嘉奖，加封千户，好生得意。曹休出征东吴，曹睿命张郃受司马懿节度，率军前往东边作战。岂料，张郃大军抵达荆州时，恰逢冬天水浅，大船无法前行，只能屯守方城。此次，曹睿听闻诸葛亮再次出兵北伐，立即派出快马召张郃返回京都。

曹睿不敢怠慢，亲自驾临河南城，摆酒设宴，给张郃饯行。

曹睿将南北军士三万人及武卫、虎贲卫尽数交给张郃。临行前，曹睿忧心忡忡地问道："只怕将军赶到陈仓时，诸葛亮已攻破陈仓了吧？"

张郃一听，从容答道："陛下不必担忧。等臣赶到陈仓时，恐怕诸葛亮已经退兵走人了。"

曹睿听得一阵惊奇，连忙问道："将军何出此言？"

张郃悠然说道："诸葛亮孤军深入，军中缺粮，必不能持久。屈指一算，臣料诸葛亮的军粮已经撑不过十天了。"

张郃说完，便率军日夜赶路，挺进南郑。果然不出张郃所料，他还没赶到陈仓，诸葛亮见势不妙，早已撤军走人了。

陈仓一役，对魏军而言可谓惊心动魄，置之死地而后生。郝昭一战成名，被封为关内侯。

诸葛亮感到十分悲哀，第二次北伐，竟又如此草草收场了。

转眼到了第二年的春天。在料峭的春风里，有一支蜀兵悄悄摸出大山，神不知鬼不觉地扑往魏国的武都、阴平二郡。消息传出，魏国雍州刺史郭淮立即引兵前来救援。见郭淮一动，蜀国又有一支大军猛然出动，直扑建威。消息传来，郭淮听得一愣，一刻都不敢停留，立即率军逃跑了。

郭淮实在不敢与蜀国这支大军对阵，因为率领大军前来的不是别人，正是诸葛亮。要知道，建威郡紧挨着武都郡，只要诸葛亮一挥手，立马就能杀到面前。

诸葛亮见郭淮撤兵，趁机平定了武都、阴平二郡，安抚羌人，然后班师回朝了。

这是诸葛亮第三次北伐,终于取得一次小小的胜利。

此次出击,诸葛亮可谓费尽心思。他已经输了两次,如果出兵北伐再次失利,群臣心里估计都要犯嘀咕了。所以,为了鼓舞士气,他必须寻找突破口打一场胜仗,为自己挽回颜面,更是为下次北伐做好铺垫。

尽管是小胜,却也可歌可泣。此时,后主刘禅闻讯,激动得不能自已,立即下诏对诸葛亮说道:"街亭之役,错在马谡,而您却自责,将责任都揽到自己身上,实则不该。如今郭淮逃跑,您收复二郡,降服羌人,可谓功勋卓著。现在天下未定,大恶未除,您受国家大任,不宜自我贬抑,这也是为了我们的宏图大业考虑啊。希望您赶紧恢复丞相之位,别再推辞啦!"

至此,诸葛亮又做回了丞相。

但是,重新当上丞相的诸葛亮却一点也高兴不起来。北伐屡受重挫,路漫漫其修远兮,未来的路只会比从前更加艰险啊。不然,让他久居汉中这边陲之地,将来如何去九泉之下面对先帝刘备?只是现在不能瞎折腾,他必须等待下一次机会的降临。

就在诸葛亮蛰伏等待时,不料竟等到了一个让他震惊万分的消息——吴王孙权竟然一声不吭地宣布称帝了。

这一天,是四月十三日。

这天,阳光灿烂,百花盛开,吴国君臣其乐融融,整座武昌城都笼罩在一派喜庆之中!孙权于武昌南郊宣告即皇帝位,大赦天下,改元黄龙,接受百官朝贺。

据说当时夏口及武昌一带曾有黄龙出现,所以孙权才改元黄龙。不管怎么样,之前叫黄武,现在叫黄龙,孙权这是故意向曹魏帝国叫板,声明东吴才是继承汉朝土德的正统。在这样一个大争斗时代,何谓正统?实力即正统。皖城一战,孙权大败曹休十万大军,一改之前曹魏大军一来,自己便要装孙子示弱的孬种模样。如今形势大变,孙权可以不必再伪装了,终于光明正大地称帝即位,扬眉吐气了一回。

当此情景，孙权不禁感慨万千。想当初，曹操领数十万大军压境，陈兵长江，何其凶险？当时诸多大臣纷纷请求投降，周瑜却力排众议，坚决出兵抗曹。若没有周瑜之功，自己今天还能坐在这里享受这等美妙的时光吗？

想到这里，孙权不由得悠悠说道："朕今日能够登基当上东吴的皇帝，全赖当时周公瑾赤壁一役的功劳啊！"

正当孙权感叹周瑜当时所立的奇功时，一个高大伟岸的身影缓缓走出队伍，挺身举笏，昂首望着孙权。

孙权一眼望去，心里不禁一阵冷笑，出来说话的人竟然是绥远将军张昭。

说起张昭，孙权心里可真是又敬又气。

当年孙策刚刚去世，正是张昭亲率群臣，拥护孙权，稳固江东。此事最令孙权感佩。可张昭刚直不阿，动不动就当众顶撞孙权，屡次搞得孙权十分不爽，却又无可奈何。孙权当上吴王后，首设丞相一职，江东群臣皆称丞相之职非张昭不可。孙权一听，心里冷笑，嘴上却惺惺作态道："如今天下事多，丞相责任重大，这不是优待张公的做法啊。"

孙权说完，转身便任命曾被孔融称为"廊庙才"的孙邵为丞相。

后来，孙邵病卒，群臣复议，再次举荐张昭为丞相。孙权不得已，只好解释道："诸臣屡屡举荐张公，难道孤会吝啬丞相之职吗？在孤看来，丞相事多且繁，张子布性格刚烈，若有不顺意的，便大发怨怼，所以哪，让他当丞相，对他真的没有什么好处。"

孙权再次拒绝群臣的提议，改拜顾雍为丞相。

尽管如此，在江东群臣眼里，张昭依然是文臣的领袖。所以，孙权登上皇帝之位时，张昭便理直气壮地第一个站出来唱贺词。

出人意料的是，孙权偏偏不给张昭这个机会。

还没等张昭开口，孙权便大声说道："哎呀呀，刚才说起周公瑾，朕不由得想起了张公。朕当年若听了张公之计，如今可能都已经沦落到街边乞食为生的地步啰！"

此言一出，满场惊愕，都不禁愣愣地望着张昭。

张昭尴尬地僵在原地，本来想好的贺词卡在了喉咙里，一时说不出来。

良久，只见他大汗淋漓，惭愧地跪倒在地上。

本来热闹非凡的场景，顿时变得肃杀可怕，没有人敢说话。天地之间一片死寂，只有远处长江传来的浪涛拍岸之声。涛声依旧，滚滚江面之上仿佛又浮现出曹操那数十万大军的影子。当年曹操陈兵长江时，若说周瑜是当时的主战派干将，那么张昭就是当时的投降派首脑。当时，张昭曾以为江东实力不如曹操，不如主动降曹。时至今日，此事已过了二十年，孙权竟然还在因此而耿耿于怀，这怎么不叫张昭汗颜？

猛然间，张昭发觉他当年倾力辅佐的孙权，已从一只幼虎摇身一变，成为真正的万兽之王了。换句话说，他的历史使命已经完成，朝廷不再需要他这样的人出来碍手碍脚了。

于是，孙权登基大典一结束，张昭便以老病为由，交还官位及所统领的部众。孙权改拜张昭为辅吴将军，朝会时他的位置仅次于三公，改封娄侯，食邑万户。

张昭谢幕，似乎昭示着江东的旧时代结束了。一个崭新的时代，在孙权的领导下即将拉开序幕。

这时，孙权突然发现，他都登基称帝了，竟然忘记派人给蜀国传话。

不日，孙权派出使者前往蜀国，向蜀汉皇帝告知他称帝之事，同时还宣称，既然他也称帝了，那就希望蜀、吴两国互相尊重，共存共荣。

孙权说得何其轻巧！殊不知，当听闻孙权一声不吭就悄悄称帝时，整个蜀国都炸开了锅，吵成一片。蜀汉群臣无不认为，魏国曹丕称帝，那是篡逆！而蜀国刘备称帝，则是继承汉朝大统！如今东吴孙权也来凑热闹，名不正言不顺，于正义不符，他怎么敢这么做？

吵着吵着，蜀国众大臣都叫嚷起来：必须跟东吴断交！

要不要跟东吴断交，皇帝刘禅是做不了主的，能够决定如何处理此事的只有诸葛亮一人。于是，皇帝问诸葛亮："孙权称帝，群臣情绪沸腾，丞相以为此事该如何处理？"

诸葛亮沉吟半晌，缓缓说道："孙权称帝，何足称奇？"

刘禅疑惑地望着诸葛亮，问："丞相对孙权称帝之事，是早已料到了吗？"

诸葛亮沉重地说道："孙权一向有僭越叛逆之心，我们之所以忽略不追究，是因为形势所迫。我们讨伐曹贼，东吴亦想讨伐曹贼，曹贼犹如中原野鹿，我们抓住它的角，也希望东吴能来替我们抓住它的脚。如议者所言，不分青红皂白就与东吴断交，那后果可就严重了。"

刘禅犹如一个虔诚的学生，神情肃穆，默默端坐。

诸葛亮望了望刘禅，接着说道："试想一下，若与东吴公开断交，对方必视我如仇寇，而我们就要向东边转移兵力，与东吴对峙。如此，我们只能先吞并东吴，再讨伐曹贼。然而东吴贤才尚多，将相和睦，不是一朝一夕就可以攻克的。如此，两国僵持不下，只能白白坐等胡须变白，使北方曹魏得了便宜，这绝非上上之计也。先帝在时，曾说汉与曹贼势不两立，曹魏才是最大的敌人，而不是东吴。孝文帝在位时，尚且对匈奴言辞谦卑，他为什么这样做？不过是权宜之计罢了。先帝为讨伐曹贼，优先与东吴联盟，为什么？也是权衡之下的变通之法。所以考虑国事，要深谋远虑，而不是逞一时匹夫之勇。"

听到这里，刘禅不由得颔首点头，又望着诸葛亮一动不动。

诸葛亮顿了顿，轻轻一叹，说道："如今大家众说纷纭，争吵不休，都认为孙权只想鼎足一方，不想与我们并力伐魏，且他志得意满，不想舍船上岸，这些都不过是似是而非的推论，不足反驳。为何？孙权实力不足，只能借长江以自保；孙权不能越过长江往北走，犹如魏贼不能越过长江南下。所以说，并不是孙权有余力，或者是明明有重大利益却不去夺取。当今天下，蜀、吴二国已成掎角之势。我们若举军北伐，上上之计就是东吴亦必趁机北向，争分魏贼之地以备将来。即使不这样，东吴亦会开疆拓土，掳掠魏贼之民，对内以武力提高威望，绝不会坐着一动不动。再退一步来讲，即使东吴端坐不动，只要孙权与我和睦交好，国家北伐亦无后顾之忧。如此，曹魏之师必不敢全部转向西边，仅此一项好处，也就足够了。所谓孙权僭越之罪，不宜过分强调，而应与之继续交好！"

诸葛亮一番高瞻远瞩的论断，让刘禅听得犹如醍醐灌顶，顿时开窍。治国者无不深谋远虑，而匹夫之徒，则只会逞一时之勇而误国。至此，刘禅决定依诸葛亮之计，派使者前往东吴祝贺孙权登基，顺势卖给对方一个人情。

这天，蜀国卫尉陈震率队抵达武昌，庆贺孙权登基称帝。接着，双方又举行盟誓，约好共同举兵伐魏，平分中原。事情若成，以豫、青、徐、幽州归属吴，以兖、冀、并、凉州归属蜀汉。司州之土，则以函谷关为界，东边属吴，西边属蜀汉。

烈日悬空，长江波涛汹涌。不知不觉，天下大势犹如风雨骤变，更加紧张。眼看蜀、吴紧锣密鼓，摩拳擦掌，一场更宏伟的决定时代走向的历史大戏，又要徐徐拉开序幕！

第十二章

焦虑的抉择

太和三年（公元229年），十二月。

逝者如斯夫，不舍昼夜，一转眼，又是一年过去了。这一年的春天，诸葛亮小胜一场，转眼又见满山皑皑白雪。此刻如果什么都不做，似乎又要虚度时光了。

这天，蜀汉丞相诸葛亮久久立于南山之上，眺望这茫茫群山。

居南山之高，便可将阳平关尽收眼底。悠悠沔水犹如一条巨蟒，伏卧于群山之中，而汉中郡的治所南郑县则立于沔水旁，雄视四方，气势可谓雄壮。南郑县的正面是斜谷道，往西边可通往祁山，往东边可前往赤坂及子午谷。蜀汉守住了南郑县，便守住了汉中郡，若守不住，敌国大军便可深入巴蜀之地；同理，蜀军若从汉中郡出兵，杀入关中，也如履平地。真可谓成也汉中郡，败也汉中郡。过去刘备击败曹操，夺取汉中，如今，这里还会演绎什么样的英雄故事，尚难预料。

不知过了多久，诸葛亮缓缓走下山。他胸中已有成算，迅速下了两道命令：一是将大营从阳平关南边移到南山下的平原上；二是在沔阳县修筑汉城，于成固县修筑乐城。汉城位于南郑县的西边，乐城位于南郑县的东边。两座城池在东西两边拱卫南郑县，互为掎角之势，不可谓不牢固。

做好了这一切，蜀军如同一条冬眠的巨蛇，静静卧在这白茫茫的深山之中。此时，诸葛亮心中只有一个念头：等待。

耐心地等待，等待猎物的出现，等待千载难逢的战机再次降临在这茫茫大山里。

一转眼，半年又过去了。

这天，诸葛亮走出大营，在营房外呼吸着大山里清凉的空气，心里不觉一阵舒爽。在舒爽的空气里，他的脸上溢出了一丝难以察觉的得意的笑。

没人知道，他已嗅出山对面飘来的一股猎物蠢蠢欲动的气息。

此时，正是太和四年（公元230年）初秋七月。魏国太皇太后卞夫人崩殂，刚刚下葬，大司马曹真却着急忙慌地上奏说："蜀汉屡屡来犯，臣请求从斜谷道出兵讨伐，再令诸将数路并进，一定可以攻克蜀汉，一举解决这个心头大患。"

曹真对陈仓之战郝昭被围攻，以及去年春天诸葛亮率兵攻克武都和阴平二郡之事，依然耿耿于怀。

曹真奏书交上去后，皇帝曹睿当即就点头同意了。接着，曹睿亲自送曹真大军出征，又下诏命令大将军司马懿逆汉水西上，从西城向西展开攻击，与曹真于汉中郡会师；其他将领则分别从子午谷和建威率军挺进。

消息传出，魏国官场一片哗然。曹真当真是不怕死吗？斜谷道何其凶险，若从此道进攻，怕是会有命出去没命回来。就在众人议论纷纷之时，有人听说曹真从斜谷道出兵，便匆匆赶来，向皇帝进言。

此人身份非同一般，他就是魏国司空陈群。

陈群，字长文，颍川许昌人。在颍川这块地盘上，陈氏家族算是个望族。陈群祖父陈寔、父亲陈纪、叔父陈谌皆是当时名人。陈群年幼时，祖父陈寔慧眼识人，认为陈群与众不同，并且向宗族的父老说道："能将我家族发扬光大的人，一定是这孩子。"

当时，鲁国也出了一个天下奇才，那就是孔子的后裔孔融。孔融的年纪介于陈纪与陈群之间，当时高傲的孔融先与陈纪交往，后又与陈群来往，惊叹陈群之才，甚至自降辈分，改称陈纪为长辈，与陈群同辈。此事一出，陈群的名声迅速传遍天下。

众所周知，刘备初出江湖时，被当时汉朝巨儒孔融赏识，心里十分感动。刘备当豫州刺史时，一眼便看中被孔融"捧红"的陈群，招揽其为别驾。当时徐州牧陶谦病卒，徐州的臣僚前来迎请刘备入主徐州，刘备一听，高兴得不得了，正准备前往，不料陈群却向他泼了一盆冷水，说："袁术还比较强大，今天前往东边，必然与他相争。到时吕布自后方偷袭我军，将军即使得了徐州，也会一事无成。"

刘备哪里听得进这番话——要知道徐州可是一块又大又好的地盘，徐州人主动请刘备入主，这可是盼星星盼月亮都盼不来的好事，岂能因陈群一句话就放弃？况且，袁术强大又算什么？还没跟他交手，又怎么知道谁更厉害？

刘备义无反顾地前往徐州，又义无反顾地跟袁术打了几仗，结果让人大吃一惊。

正如陈群所料，刘备与袁术交战时，被吕布从背后袭击，一败涂地。事后，刘备极为后悔，恨自己没听陈群的话。但是，一切都已经迟了。

刘备失去徐州后，陈群无处可去，只好与父亲陈纪暂时到徐州避难。不久，陈群被举荐为茂才，担任柘县县令一职，但陈群没有前往赴任。后来，有人听说了陈群的大名，立即派人前来征召。

这一次，陈群没有拒绝。因为，前来征召陈群出山做官的人，是一个让他无法拒绝的人。

这个人就是曹操。

曹操这一生最大的爱好就是不停地到处搜罗人才。凡是他看中的人才，没有请不动的。如果请不动，那就威胁恐吓。如果恐吓不了，那就一杀了之。正所谓，我得不到的人，别人也休想得到。司马懿就是被他恐吓，才不得不出山做官；华佗因为高傲不从，就被他一刀结束了生命。

陈群有大才，被曹操请出山后，起点颇高，直接就被拜为司空西曹掾属。之后，又被迁为治书侍御史，给丞相当了"军事顾问"。魏国一建立，又升任御史中丞。

在汉朝末年的官场中，有才之人比比皆是，然而会做官且官做得很大的人却是凤毛麟角、寥寥无几。看那孔融，一边做官一边逞强，结果撞到了曹操的刀口上，一命呜呼了。还有杨修，聪明绝顶，却也因言获罪，被曹操"杀鸡儆猴"。

反观孔融的好友陈群，却在汉末官场之中稳如泰山，混得风生水起，平步青云。

接着，陈群又被拜为侍中，领丞相东西曹掾，可谓如日中天。

文帝曹丕在东宫做太子时，极为敬佩、器重陈群，常以朋友之礼相待。曹丕常常引用孔子的话感叹道："自从我有了颜回，门人对我可是越来越亲近了。"

孔子有三千弟子，七十二贤人，在七十二贤人之中，最让孔子欣赏的学生就是颜回了。颜回一死，孔子悲痛欲绝地呼喊道："苍天这是要我的命啊！苍天这是要我的命啊！"

众所周知，曹丕身边有一个著名的小圈子，世人称之为"四友"。"四友"即陈群、司马懿、吴质及朱铄。而曹丕能借孔子之话，将陈群比作颜回，可见陈群在曹丕心中的分量有多重。

或许曹丕心中最欣赏的人也就是陈群了。

曹丕如此抬举陈群，陈群当然也不敢辜负曹丕。不久，陈群就替曹丕策划实施了一件开天辟地之事。众所周知，汉朝选拔人才主要是选秀才、举孝廉。而到魏国时，曹丕推出了著名的九品中正制，开启了新的选拔官员的制度。世人只知道九品中正制始于曹丕，可有谁知道，九品中正制背后的操刀人正是眼前这个人气正旺的陈群。陈群首倡九品中正制，得到了曹丕的认可，并广泛推广开来，后来成了魏晋南北朝时期最重要的选官制度，影响深远。

看来当年陈群的祖父陈寔所言非虚，光大陈氏宗族门楣的当真是这个陈群哪。

曹丕当魏王时就封陈群为昌武亭侯，登基称帝后，陈群又做了侍中，迁为尚书令，受封颍乡侯。曹丕临死前，陈群接受诏令与曹真及司马懿共同辅政。明帝曹叡即位时，陈群的官职又变成了司空。

至此，陈群的官场履历，近乎完美，堪称奇迹！

此刻，魏国出兵伐蜀，曹真与司马懿两位辅政大臣皆已出动，而同样身为辅政大臣之一的陈群，岂可坐而视之？

陈群进宫见到了皇帝曹睿，气鼓鼓地问道："陛下，魏军要从斜谷道出兵攻打蜀国，这事是真的吗？"

皇帝曹睿见眼前这位三朝元老一副面色不善的样子，不由一愣，问道："陈司空有话要说？"

陈群叹息说："斜谷道乃凶险之地，走不得啊。"

曹睿依然疑惑不解地看着他。

陈群见曹睿眼前一片迷茫，顿了顿，娓娓分析道："过去太祖率兵前往汉中郡攻打张鲁，尽量携带豆麦以增加军粮，张鲁还未攻下，粮食却已经告罄。今日伐蜀，仅因大司马曹真一句话就出兵，没有周详计划，且斜谷道道路艰险，进退两难，若转运粮食，敌人一定派兵阻截。若要留兵镇守要塞，防止军粮被夺，则大军战斗力必然减弱。我们不可不深思熟虑啊！"

曹睿听得又羞又惊。羞的是，诚如陈群所说，没有经过仔细研究讨论就轻率出兵，此为不祥之兆；惊的是，听陈群这么一分析，才知晓斜谷道到底有多危险。

良久，只见曹睿叹息道："司空所言极是！"

曹睿立即下诏，通知曹真等人中止此次军事行动。

诏令很快就送到曹真手中。曹真一看，两眼一瞪，顿时急了。此时诸路大军已经上路，岂能因为辅政大臣陈群的一句话就废止了行动！

曹真想了想，再次上表，对曹睿说道："斜谷道凶险，那我请求从子午道出兵，打诸葛亮个措手不及。"

曹睿再次叫来陈群，把曹真的奏书交给他看。陈群摇头说道："子午道的危险与斜谷道有何分别？诸葛亮此人素来谨慎周全，必会派兵驻守要塞。若大军深入，遇上伏兵，必然凶多吉少。而且，在山上作战十分艰难，运粮亦十分困难。大部队作战，一向是牵一发而动全身，不可轻举妄动啊。"

曹睿听罢，默然半晌，想了想，便将陈群之议以诏书的形式传达给曹真。

曹睿把陈群的意见转达给曹真，就是让他再好好想想出兵是否合适。然而，接下来竟然发生了令人震惊的一幕。

曹真一看到皇帝的诏书，当即叫道："来人，准备行动。"

属将愣愣地望着曹真，问道："大司马，看陛下的意思，好像是叫我们商量一下陈群的建议？"

曹真冷笑道："陛下只是叫我们就此事商量商量，又不是下令停止行动。既然诏令在手，就是默许出兵，这有什么可犹豫的？"

八月，火急火燎的曹真举兵出长安，准备从子午道向南进入汉中郡。

与此同时，皇帝曹睿亦与之遥遥呼应。八月五日，曹睿举兵东巡，八月十九日，抵达许昌。

略通兵法的人都知道曹睿想干什么。曹真既然要攻打蜀国，就必须首先提防东吴偷袭。曹睿本人亲自巡视东边，就是要让曹真放开手脚，与诸葛亮大打一场。

然而，曹真不经过缜密的思考，怒而兴兵，凭着一腔热血，能战胜得了诸葛亮吗？

可还记得曹休是怎么死的？他藐视对手，一心渴望建功立业，却落得了深陷重围的结局，成了一段千古笑话。曹真兴师动众，从子午道出兵，难道他真的对诸葛亮没有半点畏惧？

一声猿啼，划破茫茫大山。此时，诸葛亮得知魏国出兵，立即派兵于成固、赤坂驻守，准备应战。司马懿率大军逆汉水而上，曹真率军从子午道来，两军必定于成固会合。若魏军到来，成固、赤坂必有一场恶战。

秋意微凉，天突然下起了雨。雨越下越大，一眼望去，一片烟雨迷蒙，看不到天地的边。

这场大雨竟如此诡异，一下就是三十天。这场三十天未中断的大雨，洗刷着重重山峦。只听山里传来阵阵轰鸣，滚落的巨石发出令人震怖的声响，阻断了山路，击碎了栈道，一下就将曹真那千军万马挡在了茫茫大山里。

诸葛亮立在窗边，优哉游哉地望着窗外的雨幕，听着那悦耳的雨声，犹如聆听着大自然绝妙的音乐，心里无比舒畅。

这场连绵大雨让诸葛亮舒服了，却让魏国上下一片慌乱。此时，一向清静的太尉府突然骚动起来，有个老人缓缓爬下床来，艰难地向皇帝写了一道奏书。

这个人是太尉华歆。

这时，华歆已是七十五岁的高龄重臣。他历经无数风雨，早已看破世事。数十年的战乱，天下争来争去，还不是为了那块地盘，却从来没人管百姓的死活。当年，他治理豫章郡时被孙策"惦记"，却也无所畏惧，为顾及百姓安危，他甘心将地盘拱手相让，让孙策入主豫章郡。曹操将他征召到朝廷后，他的官职一路上升。他先是做了议郎，参司空军事，成了尚书。荀彧死后，代替荀彧做了尚书令。曹丕称帝后，改任其为司徒，之后，又让他做了太尉。华歆身居高位，却粗茶淡饭，不恋权位。当初，华歆曾与北海邴原、管宁游学，三人交好，被当时的人们称为"一龙"：华歆为龙头，邴原为龙腹，管宁为龙尾。华歆自觉混迹官场多年，当过司徒，当过太尉，算得上位极人臣，了无遗憾。于是，他决定不再当这龙头，便称病乞求退休，让位于管宁。可曹丕硬是不许，华歆无奈，只好像僵尸一样躺在太尉一职上，一动不动。

多年来，对于朝廷之事，华歆不太理会，对于征战之事，太尉府几乎都不怎么参与，一切任由曹家的将军们折腾。然而此次大雨连绵，天下骚动，曹真不顾蜀道艰险，率军冒险深入，涉及国家安危，让他这个老头子心惊肉跳，不得不站出来说几句话。

魏国太尉华歆在给皇帝曹睿的奏书中说道："天下大乱，已超过二十四年。大魏顺天受命，陛下有圣明之德，足可开创成康般的盛世。所谓用兵之道，圣人不得已而用之。老臣希望陛下先专心治理朝政，将征伐之事暂时放到一旁。况且不远千里运送粮草，这绝不是用兵的有利条件；贸然发兵深入危险之地，不能收到克敌的功效。老臣听说今年征兵已经十分耽误农桑事业，治国者应该多为百姓考虑。百姓以衣食为天,若使中国无饥寒交迫之困,百姓必然无背井离乡之心,那就是天下人的幸事了。如此,陛下便可坐收天下,何必担忧蜀、吴二贼不能平定?臣居要职,既老且病,生命也快要走到尽头了,不敢不竭尽忠诚,说了这番话,望陛下明察。"

华歆文成笔落,早已在一旁等待的侍从立即接过奏书,匆匆走出太尉府。接着,只见一匹快马嘶鸣着奔出洛阳,直向许昌而去。

华歆的奏书很快就送达许昌,落到了皇帝曹睿的几案前。

曹睿默默看了半晌,叹息一声,提笔给华歆回了一封信。

曹睿缓缓写道:"您为国家大事深谋远虑,朕十分感谢。然而贼子凭借山川之险,有恃无恐,太祖、文帝等生前如此操劳,尚不能攻克,朕怎敢说自己一定能够攻灭他们?诸将认为不去试探进攻,敌人不会自己灭亡,所以观察敌兵,是要窥视他们的破绽。若天时未到,亦可效仿周武王临阵撤军。朕谨慎如初,不敢不警惕!"

原来曹睿心中还是有数的!

曹睿才落笔,突然听到侍从官叫道:"报!"

曹睿以为是前线传来了战报,心里不由一惊,问道:"何事?"

"洛阳传来奏报!"侍从官说着,就将奏书送到曹睿面前。

曹睿心里一动,如果没猜错的话,又是来劝诫他的。

曹睿拿起奏书一看,原来上奏者是少府杨阜。只见奏书中写道:"过去周武王北渡黄河,至中流,忽然有白鱼跃入王舟,当时诸侯不期而会者八百人。诸侯都说,可以讨伐纣王了!武王却说,未知天命,不可乱动。后来,武王班师撤军。当时武王得天赐祥瑞,仍担心恐惧,若面对天灾异象,怎么能不战栗?"

读到这里,曹睿心里一阵苦笑。他刚刚给太尉华歆写了回信,就讲到这个典故。若天时不利,可以向周武王学习,临阵撤军。不料,杨阜也提到了这个经典故事。

曹睿顿了顿,接着往下读:"如今吴、蜀两国尚未平定,天象却屡屡出现异常。诸军刚刚出发,大雨便倾盆而下,不休不止,且大军被困于诸山之中,已经多日。而军粮转运十分艰险,所费巨大,一旦输送不继,情况有变,必然违背出师本意。《左传》有云:见利可进,知难而退,军之善政也。若白白使六军困于山谷之间,进无方略,退无决心,这不是用兵之道啊。"

所谓天时不利,逆天而动,是不祥之兆。所以,杨阜建议曹睿早早撤军了事。

曹睿读毕,呆了半晌,似乎若有所思。恍惚之间,突然又听到侍从官叫道:"报!"

曹睿听得心脏又是一跳,问道:"何事?"

侍从官答道:"洛阳来奏!"

曹睿听得一愣:"洛阳又有奏书传来?"

侍从官不敢多言,急急上来,将奏书呈给曹睿。曹睿接过来一看,原来是散骑常侍王肃上奏。

王肃,字子雍。在三国的官场里,王肃默默无闻,然而其父王朗却是大名鼎鼎。不过此时,名臣王朗已经死去一年多了,王肃身为名臣之后,当然也要急国家之所急,这不他给皇帝曹睿上奏来了。

只见王肃的奏书里悠悠写道:"西汉初年,韩信率兵攻打赵国,当时李左车游说大将陈馀说:'韩信的部队,辗转千里运送粮草,士兵面有饥色,食不果腹,不如趁机出击,攻其不备。岂料,陈馀不听,以致军败国灭。'当时,韩信行军于平坦之地尚且有这样的风险,今日,魏国大军深入险阻之地,凿路前进,辛苦劳累远超韩信当年百倍。又加上大雨滂沱,山险路滑,诸军被困,不易舒展,运粮路远而难以接续,这可是行军的大忌啊。臣听闻曹真出征已有一月之久,部队被困于子午道之中,且开道的劳动,皆由战士承担,届时若让贼兵以逸待劳,得了便宜,那可真是犯了兵家大忌。"

读到这里,曹睿神色一黯。他默然半晌,才接着往下读:"用兵之道,当以史为鉴。昔日周武王伐纣,出关而复还;就是最近发生的事,还有魏武王、魏文帝出征孙权，亲临长江，见不能渡江而还军。为何？那是因为他们顺应天时，善于通变。若陛下因天气、道路之苦罢兵休整，体恤士兵，将来国家一旦有事，再使战士效命，战士与百姓定会乐于进取，全力以赴，不惧生死！"

读完，曹睿猛然回神，一下清醒了过来。

前后三封奏书，他初读华歆之信，以为华歆担心出师不利，不过是暮气沉沉，不思进取罢了。再读杨阜之书，他担忧行军艰苦，于己不利，似有道理。后读三十岁出头的少壮派王肃之书，这才知道问题到底有多严重。

依王肃之言，当前魏国大军的确是犯了兵家大忌，若再不悔改，必凶多吉少；且王肃及魏武王及魏文帝临江退兵之事，此刻，即便曹睿要下诏退军，也不是什么见不得人的事。有利则往，无利则退，是用兵之常情嘛。

思索良久，曹睿决定，罢兵！

九月，曹睿见大雨依然不止，令曹真等诸将班师。诏令发出后，曹睿心情大好，一个月后亦悠悠返回洛阳。

这场因为曹真莫名其妙的愤怒而开始的出兵行动，就此有惊无险、戛然而止了。

第十三章

祁山、祁山

风冷似刀,刀刀割人。诸葛亮走出南山脚下的大营,眺望群山,心情如潮水般起伏不定。

此时已是太和五年(公元231年)的春天。

说来奇怪,去年曹真出兵汉中时,大雨便连绵不止。然而曹睿顶不住群臣压力下令撤兵后,大雨便停了。这大雨来无影去无踪,从去年十月至今年的春天二月,居然连一滴雨都没再下过。

此情此景,真可谓天助蜀汉!

诸葛亮沉默良久,胸中不禁燃起一股熊熊之火,决定趁天干路不滑之时,出兵祁山,第四次北伐中原。这是一把撒向茫茫祁山的火种,这是一把烧向魏国的战火,这更是一把复仇的烈火!为了这一天,他可真是操碎了心,想白了头。为做好充分准备,他决定调用两个人。

一个是蒋琬。

马谡曾经是诸葛亮最赏识的人。诸葛亮挥泪斩马谡后,蒋琬就成了诸葛亮心中的第一人。诸葛亮离开成都后,便拜蒋琬为长史,处理丞相府事务。事实也证明,蒋琬之才,没有让诸葛亮失望。诸葛亮常年率军在外,蒋琬却也调度有方,保证前线供给充足。

蒋琬所为,让诸葛亮心里感慨,他逢人便说:"蒋公琰有志,有节,忠诚博雅,当是和我共同辅佐陛下成就王图霸业的人!"

任何一个王朝的兴起,都是众人努力奋进、共同协作的结果。想当年,刘邦举兵东出与项羽角斗,屡屡处于不利之境。所幸的是,当时萧何镇守关中,总能及时向前线运送兵马粮草,屡屡救刘邦于危难之境。如今,刘备早已不在人世,诸葛亮又不是三头六臂,腾不出那么多手脚。他替刘备光复王业,就得有人替他在后方筹措粮草。如今看来,能够接替诸葛亮入主丞相府的,也就只有蒋琬一人了。

诸葛亮秘密给蜀国皇帝刘禅上表说:"臣出征在外,若有不幸,后面的事可托付给蒋琬!"

解决了后方的问题,还得解决前线一个重大的问题。

诸葛亮若想再次出祁山北伐,必须留人镇守要塞汉中郡。那么,汉中郡到底由谁来负责镇守?众所周知,刘备生前曾派魏延屯守汉中郡。奈何诸葛亮出兵汉中后,对素来骄傲的魏延颇有微词,于是他决定将留守汉中这个重任交给另一个人。

此人就是李严。

李严,字正方,南阳人。曾做过郡吏,以才干著称。昔日,荆州牧刘表曾派其游历诸郡,考察上下。曹操率兵南下,进入荆州时,李严正主管秭归,他弃官西逃入蜀,投奔了刘璋。是金子到哪里都能发光。李严初入蜀地,很快就受到刘璋赏识,被任命为成都令,不久又以能干之名闻名益州。先主刘备入蜀,与刘璋闹翻后,李严率众投降刘备,被拜为裨将军。说起来不得不服,李严三易其主,却屡屡受到赏识。李严因为平定地方叛乱有功,官职一路高升,被刘备拜为辅汉将军。刘备在白帝城养病时,特别征召他与诸葛亮前往白帝城,一并接受遗诏,辅佐少主刘禅。接着,刘备又封李严为中都护,统管内外军事,留守白帝城。之后,诸葛亮率军出汉中北伐中原,李严便移师江州,统管后方之事。

此次诸葛亮再出祁山,想调李严前来汉中的原因有二:一是汉中郡乃军事要塞,必须托付给国家重臣;二是李严以能干闻名天下,派他督运军粮,保证前线供给,十分必要。

然而,当诸葛亮准备调李严来汉中郡时,却发生了一件极为微妙的事情。

这时，李严给诸葛亮写了一封信，信中对于调动之事百般推辞，并且在信里多说了一句："听说司马懿最近在开府征召有识之士！"

局外人一看可能会感到莫名其妙。诸葛亮让李严前往汉中郡，这事与司马懿开府征召有识之士有啥关系？

关系可就大了。

曹丕生前，曾命令三人为少主曹睿的辅政大臣，他们便是曹真、司马懿、陈群。这三人中，曹真权力最大，为大司马。司马懿次之，为大将军，加大都督，假黄钺。而刘备生前，托诸葛亮与李严同为幼主刘禅的辅政大臣。然而蜀汉境内，事情不分大小，全由诸葛亮一人说了算。李严说司马懿有开府征召有识之士的权力，就是想让诸葛亮也给他这样的权力。

诸葛亮读完李严来信，心里不由得一沉，久久不语。

都什么时候了，这姓李的还在动这些跟他讨价还价的歪心思。看来不出个好价钱，他是调不动这位重臣了。

其实，李严已经不是第一次跟诸葛亮讲条件了。早在诸葛亮第一次北伐时，就想调李严前往汉中郡取代魏延，岂料，当时李严没半点去汉中的意思，反而百般抗辩，还请求诸葛亮让他出任巴州刺史，主管五郡。这时诸葛亮隐约感觉到，李严的想法与他有些格格不入了。

还有一件事，让诸葛亮更加清楚地看透了李严的为官本质。

有一次，李严给诸葛亮写了一封信，劝说诸葛亮接受九锡，进爵称王。熟悉中国历史的都知道，凡是权臣，一旦接受九锡，进爵称王，那他就离夺权称帝不远了。看看王莽，再看看曹操。曹操当时就想废帝自立，但他心存顾忌，只好把机会留给了儿子曹丕。

同为辅政大臣的李严，素来与诸葛亮相知相交，可他竟然怂恿诸葛亮进爵称王，这到底打的是什么鬼主意？李严这是被心头那强烈的权力欲望弄昏了头脑，弄乱了思维。如果诸葛亮进爵称王，他当然也会水涨船高，步步高升。但偏偏诸葛亮不上他这个大当。

诸葛亮给李严回了一封信,语重心长地说道:"我与足下相知已久,足下怎么不理解我的心情?我本是一个下等士子,偶然遇见先帝才被误用,位极人臣,享受厚禄。如今还未能讨贼以报效国家、报答知己,却想着自贵自大,这不符合道义啊。假若有一天咱们灭了魏国,斩杀了曹睿,托扶陛下还居洛阳,与诸子一并荣升。到时,我就是十锡也可以接受,何况九锡?"

到此,想必各位看官也一定明白了诸葛亮和李严的异同。李严久经官场,从刘表到刘备,一向被认为是能臣。诸葛亮久经官场,亦被认为富有才干。然而诸葛亮身上有一样东西,却是李严所不具备的。

这东西就是道义与信仰。

诸葛坚守道义,信仰王道。所以他才兢兢业业,一心北伐,报效国家,更要报答刘备的知遇之恩。李严所谓的才干,不过是挖空心思,一心索求富贵,求自己的高官厚禄而已。

两者境界高下立判。

但是,面对李严这么个一心求官索权的家伙,诸葛亮不得不接受现实,作出妥协。

在汉中郡这片茫茫大山之中交战,无论是魏攻蜀,还是蜀伐魏,双方最为头痛的问题都是军粮输送。从曹操到曹睿,魏国屡屡迫近汉中郡,但有几次不是因为军粮问题而撤兵的?而诸葛亮三次北伐,哪次不是因为军粮不继而匆匆罢兵?所以,诸葛亮第四次出兵北伐,首先要解决的就是军粮运送问题。而放眼蜀国上下,能够替他解决这个问题的人,也就只有李严最合适了。

于是,诸葛亮为了让李严心甘情愿地来汉中替他督运军粮,决定将人情做到底。他上表推举李严的儿子李丰督江州,顶替李严之职统管后方。接着,又命李严以中都护的身份统管汉中郡,还能同时处理本职的政务。

诸葛亮这招高明啊!

李严尽管没有得到开府的权力,但如此一来,他的权力可谓大矣。同时李严的儿子也升官了,这可是皆大欢喜之事,他还有什么理由拒绝?

果不其然，李严接到诸葛亮命令后，顿时浑身舒爽地率领二万兵来汉中郡运粮了。

然而更让人惊奇的是，李严一到汉中郡，竟然改名为李平。为什么改名？没人知道。难道是因为同为辅政大臣的他，终于让诸葛亮妥协而感到心理平衡，进而产生人生有如平地起高楼般的荣耀之感了吗？又或许是希冀其仕途从此一帆风顺，人生一路平安了吗？

果然如此吗？或许只有时间知道答案了。

这天早上，天气干冷，汉中郡却是一片骚动。准备多时的诸葛亮一声令下，大军便跟随他浩浩荡荡地向祁山进发了。在浩荡的队伍当中，却有一支罕见的"高科技运粮部队"。

这支高科技运粮队，当时被称为木牛队，由诸葛亮亲自研究开发。

关于木牛，开发者诸葛亮是这样说的："木牛者，方腹曲头，一脚四足。头入领中，舌著于腹，载多而行少，宜可大用，不可小使；特行者数十里，群行者二十里也。……牛仰双辕，人行六尺牛行四步。载一岁粮，日行二十里而人不大劳。"

在哪里跌倒，就在哪里爬起来。诸葛亮为了解决粮草运输问题，这才有了这支高科技木牛运粮队，诸葛亮雄心更壮，更加渴望一战定江山，了结蜀魏两国的宿怨。

诸葛亮再次出兵祁山的消息风一般传到了洛阳。

此时此刻，最焦急的不是别人，而是大司马曹真。但曹真急也没用，自从上次那场连绵的大雨让他不得不半道撤兵返回洛阳后，他就一病不起了。曹睿见状，只好令司马懿率兵西入长安，统领将军张郃等人，准备迎战。

三月，曹真病卒。

此时，司马懿大军已经进入关中。司马懿派费曜、戴陵率四千精兵留守上邽县，自己准备率其余部队向西挺进祁山。

这时，有人对司马懿这个部署提出了异议。

蜀地险山恶水，折断了多少英雄梦。从曹操时代以来，魏国将领之中，与蜀汉交战最有经验者是谁？

当然是张郃。

在关西这片群山之中，张郃犹如一位熟悉山路、经验老到的猎手。他只要立于高山之上，仰头细嗅，仿佛都能嗅出猎物的味道来。因为他善于山地作战，结营布兵，且变化多端，应付自如，这让诸葛亮十分忌惮。

张郃对司马懿悠悠说道："大将军，对付诸葛亮，不必如此兴师动众。"

司马懿见张郃一副镇定自若的样子，心里略微一动，问道："张将军有何妙计？"

张郃从容说道："我们可以兵分三路，一路屯驻雍县，一路屯驻郿县，一路前往救援祁山。"

司马懿望着地图，沉吟不语。良久，只听他叹息一声，说道："此计不可行！"

张郃目光一动，问道："有何不妥？"

司马懿沉声说道："不知张将军可还记得当年楚国应对英布叛变的那场战役？"

张郃心里不由一颤，想起了西汉初年英布叛变之事。当时，英布宣布叛变汉朝，楚国迅速出兵，也是兵分三路，打算在一军战败之时，其他二军对其予以支援。岂料，以勇猛著称于世的英布一鼓作气击败一军时，其余二军竟也土崩瓦解了。

这时，司马懿见张郃不说话，又沉声说道："如果前军能挡住诸葛亮，那张将军的建议是对的。若前军没有力量抵挡诸葛亮，而我们还要分兵，岂不是重蹈当年楚国被英布击败的覆辙？"

张郃一听，顿时明白了。司马懿心里还是惧怕诸葛亮，不敢低估对手。

当年孟达之叛，司马懿以迅雷不及掩耳之势打掉孟达。其人如此狠辣，且还没跟诸葛亮交手，怎么就胆怯了呢？

真的不可思议。

难道是司马懿心里认为,诸葛亮的智勇远在他自己之上?

司马懿心意已决,率大军前往上邽县。此时,诸葛亮听闻司马懿主力去了上邽县,分出一支兵攻打祁山,自己则亲率主力前往上邽与司马懿一决高低。

三国时代两个著名的谋略大师就要相遇了。

这时,司马懿得知诸葛亮率军前来,心里似乎也慌了一下,立即派郭淮和费曜领军前往拦截。诸葛亮见魏军派出两个将领,果断出击,一举攻破郭淮与费曜,并趁机收割了当地的小麦。

无论何时何地,诸葛亮首先要保证军粮的供给。因为前方,等待他的将是一场艰难的巅峰较量。

接着,有了充足军粮的诸葛亮底气更足,一下就挺进到了上邽县东边。

此时,司马懿就在上邽县。但是,司马懿犹如缩头乌龟,一动也不敢动,只是据险而守,不敢出兵应战。

都是谋略大师,谁也骗不了谁。诸葛亮长途跋涉,当然想与司马懿速战速决。然而司马懿见诸葛亮求战心切,心知出兵必败,又见其军粮不足,明白只要据险而守,跟他耗一耗,对方必然无功而返。

天突然下起了雨。诸葛亮举头望天,心情一时沉重。春夏之交,正是雨季到来之际。此时,李严督运的军粮还没到,若等到大雨滂沱之时,道路泥泞,那就更指望不上了。

诸葛亮与司马懿僵持了一段日子,见军粮不继,司马懿又狡猾至极,不肯出战,只得引军返回。

那一厢,司马懿见诸葛亮终于顶不住军粮不继的压力退兵,犹如一条千年老蛇,悠悠出洞,率军尾随蜀军。

不久,司马懿就远远地跟着诸葛亮抵达了卤城。

这一路司马懿只尾随而不敢与敌人交战,搞得老将张郃莫名其妙又郁闷至极。诸葛亮又不是神,司马懿为何竟如此畏惧而不敢出战呢?

张郃对司马懿说:"诸葛亮率兵远征,未能求得一战,必定以为我军避战,而想以长远计划制服我军。与其等诸葛亮出击,不如主动发起攻击。"

司马懿脸色沉沉,问道:"张将军有何妙计?"

张郃昂首说道:"此地距离祁山不远,祁山守军知我援军将至,必然会奋力固守阵地。如此,我们不如屯兵于此,分出一支奇兵,趁机偷袭诸葛亮后军。诸葛亮势单力孤,粮食不足,必然顶不住我军攻击而迅速退兵。我们不能只尾随而不敢逼近,白白丧失战机,令将士们大失所望。"

司马懿沉吟不语,良久才说道:"一旦出战,必定会中诸葛亮的计,既然诸葛亮势单力孤,粮食不足,我们最好跟他耗到底。"

司马懿第二次否决了张郃献计。

接着,司马懿继续尾随诸葛亮,不知不觉就跟到了祁山。魏军一到祁山,司马懿又立即命令诸军登山结营,不许交战。

此刻,不要说张郃郁闷,连其他将领也看不下去了。这时,贾栩、魏平两位将领按捺不住,一跃而起,冲到司马懿大帐中请求出战。

司马懿沉着脸望着两位将领,硬是不肯点头。

贾栩和魏平一看司马懿的脸色,自觉窝囊,不由叫道:"大将军畏蜀如畏虎,难道就不怕被天下人耻笑吗!"

看看之前的夏侯渊与曹真两位将军,他们何时怕过蜀军?夏侯渊和曹真两位将军虽不在人世了,然而张郃还在呀。司马懿可以问问张郃,蜀军有什么可怕的?

这时,司马懿心情愈加沉重,挥手说道:"你们说完了就回去吧。"

贾栩、魏平见司马懿仍是一副畏诸葛亮如畏虎的模样,无奈地跺脚离去了。司马懿望着远去的两个背影,心里也是十分焦虑。

此时,魏军之中,数张郃与蜀兵交战最多,可他却否决了张郃主动向诸葛亮发起攻击的计策,如此一来,势必被军中诸将耻笑。长此以往,他如何能服众?

司马懿正神思恍惚,突然听到侍卫叫道:"报!"

司马懿抬头问道："什么事？"

侍卫叫道："诸将聚集在大营之外，求见大将军。"

司马懿听得一愣，良久才说道："让他们都进来吧。"

侍卫一听，急急转身出去。紧接着，只见一帮将领呼啦啦地走进了司马懿的大帐里。

司马懿默默地望着他们，一言不发。

诸将见司马懿不说话，齐声说道："大将军，诸葛亮又不是长着三头六臂，怕他什么！今日前来，就是请大将军松口，允许我们出战！"

司马懿望了望诸将，又望了望立于诸将前头的张郃，心头一片黯淡。良久，只见他微微扯了扯嘴角，沉声说道："既然你们想出战，那便出战吧！"

憋了这么久，诸将又逼了这么久，司马懿终于松口，允许出战了。

此时已经入夏。五月的夏天，祁山雨季来临，大雨不断。五月初十这天，司马懿派张郃率领一支奇兵攻打南围。

南围，就是诸葛亮屯驻祁山之南的军部。

此时，负责守卫蜀军军部的是王平。可还记得，诸葛亮首次北伐时，王平正是马谡的前锋。街亭之战，马谡被张郃围攻，节节败退，王平敲鼓吓退张郃，这才全身而退。自那以后，王平颇受诸葛亮赏识。此次包围祁山，诸葛亮便派王平屯守军部，因其军精悍勇猛，无人能挡，便给他起了个官名叫"无当监"。

张郃率领奇兵悄悄摸到了王平所部驻地的不远处，见蜀军军部一片安静，脸上不由得露出一丝冷笑。

良久，只见张郃缓缓拔出长剑，猛然喊道："杀！"

杀声刚落，埋伏于山里的魏兵一跃而起，纷纷冲向诸葛亮的军部营房。然而，魏兵还未冲进营房，却听见了利箭破空之声，紧接着，满天飞箭朝魏军射来。

张郃一时愣住——原来蜀军守将王平早有准备！

短兵相接，魏兵被蜀兵射中，纷纷倒下。张郃却也无所畏惧，再次发起进攻。然而几轮下来,王平守军依然岿然不动,张郃却什么便宜都没捞到。

纵横关右数年,张郃终于意识到,他今天是遇上对手了!

与此同时,一直畏惧诸葛亮如畏虎的司马懿,终于硬着头皮跟诸葛亮开战了。

司马懿亲率大军主力占据中道,向诸葛亮发起攻击。诸葛亮听说司马懿来攻,悠然一笑,立即派出魏延、高翔、吴班等将领率军迎击。

雨声沙沙,笼罩着祁山,也遮盖着漫山遍野的喊杀声。诸葛亮悠悠闭上眼,倾听着祁山上奏响的这惊心动魄的"交响乐"。不知过了多久,雨声渐息,杀声渐绝。诸葛亮睁开眼睛,脸上露出从容的笑意。他知道,结果已经不言自明了!

被诸将逼迫与诸葛亮开战的司马懿大败而归。司马懿无奈,只好退守大营。

但是,诸葛亮没有乘胜追击,而是在焦虑地等待。诸葛亮等待的是军粮。真是见鬼了,李严督运的军粮竟迟迟不见送来。

诸葛亮举目远眺,只见远处一片暮色苍茫。这不是太阳落山的颜色,而是雨幕的颜色。这满山的雨停下还没多久,又沙沙地下了起来。

难道,李严督运的粮食是被大雨给耽误了?

六月,焦灼不安的诸葛亮依然没有等来李严的军粮。就在这时,诸葛亮却等来了皇帝刘禅要求撤兵的口信。

口信是由参军狐忠与督军成藩一同前来传达的,说因为军粮不继,令诸葛亮务必撤兵。

诸葛亮简直不敢相信,半晌竟说不出一句话。所谓将在外,君命有所不受,何况领军的人是诸葛亮。这里面肯定有鬼,但问题出在哪里,诸葛亮却一时理不出个头绪。

诸葛亮想了想,决定整军回家。

首先,这是皇帝的命令。其次,此时军中粮食已经吃尽。再次,迟迟不见李严运送粮草前来。

诸葛亮一动身,司马懿如狼闻到了羊肉味,立即派张郃率兵追击。

张郃见司马懿着急忙慌地想扮狼吃肉,心里不由一紧,叹息道:"窃以为,如今不可出兵。"

这次轮到司马懿发愣了,他不敢相信地问道:"张将军不是素来主张追击诸葛亮么,为何此次却怂了?"

张郃不禁苦笑——司马懿真是太不了解诸葛亮了。诸葛亮既然想撤兵,必然已经想好了退兵的万全之策。如若贸然出击,或许正中敌人下怀。

于是,张郃顿了顿,从容说道:"兵法有云,围城必开出路,归军勿追。诸葛亮粮尽而退,此时若率兵追击,其必奋然还击。"

司马懿摇头说道:"之前我一直尾随诸葛亮却回避与其正面作战,就是想等到他粮尽之时再战。既然诸葛亮军粮已尽,且督粮之军迟迟不来,蜀国内部必然已生嫌隙,军心不稳。此时若不出战,还待何时?"

算起来,司马懿否决张郃意见,这已经是第三次了。张郃无奈,只好硬着头皮率兵追赶诸葛亮,追到了木门谷。

据《水经注》载:"籍水出上邽当亭西山,东历当亭川,又东入上邽县,左佩五水,右带五水;木门谷之水其一也。导源南山,北流入籍水。"

木门谷流水潺潺,张郃勒兵仰望四山,心头涌出一股不祥之感。

木门谷四周皆是山,登高而望,木门谷皆在眼底,无处藏身。如果诸葛亮于此处布下伏兵,魏兵必败无疑。想到这里,张郃心里猛然一跳,他突然听到山林里传来一声凄厉的鸟鸣。张郃循声望去,只见那山林里群鸟四散惊飞,纷纷扑入天空,朝远处飞去。

不好,中埋伏了!

张郃大叫一声,却见山上万箭直出,朝他射来。这箭镞非比寻常。这时,只听见一声凌厉的箭响,一支飞矢直射张郃右膝。张郃中箭下马,竟当即毙命了。

一代勇猛之将,竟就此殒命!

魏兵见张郃死去,一片慌乱,鬼哭狼嚎,四散逃命。

至此,诸葛亮顺利退兵。

木门谷一役，诸葛亮消灭了多年的死对头张郃，但是他一点也高兴不起来。他心里久久憋着一股怨怒之气，却无处发泄。

八月，诸葛亮率军回到汉中郡大本营。

此时，李严听闻诸葛亮撤军回来，当即出迎，故作惊讶地问："明明军粮还很充足，丞相怎么就回来了？"

诸葛亮神色凝重，冷冷说道："你说军粮充足，粮在哪里？"

李严听得一惊，连忙叫道："我叫岑述督运粮食了呀，难道他没有将粮食送到前线？"

说完，只见李严大喝一声，叫道："来人，将督运官岑述拿下，问责治罪！"

诸葛亮一听，心里不由一阵冷笑——自己千方百计地将他从江州调来汉中郡，就是让他主持督办军粮。如今军粮不继，不自问失职，竟想将责任转移到督运官岑述头上以脱罪。这等下三烂的手段骗别人或许可以，怎能瞒得了诸葛亮？

想到这里，诸葛亮神情严肃，又冷冷说道："督运军粮，非岑述一人之罪。待我查清事实，再问罪也不迟。"

说罢，诸葛亮丢下李严，头也不回地返回大本营去了。

李严望着诸葛亮远去的背影，一时失神，身体不禁打了一个哆嗦，身上不知为何冒出了一股寒气。可才八月，哪里来的寒气？想必此人心中有鬼，才怕夜半鬼敲门。

回到大营的诸葛亮一刻也没歇着，立即派人将李严与成都来往的信件全部拿来，一一查看。这一看不打紧，诸葛亮竟看出了端倪。

在李严写给皇帝刘禅的信中，有一封信是这样写的："丞相率领大军伪装撤军，准备诱敌深入。"

这话有两个意思：李严早就知道诸葛亮因为军粮不继而撤军，此为其一；由此推断，皇帝刘禅根本就没有下达过撤军的命令，此为其二。也就是说，之前参军狐忠与督军成藩传达的圣旨是假的。而李严为了向皇帝遮掩这个罪责，又编造谎言，告诉皇帝说丞相撤军是为了诱敌。两边都想骗，就是为了隐瞒自己督运军粮不力之责，结果搬起石头砸了自己的脚。

看到这里，诸葛亮再也按捺不住心中压抑许久的愤怒，怒声叫道："来人，传李严来见！"

侍从官见诸葛亮大发雷霆，一刻也不敢怠慢，匆匆跑出去传唤李严。

没多久，李严就被带到了诸葛亮面前。

诸葛亮一见李严，将信件扔到他面前，厉声问道："你可知罪？"

李严见纸包不住火，一时慌张，连忙叫道："丞相息怒！请听我慢慢解释！"

诸葛亮一听，更来气了，大声问道："你还有什么可解释的？汉王室复兴之梦毁于一旦，北伐无功毁于你一人之手。我叫你来汉中郡，是因为相信你能把事情办好，可你把督运的军粮办到哪里去了？"

李严哭丧着脸说道："丞相，不是我不督运军粮。是因为雨季来临，道路泥泞，军粮被耽搁在路上了啊！"

诸葛亮一听，心里不禁又冒出了火，冷笑道："你觉得军粮送不到前线，不是你的问题，是雨天的问题？"

李严又强辩道："此时正值夏秋之交，大雨不断，这也是事实，相信丞相也看到了。"

诸葛亮实在听不下去了，勃然大怒，拍案叫道："荒谬！老天下几天雨，你就动不了身吗？你究竟将汉王室复兴之梦置于何地，将北伐兴旺王业之事置于何地？如果你心里还想着恢复汉室，还会害怕雨天吗？这根本就是你的托词，而不是老天爷的问题！"

李严一听就急了，还想争辩什么，这时诸葛亮却摆摆手，不客气地说道："你不要争辩了。你督运军粮不力，竟然还欺君罔上，假传圣旨，事后还想抵赖掩盖罪责，诸多罪状，我将一并上表向陛下陈述！"

说完，诸葛亮把李严赶走，当即上表陈述李严前后罪恶。不久，李严被免官，削去爵位，并被迁往梓潼郡。

悲乎哀哉！一场谋划良久、志在必得的北伐大业，竟然毁在了一个徒有其表的所谓能臣之手!

看看李严,再对比一下蒋琬,二人简直天差地别。诸葛亮心里又悲又痛,他提笔给蒋琬写信说:"当初,卫尉陈震曾告诉我,说李正方心机极深,乡民党人也认为他这个人不可接近。当时我以为他有心机也无妨,只要不刺激他,就不会有事。岂料,李正方督粮失职之事,让他露出苏秦、张仪般颠倒黑白的嘴脸来,实在让人心痛啊!"

写到此处,诸葛亮捂脸闷声倒在了地上,沉重地闭上了眼。夜色已深,营外又传来了沙沙的雨落之声!

第十四章

超级间谍

诸葛亮北伐的悲壮之举，让世人慨叹唏嘘。他屡败屡战，奋斗不息，都是为了心中那个恢复汉室的伟大理想。透过诸葛亮的所作所为，我们仿佛看到了一个模糊的刘备的影子。追忆白帝城托孤之事，刘备真是没有看错诸葛亮。在诸葛亮的身上，刘备那种于逆境中锲而不舍的奋斗精神从未散去，他们俩魂魄相依，共同铸造了一段千古传奇。

当诸葛亮举蜀汉孱弱之师屡屡北伐，渴望恢复汉室时，江东的掌舵之人孙权都在忙些什么呢？在诸葛亮忙着北伐的这些年，孙权似乎有些"瞎折腾"了。诸葛亮率兵筑城，准备迎战曹真，孙权却转身背对诸葛亮和魏国，将目光投向了东边的汪洋大海。东海之上，自古以来神话传说不断。据说，在会稽海外有两座神山，名叫夷洲、亶洲。传说当年秦始皇派徐福率童男童女三千人入海，寻不到蓬莱神仙，徐福害怕被诛杀，便留在了那里，世代相传，时至今日，已有数万家，当地的人民偶尔还扬帆启航，前来会稽郡互市。

据考证，夷洲即后来的琉球，亶洲则是后来的日本。

三国时期，孙权透过茫茫大海，将目光锁定了这两座岛国，可谓极富前瞻性。而对着大海沉思的孙权想到，既然魏国强大不可进犯，为何不出海前往这两座岛国，将岛上居民掳掠回来，增加国力？

主意打定，孙权便命令将军卫温、诸葛直等率甲士上万人驾船出海，寻找传说中的夷洲和亶洲。

消息传出，吴国一片哗然。

陆逊、全琮等大臣立即上书劝止孙权这荒唐的行为："当初，桓王创立江东基业时，兵士数量不超过一旅。如今江东拥兵众多，足以图谋大事，为何还要远涉重洋，到那不毛之地偷袭别人？且海上风波难测，兵士远离故乡，水土不服，必会招来瘟疫。如此，貌似增加人口，反而损伤国力；貌似有利，实则有百害而无一利。即使得到其人民，然而其民犹如禽兽，得之也不足以成事，没有他们，也不会使我们亏损什么！"

孙权称帝后，追封孙策为桓王。陆逊等人以孙策创业的故事告诉孙权，他们的目标应该在看得见的天下，而不在虚无缥缈的汪洋大海。但是这次，孙权像是吃了秤砣铁了心，没有听从陆逊等人的劝阻，执意派兵出海了。

如此舍近求远，孙权是否是在瞎折腾呢？

再看第二件事。

同年八月，曹真及司马懿等率魏国大军伐蜀时，孙权一直在一动不动地看戏，没有任何与蜀国联合对付魏国的表示。然而曹真因为蜀中连绵大雨被迫撤军时，孙权突然跳起来说："朕要出兵攻打合肥。"

早不出兵，晚不出兵，偏偏选在这个时候要出兵，孙权这究竟是要唱哪一出呢？

如果说，之前派兵出海，那是孙权在瞎胡闹，这一出似乎就有点演戏的意思了。然而，此时天下几乎无人明白孙权到底想干什么，除了一个人。

这个人就是满宠。

当年，曹休企图率军深入东吴与孙权决战，结果被人家算计，差点全军覆没，抑郁而死。曹休死后，曹睿便拜满宠为征东大将军，以监视孙权动向。

满宠可不是曹休，眼前的一动一静都逃不过其敏锐的目光。当孙权扬言要出兵攻打合肥时，满宠只是会心一笑，调集充、豫二州诸军，准备应战。

满宠才召集大军，孙权又挥挥衣袖说，算了，不打了，退兵。

不久，吴国果然就退兵了。

魏帝曹睿见东吴退兵，亦下诏要求满宠退兵。满宠一看皇帝要退兵，当即上表说道："如今敌人撤军，非其本意。孙权不过是假借退兵，诱使我们上当，也跟着退兵。若我们退兵，对方必定乘虚而入，打我们一个措手不及！"

果然，十天后，孙权再次出兵合肥，但他见满宠防备甚严，又悠悠地回去了。

如果说，祁山是诸葛亮心中永远的痛，那么合肥就是孙权心里永远抹不掉的阴影。多少年以来，他一直想打下合肥，却屡屡失败。当年他以几十万大军攻打合肥，竟还被守城猛将张辽击败，想想他都感到后怕。现在又来了个狡猾至极的满宠，同样让他无可奈何。

一样是无功而返，孙权与诸葛亮的行事风格却截然不同。

诸葛亮攻打祁山，志在中原；孙权攻打合肥，志在扬州；诸葛亮兵败而还，源于粮草不继；孙权无功而返，不过是知难而退。所以，论气魄精神之雄壮，孙权不如诸葛亮，更不如曾经向东吴低头、与之联盟的刘备。而孙权当初与蜀国盟誓时说的平分魏国的大话，不过是场面话罢了。

那么，这个曾被曹操夸赞为生子当如孙仲谋的绝世之人，为什么不敢像诸葛亮那样勇敢北伐，而只会诱敌前来，拒敌于自家门前？难道是因为他没有宏伟目标，还是因为他身上有什么看不见的绳索将他紧紧捆绑，让他不能大展拳脚呢？

这个问题，有人早就搞清楚了。

说出来恐怕会令人咋舌，这个把孙权及东吴政治圈生态看得一清二楚的人，不是别人，竟然是魏国皇帝曹睿。

苍茫暮色中，洛阳宫里一片寂然。此时，皇帝曹睿端坐于宫里，在明亮的灯火前悠然自得地读着书。这时，宫里的宦官奏道："报！陛下所召之人来到。"

曹睿放下手中书卷，脸上微微一笑，说道："宣他进来。"

没一会儿，宦官将一个二十出头的年轻人带到了曹睿面前。那年轻人望了望曹睿，一动也不敢动。

曹睿轻轻说道："坐！"

那人微微犹豫一下，便坐下了。

曹睿神色悠然地问道："你可知朕为何召你前来？"

那年轻人一脸迷惑，摇头说道："臣不知！"

曹睿有些得意，昂首哈哈笑道："你擅长做什么？在朝中担任什么职位？"

那年轻人连忙说道："臣并无什么专长，不过是朝中的一个小吏罢了。"

曹睿一听，又哈哈笑道："你过谦了！朕听说你有辩才，最擅长刑法诉讼。尽管你现在只是一个小吏，却正是朕所看重之人。"

那年轻人一听，惊愕地望着曹睿，问道："陛下有所托付，臣必赴汤蹈火，在所不辞！"

曹睿满意地点点头，问道："朕今天秘密召你前来，的确有要托付之事。朕问你，你可愿意前往江东替朕做个卧底，离间孙权身边重臣，以此为国效力？"

那年轻人一听，又惊又奇，立即说道："陛下之命，臣不敢推辞！臣必舍身为国，不负陛下所望！"

曹睿微微一笑，又问道："你可知朕为何叫你离间孙权身边重臣？"

那年轻人愣了一下，摇了摇头。

曹睿心中不由一阵得意，昂首哈哈大笑起来。他一边笑着，一边站了起来，踱着步自得地说道："朕登基以来，四年有余，吴、蜀两国不断犯我边境，尤其是诸葛亮！诸葛亮其人，读他的《前出师表》，就会知道他的忠贞爱国；再读他的《后出师表》，就会被他锲而不舍坚持北伐的意志震动。反观孙权，尽管他登基称帝，却只会隔江自保，不敢越江远征。朕初以为孙权坐拥江东便故步自封，后才猛然明白，不是孙权不想过江，而是江东一帮大臣不想冒险犯难，只想偏安一隅。那大名鼎鼎的陆逊，也不过如此，他虽取得了夷陵之战及石亭之战的大捷，但都是在东吴的'家门口'打赢的，可曾有过远征之胜？从陆逊之志便可知道江东诸大臣之志。若周瑜还在世上，东吴岂会甘心隔江而治，白白虚度时光？孙权自诩江东君臣同心，这都是骗人的话。依朕看，孙权倒是有想借刑狱大案查办大臣以巩固王权之心。如果你前往江东，谋得廷尉之职，兴风作浪，从中搅局，其君臣之间必生隔阂，其国势必不能长久，到时朕再趁机发兵，还怕拿不下江东之地吗？"

那年轻人一听，肃然而立，昂首说道："陛下远见卓识，令人佩服。陛下之话，臣铭记于心。此去江东，不成功，便成仁，绝不负陛下所望！"

曹睿走到年轻人面前，牵着他的手说道："朕相信你一定能把此事办好！"

年轻人听得浑身一震，仿佛充满力量，激动得紧紧握着曹睿的手。

暮色深沉无边。半夜时分，一团黑影越城而出，朝洛阳城外跑去。城外的一棵树上，不知何时已经栓了一匹快马，那团黑影一跃而上，骑着马朝东南方向遁去了。

不日，吴国建业城里出现了一个风度翩翩的年轻士子，凭着超凡绝伦的辩才，所到之处，几乎吸引了所有人的眼光。

此人名唤隐蕃，时年二十二，青州人，自称是逃离魏国来到吴国的。

隐蕃的到来激起了东吴宦海里的风浪。多年以来，只要东吴出现了才学之士，定会被朝廷以征召的名义弄到北方，几时见过有士子南奔？看看王朗，再看看华歆，他们都曾在孙策身边活动，却被曹操变着花样弄走，且一走就再也回不来了。此刻，有一个知名的青年才俊主动弃魏投吴，又怎能不让东吴人激动万分呢？

没几日，隐蕃的一封文书飘进宫里，落到了孙权面前。

书里写道："臣听闻纣王无道，微子出奔；高祖宽明，陈平逃归。所以臣以二十二岁的年纪，舍弃故土，投归有道之主。臣来到江东已有多日，长官却将臣视为普通的归义之士，不加考察。臣的肺腑之言，无法上达，让人叹息，不知为何沦落至此。谨到宫门呈递文书，乞请召见。"

孙权望着这封文书，心里不由惊奇起来。

此人将自己视为陈平一般的人物，可见不是简单之人。想当初，陈平在项羽属下任职，却不受项羽待见，于是他丢官弃印，义不容辞地渡河投奔刘邦，为刘邦出谋献策，终于创下了大汉王朝的伟大基业。

既然隐蕃视自己为陈平，那么他孙权就是刘邦一样的帝王啰？想到这里，孙权心里一阵舒爽,决定召见隐蕃,看看他到底是个什么角色。

这天,孙权召来几位大臣陪侍,然后传隐蕃入见。

隐蕃悠然进宫,出现在孙权面前。孙权定睛一看,只见此人一表人才,风度翩翩,举手投足之间,却也有古代士子的风韵。

半晌,孙权缓缓问道:"朕读了你的奏书,足下自视为陈平一般的人物,为自己鸣不平。不知足下今日到来,有什么可以教朕的?"

隐蕃心里一紧,恭维说道:"陛下英明,犹如日月悬天,使天地明亮。臣愚拙之见,微不足道,不及陛下之万一,不敢说教。"

孙权微微一笑,说道:"不必过谦,足下有何高见,尽管说来。"

隐蕃见孙权雍容大度,不拘小节,似乎已有些按捺不住,侃侃说道:"今天下三分,互相僵持,然而势必不长久。为何?所谓天下大势,合久必分,分久必合。合势归谁?仁者是也。何为仁者?使百姓安居乐业,百官各司其职,天下万民各得其所之人,天下自然归心。昔日高祖势力不如项羽,为何项羽失天下,而高祖得天下?项羽火烧咸阳,雄霸天下而不与功臣同享;高祖在关中约法三章,鼓舞民心,又不拘一格,拜韩信为将,收拢了功臣之心,如此,何愁不得天下?如今江东百姓归仁,奈何臣僚之心涣散,居功自傲者有之,安图享乐者有之,不思进取者有之,若不以刑法治之,必成祸患。国以法立,权归陛下,百官一呼百应,何愁国家不安,大业不成?"

隐蕃之言,犹如滔滔江水,奔泻不止。孙权及满座陪侍大臣都安静地听着。

隐蕃见孙权一副认真倾听的模样,顿了顿又说道:"汉武帝何以开一朝之盛?正是因为他整顿吏治。吏之不治,犹如不扶大厦之柱。如此,祸国殃民。所以,张汤、赵禹之辈横空出世,高举刑法之鞭,正国家之律气。汉宣帝再创大汉盛世,也是以治吏为重。于是当时魏相、丙吉、黄霸、张敞等权臣大吏各司其职,天下无事。所以,如今陛下当以吏治为先。官吏正,国家正,国家正,则天下正……"

隐蕃真不愧为一时辩才,一开口即引经据典,雄辩滔滔。满殿之上,包括孙权在内，似乎都被其辩才征服了。孙权久久无语，耳边似乎还萦绕着那悦耳动听、丝丝入扣的治国大策。

良久，孙权才悠悠回神，啧啧称赞道："足下之言，令人振聋发聩；足下之才，让人佩服。今日真是相见恨晚。改日朕必亲自登门请教。"

明白人一听，就知道今天的谈话到此为止了。隐蕃也不含糊，不卑不亢地说道："谢过陛下！"

说完，隐蕃就在宫中侍从的引导下悠然离去了。

孙权目送隐蕃出宫，半晌，才对身边的一个侍臣说道："此人如何？"

这个被孙权问话的侍臣，叫胡综。

胡综，字伟则，汝南固始人。其少年丧父，母亲便带着他避难江东。孙策任会稽太守时，当时才十四岁的胡综正是孙策门下小吏，因为年纪尚小，且受孙策喜欢，便被安排与孙权一起读书。孙权纵横江湖时，胡综亦随之南征北战。后来，孙权称帝，便令胡综为侍中，封都乡侯，兼左右领军。

这时，胡综沉吟片刻，从容说道："臣以为，隐蕃对答之时，语气甚大，犹如汉时的东方朔；其巧舌如簧、才思敏捷，擅长诡辩，又如祢衡，但是才华却远不及他们。"

孙权一听，便想起了东方朔和祢衡的故事。

东方朔，汉武帝时期著名的文学家，才华仅次于司马相如。东方朔自诩才可治国，屡屡上书献策，奈何汉武帝却不把他的策论放在眼里，仅将他视为一介弄臣。凡有宴饮之欢，都请其前来作赋行乐。除此之外，东方朔还擅长盲猜游戏和讲段子。汉武帝无聊时，便召来一群人与东方朔玩盲猜游戏，要么就请他讲段子逗乐。如此满腹才华、雄文在胸之人，竟然沦落为帝王的陪侍弄臣，实在让人唏嘘。

祢衡，三国时期著名怪才。他自诩才华盖世，不把天下文士放在眼里，能够与他说话交流的人，屈指可数。不过，他对当时的大儒孔融还是极为客气的，因此，孔融也有幸成为他毕生唯一的好友。当时孔融在曹操那里做官，见祢衡无业，整天喝酒，不务正事，便好心给他找份工作，向曹操推荐了他。如前所述，曹操平生一大爱好就是招揽人才，他见孔融说祢衡有才，便叫孔融喊他前来见面。不料，祢衡根本就看不起曹操，不肯应命。后来，孔融多次从中游说，祢衡这才来见曹操。谁也没想到，祢衡一到曹操大营外，竟然就坐在地上大声数落起曹操的不是来，这事搞得孔融里外不是人。尽管后来曹操还是原谅了祢衡，让他当了个不起眼的小官，但此人性格乖张，动不动就骂人，曹操实在受不了，便将他送给了荆州牧刘表。刘表是个读书人，也喜欢坐而论道之人，很乐意地接受了祢衡。岂料两人相处一段时间后，刘表也受不了对方动不动就骂人的怪脾气，只好找了个理由将他送给部将黄祖。刚开始，黄祖待祢衡还不错，祢衡对黄祖也还客气，卖命地为黄祖处理公文。可好景不长，祢衡老毛病又犯了，动不动就将黄祖骂个狗血淋头。黄祖是武将出身，岂能受得了这等辱骂，一气之下便将祢衡杀了。

半晌，只见孙权悠然问道："既然如此，此人可堪大用吗？"

胡综一听，当即答道："此等乖戾之人，不宜大用，不如暂且让他在都城做个小官罢了。"

孙权一听，心里不由得一笑。昔日陈平弃项羽投刘邦之时，刘邦问他于项羽军中担任何职，陈平说是都尉，刘邦便爽快地说道，既然如此，你也当我的都尉吧。从此，刘邦不仅让陈平当了都尉，还让他陪同自己坐车出入。当时刘邦身边的诸多兄弟如周勃、樊哙等人，见他如此重视陈平，也是既不解又忌妒。

所以如今，胡综的话也让孙权心里想笑，因为胡综跟当年刘邦身边的周勃等人一样，不懂当皇帝的这种很重要的技能。这种技能就是千古以降，所有帝王都谙熟的驭人之术。

试想，陈平在项羽军中担任都尉之职，竟然丢官弃印，逃到刘邦这里，为何？除了不能忍受项羽的脾气，就是想求得更大的发展空间。如果你不给足空间，说不定哪天他又搁下官印一走了之。当时刘邦与项羽争霸天下，最缺的就是人才。为了笼络陈平这个人才，刘邦当然要出高价把他留下。所以刘邦不仅让陈平当了都尉，还加送了一个陪乘之职。如今天下之势，与当年刘邦与项羽争霸时何其相似，只不过四百年前是两家争，现在多了一家，变成三家争天下而已。而隐蕃愿意放弃强大的魏国投奔东吴，东吴只让他当一个都城小吏，这不仅是打东吴的脸，更是打孙权的脸。如果真只让他当一个都城小吏，那这事儿传到魏国，岂不是被人骂有眼无珠？如此，那些对魏国不满的人才，还有人会南下投奔东吴呢？

更让孙权想笑的是，从小陪伴自己读书的胡综并不知道，其实隐蕃之话已经深深地戳中孙权的痛点了。

当初，孙权刚坐上江东首领大位时，尚不知道治理江东到底有多难。这些年来，在三国这个博弈厮杀的棋盘上，与曹魏打打杀杀，与蜀汉分分合合，何其疲惫。而今，天下三分他占其一，且此势似乎越来越稳固了。三家之中，蜀汉讨伐曹魏，总是闯不出汉中郡；曹魏想讨伐东吴，也总是跨不过长江天险；而吴国想北上，却总也搞不定合肥。格局稳定，大家唯有等待。等待什么？等待对方堕落崩溃，这才有机可乘。若不想暴露弱点被对手所乘，就必须先治理好自己的国家。而孙权近年思考的方向恰在这里，如何将东吴这帮与自己征伐天下的功臣治服，以巩固手中权力不被撼动，成了当务之急。

隐蕃这番话恰好说中了孙权的心思。所谓治国之道，首要在于治吏。官吏不治，民心不聚，国将不国，何其危险？而治服官吏，就得依靠酷吏。酷吏就是帝王手中的利剑，此剑一出，谁敢不服？回头看看汉武帝及汉宣帝的治吏之道，何其经典，为什么不能学学呢？

主意打定，孙权对胡综说道："隐蕃乃归义名士，不宜让他只做一个小吏。朕看他论刑狱之事，颇为在理，打算让他当廷尉监！"

廷尉监，官职仅次于廷尉，手操治办朝廷重臣之权。

胡综见孙权要让隐蕃担任如此重要的职位，一下愣住，失声叫道："陛下……"

还没等对方说完，只见孙权摆了摆手说："不要说了，朕心里有数。"

说完，孙权头也不回地走了。

就这样，在隐蕃的自我炒作下，他终于如意地平步青云，坐上了廷尉监的高位。当然，隐蕃时刻记得自己的使命——他不是来为孙权卖命的，而是准备搅乱东吴这个官场的。

隐蕃准备好剧本了吗？他准备从哪里入手？隐蕃其实根本不用张罗剧本，雇主曹睿之前已经给他准备了一个极佳的方案，他只要依葫芦画瓢，即可大功告成。

这个现成的方案，就是曾经在东吴官场上演过的暨艳案。

暨艳，字子休，吴郡人。此人能够在东吴的官场里横空出世，全是因为背后有人给他撑腰打气。而站在暨艳背后的这个人物，就是东吴官场里著名的张温。

张温，字惠恕，亦是吴郡人。其父张允，轻财重士，名扬州郡，曾做过孙权的东曹掾，但不幸早逝。张温容貌堂堂，身材奇伟，因为自小就好修节气操守，所以气质神韵极佳，飘飘然有古代圣贤之气，举目东吴，难有匹敌。

有一次，孙权上朝，于殿上当着众公卿问道："孤闻张温大名，不知江东之人，谁可与之媲美？"

孙权话音乍落，大农刘基抢先说道："臣以为，张温之才，可与全琮并列。"

不料，刘基刚说完，太常顾雍就说道："刘基，你不了解张温，举目江东，无一人可与其媲美。"

孙权听得一奇，想起了曾在他手下任职的张温父亲张允，不由叹息道："诚如顾雍所言，那就是张允不死啊！"

原来，张温父亲张允也是当世罕见的奇才！

之后，孙权便派人召张温入朝。孙权当着满朝公卿的面向张温问策，张温文辞优雅，侃侃而答，满朝公卿莫不折服，连孙权都暗自惊叹其果然不是浪得虚名，当即整肃仪容，厚待张温。

罢朝之后，张昭牵着张温的手恋恋不舍地说道："适才殿上答辩，老夫听得是又惊又喜，满心欢愉。我对你寄予了厚望，你可要明白我的心哪！"

在东吴的官场里，张昭尽管官职不是最大的，他的威望却是最高的。张温受张昭如此抬举，可见前途必定不可估量啊。

果不其然。不久，张温被拜议郎、选曹尚书，又调任太子太傅，极受信任倚重。

张温三十二岁那年，正值蜀吴两国交恶，孙权想派人前往成都修复两国关系，便以张温为辅义中郎将，出使蜀国。

临行前，孙权牵着张温的手，又是不安又是期待地说道："此次出使，甚为重要，拜托你了。"

张温从容自信地说道："至尊不用过于忧虑，臣定不辱使命，不负所望。"

张温说完，就上路前往蜀国去了。他果然不负孙权所望，进入蜀地后，深得诸葛亮喜欢，成功修复两国的关系。但是，张温从蜀国回来后，孙权却发现他好像变了一个人，离自己越来越远。暨艳案发生后，他对张温的这种不确定的疏离之感，终于止不住彻底爆发了。

暨艳和张温同乡，都是吴郡人。有一天，名扬江东的张温向朝廷推荐暨艳出仕。朝廷经过考察，便拜暨艳为选曹郎，不久又升其为尚书。

暨艳其人，性格刚硬苛刻，气量狭小，且好品评臧否人物，议论时事朝政。他见郎署官员鱼龙混杂，一片乌烟瘴气，不由拍案而起，决心改造这风气不良的东吴官场。于是，他组织人员，考核人物，弹劾百官，核选三署官员。凡是被他认为不合格的高官，皆被贬职。一番作为后，三署官员当中多数官员都受到了整顿，能留在原职的仅是原来的十分之一。

那些被贬官的人都去哪里了呢？

不用慌，暨艳已经给他们通通安排了去处。这帮被暨艳定性为贪腐堕落的官员，全被下派到军中效命，军中并设了专门的营府来安置他们。

贬官就罢了，还整出这么一个"贪官庸吏集中营"，那不就成了赤裸裸的歧视吗？明眼人一看，这等搞法，违背初衷，也绝不是改革的本意。所谓改革，就是改掉陋习，革掉少数官僚的特权和利益，保护绝大多数人的权益。暨艳和其属下却颠倒黑白，本末倒置，砸了诸多官吏的饭碗，这岂不是要捅出大娄子来？

那时，满朝公卿，诸多要员纷纷劝诫暨艳，其中站出来说话的人有陆逊及其弟陆瑁、侍御史朱据等。

陆逊兄弟去信给暨艳道："自古以来，所谓圣人，无不嘉奖善人，同情愚人，忘记别人的过错，记住人家的功劳，以成美好教化。如今王业始建，天下尚未统一，恰是弘扬高祖当时弃瑕而录用人才的作风的好时候，不料君以一己好恶辨别善恶，看重汝南人许劭兄弟品评人物之风，这恐怕行不通。过去孔仲尼爱护众生，悠然有仁者之举；近者有郭泰奖拔士人，不拒绝左原这样的险恶之人，有包容他人之心，此才符合正义大道啊！"

陆逊兄弟与暨艳皆是吴郡人，此番婆心苦口的劝说不无道理。所谓水至清则无鱼，人至察则无友。官场之中，自古以来便以鱼龙混杂为常态，暨艳却想澄清这污浊的水，简直是异想天开，滑天下之大稽。不要说暨艳本人，就是周公再世，霍光重现，也难以做到。人之所以为人，也正在于其有不完美之处；世上若有完美之人，那他不是神仙就是妖怪。官场犹如汪洋大海，百川汇流，藏污纳垢乃其特性，连这样的规律都不懂就来做官，不是犯了政治幼稚病，就是瞎胡闹！

接着，侍御史朱据也看不下去了，亦写信给暨艳道："天下未定，您就这样大动干戈，我窃以为不妥。殊不知，这样做是断了别人改过自新的机会，只图一时之快，恐怕会后患无穷啊！"

暨艳看了看这两封信，冷笑一声，就弃之不理了。

但是，他并不知道，祸端已经埋下，风暴即将来临。

暨艳胡乱整顿官场，搞得人神共愤，怨言载道。于是各种各样的奏书犹如雪花落叶，纷纷扬扬，落到了吴主孙权的面前。孙权见火候已到，心里不由想起了张温，脸上冷冷一笑，露出一丝杀意。

其实，早在暨艳瞎胡闹的时候，东吴已有高人预见到张温必定没有好下场。余姚人虞俊曾叹息道："张惠恕才多智少，华而不实，聚天下之所怨，必有倾家没身之祸！"

一语成谶！

孙权早就对张温感觉不爽了，此刻恰好是下手的绝佳机会。

奇了怪了，当年孙权不是赞赏张温之才而任用他吗，此时为何却又想借机除掉他呢？

原因无他，只因张温不懂规矩，犯了大忌！

张温出使蜀国之时，孙权对他抱有很大的期待。岂料，张温这一趟出使后，竟然跟诸葛亮结成了莫逆之交。这也罢了，张温竟还屡屡在孙权面前，大谈诸葛亮治蜀的伟大功业。言者无心，听者有意。孙权听着听着，突然觉得心里不是滋味，不由得心生疑虑：张温是不是向往蜀国美政？他是不是想投奔诸葛亮？如果日后他真要投奔蜀国，那我养他又有何用？况且，张温无限拔高诸葛亮治蜀的美政，不就是变着花样抨击孙权治理吴国无能？此等耻辱，为君之人有几人能忍受？

上奏告状者无数，总结起来只有一条："暨艳专用私情，爱憎不讲公理。选拔官员只提拔自己人，凡是看不顺眼的，都被他贬斥。"

公器私用，此为欺君之罪也。于是，孙权立即下诏逮捕暨艳。不久，暨艳见其政治理想如泡影般破灭，便自杀谢世。

接着，孙权又将目光锁定了暨艳背后的撑腰人张温。

孙权下诏说道："过去，朕征召张温，以礼相待。对其任用信赖，远超旧臣。岂料他竟心怀异想，专权不轨。这样的心思这样的举动，本该处以死刑。然而朕心存不忍，现在将其发回本郡，充任小吏！张温应该为朕免去他的罪过而感到幸运吧！"

多么熟悉的帝王之术。

天下未定之时，孙权还是有所顾忌，不敢下重手杀名臣，以免落得个受人埋怨的恶名。所以，他仅将张温降职免罪，将他打发得远远的。

至此，孙权心里的恶气总算是出了。张温归还本郡后，不久亦抑郁病倒，死于家中。

这就是当时发生在东吴的著名的暨艳案。

回顾此案，可以看出，张温当时大谈诸葛亮治蜀的美政，不过是想让孙权模仿诸葛亮，对东吴的官场进行一番治理。孙权似乎也有整治官吏的念头，便默许张温举荐暨艳来整顿官场，岂料暨艳不分青红皂白，将东吴官场搞得鸡飞狗跳，怨声载道。孙权无奈，只得杀了暨艳这只替罪羊，来掩盖自己的过错。

暨艳之案发生于黄初五年（公元224年），当时魏国的皇帝还是曹丕。转眼已到了太初四年（公元230年），此时魏国的皇帝已换成了曹睿。曹睿认真研究了暨艳案后，得出结论，孙权肯定还想整顿东吴官场，只不过是之前用错了人，把事情搞砸了而已。如果隐蕃能潜入东吴官场高层，以整顿官场之风的名义再次掀起巨浪，那孙权岂还有安宁之日？

多年来，孙权一直变着法子用诈降之术忽悠魏国，这下轮到魏国想法子对付吴国了。

长江之畔，建业城里，暮色乍沉，路上行人稀少。此时，城中一处宅院里，隐蕃端坐案前，久久不动。

良久，只见隐蕃抬头望了望天色，起身理了理衣袖，决定出门去拜访一个人。

此人就是他的上司郝普。

郝普，字子太，义阳人。刘备自荆州入蜀时，便任命郝普为零陵太守。当年吕蒙攻打零陵郡时，刘备和关羽分别出兵，准备前来救援。孙权得知消息，命令吕蒙撤军开往前线，吕蒙却在撤军前派人骗郝普说，关羽正被孙权所困，蜀国无兵来救，别再作无用的抵抗。之后，郝普只好投降，从此便归了吴国。

隐蕃相信，他和郝普都是弃旧主投奔吴国的，是同事，又是上下级，二人交流，必有惺惺相惜之感。

没过多久，隐蕃来到建业城一处大宅院前，举头望了望，良久才上前敲门。门响了几声，才吱的一声开启，隐蕃立即报上姓名，守门人连忙叫道："请进请进，我家大人正在大堂里等您呢！"

守门人引导隐蕃走到郝府大堂，郝普看见隐蕃进来，起身欢叫道："哎呀呀，你终于来了！"

大堂里一派灯火通明，早已摆好酒席。郝普将隐蕃引入席间，拱手说道："郝某今天小设家宴，蕃弟赏脸，光临寒舍，蓬荜生辉，荣幸至极！"

隐蕃听得一笑，连忙说道："隐某不才，让郝大人见笑了！"

郝普听了这话，故意沉下脸来，说道："你可别在郝某面前谦虚。蕃弟在朝堂上与皇上一番对答，悠悠然有王佐之才，前途无量哪！"

隐蕃仰头笑了起来，说："哪里哪里，郝大人过奖啦！"

两人一边说着客套话，一边坐了下来。郝普还未饮酒，似乎已有了几分酒意，只见他涨红着脸对隐蕃说道："今日君为我之下，他日君必在我之上。与君相见恨晚，我先干为敬。"

二人对饮，一时间，席间其乐融融。

月明星稀，天色昏沉，隐蕃醉醺醺地从郝府出来。门口已停好一辆马车，守门人将隐蕃扶上马车，马车咔嗒咔嗒地走远了。回到住所，隐蕃被马车夫扶下车去，他站在门口向马车夫挥了挥手，摇摇晃晃地进了家门。

进门后，他驻足，竖起耳朵，静静地望着星空。这时，大街上的马车声渐渐消失，天地之间，一派寂静。隐蕃精神猛然一振，醉意顿消。只见他回首望了望大门，脸上浮现出一丝得意的神色。

今晚这场宴会真没白去，总算搞定郝普了。想着，隐蕃又立了半晌，这才理了理衣袖，悠然进屋里去了。

隐蕃正在下一盘大棋，郝普不过是其中的一颗棋子。接下来，他还要去拜访结交一个重要的人。

此人就是左将军朱据。

朱据，字子范，吴郡人。这个人可谓天之骄子，容貌俊秀，颇有膂力，且又有口才，与人辩论起来，那可真是滔滔不绝，令人叹服。朱据不仅文采斐然，而且还会弯弓射大雕，可谓世上罕见。

因为文武兼修，朱据初出江湖时，起点颇高。一开始，他就被任命为五官中郎将，补侍御史。

当时，孙权常常嗟叹东吴无将帅之才，郁闷叹息之时，追思吕蒙与张温。孙权认为朱据文武兼修，可以代替他们，便拜他为建义校尉，领兵屯守湖孰。之后，孙权迁都建业时，又将公主嫁给朱据，再拜他为左将军，封云阳侯。

敢问世上，几人能有这样的殊荣与福气？

朱据贵为驸马，却从不恃宠而骄。相反，其人十分谦逊，礼遇士人，轻财好施，因此无论文官武将，皆乐于与之交往。既然这样，隐蕃岂能错过朱据这么好的一颗棋子？

这天，隐蕃主动前往朱宅拜访朱据。朱据见隐蕃到来，惊喜异常，连忙迎他进门。隐蕃进得门来，朱据又连忙派人摆酒设宴，片刻之后，两人入席，举酒高谈阔论。

这么一谈，一整天就过去了。

直到夜色深沉，隐蕃才与恋恋不舍的朱据告别。回到家里，隐蕃不禁仰首嗟叹："时无英雄，使竖子成名哪。"

隐蕃之话，当然是在嘲讽朱据。

经过一天一夜的畅谈，这个所谓文武兼修、被孙权倚重的将军，竟然没能入隐蕃的法眼。席间论辩，朱据根本不是隐蕃的对手。临走前，朱据情不自禁地对他说道："足下之才华，犹如汪洋大海，有如此王佐之才，却屈居廷尉监一职，可惜了！"

隐蕃嘴上笑笑，心里却是无比的得意。

搞定这两人之后，下一个是谁呢？隐蕃闭眼冥想，灵光一闪，脑子里一下就跳出一个名字。他猛然睁眼，沉思半晌，不由点了点头。

他决定再去拜访一个重要人物。

这个人就是全琮。

全琮，字子璜，吴郡钱塘人。其父全柔曾是汉朝尚书郎右丞，董卓乱汉后便弃官归隐，后来又被任命为别驾从事，加拜会稽东部都尉。孙策回吴郡创业时，全柔率先起兵归附，孙策遇难后，孙权改任其为长史，担任桂阳太守一职。

在江东这块地盘上，全柔官当得不算大，若论家财，却是富裕无比。曾有一次，全柔派儿子全琮运送数千斛大米前往吴郡市集贩卖，岂料，等船回来时，却是空空如也。

全柔追问全琮："我叫你买的东西也没买，你到底把我的几千斛大米弄到哪里去了？"

全琮回答道："我把它分给别人了。"

全柔简直不敢相信，当即震怒，准备发作。全琮见状，连忙叩首说道："我以为，父亲您要买的东西并非急用，然而士大夫恰有倒悬之患，所以便散财接济他们，一时还来不及向您报告！"

原来全琮是仗义疏财，把这些大米用于接济江东落难的士大夫了。此种豪举，让全柔不由叹息，一时想起了鲁肃。过去鲁肃家有六千斛大米，周瑜率百人前来借粮，鲁肃眼睛眨也不眨地指着大米说道："这三千斛大米你就拿去用吧。"

凡有异常之举，必有非凡之心。当时周瑜对鲁肃之举深感惊奇，不料今日，全琮眼睛眨也不眨，就将父亲的数千斛大米拿去救济别人，岂不叫人惊奇？

良久，全柔心情慢慢平复下来。他非但不生气，反而端详着儿子全琮，感叹道："你有鲁子敬那般豪举，他日若能成就一番鲁子敬那样的事业，也不枉散尽这几千斛大米了。"

全琮见父亲对自己救济落难士大夫之事没有异议，心里又是欢喜又是感激，从此接济起别人来，就更没有顾忌了。恰逢天下大乱，中原诸多士子无处可去，纷纷逃往江东避乱，全琮不吝其财，慷慨解囊，接纳的北方士子前后竟有百数之多。由此，全琮的豪壮之举惊动江东，名声越来越大，成为一时美谈。

然而生在乱世，仅有虚名是不够的。不久，全琮跟随孙权闯荡天下，建功立业。最初，孙权任命他为奋威校尉，给了兵马数千，派他征讨山贼。全琮又公开招募士卒，因为盛名在外，他不费吹灰之力就招到万余精兵，便被拔擢为偏将军。之后，全琮一路平步青云，扶摇直上。在对关羽及曹魏的诸多战役中，皆立有战功，被封为钱塘侯，又被任命为卫将军、左护军，领徐州牧，还和公主结婚，成了孙权的亲家。

这么一个素来以豪侠之举闻名于世，且位高权重的人，隐蕃岂能错过与之交往的机会？

这天，隐蕃不请自来，来到全琮府上。全琮家里向来热闹，多一个不多，少一个不少。全琮见隐蕃到来，连忙备酒，以礼相待。隐蕃入得席来，似乎也无忌讳，举杯便与全琮畅聊起来。喝到痛快处，隐蕃突然话题一转，悠悠问道："全将军才高于世，江东难觅，在下佩服。敢问全将军，于江东而言，何事为当务之急？"

全琮一听，沉吟片刻，说道："天下未定，何事为急，何事为缓，不言自明哪！"

隐蕃微微一笑，问道："依您之言，一统天下为当务之急啰？"

全琮微微点头，反问道："足下有何高见？"

隐蕃顿了顿，语气激昂地说："我以为，先须肃清域内，而后再着手荡平敌寇。敌寇并非一时所能清扫，必待天时，天时不到，大事难成。若要肃清域内，必先弹劾贪腐无能之官，使吏治清明。"

全琮听着，身体不由一颤，想起了暨艳之案。昔时暨艳核选三署官员，用一把尺子量到底，将官场闹得鸡飞狗跳，难道身为廷尉监的隐蕃，又想挥起大棒，乱打一通？

全琮默然半晌，试探着问道："弹劾诸官，乃足下职责所在。不知足下投归陛下之前，可曾听说过暨艳此人？"

隐蕃心里一紧，不过，他早有准备，不慌不忙地说道："在下一心思虑天下之事，不曾听说过这无名之人。"

全琮叹息道："足下不曾听说此人也罢。吴国升平已久，四境百弊横出，或许是该治一治了。陛下之意，愿您仔细揣摩吧。"

隐蕃昂首说道："全将军放心，在下必不敢有负陛下之重托！"

说完，隐蕃举杯，与全琮痛饮一番。

隐蕃这出戏越演越深。这天，隐蕃命人洒扫门庭，准备迎接贵客。出门做客多次，也该轮到自己迎接贵客了。日上梢头，群鸟嬉闹，隐蕃府门前马蹄声响，来了几辆车。不久，门人进来报告，左将军朱据、廷尉郝普等已乘坐马车来到府门前。

隐蕃听说贵客已到，匆忙出门。走到大门外，见朱据和郝普进来，连忙上前哈哈笑道："哎呀呀，两位大人，在下有失远迎，有失远迎哪！"

朱据和郝普连忙拱手笑道："听闻隐大人今日生日大吉，特此前来庆贺！"

两边一番作态，说说笑笑，便进到大堂去了。

此时，隐府大门外车马络绎不绝。江东诸多高官，不知从哪里听到风声，说今日为隐蕃贺寿，不敢怠慢，纷纷携礼前来庆贺。路上的车马越来越多，两边拥堵，前不见头，后不见尾。就在这混乱的队伍中，有一个年轻后生亦携礼前来，挤进了隐府。然而，当宴席散后，年轻后生回到家里时，却见他父亲端坐堂前，面容肃杀，一脸怒气。

这年轻人见状，心里一紧，一时呆了。

这个年轻人叫潘翥，其父便是闻名江东的大臣潘濬。

潘濬，字承明，武陵汉寿人。当初，他被荆州牧刘表任命为江夏从事，后改任湘乡令，以善于治理政事而闻名。刘备据有荆州后，便任命潘濬为治中从事。刘备率军入蜀后，令他留治荆州。当时，孙刘交恶，孙权派吕蒙设计伏杀关羽，吞并荆州，诸多将吏纷纷投降孙权，唯独潘濬称疾不肯见人。

孙权得知潘濬称疾不肯见他，便派人用床将他从家里抬到面前。岂料，潘濬见了孙权，依然赖床不起。孙权见状，缓缓走到他面前蹲下，好言好语地说道："承明，你不肯下床，难道是有顾虑吗？"

潘濬一听，不由哽咽起来，泪如雨下。

孙权叹息一声，又说道："过去，观丁父做了鄀国俘虏，楚武王拜他为军帅；彭仲爽是申国的俘虏，楚文王却任命他为令尹。此二人皆是楚国之先贤，初时被囚，后来被重用成为楚国的一代名臣。卿独卧床不起，不肯归附，难道是认为孤没有古人的肚量吗？"

说完，孙权拿出手巾，缓缓地擦拭着潘濬脸上的泪水。潘濬见状，连忙下床，伏地叩首谢罪。

潘濬终于愿意为孙权效命。此后，孙权拜潘濬为治中，主管荆州军事，又因其屡屡建功，对其极为信赖，派他与陆逊一起驻扎武昌，共掌军事。

此时，潘濬应该在武昌呀，怎么突然回到都城建业了呢？

正当潘翥心里一片迷糊时，只听潘濬冷冷问道："你今天去哪里了？"

潘翥连忙答道："去隐府给隐大人贺生去了。"

潘濬又问道："带了礼物去的吗？"

潘翥不安地说道："是的。"

潘濬一听，勃然大怒，拍案叫道："耻辱！你怎么做出如此辱没家门之事？"

潘翥又惊又怕，不就送个礼做个人情嘛，怎么就辱没家门了？

潘濬见儿子一头雾水，又厉声说道："我深受国恩，志在以命报国。尔辈身在都城，理当心存谦恭，亲近贤人，思慕善人，你怎么跟一个降虏厮混在一起，还与他结交，送了重礼？"

说到激动处，潘濬心气不平，不由急喘起来。他顿了顿，又骂道："你不害臊，你心里都替你害臊。你今天先受一百棍惩罚，再把送给人家的大礼给我拿回来！"

潘翥听得心惊，又莫名其妙，一时手足无措。

潘濬懒得解释，大声喝道："来人，棍子伺候！"

潘翥不敢抗辩，只好跪在地上接受惩罚。这一百棍打得潘翥皮开肉绽，又脸面全无。消息传出去后，江东人都感到奇怪，纷纷议论，这潘濬是不是人老了，脑子不好使了。人家隐蕃声名显赫，如日中天，多少人巴结还来不及，你怎么还打了儿子，还叫他拿回礼物，这不是要彻底跟隐蕃闹翻吗？

事实上，潘濬此次公开惩罚儿子潘翥，并拿回礼物，目的就是要跟隐蕃彻底划清界限。为什么这么做？世人均感迷茫，然而总有一天，他们会明白其中的深意。

然而此时，廷尉郝普、左将军朱据等竟不知爆雷即将降临，且正在一步一步地滑入危险的沼泽不能自拔。

这天夜晚，孙权正在宫中批阅奏文，突然闻得宫中侍从官禀报，说廷尉郝普和左将军朱据请求入见。

孙权眉头略微一动，漠然说道："让他们进来。"

不一会儿，宫中侍从官就将两人引到了孙权面前。孙权微微一笑，问道："何事？"

郝普神色深沉，心中似有怨气，肃然说道："敢问陛下，最近可听说了江东人对隐蕃的评价？"

孙权微微点头："略有耳闻。"

郝普一听，仿佛找到了诉说心中怨气之人，来了精神，埋怨道："臣以为，隐蕃才高于世，巍巍然有王佐之才，然而现在却仅任廷尉监一职，实在是屈才啊！"

孙权心里一颤，不动声色地问道："依你之见，隐蕃可任廷尉之职？"

郝普昂首说道："岂止廷尉之职？就是丞相之职，也不为过。"

孙权心里一凛，转头望着朱据："你有何高见？"

朱据拱手说道："郝廷尉之言，正是臣的心里话。"

孙权心里冷冷一笑，原来他们今晚来此，是想往上推举隐蕃，目的就是把丞相顾雍拉下马，让隐蕃上位。

所谓君王之意，真是高深莫测。郝普和朱据哪里知道，江东官场中，所有职位都可以商量，偏偏丞相这个位置，千万别痴心妄想。若是因为能力强，有王佐之才，放眼江东文官，谁人能胜过张昭？张昭众望所归，诸臣屡屡上书推荐他当丞相，硬是被孙权挡住了。为何？在孙权看来，丞相一职，不仅要会做事，还要会取悦君王。张昭会做事，却不会取悦君王，搞得孙权屡屡不爽。反观顾雍就不一样了，既会做事，更会做人，这让孙权极为放心。如今，郝普和朱据想荐举隐蕃取代顾雍，到底想干什么？先不说隐蕃归义江东还没几天，就算他才华盖世，可是做人这一块，他过关了吗？隐府整天贵客盈门，热热闹闹，这可不是什么好兆头哪！

半晌，孙权神色漠然地说道："朕心里有数了，你们回去吧。"

郝普和朱据听罢，默然退出。

待两人走远，孙权目光一冷，叫道："来人！"

侍从官匆匆跑来，问道："陛下有何吩咐？"

孙权冷冷说道："派几个人给我好好盯着隐蕃。"

"诺！"侍从官应声离去。

宫里一片寂静，孙权陷入沉思，灵敏的鼻子一翕一动，似乎嗅到了一股不祥之气。古往今来，短时间得到了大名声，急匆匆地升官夺位者，若不是圣贤之人，便是大奸之徒。孙权起用隐蕃，为的是让他压制弹劾百官，然而今天看来，他竟胃口大开，让郝普和朱据都心甘情愿为他引荐开路，能量不可小觑，目的怎能不让人怀疑？所以，他不得不派人盯着，倒要看看隐蕃到底要弄出什么动静来。

此时已是寒冬十二月，寒风凄冷，呼呼乱叫。建业城内，却是一片安详。子时已过，大街上乌黑一片，隐府门前的两盏灯笼不知何时灭了，门前只有寒风呼啸而过的声音。在这个冷寂的黑夜里，有一团黑影由远而近，走走停停，经过隐蕃府第门前时，突然放慢脚步，轻轻地往前走。没走几步，那团黑影却迅速折回，疾步跳到隐府大门前，轻轻地叩了几下门。里面似乎早有人守着，吱的一声，门开出一道缝，那黑影侧身倏然闪进门里，不见了。

天地呼啸，好凄凉的一个冬天。

不知过了多久，隐府大门又吱的一声开出一道缝，原先闪进去的那道黑影犹如鬼魅一般跳了出来，风一般眨眨眼就不见了。殊不知，眼前这一切，都被隐藏于黑夜里的数双眼睛死死地盯着。那黑影一跑远，只见不远处的数棵树上飘下几个人影，疾步朝着黑影追去。从隐府跳出来的那道黑影，功夫了得，跑到建业城的西门，三两下便沿着城墙往下跳到了地面。脚一着地，就直奔长江边一处荒废的渡口而去。那黑影一下城，几个身影如同被风吹落的叶子，从树上哗哗落下，继续紧跟不舍。

黑影跑到渡口，那里不知何时已停好一艘小船，船上坐着一个船夫，犹如枯木，一动不动。那黑影一跳上小船，低声吼道："走！"

声音乍落，只听空气里噗的一声闷响，黑暗中飞来一箭，船夫缓缓倒下。那黑影一愣，还没回过神来，又听见扑扑几声箭响，他的左右两腿都中了箭，痛得当即摔在地上低声号叫起来。这时，黑夜里冲出几个人来，一下将准备乘船过江的黑影围住，有一人冲上来朝他脑袋打了一拳，那人便昏过去了。

建业城皇宫里，孙权独自坐着，室内灯火辉煌，几案上摆着一封密信。这信他已经看了几回，每看一回，都让他惊心动魄，后怕至极。

他终于查清，隐蕃是魏国皇帝曹睿派来的超级间谍。今晚隐蕃写好的密信就是叫潜伏于吴国的其他间谍将秘密带回魏国，向曹睿汇报。不料，这密信还没过江，就被孙权的人截住了。

隐蕃在密信里告诉曹睿，他准备联合多方力量发动一场叛乱，打孙权一个措手不及。

我本将心向明月，奈何明月照沟渠。此等耻辱，谁可忍受？孙权杀意顿起，沉声吼道："来人！"

侍从官应声跑过来，躬身站在孙权面前。

孙权两眼通红，声音似乎有些嘶哑了："马上派人包围隐蕃的家，将他拿下。"

"诺！"侍从官应声而去。

没过多久，皇宫里一支卫队急速跳上快马，直奔隐蕃府第。

第二天，天刚蒙蒙亮，整个建业城已经沸腾起来了。人们到处都在谈论隐蕃府第被查封之事，就连经过隐蕃门前的道路也被封了。不要说建业市民，就连东吴诸多高官也都莫名其妙，明明昨日还眼看着隐蕃起高楼、宴宾客，今天怎么就倒下了呢？

冬天的太阳爬得有些缓慢，露得有些晦涩。直到中午，天上才挂出一轮惨淡的白日。这时，宫门大开，仪仗队拥着孙权，出宫去了。

孙权车驾悠悠来到廷尉府。此时，廷尉郝普已经立于府外，面色灰败，呆呆肃立。郝普见孙权下车，又惊又怕，瑟瑟发抖地向前行礼迎接。孙权看也不看他，径直走进府里去了。进得府里，孙权坐定，给旁边的侍从官使了个眼色，侍从官就匆匆走出去了。

没一会儿，侍从官带着几个人将五花大绑的隐蕃推了进来。

孙权冷冷地望着隐蕃，隐蕃两眼无神，呆呆地与孙权对视，不发一语。

半晌，孙权终于开腔问道："你可知罪？"

隐蕃神色一定，昂首问道："臣有何罪？以陛下之英明，就是如此对待归义之士的吗？"

孙权冷笑："好一个嘴硬的归义之士，看看你都做了些什么！"

孙权将隐蕃写给曹睿的密信，狠狠地甩在了隐蕃的面前。隐蕃顿时傻眼，不敢相信地望着孙权。

孙权脸上又是得意，又是愤怒，骂道："你天生善辩，你今天就再辩一辩，看这封信到底是不是你写的？"

隐蕃望了望那信上熟悉的笔迹，面如死灰，无话可说，只得耷拉下了头颅。

半晌，孙权缓了缓神色，悠悠说道："不过，只要你肯供出同谋，还是可以免除死罪的。"

隐蕃抬头望了望孙权。半晌，他又摇了摇头，低下头去。

孙权缓缓走到隐蕃面前，继续说道："你为何以自己的皮肉白白替人受罪？招出同谋，不就完事了吗？"

隐蕃缓缓抬头，沉声说道："孙君，大丈夫做事，岂能无同谋。然而烈士将死，为何还要牵连别人？"

说完，隐蕃闭上眼，再也不肯开口了。

隐蕃这一招可谓高明。事情已经败露，然而即使死了，也要完成他的离间之计。他故意说有同谋，又不肯说出名字，此举不仅让江东那帮曾与他有来往的人自危焦虑，还让孙权对百官永存疑心。君臣相疑，朝廷必乱，这不正中了曹睿的下怀吗？

孙权见隐蕃不肯说话，强忍怒火走到廷尉郝普面前，训斥道："卿之前四处称赞隐蕃，又在朕面前埋怨朕埋没人才，今日隐蕃之叛，都是由你而起的！"

说完，孙权径直离去。

这场离奇的间谍案，终于落下了帷幕。隐蕃被问斩，时年二十三岁。廷尉郝普整日惶惶不能自安，自杀。曾经与郝普一起极力吹捧隐蕃的左将军朱据，因为娶了公主而逃过一劫，仅被软禁，不得与亲党来往。数年后，才被放了出来重获自由。至此，众人猛然回首，想起了潘濬棍打儿子潘翥一事。原来潘濬与隐蕃公开决裂，就是为了防范这从天而降的祸事啊！

经此一案，孙权心里从此落下阴影，对江东诸多高官耿耿于怀，不敢轻易相信。曾经君臣上下连成一块铁板，共同对付曹魏的美好时代，似乎一去不复返了。

第十五章 斗智亦斗力

太和五年（公元231年）春，二月。东吴外海上，波涛汹涌，寒气逼人。遥遥望去，只见大海上帆船点点，正向岸边驶来。等船靠得近了，驻守岸边的士卒睁大眼睛，一时惊奇，不敢相信：这不是一年前吴主孙权派出海去寻找夷洲和亶洲的船队吗？

消息风一般传到宫里。孙权听说船队归来，先是一喜，紧接着心里却又一沉，发起呆来。

卫温和诸葛直率军出海时，士卒有一万人。然而船队出海后，水土不服，患病而死者十之八九，仅剩下不到两千人。且船队没有完成既定目标，没有找到亶洲所在之地，仅抵达夷州，掳掠数千人而还。出海前，陆逊和全琮都上书说这项生意不好做，一定会赔本。正如他们所料，这桩孙权以为会大赚特赚的买卖，竟然赔了个底朝天。

但是，孙权是不会承担这个赔本的责任的。于是，他便以卫温和诸葛直无功而返之罪将其诛杀。

之前被曹睿派间谍算计，后又因遣军出海掳掠外海岛民亏本，这一年来，孙权活得实在是太郁闷了。那么，该怎么办才能捞回点本钱呢？

自二月春天起，孙权就一直苦苦思索，不知所以。彼时，诸葛亮正兴兵出祁山，却因粮草不继而还军。诸葛亮一回军，孙权像看戏一般悠悠醒来。这时，他突然想到，不能让曹睿闲着，必须接着诸葛亮的节奏，继续折腾它。

十月，天气转凉，落叶纷飞。

这天，孙权密召中郎将孙布入宫，两人密谋一番。不久，一封密信跨江而来，落在了魏国扬州刺史王凌的几案上。

王凌，字彦云，太原人，其叔父即东汉末年大名鼎鼎的司徒王允。当时，王允设计诛杀董卓，董卓部将李、郭二人率军杀入长安为董卓报仇，王允全家被害。当时王凌及兄长王晨年纪尚小，他们听闻王允被害，便越城而逃，一鼓作气跑回太原老家躲了起来。

王凌长大后，因犯事被处髡刑五年，罚扫大街。有一年，太祖曹操车驾经过，看见王凌被剃光头发，独自扫地，奇怪地问道："此人是谁，为什么被剃光了头？"

左右一听，如实作答。曹操一听，心里难以释怀，叹息说道："此人是司徒王子师兄弟的孩子，因受王司徒牵连坐罪，不妥啊！"

于是，王凌便被无罪释放了。

之后，王凌得曹操举荐，人生从此开挂，先是被举孝廉，后升任中山太守，又被曹操任命为丞相掾属。文帝曹丕称帝后，王凌被拜为散骑常侍，出任兖州刺史，与张辽等人率军至广陵征讨孙权。那年，吴将吕范等率领的船队突遇江上大风，一些战船被刮到北岸，王凌与诸将迅速出击，斩获不少，因为有功，被封宜城亭侯，加建武将军。数年前，曹睿准允曹休率兵深入敌后，那时王凌亦随军出征，与吴军战于夹石，曹休被围困，王凌奋战突围，曹休得以逃脱。事后，王凌被徙为扬、豫二州刺史。

一人身兼二州刺史，王凌被朝廷重视的程度，可见一斑。

但是在孙权看来，王凌犹如一根鱼刺卡在喉咙里，让他很不自在，必须设计将其除掉。于是，他与孙布谋划了一番，先在阜陵一带设下伏兵，让孙布诈降，引王凌率军前来迎降，然后再一举将其消灭。

看看诸葛亮，尽管国弱力薄，依然屡屡举军北伐，敢于和曹魏正面对抗。再看看孙权，自从当年合肥一役，被张辽偷袭差点丢命以后，胆子就越发小了，一直不敢主动举军北进，仅是耍点小聪明，今天诈降，诱敌深入打一仗，明天再诈降，诱敌深入再打一仗。长此以往，何时是个头？况且，之前孙权曾派人诈降诱曹休大军深入，打了个胜仗，得了个大甜头，此次再行诈降之术引诱王凌，难道不怕人家有所怀疑，不肯上当吗？

对敌人上不上当这个问题，孙权似乎并不担心。毕竟过去的经验就摆在那里，自赤壁之战以来，东吴屡屡使用诈降之术，似乎从未失手。往事历历，如在眼前：曹操吃过黄盖诈降的亏；曹丕吃过孙权诈服的亏；关羽吃过吕蒙诈计的亏；曹休吃过周鲂使诈的亏。如今，相信王凌依旧逃脱不了侥幸心理这个魔咒，上孙布的大当。

长江滚滚，涛声惊心，一声比一声传得更远。此时，王凌看完孙布的降书，心里既得意，又一片狐疑。让王凌生疑的是信尾的这句话："因为道路遥远无法脱身而归附魏国，乞求王刺史出兵前来迎接。"

这话乍一看，再熟悉不过了。当年周鲂写给曹休的信，不也是这个意思吗？难道孙权还想再玩一次这种鬼把戏？

王凌思索了半晌，猛然站起，自言自语地说道："料孙权不敢再玩一次诱战深入的把戏，此次孙布之降必是真降！"

言罢，王凌便将孙布的降书报上去，请求出兵，准备迎接孙布。

自曹休败于石亭抑郁而死后，曹魏驻守在东边的大军便交给了征东大将军满宠。王凌想出兵，须得到满宠同意。然而当满宠一听王凌要率兵出去迎接孙布，心里不禁一阵冷笑，悠悠叹道："这孙权真是江郎才尽了么，玩来玩去，怎么还是这招！"

之前，孙权声称要攻打合肥，满宠已经跟他过了一招，孙权啥便宜也没捞着。不过，既然孙权还想玩阴招，那就暂且再陪他玩一会。

满宠决定以王凌的名义给孙布写一封信。

信中写道："足下知晓何为邪，何为正，欲避开祸患，顺应天意，舍弃暴逆，回归有道，此举可嘉可赞。本打算出兵迎接，然而如果出兵太少，则不足远迎；如果出兵太多，则必然走漏消息。所以，足下可先暂时保守秘密，待时机成熟，再作打算。"

满宠轻轻一踢,就把球给踢回去了。都是老江湖,谁都骗不了谁,你来我往,意思意思也就得了。

岂料,满宠信一送出,王凌当即就跳脚跟他急了。

早年,满宠和王凌都是受曹操赏识一路提拔上来的。然而两人共事多年,颇为不和。此次满宠认为孙布是在使诈降之计,不肯发兵,王凌一怒之下,便与党羽一道把他告到了洛阳。

不日,王凌状告满宠的奏书便落到了皇帝曹睿的面前。

王凌的告状信是这样写的:"满宠年老疲弱,酗酒无度,昏庸狂悖,不适宜再担一方刺史的重任!"

天道轮回,风水轮流转。曹睿密派隐蕃入江东,想离间孙权群臣,不料今日孙布一封诈降书,竟也产生了离间曹魏大臣的奇效。

这时,曹睿看着书信,不知所措。良久,心乱如麻的他无法决断,只好召来给事中郭谋,问道:"你帮我看看,此事怎么解决?"

给事中郭谋看了看王凌的奏书,半晌,才叹息说道:"臣以为,王凌之书不可尽信!"

曹睿眼光一亮,问道:"何以见得?"

郭谋顿了顿,从容说道:"满宠担任汝南太守、豫州太守二十余年,功勋卓著。他被加封扬州刺史,镇抚淮南,吴人极为忌惮。若果真如王凌所言,满宠年老智昏,遇事不明,估计早被吴国攻破。今日之计,可诏令满宠入朝询问一番,是昏是智,即可明辨!"

曹睿一听,心里豁然开朗,连忙下诏,召满宠回朝。

不日,曹睿的使者出现在扬州刺史满宠面前。满宠一听皇帝要召他回朝,心里一颤,就知道王凌在背后说他坏话了。

临走前,满宠叫来留府长史,说道:"我走以后,王凌如果还是执意要出兵迎接孙布,你千万不要给他派兵!"

满宠说完，便急忙上路，与使者返回洛阳了。

果然！

满宠前脚一离开，王凌就到府上索兵。因为满宠有话在先，长史死活不让王凌发兵。

王凌折腾了半天，见无济于事，只好愤愤离开。

但是他又实在不甘，思前想后，决定冒险行事，派遣了一支七百人的步骑兵前往迎接孙布。

魏国明明被东吴骗了那么多次，为什么王凌还偏要相信孙布就是真的投降呢？这么多年来，有东吴大将投降过魏国吗？没有呀！即使有，也是零星的几个叛民罢了。反倒是当年吕蒙袭杀关羽时，将于禁等魏国诸将顺便带入江东，让他们当了一段时间的俘虏才送回去。既然如此，王凌为什么还会相信东吴的中郎将孙布是真投降呢？他是何心理，逻辑何在，实在让人想不通。

既然想不通，那大概只有一个原因可以解释：他们总是渴望奇迹，并且相信奇迹。

事实是，这种既渴望又相信奇迹的心理，注定是要吃亏上当的。

此时，王凌派出的七百孤弱之军马上就要抵达。孙布一看只来了这么一点人，心里极是无奈。这么点人，还不够打牙祭呀！可苍蝇肉也是肉，只好将就一下了。

是夜，魏军迎接孙布，以为万事大吉，便扎营夜宿。半夜，夜空中突然划过一声凌厉的哨声，接着火光四起，只听见一阵刺耳的喊杀声，吴军摇身一变，化身凶恶的狼群，对着魏军一阵撕咬。魏军面对这突如其来的攻击，手足无措，死伤过半，剩余的不是投降就是纷纷逃命。

在三国的战场之中，这样规模的战役简直不值一提。这对魏国而言，损失不算大，但侮辱性极强。之前曹休吃过的亏，王凌身为曹休部将竟然又接着吃一次。且满宠已经警告过其中必有诈，王凌却宁愿相信孙布，不相信满宠！

王凌的脸真不是一般的痛！

对于这小小的胜利，孙权似乎还算满足。斩获多少还其次，主要是心理上无比的惬意。这诈降之术，屡试不爽，而曹魏诸将，除了满宠外，难道个个都中了什么魔咒吗？

但是，孙权还是不敢如诸葛亮一般，大举出兵狠狠地跟曹魏帝国干一仗！不要说曹魏诸将中了什么魔咒，其实孙权也像是中了魔咒一般，总是十万分理性地控制自己，不肯轻易出兵。

既然不敢随便出兵，那就只能搞些小偷小摸的动作。孙权想了半天，似乎又想了一个办法折腾曹睿。

太和六年（公元232年）二月。

这年，曹睿爱女曹淑病卒。就在曹睿沉浸在丧女的悲痛中时，孙权却横空跳出，从背后捅了曹睿一刀。

东吴外海上，海风寒冷，吹得人心里发凉。此时，孙权却派遣将军周贺、校尉裴潜率领船队出海，悄悄前往辽东，打算跟辽东太守公孙渊做一笔大买卖！

公孙氏家族盘踞辽东时日已久。可还记得，当年曹操征伐三郡乌丸，屠柳城，当时袁尚等人逃奔辽东，归附公孙康。公孙康不敢私藏袁尚，便斩袁尚，将其头颅送给曹操。曹操便因功劳封他为襄平侯，拜其为左将军。公孙康死时，其子公孙渊等年纪尚幼，众人不得已，只好拥立公孙康的弟弟公孙恭为辽东太守。文帝曹丕称帝时，为安抚辽东，对公孙恭极为客气，封侯假节，加拜车骑将军，该有的一样不落。然而公孙恭其人自小得阳痿之病，逐渐沦为阉人，且身体孱弱，根本无法理政。彼时公孙渊已然成年，便趁机胁迫公孙恭让位。于是，明帝曹睿上位后，便改拜公孙渊为扬烈将军兼辽东太守。

从公孙度到公孙渊，三代人死死把持着辽东太守之职，原因无他，只因其山高皇帝远。曹魏举兵征伐，成本太高，不划算。所以，只要公孙氏家族顺从魏国，多听话，少捣乱，两者相安无事，那便万事大吉。殊不知，公孙渊不是公孙康，其人天性极不安分。当年，其祖父公孙度曾自称辽东王。时至如今，他也整天盘算着，如何升级当一个名副其实的辽东王过把瘾！

恰在此时，机会来了！

当今天下，三国鼎立，相互僵持，其势久久难破。公孙渊一看，心里一乐，好嘞，这可是大好的机会！

当年楚汉争霸时，项羽和刘邦于鸿沟僵持数年，进退两难。当时，韩信攻下齐国，被封为齐王。项羽先派人前来游说，劝他不要投降刘邦，不如自立为王，三分天下。项羽走后，韩信属下谋士蒯通亦怂恿韩信自立为王。韩信不听，还是归降刘邦，将项羽收拾了。岂料，刘邦得了天下后，又设计将韩信收拾了。韩信死前，悲哀地说道："只悔当初不听蒯通的话，不然不会沦落至此！"

历史不会重演，但历史总是惊人的相似。如今天下三分，彼此打来打去，难分难舍，公孙渊身为辽东太守，雄霸一方，怎会甘心看戏？反正他是打定主意坚决不当第二个韩信了。看戏不算本事，有本事就得参与其中，一起演戏。如果成功，三国演义就可能变成四国演义，那是绝对的一出好戏！

然而理想是美好的，过程肯定是曲折的。公孙渊想了想，决定先从通吃魏、吴两家开始。于是，公孙渊表面上顺从魏国，背地里却悄悄派人前往吴国，向孙权示好。

公孙渊与孙权眉来眼去久了，孙权总算明白了，这家伙想和自己联合起来吃掉魏国。

既然这样，还有什么理由拒绝？

此次，孙权派遣周贺等人率船队前往辽东，是以购买辽东战马为借口，试探试探公孙渊。如果此趟买马的生意能做成，那么接下来的政治买卖，就好办了。

但是，有人听说孙权派遣船队入辽东，当即就急了起来。此人料定，孙权此趟派人前去，跟之前命人出海向东寻找夷洲一样，必定人财两空，有去无回。

哪里来的高人，怎么就断定孙权此趟与公孙渊交易一定会亏本？

此人正是虞翻。

从孙策以来，在江东的官场里，虞翻是最不讨人喜欢的一个人。他以酗酒闻名于世，可以说简直就是酒鬼的代名词。喜欢喝酒还罢，他还常常闹事，四处跟人抬杠，于是落得个不好的名声，人见人躲。孙权对他是又爱又恨。爱的是他的才华，虞翻不但深通医术，还极为了解易经八卦。当年，关羽被吕蒙打败逃跑，不知所踪时，孙权命虞翻算卦，看看关羽败逃结果如何。虞翻当场起卦，看着卦象侃侃说道："不出两日，关羽必定断头。"果不其然，不到两天，吕蒙属将便将关羽头颅提回来了。

虞翻精于算卦，然而无论他怎么算，也算不出自己何时会得罪人，最后会落个什么结果。他行事说话的风格，实人让人不敢苟同。想当年，在一次酒宴上，孙权向他敬酒，他装醉。孙权发现后，当即拔剑便砍，若不是大臣刘基死死把他抱住，估计现在虞翻的坟头都长满了一人高的草。

然而此事过后，虞翻还是不长记性，再一次惹恼了孙权。

那一次，孙权与张昭坐而论道，大谈神仙。虞翻在一旁侍坐，不甘寂寞，横插了一句："明明都是些死人，却偏偏说他们是神仙，世上哪有什么神仙！"

孙权一听，心里对虞翻的积怨顿时爆发，一怒之下便将他贬到了遥远的交州。

居庙堂之高则爱与人主抬杠，处江湖之远则忧其君昏暗不明，这就是真实的虞翻。此时，虞翻尽管远在交州，消息却似乎并不闭塞，他听说孙权要与公孙渊交好，心里一急，就想上奏劝谏。但是他也知道，自己跟孙权已经闹翻，说什么都不管用了。

怎么办？

虞翻想了想，决定将奏书交给一个人，让他代为传达。

于是，虞翻忧心忡忡地写道："江东当务之急，应该出兵征讨五溪蛮夷，而非与辽东交好。辽东距离遥远，即使归附，亦不足取。今以人财前往求马，于国无利，恐怕也得不到马，人财两空。"

写完，虞翻便将奏书交给交州刺史吕岱。

吕岱一看，心里冷冷一笑，把虞翻的奏书按下不发。虞翻是什么人，吕岱心里最为清楚，他不可能因为他的一封表奏得罪孙权，将自己的仕途也搭进去。

吕岱没有把虞翻的奏书上报，但还是有小人探知了虞翻的话，立即报告了孙权。远在建业城的孙权再次被惹恼，干脆将虞翻贬到了更遥远的苍梧郡猛陵县。

孙权的周围总算清静了下来。

公孙渊是藏在曹魏帝国背后的一把利剑，虞翻竟说与公孙渊交好于国家无利。凡是能够一起折腾曹睿的人，都是东吴的好朋友。等着看吧，事实将是最好的证明。

九月，东吴派船前往辽东跟公孙渊买马的消息传到了洛阳城。皇帝曹睿听到消息，心里一阵紧张。近年来，孙权屡屡起歪心思跟他斗力斗智，如果公孙渊被其收买，魏国腹背受敌，这怎么能行？

公孙渊！公孙渊！公孙渊！

曹睿心里默默念着这个人的名字。良久，只听他咬牙喃喃说道："长痛不如短痛，与其忍着他，哄着他，不如一棍子将他彻底打趴下！"

言毕，曹睿当即调兵遣将，派汝南太守田豫督青州诸军从海上扬帆出兵；另派幽州刺史王雄自陆上出兵。

魏国海陆两军才出动，散骑常侍蒋济却突然请求晋见。曹睿一听，急忙让他进宫。

蒋济见到曹睿，问道："陛下想出兵攻打公孙渊？"

曹睿冷冷地回答："公孙渊不识好歹，吃里爬外，与东吴暗地里眉来眼去，勾结在一起，朕岂可坐视不管？"

蒋济顿了一下，缓缓说道："古往今来，凡治大国者，无不思虑何事为急，何事为缓。臣以为，凡不是互相吞并之国，不侵犯、不叛变的臣子，都不要轻易出兵讨伐。讨伐并不能使其臣服，反而驱使其成为贼人，徒劳无功。古语说得好，虎狼当路，不治狐狸。如果先除掉大害，小害就会自己消停。如今辽东之地，向魏国称臣亦有三代，辽东每年都主动派人前来京城述职，举荐孝廉，进贡之事亦从未中断，颇受朝廷推崇。如果一举攻克辽东，尽得其民，不足以增强国力；尽得其财，也不见得就变得富有。可万一打不下来，那就是与他结为仇怨，失信于天下了。"

曹睿沉默半晌，这才说道："公孙渊明里一套，暗里一套，且东吴派船北上，若朕不出兵震慑，他们岂不更加肆无忌惮？不过蒋公之言，亦有道理，朕会用心斟酌的！"

蒋济走后，曹睿久久难以释怀，不得不认真思考蒋济所说的一番话。如今魏国上下，能够像蒋济这样对事情洞若观火的大臣不多了。前次曹休出兵深入皖城时，蒋济就认为不妥，建议撤兵。曹睿不听，结果吃了大亏。此次出兵辽东，又受到蒋济反对，难道就此撤兵了事？

曹睿正琢磨这件事，突然见到侍从官拿着一封奏书进来。

曹睿微微抬头，问道："何事？"

侍从官答道："田豫奏书！"

曹睿眼睛一亮："快快拿来。"

侍从官急忙将奏书放到曹睿面前。曹睿打开一看，只见田豫在奏书里写道："东吴战船与公孙渊正结兵于辽东，请求陛下允许臣率战船渡海作战。"

曹睿犹如被石头击中心房一般，胸口闷痛，脸色也黯淡了。

兵法有云：先胜而后战。此时东吴和公孙渊沿海布兵，且人数众多。田豫兵力没有绝对优势，还要渡海作战，岂不正中了敌人以逸待劳的下怀？这种没把握的仗一旦打起来，若不能胜，必后患无穷，的确不能这么干！

蒋济的话仿佛又在曹睿耳边响起。半晌，曹睿恍然回神，终于有了主意。

曹睿决定下诏命令田豫罢军。

诏书如疾风般飞抵前线，落在田豫面前。田豫久久呆愣，半天回不过神来。

田豫，字国让，渔阳雍奴人。当年，刘备投奔公孙瓒时，田豫尚年少，赶来投奔刘备，刘备十分器重他。刘备担任豫州刺史时，田豫以母亲年老为由求归，刘备只好与其告别，遗憾落泪说道："恨不能与君共谋大事！"

之后，田豫再度出仕，先是跟随公孙瓒。公孙瓒知田豫有谋略，不敢委以重任。后田豫见天下英雄中唯曹操能成事，便改投曹操，被拜为丞相军谋掾，改任弋阳太守。文帝曹丕初年，北狄兵盛，屡屡寇边，曹丕便令田豫持节，为护乌丸校尉。田豫一入北方边地，如大鸟翔空，大鱼跃海，东征西讨，建功立业，被封为长乐亭侯。后因与幽州刺史王雄不和，被对方毁谤为国生事，转迁为汝南太守，加拜殄夷将军。

此次，皇帝曹睿派田豫及他的政敌王雄兵分两路，前往辽东进攻公孙渊。田豫本想狠狠打一个胜仗，让曾经毁谤他的政敌王雄看看，到底他是为国守边的高手，还是为国生事的烂人。不料，正当他雄心壮志，准备大干一场时，曹睿这道罢军的诏书，让他好生抑郁。

这时，田豫独自走出船外，远望茫茫大海，心中一阵恍惚。此时已是初冬，风卷浪涌，声声轰鸣，响彻天地。突然，田豫眼睛大放奇光，紧紧地锁住远处一座迷蒙的大山。

那是海上的一座山岛，名叫成山。此山十分有名，据说汉武帝曾登上该岛，祭拜天日。

田豫的目光顺着成山，再往东移，越看越兴奋。

猜猜田豫发现了什么？

年初，东吴派军前往辽东。此时正值年末，田豫料定吴国战船差不多就要返回了。然而冬天风大浪大，他们必然畏惧大风大浪而寻找避风港，东边无岸，海中只有一座成山。成山四面环海，山石陡峭，根本无处可以藏船，若是不幸，船撞到岛上，就只能自认倒霉了。既然不能渡海作战，为什么不能在此守株待兔，打吴军一个措手不及？

主意打定，田豫便率船队沿海岸一路巡行，逐一考察各个山岛，然后于诸岛之中布兵屯守。准备妥当，他又作出一个重要决定，那就是亲自率战船登上成山，等待吴军。

诸将一听田豫要登成山，纷纷劝阻："此山没有树木遮挡，只有汉武帝时期修筑的一座祭祀天日的高楼,四面光秃秃的,如何能防守?"

田豫一听,神秘地说道:"我们登岛以后,不用防守,只等贼军自投罗网便是。"

诸将不敢相信地望着田豫,哄然而笑:"敌军看见我们驻军于岛上,早就逃之夭夭了,怎么还会自投罗网?"

田豫任诸将嘲笑,不为所动。良久,只见他目光坚定地说道:"你们尽管按我说的去做就是了。"

田豫懒得再解释,当即命令船队往成山驶去。

这天,天刚蒙蒙亮,只见海上大风猛刮,怒涛狂卷,四处轰鸣。站在山顶的观海台远眺,只见狂涛怒浪中,似乎有一点帆影在随波漂流。不知过了多久,天空依然晦暗不清,那随波漂流的帆影却越来越近,山上守卫一看,不由惊奇地叫道:"那不是我们的快船吗?"

守卫声音一落,众人都纷纷驻足远望,果然是魏军派出去侦察的快船。

因为风浪太大,众人只好跑到海边等待。在众人焦急的等待中,快船终于颠簸着靠岸了。快船一停住,船上两个斥候有气无力地爬了下来,慌忙说道:"快快报告将军,敌船就要来了!"

众人一惊,有人连忙跑回大营报告。田豫心中也是一惊,连忙走出大营,向海边跑来。

两位斥候看到田豫,急忙站了起来,喘气说道:"东吴战船返程了,正向成山飘来!"

田豫一听,两眼放光,昂首叫道:"各部摆好阵势,准备迎战!"

诸将一听,纷纷在海边不远处陈兵列阵,蓄势待发。

天空越来越暗,风力越来越大,此时若出海迎敌,根本行不通,所以田豫只能命令诸将于海边准备战斗。在轰鸣的风浪声中,远方模模糊糊终于出现了一道道灰色帆影,那帆影如远山叠嶂,好不壮观。魏军将士远远眺望那遮天蔽水而来的吴军战船,又是亢奋又是恐惧。

田豫昂首挺胸，立在原处，犹如磐石，岿然不动。看他的神态，却是一片从容淡定。

帆影越来越近，吴军战船不敌风力，在海上被吹得乱七八糟，不成队形。那些失去控制的大船任凭怒吼的恶风吹打，摇摇晃晃地冲向成山。成山周围是高耸峭立的石山，根本没有可供缓冲的沙滩。于是，吴军战船被吹得撞上成山，纷纷沉没。

简直是天降的猎物！

魏军将士一见吴军战船撞山自毁，狂喜不已，纷纷亮起钗钩冲向沉没的大船。在一片混战中，吴军大将周贺被斩杀，剩下的吴军士卒都成了俘虏。

此时，海上远处尚有数艘大船徘徊不敢靠岸。诸将见状，斗志昂扬地向田豫请命："请田将军准许我们出海杀敌！"

田豫摇了摇头，悠悠说道："困兽犹斗，何况人呢。若此时出兵，敌军必死战，于军不利！"

不知过了多久，吴军战船逐渐远去，彻底消失了。

吴人从辽东返回的战士口中得知吴军被魏军拦截攻击，几乎全军覆没的消息，马上上报给孙权。孙权一听，心里犹如被石头狠狠地砸了一下，半天说不出话来。

良久，只见他沉声说道："朕不听虞翻之计，失策啊！"

孙权这番话，既是自责，又是表演。

尽管孙权越来越固执，但他知错认错，还不算晚。此时此刻，以史为鉴，孙权当然不想当第二个亡国败家还诛杀良臣的袁绍。良久，只见他肃然叫道："来人！"

宫廷侍从闻声而来，站到孙权面前。

孙权忧心忡忡地说道："传诏交州，若虞翻还活着，就派船送他回都城来；若他死了，就送回本郡安葬，赐其儿子官职！"

诏令下达后，不久，交州传回消息，那个曾经处处跟孙权抬杠的虞翻，已经死了!

故人已逝,江湖恩怨自了。悠悠建业城,响起了暮鼓声,那繁华尽处,宴席依旧,只是从此以后,再也见不到那个酒席上放言怼人的耿直身影了。

第十六章

曹植与洛神

太和六年（公元232年），十一月的寒风料峭地吹着，天空苍茫，四面望去，迷离肃杀，万物悲戚。就在这寒风中，有一个身体孱弱的大诗人拄杖而行，一步一喘，缓缓地向东阿鱼山走去。

鱼山位于黄河北岸，属于泰山山脉。相传其形似甲鱼，又有人说山上面有一座古代建立的鱼姑庙，故名鱼山。说是山，鱼山的山势却如丘陵般和缓。然而鱼山之上，视野却极为开阔，四面地势缓缓下降，唯此独高，顿时令人产生独立于人间的飘然之感。

那个迎风而上、长袖盈风的绝世大诗人，费了好大力气终于爬到了鱼山山顶。他居高临下，驻足远眺，只见远处的黄河滚滚向东流去，寒风卷起河水，发出咆哮的声音，远远传来，声声入心，回荡不去。

这个绝世而立的大诗人，就是陈王曹植。

恍惚之间，曹植有种不真实的梦幻之感，过往烟云，昔日种种，又一一浮现在眼前。在迷离的目光中，他的思绪又回到了那动荡不安的岁月。

黄初二年（公元221年），当时曹植正好三十岁。那年天下多事，临淄侯曹植才返回封地临淄不久，就被再次召回京城洛阳。

曹植一回到洛阳就被带到南宫。朝廷派人前来质询，让他老实交代罪行。

曹植两眼发愣，心里莫名紧张，难道被皇帝召回京城就是要问罪的？可交代啥罪呢？

曹植脑子里不禁闪过一个念头，心头悚然一惊：难道又是喝酒惹的祸？

曹植离开洛阳时,由监国谒者灌均陪同,前往临淄。初到临淄,曹植见这昔日名都的光景已大不如前,又想到自己犹如大鸟被囚禁于此,从此与繁华的洛阳城再无干系,心中不禁怅然失落,便借酒消愁。酒入愁肠,曹植心里悲愤难抑。他曾于洛阳城西著名的平乐观与天下名士举杯畅饮,高声吟道:"归来宴平乐,美酒斗十千。"如今身在他乡,名酒何在?知己何在?管弦何在?如此巨大的落差,叫他如何平复心绪?

曹植每每喝酒,必痛饮一番。监国谒者灌均见曹植已是醉眼蒙眬,不肯让他再饮,曹植当即发怒,趁着酒劲大骂灌均,甚至把剑架到灌均脖子上,命他拿酒。

曹植正想着当时醉酒的事,来人却冷冷地拿出一张罪状扔到他的面前,说道:"好好看看,可否还记得当时之事。"

曹植回过神来,拿起一瞧,原来是灌均告的状,讲的确实是当时醉酒的事。这么一件小小的事情,竟然被灌均重重地安了一条罪名:"醉酒悖慢,劫胁使者。"

醉酒是事实,酒后狂悖傲慢似乎也是事实,当时拔剑威胁灌均似乎也是事实!顿时,曹植纵使心里有万千墨水,却也无法抵赖这白纸黑字描写的事实。

呆愣半晌,曹植只觉咽喉有火,他吞了吞口水,定定地望着来人说道:"不过是小事一桩,有必要小题大做吗?"

来人一听,冷笑道:"此等大罪,你还以为是小题大做?是不是小题大做,不是由你说了算,让三公九卿去议吧。"

来人说完便拂袖而去。

曹植望着来人的背影,脚底一凉,一股寒气顿时弥漫全身。看来,已经尘埃落定的太子之争,让怀恨在心的曹丕终于忍不住想将他杀之而后快了。

有生以来,曹植第一次觉得死亡距离自己如此之近。

这天,曹丕下诏,洛阳诸多官府闻风而动。尚书台、御史台、谒者台等三台,以及"九府",得到的命令是只干一件事,议曹植之罪,准备给他定罪名。

曹丕行动如此迅速，动员范围如此之大，下手如此之狠，结果可想而知。看来，不把曹植彻底整倒，曹丕是坚决不罢休的。

消息传开，整个洛阳都屏住了呼吸，等待着最刺激的那一幕出现。

夜幕初降，洛阳宫里有一队人影匆匆向大殿这边走来。这时，大殿里的宫廷侍从远远看见打头的人，心头一惊，急忙跑去禀报。

空荡的大殿里，曹丕正在一堆山样的奏书面前埋头批阅，突然听到一声："报！"

曹丕头也不抬，沉声问道："何事？"

宫廷侍从语气莫名惊慌："卞太后驾到！"

曹丕听得一惊："太后来了？"

他正呆愣，还来不及说话，只见卞夫人气急败坏地冲进来，曹丕见状，连忙起身迎道："母后驾到，儿臣有失远迎！"

宫廷里顿时弥漫着一股浓浓的火药味，仿佛瞬间就要爆炸，宫廷侍从不敢多事，匆匆退出去了。

卞夫人冷冷地踱到曹丕面前，望了他一眼，又望了望几案上堆积的奏书说："丕儿初登大位，日理万机，不知疲倦，此乃国之大幸，若你父王地下有知，亦可安心瞑目矣！"

曹丕听卞夫人话中带刺，心里一颤，嗫嚅说道："多谢母后夸奖，儿臣所做之事，亦是分内之事。"

卞夫人神色一凛，勃然作色，将奏书狠狠地甩到曹丕面前，厉声问道："这就是你喜欢干的分内之事？"

曹丕见卞夫人发怒，一时惊慌，连忙说道："母后息怒！"

"息怒？我都被你气得快断气了，这怒如何息得下？"卞夫人顿了顿，又怒斥道，"以前是你父王糊涂，让你植弟和你争这个太子。现在事情已经尘埃落定，各归其位，我本以为此事到此为止，不料你还是不肯放过你植弟，什么三台九府，全都动用了。同父同母，兄弟相煎，你才当皇帝没几天，就急着要诛杀手足骨肉，这事传出去，岂不被天下人笑话？就算你不怕被笑，难道就不怕被非议吗？到时候，满朝官员、天下苍生会怎么看你？他们会掏心掏肺地与你这个新皇帝共存共荣吗？"

卞夫人脾气向来温和，极少动怒。不料，她今天火气冲天，这一顿骂犹如晴天响雷，轰轰隆隆，把曹丕震得两耳嗡嗡，一时不知所措。

曹丕终于意识到了问题的严重性。

汉献帝是被他设计赶下台的，他之所以不杀汉献帝，就是不敢落下一个诛君的恶名。魏国乍立，应该以新气象吸附天下民心，如果诛杀曹植以解恨，那天下舆论岂不炸锅了？

什么才是聪明人的做法，难道曹丕心里没数吗？

半晌，曹丕回过神，连忙对卞夫人说道："母后请听儿臣解释，三府九台皆喊植弟可杀，然而儿臣与植弟手足之情，断不敢忘。儿臣定会酌情处理此事，绝不敢让母后生气。"

卞夫人见曹丕松口，心情这才慢慢平复，怒气也就息了下来。半晌，她才说道："我再给你撂句话，若你植弟今天有杀头之祸，你也休想看到我这个老太婆活到明天，到时我会陪你植弟一起死！"

卞夫人说完，头也不回地走了。

曹丕呆呆望着卞夫人离去，想送她出门，却感觉脚重如山，半天都挪不动。

第二天，天色乍亮，满朝大臣便早早上朝。大臣们上殿时，个个神色紧张，不敢喧哗，大家自觉列位，安安静静地等待着曹丕上殿。不久，宫廷侍从一声响亮的陛下驾到，引得诸大臣纷纷转头，望向远处缓缓前来的皇帝。

曹丕步履沉重，一步一步地从大殿一侧走出，走到殿中央坐下。他神色庄重肃穆，眼睛从左到右扫了一圈，声音沉重而朗阔："奏事！"

话音一落，三台及九府等诸多大臣依次上奏。诸大臣中，没有一个人替曹植说话，大家的议论惊人一致，都将曹植欺凌皇帝使者灌均定为大案，并将曹植定为罪大恶极的"元凶"，当受"大辟"死刑。

考验曹丕的时刻到了。

殊不知，曹丕此举打击曹植，既意在曹植，亦意在群僚。他要借这个机会看看魏国群僚有没有异心，这里面到底还有没有曹植的余党。现在看来，群僚将一个小小的醉酒失语案件上升到国家大案、要案，并将曹植定为死罪。而在这过程中，竟无一人为曹植发声说话，看来，曹植在这个朝廷里已是孤掌难鸣，难成气候了。

这是让曹丕最为欣慰的地方。但是，卞夫人这一关，无论如何，他是必须要认真面对的。

良久，只听曹丕缓缓说道："众卿皆奏临淄侯当受大辟之刑，朕心里无比沉重。植，朕之同母胞弟。朕于天下之事，无所不容，何况曹植？植与朕有骨肉之亲，朕不忍诛之，特改封为安乡侯。"

这就是真正的曹丕。明明心里挥舞着千万把利刃，嘴上却说着一些仁慈善良的言语。想想当初于禁将军是怎么死的，就知道此人内心多么阴暗。当时，曹丕对于禁投降关羽之事早就恨得咬牙切齿，必欲诛之而后快，却不想落个诛杀大臣之名，于是故意派人前往太祖陵园画上于禁投降关羽的丑状，等到于禁前来祭拜曹操时看到这一幕，惭愧得无地自容，回去后郁郁发病至死。

如今，曹丕当然也想诛杀曹植，却不想落个杀弟的恶名，只好将曹植贬为安乡侯，还美其名曰改封！

临淄侯是县侯，安乡侯是乡侯，安乡侯比临淄侯的级别低了一等，这也能叫改封吗？

无论如何，曹植总算是躲过了大劫。

此时此刻，犹如死后重生的曹植，一刻也不敢怠慢，立即上奏，呈递《谢初封安乡侯表》，无比沉痛地说道："陛下哀愍臣身，不听有司所执，待之过厚……臣自知罪深责重，受恩无量，精魂飞散，亡躯殒命云。"

转眼两年过去了，时间来到了黄初四年（公元 223 年），夏天。

这年五月，曹丕下诏，传天下诸侯王入洛阳朝拜。

这是破天荒的大事。曹丕自太子夺嫡事件后，对魏王室诸侯王防范甚严，曾命令所有诸侯王不许离开封地，亦不许前来洛阳城朝拜天子。此次曹丕突然传诏，让诸侯王入京朝拜，的确出人意料。

在前往洛阳的诸侯王名单中，就有曹植。

两年前，曹植被贬为安乡侯时，以为人生就此定局，从此老死安乡侯位上。岂料，仅隔一年，他就被改封鄄城王，又过一年，又改封为雍丘王。但是，曹植对进京朝拜天子的事情，却一点也兴奋不起来。相反，他的内心充满了忧虑与不安。

经受了黄初二年那场声势浩大的政治劫难，这个曾经于政治方面毫无触感的天才诗人，其政治的敏感性似乎有了极大的跃升。黄初二年，曹植也是突然被召往洛阳待罪的。此次，会不会又是悲剧重演？如果是悲剧重演，这可能是一场大悲剧。

因为，任城王曹彰也在被召返回洛阳的名单之中。

一想起当年的长安之事，曹植依然心有余悸。曹彰因为当时问太祖印绶之事，被视为心存异志，且其手握兵权，为人骁勇，让曹丕对他极为忌惮。所以，曹丕即大位时，曹彰亦被贬为鄢陵侯，之后才被改封为任城王。

未来如何，不得而知。在这个无常的时代里，我命由人不由我，还是走一步算一步吧。

夏天的阳光亮得有些刺眼，曹植心情沉重地坐着车驾上路了。风吹过平原，平原上夏花盛开，风景无限。但是，曹植却无心欣赏，他目光痴痴地望着天，心情全乱套了。

他不知道，这一趟前往洛阳，等待他的将是什么样的人生图景？

曹植一路恍惚，不知不觉，洛阳已经近在眼前。以前不见洛阳城，心里总是怅然若失，因为那里曾承载他美丽灿烂、光荣得意的往事。如今见到洛阳城，心里却莫名惶恐，惴惴不安。等进了洛阳城，住进了西馆，曹植依然魂不守舍。良久，他才悠悠然回神，心中似乎有了主意，沉声对侍从说道："你今晚随我去见一个人。"

夏天的夜空风清气朗,安详无边。是夜,曹植带上随从,秘密离开馆舍,一出门就直奔清河长公主住处。

清河长公主乃曹操长女,其母亲为刘夫人,不幸早逝。曹操曾想把清河长公主嫁给丁仪,不料曹丕横插一脚,怂恿曹操将清河长公主嫁给夏侯楙。夏侯楙被拜为将军后,整天跟一帮歌伎寻欢作乐,冷落了清河长公主。长公主一气之下,拂袖而去,回了娘家。

见到清河长公主,曹植来不及解释,悲声泣道:"大姐,救我!"

清河长公主见曹植忽然出现在自己面前,吓得不轻,半天才缓过神来,问道:"出什么事了?"

曹植眼泪唰唰直落,说道:"我有罪,请大姐帮我一把。"

清河长公主见状,连忙支开左右,将曹植迎入内室。过了半晌,曹植心情略有平复,她才问道:"你有何罪,竟如此慌张?"

曹植顿了顿,说道:"我只恨当年不懂事,莫名卷入太子之争。如今想来,依然觉得罪责深重。所以,此次前来洛阳,趁朝拜天子的机会,想托大姐把我带到陛下面前,再次向他请罪!"

吃一堑,长一智,曹植总算有了点政治觉悟。此次进入洛阳,吉凶难料,与其莫名被人治罪,不如主动请罪,以换取曹丕的怜悯宽恕。

只见清河长公主想了想,轻轻叹道:"这样也好!"

第二天.天色乍亮,洛阳官吏便匆匆来报,说雍丘王曹植一行人已经抵达西馆。曹丕听说,立即派人前往迎接,同时派人向卞夫人报告。

卞夫人听闻曹植来朝,心情大悦,立即前往大殿。正当卞夫人满心欢喜地等待时,宫廷侍从匆匆来报,说使者到西馆后,没见到雍丘王人影。

曹丕一听,当即愣住,呆呆地望着卞夫人。

卞夫人听得一惊,眼泪当即滚滚而下,哭了起来。她一边哭,一边对曹丕说道:"植儿肯定是怕被你治罪,自杀谢世了!"

曹丕心里亦是一沉，慌忙说道："母后先别急，儿臣再派人去找找！"

话语刚落，宫廷侍从匆匆赶来说道："报！"

报声一落，卞夫人猛然抬头，两眼睁大，惊恐地望着宫廷侍从。宫廷侍从被卞夫人这神情吓到，一时愣了。

曹丕目光一凛，大声喝道："还不快说！"

宫廷侍从猛然回神，大声报告："回陛下，雍丘王正于殿外跪请求见！"

卞夫人又是一惊，转悲为喜，连忙站起来叫道："快，快去。"

卞夫人和曹丕匆匆向殿外走去。两人被侍从簇拥着走到大殿外面，却被眼前的情景惊呆了。只见大殿外面的空地上，曹植头戴铁锧，身穿布衣，光着脚，长跪于地。而清河长公主也陪侍一旁，默然呆立。

卞夫人这才明白，原来曹植是害怕被曹丕治罪，特地请清河长公主带他前来请罪的。

此情此景，让卞夫人又悲又喜，眼泪扑扑地落了下来。她连忙走到曹植面前，想扶起曹植，曹植却挣开她的手，伏在地上呜呜地哭了起来。

此时，太阳高挂，烈日炎炎，脚下的地板热气蒸腾，甚是烫脚。然而，曹丕却板着一张脸，冷肃无话，漠然地望着如同囚犯般的曹植。

铁锧，是古代腰斩刑罚使用的铁具。曹植此番请罪，料定自己将有腰斩之祸，于是提前请罪来了。早知如此，何必当初？想当年，铜雀台下，他吟咏诗赋，赢得满朝喝彩，何其风光？当时，那个得意忘形的大才子曹植，可否想到会有今天如此不堪的一幕？

曹丕心里正悠悠想着往事，只听卞夫人语气凌厉地说道："雍丘王请罪之情如此虔诚，难道你就无动于衷吗？"

曹丕望了望卞夫人，又转头望了望跪在地上的曹植，半晌，才冷冰冰地说道："请起！"

曹植这才抬起头，缓缓地站了起来，又哭着说道："罪臣谢过陛下！"

卞夫人看着曹植满脸污迹，泪痕纵横，心里犹如被刀割一般，眼泪又流了下来。同是一母所生，一个穿着光鲜高贵，高高在上，一个却无冠无履，一身布衣。对比如此鲜明，让她这个当母亲的心里如何好受？

卞夫人见曹丕叫了一声请起，也不跟曹植说话，心里又是一阵不悦。她不高兴地望着曹丕说道："难道你就让雍丘王一直这样站着吗？"

曹丕无动于衷地望着曹植，半晌才说道："朕许你身着王服，入朝来见。"

说完，曹丕转身冷冷地离去了。

就这样，在卞夫人的保护下，曹植又顺利地躲过一劫。倏忽之间，一个多月就过去了。六月的阳光，似乎更加刺眼，照得整个洛阳城到处都是明晃晃的。然而此时，洛阳城的一座馆舍里，有一个人呆呆端坐，怒目向天，心情犹如万千怒马奔腾不息。

此人就是任城王曹彰。

五月以来，魏国皇室的诸侯王陆续抵达洛阳，且前后都被皇帝曹丕召见。然而一个多月过去了，独独曹彰还没有被皇帝召见。

看来，曹植的感觉是对的。曹丕此次召诸侯王进京，不仅是朝拜这么简单，有可能还会趁机清算。而之前主动负铁锧请罪之举，如今看来相当有必要。

日子一天天地过去了，曹彰犹如一只被关在笼里的老虎，哪里都去不了。想当初，他策马纵横，无所畏惧，今天却被软禁于此，动弹不得，这是何等的耻辱！这一天，曹彰于馆舍里举杯狂饮，徘徊不定。他时而喃喃自语，时而仰头狂啸，时而哈哈长笑，时而悲声大哭，整个人似乎精神崩溃，不能抑制。突然，只见他朝天狂吼一声，背后疽发，一股鲜血迸射而出，高大的身躯缓缓倒下，软软地便一动不动了。

馆舍侍者见状，连呼带叫，手忙脚乱地想将曹彰扶起来，却发现曹彰已经死了。

曹彰暴毙的消息迅速传遍洛阳城。然而消息传着传着，洛阳城的寻常巷陌，茶楼里的商贾茶客，却莫名地传出另外一个版本，说任城王曹彰死因可疑，可能是被皇帝曹丕下药害死的。

消息越传越离奇，且越来越有鼻子有眼，连皇帝曹丕害死曹彰的具体过程都被描绘得有板有眼。

这民间流传的版本如下：话说某天，曹彰和曹丕在卞夫人住处下围棋。下棋过程中，侍者端来一盘枣子，曹丕不动声色地拿起枣子便吃，曹彰见状也吃了起来。没过多久，曹彰突然毒发，倒地不起。卞夫人闻声而来，想拿水给曹彰解毒，却找不到水。无奈之下，卞夫人只好跑去井边取水，却发现原来装水的瓦罐不知被谁摔碎了一地。卞夫人只好又跑回来，发现曹彰已口吐白沫断了气。这时，曹丕干脆一不做二不休，准备将曹植也一块杀了，卞夫人抱着曹彰一边哭，一边骂曹丕："你已经杀了我的任城王，就不要再伤害我的植儿了！"

这故事极符合阴谋论者的心理预期及口味，而且这故事以讹传讹，越传越广，于是故事本身便取代了历史真相，蒙蔽了后人的眼睛。只要有点常识的人都能看出这故事明显是假的。曹彰死的时候是夏天六月，然而枣子要到九月至十一月之间才成熟。既然枣子还没成熟，曹彰何来枣子吃？

在那个瘟疫与战争频繁、生命无常的时代，洛阳城根据曹丕的为人特点编出这故事四处传播，以此打发时间，似乎也很正常。但当时的人们没料到，这后世的吃瓜群众，一个个都没闲着，还编出了另外一个关于曹植的故事。

这故事就是著名的七步诗故事，还被写进了著名的《世说新语》里。

《世说新语》里是这样说的：文帝曾命令东阿王曹植七步内必须作成一首诗，如完不成，就要面临斩刑。曹植听罢，提步款款吟道："煮豆持作羹，漉菽以为汁。萁在釜下燃，豆在釜中泣。本自同根生，相煎何太急！"文帝听罢，面有愧色，便放过了曹植。

这个故事有个漏洞。政治家曹丕心机颇深，他明明知道曹植最擅长吟诗，却让他七步成诗，这不符合逻辑。况且，曹丕若想杀曹植，也不会因为曹植七步成诗就放过他，只会变本加厉，将他彻底治罪。看看监国谒者灌均是怎么诬告曹植的，曹丕小题大做，定为国之大案，就可看出真正的政治家是怎么玩弄权术的。故事里说文帝只因曹植一首诗就放过对方，岂不是说曹丕无端地犯了政治幼稚病？

悠悠千古，历史难分真假。于曹植来说，真假故事，只能任由后人传说。而今的他只有一个念头，那就是好好活着，将曹丕熬死，只有曹丕死了，他的身心才会彻底得到解放和自由。

天遂人愿，曹植终于等到了这一天。

黄初七年（公元226年），曹丕病逝，时年恰好四十。而此时，卞夫人尚健在，曹植年仅三十五岁。过去，他是为生存而焦虑，如今，曹丕已逝，他便开始憧憬未来。他身怀绝世之才，渴望伸展鲲鹏之志。他已经脱胎换骨，不再是过去那个懵懂无知，只会喝酒不懂政治的诗人了。

太和二年（公元228年），沉默了两年的曹植主动写了一篇《求自试表》，派人送往洛阳，渴望能打动曹睿，让他重新出仕。

人算不如天算。这一年，恰好是国家多事之秋，后面发生的一系列事情都让人措手不及。先是诸葛亮举军北伐，形势不容乐观。不得已，皇帝曹睿亲自前往长安督战。四月，诸葛亮军败而逃，曹睿凯旋班师。不料，正当曹睿班师回洛阳路上，就有谣言传出，说皇帝曹睿病卒于长安，跟随曹睿出征的群臣正准备迎立雍丘王曹植入京继承大位。消息传入洛阳，满朝皆惊，就连卞夫人亦是惊惧不已。等到皇帝顺利抵达洛阳，卞夫人及群臣出迎，见皇帝颜色如故，没有生病，这才放下心来。

又悲又喜的卞夫人对曹睿说道："赶紧下诏，将造谣的人给处理了。"

曹睿却大度地摇头说道："天下到处都在乱传，去哪里找这个造谣的，还是算了吧。"

睿智而又大度的曹睿回到宫里，这时侍从便给他呈上曹植写的《求自试表》。曹睿一看，脸色顿时变得很难看。

一边是讹传群臣迎立曹植继承大位，一边是曹植上表陈志，真是无巧不成书了。

良久，只见曹睿将曹植的表奏扔到一边去了。

此时此刻，任何提拔曹植入京为官的举动，都是危险的信号。如果让曹植进京，那谣言只会传得更猛，接下来可能又是一场剧烈的风暴。而将这场无端的风暴平息于未发时，最好的办法就是将曹植继续搁置不用！

时也？命也？

此时，曹植还被蒙在鼓里。他远在雍丘，久久遥望都城的方向，多么渴望能望见使者快马奔来，召他进京啊。但是他等了数月，依然什么也没有等到。

不明所以的曹植于心不甘，决定再次给曹睿上奏，此奏名为《又求自试表》。曹植于表奏末尾悲哀地说道："《左传》有云，人生有三不朽。太上有立德，其次有立功，其次有立言，虽久不废，此之谓不朽。昔时孔子及孟子，彼一圣一贤，尚且有不得志之时。是也喟然求试，必立功也。呜呼！言之未用，欲使后之君子知吾意也。"

伤感失意之情，渴望出仕之意，溢于言表。奏表送上后，焦灼不安的曹植渴望着奇迹出现。

直到一年后，他终于等来了朝廷的使者。

但是，当使者缓缓宣读诏书时，曹植却当场傻了眼。原来使者不是前来征召他入朝为官的，而是将他从雍丘迁往东阿当东阿王。雍丘，距离洛阳并不遥远，快马加鞭，没几日便能到洛阳。然而东阿之地，却远在鲁国之境。

一远一近，亲疏立判！

求来求去，竟然求了个山高水远，远离洛阳。恍惚之间，曹植刚刚被煮沸的一颗心如骤遇大寒，降至谷底，彻底冷却了。悠悠天地，人生短暂。立德不得，立功不得，难道此生只能有立言之命了吗？

曹植叹息不已，久久惆怅，不能自抑。

太和六年（公元232年）春天，二月。悲哀失志、抑郁难解的曹植，突然等来了一个天大的好消息。对他依然心存忌惮的皇帝曹睿竟然派使者前来东阿，封曹植为陈王，食邑三千五百户。东阿王为县王，陈王为郡王，由县王升为郡王，这是一件破天荒的大事。

紧接着，曹睿又征召曹植入朝。曹植一听，心花怒放，一洗数年的心中积郁。煎熬多年，他是否终于等来了春暖花开的出头之日？

曹植坐上车驾，径直前往洛阳。曹植一到洛阳，曹睿便上朝会见。朝廷会见，自然是一些你来我往的客套话，无甚趣味。罢朝后，曹植似有遗憾，趁机上表请求曹睿单独召见，给他一个发表时论的机会。然而奏表上呈后，石沉大海，不见回复。曹植莫名其妙，想了想，决定再次上表。

他一连上表了几次，结果都是杳无音讯。顿时，曹植一颗狂热的心如被浇了一盆冷水，一下清醒了起来。

西汉初年，贾谊被遣送出京城，到诸侯国任太傅，尽管后来一直都不得志，但孝文帝至少给了贾谊几次在宫室单独召见的机会，今天曹睿连一个最起码的单独见面的机会都不肯给，原来在曹睿的心目中，他这个天下最富才气的诗人及皇室宗亲，竟然连当年的贾谊都不如！

这一年，曹植四十一岁。子曰，四十不惑。经历此事，曹植总算想明白了，此生此世，想重回洛阳，再过上他年轻时代那风光无限的得意生活，已经是不可能的了！

心情惆怅的曹植不知自己是怎么离开洛阳的。等回到封国，他已经绝望透顶。他感觉生命被严重浪费，身体元气大伤，奄奄一息，随时都可能在一阵风的吹拂下离世。

他决定再走一趟东阿鱼山。

寒风狂卷，呼啸不息。时间过得好快啊，一生的时光不知不觉竟然就这样要走到尽头了。在一阵寒风的吹拂下，曹植悠悠从沉思中回神。他抬起目光，慢慢地走到了一座营墓前。眼前这座营墓，就是曹植专门为自己修造的。古人说，生死有命，富贵在天。回首他这一生，何尝不是如此？生死不由他，富贵不由他。生于天地之间，竟无法把握自己的命运，这是何等的悲哀？如今，唯一能够把握的，就是将心里所有的悲哀全都一丝不剩地带进眼前的这座坟墓！

这时，天地突起狂风，猛打后背，曹植犹如风中的一片枯叶，于大风中摇摇欲坠，最后，他支撑不住，终于在凛冽的寒风中轰然倒下。在席卷天地的大风中，突然下起了雨，雨声沙沙，笼罩山野。风吹着雨，雨和着风，天地都在为这个倒下的天才诗人悲鸣！

是年，曹植病逝。因其追悔生前之过，谥号为"思"，后世皆称其为陈思王。

将悲伤绝望留给自己，把传奇绝唱留给后代。穿越千年的历史烟云，我们仿佛看见一个悲伤的影子，正久久立于洛水旁，在孤独凄凉的斜阳中对着苍茫迷离的洛水里浮起的洛神身影，放声高吟那著名的《洛神赋》："其形也，翩若惊鸿，婉若游龙，荣曜秋菊，华茂春松。髣髴兮若轻云之蔽月，飘飖兮若流风之回雪……"

悠悠千年以来，世人皆说，那个被曹植歌唱的洛神是洛水之神宓妃。殊不知，那正是被曹植人格化的理想啊。只可惜，曹植心目中那美丽的犹如神仙般的理想在一千多年前的洛水中浮现过一次后，就一去不复返了！

读一页就上瘾的
三国史

月望东山 ◎ 著

中册

北京理工大学出版社
BEIJING INSTITUTE OF TECHNOLOGY PRESS

目录

第一章　蠢蠢欲动 … 001

第二章　出师未捷身先死 … 023

第三章　内卷的蜀国 … 041

第四章　曹睿的真面目 … 061

第五章　司马懿再立奇功 … 075

第六章　孙权的帝王术 … 099

第七章　曹睿托孤 … 123

第八章　权斗 … 137

第九章　舍我其谁 … 145

第十章　蒋琬的局 … 155

第十一章　熟悉的宫斗戏 … 169

第十二章　好一个自取灭亡 … 201

第十三章　鹬蚌相争，渔翁得利 … 227

第十四章　对决 … 247

第十五章　遗响 … 265

第一章

蠢蠢欲动

太和六年（公元 232 年）十二月的一天，魏国皇帝曹睿顶着寒风来到了旧都许昌王宫。此时此刻，他不应该住在热闹的洛阳宫里吗，怎么跑到了遥远的靠近南方的冷清的许昌宫里来了？

其实，曹睿此次前来，不为别的，就是要坐镇许昌，准备应付南方一股正在移动的力量。

这股力量不可小觑。因为率领这股力量的人，是那个曾于夷陵道击败刘备，又在石亭一举击垮曹休的吴国名将陆逊。

在寒风中，陆逊正率军浩浩荡荡地攻向魏国的庐江郡。消息传入许昌宫，曹睿紧急召集大臣商议，大臣们纷纷说道，陆逊此人素来不轻易出兵，其一出兵，必是有备而来、有得而归。此时此刻，宜发兵救援庐江。

曹睿深以为然，默默点了点头。可他还没开口，只见一个人悠悠走出来，朗声说道："陛下，陆逊没什么可怕的，依臣看来，此次就没必要出兵救援庐江了。"

众臣听得一惊，循声望去，说话的人竟是满宠。

之前，扬州刺史王凌不是告满宠年老智衰，天天酗酒，不能担任守备一方的重任，然后被曹睿召往洛阳问话了吗，怎么他又回来了？

是的，老江湖满宠，又回来了。

当时，满宠悠然来到洛阳，明帝曹睿见他身体康健，不像有衰老之态，便对王凌的话起疑了。不过，为了试探满宠是不是真的因酗酒而昏乱不明，他特别派人摆了个盛大的酒席招待满宠。满宠一进酒宴，也不推辞，无论谁敬酒，都畅饮不拒。曹睿暗中观察发现，满宠足足饮了一石酒，竟然言语之间依然思路清晰，丝毫不乱。

曹睿心里不由暗自叹息一声："王凌差点误我！"

酒宴过后，满宠趁机上表，说自己年老体衰，不能担当守备一方的重任，请求留在洛阳养老。

满宠这招高明啊。王凌不是说他老得不行了吗，他就将计就计，看看陛下如何接招？

奏表呈递上去后，曹睿一看，心里一阵苦笑。

曹睿给满宠下诏说道："过去，赵王派人考察廉颇，廉颇吃米一斗肉十斤，以示可用；当年，马援在光武帝面前据鞍策马，以示身体尚还强健。今天，您还没有年老，却自称年老，怎么与廉颇、马援的做法背道而驰？您正应该想法子安定边境，守卫国家，而不是推卸责任，退居洛阳。"

就这样，众人以为要出事的满宠，又毫发无伤地回到了寿春，继续当他的征东大将军。

世上多是俗人鄙见，只有满宠自己心里清楚，皇帝曹睿是不会轻易让他离开寿春的。放眼魏国上下，敢问，谁可代替他征东大将军的位置？除了他，还有谁比他更了解孙权这个狠辣的对手？

接下来的事实，也充分证明了满宠的不可替代。

此时，许昌宫里，曹睿见满宠反对救援庐江，心里又惊又疑，不禁问道："之前孙权出兵攻打合肥，满将军集军防范，而后朕要罢兵，满将军却不肯撤兵。今日，陆逊率兵来攻庐江，满将军却反对前往救援，为何？"

满宠望着曹睿，肃然说道："所谓水无常形，兵无常势，此一时，彼一时！昔日孙权发兵前来，志在合肥，势要洗刷当年被张辽将军差点擒于马下之仇，所以臣不得不布下重兵，紧紧盯着他的一举一动；如今之势，庐江虽小，然而有猛将劲旅驻守，装备精良，其坚守要塞，尚可应对。且东吴擅长水战，其若舍船登岸，离水二百多里，后面就会防守空虚，没有着落。臣本想设计诱敌前来，既然他们主动出兵，那就让他们尽管放马过来，只怕到时候他们逃跑还慌不择路呢！"

这才是真正的江湖高手。犹如黑夜里的猫头鹰，眨眼之间，就将猎物的动向看得一清二楚！

满宠话音落地，一时满场无声。良久，曹睿问道："依满将军之言，该如何定计？"

满宠从容说道："既然贼军远道而来，后防空虚。我们就将计就计，以庐江引诱贼军大举深入，我们随后整军出发，截断贼军后路，一举将其歼灭。"

曹睿一听，心情大为振奋，扬声说道："好！那就依满将军之计出兵。"

罢朝后，满宠迅速率军出动，直趋杨宜口。

杨宜口，即庐江郡治所。满宠想在这里布下大军，截断陆逊大军的归路。然而满宠大军一出动，吴国的斥候便探知消息，快马奔回陆逊大营报告。陆逊听说消息，大惊，不敢大意，急忙命令深入敌后的大军撤回。

是夜，吴军趁着夜色，一溜烟地全跑掉了。

跟上次孙权扬言出兵合肥城一样，陆逊面对满宠这个老江湖，只能自认倒霉，虎头蛇尾地收场了。

十二月的北方，冷风如刀，刀刀刮人。此时的许昌宫里，却是一派其乐融融的暖意。满宠四两拨千斤，稍稍一出手，便将一场兵灾消灭于无形，让人又惊又叹，折服不已。

曹睿望着诸位大臣，叹息道："自朕继大位以来，东吴每年必出兵骚扰边境，若年年如此，被贼军牵着鼻子走，亦不是长久之计。众卿议一议，该如何定计？"

众大臣一听，一时不敢说话，都默默地望着满宠。东南这块地盘是满宠镇守的，他知兵善战，料敌如神，此时此刻，连他都不开腔，谁敢抢他这个风头？

这时，满宠见诸大臣都向他投来期待的目光，神色不由微微一变，悠悠走出来说道："陛下，臣有一计，不知妥不妥。"

曹睿眼睛一亮，连忙问道："满将军尽管说来。"

满宠略顿了顿，侃侃说道："多年以来，孙权总爱使诈，以诱魏军深入，然后设兵伏击。其狡诈之计为何屡屡得逞，不在于他多么狡猾厉害，而在于诸将心智不明，抑制不住侥幸心理，犯了愚蠢的过错，这才上当吃亏。诸将为何总爱吃亏上当？原因无他，乃是吴魏僵持多年，谁都心存侥幸，渴盼一战而成功，以向世人炫耀。所以，故意示己之弱，诱使诸将急功近利出兵，这才是孙权诡计屡屡得逞的根本原因。不过，反观孙权，其亦有不可克服之软肋！若以其人之道还治其人之身，孙权必败！"

曹睿听得一阵惊奇，连忙问道："如何以其人之道还治其人之身？"

满宠眸光炯炯，胸有成竹地说道："要想预判敌人的动向，必定要知其所好。自从吴国与魏国交恶以来，孙权对合肥总是耿耿于怀，惆怅不已，为何？合肥前有巢湖，挨近长江，水战于吴国有利，此为一也；其二，孙权据有江东，飘飘乎有谋取天下之志，其若北上，必然绕不过合肥。所以，多年以来，孙权打不下合肥，便有志难伸，郁闷之处，可想而知。寇可往，我亦可往。孙权以我诸将着急立功之心屡屡设计，引诱我军深入，因此得胜，我亦可以其急着夺取合肥之心，诱其远道而来，将其歼灭。此所谓，以其人之道还治其人之身！"

"好！"众大臣一听，无不纷纷叫好，啧啧赞道。

曹睿见众臣喝彩，心里亦是一阵欣慰，又问道："君如何设计引孙权远道而来？"

满宠略为一顿，将胸中早已谋划好的计谋和盘托出："合肥前线挨近长江、巢湖，北边到寿春距离遥远。贼若攻合肥，必定要依赖水势，而我们若率军救援，必先击破贼船大军主力，合肥才可解围。如此，则贼军攻打合肥十分容易，而我兵救援合肥却十分困难。若想一举解除我军之劣势，就必须调动贼军舍船上岸，与我军陆战。既然如此，我们可大胆将合肥城内之兵，移到城西三十里处有奇险可守的地方，另筑新城防守。如此，贼若舍船登岸，前来攻打新城，我军就可以于平地之间，切断贼军后路，如此，胜算则在于我而不在于贼！"

满宠此计真是妙极！

沙场之上，若想一举制敌，必先知晓敌人的弱点。多年来，孙权为何总是有恃无恐地前来攻打合肥，原因就是其据有水军之利。若孙权舍船登岸攻打新城，那不正如水鸭离开了水，毫无优势，哪里还有胜算可言？然而，就在众臣为满宠这一番妙论再次喝彩时，有一个人却从众人之中走了出来，一边摇头一边大声说道："满将军此计太过自满，要不得啊！"

诸大臣听得一惊，循声望去，原来出来说话的人是护军将军蒋济。

诸大臣无不惊奇地望着蒋济，难道他还有比满宠更高明的看法？这时，蒋济似乎看出诸大臣的意思，转头严肃地望着曹睿，从容说道："满将军只知示弱诱敌，却不知此计一旦认真实施，何其危险！调兵出城，向天下示我军之弱，犹如望见贼军之烽烟就自我摧毁城堡，此为贼未攻而我先败。如此，贼必趁势出兵劫掠，后患无穷。恐怕到时我们就只能退守淮北了。"

蒋济一言既出，满座皆惊。蒋济说的也不无道理，万一抵挡不住敌军攻击，那么东吴必然乘胜席卷淮南之地。如此，所谓的移兵出城，简直就是白白地将合肥城拱手相让。若合肥失守，魏国又该如何是好？

一时之间，曹睿难以取舍，心里一片茫然。

纵观蒋济和满宠的政治履历，两人谁高谁低，一言难断。自太祖曹操时起，蒋济就以谋士身份随军，出谋划策，数十年来，他献谋无数，几乎无一失算。其谋略之深远，制敌之精准，不亚于当年的程昱及郭嘉二人，可谓飘飘乎有智圣之气。多年的事实也证明，自曹操起，朝廷凡不听蒋济之计，必然吃亏；若听从蒋济之计，必有所得。再观满宠，其履历竟也不落蒋济之后，其人见事献策，仿若苍鹰于天空之中盘旋，一看一个准。当初，曹休不顾死活，亲率大军冲向皖城企图与东吴决一死战时，蒋济和满宠不约而同地认为曹休此役必败，宜速速退兵，后来之事果如他们所料。然而此时此刻，这两个江湖高手对合肥到底移不移兵、另筑新城之事，竟然出现了截然相反的论调，实在让人难断是非对错啊！

半晌，只听曹睿沉声说道："朕以为，蒋济所言十分在理。至于满将军的诱敌之计，改日再论！"

曹睿轻轻一句话，就将满宠的计策给否决了。

曹睿一锤定音，众公卿无不默然。正当众大臣以为要罢朝时，只听满宠昂然说道："陛下，蒋公之言，臣有话要反驳！"

满场皆惊，无不诧异地盯着满宠。曹睿见状也是一奇，不由问道："满将军还有何话要说？"

满宠眼神精光外溢，犀利如刀，神态却是一派气定神闲。只见他望着曹睿，不慌不忙、不疾不徐地说道："孙子有言：兵者，诡道也。故能而示之不能，用而示之不用，近而示之远，远而示之近；利而诱之，乱而取之。孙子此话之意，就是要故意表里不一，以迷惑敌人。且孙子又说，善动敌者形之。孙子是想说，要想调动敌人，必须向对方显示足够的假象。如今，贼军未到，而我们先行移城，此计恰是向敌人示弱，诱其上钩。贼见我军露怯，必闻风而来。只要贼军见利而忘危，舍船登岸，远离江湖，那我们就可伺机而动，届时必能制敌于外，生福于内！"

满宠话音乍落，众大臣恍然大悟，竟又为满宠之计喝起彩来。

曹睿见众大臣一会附和满宠，一会附和蒋济，心里又迷茫起来。良久，只听他叹息说道："蒋公和满将军各说各的理，皆言之有理。不如这样，众卿就讨论讨论，说说谁的计谋更高一筹。"

众大臣一听，顿时叽叽喳喳地议论开了，一时争吵不休，难解难分。这时，有人悠悠走出来，对曹睿说道："陛下，臣有话要说。"

出来说话的人是尚书赵咨。

可还记得，当年孙权为稳住曹丕，派使者赵咨出使魏国。当时曹丕想自夸，借机贬低孙权及吴国，却被善于辩论的赵咨一一反驳，吃了个哑巴亏。尽管曹丕嘴上没占到便宜，但对赵咨却是刮目相看，而后便学曹操强征华歆及王朗一样，强留赵咨在魏国做官。

这时，曹睿望着赵咨，眼睛一亮，连忙说道："尚书有话直说。"

赵咨顿首叹息道："高手博弈，难得一见。若论高下，臣以为，满将军技高一筹，胜算极高。"

曹睿心里一奇，不由问道："尚书何出此言？"

赵咨悠悠说道："臣陪侍孙权多年，十分了解他的心思。孙权占尽江东地势之利，却不甘做一方诸侯，想称霸天下，已经不是一两日了。孙权曾对臣说，极想率军跨江越湖，横扫中国，岂料合肥城犹如一块巨大的绊脚石，屡屡阻拦他北上。孙权一向打着合肥的主意，如今若移城于外，他必定以为此乃千载难得的破城之机，便会忘乎所以，舍船陆战。如此，岂不正中满将军的诱敌之计？"

赵咨话毕，有大臣激动得叫道："彩！赵尚书的话让人茅塞顿开。所谓知己知彼，百战不殆。满殿之上，数赵尚书最为知晓孙权的为人。孙权既然垂涎合肥已久，那我们何不下大饵，钓他这条大鱼！"

曹睿听得心里一震，陷入了沉思。

两国对弈，犹如钓鱼，就看谁先上钩。而对付孙权这等狡猾的大鱼，想让他上钩就必须棋高一着，下足饵料。想到此处，曹睿语气一转，缓缓说道："今天蒋公和满将军当殿论辩，甚为精彩。起初，朕认为蒋公之计较为稳妥。然而经满将军及诸位大臣的一番辩驳，朕也以为满将军之计颇有胜算，值得一搏。既然如此，朕决定，就依满将军之计，移城！"

事情商议到这里，大家也都心满意足了。

孙权会上当吗？一切交给时间来证明。

转眼到了第二年的春天。正月，二十三日，在许昌附近的一个叫摩陂的地方，水井里突然出现了青龙。天下出现祥瑞，这可是好兆头啊！消息传到洛阳，曹睿听得一喜，决定亲自前往观看。

二月，曹睿来到摩陂，他观看青龙后，心情大悦，将摩陂改为龙坡，同时决定改元，将此年称为青龙元年（公元233年）。

这是一个春意盎然的时节。春风吹过北方，又吹到了南方。在这个充满喜气的春天里，孙权也收到了一个吉祥的消息。

这个吉祥的消息，不是天给的，而是公孙渊派人送来的。

辽东的孙公渊派校尉宿舒及郎中令孙综率队扬帆远来，给孙权送上了一道奏表。奏表里对孙权甜言蜜语，向吴国称起臣来。

去年孙权派船队前往辽东与公孙渊做马匹生意，船队回来路上被魏国拦劫，亏了个底朝天。一想起这事，孙权心里就愤懑不平。如今公孙渊竟派使者前来称臣，孙权心里那团积攒的怨气顿时烟消云散。去年亏了本，可今年公孙渊派人送来这个大礼，也算是一个天大的补偿了。

多年以来，从来都是吴国向魏国称臣，今天有人向孙权称臣，对于吴国来说，这可是天大的喜事。心情大悦的孙权大赦天下，并决定还公孙渊一个大礼，组建了一个超级豪华使团，率船队前往辽东。这豪华使团中有太常张弥、执金吾许晏两位使者，同时还派将军贺达率一万水军，携带奇珍异宝、九锡等物，准备赠给公孙渊。

九锡就是古代皇帝赐给诸侯王的九种礼器，连九锡都送去了，孙权想干什么？原来他是准备封公孙渊为燕王。

终于有机会给他人封王，这究竟是种什么心情，只有孙权一人知道。但是，当孙权正沉浸在无边的满足与快感当中时，却不知道宫廷外面已经闹翻了天。

满朝官员无不疑惑，孙权不枉为一世明主，怎么能做这么糊涂的事？跟公孙渊打交道，做生意，这是一千个一万个不靠谱。面对这么一个绝对不靠谱的人，竟然派出如此庞大的使团，还赏赐这么多的奇珍异宝，岂不是犯蠢吗？

于是，满朝之中，从丞相顾雍等人以下，纷纷前来劝谏。

这天，丞相顾雍及老臣张昭等一行人，浩浩荡荡地来到宫里。孙权见来者不善，便将这帮名相老臣请到殿上来说话。巍巍大殿上，孙权端坐高位，头顶上似乎阴云密布。半晌，只听他阴阳怪气地问道："诸位公卿，今天有何急事要上奏呀？"

孙权话音刚落，丞相顾雍便缓缓出列，语气沉重地说道："陛下，满朝公卿无不认为，公孙渊其人不可信，陛下却待之甚厚，这极不妥当。臣以为，可以派士卒将其使者宿舒和孙综送回，如此便罢了。"

孙权一听，脸色一沉，摇头说道："来而不往非礼也。既然公孙渊诚心诚意对吴称臣，朕岂可敷衍了事？丞相此言，朕万万不会听从。"

顾雍性格素来和顺，遇到事情从来不爱与人抬杠。他见孙权如此固执，一时亦无可奈何，无奈地望了张昭一眼，便退了下来。

顾雍一退，张昭便悠悠走出来，语气充满了火药味，昂首叫道："臣以为丞相所言甚是，望陛下三思。以陛下之英明，难道看不出公孙渊此次前来的真正目的？他背叛魏国，害怕被讨伐，便不远千里前来求援，此为权宜之计，并非发自本心对吴称臣。若公孙渊改变主意，再次向魏国投诚，那我们派出去的使者岂不会被斩杀？如此，岂不被天下人耻笑？！"

老家伙的火气可不小呀，一上来就怒气冲冲的。孙权脸色一变，冷冷地望着张昭，半晌才说道："张公为何断言公孙渊不是真心对朕称臣？"

张昭一听孙权那阴阳怪气的语调，脾气更大了，冲着孙权说道："公孙渊其人如何，还用臣一一说来吗？他祖父是如何发家的？他又是如何夺权上位的？他为何背叛魏国？这么一条恶狼，恐怕是魏国没喂饱他，就想着来骗陛下，从陛下这里捞好处！"

张昭语气刚硬且不客气，孙权只觉十分刺耳，怒火顿起，不禁叫道："张公如何敢断定公孙渊是来骗朕的？"

张昭稍稍一顿，严肃地说道："公孙渊这等宵小之辈，简直就不能相信。连三岁小儿都看得出来，难道陛下看不出来吗？"

孙权见张昭嘲笑自己连三岁小孩都不如，脑子里顿时嗡嗡作响。突然，只听啪的一声，孙权拍案而起，拔剑直指张昭，厉声骂道："朕已经忍你很久了！吴国士人入宫拜朕，出宫就拜你，朕如此敬重你，算是到了极点。你竟屡屡于众人面前折辱朕，就不怕朕杀了你吗！"

满殿公卿见孙权挥剑厉叫，顿时失色，一时手足无措，紧张地望着张昭。

张昭却镇定自若，岿然不动，久久地凝视着孙权。

宫廷里的空气十分肃静，静得让人几乎要窒息。

过了许久，只听张昭缓缓说道："老臣虽然知道自己所言不会被陛下所用，然而老臣依然竭力效忠。太后薨逝前，曾对老臣三叮嘱四叮嘱。那遗诏顾命之言，还历历在耳！"

刚直如铁的张昭说着，顿时老泪纵横，呜呜地哭了起来。

孙权见张昭落泪，亦被触动，眼睛不由也一酸，手里一软，丢下了宝剑，对着张昭亦呜呜地哭了起来。

君臣对泣，呜呜之声，绕梁不去，满殿大臣看得又欣慰又感伤，也都陪着流起了眼泪。

罢朝后，张昭在众大臣的簇拥下离开了大殿，走出了宫廷，伤感而又欣慰地回到了家里。正当众大臣皆以为孙权被张昭感动，不会再理会公孙渊时，不久就传来了一个让人目瞪口呆的消息。

孙权依然按原计划，派太常张弥、执金吾许宴出使辽东去了！

消息传到张昭府上，张昭如被雷劈，脸上肌肉乱跳，手脚一阵冰凉，浑身僵硬地倒在了床上。

第二天，上朝。

孙权等了半天，不见张昭人影。这时，只见张昭派人捎口信进宫，说他旧疾发作，不能上朝。称疾不朝，是天下士大夫不与君王合作共事的一个通用借口。看来，张昭不来上朝，肯定是对孙权派使者出使辽东之事耿耿于怀了。

孙权不由得心头火起，暗暗骂道："朕是吴主，派不派使者由朕说了算，你这张昭，给朕摆什么谱！"

突然，只听孙权拍案叫道："来人！"

宫廷侍从不敢怠慢，立即小跑着来到孙权面前。

孙权脸庞微微扭曲，大声说道："张昭既然不想上朝，那以后就别来上朝了。传令下去，立即将张昭府邸大门封住。"

"诺！"宫廷侍从领命，匆匆离去。

孙权心里似乎仍不解恨，嘴里喃喃自语道："这犟驴！看看你能犟多久！"

天气骤变，滚滚长江上突然刮起了寒风，风卷着浪涛，拍打着江岸，阵阵浪声传入建业城，让人心惊胆战。这时，只见大街上冲出一队侍卫，直奔张昭府邸。侍卫们一到张昭府，立即戒严，接着又有一队人马运来砖石，不管三七二十一，就将张昭府邸封了个严严实实。

此时，张昭还躺在内宅，犹如僵木，一动不动。他的几个儿子却已急得如同热锅上的蚂蚁，冲进室内对张昭说道："父亲，您不去上朝，陛下派人将咱们家的大门给封了！"

任几个儿子急得跺脚，张昭却不为所动，一直浑身僵硬地躺着。半晌，他才坐起身子，眼神猛然变得凌厉，叫道："来人！"

几个儿子闻声顿惊，一下聚到张昭面前。

张昭两眼通红，几欲喷火，脸色却是青一阵白一阵。他望了望几个儿子，又叫道："你们几个立即派家奴，从里面将大门封住了。"

"封门？"几个儿子望着张昭，简直不敢相信。

张昭冷冷一笑："来而不往非礼也！陛下封门不让我出门，我也要封门以明志，告诉他及天下人，这个门我就是死也不想出了。"

几个儿子彻底愣住，一时不知如何是好。张昭抬头猛然喝道："还不快去！"

几个儿子只好听话，走了。

壮哉，张昭！

即使翻遍史书，张昭这种不畏生死，跟皇帝抗争到底的，真是少之又少。有人说，张昭飘飘乎有古代大臣之气节。敢问，自秦汉以来，有几个大臣有张昭这样刚正不阿的气节？就是闭上眼睛想个几天几夜，也想不出一个能与张昭匹敌的大臣啊！

转眼就到了六月。

此时，孙权派出的豪华使团已经抵达辽东。殊不知，此时公孙渊正磨刀霍霍，等待着东吴的羊群落入他的虎口。果然，使团一到，公孙渊立即派人诛杀东吴的两位使者，同时抄没所有珍宝物资。紧接着，公孙渊将东吴两名使者的人头送入魏国，以示忠诚。冬天，十二月，魏国见公孙渊投诚的诚意十足，立即派人前往辽东，封公孙渊为大司马，加封乐浪公。

公孙渊斩杀东吴使者、向魏国效忠的消息，乘着十二月寒冷的冬风南下，抵达建业城时，孙权简直不敢相信自己的耳朵。公孙渊果然不是什么好东西，竟然两边通吃！他无耻地忽悠自己，就是为了从东吴大大地捞一笔好处，又转头借机向魏国邀功，得两个大便宜！

真是莫大的讽刺啊！

孙权自诩聪明一世，竟然被这个无耻的宵小给骗了！孙权当即大脑充血，怒不可遏，拔剑而起，怒骂道："朕年近六十，世间多少困苦不易之事，俱都尝过。没想到被公孙渊这等鼠辈欺骗，气煞我也！朕不摘了这只耗子的脑袋把他丢进海里喂鱼，还如何君临天下？！朕就是倾国破家讨伐公孙渊，也不足以解心头之恨！"

骂完公孙渊，孙权立即下诏，准备出兵渡海，远征公孙渊！

年初，公孙渊的一道称臣奏表，就将孙权哄得心花怒放，仿佛得道升天，乐得不得了。到了年尾，孙权竟然为了征讨他而怒气冲天，兴师动众。爱之欲其生，恨之欲其死。这政治交情犹如男女相恋，所谓爱有多深，恨就有多深，此话真不假啊！然而兵者，国之大事也。主不可因怒而兴师，将不可因愠而致战。孙子之言，如同教诲，言犹在耳。这时，掌管吴国军事的陆逊一听孙权要兴兵远征公孙渊，立即给孙权上疏，分析利弊。

陆逊沉重地说道："陛下以神武之姿，承天命而开万世之业。于乌林赤壁破曹操，于夷陵道大败刘备，于荆州消灭关羽。此三者，皆一世之英雄，亦被陛下所败。此等功绩，四海之内，无人能及。此时，吴国大业如火如荼，这正是陛下扫荡中国、一统华夏的关键时刻，为何竟忍受不了此等小事而发雷霆之怒，竟要浮海远征，臣真为此而迷惑不解。臣听闻，立志行万里者绝不半途而废，图谋四海者绝不因小事而危害大局。此时，强魏在侧，蛮荒未服，陛下若乘船远征，必被强敌所乘，到时只怕追悔莫及。臣以为，踏平魏国，毛贼公孙渊自然不攻自破，何必劳师远征？可陛下却因那辽东匹夫，放弃眼底江东万岁千秋的基业，实在可惜！实在不妥啊！"

陆逊此时正驻军在外，写就书信，派人马不停蹄地送往京城。陆逊书一到，紧接着，尚书仆射薛综等朝中大臣的奏书亦如雪花般一片片飞进宫里，落了一地。

但是，孙权对这满天的劝谏奏书，却视而不见，懒得去看了。

今年，孙权已经五十二岁。其性格之固执，让人瞠目结舌。忽然之间，有人觉得孙权变了。他似乎不再是过去那个眼界开阔、雄心万丈、不拘小节的明君孙权了，而是变成了一个束手束脚，斤斤计较，只管一己好恶，不管国家大局，不为长远计的暮气沉沉的昏君。

既然这样，那自然有必要开导开导他，给他好好上一堂人生的大课。

这天，一个人飘然而至，来到了宫门前。他向侍卫说明来意，宫廷侍从不敢怠慢，转身便跑进去报告。没过一会儿，宫廷侍从便匆匆跑来，将他领了进去。

这个前来晋见孙权的人，就是选曹尚书陆瑁。

陆瑁，字子璋，陆逊之弟。在江东这块地盘上，陆家算是一个名门望族。然而陆瑁兄弟因为年少丧父，只能寄人篱下，生活条件并不宽裕。尽管如此，陆瑁却极为仗义，愿意救济士人。陈国陈融、广陵袁迪等，皆是贫弱而有志向的人，他们无处可去，来与陆瑁结交，陆瑁将家里所有值钱的好东西都分给他们，与之同吃同住，同甘共苦。陆瑁慷慨救济贫士的故事传开之后，有一个同郡的名叫徐原的人，本与陆瑁并不认识，迁居会稽郡后，因病去世，临死前写下遗书，竟然将一家老小托付给陆瑁。陆瑁听说后，替此人修筑坟墓，并收养其子。之后陆瑁的叔父陆绩早亡，留下二男一女，都只有几岁，陆瑁亦义不容辞，将他们接来抚养，直到成人后才让他们离开。

滔滔江水之畔，陆家竟出现了这样仗义的奇男子，也不负江东大族之名了。

陆瑁慷慨仁义的名声传出去后，被公府征召，拜为议郎、选曹尚书。但一直以来，世人只知陆瑁之义，却不知道他也是一个不世出的奇人，他看事情总能比常人看得长远。想当年，尚书暨艳在张温等人的支持下，企图用完美的道德标准给江东官场清洗一遍，陆瑁就曾警告暨艳，此举十分危险，最好适可而止。暨艳不听，结果身败名裂，张温也跟着被贬官，抑郁而死了。

此次，陆瑁进宫，他能打消正在气头上的孙权那出兵辽东的念头吗？

陆瑁进得宫去，闷闷不乐的孙权似看出陆瑁来意，脸色一冷，沉声问道："子璋亦是来劝寡人的吗？"

陆瑁听得一笑，悠悠说道："陛下何等英明，天下之事在陛下胸中都自有定数，臣今天来，只不过是想与陛下推演推演时事罢了。"

聪明人说话就是动听，不像张昭那个老家伙，一开口就火药味十足，犹如父亲呵斥儿子一样直来直去，让人恼怒不已。

孙权眉头微松，悠悠说道："既然子璋有闲情，恰好朕也无聊，也想与你就天下之事推演推演。"

陆瑁见孙权心情尚佳，心里也放松下来，侃侃说道："汉高祖刘邦曾被匈奴冒顿围于平城，见势不妙，只得求和，方解围而归。此后，孝文帝、孝景帝皆与匈奴和亲，而不敢与其正面对抗。当时的人只知道汉朝忍辱与匈奴和亲，却不知汉朝和亲纯属无奈。匈奴草原有上好的养马地，且匈奴人擅长马战，呼啸而来，席卷而去，又居无定所。汉朝诸帝亦屡屡出征，奈何汉朝马匹不足，骑兵不足以对抗匈奴，只能韬光养晦，号召天下养马。直到汉武帝时，天下马匹充足，粮仓充实，于是汉武一怒，匈奴震动，无不望风而逃。陛下继承大位以来，拒曹操，败刘备，诛关羽，立下不世伟业。然而吴国的铁蹄屡屡受阻于合肥城外，不得前进半步，一晃就是数十年过去了。为何？只因吴国擅长水战，而魏国擅长陆战。陆战需要马匹，因此陛下不得不派人远涉重洋，前往辽东向公孙渊求马。所以，世人只知陛下求马心切，却不知陛下是为扫荡中国而不惜血本。陛下以为，臣所言对否？"

孙权一听，两眼一亮，叹息道："举朝上下，只有子璋懂寡人之心！"

陆瑁见孙权神情舒缓，也微微一叹，说道："理虽如此，然而陛下还是操之过急了！"

孙权微觉迷惑，抬头问道："子璋何出此言？"

陆瑁接着滔滔不绝地说道："天下之大，树有高低，事有缓急。如今放眼吴国，须以务农安民为本，劳民伤财为末；以抵御身侧的强敌为本，征伐远方宵小之徒为末。公孙渊与陛下翻脸，陛下就劳师远征，这恰好正中魏国之下怀。劳师远征，国中空虚，则魏师必然劳师动众、跨湖越江而来。到时吴国大军在外，强敌临江，江东百姓惶恐震动，陛下又如何解这燃眉之急？如此看来，舍近求远，舍大求小，这不是保境安民、使吴国强大的万全之策啊。且不说魏军是否临江邀战，陛下若是远征，也未必有十足的胜算。为何？公孙渊所居之地，距离大海甚远。吴军远征，必须舍船上岸求战。然而吴军兵分三路，既需进攻，又需守船，还需运粮，士卒虽多，却不能全部用于作战。而贼军公孙渊以逸待劳，且马匹甚多，来去无踪。吴军若是不能速战速决，必定陷入危境。如此，魏国闻风而动，于海上拦截我军归路，同时，吴国境内的山越诸部，必定趁国中空虚而叛乱，狼烟若起，席卷全国，吴国岂不危险了？"

陆瑁这番话如滔滔江水，不断拍打着孙权的心，孙权听得心惊胆战，黯然失色，久久说不出话来。

陆瑁见孙权默然，顿了顿首，继续说道："为君之人，能忍人所不能忍，则可换来万世之太平。遥想当年，尉佗在南越反叛，僭号称帝。当时天下安定，百姓康乐，然而汉文帝亦知远征之举劳民伤国，于心不忍，仅派使者出使南越警告劝谕。如今吴国国内凶暴叛民未平，却以远征公孙渊为先，即使普通民夫尚且不会如此舍本取末，何况陛下英明神武，怎会如此抉择？当务之急，就是要潜心忍耐，停止远征之举，再谋将来。如此，就是国家的幸事！"

陆瑁这番话犹如一股夹杂寒意的春风，吹得孙权心里荡漾不已，又吹散了他心头的怒气。孙权的心情渐渐平复下来，他闭着眼，想到了汉朝那个不断被后世提及的文景之治。为君之人，凡有雄心壮志者，谁不渴望以一生的努力换来一个天下统一、百姓康乐、君民融洽的国家，在青史上留下浓墨重彩的一笔？然而成就如此伟业，是可遇而不可求的。如今山越屡屡发动暴乱，魏国又在一旁虎视眈眈，若不合时宜地劳师远征，那简直就是搬起石头砸自己的脚！

不知过了多久，孙权犹如从大梦中醒来，叹息道："今天听子璋一言，如沐春风，受益匪浅。朕心里有数了。"

陆瑁见孙权已有悔意，似乎已经打消了出兵的念头，心头亦是一阵亢奋，昂首说道："若陛下息兵，臣愿替万民向陛下叩首称贺！"

说完，陆瑁伏于地上叩首。这叩拜之间，一场即将兴起的巨浪归于平静，一场战争被消弭于无形！

陆瑁走后，孙权依然抑郁地坐着，不由想起了张昭。

张昭这人是个脾气火爆的直肠子，真是让人受不了。不过，他老人家之前说公孙渊那无耻之徒极不可靠，倒是不出其所料。既然如此，该不该向老人家道歉呢？

半晌，孙权心里一叹，沉声叫道："来人！"

宫廷侍从闻声而来，小跑到孙权面前。孙权顿了顿，缓缓说道："马上派人去把封张府的墙拆了，让使者前去向张公谢罪。"

宫廷侍从应了一声，便匆匆去了。

但是，让孙权更加郁闷的事情又来了。张昭府上的墙拆了，使者也去请罪了，然而张昭死活不肯起床领诏，坚决不接受孙权的道歉。孙权见张昭牛脾气发作，自己的牛脾气也猛然发作，于是再派使者前往。然而几拨使者去了张昭府上，均是灰溜溜地回来了。

没人请得动张昭。也没人敢劝张昭。

孙权一听，心头火起，冷笑着说："我再给你一次面子，如果还不肯出来，休怪我无情。"

想着，孙权便叫宫廷侍从起驾，他要亲自到张昭府上走一趟。

不久，孙权的仪仗队便浩浩荡荡地来到张昭府邸前。孙权缓缓走下銮舆，走到张昭紧闭的大门前站定。

这时，侍从赶紧跑去喊门，可喊了半天，里面寂然无声，竟无人应答。

孙权见侍从喊话没用，清了清嗓子，大声叫道："张公，朕来看你了！"

孙权喊了几声，张昭大门依然紧闭，一点动静也没有。

孙权脸色一僵，尴尬地望着随从，随从哪敢作声，都默默无语地低下了头。

周围的空气顿时窒息了。

古往今来，中国人都讲究事不过三。请求超过三次，就不能拒绝了，再拒绝就是矫情；推辞超过三次，亦不能再辞了，再辞就是虚伪。此时此刻，对于张昭此人，之前皇帝使者已来了不止三次，今天皇帝亦亲临府邸，喊了亦不止三回。然而张昭却还不起来相见，他不是矫情，也不是造作，而是想找抽！孙权心头火起——这张昭读遍天下史书，可曾有过像他这样的大臣，又可曾见过这样对待大臣的皇帝？

想着想着，孙权越来越生气。突然，只听他大喝一声："来人！"

还没等侍从应声，孙权又怒声叫道："朕给足张公面子，张公却视朕如无物。既然不肯给朕面子，朕又何必跟他纠缠不休！张公不肯开门，今天我就把他大门给烧了！我看他还出不出来！"

放火烧门？侍从愣愣地望着孙权，一时不敢相信。

孙权见侍从迟疑，脸色一黑，大声呵斥："还不快去！"

侍从恍然回神，连忙派人去搬柴。没一会儿，几个侍卫就搬来几捆干柴，堆到了张府大门前。

孙权心里顿时一阵得意，冷冷地叫道："点火！"

干柴顿时燃起，烧得叭叭作响。在刺耳的叭叭声中，火势越来越旺，烧得张府大门顿时成了一个刺眼的火门，烈火熊熊燃烧。

火光映在孙权的脸上。孙权肃然而立，一动不动，心里却喃喃自语："老家伙，我看你还怕不怕，出不出来见朕！"

没一会儿工夫，火势逐渐蔓延，烧向大门两边的围墙。可怕的是，大门里面仍然不见动静。孙权看了半晌，心里一惊。火都烧成这样了，张昭竟然还不出来，还不求饶。难道他是准备要葬身火海，向世人昭示朕的残暴吗？

孙权越想越怕，顿时浑身不自在。他可是立志要做明君雄主的，岂可做滥杀功臣的暴君？这时，孙权眼看火势蔓延，再不灭火，估计今天他这个暴君之名就要传开了。

想到这里，孙权不由得脱口叫道："来人！灭火！"

一队侍从倏地跑了出去，迅速取水将火灭掉。门前大火已灭，依稀只剩几缕青烟袅袅升起。大门里面，仍然不闻人的声音和脚步声。

孙权望了半晌，终于泄气了，昂首叫道："张公，今天你若不出来，朕就不走了。"

说完，孙权就在一旁坐了下来。

一个是老臣，一个是皇帝，都是牛脾气，这君臣之间斗气斗到这种地步，真可谓前无古人，后无来者。

当孙权在大门外面手段使尽，无可奈何时，殊不知张府大宅里面也已经乱了套。张昭闭着眼，一副视死如归的模样，将他的几个儿子给吓坏了。他们将张昭团团围住，一边抹泪一边无可奈何地跳脚。这时，张府上上下下也都跟着落泪，然而却没有一个人敢哭出声来。若哭出声来，那可就破防了！

这时，外面即将烧进内屋的火势已经减弱，然后渐渐熄灭，接着又听见了孙权的呼喊，张昭的几个儿子终于忍不住，齐声对他哭道："父亲，陛下都妥协了，难道您就不能退一步，给陛下一个台阶下吗？"

几人说完，也顾不上许多，硬生生地将张昭拉起来，扶着他走出内室。

哐当一声，张府从里面封堵的大门倒了。接着，被大火烧得残破不堪的大门也倒了。张昭在众人的搀扶下，缓缓地出现在孙权的面前。

孙权一见张昭，神色顿喜，连忙叫道："来人，赶紧扶张公上车，与朕一道回宫。"

回到宫里,孙权向张昭深刻忏悔,请求原谅。张昭不得已,只好点头和解,并同意上朝了。

这一年,张昭七十八岁。这个不怕死的东吴重臣,创造了一个三国历史中绝无仅有的硬汉传奇。这个传奇的光环,恰恰证明了孙权的宽宏大量。这种传奇故事只会发生在东吴,而绝不会发生在魏国,更不会发生在曹操的时代。曹操的属下亦有张昭此种大臣,孔融和荀彧就是一面镜子。

知错就改,为时未晚。不过,前方山高路远,孙吴到底还能走多远呢?

这的确是一个让人深思的问题。

因为此时,又一个大坑已经挖好了,正等待着孙权跳下去。

一转眼,天气转凉,秋风徐徐吹送着江南的稻谷香,也给建业城吹来了一个令人激动的好消息。这时孙权获知,魏国征东大将军满宠大搬家,原来在旧城防守的重兵全部移到了新城。

满宠终于还是怕了嘛!如果攻下新城,那么今年在辽东亏的钱,也是可以赚回来的。想着,孙权决定出兵包围合肥新城。

秋天的好风吹着吴国雄壮的船队,船队缓缓驶离长江,沿着肥水北上。然而,当吴国的水军抵达合肥旧城外面时,却只能远远地望着合肥新城,一动也不敢动。为何?吴军擅长水战,不擅陆战。若舍船上岸作战,未必是魏军的对手。

不敢下船攻城的吴军只能缩在船上张望,这一望,二十天就过去了。

吴军胆怯就对了。殊不知,此时守城的魏军正虎视眈眈,等着吴军自投罗网。但是大半个月过去了,吴军犹如一只狡猾的狐狸,只远远地望着新城这块肥肉流口水,却不敢上岸。

这时,魏军守城诸将只得叹息道:"看来,吴军是不敢上岸开战啰!"

话音刚落,只听一个人自信地说道:"等着吧,都不要急,好戏还在后头呢。"

诸将闻声转头一看,原来说话的人是前来巡逻城池的大将军满宠。

诸将疑惑地问道:"大将军,你如何断定吴军必定会来攻城?"

满宠眼睛炯炯有神，闪烁着精光，说道："知己知彼，百战不殆。依我多年以来对孙权的了解，他得知我们移城之事，必定会在军中说大话。此次他亲自率大军前来，就是企图毕其功于一役，拿下新城，树立威望。就算他不敢攻城，亦要上岸炫耀兵力，以显示他的实力！"

诸将又问道："那我们该怎么办？"

满宠望着远处的吴军大船，良久，才缓缓说道："遇到狡猾的猎物，我们必须要有足够的耐心。"

说完，满宠悠悠地走了。

是夜，魏军新城北门大开，一支六千人的步骑兵秘密出城。他们马裹脚，人衔枚，一出城，就趁着凉爽的夜风径直向肥水方向奔去。苍茫的夜色中，肥水之畔到处都是高耸的芦苇，无边无际。趁着夜色，魏军这六千人的部队悄悄开进了白茫茫的芦苇荡里，犹如一群经验老到的狼群，悄无声息地埋伏了下来。

这天，孙权气定神闲地在船上登高远望。他望了半晌，心里不禁一阵冷笑：满宠料定我不敢下船与之陆战，于是安坐新城，看我欲攻不得、欲退不能的笑话。既然来都来了，自己岂能叫满宠看了笑话，更不能空手而归，让军中将士失落沮丧。

孙权决定上岸，给自己撑撑场面打打气。打定主意，孙权立即传令水军依次下船，准备排兵布阵，与敌交战。

诏令既下，沿岸水声哗哗，船舱缓缓地打开了！

等待良久的猎物终于出洞了。

吴军先头部队脚才着地，阵势还未摆好，只见那白茫茫的芦苇荡里左右横冲出两队骑兵。战马嘶鸣，铁蹄无情，来人纵马挥刀便杀。骑兵既然杀到，紧接着步兵趁势怒吼着杀了出来，顿时喊杀声四起，一片鬼哭狼嚎。在令人惊怖的冲杀中，魏军张开了血盆大口，狂斩吴军数百人，吴军受惊落水溺死的不知有多少。而此时，吴军尚在船上的水军见先头部队被打得惨败，担心魏军尚有伏兵，吓得不敢下船，只能愣愣地躲在船上。

孙权站在主帅船上,远远地望着吴军陷入敌人的伏击,气得连拍船栏,却也只能干瞪眼。

看来,满宠此人还是不能小瞧啊!

又呆了数日,孙权依然不敢下船,只好忍气吞声,撤军回去了。

大军扬帆返程时,孙权遥望合肥新城,心中不由暗暗生恨,狠狠地说:"满宠,你就等着,朕一定会把这笔账还回来的!"

第二章　出师未捷身先死

青龙二年（公元 234 年），二月。西南蜀山的寒风中透出一股雄壮之气，一支十万人的军队带着必胜的决心，正举旗浩浩荡荡地向山里进发，准备穿过斜谷，征伐魏国。

这是诸葛亮人生中的第五次北伐。

生命不息，战斗不止。这是刘备的立国精神，亦是诸葛亮的立世精神。君臣前赴后继，共同追逐一个梦想，古往今来，如刘备、诸葛亮这般的人，实在难找。

前面四次北伐，除了一次小胜之外，其他三次都是大败而归。诸葛亮总结教训，每次失败，都是因为粮草不继，准备不充分。于是，自上次失败后，这三年来诸葛亮都在默默地潜心养兵。首先，他派人制造大量的木牛、流马。进山北伐，运粮不便，极费人力，有了这些木牛和流马，便能一举解决运粮之难题。然后，他又派人推广农桑，讲武练兵。最后，又将大量的军粮运往斜谷，同时修复斜谷的栈道。

三年磨一剑，诸葛亮这次是铆足了劲，誓言要打一个漂亮的翻身仗！他今年已经五十四岁，余生时间不多了。

就在蜀汉大军出征时，诸葛亮修书一封，派人火速送往东吴。在信里，诸葛亮请求孙权与他一起，同时从西线和东线进攻魏国，一举解决这个心头大患。

这封信飞进建业城的宫廷里，孙权一看，心头一阵狂喜。诸葛亮此计正中他下怀。近三年来，诸葛亮咬牙磨剑时，孙权却因为两个人气得够呛，一个是满宠，一个是公孙渊，归根到底还是因为魏国。此次与诸葛亮同时出兵，正是狠狠打击报复魏国，一泄心头之恨的好时机。

西边电闪雷鸣，东边狂风漫卷，天色黯淡，一场巨大的灾难正在向魏国徐徐逼来。

时间来到了三月。此时，洛阳城里春风和暖，一派安详。初六这天，突然有消息传进宫里，说山阳公病卒了。

山阳公，就是东汉末代皇帝汉献帝刘协。他当年主动禅位，被曹丕改封为山阳公。到他病死，其间竟有十四年，享年五十四岁。

这个与诸葛亮同岁的皇帝，是中国历史上最悲哀又最幸运的皇帝。悲哀的是他生逢末世，承受了常人所不能承受的痛苦。想当年，他犹如一只迷途羔羊，被天下诸侯到处追逐，从洛阳到长安，从长安到许昌，一路颠沛流离，任人欺凌，生不如死。幸运的是，曹操和曹丕无论多么阴险，却依然守住了君臣底线，没有将他杀死，因此，刘协才得以苟活于世。

看看当年赵高是怎么诛杀嬴胡亥的，再看看当年项羽是怎么逐杀义帝的，就知道曹操父子是多么的"宽宏厚道"。从今以后，亡国皇帝再也没有像汉献帝这样好命的了。

是月，皇帝曹睿听闻山阳公病卒，诏告天下，素服发丧。

办完丧礼，魏国接连发生一些诡异的事情。四月，天气刚刚转暖，一场瘟疫便横行开来。三国时期，瘟疫横行多年，今年再次爆发，让人有一种不祥之感。接着，洛阳宫崇华殿发生了巨大的火灾，几乎全毁。

天灾屡屡出现，已经让人心中不安，这时又传来一个可怕的消息——诸葛亮正亲率大军抵达郿县。

任外面地动山摇，洛阳宫里，皇帝曹睿却是方寸不乱，从容不迫地拟诏出兵，准备对付诸葛亮。多年来，他和诸葛亮打交道的次数也不少了，多一次也不算多，有什么值得大惊小怪的呢？

曹睿心里不慌，不仅是看破了诸葛亮的实力，还因为手里紧握着对付诸葛亮的王牌。

这张王牌就是司马懿。

相比之前的夏侯渊、曹真等人,司马懿行军打仗的风格更为稳健。夏侯渊与曹真每次出兵,总是着急忙慌地冲杀,企图毕其功于一役,建功立业,名留千古。然而那重峦叠嶂,那一眼望不到底的深渊,建功岂是容易之事?即使当年的曹操,也只能望山兴叹。司马懿可就不同了。这人静如处子,动如脱兔,狡猾如狼,凶猛如虎,时而安静,时而咆哮,动静自如,来往自由。如此种种都可证明,司马懿犹如一只适合在山林深渊之中生存的猛兽,天生就是诸葛亮的克星,让他去对付诸葛亮,再合适不过。

夏天的风徐徐吹过渭河,凉爽之中竟带着一阵凉意。此时,诸葛亮的大军已经在渭河的南边驻扎。接着,司马懿率领的大军也到了。

司马懿隔着渭水遥望对岸,一言不发。良久,身边诸将纷纷说道:"不如我们就在渭水北岸排兵布阵,准备对敌吧?"

司马懿缓缓摇头,沉声说道:"不可!"

诸将望着司马懿,疑惑地问道:"那大将军的意思是?"

司马懿眸光炯炯,遥指渭水之南的村庄说道:"百姓皆聚集于渭水之南,此为必争之地,不可失去。"

高手对弈,果然不同凡响。司马懿一眼就看破了诸葛亮的计策,让人十分惊讶。

此前,诸葛亮屡屡北伐,皆因军粮不继而败还。此次出兵,他一改急于求战的作风,做好了长期作战的准备。于是,他早早派兵屯田,以作为长久的根基。同时派兵与渭南百姓通气,将百姓荒废的农田全部利用起来。如此一来,渭南百姓不反对,军士亦效命屯垦,毫无私心埋怨之情。

但是,诸葛亮这招好棋竟然被司马懿一眼就看破了。既然如此,就必须出招了。

紧接着,司马懿亲率大军,横渡渭水,在南岸背对渭水修筑堡垒,整修工事。

眼前这一幕太熟悉了。

司马懿一次性借鉴了楚汉战争的两个经典战役,他不在渭北陈兵而横渡渭水,有当年项羽破釜沉舟之神举;又于渭水南岸修筑堡垒,仿佛当年韩信的背水一战。

面对诸葛亮这般神机妙算的神人,司马懿两役并举,能奏效吗?

才过渭水,诸将问司马懿:"依大将军之见,此次诸葛亮要出战,会兵指何方?"

司马懿指着地图,对诸将说道:"郿县之西为五丈原,以东为武功县。如果诸葛亮有强烈的进取之心,必定兵指武功,沿着山势往东向长安进发。如果他行事谨慎,必定会先向西据有五丈原。他若东下长安,其势头必定凶猛,让人担忧;若西上五丈原,我们即可高枕无忧!"

诸将连忙又问:"那么大将军认为诸葛亮会往哪边?"

司马懿沉吟良久,摇头不肯说。

这时,雍州刺史郭淮对司马懿说道:"依诸葛亮的性格,他必定向西前往五丈原,趁机争夺北原。不如我们先派兵占据北原,以逸待劳!"

北原,紧挨五丈原,此地为通往北山的重要通道。

诸将一听,有人摇头说道:"兵不厌诈。诸葛亮此次是有备而来,绝非小打小闹,武功之地不得不防。"

别的将领一听,也连忙附和道:"依据常理,武功县才是防守重点,而不是调兵西向。"

郭淮见诸将反对,却不为所动,从容辩驳道:"诸葛亮屡次北伐,不抄近路向长安进军,却选远路出祁山,为何?他行事向来以稳重为主,企图占据上游,截断陇道,再向东进军,蚕食魏国。其心昭然若揭,不可谓不明。所以,此次前来,我料定他必定横渡渭水,强占五丈原及北原,然后进兵北山,阻断陇道,如此,陇道北部民众便不归我大魏所有,而转投蜀汉。这样一来,于国大大不利！"

司马懿听完郭淮的分析，点点头缓缓说道："过去魏延曾向诸葛亮献计，从子午谷出兵袭击长安，被诸葛亮否决。如此看来，诸葛亮向来以谨慎、妥协为上，不敢冒险出奇兵攻打武功县。所以，守住北原，阻断其通往北山之路，乃是重中之重。"

说完，司马懿便允许郭淮举兵西向，屯守北原。

果然不出所料，当郭淮率军抵达北原时，堡垒还未筑成，蜀汉一支先锋就向他袭来。郭淮率军迎战，击退了蜀汉的先头兵。

当然，这仅仅是个开场戏！

五月，夏日炎炎。热风吹，战鼓擂。此时，东吴的孙权兵分三路，犹如三把长剑，直指魏国。

第一路，孙权亲率大军，号称十万人，乘战船进入巢湖口，黑压压地扑向合肥新城。他以实际行动告诉满宠，他是真的会杀回来的。

第二路，陆逊和诸葛瑾率一万余人，进入江夏、沔口，目标是攻打襄阳。

第三路，派将军孙韶、张承等人进入淮河，兵指广陵、淮阴。

浩浩长江，绵绵万里。陆逊和诸葛瑾占据上游，孙权占据中游，孙韶等人占据下游。三路大军首尾呼应，真是气势雄壮！

此刻，诸葛亮将这一切看在眼里，真是兴奋异常。多少年过去了，天下难以见到如此声势浩大的攻势。吴蜀联盟以来，两军同时举兵出征魏国，这是最为认真的一次了。

六月，满宠听闻孙权举兵浩浩荡荡杀来，心里震惊万分。上次孙权已经吃了一次亏，此次必定有备而来，新城防守不得不重视。正当满宠想调动诸路大军驰援合肥新城时，却出现了一个让他头痛的问题——原来驻守东边各地的守军都轮休了，想用兵，却无兵可用。

不得已，满宠紧急上奏，请求调动大魏中央军，同时征召休假中的将士立即返回驻地，以便集中力量迎战。

奏书飞到洛阳，皇帝曹睿见孙权又来进犯，立即召诸大臣上殿议事。

正当众人七嘴八舌，议论纷纷时，一人走出来朗声说道："陛下，不必急着出兵救援合肥新城。"

众人一愣，转头一看，原来说话的是殄夷将军田豫。

此前，田豫率兵于海岛上拦截东吴从辽东回来的战船，斩获不少，曹睿对他十分信任。此次，难道他又有什么奇谋妙计要献？

曹睿问道："田将军有何妙计？"

田豫不疾不徐地说道："满宠筑合肥新城，本就是想诱敌舍船上岸陆战。此次孙权率领十万大军前来，满宠以为贼军有备而来，所以才着急上奏朝廷，请求救援。然而臣以为，其实满宠大可不必慌张！"

一殿的大臣都望着田豫，等着他把话讲完。

田豫望了望曹睿，接着说道："孙权为人一向狡猾，多年来我们可是领教过许多次了。去年他率兵前来，准备攻打合肥新城，见新城远离肥水，不敢舍船登岸。此役过后，他估计已经看出满宠移筑新城之计，就是引诱他登岸陆战。所以，如今他率领十万大军前来，绝不是为了占个小便宜就回去。而是决定将计就计，攻打合肥新城，引诱魏国诸路大军前来会战。如果陛下同意派大军驰援，必中其计！"

田豫的分析似有道理，曹睿听得一惊，连忙问道："依将军之见，该如何定计？"

田豫胸中仿佛早有成算，继续侃侃说道："既然孙权将计就计，我们也大可将计就计。听任他攻打合肥新城，不与他针锋相对。若其久攻不下，锐气必定受挫。贼军见城池不可攻克，必生懈怠之气。等其疲态尽露，我等再出兵进攻，即可克敌制胜。到那时，即使贼军看破我们的计划，亦不敢攻城，还会自行撤走！"

田豫话语一落，有人高声喝彩，叫道："田将军之计可谓妙哉！"

曹睿闻声望去，喝彩叫好的人原来是散骑常侍刘劭。

刘劭，字孔才，广平邯郸人。他遍览百家经典，擅长著书立说。不仅如此，他还很会当官。刘劭初出江湖时，仅仅是一个小吏，尔后便一路节节攀升，先被拜为太子舍人，担任秘书郎一职。曹丕称帝时，又被拜为尚书郎、散骑侍郎。明帝即位后，又任命他为陈留太守，后又改任为散骑常侍。

刘劭让人印象深刻，是因为在他身上发生过一件事。之前，孙权派使者前往辽东，准备拜公孙渊为燕王，消息传到洛阳后，曹睿一时怒起，准备派兵前往征讨。刘劭一听，便跑来对曹睿说："过去袁尚投奔公孙渊的父亲公孙康，太祖不以为然，非但不兴兵，反而班师。之后，公孙康便将袁尚首级送来，以示效忠。今日，公孙渊叛变之事，虚实未明，此时出兵，并非良策。不如宽宏大量，赦免其罪，以待其改过自新。"果然，不久，公孙渊便效仿其父公孙康，将孙权派去的两位使者的人头送来洛阳，以示效忠。

曹睿见刘劭高声附和田豫的计策，又惊又奇，连忙问道："君为何赞同田将军之计？"

刘劭气定神闲地望着曹睿，悠悠说道："孙权既然想引诱我等出战，那我们就陪他耍一耍。此次吴军人多势众，若是专心攻打合肥新城，必然锐不可当。而满宠兵力太少，无法固守，因此请求朝廷出兵救援，亦在情理之中。臣以为，田豫将军之计可行，我等不如任由孙权攻城，贼军攻城不克，必定锐气受挫。之后，朝廷再出兵，就可以一举将其攻破。不过，用兵之道不在于多，而在于巧。臣以为，陛下可先遣步兵五千、精骑三千，大张旗鼓地进军，虚张声势。等骑兵到合肥后，便命令他们四散开来，到各处插上旗帜，再到合肥城下排兵布阵。孙权以为我大军到来，必举兵与我军决战。这时，我大军可趁机出击，断其后路，截断其粮道。贼军听闻我大军到来，必定害怕而自行逃走。"

曹睿一听，恍然大悟，点头说道："此计甚妙，可以照办。"

此时，远在合肥新城的满宠已经成了热锅上的蚂蚁。他见朝廷久久不肯派出救兵，又上奏说道："不如放弃坚守合肥新城，引诱贼军深入寿春，再与之决战！"

朝廷刚刚定计，准备在合肥新城给孙权上一堂大课呢，怎么可以从新城自行撤离？

曹睿一看，立即下诏安抚满宠，说道："昔日，汉光武帝遣兵据守略阳，终于攻破隗嚣；先帝置合肥之城，守备襄阳，稳固祁山，贼军无论从哪里来，都将被击破于三城之下。此三城为兵家必争之地，不可退让。孙权攻打新城，料其必不能得手，朕已命令诸将坚守各地要塞，同时，朕将亲自率兵征伐。恐怕到时候，还没等朕来，孙权已经逃跑了！"

曹睿回复满宠后，望了望地图，心里悠然一笑，天下之事似乎都已成竹在胸。他当即下诏，传令征蜀护军秦朗率领步骑二万人，前往关中助司马懿防御诸葛亮。

同时，他又写了一封密诏，派人火速送往司马懿大营。

秋天，七月。曹睿动身离开洛阳，率军东征。

曹睿悠悠东来，此时合肥新城内，满宠立于城上眺望城下，双眉紧蹙，久久不语。抬眼望去，城外吴军旌旗遮天，无边无际。这时，有一支吴军正火速搬运攻城器械到城下，准备攻城。

良久，满宠回头望了望城内。城里守军少得可怜，不过数千人而已。满宠突然想起了当年孙权围攻合肥旧城之事。那时城中守城将士不过五千人，然而张辽依然不为所动，率领死士出战，打破了孙权的攻城节奏，致使对方不得不灰溜溜地撤兵。

张辽都不怕孙权，难道我就怕了吗？何况此时，陛下已经在率军前来增援的路上了，有何可惧？

想毕，满宠缓缓走到守城的将士面前，猛然喝道："兵临城下，狭路相逢勇者胜。有谁不怕出城与敌死战者，站出来！"

守城将士一听，一下站出来数十人。

满宠激昂地说道："是成是败，在此一举。都随我来！"

是夜，合肥新城暮色深沉，有数十个黑衣人神不知鬼不觉地溜出城外，迅速消失于苍茫夜色中。那数十个黑衣人正是满宠招募的军中死士。他们跑进一片松林，折了许多松枝，然后将松枝绑成一捆一捆的，全都浇上了油。

这时，起风了。

风声呼呼，自肥水吹来，让人感到一阵凉爽。趁着这凉爽的夜风，魏军那数十个死士背负武器，手抱浇油的松枝，又神不知鬼不觉地摸到了上风处。下风处恰是吴军摆放攻城器械的地方，接着，魏国死士将浇了油的松枝全都扔到了吴军的器械上。

只见一声喝令："放火！"

风遇火，火见风，风与火立即狂欢起来。那呼呼的大火瞬间蔓延开来，烧出了一片火海。火势惊醒了吴军，立即有人开始救火。

这时，吴军一位将领跳上战马对属兵叫道："抄家伙，随我来！"

这支骑兵狂风一般席卷而出，追赶魏国那帮放火的死士去了。城外是芦苇荡，芦苇荡的边上是防风的松树林，松林外却是一片开阔的平原。那吴军骑兵举着火把，定定地望着松林，不敢动。

风声呼啸，松林哗哗摇动，天地之间静寂得可怕。

吴军骑兵正在犹豫，突然空中呼呼响起惊鸟乱飞的声音。伴随着惊鸟入空的声音，天空嗖嗖嗖地射出无数飞箭，向吴军骑兵扑来。

那领头的吴军将领一听，大叫一声："不好！撤！"

叫声刚落，一支强弩刺破空气，呼啸着向他射来。他还来不及掉转马头，便落在了地上。其余骑兵见将军已被射死，无不惊慌，纷纷逃跑。

那个被一箭射中的吴军骑兵将领，正是孙权弟弟的儿子孙泰。

孙泰被射死的消息传入了吴军大营，孙权还来不及悲痛，又有侍从来报，说斥候传回来消息，魏国皇帝曹睿正举兵东来。

孙权一听，两眼发直，一时愣住了。

这个消息不亚于晴天霹雳，实在太让他意外了。出征之前，他千论证万论证，深以为吴、蜀两军从东西两边夹攻魏国，魏主曹睿必亲往长安坐镇指挥，防御诸葛亮。为何？诸葛亮屡屡北伐，此次出征又聚集了十万之众，对关中地区志在必得。若丢了关中，洛阳自然岌岌可危。所以，对魏国来说，防守关中比防守合肥新城更加重要。岂料，曹睿竟然出乎意料地放弃诸葛亮，亲自对付他来了。

如果是曹睿亲征，那麻烦可就大了。

此时，合肥新城防守坚固，满宠又十分坚韧狡猾，不易对付。如果曹睿再顺水东来，占据上游，攻打东吴水军，与满宠形成水陆掎角夹攻之势，他那号称十万人的水军，根本就抵挡不住。

孙权正发呆。这时，侍从又进来报告，说魏国大军先锋步骑兵已抵达合肥城外。

孙权惊声问道："来了多少人？"

侍从答道："观他旗帜，看他阵势，人数至少数以万计。"

孙权心里一紧，一下呆了。只有他自己知道自己的底细。诸葛亮此次从西边北伐魏国，其十万大军的数目应该是真实可靠的。而他孙权号称有十万之众，其实不过是虚张声势罢了。想当年，乌林赤壁之战那么凶险，他都拿不出十万人马，今天攻打合肥新城，他哪有这么大的血本可下？

良久，只见孙权摇摇头，长长叹息一声，叫道："传诏，撤兵！"

此时，魏国皇帝曹睿还在数百里外，但是孙权却如惊弓之鸟，主动撤兵跑掉了。他一跑，长江下游的孙韶也跟着撤兵了。

只有位于长江上游的陆逊和诸葛瑾，还按兵不动。

按兵不动不代表从容淡定。其实，此时的诸葛瑾已经是胆战心惊，浑身不自在了。他刚刚获知，陆逊派出的亲信韩扁在给孙权送密信的路上，被魏国的巡逻兵给捉住了。如此，吴军哪里还有军事机密可言？

此时，陆逊和诸葛瑾各率一军，各驻守一地，不过两地相隔也不算远。惊惧不已的诸葛瑾紧急给陆逊写信说道："陛下已撤兵班师，贼军又擒获韩扁，我们的所有机密都已泄露，且此时恰值秋天，江河就要枯竭，应该迅速撤兵！"

诸葛瑾将书信送出去后，左等右等，就是不见陆逊回复。诸葛瑾心里不由得惊慌疑惑，陆逊到底在忙什么？

他决定亲自前往陆逊营中看看。

诸葛瑾来到陆逊军营时，被眼前的一切给惊呆了。军营里人人悠闲自在，有的在种菜，有的在种豆，而陆逊则正与诸将热烈地玩着射箭游戏，大家都兴高采烈，仿佛忘记了魏军即将杀来的危险。

陆逊向来以智谋闻名，此番懈怠，到底为何？诸葛瑾心里想着，也装出一副悠闲之状，走到陆逊面前。陆逊见诸葛瑾不请自来，会心一笑，一边与他闲聊，一边进到军帐里去了。

一入帐，不待陆逊坐定，诸葛瑾急忙拉住陆逊叫道："你这是演的哪一出？"

陆逊笑着说道："你以为我想演吗？贼军已知陛下班师，无所顾忌，正打算集中全力来对付我们。且贼军又守住了各处要害，此时我们是进不得，也退不得。若处置不当，军心动摇，那就会一发不可收拾。所以，我故意先稳定军心，再谋撤退之计。若着急退兵，贼军必定认为我们是害怕逃命，便会加速杀来，结果如何，可想而知。"

诸葛瑾听得两眼发直，着急地问道："为今之计，该如何是好？"

陆逊见诸葛瑾一副失魂落魄的样子，又不由得悠然一笑，说道："我这不等你来了再商量嘛。"

两人一边聊着，一边坐下。半晌，诸葛瑾脑子里仍然是嗡嗡作响，想不出所以然来，只能愣愣地望着陆逊。

这时，只听陆逊悠悠说道："这样，我来打掩护，你先行撤兵。然后我再想办法撤。"

诸葛瑾一听，问道："你如何打掩护？"

陆逊从容说道："我调动大军，扬言要攻击襄阳，敌军必定还军守城，而你便趁机撤离。等敌人发现我是佯攻，早已经来不及了。"

诸葛瑾一听有救，两眼顿时明亮起来，喜道："好，就这样办！"

诸葛瑾一走，陆逊便整军待发，向外宣称，准备进攻襄阳。

多年以来，魏军不怕孙权，却对陆逊极为忌惮。于是，魏军一听陆逊来攻襄阳城，吓得不敢待在城外，立即返回城里。这时，陆逊大军在动，江上的战船也在动，且纷纷打开了船舱。紧接着，只见扬言要攻打襄阳的吴军，竟然都井然有序地登船去了。

襄阳城上的魏军看得干着急，不知陆逊究竟想干什么，想进攻又怕其中有诈，不进攻却又怕失去战机。就在他们犹豫不决时，陆逊亦登船，率领战船悠悠离去了。

陆逊走得极为从容，不急不缓地在汉水上漂着。船至白围，他又突然宣布道："暂停下来，上岸打猎。"

当然，这是陆逊故意放的一把烟雾。

是夜，陆逊秘密派遣将军周峻、张梁等人，率军迅速向汉水下游的江夏、新市、安陆、石阳移动，准备偷袭敌军要塞。陆逊此举是声东击西，亦是无可奈何。下游诸多要塞正被魏军严密防守，如果不攻破他们的要塞，他们便会派船队于汉水之上拦截，吴军危险至极，只有以偷袭的方式打乱魏军的节奏，才能安全返航。

果然，陆逊派出的这支部队一路袭杀，斩杀千余人后，悠然折返。

吴魏对阵的这场大戏，总算是唱完了。此时，魏国皇帝曹睿抵达寿春，群臣认为孙权已经逃跑，东边无事，而司马懿和诸葛亮还在僵持，可趁机发兵西入长安，帮司马懿一把。

曹睿一听，悠然笑道："孙权不战而逃，诸葛亮想必已经闻风丧胆，还需要朕走一趟吗？司马懿之军足以制服诸葛亮，这个朕一点也不担忧！"

说完，曹睿便命人大摆庆功宴，大行封赏，快活至极！

曹睿真乃知将之君也。他如此放心司马懿，而接下来，司马懿也的确给他带来了无边的惊喜。

自蜀、魏两军于北原短兵相接后，诸葛亮和司马懿已经僵持一百余天了。战况如此胶着，这可急坏了诸葛亮。此次远征，他做好了最坏的打算，就是跟魏国纠缠数月便罢了。然而三个多月过去了，司马懿犹如一条千年老蛇，怎么叫阵都不肯应战。如此下去，这场战争有可能要拖个一年半载，原本以为准备充足的军粮肯定又不够了，那结果又是白跑一趟了。

必须让司马懿出战，这才是燃眉之急！

这天，屡次派人挑战司马懿没成功的诸葛亮，一反常态，派人将一套女人的衣服送到司马懿的面前。将女人的衣服送给司马懿，这是什么意思？明眼人一下就看出来了。诸葛亮是想嘲笑司马懿，说他这个大男人胆小如鼠，如同一个小女人，所以只配穿女人的衣服。

司马懿望着眼前的这套女人衣服，心里波澜不惊，还想起了楚汉争霸时的一次经典战役。

那时，项羽准备率兵讨伐彭越，临行前，便派大司马曹咎坚守成皋，并语重心长地对曹咎说："你要谨记，必须守住成皋。就算是汉王刘邦前来挑战，你也不要应战。十五日之内，我必定还军助将军一战。"

项羽走后，刘邦便率军兵临城下。刘邦数次挑战，曹咎就是不应战。最后，刘邦改变策略，派人天天到城下辱骂曹咎，曹咎终于忍不住，开了城门。这城门一开，恰好中了刘邦下怀。刘邦趁机一举攻破了成皋，曹咎军败，只得自杀谢世。

往日种种仿佛就在眼前。今日，难道诸葛亮是想让他司马懿再当一次曹咎吗？

诸葛亮并不知道，即使司马懿想当曹咎，他也没这个权力。因为此前皇帝曹睿已经派人送来密诏，叮嘱他必须按密诏行事。曹睿在密诏里是这样说的："朕命你坚壁拒守，以挫其锋芒，让诸葛亮无论进退，都找不到对手。久而久之，蜀军军粮必然耗尽，而诸葛亮一无所获，只能撤兵逃走。一旦他撤兵逃走，你便尾随攻击，此为全胜之道！"

这下终于明白曹睿为何不肯听群臣建议，拒绝从寿春发兵西入长安了。

这是一个多么可怕的皇帝，他总能知晓什么是有为之事，什么是无为之事。

他一眼看出了诸葛亮的软肋——无论诸葛亮军粮准备得多么充足，都经不住时间的消耗。打消耗战，诸葛亮绝对不是司马懿的对手。

大营里一片寂静，司马懿看着诸葛亮送来的女人衣服，又看看曹睿的诏书。突然，他心头一震，冒出一条计策来。

他决定做一场戏，给军中诸将看看。

可还记得，上次诸葛亮北伐时，司马懿一直都是尾随而不敢战，结果被军中诸将看轻嘲笑。他迫不得已，只好允许诸将出兵攻打诸葛亮。此时，诸葛亮又派人送来女人衣服嘲笑他胆小懦弱，如果他再不做点什么，诸将再次看轻他，那他以后还如何驾驭诸将？

想到这里，司马懿脸色大变，突然怒声叫道："来人！"

侍卫闻得一惊，急忙冲进营帐。

司马懿叫道："立即召诸将前来议事。"

没一会儿，诸将纷纷来到司马懿大营。司马懿见诸将到齐，一把将几案上的女人衣服甩到地上，猛地叫道："是可忍，孰不可忍！我本准备与诸葛亮硬耗到底，岂料他派人送来这女人衣裳侮辱我。大丈夫立世，岂可胆小怕死？我现在就立即向陛下上表，请求出战！"

说完，司马懿当即拟表，派人火速送往许昌宫。

此时，曹睿已经从寿春回到了许昌宫。他一看司马懿奏表，心里一惊，立即召来卫尉辛毗，命他立即持节前往司马懿军中督军。

没几日，卫尉辛毗赶到司马懿大营。他一到，见营中一片沸腾喊杀之声，便持节往军营大门一站，什么话也不说。

司马懿见皇帝使者前来，立即率领诸将前来迎接，再次请战。

辛毗神色庄严不可侵犯，只见他漠然地望了望司马懿，又望了望诸将，大声宣诏："陛下有令，不得出战！"

诸将一听，全都呆了，愣愣地望着司马懿。

司马懿心里一笑，脸上却严肃无比，呆立不动。良久，只见他沉声说道：

"臣领命!"

狡猾不过司马懿。他明明不想出兵,怕被诸将谩骂议论,便借陛下的圣旨堵住了这悠悠之口,此招不可谓不高明。

辛毗持节制止司马懿及诸将出战的消息,很快就传入了蜀营。护军姜维对诸葛亮叹息说道:"可惜啊。辛毗持节守军门,司马懿想战也不能战了!"

诸葛亮摇头说道:"你看到的只是表面,却没看透司马懿此人究竟在做什么。"

姜维听得一惊,问道:"丞相何出此言?"

诸葛亮两眼放出精光,炽热发亮,悠悠说道:"司马懿本就不想出战,所谓固执请战,不过是借机向诸将示威罢了。所谓将在外,君命有所不受。司马懿若想出兵,岂会千里请战?"

诸葛亮话里话外,满是寥落。

天地悠悠,造化弄人。诸葛亮与司马懿皆为不世出之名臣,诸葛亮知司马懿,犹如司马懿知诸葛亮,两者相克相敌,犹如水火。如此,怎能不叫人唏嘘感慨。

此时已是八月,天上突然下起了绵细的秋雨。诸葛亮见秋雨不期而至,心中莫名哀伤。此时,他的身体境况已经大不如前,如果再继续与司马懿僵持下去,或许他就要死在这里了。

秋雨无边,渭河水声潺潺。殊不知,面对秋雨,司马懿亦昂首望天,沉吟不语。他在心里默默地掐算着,如果没算错的话,诸葛亮的日子不多了。

此前,诸葛亮派使者至司马懿军中,司马懿偏不问使者军事,只关心诸葛亮军务繁不繁忙,吃饭多不多。诸葛亮的使者见司马懿问的都是些日常琐事,也不隐瞒,如实说道:"诸葛公夙兴夜寐,日理万机,凡是罚二十板以上的事情都要亲自处理;所食之饭,也不过数升而已。"

事多食少,不是长寿之相。使者一副好心,对诸葛亮用尽赞美之辞。但是,在司马懿这等老狡狸耳里,却听出了另外一个信号。

诸葛亮的使者离去后，司马懿便对诸将说道："诸葛孔明食少事繁，估计活不了多久了！"

果然不出所料，诸葛亮在冰凉的秋雨中病倒了。消息传入成都城，尚书仆射李福急忙赶来探望。两人相见，对国家大计探讨了一番。末了，李福便折身返回成都。然而他刚走没几日，又匆匆赶回来了。

诸葛亮见李福回来，脸上浮现会意的惨笑，淡淡说道："不用你说，我知道你为何返回。"

李福内心无限伤感，脸上却笑着问道："丞相知我是为何回来？"

"上次尽管咱们长谈了一天，但是有一个关键事情还没说清楚，所以你特地回来征求我的意见。"诸葛亮顿了顿，半晌才缓缓说道，"我撑不了多久了。我死后，蒋琬可以代替我！"

此情此景，犹如当年高祖刘邦驾崩前，吕后向他询问汉丞相接班人之事。

李福心里悲伤不已，又低声问道："丞相所料不差，我回来正是为了问这件事。您百年之后，蒋琬可代替您；请问蒋琬之后，谁可堪当大任？"

诸葛亮幽幽说道："文伟可以继之！"

李福又追问道："那文伟之后，谁可堪当大任？"

诸葛亮望着李福，默默地摇了摇头，再也不说话了。

是月，诸葛亮卒于军中，享年五十四岁，谥号忠武侯。

山里的秋雨陡然大了起来。这场秋雨似乎笼罩了一切的哀戚、一切的寂寞，也笼罩了这世间无处安放的悲痛，穿越古今，直抵人心。数百年后，大唐王朝有一个叫杜甫的伟大诗人徘徊于早春寂寞的武侯祠外，步履沉重，对着丞相祠，悲痛地流泪吟唱："三顾频烦天下计，两朝开济老臣心。出师未捷身先死，长使英雄泪满襟。"

谁能说杜甫这首诗，未道尽悠悠千古对诸葛亮的景仰之情呢？

第三章

内卷的蜀国

诸葛亮犹如一颗巨大的流星，划破苍茫夜空，照亮了茫茫西蜀。但这颗流星转瞬即逝，夜色又恢复至昏黑冰冷，令人窒息。此时，位于秦岭山脉及渭水之滨的诸葛亮大营里，明灯似火，照着两个人的焦虑脸色。他们俩默默呆坐，一时都无话可说。

这两个人，一个是护军姜维，另一个是长史杨仪。

姜维，字伯约，天水冀县人。他少年时就失去了父亲，与母亲相伴，极好郑玄经学。他以卑微之身立于苍茫大地，似乎从来未被俗世读懂。古往今来，多少英雄志士，从来都是将自己点燃，燃成了一把火，照亮了自己，也照亮了天下。无疑，姜维就是要成为这样的人。尽管出身布衣，他却不以布衣的姿态活着。他极早就立下建功立业的大志，秘密结交死士，渴望将来有一番作为。

姜维初出江湖时，不过是郡里一个小小的吏属。后来，他被州里任命为从事。又因为姜维的父亲曾做过郡功曹，羌戎叛乱时，死于战场，朝廷便赐姜维为中郎官，令其参与本郡军事。诸葛亮第一次出兵北伐时，祁山一带诸县纷纷叛乱响应。郡太守以为姜维等人有异心，连夜逃亡，退守上邽，等到姜维等人发现，策马狂追时，郡太守已紧闭城门，不肯放他们进城。不得已，姜维只好率领一行人回到冀县，冀县亦以为他们有异心，不肯开城门。姜维无奈至极，既然人家都认为他有异心，他也只好向诸葛亮投降了。

诸葛亮见到姜维后，与之一番交谈，犹如在茫茫祁山的乱石堆中发现了一颗闪耀的宝石。诸葛亮对姜维的胆识智慧极为欣赏，于是便任用他为仓曹掾，加奉义将军，封当阳亭侯。

这一年，姜维二十七岁。在贵人诸葛亮的扶持下，他雄阔的人生，从此翻开了崭新的一页。

姜维匆忙之中叛投诸葛亮，却与母亲失散。之后不久，母亲得知姜维在诸葛亮军中，便来信呼唤儿子回家。姜维望着母亲的信，久久发愣。回家？天水郡是回不去了。当时无论是天水郡太守，还是冀县县长，都无比坚决地拒绝他进城。如此不被信赖，回去之后还有可容身之地吗？即使得以容身，天水郡也不过是一个巴掌大的池塘，根本不够他腾挪展翅。他找到了诸葛亮，犹如鱼投身于汪洋大海，与天下英雄笑谈天下大事，纵横无阻，又是何等惬意？

想到这儿，姜维缓缓回神，奋笔疾书，给母亲回了一封信，他慷慨激昂地说道："有良田百顷的人，就不会计较一亩地的得失；有远大志向的人，就不会考虑重返故乡！"

诸葛亮听说姜维心有宏大理想，志在恢复汉室，心里无限欣慰感慨。首次北伐，他失去了马谡，却得到了姜维，这难道不是天意吗？有朝一日，兴兵出蜀拯救蜀汉的人，或许就是此人。当时，诸葛亮给留府长史张裔及参军蒋琬去信说道："姜伯约忠孝勤勉，思虑甚密，考虑问题十分周全。我考察其人才德，远超李邵及马良等名士，可谓凉州一等一的人才。且姜伯约敏于军事，又有胆略，深知行军打仗之法。此人心系汉室，且才高于世，请立即引他进宫，谒见主上。"

有诸葛亮如此抬举，不久，姜维人生再上一级台阶，被迁为中监军征西将军。

在诸葛亮那里，除了姜维，杨仪似乎也混得风生水起。

杨仪，字威公，襄阳人。建安时期，他曾是荆州刺史傅群的主簿。后来，他背叛傅群投奔了襄阳太守关羽。关羽一见杨仪，似乎有相逢恨晚之感，立即拜他为功曹，并派遣其入蜀拜见刘备。刘备见杨仪是关羽推荐来的，便摆酒设宴，与杨仪畅谈天下大事。杨仪从容自若，侃侃而谈，从军国计策到政治得失，无不说得头头是道，让刘备听得心情舒畅，当即拜他为左将军兵曹掾。待刘备自封为汉中王时，杨仪亦水涨船高，被拜为尚书。因他与尚书令刘巴不和，被贬到弘农，暂时代理太守之职。不久，诸葛亮爱惜其大才，便将他调回军中任为参军，代管丞相府诸事。

事实也证明了诸葛亮的眼光的确有独到之处。

杨仪刚代理丞相府，无论是规划部署，还是筹措粮食，都是举重若轻，不加思虑，便将事情安排得妥妥当当，不留死角。于是，诸葛亮为嘉奖其才，便拜他为长史，加封绥军将军。

杨仪一步一个脚印，靠着自己的努力与实力走到今天，的确很不容易。而他似乎也有了某种骄傲自得之感，自以为在诸葛亮之后，能够入主丞相府的人，必是自己。

果真如此吗？

殊不知，杨仪一骄傲，诸葛亮心里就叹息哪！

所谓宰辅的胸怀，犹如汪洋大海，可容百川。诸葛亮做丞相多年，何曾与什么人结仇？凡是他看上的人，总是不遗余力，大力提拔，马谡、姜维、蒋琬，包括杨仪本人，皆是如此。即使与他有工作上的争执，他也必然是公私分明，奖罚有道。昔日诸葛亮举兵北伐，渴望建立不朽之功，岂料李严心存异志，督办粮食不力，致使北伐之事功败垂成，气得诸葛亮不得不上奏告他一状。但是诸葛亮并没有将李严一棍子打死，仅将他废为平民，迁往梓潼。此事过后，诸葛亮担心李严灰心绝望，想不开自杀，便语重心长地对李严儿子李丰说道："我与你们父子同心协力，效忠汉室，不料尔父犯此大错，让人痛心。不过，只要你与蒋公琰通力合作，则阻塞可以变通畅，失去的也还可以赢回来。"诸葛亮此话，就是暗示李丰只要认真辅佐蜀汉，其父李严还是有机会回来的。

杨仪跟随诸葛亮多年，处理政事井井有条，似有诸葛亮理政的才华，然而他只学到了诸葛亮的皮毛，却没有学到诸葛亮为人处世的精华。诸葛亮那种虚怀若谷、宁静致远的精神，在杨仪的身上荡然无存。相反，世人看到的是一个为人狷狂、心胸狭隘的形象。

杨仪狷狂自大的特点，恰恰也是诸葛亮心里对他的评价。

且不说杨仪昔日曾与尚书令刘巴不和的往事，就说后来，自从杨仪跟随诸葛亮北伐开始，他就跟一个人杠上了。

这个人就是魏延。

魏延这人，以勇猛闻名于江湖，他性格高傲，极不被人待见。尽管诸葛亮对魏延颇为忌惮，但仍然屡次重用，将他调往前线冲锋陷阵。诸葛亮尚且对魏延如此客气，其他人更是不敢多嘴，对魏延皆避之而唯恐不及。杨仪却不同，他根本就不把魏延放在眼里，从来不给魏延面子，搞得魏延对他恨得咬牙切齿，两人之间势如水火。

杨仪与魏延之不和，闹得满城风雨，搞得诸葛亮骑虎难下，左右不是人。一个是有大才的文官，一个是沙场猛将，都是蜀国的栋梁，且此时正是蜀国北伐中原、恢复汉室的关键时刻，如此不和，如何成就大事？所以，诸葛亮只能一边叹息，一边两边安抚，不敢对谁有所偏袒。

但是，杨仪与魏延不和的消息，不仅在蜀国国内闹得沸沸扬扬，竟然还传到了吴国。有一次，诸葛亮派费祎出使东吴。吴主孙权设酒宴招待费祎，孙权喝到尽兴处，不屑地对费祎说道："杨仪和魏延，此两人不过是牧牛之徒，对蜀国有些鸡鸣狗吠之小功，不值一提。不过，既然他们于西蜀得志，势力必然不小，若有一天诸葛亮仙逝，此两人必为蜀汉之乱。尔等昏昏，现在不考虑此事，不防患于未然，难道要把事情留给后人解决吗？"

费祎听得一惊，连忙打圆场说道："杨仪和魏延之间的不和，不过是因为一些个人私情，他们可没有英布、韩信那样的野心。如今正是国家扫除强贼魏国、一统天下之时，成就大业，须用大才。如果为防患于未然，而将他们舍弃不用，那就如同在汪洋大海之中放弃船只，绝非明智之举啊！"

费祎回来向诸葛亮复命，传达了孙权的话语，诸葛亮听得心里一阵抽紧。连远在东边的孙权都一眼看出杨仪和魏延将来是乱国之人，难道他诸葛亮看不出来吗？既然如此，杨仪绝不是丞相的合适人选。而魏延，有朝一日也必须派人将他取而代之。

如此，终于明白诸葛亮临死前对从成都前来询问后事的尚书仆射李福所说的话了。诸葛亮死以后，蒋琬可以代替他；蒋琬之后，文伟可以继任丞相一职。他却从头到尾不曾提及杨仪。

但是，杨仪还被蒙在鼓里。

他以为，诸葛亮死后，丞相府就是他说了算。所以，当诸葛亮病逝，他便封锁消息，将重要人物姜维喊来丞相府营，一起商议后事。

但是，两人坐了许久，姜维就是不说一句话。

杨仪见状，终于缓缓说道："姜将军，诸葛丞相生前曾召你我、费祎议事，说若他病逝，便令魏延断后，姜将军随后，若魏延不听命令，你即可自己率军行事。此事你可还记得吗？"

姜维点点头说道："记得。"

杨仪神色微微一变，说道："既然记得，那姜将军还有什么顾虑，不敢作声？"

姜维听得眉头一皱，缓缓说道："国家大事，不能贸然行事，不如这样，可否将司马费祎叫来，一起议议？"

杨仪听了这话，神色不悦，说道："你是征西大将军，我是丞相长史，难道你我二人说话的分量还不够吗？"

姜维摇头说道："你我皆奈何不得魏延，若费祎出马，或许可以让魏延听令。"

杨仪沉思半晌，似觉姜维此话也有道理，又想了想，说道："也好，我现在就派人喊他来。"

不久，侍从便将司马费祎带进了丞相府营。费祎一进府营，看见姜维面容憔悴，心里一震，却也不慌，从容坐了下来。

费祎，字文伟，江夏人。孟子说："天将降大任于斯人也，必先苦其心志，劳其筋骨，饿其体肤，空乏其身，行拂乱其所为，然而动心忍性，曾益其所不能。"此言果然不虚。此前，姜维接受命运的考验，而今费祎亦然。与姜维一样，费祎亦是年少失孤，无所依靠，只好投靠族父费伯仁。当时费伯仁的姑母为益州牧刘璋的母亲，刘璋派使者迎费伯仁到成都，费伯仁便将费祎也一并带来，到成都求学。恰好当时，刘备率军入蜀，强占益州，费祎便留了下来。然而他初入江湖，便与许叔龙、董允齐名，让人刮目相看。

这三人之中，到底谁更胜一筹？

当时，蜀地名人许靖丧子，正在举办丧礼，蜀中人闻讯，凡是有头有脸的，无不赶去吊唁。董允和费祎见状，亦想前往，却苦于没有车驾。无奈之下，董允便请求父亲董和给他派一辆车，后来，车子来了，董允一看，当场傻眼。这车又小又破，怎么能用呢？费祎见董允面露羞色，脸上不由一笑，从容走到前面，轻轻一跨就坐上了车。两人坐车到了地方，诸葛亮及诸多蜀中贵人皆到，街边停满了各种华美的大车。董允一看，心里顿然紧张，神色不安起来。他转身朝费祎看去，却见费祎一副从容不迫、气定神闲、若无其事的样子，心里不禁吃了一惊。

回到家后，还车时，董允将此事告诉了他的父亲董和。董和一听，悠悠叹息道："一直以来，我都以为你与费祎之才难决高下，从今以后，我总算将此事弄清楚了。"

后来，刘备称帝，立太子，费祎和董允一同被任命为太子庶子。太子刘禅继位后，改拜费祎为黄门侍郎。而不久后发生的一件事，更让费祎声名大振，让蜀汉官场不敢小觑。

当时，诸葛亮南征归来，蜀中群僚纷纷出门数十里迎接。费祎官职小，位于诸多权贵之下。然而诸葛亮抵达后，竟然特别命费祎上车与他一同回城。费祎悠然上车，与诸葛亮一路畅聊，蜀中诸多权贵看得既惊又奇，无不叹息，一改之前对费祎的看法。

被诸葛亮看重的费祎，不久便被派遣出使东吴。

费祎来到东吴，吴主孙权久闻费祎颇有几分诸葛亮的神韵，不禁想起当年诸葛亮横渡长江来到东吴，与他及诸臣辩论的往事。于是，孙权决定再摆一道宴席，叫上诸臣，与费祎比画比画，看看他到底有几斤几两。

酒席摆定，孙权请费祎入席。费祎坐定，环顾四周，一眼便看见诸葛恪、羊衜等诸多学识渊博、能言善辩之士坐于席间。费祎见状，心里暗自警惕，似乎知道今天这顿酒恐怕是不好喝的了。

果然，酒过三巡，诸葛恪等人便借机论辩，为难费祎。费祎面不改色，辩辞滔滔，犹如长江之浪，令人无言以对。孙权见状，心里不由一惊，原来这家伙当真有才学。于是便亲自上阵，他先是借机猛劝费祎喝酒，见其已有几分醉意，便问国事，又论当世之事。一招接着一招，真可谓招招难以应对。

费祎听了半晌，悠然说道："现在臣已经有些醉了，不好回答陛下的话，待明天一早，臣必将答复呈上。"

第二天。

孙权身上还有几分酒意，清早便收到了费祎送来的策论文书。他翻开一看，不得了，凡有所问，必有所答，凡有所答，必井井有条，有理有据，逻辑不乱。一个夜里醉酒的人，一大早就能将这样的文章写出来——诸葛亮果然独具慧眼，没看错人哪。

费祎即将离开东吴时，孙权一改此前玩世不恭、无拘无束的模样，从腰间解下宝刀，递到费祎面前，庄重地说道："宝刀赠英雄，请君收下。"

费祎见状，亦肃然说道："臣才疏学浅，何德何能，岂敢接受陛下的大礼？所谓宝刀，乃是陛下用来讨伐叛逆、禁暴止乱之物。愿大王勤勉，建功立业，光复汉室。臣虽昏庸无知，也算不负此次出使东吴之行！"

孙权一听，默默收起宝刀，感慨地说道："君有天下至善美德，必定成为蜀国股肱大臣，恐怕以后就没什么来东吴的机会了！"

话里话外，颇有几分寥落。孙权真乃世上少有的智慧之主，一双眼睛能看透苍茫世事，他既能看出杨仪和魏延将来必定搅乱蜀汉江山，亦能看出费祎将来必定成为蜀汉的中兴大臣。而后来的事实，亦如他所料，丝毫不差，不得不让人惊异万分。

费祎此次出使东吴，不辱使命，更让诸葛亮欣慰不已，更加认定他是值得托付的能臣，便拜他为侍中。不久，诸葛亮首次出兵北伐，在《出师表》里对蜀主刘禅叮嘱道："侍中、侍郎郭攸之、费祎、董允等，此皆良实，志虑忠纯，是以先帝简拔以遗陛下。愚以为宫中之事，事无大小，悉以咨之，然后施行，必能裨补阙漏，有所广益。"

诸葛亮首次北伐失败而归，痛斩马谡，便拜费祎为参军，取代马谡之职。之后多年，费祎官职屡升，先转为中护军，后又迁为司马。费祎担任司马期间，军师魏延与长史杨仪已经闹得不可开交，两人每次一到诸葛亮大营开会，必定争吵。每次争吵，魏延总要拔刀而起，恐吓要杀杨仪；而杨仪身为文官，武功不如魏延，只能在诸葛亮面前痛哭流涕，让诸葛亮十分头大。还好，费祎知道这两人势如水火，每次他们一到，必定慢悠悠地坐到他们中间。魏延说要砍杨仪，费祎总是好言相劝；杨仪痛骂魏延，费祎也总是安抚杨仪，说不要言之太过。

总之，费祎就是魏延和杨仪之间的和事佬。

有了费祎出面劝解，诸葛亮也避免了尴尬，两边都不得罪。终诸葛亮一世，杨仪和魏延皆能被诸葛亮所用，费祎其实"居功至伟"。不然，诸葛亮纵有三头六臂，也无法搞定这一对大冤家。

此刻，诸葛亮病逝，杨仪召费祎前来议事，估计又是要他当一回和事佬了。

费祎才坐下，杨仪和姜维都不约而同地抬起了头。三人互相望了望，半晌，杨仪才沉声说道："费司马人已到，那我们就说正事吧。诸葛丞相生前有令，他若不幸病逝，便令魏延断后，掩护大军撤兵。然而魏延此人嚣张至极，不听军令，费司马是否前去探探他的口气？"

杨仪说完，姜维也定定地望向费祎。费祎望望姜维，又望望杨仪，只好点头说道："既然杨长史及姜将军如此信赖，在下就走一趟吧。"

费祎说完，就此离去，骑马来到魏延军营。

因为事情紧急，费祎也不多话，直接说事。魏延一听杨仪让他断后掩护大军撤退，心里冷冷一笑，傲慢地说道："丞相虽然人不在了，这不是还有我在吗？"

多年来，魏延被诸葛亮压得死死的，动弹不得，颇感失志。现在诸葛亮死了，他仿佛瞬间解开了身上被绑的千万根绳索，浑身自在。刘备生前所倚重的，无非二人，一个是诸葛亮，一个就是他魏延。所以刘备将成都交给诸葛亮，将汉中交给魏延。而诸葛亮多年以来，以汉中之地为跳板，举兵北伐，皆不顺遂。如今诸葛亮出师未捷身先死，而蜀汉北伐的历史重任，自然就要落在魏延身上了。

可是，杨仪想入主丞相府，魏延亦想掌管蜀汉兵事。这两个野心家，若是任由他们心里怎么想就怎么干，那皇帝和一群大臣又该如何是好？

这时，费祎见魏延一张嘴就充满了火药味，心里顿感不祥。然而他脸上却不动声色，静静地望着魏延，等他把话说完。

魏延见费祎半天不说话，顿了顿，志得意满地说道："丞相病逝，属下各级官吏可即刻治丧还葬。我理当亲率诸军，继续攻击贼敌。怎么能因一个人的死而坏了国家北伐的大事？"

魏延的真面目终于露出来了。

魏延说他可以继续率军北伐，此举不亚于直接接管诸葛亮的兵权。一旦兵权落入魏延之手，先不说别的，那杨仪想跑都来不及了。

果然。魏延话音一落，立即目露凶光，恶狠狠地说道："我魏延是什么人，竟然要被杨仪这样的人调遣，做断后之将！"

说完，魏延死死地盯着费祎。

费祎仍一动不动，波澜不惊地望着魏延。

魏延见费祎毫无反应，彻底翻出底牌，一字一顿地说道："军中之事，理应由我与费司马筹划。你现在就拟写军书，定好谁护灵南下，谁率军拒敌，然后由你我二人共同签署文书，下发诸将！"

费祎心里一震，脸上却仍十分镇定，微微点头说道："如此甚好。不过，在下愿再跑一趟，为你与杨长史斡旋一二。杨长史不过是一介长史文吏，不通军事，相信他一定不会反对。"

魏延一听，心里不由一阵犹豫。

费祎见魏延神色不定，又悠然说道："魏将军难道还不相信在下的劝解之力吗？"

魏延望着费祎，脸上皮肉一颤，冷冷说道："我与杨仪交恶多时，若不是费司马屡屡劝解，老子早一刀把他砍了挂在树上了。"

费祎爽朗一笑，说道："过往暂且不提，要不我就趁早回去，把这事给办了？"

魏延沉默半晌，只好说道："既然这样，那我就再相信费司马一回。"

费祎见魏延松口，心里一喜，脸上做出一副欣慰的表情，悠悠说道："魏将军放心，此事我一定能够办成。"

说完，费祎拱手，悠然离去。

费祎离开军营，不疾不徐地跳上马，从容离去。等马儿远离魏延军帐，费祎回头一望，后面不见追兵，眼神突然变得凌厉，紧抓马绳狠狠道："驾！"

军马嘶鸣，当即奋蹄狂奔起来。

此时，魏延还在军帐外呆呆地站着，突然听到远处传来军马嘶鸣之声，心里一惊，恍然醒悟，连忙叫道："来人！给我把费司马追回来！"

几个骑兵顿时从营中骑马奔出，直追出去。然而茫茫秦岭，哪里还有费祎的人影？

魏延疯狂跺脚，大声骂道："老子上当了，他们绝对是一伙的！"

此时，费祎火急火燎地回到杨仪府中。杨仪一听魏延想夺兵权，气得当即跳起来骂道："竖子安敢！"

魏延想动刀夺权的念头，杨仪此前早已猜到。此次出征时，诸葛亮以魏延为先锋，令他驻扎在距离诸葛亮大营约十里处。一天晚上，魏延梦到头上生角，醒来心下惊奇，便将占梦师赵直喊来问道："我梦到头上长出角来，此为何意？"

赵直听得心惊，然而他心念电转，忽悠魏延道："此为吉梦！麒麟有角而不用，这是不战而敌人自败的征兆！"

魏延闻得一喜，也就不追问了。

然而，赵直一离开，便火速奔回府中，将魏延梦到头上长角之事告诉杨仪等人，并说道："角这个字，刀下用也；头上用刀，可谓凶矣！"

如今回想起赵直这番话，不无道理。魏延为夺兵权而铤而走险，自然是不怕死的。既然如此，还犹豫什么？杨仪和姜维及费祎等人决定按诸葛亮生前定下的计策，自行撤军离去。

杨仪秘密撤兵的命令才发出，军营远处，山里，几个身影跃马驰奔而去。

那是魏延派来侦察杨仪军中动向的斥候。

魏延听闻杨仪依诸葛亮生前所定行事，打算丢下他不管，顿时暴跳如雷，大声骂道："杨仪小人，竟敢擅自行事！看我怎么整死你！"

骂完，魏延当即命令军队行动，抢在杨仪前面撤退。

想让我替你断后？想让我替你赴汤蹈火？呸！你不配！魏延心里一边骂着，一边迅速撤军，穿过斜谷，火速南归。同时，他还做了一件让杨仪发狂的事情——他将途经之处所有的栈道都烧掉了，企图阻挡杨仪的归路。

紧接着，他又派人告发杨仪造反，同时将奏表火速送往成都城。

魏延先行撤退的消息传来，无论是杨仪还是向来处事不惊的费祎，都大惊失色。他们立即找姜维商议，谙熟兵事的姜维闻讯，反而不慌不忙地说道："魏延大军一撤，必然惊动司马懿。司马懿乃人中虎狼，他忍耐我们已久，听说我们撤军，必然胃口大开，率兵来追。所以，此时应以应付司马懿为先，而非魏延！"

杨仪问道："依姜将军之言，该如何定计？"

姜维从容说道："整军出发之前，令军中鸣鼓，将旗帜反过来举，指向司马懿大军。等到司马懿发现我们不是攻打他而是撤兵，他想追也来不及了。"

杨仪大喜，叫道："好，就依姜将军之计行事。"

接着，杨仪排兵布阵，准备出发。正是秋季，渭水风寒，大军旗帜飘飘，乍一看去，犹如出兵攻打司马懿之势。

殊不知，杨仪起兵时，司马懿派出的一支部队，正在远处死死盯着蜀军的一举一动。

原来，诸葛亮病逝的消息已不胫而走，传到了司马懿军中。尽管司马懿此前断言诸葛亮命不久矣，但也怕诸葛亮使诈，于是便将信将疑，派出一支兵前来一探究竟。

可是这一探，却惊到了司马懿。

蜀汉大军旗帜飘飘，面向渭北，摆出进攻魏军之势。若是诸葛亮当真已病死，蜀军岂敢摆出如此的进攻姿态？

想到这儿，司马懿立即下令严守死防，不得贸然出动。

然而，就在司马懿犹豫之时，杨仪整军出发，成功撤兵离去。一到斜谷，杨仪就发布了诸葛亮死讯。消息传出，百姓争相传道："死诸葛吓走了生仲达！"

这个"死诸葛吓走生仲达"的说法，风一样传入司马懿耳里。司马懿听了，不以为然地笑道："看来，我只能预料生人的事，不能预料死人的事。"

看似自谦，其实没人知道，此时司马懿心里不知有多得意。

此前，司马懿的弟弟司马孚曾来信询问前线军事情况，司马懿自信满满地回复："诸葛亮志大才疏，好谋寡断，喜欢用兵却权谋不足，虽然有大军十万，却已落入我的谋划之中，攻破他是必然的！"

看看，在诸将眼里那个柔弱胆怯的司马懿，背地里是多么可怕自信的一个人！这下他得知诸葛亮已经病死，再也不犹豫了，立即率军追赶蜀兵。

司马懿追到诸葛亮原来驻军的营地前，悠悠下马，前去一探究竟。

司马懿逛了一圈，考察了诸葛亮生前布兵结阵的营垒，又看了看蜀兵撤离时丢下的图书和来不及烧掉的粮草，不由仰天长叹，说道："诸葛亮真乃天下奇才！"

在那一刻，没有成败，只有英雄之间的惺惺相惜。茫茫天地，似乎自有定数，从来都是一物降一物。司马懿成为诸葛亮政治人生的巨大克星，也不过是三国江湖里一个悲伤的宿命。这样的宿命，不止诸葛亮一桩。看看曹操，问问袁绍，就明白此中之滋味了！

司马懿断定诸葛亮必死无疑，不会有诈，又准备命令大军继续追击蜀兵。但是，司马懿此举却被一个人轻飘飘的一句话给否了。

此人就是持节前来监军的辛毗。

辛毗摇头对司马懿说道:"你说诸葛亮必死无疑,这话还是说得太早了吧,还是小心为好。"

司马懿反驳道:"兵家重要的东西,军书密策,兵马粮草,犹如人的五脏,岂有人丢弃五脏六腑还能活着的?当务之急,就是要派兵急追!"

说罢,司马懿便派出一支轻骑,策马狂追蜀兵而去。

此时,因为魏延抢先撤退并烧掉栈道,杨仪等军还被困于斜谷道。杨仪见状,火速派兵开山修道,同时将魏延反叛的奏书写好,派人取道送往成都城。

人可以晚点到,但奏书必须抢先送到成都,若被魏延抢了先,到时就什么都说不清了。这一厢,杨仪的奏书分批上路,那一厢,魏延的奏书也是分批上路。于是,两个人互相状告对方反叛的奏书,一日之内,相继抵达成都,摆到了蜀汉皇帝刘禅的面前。

刘禅几时见过这种场面,翻翻这个奏书,又翻翻那个奏表,顿觉大事不妙,但一时又无法分辨谁真谁假,急得团团转。

不得已,刘禅只好将留府长史蒋琬、侍中董允喊来。两人赶到宫里,看了半晌,竟然也一时不知说什么才好。

刘禅疑惑地问道:"杨仪和魏延都告对方造反,到底哪个说的是实情?"

蒋琬和董允互相望了望,异口同声地说道:"我们保证杨仪绝不会造反,至于魏延,那就难说了。"

刘禅仍然一头雾水,又问道:"诸公为何怀疑魏延?"

蒋琬和董允一听,苦笑说道:"魏延这人桀骜不驯,世间之人难入其法眼。此次出征,魏延为先锋,若是撤兵,理当由魏延断后。此次他抢先撤兵,且挡住杨仪归路,其中必有诈。"

刘禅似有所悟,点头说道:"既然这样,朕就命蒋长史率宿卫之军前去救援杨仪。"

蒋琬当即领命离去。

此时,山里秋气肃杀无比,杨仪修好栈道,日夜兼程地赶路,终于赶到了南谷口。

出了南谷口，前面就是汉中了。但是，大军才抵达南谷口，却发现魏延已派兵守在此处，准备袭击杨仪。

一场在所难免的蜀国内战，即将打响。

杨仪听闻魏延屯兵南谷口，准备与自己火拼，当即一怒，立即派遣王平率军前去应战。

在诸葛亮的大营里，身兼要职的人物，几乎都是诸葛亮从底层提拔出来的。而王平就是当年诸葛亮首次北伐时，于街亭山上吓退魏国猛将张郃的猛人。此后，他被诸葛亮赏识提拔，也当上了将军。

王平率军来到魏延军阵前。他远远地望见魏延，拍马而出，从容走到阵前，遥指魏延大声呵斥："魏将军，你可知罪？"

大家都是江湖人，谁怕谁呢？魏延见王平摆出挑战的姿态，亦拍马出阵，悠然来到阵前，遥遥对王平说道："魏延何罪之有？有罪之人，当属杨仪！"

王平又喝道："诸葛丞相生前有令，若他病逝，令你断后，掩护大军有序撤退。如今，你抢先撤退，烧断栈道，阻断我大军归路。诸葛丞相新亡，尸骨未寒，你好大的胆子，竟要挡丞相灵柩还都之道！"

王平的训斥有如雷鸣，隆隆直响，魏延军中诸多将士听得一片哗然，军心顿时动摇。

王平见状，又大声说道："兄弟们，魏延理亏在前，叛反之心路人皆知，难道你们还有心为难丞相灵柩还都的队伍吗？"

王平这一喝，令魏延军中将士个个面有愧色。这时，魏延军中有人大声呼喊道："我们生是诸葛丞相的兵，死也是诸葛丞相的人，诸葛丞相尸骨还归蜀地，凭什么还要去拦？！"

话音刚落，魏延军中顿时犹如山崩地裂，轰然散去。没过片刻，阵地上零零落落地只剩下了魏延及他的儿子等数人。

古往今来，沙场相见，仅凭对方几句骂声，主将就成了孤家寡人的事，真是见所未见，闻所未闻。魏延有生之年，能创造如此奇迹，可见他行军、治军的水平，的确有待商榷。

王平遥望魏延，大声喝道："魏延，你还不投降？"

这一声大喝，仿佛将魏延叫醒了。魏延回头四顾，心里又是伤悲又是愤怒，对儿子叫道："逃！"

一声喝罢，魏延即带着一行人逃向了汉中。

杨仪听闻魏延逃往汉中，立即派遣马岱率兵前往追杀。不久，马岱率军归来，将魏延的首级交给了杨仪。

杨仪一看魏延的人头，当即将它甩在地上，一边踩，一边骂道："庸奴！我看你还能作恶不！"

待出了这口恶气，杨仪立即派人诛杀魏延三族。

此时，蒋琬才出成都城数十里，听闻魏延已死，率军悠悠返城。而与此同时，司马懿派遣的骑兵仅追到斜谷道之中的赤岸，他们听闻蜀军已经出了南谷口，便也撤兵离去了。

社会很单纯，复杂的是人。不要说在蜀国历史上，就是放眼整个三国历史，军中的兄弟为了争权夺位，临阵翻脸，自己人打自己人的闹剧，也是绝无仅有，只此一回。这场严肃的内卷闹剧，是魏延的悲剧，亦是杨仪的悲剧，更是蜀国的悲剧。

若刘备地下有知，又会说什么呢？

有人说，魏延没有举兵北上投奔魏国，而是率军南下，即使逃命时，也是逃往汉中，哪里有什么叛乱之心？杨仪却夷其三族，不应该啊。表面上看，魏延是没有叛投魏国，但是首先要问，魏延为何没有投奔魏国而迅速率兵南下，这里面的曲折可有人知晓？

魏延为人素来骄傲，自命不凡，以为诸葛亮死后，兵权必落于他手。只要兵权落在他手里，他便可以像诸葛亮一样控制成都，蜀国便被他掌握了。这样看问题，即可明白魏延为何不肯北上而是南下了。北上投奔魏国，他顶多就是司马懿属下的一员干将，那绝不是他想要的。他想要的是整个蜀国，所以才豪赌一把，迅速率兵南下，准备在南谷口把杨仪一锅端。

由此看来，魏延即使没有叛变之心，也有觊觎蜀国最高权力的野心。

这也是要不得的。

那么，凭诸葛亮的能谋善断，难道看不出魏延的野心，亦看不出杨仪那歪门邪道的想法吗？事实上，诸葛亮早已料定，只要他一死，魏延和杨仪绝对要祸乱蜀国。既然这样，他当然不能坐视不理，把问题留给后人。

于是诸葛亮精心设计了这次调兵，自己死后，让魏延和杨仪朝着自己既定的方向走，从而一举解决蜀国的内乱问题。

诸葛亮病重时，尚书仆射李福前来探病，诸葛亮和他已将丞相的接班人秘密定好。

但是，这仅是第一步。

接着，他又命令，如果他病逝，令魏延断后，姜维其次，掩护杨仪等诸军先撤。

此为第二步。

恰恰是这第二步棋，彰显了诸葛亮过人的智谋。

魏延想当诸葛亮的接班人，但他的对手却是杨仪。只要杨仪先撤回成都，他必定坚决反对政治死敌魏延登上蜀国丞相大位。而杨仪回到成都后，凭他一己之力，却也是斗不过蒋琬和费祎的。而蒋琬在众人的拥护下，自然就成了诸葛亮的接班人。魏延当然也不傻，他早看出诸葛亮是在利用杨仪防范他。所以，他想要破解诸葛的计谋，就必须干掉杨仪。干掉杨仪，成都城里的那帮文官就根本抵挡不住他武将的威势，到时，蜀国自然就落在他手里了。

都是江湖高手，一招更比一招强，可谓步步惊心，动人魂魄。岂料，魏延千算万算，没想到人家王平的几声怒骂，就将他的军团骂散，剩下他这个独木难支的光杆司令！

人在做，天在看。公道自在人心。不知魏延临死前，是否痛心醒悟？

事实也充分证明，魏延根本就斗不过诸葛亮，野心勃勃的杨仪也斗不过诸葛亮，他们都按照诸葛亮生前拟好的剧本，将人生之路走到了悲剧的尽头。

然而此时，杨仪丝毫没有危机感，反而得意扬扬，不可一世。

他之所以小人得志，目空一切，是因为诛杀了魏延，自以为功劳甚大，理所当然地要取代诸葛亮入主丞相府。

这天，杨仪将都尉赵正喊到府上，请他喝酒。喝酒是其次，杨仪另有所图。赵正擅长《周易》之学，酒到酣处，杨仪便请他替自己卜一卦，看看自己有没有入主丞相府的命。

明灯高挂，席间其乐融融，杨仪目光灼灼地盯着赵正起卦。赵正也不推辞，拿出卜卦的蓍草，庄重起卦。

杨仪一看卦象，脸色顿变，满心不悦，呆愣半天说不出话来。

杨仪卜的竟然是"家人"卦。

"家人"卦，二爻至四爻互卦为"坎"，三爻至五爻互卦为"离"，互卦坎下离上，组成"未济"卦。"未济"卦表示事业没有成功，而且内互为"坎"，坎为遇险之意，如果强行出头，必有凶险。

此卦寓意，杨仪不仅不能接替丞相之职，而且还有灾祸。

一卦定前程，冥冥之中，一切都是天注定的吗？

这天，杨仪回到成都城。紧接着，蜀汉皇帝刘禅召集大臣开会，杨仪屏息凝神，心里既忐忑又兴奋，紧张地望着大殿上高高端坐的皇帝。

良久，宫廷侍从宣诏，一字一顿地说道："擢丞相长史蒋琬为尚书令，兼益州刺史！擢丞相长史杨仪为中军师！"

杨仪犹如五雷轰顶，两眼发直，简直不敢相信自己的耳朵。

中军师，这是个什么职务？尽管说，这一职务也可参议军国大事，执掌刑狱，然而却没什么具体职权，简直就是个闲职！而蒋琬身兼尚书令及益州刺史两职，就是说偌大一个蜀国，皆在他一人手中了。

杨仪快要气得脑袋冒烟——他举兵诛杀魏延，功莫大焉，竟然为蒋琬做了嫁衣裳！此等耻辱，让人如何忍受？想到这儿，杨仪双眼紧闭，身体不停地颤抖，脑袋嗡嗡作响，似乎瞬间就要爆炸！

先不说他诛杀魏延有功的事，若按江湖规矩，讲官场履历，蒋琬又何德何能排在他杨仪的前面？过去的岁月历历在目。想当年，先帝刘备在世时，杨仪已经是尚书，而蒋琬仅是个尚书郎，还在他手下干杂活。而后，尽管两人同为丞相参军及长史，然而诸葛亮每次出征，蒋琬都只是留守成都，杨仪则随诸葛亮出征，丞相府大大小小的事，无不是杨仪一人操劳处理。如此，杨仪的官场资历自然比蒋琬深厚，地位也比蒋琬高。而蒋琬竟然轻轻一垫脚，就将尚书令和益州刺史这两个大果实收入囊中，让他杨仪干瞪眼，凭什么呀？

猛然间，杨仪又想到了什么——蒋琬之所以有今天，肯定都是诸葛亮生前安排好的。

魏延生前，常恨在诸葛亮手下干活，异常失志，如今看来，自己跟魏延又有何区别，都不过是做了人家的马前卒，干苦活、重活的料罢了。

杨仪都不知道自己是怎么离开大殿，回到府中的。等他发现自己回到家里后，胸中的愤怒如山洪暴发，又如电闪雷鸣，呼啦啦地上下开跳，指天骂地。

杨仪大发脾气，乱骂人的消息，很快就传遍了成都城。群僚闻之唯恐避之不及，只怕他这把怒火烧到自己身上，只有一个人例外，还常常来到杨仪府上拜访他。

此人就是后军师费祎。

这天，费祎悠悠来到杨仪家中，杨仪犹如溺水之人，一看见费祎，就将满腔的苦水怨恨一股脑地倒出来。

费祎面带同情之色，默默地听着杨仪发牢骚。反正他已经来过很多次了，每次皆是如此，多听一次也无妨。但是，费祎依然坚持前来拜访杨仪，绝不是同情杨仪、替他解忧而来的。

他想从杨仪的嘴里听到点真东西。他相信，杨仪终有一天会忍不住将肚子里那些"干货"倒出来。

今天，费祎终于等来了大好的机会。

杨仪见费祎听得如此入神，心里却依然愤愤不平，脑袋不由一热，扼腕叹道："老子恨啊，当初如果下定决心，断不至于沦落至此！"

费祎心里一震，神情严肃地望着杨仪。

愤怒让杨仪忘乎所以，彻底失去了往日的警觉，只见他顿了顿，竟然肆无忌惮地说道："当初诸葛丞相病逝时，我若趁时举兵投魏，处境如何会像今天这般不堪！现在想来，真是让人追悔莫及！"

完蛋了！

诸葛亮生前是怎么交代后事的？丞相一职先属蒋琬！蒋琬之后，便属费祎。由此看来，费祎和蒋琬就是一条战线上的。如果杨仪和蒋琬掀桌拍椅，乱了纲常，那费祎将来还能顺利接班吗？杨仪竟然不辨是非，胡乱说话，给自己带来灭顶之灾，也不冤枉了。难怪诸葛亮生前感叹："杨仪之狷狂，难担大事。"如今看来，果然不假。

费祎听了杨仪这番牢骚后，如获至宝，立即将杨仪告了上去。很快，诏书就下来了，宣布将杨仪废为平民，徙往汉嘉郡。

悲剧还在继续。

杨仪被迁到汉嘉郡后，非但不长记性，还脾气愈发刚烈，继续胡言乱语，给皇帝上书，将朝廷骂了个狗血淋头。

朝廷闻讯，立即派人逮捕杨仪。杨仪见状，只得自杀，彻底作别蜀汉。

风过蜀山，雨过成都，不知淹没了多少唏嘘之声。杨仪只知自己立了大功反遭冷落，不断为自己申辩。岂知，古往今来，江湖之中，因立大功而死，成为冤鬼的，何止一人？不信，请看看春秋时期的文种是怎么被勾践弄死的，再看看秦朝时显赫一时的吕不韦是怎么倒台的，再看看后来的李斯又是怎么被整死的，再看看汉初的韩信又是怎么感叹"狡兔死，走狗烹；飞鸟尽，良弓藏"的。

铁打的江湖，流水的官。杨仪若稍稍收敛，又何至于成为被风吹走的尘埃？

第四章

曹睿的真面目

青龙三年（公元 235 年），四月，蜀主刘禅封蒋琬为大将军，录尚书事；费祎代蒋琬为尚书令。此刻，若杨仪地下有知，是否看清了费祎的真面目，是否觉得自己太傻太天真？

那么，诸葛亮之死，蒋琬和费祎算不算是最大的赢家？如果有人这样问，那可能有人就要急了。

这个人，自然就是曹睿。

在曹睿看来，在三国这个大江湖里，诸葛亮死后，最大的得利者非他莫属。

诸葛亮五次北伐，六出祁山，终于倒在了军中。而诸葛亮一死，一代猛将魏延亦成了陪葬品，蜀国后继无人，无心亦无力北伐。只要崇山峻岭一直横在那里，魏国便大可高枕无忧，将士们也可解甲归田，唱歌跳舞了。

所以，当诸葛亮的死讯传入洛阳，皇帝曹睿心里犹如落下了一块巨石，浑身舒坦，不由暗暗叫了一句："我终于解脱了！"

是啊！多少年了，曹睿何时有过这种彻底的身心解放之感？回首往事，当年他还未当上太子时，想潇洒，却不敢随心所欲，其母甄氏被父亲曹丕废弃，也迟迟不肯立他为太子，他哪儿敢贪图安逸？后来，他忍辱负重，屡屡向母亲的对手郭夫人请安，这才让曹丕对他动了恻隐之心，封他为太子。而当上太子后，他也不敢得意忘形，反而深居宫中，以读书、研读兵法典籍为务，日常国事，从不敢多问。等到登基当了皇帝，却因天下未太平，整年的不是跑到东边对付孙权，就是跑到西边对付诸葛亮，累得半死不活，岂敢享受人生？

然而今天，情况就大不相同了。

诸葛亮联合孙权从东西两线出兵，压向魏国。曹睿轻轻一出手，就将孙权吓得溜之大吉；诸葛亮又被司马懿压得死死的，终于断了气。诸葛亮尚在时，孙权尚且惧魏国七分，如今诸葛亮病逝，孙权还翻得起风浪吗？诸葛亮一死，曹睿的心头大患顿时消散，所谓国之大幸，不过如此。

这么一算，还能说蒋琬和费祎是最大赢家吗？

头上的紧箍咒一解除，曹睿就要露出他的真面目了。

这天，曹睿悠悠前往永安宫，想见见郭太后。郭太后，就是当年夺走曹睿母亲甄氏皇后位的郭夫人。曹睿十七岁那年，母亲甄氏被赐死，眨眼之间，十几年就过去了，曹睿埋藏于心底多年的怨恨，这一刻终于要爆发了。

此时，永安宫里的郭太后听闻皇帝前来拜见，心里莫名不安，赶紧出门迎接。曹睿见到郭太后，也不请安，而是神色严肃，一脸冰冷。

郭太后望着曹睿，顿觉不妙。良久，她才战战兢兢地问道："陛下有事？"

曹睿见郭太后称他为陛下，而不是睿儿，心里顿时一阵得意，脸上现出一丝冷笑，冰冷地说道："朕有一事不明，不知当问不当问？"

郭太后见曹睿面露杀机，又自称朕，不称儿臣，浑身如坠冰窟，顿时觉得浑身冰凉。

郭太后强作镇定，缓缓说道："陛下请说，老母有知必答。"

老母？你配当我的老母吗？曹睿心里又是一冷，死死地盯着郭太后，问道："敢问太后，当年朕阿母甄氏是怎么死的？"

报应终于来了！

郭太后两眼圆瞪，惊怖地望着曹睿，僵如枯木，半天说不出话来。

曹睿见郭太后呆愣无语，又冷冷问道："太后怎么不说话呀？"

郭太后这才缓过神来，眼泪不由自主地流了下来，抽泣着说道："你阿母甄氏当年被先帝赐死，天下无人不知。陛下今天问及此事，到底是何意？"

曹睿望着眼泪纵横的郭太后，无动于衷地又问道："朕知道阿母甄氏是被赐死的，但是朕不明白的是，阿母甄氏为何被废，又为何被赐死？其中缘由，还需太后详细说来。"

郭太后一听，只觉眼前一黑，心里山崩地裂。她不由得号啕痛哭起来："你阿母甄氏是先帝自己杀的，为什么还要前来向我问责？难道你想追先帝之仇，为生母而枉杀我这个后母吗？"

曹睿摇头冷笑，缓缓说道："朕只是前来问话，太后为何说朕枉杀？太后年纪大了，可还记得《塘上行》一诗吗？"

郭太后一听《塘上行》，身体不由一颤，恐惧万分地望着曹睿。

曹睿眼神迷蒙，缓缓踱步，吟唱起甄氏生前所写的这首著名的《塘上行》来："蒲生我池中，其叶何离离。傍能行仁义，莫若妾自知。众口铄黄金，使君生别离。念君去我时，独愁常苦悲。想见君颜色，感结伤心脾。念君常苦悲，夜夜不能寐。莫以豪贤故，弃捐素所爱。莫以鱼肉贱，弃捐葱与薤？莫以麻枲贱，弃捐菅与蒯？出亦复何苦，入亦复何愁。边地多悲风，树木何修修。从君致独乐，延年寿千秋。"

半晌，曹睿吟毕，两眼已然蓄满泪水。

这是一首深爱之诗，亦是一首悲愤之诗。因为爱得深沉，所以恨得彻骨。曹丕见异思迁，且听信流言，一怒就将甄氏废弃。甄氏以诗申冤，却依然被赐死，此刻曹睿读来，岂能不为之动容？而此诗没有指名道姓说是被谁离间，被谁诽谤，但也不言自明。郭太后能够成功取代绝世佳人甄氏，登上皇后之位，她到底做了什么，难道还猜不出来吗？

正当曹睿感伤不能自已时，郭太后猛然叫了一声："先帝啊……"

话没说完，她两眼一黑，顿时昏倒在地上！

数日后，郭太后崩于永安宫。

郭太后一崩，有一个深藏后宫多年的女人，终于悠悠现身了。当年甄氏临死前，将曹睿托付给李夫人。后曹丕封曹睿为太子，又命郭夫人亲自管教。李夫人深知后宫政治之可怕，所以郭夫人在世时，她从不敢露面吱声。如今，郭夫人已死，她终于重获自由，大摇大摆地走出深宫了。

李夫人紧急求见曹睿，将当年发生的惨事一五一十地讲了出来："陛下不知，当年甄后被郭夫人流言中伤，先帝震怒之下，将甄后赐死。尽管如此，先帝仍不解恨。甄后入葬时，竟不将尸体放进棺材，仅让她披发覆面，并以糠塞口，狠毒至极。"

曹睿一听，眼泪哗哗流下，痛不欲生。

绝世佳人甄后，贤良淑德，竟被残忍废弃。无情的帝王如此待她，就是让她生前所怨于地下亦无法向人申诉。而发生在甄氏身上的惨剧，罪魁祸首除了先帝曹丕，与甄后争夺皇后大位的郭夫人，也脱不了干系！

想到这里，曹睿猛然停止哭泣，昂首叫道："来人！"

宫廷侍从才跑到面前，就听曹睿悲愤地叫道："立即派人给郭太后安排葬礼！待其入葬时，切记两点：一、让她披发覆面；二、以糠塞住其口！"

以前甄后是怎么入葬的，如今郭太后就怎么入葬。此所谓，天网恢恢，疏而不漏。恶人有恶报，从前不报，只是时候未到罢了。又所谓正义可以迟到，但绝不可以缺席！

曹睿终于为生母报了这冤死的大仇，世人方才猛然醒悟：原来多年以来，在郭太后面前装孝顺的曹睿，内心竟如勾践一般藏着不可告人的复仇欲望！

是的，仿佛一夜之间，曹睿变了一个人。他之所以选择在这个时刻显山露水，原因只有一个，他感觉自己的翅膀硬了，终于可以为所欲为了。

为生母报仇仅是冰山一角。接下来，曹睿准备大张旗鼓地犒劳犒劳自己了。

人生在世，犹如白驹过隙。昔日太祖曹操亦有诗曰："对酒当歌，人生几何！譬如朝露，去日苦多。"人生如此短暂，奔波劳碌一生，苦闷之事甚多，若不及时行乐，意义何在？于是，为国事操劳多年的曹睿，决定腾出时间来发展发展自己的兴趣爱好了。

然而，当曹睿亮出自己久藏于心的爱好时，魏国的诸多大臣，无不瞠目结舌，顿时吓傻了。

曹睿这兴趣爱好，不是打猎，亦不是蹴鞠，更不是吟诗作对，而是欲倾魏国之力兴建宫殿！曹睿到底要修多少宫殿？看看他的诏书，便知道他的胃口。他在诏书里说道：先大修许昌宫，同时于洛阳宫里新建昭阳殿、太极殿及总章观。

此类建筑，座座宏伟壮丽，若要按时完工，就必须不断征调民夫，民夫若都修宫殿去了，农耕、桑事便会废弛。别的爱好都是耗时耗力，如此看来，曹睿这爱好不仅耗时耗力，还要耗财耗命，让人如何不恐惧？

再说了，举一国之力满足一主之欲，这绝不是什么好事！想当年，魏太祖曹操武功赫赫，也不过修了一座铜雀台。铜雀台的确高大巍峨，但人力成本都在可控范围之内。而今天，曹睿不计成本地大修宫殿，这如何得了？

于是，曹睿诏书一下，司空陈群率先入宫，劝谏曹睿道："臣听闻陛下要大修宫殿，臣心急如焚，请陛下让臣陈说几句。"

曹睿身边有三大辅佐大臣，自曹真死后，司马懿主外，陈群主内。曹睿这样胡来，陈群义不容辞地前来劝说，亦是职责所在。但劝说是陈群的事，听不听就是曹睿自己的事了。

曹睿故作从容，悠悠说道："陈司空有话尽管说！"

陈群脸色一肃，昂首说道："过去，夏禹继承唐尧、虞舜之盛世，其所住宫室十分简陋，所穿衣服亦十分朴素。而今天下丧乱，人民稀少，堂堂大魏的人口，与汉文帝和景帝时期相比，也不过相当于当时一个大郡罢了！当今之大魏，边境时时有事，将士十分劳苦，若遇上个什么水旱之患，百姓便陷入惶恐担忧之中。过去刘备占领益州，自成都至白水一带，竟修建馆舍四百余座，如此耗费人力，武帝知刘备劳民伤财，便幸灾乐祸。而今陛下的做法，亦是吴、蜀两国所乐意看到的，当此紧要关头，请陛下三思而后行！"

陈群所言不虚。秦末汉初，兵荒马乱，百姓死于战乱之中的，不知有多少，后来楚汉争霸，又历时数年，人口再次锐减。到了文景之时，国家与民休息，人口这才暴涨。然而汉武帝穷兵黩武，人口减少了一半。据班固考证，平帝元始之初，仅汝南一郡，亦有四十六万余户。如此倒推，文景之治时，汝南一郡有近百万户。而今多年战火纷飞，再加上瘟疫横行，人口锐减简直到了触目惊心的地步，据统计，当时魏国才不过九十四万余户。这么一比，举魏国一国之人口，仅与文景之治时一大郡相当，这绝非夸张之语。

汉朝文景之治时，全国总人口最多达到了五千九百万人；而到了三国时，曹魏帝国总人口也不过四百四十三万，即使加上蜀吴两国，合起来也不过八百零一万。盛衰之间，相差如此悬殊。就算不论人口，来看看文景之时的国家实力是多么的惊人。当时天下粮仓都堆满了粮食，粮食吃不完，有许多都腐坏了。不仅如此，钱也是多得花不完。大把大把的钱堆在国库里，甚至连穿钱孔的绳子都腐烂了，还没花出去。国家如此昌盛，百姓也是富得流油。家家户户养马，攀比斗富之事层出不穷。这就是所谓的文景之治。

尽管文景时期汉朝如此富有，然而孝文帝及孝景帝的生活仍然十分节俭，不敢乱来。而今天的大魏，国家连统一天下的梦想都还没实现，百姓连生存都有问题，而曹睿身为皇帝，竟然不顾百姓死活，一下就说要修数座宫殿，这岂不是犯糊涂了吗？

数据不会说谎。陈群这番摆事实，一笔笔地算账，让曹睿听得心里也是一震，一时无话。

良久，却见曹睿摇摇头，不服地说道："陈司空只说文帝之治，为何不提过去高祖时萧何修建未央宫之事？当时高祖征战在外，萧何在都城修筑未央宫，所谓帝王之业与修筑宫室同时进行，并无相悖。如今陈司空理当学习萧何的治世之道，又为何来责怪朕？"

陈群心里一阵苦笑，连忙反驳道："此一时，彼一时，两者不能相提并论。过去，汉高祖与项羽争夺天下，项羽已然被消灭，且宫室尽数被烧毁，所以萧何才不得不兴建武库、太仓及未央宫，这都是当时非常要紧的大事，然而高祖看见未央宫后，依然嫌弃其太过宏伟壮丽，斥责萧何。今天，蜀、汉二虏尚未剿平，魏国宫室够用，却还大修宫殿，岂可拿萧何治宫室来相比？"

曹睿被陈群反驳得哑口无言，沉吟半晌，又悠悠说道："如果朕执意要修筑宫室呢？"

陈群心里一沉，既无奈又坦诚地说道："如果一个人打定主意想做什么，那必定有一套说辞，何况陛下是大魏皇帝，谁敢违背陛下之令？之前，陛下想拆掉武库，还说不可不拆；后来想重建武库，又说不可不重建。陛下想做什么就做什么，岂能受臣下的制约？如果陛下以史为鉴，回心转意，也不是大臣所能改变的。过去汉明帝刘庄想兴建德阳殿，钟离意屡屡劝谏，明帝表面同意不修，后来还不是又修成了？德阳殿落成后，明帝对群臣叹息说道，若钟离意尚书还活着，这宫殿如何修得成呢？所以说，身为帝王，岂会当真忌惮某人，不过是为百姓着想罢了。今天，臣亦不能使陛下听从臣的建议，臣亦自认不及钟离意！"

陈群这一番语重心长、掏心掏肺的话，让曹睿听得心里极不是滋味。半晌，只听曹睿沉重地说道："陈司空之言，朕心明了。今日就议到这儿吧。"

曹睿一句话就将陈群打发了。

正如陈群所言，身为帝王，要想做什么事，谁也拦不住。陈群说了那么多，曹睿却依然不管不顾，继续推进他的建造宫殿的计划。

静观历史，每当看到一个人一反常态，突然暴露出狂悖之情时，总会掩卷叹息。三国时你来我往，狼烟四起，百姓奔命，鬼哭狼嚎。此时，正是呼唤英雄，拨乱反正，创立千秋功业之时。曹睿自幼聪慧，淡定从容，坐拥魏国江山，如果兢兢业业，努力不懈，完全有机会横扫吴、蜀二国，一举统一天下。却不知为何，诸葛亮一死，犹如打开了他心里那久藏的魔鬼盒子，他那各种各样的牛鬼蛇神一般的欲望，竟然无所顾忌，大肆膨胀起来。

他所拥有的魏国，不过是三国时代最大的国家，然而曹睿那双曾经智慧的双眼似乎被鬼神蒙蔽，没有反省自己的不足，竟然处处朝鼎盛时期的汉朝看齐，甚至有过之而无不及。接下来，让人感到不可思议的是，曹睿不仅修宫殿要向汉朝看齐，连后宫也要向汉朝看齐。

西汉时，后宫有十四个等级，秩石与内外朝百官之数相仿。魏武帝曹操建魏国时，仅设王后以下五等，分别是夫人、昭仪、婕妤、容华、美人；文帝曹丕上位时，又增贵嫔等五等；明帝曹睿上位时，再增淑妃等三等；曹氏三代人合计增了十三等，与汉朝时相差无几。但是，曹睿似乎还觉得不够，决定再次扩充后宫。于是，便出现了以下荒唐的一幕：魏国后宫之内，自贵人以下，到掖庭洒扫的宫女，合计竟有数千人之多。同时，为了提高宫女的地位，又从这数千人当中，提拔六个知书能文的宫女，拜为尚书，帮他料理宫外送进来的奏书，并下放权力给女尚书，让其自行处理一般事务。

一个王朝的兴起，绝不是偶然的；一个王朝的灭亡，也绝不是偶然的。如今，曹睿这些突然的举动，必会带来一系列深远的影响。女尚书的出现，始于东汉末年，东汉是怎么灭亡的，曹睿这么快就忘记了吗？难道他就不怕重蹈覆辙？况且，曹睿今年三十二岁，正值壮年，精力旺盛。然而他旺盛的精力不用在如何消灭吴蜀两国上，却用在修建宫殿和宫女身上，实在匪夷所思，让世人迷惑。

如果非要用一句话来概括，只能说，曹睿病了，且病得不轻。

皇帝有病，大臣理当义不容辞，赤膊上阵，为其治病。之前，陈群入宫治了一回，没把曹睿的思想病治好，此次又有一位大臣，匆匆向宫里赶去。

这位大臣，就是廷尉高柔。

陈群为官，做事勤勉，说话做事点到为止，且为人十分低调。他给皇帝写的劝诫奏书，从不留草稿；他奉劝皇帝的良言，转身就忘掉，更不会到处宣传。所以当时诸多臣僚都以为陈群尸位素餐，啥都不干。所以，像曹睿这般突发狂疾的皇帝，貌似老好人的陈群根本就治不了，必须得猛人下猛药才行。

无疑，高柔就是那位猛人。

可还记得，当初鲍勋屡屡顶撞曹丕，曹丕欲诛之而后快，派廷尉高柔治鲍勋死罪。但是，高柔将鲍勋的案卷从头到尾认认真真地读了几遍，认为不该判鲍勋死罪，于是坚决不从命。当时，曹丕气得那是七窍生烟。

如此看来，高柔连文帝曹丕都不怕，他要对曹睿下猛药，那更不会手下留情了。

此时，曹睿听闻廷尉高柔来见，心里不由咯噔一下，良久才缓过神来，上殿接见高柔。

高柔来到殿上，见到曹睿，昂首说道："臣今天特为两件事而来，请陛下让臣一吐为快！"

曹睿心里一动，立即知道高柔想说什么了。不过，他脸上依然如沐春风，和缓地说道："卿有何事，想说便说！"

高柔神态严肃，语气凝重地说道："如今天下三分，吴、蜀未平，且二虏异常狡猾，诡计多端，暗自练兵，对魏国的进攻从未停止。当下，我们应该养精蓄锐，修治甲兵，以逸待劳。孔子说，人无远虑，必有近忧。如今，陛下不为国家长远之事考虑，竟大兴土木，征发民夫，兴建殿舍，搞得全国上下沸腾，怨声载道。此事若被吴、蜀获知，岂不是又要谋划合力出兵之事？吴、蜀联军的攻势一旦形成，到时想再征发百姓去为国征战，岂不难上加难？"

高柔说话不拖泥带水，句句如刀，狠狠地刺向曹睿。然而，曹睿似乎已经练就了百毒不侵之身，处之泰然，神情自若，只是默默地望着高柔。

高柔见皇帝听得入神，语气一转，突变激昂："过去，文景盛世何其壮哉，然而汉文帝却兢兢业业，不敢奢侈浪费。他不会为了修筑小小露台娱乐而耗费十家老百姓的资产；汉武帝时，霍去病建立赫赫武功，汉武帝想给他修建大宅，霍去病却慷慨陈词，说'匈奴未灭，何以家为？'并拒绝了汉武帝。而今魏国之内，陛下要兴建宫殿，耗费的岂止十家百姓的资产？且北边尚有夷狄未平，不得不防啊！臣粗略统计，目前已完成的馆舍足可供朝宴之用。臣请求停止营造宫殿，使百姓回归乡里植桑种田。等到平定吴、蜀二虏，再慢慢修筑宫殿也为时未晚！"

高柔这番话耿直刚猛，却是十分在理。他不反对曹睿修建宫殿，只是要等平定吴、蜀二国后才可以。此话跟陈群之前所说的不谋而合。汉高祖刘邦干掉了项羽，萧何才有心修筑未央宫。如今吴、蜀二国未灭，即使修起那高大的宫殿，曹睿住进去，能身心舒坦吗？若想住得舒服，就得先想办法灭了吴、蜀二国。

此中的道理，难道曹睿不懂吗？

曹睿不是胡亥,他识人看事,通透得很。但是,他对高柔和陈群之前所说的吴、蜀未灭,不能兴建宫殿却不以为然。

为什么?

去年蜀国诸葛亮出兵十万,孙权出兵十万,合力攻打魏国,尚且不败而退。自此之后,吴、蜀两国还能拉出一支如此雄壮的队伍吗?即使将来蜀、吴二国可能还会各拉出十万人的队伍攻打魏国,可世上还有诸葛亮吗?没有了诸葛亮的蜀国,犹如僵尸摆设,而没有了诸葛亮,孙权就像那缺了条腿少了条胳膊的人,如何恣意妄为?所以曹睿坚定地认为,去年蜀、吴联合进攻魏国的壮举已被历史证实了其局限性,从此再也不会有这样的事了!退一万步讲,即使蜀、吴两国再各率十万大军而来,那又如何?蜀国的诸葛亮不在人世了,而魏国的大将军司马懿尚在。只要司马懿活着,蜀汉如何能高枕无忧;而只要他曹睿还活着,东吴孙权也不能置身事外。相反,现在最怕被攻打的不是魏国,而是蜀、吴两国。既然国家暂时解除了外患,那么他先过一把享乐之瘾又有何妨?

但是,此话曹睿只能闷在肚子里,不能说出口。从古至今,没有一个大臣是乐见帝王享受的。而帝王想要享乐,就只能跟这帮贤良之臣变着法子斗争。

这时,沉吟良久的曹睿对高柔缓缓说道:"卿所言极是,还有一事,是何事?"

高柔见皇帝曹睿没有为难自己,心里一奇,又侃侃说道:《周礼》有言,天子后妃以下一百二十人,如此,宫廷内嫔妃的礼仪,已经极为盛大。臣听说后宫嫔妃远远超出此数。愚以为,陛下子嗣不旺,大约与此有关。"

说一千道一万,高柔这句话犹如一把利剑,直刺曹睿心窝,让他既痛苦又无奈!

曹氏三代,一代不如一代。曹操活了六十六岁,生了二十五个儿子,个个皆是龙虎之辈,笑傲江湖;曹丕活了四十岁,生了十个儿子,聪明盖世的,除了曹睿,其他人都排不上号。如今曹睿三十二岁,生子三人,却全部夭折。如此推算,曹睿生孩子生不过其父曹丕,是否寿命也长不过曹丕?

这样，人生还有什么意义？无子无嗣，人生无常，此时若不及时行乐，还待何时？

曹睿大修宫殿、后宫数千的秘密，终于被无情地揭开了。

冥冥之中，都是宿命的安排。曹睿似乎感觉到天命难违，而他面对这无常荒唐的尘世，能做的唯有及时行乐。

多么无力！多么悲哀！

可天命如此，他岂能斗得过天意呢？

高柔的话早已说完，殿上却寂然无声。高柔抬头望去，见曹睿一副神情失落、心事重重的样子，不由得叫了一声："陛下！"

曹睿如梦初醒，缓缓抬头，久久望着高柔，这才说道："天命如此，依卿之言，朕该如何是好？"

曹睿语气低沉悲伤，高柔听得心里亦是一片刺痛，缓缓说道："愚臣以为，陛下可精选宫中贤淑之女充实后宫，其余人皆遣散还家。如此，陛下可专心养精蓄锐。如此，必能子嗣众多。"

一语落地，曹睿心里无限感慨。

半晌，只听他深深叹息一声，缓缓说道："朕知卿忠诚耿直，一心牵挂王室，总是直言不讳。朕听之，甚感欣慰。从今往后，卿若有他事，亦可进言。"

说完，曹睿轻轻一挥手，转身悠悠走了。

高柔一走，少府杨阜又找到宫里来了，然后是散骑常侍蒋济，接着是中书侍郎王基。走了一拨，又来一拨，曹睿耳朵都听出茧子来了，听来听去，还是那几句话。让人惊奇的是，尽管阻拦修建宫殿的大臣如此众多，却不见曹睿朝他们发过一次火。

还是那句话，说什么是大臣们的事，听不听那是曹睿自己的事。

曹睿决心已下，无论大臣们说什么，他都一如既往地推进他的宫殿工程。于是便出现了这样奇怪的事情，那一厢大臣们苦口婆心地劝阻着，这一厢却热火朝天地修筑着宫殿。劝诫的不耽误修殿的，修殿的亦不耽误劝诫的，真可谓天下奇观。

转眼到了七月。

此时，新的宫殿尚未落成，突然传来一个令人震惊的消息——洛阳宫崇华殿竟然发生火灾，被烧毁了。

曹睿立即将侍中兼太史令高堂隆召来，心情无比沉重地问道："古人说，人君有罪，天必降灾。崇华殿被一场莫名的大火烧毁，朕犯的是何种过错，古书上是否有此类记载？"

高堂隆，字升平，泰山平阳人，祖上世代以读书为业。生为儒生，皆学儒道。儒道的核心，不过在于仁义二字。而身为魏国太史令的高堂隆，心存儒道仁义的理想，见曹睿向他询问天灾人事，顿觉这是一个给皇帝上课的好机会。

高堂隆顿了顿首，慢条斯理地说道："《易传》有云，上位者不节俭，下位者不守节，孽火便烧其室。又说，君王高筑宫台，必降天火。这两句话的意思无非是想表明，人君耗费百姓财力修筑宫室，上天便降下火灾予以警示。"

曹睿一听，心里不禁一阵冷笑。天下儒生都是一个德性，说起道理来总是一套一套的，却都不过是一本正经地忽悠人。高堂隆此话与陈群、高柔等人说的有何区别？他们这帮文官说来说去，不还是想劝他停建宫殿嘛。

良久，曹睿轻轻地摇了摇头，反问道："朕听说汉武帝时柏梁台亦因火灾被烧毁，汉武帝没有因此停止修建宫殿，反而大兴土木以克制灾异，此又作何解释？"

高堂隆见曹睿搬出汉武帝的典故，心里不禁一惊。看来，今天不把曹睿说服，这个当皇帝的肯定又要把汉武帝学个彻底，大修宫殿以享乐了。

高堂隆不禁打起精神，目光灼灼地望着曹睿说道："企图大修宫殿以克制天火异象，此乃夷越巫师的主张，并非圣贤明训。《五行志》有云，柏梁起火灾，其后有江充的巫蛊之案。后巫蛊案被揭开，正如《五行志》所言。由此看来，夷越巫师怂恿汉武帝兴建建章宫，并不能克制灾异。"

曹睿沉默良久，问道："依卿所言，朕该如何为好？"

高堂隆见曹睿被他反驳得无话可说，心里一阵得意，不由侃侃说道："当务之急，就是要遣散招揽的百姓，以厉行节约为宫规条例，并清扫被烧毁的崇华殿，不能急于重建。如此，所谓瑞草、嘉禾等祥瑞征兆，必然会出现。若继续劳民伤财，那绝非安抚百姓，获得祥瑞之兆的上策！"

高堂隆话音刚落，曹睿心里不由暗暗一笑——颠来倒去，还是"务求节俭"四个字。

好吧，怎么说是你们的事，怎么做却是他的事。

八月，曹睿下诏，重建崇华殿，为博吉祥之意，改名为"九龙"。

既然改名为九龙殿，有龙就得有水。曹睿又要求挖掘水渠，引水流流经九龙殿。同时以白玉砌井，以绸缎包裹栏杆，水从玉雕蟾蜍口中流入，再从玉雕的神龙口里吐出。又使博士马钧制造司南车，再造各种用水车推动的如木人击鼓等游戏设施。

好一个壮观的九龙戏水之殿！

这就是真实的魏国皇帝曹睿。不听臣劝，亦不骂臣，仿佛时日无多，为求享乐而一意孤行，决意一条道走到黑。

十一月，魏国管辖的张掖郡柳谷口河水泛滥，有一块宝石被河水冲到岸上。宝石上有一幅图案，状似神龟，立于河西。宝石上还画有七匹石马、凤凰、麒麟、白虎、牺牛、八卦等诸多图像，刻有"大讨曹"三个大字。

消息传入洛阳，曹睿喜不自胜，当即下诏，诏告天下，声称此为难得的祥瑞。

曹睿诏书一发布，任县县令于绰专程前往巨鹿，将诏书及石图向当地一个兼修七纬六经之学的人请教。对方悠悠说道："神能知未来，不追究过往。祥瑞先出现，而后兴废之事也会随之出现。东汉灭亡已久，魏国得天下亦久，如此看来，这石图哪里是什么祥瑞！恰恰相反，这块宝石是将来得天下之人的祥瑞！"

冥冥之中，自有天数。

曹睿自诩聪明从容，殊不知，他已经在不知不觉之中，盲目自大地将偌大的魏国推向了万劫不复之地！

第五章

司马懿再立奇功

景初元年（公元 237 年），七月，曹睿心里暗自盘算，准备出兵讨伐辽东公孙渊。

兴建宫室，那是为了逍遥享乐；征讨辽东，那是为了成就帝王之业。既是为了帝王之业，为何不出兵吴、蜀，偏将目标锁定为公孙渊？

此事还得从头说起。

之前，公孙渊忽悠孙权，称其愿向吴国称臣。然而，当孙权的使者张弥及许晏抵达辽东时，公孙渊却将二人头颅砍下，送往魏国京师洛阳，向曹睿表示诚意。曹睿见公孙渊一心归附魏国，便派使者傅容及聂夔前往辽东，封公孙渊为乐浪公。

但是，当魏国的使者抵达辽东时，公孙渊又翻脸了。

当时，魏国的使者还未抵达辽东，公孙渊派出的使者恰好提先回来，告诉公孙渊说："此次魏国派来的使团中，有一个叫左骏伯的人，勇力十分惊人。"

公孙渊听得一惊，心中起疑——难道曹睿是想把杀手安排在使团中，出其不意地将他干掉吗？

疑心重重的公孙渊不得不早做准备。等魏国使者傅容等人一到，公孙渊便派人将他们带到学馆里住下，同时率步骑将学馆团团围住。一切安排妥当后，公孙渊这才从容进去拜见魏国使者。这一幕吓住了魏国使者傅容及聂夔，他们一回到洛阳，就告了公孙渊一状，说他不尊重使者，为人十分嚣张。

曹睿听了，心里顿时明白了。公孙渊脚踏魏、吴两只船，就是想两头通吃，实现利益最大化，哪里是真诚归附呢？难怪当初孙权气得要派兵攻打他呢。

公孙渊反复无常，可恶至极，这成了曹睿出兵辽东的理由之一。其次，欲成就天下大业，先将公孙氏这颗盘踞辽东的毒瘤铲除，那是情理之中的事。且这个公孙氏家族，当年魏武帝没能铲除，魏文帝也没能铲除，如果他曹睿给铲除了，岂不成就了一件千古伟业？

主意打定，曹睿就开始物色出兵辽东的将领。他思来想去，将目光锁定了一个人。

毌丘俭，字仲恭，河东闻喜人。其父毌丘兴于文帝曹丕时曾任武威太守，后被迁为将作大匠。毌丘俭承袭其父亲的爵位，一开始就做了平原侯曹睿的文学侍从。曹睿即大位时，毌丘俭因曾是太子旧官，被曹睿特别优待，先迁为尚书郎，后迁羽林监，之后又出任洛阳典农。毌丘俭尽管被曹睿一路提拔，但他对曹睿不管百姓死活、大兴宫殿的做法甚为忧虑，曾上奏书劝说道："臣以为当务之急，在于除掉吴、蜀两贼；所急之事，不过是发展农桑之业。如果不灭二贼，且百姓饥寒交迫，即使修建多少崇高壮美的宫室，又有何用？"

毌丘俭当时正担任洛阳典农一职，掌管洛阳的生产、民政和田租。但是，曹睿却将洛阳城的农民都赶去修建宫殿，他眼睁睁地看着田园荒废，岂能不心痛？于是情急之下，不得不上奏。让人惊奇的是，毌丘俭的奏书送上去后，犹如石沉大海，不见半点波澜。不久，却听到另外一个消息，说他被迁为荆州刺史。

见过因劝谏主上而被贬官或者丢官，甚至丢命的，却很难见到像毌丘俭这般劝谏皇帝竟还被提拔的。

真是一大奇闻！

群众的眼睛是雪亮的。毌丘俭升官一事传出，世人都不由得对曹睿啧啧称赞，纷纷说，曹睿尽管文学才华不如其父曹丕，但他的政治胸怀宽大如海，足以容纳百川，是曹丕远远比不上的。过去，曹丕当太子时，鲍勋在太子宫里担任太子中庶子，两人也算有交情。可曹丕即位后，发现鲍勋太难相处，便痛下杀手，先将鲍勋贬官，再设计杀之。曹丕此种做法，让人不齿。反观曹睿，他非但不恨毌丘俭，反将他重重提拔，那真是厚道啊。

曹睿除了为人厚道，其慧眼识人也是常人所不能及的。他将毌丘俭提为荆州刺史，并非仅仅是升官了事。

不久，他又将毌丘俭迁为幽州刺史。

毌丘俭也是聪明人，一当上幽州刺史，立即明白曹睿用意。为了迎合曹睿，毌丘俭便迅速上了一道奏书。

毌丘俭在奏书里慷慨地对曹睿说道："陛下即位以来，没有什么可以被记载的千秋功业，而吴、蜀二国据险自守，一时不可平定，臣以为可以召集天下闲置将士攻克辽东，建一世之伟业！"

奏书送到洛阳宫里，曹睿一看，心里一乐——知我者，毌丘俭是也。

当前洛阳许昌两地兴建宫殿，已经把一帮大臣搞得鸡飞狗跳，犹如热锅上的蚂蚁。现在又要出兵远征，肯定会受到他们的非议与阻拦。不过，毌丘俭为了让皇帝曹睿不挨骂，竟然连措辞都想好了，此次远征是用"闲置将士"，不会让国计民生雪上加霜。

很快，曹睿便将毌丘俭的奏书下发给群臣讨论。果然，群臣一见曹睿又要瞎折腾，就再也忍耐不住，再次跳出来劝谏。

卫臻，字公振，陈留襄邑人，当时担任光禄大夫一职。之所以说卫臻是"再次"跳出来，那是因为曹睿大兴土木时，他就曾屡屡上奏直言。宫殿之事还没折腾完，曹睿现在又要远征公孙渊，他就成了第一个忍不了的。

大殿之上，只见卫臻缓缓走出来，抬头仰望曹睿，激动地说道："陛下，臣以为此时远征公孙渊，极为不妥！"

曹睿抬头一望，心里一紧，怎么又是这个卫臻？

魏国的朝廷里，什么样的敢言直谏的大臣都有，然而像卫臻这种天不怕地不怕，一言不合就要抗辩到底的硬骨头，也还是头一回见。

过去，夏侯惇担任陈留太守时，因卫臻的父亲卫兹与曹操有交情，便举荐卫臻在郡里担任计吏。不料，卫臻刚做官没多久，就跟夏侯惇发生了冲突。那天，夏侯惇带妻子参加一个重要的宴会。卫臻也在席间，他竟当众对夏侯惇说："带妻子来参加这样的宴会，这是末代衰亡之世的风俗，不符合礼仪规范！"

夏侯惇听了这话，先是一惊，转而一怒。什么玩意？自己不就带老婆吃个饭吗，怎么还要满嘴仁义道德地上纲上线？即使不合礼仪，私下里悄悄说不就行了，为什么要当众数落自己，难道这卫臻是想以此举博得大名？

夏侯惇勃然大怒，当即叫人将卫臻抓起来。之后，夏侯惇怒气平息，想想又觉得不妥，便放过了卫臻。

其实，那一次不过是卫臻初出茅庐时的"抬杠"战绩罢了，后来那场惊心动魄的"抬杠"之举，更是让人惊掉了下巴。

那一天，曹丕以禅让名义废黜汉献帝，登基称帝。登基大典上，诸多大臣对曹丕歌功颂德，气氛其乐融融。就在曹丕得意扬扬地享受这难得的走上人生巅峰的快感时，只见卫臻悠悠走出来，高声颂扬汉献帝禅让的美德。

这话听得曹丕是心里一万个不自在啊。

古往今来，除了尧、舜之间的禅让是真心实意的，后世之人如王莽，名为禅让，实际上不过是想谋朝篡位。这种做法，不伤和气，又能骗人，十分有效，因此后世欲夺位的权臣无不纷纷效仿。而曹丕之所以能够从汉献帝手里接过汉朝这个天下，不是汉献帝多么高尚无私，只是因为实力不允许，不得不把天下拱手相让罢了。这种权力交接的做法，连妇人孩童都能看明白，卫臻竟然假装看不懂，故意当着众人的面歌颂汉献帝，这不是摆明了要跟曹丕过不去吗？

当时卫臻滔滔不绝地说着，浑身不自在的曹丕只好屡屡向他使眼色。

卫臻又假装看不见，继续说个不停。

不得已，极度不耐烦的曹丕果断打断他，嘲讽道："依卿之言，天下的珍宝玩物，朕是否要与山阳公分享呢？"

当时汉献帝已被曹丕贬为山阳公。按卫臻的逻辑，汉朝天下是山阳公让给曹丕的，曹丕得对他感恩戴德，与其同享珍宝玩物。如果是这样的话，那天下岂不乱套了？

散朝之后，卫臻于众臣面前故意抬杠的消息立即传遍了天下。或许卫臻闹出来的动静实在太大，曹丕不好发作，为了体现他这个魏国皇帝的宽广胸怀，他不得不装装样子。不久，卫臻非但没有被治罪，反被拜为侍中兼吏部尚书，神奇地在魏国官场里继续生存下来。

那么今天，脑袋一根筋的猛人卫臻，到底又要弄出什么样的动静？

半晌，只听曹睿沉声问道："卿为何认为远征公孙渊之举不可行？"

卫臻昂首挺胸，宛如一只硕大的好斗公鸡，激动地说道："毌丘俭所陈说的攻打公孙渊之策，不过是战国时代的谋术，绝不是什么成就王业的大道。当今天下，吴国频频出兵犯境，而我们却按兵不动，休养生息，没有出动大军，那是因为百姓疲劳，无能为力罢了。况且公孙渊生于海边，三代经营，对外安抚土著，对内修整兵器。而毌丘俭打算孤军深入，企图朝发夕至，横扫辽东，可知其人狂妄至极！"

曹睿听得心里一震，不由深深地吸了一口气。

遥想当年，匈奴冒顿送来国书欺凌吕后，吕后召集群臣商议，樊哙说只要出十万大军即可踏平匈奴。当时，樊哙话音刚落，季布就在一旁大声反驳道："昔日高祖率三十万大军尚且不能击败匈奴冒顿单于，今天樊哙竟大言不惭，声称只要十万大军即可踏平匈奴。此人不知天高地厚，狂妄自大，真是犯了欺君之罪，该杀，该杀！"

以史为鉴，当年魏武帝率军深入辽东追杀袁尚，一路上天气异常恶劣，大军几乎陷于绝地，因此不得不撤军。等曹操逃出绝地，他感叹地说："若非天助，岂能生还！"

曹操能谋善断，堪称一代军事家，尚且惧怕辽东，今天曹睿企图孤军深入，一举攻灭公孙渊，这可能吗？

是啊，辽东山高水长，远征之举的确会遇到重重困难。话说回来，难道就要因此而舍弃收服辽东的机会吗？吴、蜀据险而守，辽东路险难攻，这也怕，那也怕，何时才能成就一统天下的帝业？不能成就帝业，虚度光阴，人生的意义何在？

想到这里，曹睿定了定神，悠悠问道："诸臣还有什么异议，一并说来。"

但是曹睿等了半天，无人应答。

曹睿见状，心里一时便有底了。满朝之上，就数卫臻最能抬杠，然而说到通晓军事，卫臻远不及蒋济等人。蒋济等一帮人不反对，说明远征辽东之举还是可行的。而且，今日卫臻之言，貌似有理，却不知出兵远征公孙渊是成就帝业的一大关键，即使路远水深，依然值得冒险。

主意打定，曹睿便望着卫臻，从容说道："卿一片赤诚，敢于直言，朕理当予以嘉奖。然而古往今来，要成就帝王之业，均要披荆斩棘，克服重重困难。朕若胆小怕死，束手束脚，百年之后，如何面对列祖列宗？况且辽东之兵比之吴、蜀二国，力量微薄如蝉翼，公孙氏三代据险而守，才可苟活至今。如此弹丸之地，朕若攻不下，如何壮天下将士破吴、蜀之志？"

曹睿语气迟缓，却十分坚决，似乎对辽东已是志在必得。他顿了顿，环顾群臣，语气陡然一转，激昂地说道："朕意已决，这场仗必须打！"

说完，曹睿昂首肃立，一掌狠狠拍在案上。

不日，曹睿下诏，派毌丘俭率诸军出征，同时集结鲜卑、乌桓等部屯守辽东南部地区，届时遥相呼应，共伐公孙渊。

秋风漫卷，吹起了辽水的阵阵寒意。在这个让人瑟瑟发抖的秋天，毌丘俭带着国书，率军来到了辽水东岸的辽隧县。

临行前，曹睿写了一封国书，召公孙渊前来洛阳。若公孙渊接受国书，那就等于投降，即可不战而屈人之兵。若公孙渊拒绝接受国书，那就等于叛变，毌丘俭即可当即发兵攻打辽东。

不出意外，公孙渊是不会甘心束手就缚的。

果然，公孙渊一接到国书，当即翻脸，率兵赶到辽隧县，准备应战。同时，他又急急修书一封，派人送往东吴，与孙权修好。

处理好这一切，公孙渊才派属将也写了一封国书回复曹睿，自陈公孙氏三代人对魏国尽忠而反遭攻打之事，说自己是迫不得已才出兵抵抗，并乞求皇帝网开一面，让他有机会继续侍奉魏国。

好一个虚伪的冤大头，好一个缓兵之计！曹睿不禁冷笑：公孙渊为啥不留着这话去骗鬼呢。

此时，辽水河东岸的毌丘俭正在磨刀霍霍。这天，毌丘俭走出营门，凝望公孙渊军营，久久思考着进攻之计。这时，毌丘俭突然觉得脸上一冰，猛然回神，往脸上一摸，竟然是几滴雨水。

毌丘俭一摸到雨水，仰天一望，只见天上乌云疾走，犹如滔滔黑浪从远处席卷而来。紧接着，雨势渐大，雨点哗啦啦地落了下来。

毌丘俭急忙跑回军营，心里却无比沉重——现在是七八月的秋天，恰好是辽东的雨季。若大雨不止，那麻烦可就大了。

大雨如注，一下就是十来天。等到大雨停住，毌丘俭走出营门一看，被眼前的景象给惊住了。仅这十来天的雨水，就让那条原本温顺的辽水如怒龙般翻滚暴涨，远远望去，河水滔滔，浪花滚滚，如同风浪大作的大海。

现在该怎么办？

毌丘俭望着翻滚的辽水思量许久，不禁咬咬牙，心里暗自叫道："既然来都来了，那就只有战斗到底！"

毌丘俭排兵布阵，准备渡河攻打公孙渊。那一厢，公孙渊见状，却一点也不紧张，反而气定神闲地等待对方发起进攻。

此时对公孙渊来说，魏军远道而来，而且是在自己的地盘开战，他是主场，又以逸待劳，何惧之有？且《孙子兵法》有云："客绝水而来，勿迎之于水内，令半济而击之，利。"如果毌丘俭胆敢率兵渡河而来，那就按兵法说的，等他渡河渡到一半时，再出兵攻打，那么此战必胜。所以，战则对公孙渊有利，不战亦对公孙渊有利，他何惧之有？

滔滔河水正在翻滚怒吼。毌丘俭率领魏军乘风破浪，怒吼向前。公孙渊见毌丘俭宁可犯兵家大忌也要开战，心头不禁冷笑一声，挥起长剑，大声叫道：

"杀！"

顿时，辽水之上杀声震天，血染河面，天地一片昏暗。

这一仗，毌丘俭被公孙渊打得无力招架，只得乖乖撤退，引军撤至右北平。

公孙渊见魏军撤去，当即自立为燕王，改元绍汉。同时，设置百官，派使者说服鲜卑投降，一时好不风光。

一个三国已经够乱了，现在又横生一国，突然变成了四国。这场戏，又该怎么收场？

这真是一个谜！

景初二年（公元238年），春天，曹睿将司马懿从长安召回京师洛阳。

此时，距离毌丘俭远征辽东之败，已有半年之久。可能很多人都以为曹睿经此一役，不会再兴兵远征了。殊不知，这几个月来，曹睿都在暗中酝酿一个更大的计划。曹睿这一生尽管有骄奢之心，大兴土木，扩充后宫，玩得不亦乐乎，但他心里亦藏有凌云般的帝业之志。在他看来，此生可能平定不了吴、蜀，但他必须拿下辽东。若不攻破辽东，铲除这颗毒瘤，徒使三国变四国，岂不被后世耻笑？

不久，司马懿赶到洛阳，曹睿立即上朝，召集群臣举行朝会。半年前，曹睿已向群臣表明攻打公孙渊的决心，所以此次他再也不废话，直接亮出底牌，说准备派出一支四万人的军队讨伐辽东。

群臣听说曹睿想再次举兵远征，一片哗然。曹睿正在大肆修建宫室，若再次大规模出兵，这让百姓如何招架？这时，有大臣对曹睿说道："陛下，臣以为四万人太多，恐怕军费一时难以筹措啊！"

曹睿目光坚定地说道："我们距离辽东有四千里。四千里长途奔袭，虽说是以奇兵取胜，但为了保证胜利，须得保持强大的兵力，就别计较什么军费了！"

群臣听得又是一愣。曹睿身为魏国皇帝，自己当家做主，难道不知魏国有多少家当？一边兴建宫室，一边发兵远征。他又要享乐，又想成就宏图伟业，压根儿不知道这样一来魏国百姓有多苦！然而多说无益，近三年来，多少大臣磨破了嘴皮，喊破了嗓子，曹睿就是顽固不化。既然这样，也就只能任他折腾了。

罢朝后，曹睿摆好宴席，单独招待司马懿。酒过三巡，曹睿幽幽一叹，对司马懿说道："朕本来不想劳烦你回来。但是，辽东之险，天下皆知，若想保证出师必胜，又不得不劳烦你！"

是啊，曹睿也难。

文帝曹丕给曹睿留下的三位辅佐大臣，曹真死了，陈群病逝了，独独留下司马懿。放眼魏国，能拿得出手的大英雄，似乎也就只有司马懿了。而种种迹象亦表明，司马懿的确是曹睿的倚天长剑，其数年不出鞘，一出鞘便不同凡响。他奇袭孟达，困死诸葛亮，成就了两大奇功。由此推论，派司马懿出征，那宵小之辈公孙渊，岂有不败之理！

这时，司马懿见曹睿如此抬举自己，连忙作揖道："陛下如此夸奖，臣不敢当。"

曹睿心满意足地望着司马懿，用欣赏又亲昵的口吻说道："仲达，你才华盖世，立下了不世之奇功，天下人都看在眼里，不必谦虚。只是，不知你此次出征，公孙渊会如何应战？"

司马懿心里似乎早有准备，目光镇定地望着曹睿，从容说道："依臣之见，公孙渊会依三计而行。"

曹睿眼睛一亮，定定地望着司马懿："哦？哪三计，快快说来！"

司马懿顿了顿，胸有成竹、气定神闲地说道："公孙渊见大军杀来，弃城而走，此为上计；据守辽东抵抗我军攻势，此为次一等的选择；若坐守襄平，那就只有等着被活捉这一条死路了！"

曹睿听得心里一宽，点头问道："依仲达之见，公孙渊会如何行事？"

司马懿神色从容地回答说："兵法有云：'知己知彼，百战不殆。'然而古往今来，只有聪慧之人才能做到知己知彼，有所舍弃。依臣看来，公孙渊远远算不上聪明人。他见前次已击败我军，又以为此次我军还是孤军深入，山长水远，必不持久。所以，他必定会先陈兵辽水，然后再守襄平。"

曹睿听得又是亢奋又是惊奇。亢奋的是，从司马懿的话中可知，此次出征，真有打败公孙渊、一洗前耻的可能。惊奇的是，司马懿竟然能将千里之外的敌人看得如此透彻，仿佛立即能使敌人鬼哭狼嚎，灰飞烟灭。有这种百年不遇的智勇双全的大才，真乃大魏之幸啊！

曹睿遮掩不住内心的惊喜，啧啧赞道："妙哉！不知仲达此次出兵，来回需要多久？"

司马懿脱口而出："行军需百日，克敌需百日，班师需百日，休息六十日，如此，一年足矣！"

曹睿见司马懿应答得如此镇定从容，且信心十足，心里总算明白了。在司马懿的心里，公孙渊根本就不算什么。既然如此，只要灭了公孙渊，回头再专心对付吴、蜀二国，何愁帝业不成？

这时，曹睿满心欢愉地问道："既然仲达如此有把握，大军凯旋之时，朕必有厚赏。此刻，你还要什么要求，尽管提来，朕有求必应。"

司马懿神情严肃，拱手慨然说道："臣不敢有过分的请求，然而有些话，臣早想对陛下一吐为快。"

曹睿一惊，说道："此时就你我二人，有什么话，大可放胆讲来。"

司马懿庄重地说道："西周之时，周公营建洛邑；汉初之时，萧何修筑未央宫。今天陛下的宫室尚未齐备，这是臣子们的责任。然而孟子也说过，鱼和熊掌，两者不可兼得。如今陛下大兴土木，又劳师远征，两事并举，百姓困乏，于国十分不利。"

曹睿不料司马懿竟与诸臣一般，亦不放过劝谏机会，顿时心里一沉，问道："仲达之意，朕心里有数。"

司马懿又拱手诚恳地说道："陛下乃英明之人，知道事有缓急，若是两事并举，势必互相影响。所以请陛下先暂缓修筑宫室之事，以节省人力，便于远征。"

曹睿默然半响，缓缓说道："仲达忠诚耿直，有古代大臣的风范，朕甚为欣慰。这修筑宫室之事，朕就暂缓吧，此次出征，你当可放心杀敌报国，朕在都城备宴等你凯旋！"

司马懿心里又是欣慰又是感动，昂首说道："陛下所托，臣必不敢忘；臣当平定辽东，以报陛下恩宠！"

料峭的春风吹过洛阳，好似奏响了一曲雄壮的军乐，久久不息。这天，司马懿率四万步骑，器宇轩昂地离开洛阳城。洛阳城外，百官列队相送，皇帝曹睿用车驾载着司马懿，一直送他到西明门。

君臣离别，曹睿牵着司马懿的手恋恋不舍。曹睿深情地望着司马懿说道："辽东之事，就拜托你了。"

"臣必定杀敌报国，不敢辜负陛下！"司马懿庄重叩首，与曹睿作别。

在隆重的军乐声中，司马懿的背影渐渐远去。曹睿久久地望着这支开拔的远征军，任凭风声猎猎，云卷云舒。不知过了多久，曹睿眼前猛的一黑，身子不由一晃，摇摇欲坠。

侍从见状，猛然叫道："陛下！"

左右侍从连忙扶住曹睿，曹睿打了一个寒战，坐正身子，惊愕地望着众人。

众人也惊愕地望着曹睿。

曹睿举头望了望那虚无的天空，顿觉身子有些虚寒，他强自镇定，缓缓说道："回宫去吧。"

一股不祥之气顿时笼罩着魏国都城洛阳，曹睿此时才三十出头，拥有数千宫女，生活奢靡无度，不加节制，似乎已经被掏空了身子。若长此以往，未来可是个未知数啊。

此时，司马懿大军隆隆向前，经过故乡温县时，郡守早就接到皇帝诏令，率领一帮地方官列队相迎，待司马懿大军一到，便宰牛备酒，设宴洗尘。

这是一场被皇帝曹睿特批的宴会。这场宴会何其隆重，一摆就是数日。昔日项羽曾说，富贵不还乡，犹如锦衣夜行。此时，司马懿身为国家重臣，且挂大将军之印率军远征，又遇见一帮父老故旧，何等风光。

司马懿畅饮数日，心中不禁感慨，人生至此，夫复何求？想当年，汉高祖刘邦远征归来，经过故乡沛县，也曾与父老乡亲畅饮数日，还感慨激昂地高声吟唱了一首千古传诵的《大风歌》。今天，司马懿面对父老乡亲，想起即将光荣远征，心情亦是感慨万千，不由也随风高歌一曲："天地开辟，日月重光。遭遇际会，毕力遐方。将扫群秽，还过故乡。肃清万里，总齐八荒。功成归老，待罪武阳。"

激昂雄壮的歌声迎风而起，直上云霄，朝北方悠悠传去。

此时，辽东的公孙渊已经坐不住了。

公孙渊本以为半年前一举打败毌丘俭，且辽东毕竟偏远，连当年威武如曹操，尚且畏惧几分，便以为曹睿从此以后不敢再征讨辽东，他便可高枕无忧。岂料曹睿竟然愈挫愈勇，誓言要将他剿灭，这不免让他一阵胆寒，心慌意乱。

等公孙渊回过神来，第一件事就是不得不再次拉下脸面，派出使者向吴国求援。

公孙渊的使者坐快船疾行而来，不日便抵达吴国。这时，吴国诸多大臣听闻公孙渊派使者前来，一片沸腾，纷纷上奏请求斩杀公孙渊使者，以报当年公孙渊斩吴国使者张弥及许晏之仇！

一时间，请求斩杀辽东使者的奏书犹如雪片般纷纷飘进了吴国皇宫里。孙权望着这堆积如山的奏书，不由想起当年那桩奇耻大辱。天道循环，风水轮流转，此话果然不虚。孙权要是还不狠狠给公孙渊点颜色瞧瞧，岂能解这心中大恨！

孙权的恨意一时如火般熊熊燃烧，他看完最后一道奏书，心中杀意已决，准备下诏诛杀公孙渊使者。这时，只听见宫廷侍从叫道："报！"

孙权稍稍一顿，抬头问道："何事？"

宫廷侍从大声答道："太子中庶子羊衜求见！"

孙权一愣，羊衜身为太子中庶子，此时理当与太子在东宫论道，怎么跑到这里来了？

孙权想了想，缓缓说道："让他进来吧。"

没一会儿，宫廷侍从将羊衜引到孙权面前。孙权望了望眼前这个年轻人，好奇地问道:"不知太子中庶子前来所为何事?"

羊衜被孙权任命为太子中庶子时,刚满二十岁,如今也不过二十八岁。他博闻强识,学问甚高,且才思敏捷,亦被太子孙登看重,被列为太子身边最重要的四宾客之一。

羊衜尽管年轻,举止却老成持重,只见他庄重严肃地望着孙权,轻言细语地问道:"公孙渊派使者入吴,吴人群情激奋,皆想斩公孙渊之使以报当年吴使被斩之仇,不知陛下对此事是何看法?是否深以为然?"

孙权神色一动,得意地反问道:"礼尚往来,过去公孙渊杀我吴使,今天朕杀公孙渊之使,难道不该吗?"

羊衜摇头说道:"臣以为,陛下万万不可斩杀公孙渊使者!"

孙权问道:"有何不妥?"

羊衜严肃地说道:"陛下怒而斩杀公孙渊使者,不过是逞匹夫之勇,而非图谋天下的王者所为。"

孙权惊奇地望着对方,又问道:"为何?"

羊衜望着孙权侃侃说道:"臣以为,公孙渊既然敢拉下面子前来与吴国求和,其国内必有万分危急之事。既然如此,不如将计就计,厚待使者,派出奇兵随其前往,声称支援辽东。若魏国并未克敌,而我军万里奔袭,刚好向公孙渊表示我们不计前嫌,其必对我感恩戴德;若公孙渊与魏国陷入僵持,首尾不接,那么我们便可以趁机掳掠其百姓,满载而归。如此,便也可替天行道,一雪前耻,岂不更妙?"

孙权一听,啧啧叹道:"中庶子此计甚妙!满朝上下,皆被仇恨冲昏了头脑。只有你头脑清楚,见识高明,实在了不得!"

孙权决定听从羊衜之计,不杀公孙渊使者,而是假装答应他的请求。

这天,孙权于城外整军,并于军前召来公孙渊使者,说:"朕写好简书,尔等可带书信先回辽东,吴国大军随后便到。烦请转告燕王,吴国必与燕国同仇敌忾,休戚与共!"

公孙渊使者见孙权誓与公孙渊共生死，一时喜上眉梢，大声说道："臣替燕王谢过陛下！陛下大恩大德，燕人不敢忘怀！"

孙权心里一阵得意冷笑，脸上却装出一副忧愁难解的样子，叹息着又说道："烦请转告燕王，司马懿用兵如神，所向披靡，朕深为燕王小弟担忧啊！"

风吹过长江，将寒意吹入了建业城，城上的幡旗在料峭的风中不断摇动。在一片雄壮的战鼓声中，公孙渊的使者跃上快马，率先离开，朝海上渡口飞奔而去。

孙权出兵支援公孙渊的消息，风一般传到了洛阳。曹睿听了消息，先是一惊，转而回过神，连忙派人将护军将军蒋济喊来。

蒋济一到，曹睿就迫不及待地问道："朕听说孙权出兵救援辽东，你觉得这消息是真是假？孙权当真愿意救他？"

蒋济一笑，悠然说道："陛下英明，难道还看不出孙权所用之计吗？"

曹睿叹息道："过去公孙渊斩杀孙权使者二人，并将头颅送来洛阳以示诚意，当时孙权就想出兵报仇，如今却同意出兵支援公孙渊，这里面必大有文章。如此看来，孙权是不是想以声援之名，行趁火打劫之实？"

"陛下所言极是！"蒋济顿了一下，侃侃说道，"孙权其人，向来爱使阴谋诡计。细数过往，魏国凡有边患，此人总会趁机出兵骚扰。此时司马懿出兵辽东，且东边防守牢固，他自知无利可图。若想深入攻击魏国，则力不从心；若浅攻辄止，则劳而无获。当年，孙权使者被杀，吴军诸多子弟被困死在辽东，孙权尚且不救，公孙渊乃异域之人，与孙权之间尚有仇怨，他岂会出兵相救？他之所以扬言愿意出兵救援，不过是想欺骗公孙渊使者，以及使我们心中生疑。若司马懿攻克不了辽东，他必趁机令公孙渊向他投降。如果司马懿与公孙渊陷入僵持，战事久拖不决，孙权便会趁机派出奇兵对我们发起攻击，这是极有可能发生的事！"

蒋济话音刚落，曹睿不由得意地哈哈笑道："哎呀呀，纵使孙权狡猾，还是逃不过蒋公的慧眼啊！若不出所料，公孙渊必死无疑！"

转眼到了六月。

司马懿的远征军如期抵达辽东。此时，辽东的黑土地上，紧张不安的公孙渊早早派出卑衍与杨祚两位将领，率数万步骑屯守辽隧，并筑围墙，挖壕沟，前后竟长达二十余里。

司马懿下令停止行军，遥望敌军阵势，神情淡定，久久不语。

这时，身边诸将说道："我军初来，锐气正盛，此时若趁机攻城，必能克敌！"

司马懿沉吟半晌，才悠悠说道："时机未到，不可轻举妄动！"

诸将一时疑惑，问道："此时不攻，还待何时？"

司马懿眸光灼灼，摇头说道："贼军之所以坚壁清野，筑墙、挖沟数十里，就是想拖住我军。若此时出击，正中其计，必会得不偿失！"

诸将又问道："那现在我们怎么办？"

司马懿遥指远处，胸有成竹地说道："公孙渊在此聚集大军，其老巢襄平必然空虚。若我军直指襄平，必能出其不意，克敌制胜！"

三言两语之间，公孙渊似乎败局已定。

司马懿出兵之前，早就料定公孙渊智谋不足，必会先于辽水布防，再守备襄平，如今看来，果然如此。既然我知敌而敌不知我，公孙渊离战败还会远吗？

紧接着，司马懿派人大张旗鼓，摆出想从城南进攻敌城的姿势。

对方将领卑衍见状，立即率领精锐之军赶往城南防守。不料，司马懿竟悄悄派遣大军从城边急渡辽水，直扑襄平。等敌军将领卑衍等人发现中了司马懿的计时，无不惊恐万分，连夜撤兵，于襄平布防。

这时，司马懿诸军已经抵达襄平城西南方向的首山。公孙渊听闻司马懿大军到来，立即派卑衍等人迎战。

首山之上，司马懿登高远望，将襄平城敌军的阵势尽收眼底。这一望，让司马懿雄心大壮，意气风发。行军数月，此时不破敌，还待何时？

司马懿缓缓下山，骑马出阵。魏军战鼓咚咚，似乎在催着公孙渊步入死地。只见司马懿缓缓举剑，狠狠朝襄平方向挥去，叫道："给我杀！"

喊杀声刚起，满山遍野的魏军犹如狼群出动，叫喊着向敌军冲去。在一片激烈的战鼓和厮杀声中，公孙渊大军被打得鬼哭狼嚎，纷纷逃回了襄平城。

司马懿大军犹如一把倚天利剑，一下插进了襄平城。

时间来到了七月。

空中一声霹雳，紧接着便下起了大雨。大雨数天不止。魏军诸将一片骚动，他们举头望着密密实实的雨幕，心中不禁一片惶恐，难不成此次出征又要因为辽东雨季的到来而前功尽弃？

上一次，魏军之所以败给公孙渊，就是因为大雨不止，辽水暴涨，输在了渡河之时。

难道今天，他们又要重复同样的命运？

此一时，彼一时。彼时毌丘俭被公孙渊大军拦截在辽水对岸，没有及时渡河，又遇上辽水暴涨，这才失利。此时，司马懿大军已在辽水暴涨前一举杀到了襄平城外，而遇雨暴涨的辽水非但没有让司马懿觉得不便，反而带来了巨大的便利。

为何？

大雨多日不止，辽水暴涨，水势凶猛。司马懿便趁机派战船将粮食从辽水渡口直接送到了襄平城下，一下解决了粮食的问题。

有了充足的粮食，司马懿便可以优哉游哉地欣赏大雨。只要大雨一停，即可出兵一举收拾公孙渊。

但是，司马懿似乎高兴得太早了。

之前使毌丘俭作战失利的那场大雨，只不过下了十来天便停了。然而此次，大雨连续下了一月有余，依然不止。更恐怖的是，暴涨的辽水倒灌四野，极目望去，犹如汪洋大海。那巨大的水流淹到了襄平城外，竟有数尺之深，魏兵多数来自中原，几时见过如此恐怖的大水，于是一时恐慌，不知所措。

不得已，三军诸将只好向司马懿请求将营地移到山上，以避开水势。司马懿一听，果断下令道："凡有谈及移营者，斩！"

战前临时移阵，乃是兵家大忌。

樊城之战时，一代名将于禁是怎么被关羽擒拿的？当时，于禁面对滔滔大水，竟心生胆怯，将营地移往高处，结果士气顿落，被关羽一举击败。此时，若司马懿也撑不住，将营地移往高处，士气必然衰落，所谓敌不攻而自败也。况且，若魏军为图自保，移动营地，就是给了公孙渊绝佳的战机，到那时必定万事皆休！

司马懿军令一出，便端坐在军中大帐内，岿然不动。

他知道，大水当前，必然有人心存侥幸，暗自移师。果然，军令才下达，就有人前来报告，说都督令史张静违背军令，搞小动作了。

身为都督令史，竟然带头违背军令，如何能忍？君不见昔日马谡不听诸葛亮调度，暗自移师山上，兵败被困。大敌当前，难道张静就不懂得军法重于泰山的道理吗？

司马懿勃然大怒，立即传令斩杀张静。

张静一死，诸军顿时安静了。然而天上的大雨依然不停地下着，河水越涨越高。就在这时，城里竟出现了神奇的一幕：襄平城百姓见城外滔滔的河水困住了魏军，竟然出城砍柴放牧，往来一如往常，一派安然自若之态。

魏军将领实在看不下去了，纷纷前来请求出兵，将这些出城砍柴放牧的百姓抓起来，然后趁贼军松懈之时，打对方个措手不及。

司马懿却摇头说道："时机未到，不可轻举妄动。"

司马陈珪听得也是一片迷糊，疑惑地问："过去攻打上庸城时，八路大军同时进发，昼夜不息，仅半月便一举攻下城池，斩杀孟达。如今，我们远道而来，不急攻反而按兵不动，恕末将愚蠢，实在不明白司马太尉心里到底想着啥！"

司马懿出征之前，曹睿让他做了太尉，令其掌控魏国兵权。但是，这个被曹睿寄予厚望的国之重臣，用兵实在反常，让人迷惑不解。

司马懿见诸将摸不透他的心思，半晌才沉声说道："诸君可知，用兵之道，贵在因地制宜，随机应变？"

诸将都愣愣地望着司马懿。

司马懿见诸将还是一片茫然，不禁叹息着解释说："过去孟达固守上庸，兵少粮足，足可支撑一年有余。我军将士四倍于孟达，粮食仅够吃一个多月。以只有一个月粮食的军队去攻打有一年粮食的军队，怎能不尽快将其攻下？当时不要说以四对一，即使再减一半，也应该大胆攻城。之所以不计死伤，不为别的，只因粮食不足。况且当时吴、蜀救孟达之兵已在路上，若不急攻，岂不被敌人牵制，陷于被动？"

诸将似有所悟，这才明白当时着急攻克上庸城的原因是粮食不足。

司马懿顿了顿，接着说道："此一时，彼一时。今日敌我形势大变。贼兵众多，我军人数相对较少；贼军存粮不足，正受饥饿之困；我军粮食充足，温饱如常。且大雨一直不歇，极大地限制了我们的行动，纵使有浑身力气也使不出来。此时，若着急攻城，却也不知道该如何行动。我们从京师洛阳不辞辛苦，千里跋涉而来，不怕敌人强攻，却只怕敌军受惊溃逃。大敌当前，他们都不慌，我们又慌什么？"

诸将一听，终于明白了司马懿为什么按兵之动，齐声叫道："一切皆听太尉号令！"

司马懿面色从容地问道："你们可知公孙渊为何放百姓出城砍柴放牧？"

诸将不明所以，皆摇头。

司马懿微微一笑，说道："此乃公孙渊这困兽所使用的诡计，玩不了多久啰！"

诸将见司马懿如此从容自信，都奇怪地问道："司马太尉何出此言？"

司马懿遥望襄平城，缓缓说道："此时，城中粮食即将耗尽，而我军的包围圈尚未合拢，如果出兵劫掠牛、马、木柴，必然将他们吓走。兵者，诡道也。古来能征善战者，皆能随机应变。尽管公孙渊城中粮食不足，然而他仗着这场大雨，仗着兵马众多，必定不甘心就此弃城逃走。饥饿困乏之下，他放百姓出城砍柴放牧，一是试探我军有无攻城之心，二是故意向城中百姓掩饰粮食不足之困，以安抚城中百姓！我们此次攻城，是准备将其一网打尽，而非为得一点小利。所谓小不忍则乱大谋，为了点牛、马及木柴就出兵，绝非上上之策！"

多么可怕的司马懿！

即使身处危境，依然泰然自若，思路清晰，逻辑清楚，志在必胜！这不得不让诸将折服啊！

诸将被司马懿说服后，纷纷回营驻守，等待大雨停歇。然而，这场一下就是一个多月的超级大雨，没有吓倒身处辽东前线的司马懿，却吓倒了身在洛阳城的诸多大臣。

大臣们听闻司马懿大军正被大雨困在襄平城外，一时惊慌不已，纷纷趁上朝时向皇帝请求撤兵。

曹睿望着一群惊弓之鸟般吵个不停的大臣，心里暗暗骂了一句：真是一群听风就是雨的无用之人！

此时岂是撤军之时！洛阳距离辽东有数千里之遥，所谓将在外，君命有所不受。若是前线不利，司马懿自当决断。此时不见司马懿请求撤军的奏疏，那说明一切都还在他的掌控之中。若冒冒失失地下诏罢兵，不但坏了司马懿的用兵大计，更是毁了自己成就帝业的关键一战！

想到这里，曹睿眸光灼灼地望着诸臣，以坚定的语气从容说道："诸臣莫慌！辽东这场雨，无论下得多大多久，司马懿定会随机应变，不辱使命！朕相信，公孙渊被擒，指日可待！"

此时，那一直下着倾盆大雨的辽东天空，终于放晴了！雨一停，天一晴，司马懿立即命令三军对襄平完成合围。紧接着，起土山，挖地道，造楼车及云梯，准备攻城。

此时，公孙渊看见司马懿大军正井井有条地忙碌着，焦虑不安，跺脚哀叹。良久，只听他问道："司马懿就要攻城了，吴军来了没有？"

侍从上前一步回道："斥候多次扬帆出海，不见吴军身影。"

公孙渊悲哀地望了望天，自我安慰道："或许吴军是被大雨挡住了来路，此时不知在哪个海岛上躲雨呢。"

侍从说道："大王，孙权会不会把我们骗了，或许他根本就没出兵？"

公孙渊听得一愣，良久，缓缓说道："使者回来前，孙权已经派兵出城，准备开拔前来辽东。且孙权来信告诉我，司马懿用兵如神，他甚为担忧。他不会丢下我不管的。"

侍从又说道："吴军尚未来到，司马懿即将攻城，不如大王先行逃跑，或许还能逃脱。"

公孙渊听得一怒，瞪着眼低声吼道："公孙氏三代镇守襄平，这里才是我的家，我还能跑到哪里去？难道叫我跑到海上去做个海盗吗？老子今天就是战死，也要跟司马懿周旋到底！"

言毕，公孙渊拔剑高声叫道："大敌当前，凡言弃城者，斩！"

咚！咚！咚！三声巨响，城下传来了战鼓的声音。公孙渊睁大眼睛，遥遥望去，只见司马懿正于土山上向城里望来，已经开始指挥攻城了。

雨后的空气本是十分清新，此刻却血腥气十足。魏军已经准备妥当，各就各位。司马懿遥遥远望，神色庄重严肃。在一阵急切的鼓声中，司马懿高举长剑，怒指襄平城，喝道："攻城！"

不鸣则已，一鸣惊人。被大雨困了一个多月的魏军身上仿佛积攒了巨大的能量，化成了排山倒海之势，向襄平城席卷而去。魏军仿佛找到了当年攻打上庸城时的快感，三军尽管放开手脚，白天攻，晚上打，昼夜不息，箭石如雨。

这场大雨暂时困住了司马懿，然而司马懿今天的这场箭雨，却活生生地吓坏了公孙渊。面对这满天箭雨以及没日没夜的攻击，公孙渊终于彻底尝到了司马懿的厉害。

孙权说得对啊，司马懿用兵如神。今日一见，果然不虚。

城外攻得急，城里的情况更紧急。此时，襄平城里果然出现了司马懿所预料的一幕——城里的粮食彻底不够吃了。粮食吃完，接着便发生了人相食的惨剧，死人到处堆积，惨不忍睹。

公孙渊属下大将杨祚终于顶不住，率先举兵投降。

大将投降，公孙渊也扛不住了。

八月的一个晚上，一颗巨大的流星拖着数十丈的白光，自首山东北向襄平城东南落去，消失于茫茫梁水之上。

襄平城里的官兵和百姓看见了这一幕，无不惊骇万分。公孙渊亦看见了这一幕。他久久地望着幽暗的夜空，面如死灰，绝望到了极点。他想，也许这颗彗星就是天意，他似乎看到了自己即将到来的末日。

不日，公孙渊派相国王建、御史大夫柳甫出城谈判，请求司马懿先解除包围，然后公孙渊便亲率群臣出城投降。

公孙渊的两个使者才把话说完，司马懿冷冷一笑，猛然叫道："来人，把这两个不知天高地厚的老糊涂给我杀了！"

话音方落，使者便血溅当场。

司马懿慢悠悠地回到军帐，命人给公孙渊写了份公文，说道："过去楚庄王围攻郑国，郑国被攻克后，郑伯袒肉牵羊出城投降。楚国与郑国同为列国，地位相等，郑伯尚且如此，而今我为天子大臣，位列三公，王建等人想让我解除包围，企图与天子大臣平起平坐，这么做符合礼仪吗？王建等人肯定是老糊涂，没有准确传达你的旨意，所以被我斩杀。你若还有什么话要传达，可另派年轻有决断的人前来说明！"

司马懿果然狠辣！

此时，谈判的筹码掌握在司马懿的手里，不在公孙渊的手里。既然如此，还想提出让司马懿撤兵解围的不合理要求，做梦！

不得已，公孙渊只好另派侍中卫演出城。

卫演见到司马懿，低声下气地乞求说："若将军肯撤兵，燕王公孙渊愿不日送子出城为人质！"

司马懿一听，脸上淡漠一笑，摇头说道："军国大事，不过是能战则战，不能战当守，不能守当走，其余唯有投降与死亡。既然公孙渊不肯出城投降，那必然是做好了死的准备，何必送子为人质！"

不管公孙渊多么狡猾，他在司马懿面前也只是个"透明人"。司马懿此次远征，就是要彻底剿灭燕国，建立不世之奇功，而公孙渊却企图以送人质的方法保住燕国，简直是痴人说梦！

卫演回到襄平城，向公孙渊转述司马懿的话。公孙渊一听，心里更加绝望。此时此刻，若要出城投降，他定会被司马懿押往洛阳，那么燕国也就不存在了。既然如此，还不如逃亡。

日夜，公孙渊与儿子公孙修率领数百骑兵，从襄平城东南方向突围。

襄平城的东南方，可不就是之前天上彗星坠落的方向吗？难道冥冥之中，皆是天意？

公孙渊刚破城逃走，司马懿便派兵追杀。不久，消息传来，公孙渊父子被斩杀于襄平城东南方向的梁水之上。

是天意吗？是天意吧！

此前，民间就传说公孙渊家里发生了许多怪事。先是有人看见一条狗戴着红色头巾，穿着红衣，在屋顶上乱叫；接着，公孙渊家里有人做饭时，竟有婴儿被煮死在饭锅里；接着，襄平北市上长出一块肉，长宽各数尺，有脑袋，有眼睛，有嘴巴，能动弹，就是没有手和脚，占卜的人说："此肉不祥！有形状却长得不完全，有身体却不能发声，此国必灭！"

果然！

辽东之地，从公孙度发迹，割据一方，到公孙渊自立为燕王，前后传了三代，共五十年。一个显赫的东北王家族，终于挡不住司马懿的长剑，消失在这个混乱的时代。至此，司马懿成功平定辽东、带方、乐浪、玄菟四郡。司马懿率军进入襄平城，诛杀燕国诸多公卿以及兵民七千余人，并将尸体堆积成山，以土封之，称为"京观"。

司马懿班师时，辽东外海上一片风平浪静，依然不见吴军的船队。一切都在蒋济的预料之中。孙权声称出兵支援，不过就是骗骗公孙渊的使者罢了。

出来混，总是要还的。公孙渊死前，不知对这个道理悟出了几分？

第六章

孙权的帝王术

九月，在江东清爽的秋风中，一群不知从哪里飞来的赤乌落在建业城宫殿前。消息传来，孙权亲自出宫观赏，心中一片欢喜，觉得此景必是祥瑞之兆，于是决定改元赤乌。

这一年，孙权五十七岁。

此时，孙权听说辽东的公孙渊被司马懿大军剿灭，心里又高兴又不是滋味。高兴的是，那个曾经把他气得差点出兵征讨的公孙渊，自己不费一兵一卒就被司马懿干掉了。然而不是滋味的是，他只能眼睁睁地看着公孙渊的燕国彻底被魏国吞并。他曾经渴望向海外扩张，派船远赴夷洲等海外诸国，结果做了一趟赔本生意；他渴望降服公孙渊，结果不但被骗了，如今辽东还落入了魏国之手。江湖就是这么残忍，实力不允许，就只能干瞪眼。

看来，他此生只能好好打理江东了。孙权在宫里呆呆坐了半晌，想了许多。良久，只听他沉声叫道："来人，传中书郎吕壹来见！"

"诺！"孙权语音刚落，宫廷侍从便匆匆领命去了。

中书郎吕壹是个生面孔，然而孙权授予他的权柄却让人不能小觑。其人眼下负责的事务是监督检查各级官府以及州郡来往的文书。

通俗地讲，吕壹所担任的官职，就是吴国特务总长。

向来豁达、富有人情味的孙权，怎么突然设置这么一个让百官不待见且心惊肉跳的官职？那是因为人总是会变的。现在的孙权，已经不是以前的孙权了。

先说一段往事。

当年，平民出身的高祖刘邦，率领一帮"难兄难弟"，经历多年努力奋斗，终于打败项羽，建立汉朝，一统天下。有一次，刘邦在殿上宴请群臣，席间，诸将放开吃喝，酒到酣处，个个醉态毕露。有大呼小叫的，有拔剑而起、一边砍着栏杆一边狂舞的。刘邦看着眼前这一切，心里顿时不悦了——喝个酒就闹成这样，这些人眼里还有他这个皇帝吗？

当时，儒士叔孙通似乎看出了刘邦的心结，趁机提出让百官学习朝廷礼仪，以整顿宴会上毫无礼节的乱象。刘邦一听便喜上眉梢，依了叔孙通。此后，叔孙通便带着一帮弟子训练百官。等到长乐宫落成，刘邦举行朝廷大会时，百官依次进场，各列其位，井然有序。在礼仪官的引导声中，百官声音雄壮，高呼万岁。刘邦见状，高兴地叹息道："今日，朕总算明白了当皇帝的威严！"

刘邦这话，算是道尽了古代帝王的心声。

天下大乱时，君臣一体，喝酒吃肉，大家自然是患难好兄弟。然而一旦成就帝业，君臣之间必然有所隔阂。不然，君威不保，必被大臣欺凌。刘邦如此，曹操如此，孙权当然也不能免俗。江东大业是孙策之时就成就的，这些年来，孙权接手江东，基本保证了这块地盘不被曹魏吞并。尽管他是守成之君，却也是雄才之主。历经数十年的血腥风雨，天下三分的格局基本确定。无数历史事实已经证明：由东征西讨过渡到整肃吏治，是历代开国君王及守成之主都无法逃避的政治使命。当世道改变时，孙权亦不得不跟随时代潮流而动，向内用力整肃吴国吏治。之前，孙权启用暨艳，试图改造官场贪污之风，阻力极大，只好杀暨艳谢罪，此事也就不了了之。

当然，孙权心里这颗不满的种子已经生根发芽，快长成参天大树了。

既然他守住了江东，就必须将江东这偌大的官场牢牢控制在自己手中，绝不允许豪门世族及诸位大臣分了他的权，割了他的肉。先不说别的，仅一个张昭就够让他头痛了。他跟张昭斗智斗勇数年，最后还是搞不定这老头子。尽管张昭已然逝世，但是张昭背后的世族势力尚在，如果孙权生前无法铲除这些力量，恐怕等太子孙登上台时，一切就为时晚矣。

孙权正出神，猛然听见一阵急促的脚步声，抬头一看，中书郎吕壹已经走到了面前。

"陛下！"吕壹见孙权面带焦虑之色，连忙说道，"臣来迟，请陛下恕罪！"

孙权摇摇头，微微一笑，淡然道："你替朕忙活，何罪之有？"

吕壹听得心里一宽，似乎明白孙权想要听什么了，沉声说道："陛下命臣督查朝廷诸臣之要事，臣不敢怠慢。然而诸臣却不知晓陛下整肃官吏的大义，胡言诽谤，百般阻挠，实在让人气愤。"

孙权一听百官对他整肃官场有异议，心里不禁一震，从容问道："哦？何人如此放肆？"

吕壹望着孙权，缓缓说道："臣听闻最近江夏太守刁嘉诽谤国政，十分猖狂。"

孙权一听，勃然大怒，大声喝道："整顿官吏乃国家百年之大计，刁嘉身为太守，不以身作则就罢了，反而出言不逊，污蔑朝廷。你立即将此事调查清楚，拿他问罪！"

吕壹见孙权发怒，心中窃喜。只见他顿了顿，面带愁容，忧心忡忡地说道："陛下息怒！臣负责调查朝廷大臣及诸郡文书往来时，早就发现东吴官场盘根错节，官官相护的情况屡见不鲜。依此判断，刁嘉诽谤朝政并非孤立案件，其背后的势力不容小觑！"

孙权听得一阵冷笑。江东是孙氏父子三人耗费数十年时光艰苦奋斗才打下来的。这江东的江山一开始就姓孙，孙氏就是江东最大的势力，难道他能容忍别的势力对孙家指指点点，叽叽歪歪？

想到这儿，孙权面露杀机，狠狠说道："难道在东吴之内，还有朕动不得的人？刁嘉背后到底有什么势力，说来让朕领教领教！"

吕壹望着孙权，缓缓说道："臣听闻丞相顾雍，对陛下整肃吏治亦有微词！"

"顾雍？"孙权听得一愣，一时不敢相信。

顾雍为人如何，孙权十分清楚。之前，百官执意推荐张昭当丞相，孙权却害怕张昭性格刚硬，不好控制，所以坚决不接受，改用性格随和的顾雍为丞相。何为丞相？汉朝丞相陈平曾对孝文帝说："所谓丞相，对上要辅佐天子调理阴阳，顺应四时变化；向下要使万物各得其时；对外镇抚四夷诸侯；对内使得百姓亲附，使卿大夫各司其职。"顾雍身为吴国丞相，不帮助天子使卿大夫各司其职，反而伙同外人对天子之政大发非议，岂有此理？！

想到这里，孙权气得眼前发黑，又想起汉朝的诸多典故来。他似乎明白了一个道理，凡是帝王，对手握实权的丞相不多个心眼是不行的！

昔日高祖刘邦与丞相萧何亦是生死与共，一道打下了大汉江山。然而刘邦长年征战在外，对担任丞相多年的萧何依然十分不放心，之后借机问罪，将他修理了一番才甘心。此后，吕后见丞相职权太大，将丞相一职分为左丞相和右丞相。到了汉武帝登基时，他对丞相更为忌惮，干脆于宫中另起炉灶，另外搞了一套专门替皇帝处理大事的班子，史称内朝。尽管丞相权力被架空，然而汉武帝时期，诸多丞相都不受他待见，或被罢免，或被处死，下场总是极为悲惨。

此刻，若连丞相顾雍都不听话，孙权岂能善罢甘休！

孙权心里一叹，眼睛一瞪，对吕壹说道："朕命你立即调查江夏太守和丞相顾雍等人诽谤朝政之事，将情况一一报上来，待朕处置，以正视听！"

"诺！"吕壹见孙权将偌大权柄交托给他，顿时昂首领命而去。

恰值秋天，长江又起了凉风。一场巨大的暴风雨即将席卷东吴官场。这时，吕壹大肆抓捕官员拷问，剑指丞相顾雍及诸位大臣，一时满城风雨，人心惶惶。

这天，暮色中，有一人率着一队人匆匆离开东宫，向孙权寝殿而去。这一队人来到大殿外，宫廷侍从不敢怠慢，将其余人留在殿外，独领着一人朝殿里去了。

孙权正于宫里闭眼养神，突闻宫廷侍从来报："报！太子求见！"

孙权缓缓睁开眼，心里一阵疑惑，太子此时不是该待在东宫与一帮文臣讨论《汉书》么，怎么跑到这儿来了？

他想了想，良久才说："让他进来吧。"

没一会儿，只见太子孙登匆匆进来，一见面便叩首说道："儿臣前来拜见陛下！"

孙权望着孙登，试探地问道："你今天不听诸葛恪讲习《汉书》，到这里来，所为何事？"

孙登惶恐地说道："儿臣不敢耽误陛下国事，然而今天有一事不明，特此前来向陛下请教。"

孙权听了这话，情绪缓和了几分，点点头，说道："起来慢慢说。"

孙登起身，望着孙权缓缓说道："自陛下命儿臣读《汉书》以来，儿臣颇有心得。昔日汉武帝雄才大略，屡次讨伐匈奴，对内整顿吏治，然而数十年之间，天下大变，国家几乎毁于他一人之手。儿臣实在迷惑，敢问陛下，汉武帝算是圣主还是昏君？"

孙权心里一沉，沉默不语。

他总算看出来了，孙登说是来向他请教，实则是想借汉武治国之事来劝谏他的。既然如此，那就给这个未来的吴国接班人好好讲一下何为帝王之术吧。

良久，孙权悠悠问道："登儿认为汉武帝是何许人也？"

孙登侃侃答道："纵观汉武帝一生，对其是圣主还是昏君，实难定夺。若说他昏庸，他却胸有谋略，屡次讨伐匈奴，开疆拓土，建立了千古不朽的帝业；若说他是圣主明君，他却穷兵黩武，重用酷吏，打压大臣，使得怨声载道。所谓圣一时，昏一时，集圣昏于一身，真是既可叹，又可悲！"

孙权心里一笑，悠然问道："那么，你以为，汉武帝为何昏庸残暴？"

孙登两眼猛然一睁，灼灼发亮，昂首说道："儿臣以为，汉武帝的圣明之处，在于他有一颗果敢、决断的心；汉武帝的昏庸，在于他喜欢瞎折腾！"

孙权眉头一皱，严肃地问道："为何说汉武帝瞎折腾？"

孙登从容说道："文景之治，天下安宁，百姓无事，国家积累了无数财宝。然而汉武帝一生征伐不断，并另设内朝，架空三公九卿。由此，三公九卿不得其职，百官不得其所，天下鸡飞狗跳，苦不堪言，难道这不是瞎折腾吗？"

孙权摇头说道："行外看热闹，行内看门道。登儿身为太子，将来必君临天下，朕让你读《汉书》，并非要你学一些浮于表面的人情世故，而是要学一些深刻的帝王之术以驾驭群臣，拿捏天下。依朕看来，若从帝王之术的角度看待问题，汉武私设内朝，重用酷吏，不过是想将天下之权收于一人之手。此中道理，只能意会，不能言传啊！"

孙登反驳道："汉初，萧何曾定下规矩，曹参恪守不动，所谓萧规曹随，因此成就了一段历史佳话。儿臣以为，国家兴旺，源于天子集群臣之力，集思广益，制定规矩，如此，百官即可恪尽职守，国家便可相安无事。而非私设耳目，借机打压大臣，扰乱朝廷纲纪。请陛下三思。"

孙权脸色一变，冷冷问道："说了半天，登儿是想借汉武帝的故事警告朕吗？"

孙登连忙叩首说道："陛下之英明，犹胜汉武帝，国家大事，陛下自有明断。然而近来儿臣听说吕壹有违陛下整肃官场之意，肆意妄为，四处打压群臣，搞得朝廷不宁。过去暨艳之事已闹得群臣心绪不宁，望陛下三思而行，勿因吕壹一人而乱国！"

孙权实在听不下去了，勃然大怒，喝道："糊涂！你整日苦读《汉书》，就读出了这些东西？若再如此，我孙氏必然亡于你一人之手！"

孙登见孙权厉声责骂，似乎早就想到他会是这样的反应，一时垂下头，默不作声。

孙权大声问道："朕问你，纵然西汉有二百多年，西汉亡于何人之手？"

孙登呆呆望着孙权，半晌才说道："众所周知，西汉亡于外戚王莽之手！"

"果然是死读书，竟然没读出窍门来！"孙权气得差点跳起来，又大声说道，"西汉亡于王莽之手，那是只见树木不见森林，只见水滴不见汪洋的腐儒之见。西汉实则亡于汉元帝刘奭之手！"

"汉元帝？"孙登呢喃一句，满头雾水地望着孙权。

孙权见孙登一副莫名其妙的样子，气不打一处来，只好叹息道："过去汉宣帝刘询整顿吏治时，太子刘奭就曾入宫劝谏其父不要对百官下手太狠，应当宽以待人，以仁孝治国。当时汉宣帝是怎么骂太子的？他说，将来丢祖宗颜面，丧权辱国的人，一定是你！果然，汉宣帝一死，汉元帝优待百官，于是权臣外戚并起，为所欲为，一发不可收拾，这才给了王莽篡汉的机会。今日，你也前来劝我优待百官，宽以待人，难道你也想吴国有亡国的这一天吗？！"

孙登见孙权用词如此严厉，连忙叩首说道："儿臣不敢！陛下息怒。儿臣不懂，请陛下赐教！"

孙权死死地瞪着孙登，一字一顿地说道："你切记，朕今天所做之事，亦是为你的将来扫清一切障碍。所谓国之权柄，务必要紧紧握于自己一人之手，方可无所畏惧，高枕无忧。称帝为君者，对待臣子，可以赐地封爵，唯有权力却万万不可分。朕纵横江湖数十年，只有遭遇重大战事，才封大都督，战争之后又必罢免这一职务。为何？为的是将权力牢牢地握在自己手里罢了。朕君临天下久矣，见百官懈怠，不得已而治之，使其惶惶然而有求于朕，此为帝王立威、定势的治国之道，你务必要铭记于心！"

孙登这才恍然大悟。

孙权启用吕壹整治百官，明面上是整顿吏治，背地里却是为了集权，一举两得。这才是帝王家从不外传的看家本领！

"儿臣遵命！陛下所言，儿臣铭记于心，时刻不敢忘！"孙登说完，叩首长谢，伏地不敢起身。

半晌，孙权才摇摇手，沉重地说道："回去再好好重读几遍《汉书》，活学活用，别再误入歧途了！"

说完，孙权缓缓闭上眼，再也不想说话了。

此时，建业城里正电闪雷鸣，一场巨大的暴风雨敲打着城里的百官，让他们无不屏住呼吸，瑟瑟发抖。

无疑，吕壹就是这场暴风雨的制造者。

吕壹先诬告刁嘉在一场酒宴上诽谤朝廷国政，又在孙权的授意下，立即逮捕刁嘉。紧接着，又将参加酒宴的诸多官员传唤审讯，凡是被叫去问话的，无不被吕壹威胁恐吓，为明哲保身，只好都说了假话，做了伪证。

只有一个人例外。

这天，吕壹传唤侍中是仪。是仪悠悠来到吕壹面前，平静地说道："我没有什么可讲的。当时我确实参加了宴会，但我可以负责任地告诉你，我没听到刁嘉说过半句诽谤国政的话。"

吕壹一听，鹰眼一睐，阴阳怪气地说道："果真如此？"

是仪从容说道："我愿意为我说的话负责！"

吕壹一听，心里一震，知道自己遇到对手了。

是仪，字子羽，北海营陵人。恰逢乱世，是仪不得不南迁，来到江东避乱。孙权继承大统时，听说是仪是有才之人，便派人征召。是仪来后，两人相谈甚欢，孙权便让是仪专管机密要务，并任命他为骑都尉。吕蒙打算袭杀关羽时，孙权举棋不定，便召是仪前来讨论此事。是仪听后，认为吕蒙此计甚好。孙权一听，喜上眉梢，便派是仪跟随吕蒙前去讨伐关羽。关羽被杀，是仪因为有功，被拜为忠义校尉。此后，孙权从武昌移都建业，让太子留守武昌，便让是仪辅佐太子。太子孙登对是仪十分敬重，凡事必先向其咨询请教，然后才施行。又因立功，是仪被晋封为都乡侯。再后来，太子返回建业，是仪亦跟随返城，被拜为侍中、中执法，负责评定各官。

尽管吕壹胆大包天，连丞相顾雍都敢动，但是面对是仪这样过硬的官场老资格，也是小心谨慎的。首先，是仪曾经是孙权的侍从官，掌管过无数机密，吕壹现在想干什么，人家心里清楚得很。其次，是仪是孙权器重的人，曾辅佐过太子，且身居侍中要职。这么一个厉害角色，如果处理不好，说不定对方摇身一变，变成大老虎将自己一口吞掉，也是极有可能的。

这时，吕壹似乎早有准备，只见他缓缓拿出一道诏书，放到是仪面前，冷冷说道："今日传你前来问话，是陛下特别批准的。请你过目，再好好想想。"

是仪望了一眼诏书，昂首冷冷说道："你也可以转告陛下，我的确没有听到刁嘉乱说话。如果有，只能是你听错了。"

吕壹见是仪如此傲慢，猛然拍案叫道："当时参加酒宴的诸位官员都招了，偏你还不招，你是想抗旨吗？"

是仪转头漠然望着吕壹："我抗什么旨？我的确没听见刁嘉说过什么不对的话，难道你是想让我瞎说，与你一道欺骗陛下吗？"

吕壹一听，气得又蹦又跳，大声说道："你今天不老实交代，就别想走出这间屋子。什么时候交代，就什么时候走人。"

是仪一听，悠悠一叹，缓缓说道："随你！"

说完，就闭上眼一言不发了。

吕壹见是仪不肯"招供"，一时无可奈何，只好转身离去了。一连几天，无论吕壹怎么耍狠，是仪就是不为所动。

是仪与吕壹死磕的消息迅速传遍了建业城。满城官员惊恐不已，屏息等待着看这场巨大的官场灾难将如何收场。

这天，吕壹领着孙权特使来到是仪面前，特使向是仪宣诏，要求他立即如实交代，不然后果自负。

是仪见状，诚恳严肃地望着孙权特使，沉声说道："烦请特使转告陛下，今日刀锯已架在臣的脖颈之上，臣岂敢斗胆抗旨违命替刁嘉隐瞒而自取灭亡，成为不忠之鬼？如今之事，臣如实回答，坚持不改口供，还望陛下明鉴！"

特使见是仪如此执拗，只好转身离去了。

特使回到宫里，向孙权如实报告，孙权一听，呆呆沉思起来。

孙权借吕壹之手拷问百官，不过是想借机打击江东官场里各种各样拉帮结派的圈子罢了。但是是仪为人如何，孙权心里却又十分清楚。是仪乃北方名士，因为避难跑来江东，多年以来，他不是待在自己身边，就是待在太子身边，几乎没什么"小团体""小圈子"。如果硬说他有官场圈子，也就只有皇帝及太子是他的"圈中人"。且江夏太守刁嘉又不是是仪的至交好友，亦不是他的直系下属。在诸官都招供的情况下，是仪还舍命维护刁嘉，于情于理，都说不通啊。

由此可以判断，是仪坚持最初口供只有一个理由，他所说的皆是实话！

半晌，只听孙权轻轻一叹，对特使说道："把是仪放了吧，不要再追究此事了。"

是日，是仪被释放回家。同时，刁嘉因为是仪坚持不做假供，也得以免罪！

总算是逃过了这一劫。

可吕壹掀起的这场风暴，仅仅是刚开了个头。后面还将有无数的风暴向百官袭来。是仪躲过了一劫，可百官有是仪这般能耐，躲得过后面的险恶风暴吗？

该来的还是来了。

在整个西汉历史上，若论权力欲望之强，建立不朽功业之大，无人出汉武帝之右。汉武帝独揽大权是全方位的，他不仅想将天下权力集于一人之手，亦企图将天下财富集于国库之中。在此之前，天下盐、铁是私有的，汉武帝屡屡对外用兵，国库严重缺钱，便伸手与民争利，启用桑弘羊等人制定法律，将盐铁财富之权牢牢握于国家之手。中国古代的诸多儒家都是极力反对汉武帝这般与民争利的做法的。在儒家的世界里，国家最理想的状态是藏富于民，而不是将财富集中于国库，任皇帝挥霍，文景之治就是国退民进、藏富于民的经典案例。但是，汉武帝打破了儒者藏富于民的梦想，诸儒便与桑弘羊等人展开了一场声势浩大的辩论，史称"盐铁之议"。但那场公说公有理、婆说婆有理的大辩论，最后谁也没说服谁。汉武帝懒得费口舌了，坚定不移地推进盐铁国有化。果然，盐铁归国家所有后，桑弘羊便在极短的时间内迅速为汉武帝捞了不少钱，弥补了国库的亏空。

为什么突然提起这段往事呢？历史是最好的老师。熟读《汉书》的孙权，面对吴国当前的现状，也想模仿汉武帝将盐铁国有化，以弥补国库亏空。于是，他便将这个任务交给了吕壹和秦博，让他们制定法律，收缴盐铁、酒类等专卖权为国家所有。同时，他也知道，他这么干必定触犯诸多江东世族的利益，引发官场震动。所以他干脆又拜吕壹为吴国"特务总长"，督查百官，以便推进该项法律的实施。

现在总算明白了，吕壹不过是孙权手里的一把利剑。孙权是铁了心要与民争利，大把捞钱的。如果百官胆敢有人非议诽谤，即可令吕壹督查打击。这样，便可一边加大打击力度，一边迅速推行盐铁国有化，所谓齐头并进，相得益彰是也。

孙权很精明，百官也不傻。当年汉武帝大举推行盐铁国有化时，跳出来辩论的也就是几个儒者，百官当中，有异议的最后也都顺了皇帝的意。今天孙权要将盐铁收归国有，百官有几人敢反对？即使有反对的，也不过是发几句牢骚，最后还是该干吗干吗去了。

但是吕壹不这么认为。

既然孙权赋予他监督百官的权力，如果搞不出一两件大案子来，怎么赢得皇帝的依赖？既然权力握在手中，就必须展示它的威力，如此，也可顺便过一把权力的瘾嘛！

被权力瘾冲昏了头的吕壹，决定斗胆去摸一下老虎的屁股。这个老虎的屁股，就是百官之长丞相顾雍。

在江东的官场之中，若论谁最能令百官折服，非张昭莫属。但是，人气极旺的张昭却没有当上吴国丞相，反而是一向不怎么爱说话的顾雍坐上了这个位子。那么，顾雍到底有什么能耐，让孙权力排众议，执意将他推上丞相之位呢？

顾雍，字元叹，吴郡吴县人。他从少年时起就很有才名，被州郡推荐，弱冠之年便当上了合肥县长。后来，又在娄县、曲阿、上虞之地当了长官，皆有政绩。孙权担任会稽郡太守时，因军务繁忙，长年不在当地，于是便拜顾雍为郡丞，令他代行太守之职。顾雍任职期间，兢兢业业，剿灭贼匪，保境安民，使治下吏民无不归服。数年后，孙权被封为吴王，顾雍一路平步青云，先后被任命为大理奉常，领尚书令，受封阳遂乡侯。

尽管顾雍官场得意，但他为人却十分低调。升官封侯这等事，若放在别人家，必定是光宗耀祖，值得奔走相告、大放鞭炮之事。但是，顾雍被封为阳遂乡侯后，回到家却一切照旧，谁也不告诉。后来家人得知，一族皆惊——想不到顾雍竟如此沉得住气。

顾雍不仅行事低调，且生活亦十分自律。孙权爱喝酒，顾雍却从不饮酒。每次宴会上，他总是沉默寡言，不动声色。大家喝到热烈时，因为顾雍坐在一旁，都怕酒醉失语被顾雍看在眼里，不敢开怀痛饮。搞得孙权都郁闷地说道："顾公在座，使人不乐啊！"

尽管顾雍常在酒宴上让孙权扫兴，但他在治国方面却是孙权真正的左臂右膀。吴国首任丞相孙邵病逝后，孙权不顾百官极力推举张昭，独独青睐顾雍，任命他为吴国第二任丞相。

在三国这个大江湖里，像曹操、刘备、孙权这样建立一时的功业，拥有一方领地的英雄，无一不是独具慧眼，有识人之能。百官只知张昭能力超群，却不知道帝王都有猜忌之心。当年霍光扶持汉宣帝上位时，汉宣帝每次见到霍光，总有芒刺在背之感，十分紧张。直到霍光死后，汉宣帝终得解脱，从此才变得自在从容。而今，孙权自诩一代雄主，而张昭却又自诩孙策时代的盖世功臣，如果让张昭来当吴国丞相，陪在自己身边，这跟当年汉宣帝见霍光有什么区别？

君不见，当年汉武帝一继位就将老臣一个个地赶出了权力中心，提拔自己的亲信大臣。为何？只有自己人，用起来才顺手和安心。当年孙权担任会稽郡太守时，顾雍就曾替他将会稽郡打理得有声有色，极讨孙权喜欢。再说，顾雍沉默寡言，凡事不常开口，一开口必定一语中的。所以，孙权曾于众臣面前夸奖顾雍说："顾君不言则罢，言必有中！"且顾雍性格极为温和，上朝奏事，从来不急眼，不大声，更不会像张昭那样，与孙权一言不合，扭身就走。

有这样一个能力出众，性格和顺，用得又十分顺手的自己人在，孙权为什么要将丞相之位交给那个凡事都跟自己过不去的老臣张昭呢？

事实也证明了孙权的眼光。顾雍上台后，所举荐的官员各司其职，安守本分，心无旁骛。顾雍曾多次秘密出访民间，每次回来都将收集来的见闻秘密呈给孙权，如果孙权觉得有用，就将功劳归于孙权，如果不被启用，就搁置不动，从不对外泄露。

这样一个有道德，工作勤恳，做人谨慎的百官之首，吕壹竟然动了歪心思，想来整治他，是不是太过膨胀，太不知天高地厚，不辨东南西北了？

这天，黄门侍郎谢厷对吕壹说道："听说陛下最近对顾丞相很是不满，频频下诏谴责，可有这回事？"

吕壹得意地点头说道："是有这回事。"

谢厷又问道："顾丞相到底因何事让陛下如此动怒？"

吕壹冷冷说道："陛下派我与秦博等专管盐铁、酒类之事，顾丞相对此颇有微词，似乎极为不满。"

谢厷又说道："顾丞相乃明事理之人，怎么会对你有意见？"

吕壹又冷冷说道："我岂敢得罪顾丞相？是顾丞相对陛下新颁布的关于盐铁、酒类的政策不满，暗地里多有非议，才惹得陛下雷霆震怒！"

谢厷点了点头，似有所悟。半晌，又问道："那依你看，此事严重吗？"

吕壹心里一阵得意，表面却肃然叹道："不容乐观啊！"

谢厷似乎又明白了什么，又说道："依你这么说，那顾丞相怕是要被免职啰？如果他被免职，谁会取代他，担任丞相一职？"

吕壹一阵沉默，半天不语。

谢厷心里一笑，悠悠说道："若顾丞相被罢免，取代他的人莫非是太常潘濬？"

吕壹缓缓地点头说道："你的推测比较接近。"

谢厷一听，仰天叹息道："真替你感到可惜啊。若是这样，估计你的下场也好不到哪里去！"

吕壹一惊，连忙问道："君何出此言？"

谢厷微微一笑，又说道："君可还记得当年的隐蕃之案？"

吕壹问道："这跟隐蕃案有什么关系？"

谢厷摇摇头，笑道："错了！关系可大着呢。想当年，隐蕃在朝中混得风生水起，朝廷诸多大臣将军纷纷前往巴结。太常潘濬的儿子潘翥亦携礼前往拜访结交，岂料回来后，被潘濬打了一百棍，潘濬还命儿子前往隐蕃处索回礼物。潘濬此人爱憎分明,刚正不阿,世人皆敬畏不已。而且我又听说,他对你早就恨之入骨,只不过上奏弹劾不是他分内之事,才没有上奏弹劾你。如果他今日取代顾丞相,那么明天第一个打击的,肯定就是你!"

吕壹听得心里一震,一时十分惶恐,不知所措。

谢厷似乎看出了吕壹的恐惧,又悠悠说道:"不过,你也不必惶恐,我有一计可令你平安无事!"

吕壹眼睛一亮,连忙问道:"有何妙计,赶紧说来!"

谢厷叹息道:"正所谓解铃还须系铃人。顾丞相非议国政的问题是你向陛下呈交的,那现在顾丞相到不到得了被免职的地步,也得你出面跟陛下解释嘛!"

吕壹一听,眼睛一瞪:"这样的话,顾丞相岂不是逃过一劫了?"

谢厷哈哈一笑:"若顾丞相死,你亦死;若他活,你亦活。两利相权取其重,两害相权取其轻,你就看着办吧。"

吕壹恍然大悟,半晌,才喃喃自语道:"看来,也只能这样了。"

说完,吕壹便迈着沉重的步子,往宫里找孙权去了。

其实,谢厷出场劝诫吕壹,只是一个缓兵之计。吕壹以一己之力将整个东吴官场都得罪了个遍,当他集中火力攻击东吴诸多大臣时,诸多大臣亦集中火力防御。一旦时机到来,必一跃而起,冲锋陷阵,一举将吕壹剿灭了事。

此时,在遥远的武昌城里,有两位东吴大臣正在举杯交谈,心情沉重地说着最近京师建业城发生的诸多大事。说着说着,两人潸然泪下,涕泪涟涟。

这两位大臣,一个是上大将军陆逊,一个是太常潘濬。

孙权迁都建业城时,令陆逊及潘濬共同驻扎在武昌。尽管远在武昌,这两人却时刻关注着建业城的风吹草动,况且吕壹要将东吴官场查个底朝天这事闹得沸沸扬扬,他们身为国家大臣,又怎么能置身事外?

两人一边说着,一边叹息这吕壹简直又是一个不知死活的暨艳,又要误国乱政了。

末了,潘濬突然抹干泪水,对陆逊说道:"我们在这里哭有什么用,我要亲自走一趟京师，向陛下谏言。"

陆逊摇头说道："陛下要是想做什么事，谁也劝不了。"

潘濬沉声说道："劝不了也得劝。身为社稷大臣，不能眼睁睁地看着一个小人误了东吴的大好局面。"

陆逊望了潘濬半晌，问道："如果陛下不听您劝，那又如何？"

潘濬目光顿时变得锐利，神秘地说道："上大将军尽管放心，此去建业城，我不会空手而归。这件事情，无论如何，没有结果我决不罢休。"

陆逊似乎猜到了什么，惊疑地望着潘濬说道："潘太常千万不要莽撞！"

潘濬嘿嘿一笑，说道："老夫纵横江湖多年，所作所为皆是为了报国。若老夫因莽撞报国而死，亦死得心安理得。"

说完，潘濬满上酒，举杯对陆逊说道："饮了这一杯，就算你我告别吧。陆大将军请静待我的好消息。"

潘濬举杯一饮而尽，昂首挺胸离去了。

第二天一大早，一艘快船乘着雾气缓缓离开武昌。江上起了风，且是顺水，船到长江中央，箭一般向下游的建业城驶去。不日，潘濬抵达建业城的消息传来，诸多同僚闻讯赶紧出城迎接，摆酒设宴，为潘濬接风洗尘。

在座都是多年不见的同僚，潘濬与他们相谈甚欢。酒过三巡，有人问道："潘太常此次前来京师，所为何事？"

潘濬环视四周，高声说道："我听闻陛下出台了新政，要将盐铁、酒类等经营权收归国家所有，并派吕壹四处刺探大臣有无非议。吕壹为打击报复诸大臣，罗织了诸多罪名，可有此事？"

座中同僚默默点头。

潘濬望了望不敢说话的同僚，又大声说道："我此次前来，不为别的，就是劝陛下早早收手，不要听信小人谗言，以免乱了东吴，让外敌有机可乘！"

座中有人摇头说道："潘太常还是省省心吧，没用的。"

潘濬听得一愣，问道："为何？"

那人又摇头说道:"我听闻太子前后几次前往宫中进谏,都灰溜溜地回来了。陛下连太子的话都不听,难道你的话会管用?"

潘濬听得心往下沉,半晌,沉重地说道:"我潘某自知不如太子,陛下连太子的话都不听,那潘某也就不必吃力不讨好了。不过,此次我潘某也是有备而来的——潘某有一计,定会扭转乾坤!"

众臣一听,都惊奇地问道:"潘太常有何妙计?"

潘濬望了望众臣渴望期待的眼神,得意地笑了笑,然后低头小声地跟他们嘀咕起来。这一阵嘀咕,让在座的诸多同僚都听得如被雷劈,一时愣住了。

半晌,潘濬见同僚们都一副呆呆愣愣的样子,心里一震,猛地拍案而起,一把抽出长剑叫道:"大丈夫行走江湖,一人做事一人当,我潘某绝不会连累诸位!"

潘濬这话又如同平地一声惊雷,将在座的都炸醒了。有人连忙叫道:"潘太常,这可使不得啊!"

潘濬雄壮地说道:"就算与吕壹同归于尽,我也不能让他诬告顾丞相及朝中诸位大臣。"

此时,黄门侍郎谢厷亦在座中,只见他起身对潘濬缓缓说道:"潘太常多虑了。顾丞相被陛下责问的事情已经过去了。"

潘濬简直不敢相信:"顾丞相没事了?"

谢厷见潘濬不信,便将他与吕壹说的话重复了一遍。末了,又悠悠说道:"吕壹听了我这一番话,立即进宫求见陛下,替顾丞相开脱。此事千真万确!"

半晌,潘濬又摇头说道:"尽管顾丞相的事情了了,然而吕壹肯定贼心不死,还会诬告其他大臣。与其眼看他作恶,不如让潘某替天行道,一剑刺死他罢了!"

潘濬执意刺杀吕壹的态度如此坚决,诸同僚听得又是一惊,没人敢附和。

潘濬见同僚又不敢说话了,缓了缓,又说道:"遇事犹豫不决,必自乱阵脚。那便依潘某之计——潘某明天设宴,宴请同僚,料吕壹不敢不来。当年,项羽临机决断，怒斩宋义，最终化解危机；今日，只要吕壹入席，潘某必亲自将他击杀，为国除害！"

说完，潘濬还剑回鞘，丢下那些吓得一动也不敢动的同僚，扬长而去！

第二天，傍晚。太阳西斜，江风吹拂，送来几丝凉意。此时，建业城的街市上此起彼伏地回荡着叫卖声。都说江南好，好就好在这美好的人间烟火气，如诗如画，却凝聚不散。

此时，建业城的一处高档酒楼里，潘濬早已坐定，豪华的酒宴已经摆好。夜幕落下，席间已经坐满宾客。大家都在焦急地等待着潘濬开席。

但是，潘濬谈笑风生，丝毫没有开席的举动。

潘濬心里也急啊。这场酒宴就是专门为吕壹设计的鸿门宴，可现在吕壹不知道听到了什么风声，竟然迟迟没有现身。

半晌，潘濬起身走到门口，对侍从说道："你再跑一趟，看看中书郎吕壹为什么还没到。"

话音刚落，突见大门外停下一匹马，马背上跳下一个人来，见到潘濬，便拱手说道："潘大人，我家主人中书郎吕壹因突发疾病，不便前来参加宴会，特使在下前来向潘大人谢罪！"

潘濬一听，心里犹如一块石头直坠井底，无比的难受。良久，他默默地回到座中，宾客见状不妙，连忙问道："怎么了？"

潘濬叹息一声，说道："天意啊！中书郎吕壹今日患疾，不便赴会。既然这样，咱们先开席畅饮吧。"

潘濬只觉手中的酒杯有千斤重，无奈地与宾客们碰杯。

这场做了充分准备的刺杀行动，因为泄露而失败了。但是，吕壹趁机打击百官的脚步却没有停止。这时，他又将目光锁定了一个人。

吕壹连续制造了刁嘉案和顾雍案，都没有成功。为何？吕壹总结发现，问题就出现在口舌之争不容易定性上，因此难出成果。转而他又发现，嘴上的话不容易定性，但是如果是贪污来的钱，摆在面前一清二楚，那就赖不掉了。

吕壹决定调转矛头，整治贪污。

这天，吕壹悠悠来到左将军朱据府上，对朱据说道："朝廷给将军所统部队拨了三万贯钱，据我调查，此笔款项不知所踪，全然不知道花到哪里去了，将军可知晓此事？"

朱据听得一愣："有这回事？"

吕壹冷冷一笑，问道："将军当真不知道这笔钱到哪里去了？"

朱据慌忙答道："朱某真不知！"

吕壹不好把话说破，冷冷说道："既然将军不知，那我就只好去问问将军属下管钱的属吏！"

吕壹转身离去，立即派人将朱据的管钱属吏抓来拷问。可怜这个管钱的官吏也不知道上面拨来的三万贯钱去哪了，一时答不上来，被吕壹活活打死。

管钱的官吏被打死的消息传来，向来乐善好施的朱据又悲哀又无奈，只好出钱将他厚葬。

吕壹认定朝廷拨的三万贯钱落到了朱据口袋里，只不过苦于没有证据，一时不好说破。现在管钱的官吏被打死，朱据却出钱将其厚葬，似乎让吕壹找到了一条可靠的证据。

吕壹立即进宫将此事汇报给孙权。紧接着，孙权将朱据召进宫里询问。

孙权见到朱据，冷冷问道："你可知朕为何召你进宫？"

朱据愣愣地望着孙权，诚实地说道："请陛下恕罪，臣不知为何。"

孙权冷笑道："当年魏国间谍入吴，你非但识人不明，还倾心与之结交，又极力吹捧。后来隐蕃企图作乱，身份暴露，朕一怒之下将你软禁许久，难道你还不长记性吗？"

朱据以为孙权还在翻以前的旧账，慌忙叩首道："臣知罪！"

孙权眼睛一瞪："你知什么罪？"

朱据老老实实地答道："臣一时糊涂，未识破奸细，差点误了国家大事。"

孙权一听，冷冷一笑："你以为朕还要追究往事吗？"

朱据抬头望着孙权，一时不知所措。

孙权冷淡地说道："你虽贵为朕的驸马，然而你若不洁身自爱，朕一样不放过你，明白吗？"

朱据慌忙应道："臣明白。"

孙权又问道："既然如此，那你说说，朝廷给你统率的部队拨了三万贯钱，这笔钱到底去哪儿了？"

朱据一听，顿时明白了，连忙说道："陛下恕罪，臣糊涂，臣当真不知道这笔钱到哪里去了。"

孙权冷笑道："你不知道钱去哪儿了，难道管钱的属吏也会不知道去哪儿了吗？"

孙权一句话犹如泰山压顶，朱据听得呆若木鸡，不知如何作答。

孙权见朱据一副瑟瑟发抖的模样，冷笑一声，又问道："我听说你属下管钱的官吏拒不交代实情。而他死后，你却出钱将他厚葬，可有此事？"

朱据点点头："此事属实！"

孙权强压心中怒火，声音严厉了许多："有人告诉我，你属下管钱的官吏替你隐瞒贪污的事，所以你才厚葬他，有没有这回事？"

此时，朱据纵有一千张嘴也说不清了。若是管钱的官吏贪了钱，朱据理当愤怒，有什么理由厚葬对方？朱据如此厚葬被打死的属官，足可说明，两人之间必然私交甚密。至于是什么，想都想得出来。

朱据一时傻傻愣愣，不知如何回答，孙权更怒了，拍案骂道："你说，到底有没有这回事？"

朱据又委屈又无奈，只恨自己口才太差，不知从何说起，眼泪哗哗直流，更说不出话来了。

孙权见他一副可怜无辜的模样，心里又生气又悲伤。良久，只听他不耐烦地说道："你回去好好反省，想好了再来跟朕说。不过，朕也不会冤枉好人，定会派人将此事查个水落石出！"

孙权将朱据打发走后，独自呆坐，半天不语。良久，只听他缓缓说道："来人！"

宫廷侍从闻声匆匆走进来。

孙权沉声说道："传典军吏刘助来见。"

"诺！"宫廷侍从领命匆匆离去。

没过多久，典军吏刘助进了宫，来到孙权面前。孙权对刘助说道："你身为典军吏，负责督查国家军将，此时朱据军中三万贯钱不知所踪，有人怀疑被朱据贪污。然而朱据和管钱的官吏对这笔钱的去向始终不肯招认，朕命你立即调查此案。"

刘助当即领命而去。

让孙权惊奇的是，没过几天，案件竟然就被破了。刘助进宫来，对他这样说道："朝廷拨下来的三万贯钱，朱据和管钱的属吏根本就不知情，这笔钱是被工匠王遂冒领的。"

孙权听得如被雷轰，一时呆住了。

让他震惊的不是区区工匠凭什么手段贪污了这么多钱，而是朱据贵为驸马，竟然都被吕壹随意诬告，那其他朝廷大臣及天下百姓，又如何躲得过其毒手？

顿时，孙权愤怒了。

孙权叫他督查百官，不是叫他诬告百官。一个小小酷吏，有了点权力便任意妄为，长此以往，不仅毁掉了东吴百官对皇帝的信任，更背离了皇帝当初下令督查百官的初衷！

想到这儿，孙权拍案而起，大声说道："我视吕壹为左膀右臂，岂料他却玩弄朕于股掌之上。来人，立即派人捉拿吕壹，交廷尉审理。"

宫廷侍从领命而去。

这时，孙权转头望着刘助，叹息说道："你破案有方，替朕挽回人心。朕赏你百万钱，以示鼓励！"

刘助一时不敢相信，连忙叩首致谢，高兴地领赏去了。

此时，朱据府上的大厅里铺着一层厚厚的草，草上躺着一个人，只见他绝望地闭着眼，一副随时准备赴死的样子。

此人便是朱据。

朱据进宫被孙权一顿臭骂，回家后自知罪孽深重，不敢吃也不敢喝，便在厅里铺好稻草，躺在草上，准备被传唤治罪。多年以来，朱据以轻财好施、谦虚待人闻名于东吴官场。他沦落至此，让人叹息。然而苍天毕竟不负好心人，正当他绝望至极时，府中侍从匆匆跑进来对他兴奋地说道："左将军，大事休矣！大事休矣！"

朱据懒懒地翻身起坐，心灰意冷地说道："何事？"

侍从说道："中书郎吕壹被捕了！"

朱据从地上一跃而起，一时不敢相信："真的？"

侍从点头说道："千真万确。"

朱据仰头叹息："真若如此，那便是大事休了，我终于可以睡个安稳觉了。"

说完，朱据忽地又躺倒在地，浑身瘫软，舒服至极。他举头望着窗外，突然觉得那闪烁的阳光是多么动人！

这天，丞相顾雍坐车前往廷尉府，亲自审问吕壹。见到吕壹，顾雍面色如常，十分和蔼，仿佛两人之间什么也没发生过似的。

审了半天，终于录完口供。丞相起身对吕壹和蔼地问道："你再想想，还有什么要申诉的？"

吕壹一听，心里如被蛇咬，又难受又惭愧，一时语塞，伏在地上不停地叩首致谢。

这时，陪同顾雍审问的尚书郎怀叙，见吕壹这一副可怜兮兮的模样，怒声辱骂道："小人得志便猖狂，如今落难就像条丧家之犬！活该！"

骂声刚落，顾雍却皱起眉对怀叙说道："国有国法，何必如此谩骂！"

说完，顾雍望了吕壹一眼，一缕轻风似的悠悠远去了。

顾雍将吕壹诬告诸臣的罪状定好后，便立即呈交孙权。孙权召开廷会，商议该如何给吕壹定罪。廷尉官员纷纷说道:"吕壹作恶多端,应该对其施以大辟之刑,或者焚、裂之刑,以惩其奸恶!"

大辟之刑,即腰斩弃市;焚刑即当众点火焚烧;裂刑即车裂。这些刑法,都是古代著名的酷刑。有人建议对吕壹动用如此酷刑,可见他不知有多招人恨!

这时,孙权对中书令阚泽问道:"有司建议对吕壹施以酷刑,公以为如何?"

中书令阚泽沉吟良久,叹息道:"盛明之世,不宜用此酷刑!"

孙权听后,若有所悟地说道:"公言之有理,朕心里有数了。"

孙权处死吕壹后,心里又是唏嘘又是惭愧。想当年,汉武帝毕生征伐,耗尽国库,以至于民不聊生,百姓四处逃难造反。汉武帝自知给国家带来了巨大伤害,于是,醒悟后便下了一道著名的《罪己诏》,向天下谢罪,同时罢兵屯田,不再对外兴兵。汉武帝此举力挽狂澜,不但拯救了濒临崩溃的国家,还补救了自己多年穷兵黩武的形象。他紧急刹车,汉帝国才没有像之前的秦帝国那样撞上巨山,轰然崩塌,反而在昭宣之治的休养生息下,再次焕发强盛的生命力。

如今,孙权前后启用暨艳和吕壹整顿官场,自知用人不当,以致百官对他十分忌惮,不再如以前一般君臣融洽。因此,他决定模仿汉武帝,向百官下一道《责己诏》,表明自己的态度,以解除百官心中的不安和郁结。

孙权在诏书里写道:"吕壹乱政,我已派中书郎袁礼一一向诸位谢罪。人非圣贤,孰能无过?昔日齐桓公凡有善行,管仲没有不赞扬的;齐桓公有过失,管仲亦没有不劝谏的。一次劝谏不得,就一直劝谏到桓公听从为止。今天,孤自我反省,没有齐桓公的圣德,却也不见诸君开口劝谏,想必依然对孤猜忌不已。孤之纳谏胸怀丝毫不亚于齐桓公,不知诸子与管仲相较,又当如何?"

君臣之间心生隔阂,孙权以此诏自责自勉,亦鼓励诸子学习管仲,像辅佐齐桓公一样辅佐自己建功立业,号令天下。

不过,孙权这话真的管用吗?群臣会因此而与他尽释前嫌吗?

或许,这一切都只能交给时间来证明了。

第七章

曹睿托孤

转眼就到了年底十二月。

此时，洛阳城的一轮残阳悬于天边，仿佛奄奄一息，远远望去，使人莫名感到苍凉悲伤。这时，北风吹起，犹如幽魂哭泣，北方大地笼罩着一片悲哀之色。就在这样一个凄凉的黄昏，洛阳城里一片紧张繁忙，守城的士卒早早关闭城门。皇宫周围，竟驻扎着一支巡逻警戒的军队。

如果没有猜错的话，肯定是宫里出大事了。

此时，**魏国皇帝曹睿**正躺在龙床上喘息不已，几乎就要断气。御医在一旁忙碌，但是并不管用。曹睿自知死期将至，时日无多。良久，只见他一边喘气一边说道："传曹宇、夏侯献、曹爽、曹肇和秦朗前来。"

宫廷侍从不敢怠慢，立即出宫传唤。没过多久，以上五人鱼贯而入，站到了曹睿面前。

曹睿望着眼前这五个既熟悉又陌生的面孔，心里又欣慰又悲哀。

曹宇，字彭祖，曹操之子，被封为燕王。尽管曹宇是曹睿的叔辈，然而两人年纪相仿，小时候经常在一起玩耍，所以感情极好。

夏侯献，夏侯氏宗族子弟；曹爽，曹真之子；曹肇，曹休之子；秦朗，曹操的养子。

曹操之父曹嵩与夏侯氏宗族有血缘亲情，由此看来，以上五人全都是曹氏宗族子弟。

看了这五个人的名单，即可知道皇帝曹睿此时的复杂心理了。在这令人热血沸腾的三国江湖里，他们五人可曾有过什么名望？不要说纵横沙场，在那连年不断的征战中，他们连个配角都算不上。这么多年以来，曹睿对他们熟悉，是因为他们是一起长大的，而在魏国与蜀、吴两国征战的岁月里，从未见到过他们的"丰功伟绩"。让曹睿宽慰的是，曹氏无人，唯他们几个是可以托付之人，而悲哀的是，这样的五个人能够担当大任，继续与吴蜀二国相持吗？

时也？命也？

五人呆呆望着曹睿，曹睿也沉沉地打量着他们。

良久，只听曹睿喘息说道："朕时日无多，特召你们几个前来托付国事。朕要封曹宇为大将军，与领军将军夏侯献、武卫将军曹爽、屯骑校尉曹肇、骁骑将军秦朗共同辅政！"

曹睿吊着一口气，拼命把话说完，脸色却胀得发紫，他赶紧闭上眼，喘气休息，不想再说话了。

曹氏五人面面相觑，不敢再说什么，连忙叩首致谢，缓缓退出。

夏侯献和曹肇走出大殿，抬头一望，只见一棵树上停满了公鸡。这些公鸡是宫中特别饲养，专门用来早上打鸣的。

夏侯献和曹肇不知不觉走到树下，久久望着树上的公鸡。半晌，只听夏侯献对曹肇寒声说："这鸡停在树上很久了吧，我看它还能叫唤到几时。"

曹肇也点点头，恶狠狠地说道："用不了多久，到时它们想叫都叫不出来了。"

紧跟在后的秦朗也走到他们跟前，插话说道："我对它们也是恨之入骨，巴不得一刀杀之而后快。"

这时，曹宇走在后面，似乎听懂了他们的话，厉声说道："宫中禁地，不要乱说话。"

曹爽走在最后，莫名其妙地望着他们，一句话也没说。

奇怪，夏侯献和曹肇等人跟这树上专为宫里打鸣的公鸡有什么仇怨？竟然说出了要诛之而后快的话。

其实，这跟树上的公鸡没有丝毫关系。他们只不过是在借这些鸡打哑谜罢了。

古人用"牝鸡司晨"来形容女人窃权乱政；而今夏侯献等人拿树上打鸣的公鸡当对象来骂，其实是在指桑骂槐，骂的是一直躲在曹睿身边，窃取大权多年的两个宠臣。

这两个人，一个是刘放，一个是孙资。

刘放，字子弃，涿郡人。东汉末年，正逢乱世，渔阳人王松发兵占据本县，刘放无处可逃，便前去投奔。后来，曹操与袁绍大打出手，曹操攻克冀州时，刘放对王松说："天下大乱，董卓犯上作乱，天下英雄并起，不顾国家纲纪，个个起兵自封诸侯，雄霸一方。纵观天下英雄，能拯救国家于水深火热之中的，仅曹孟德一人而已。曹孟德挟天子而令诸侯，攻无不克，战无不胜，以二袁兄弟之强，都不是他的对手。此时此刻，我们应该顺应时势，赶紧投奔他，若迟疑，必受其害。"

王松自认能力有限，乱世举兵，不过为了苟活。听了这话，便命刘放速写降书投奔曹操。曹操看了刘放降书，见其文辞壮丽，又与之交谈，发现此人有谋略，极为惊喜，当即授予其官职。

刘放跟随曹操多年，先后做过参司空军事、主簿记室，又曾被任命为郃阳县县令。魏国建立后，他与太原人孙资一起担任秘书郎，从此，两人成为搭档，再也没有分开。文帝即位时，改秘书为中书，任命刘放为中书监，以孙资为中书令，各加给事中。中书监刘放和中书令孙资同为中书省长官，尽管刘放地位略高于孙资，但这并不影响两人精诚协作，不舍不弃。后来，两人因功受封，刘放被封为关内侯，孙资被封为关中侯，共掌机密。

在三国的官场江湖里，像刘放和孙资这种一荣俱荣、隔三岔五就一块儿升官的搭档实在少见，而更让人惊讶的是，他们俩从曹操时起直到曹睿这三代皇帝，一直掌握魏国机密要务，屹立不倒。明帝曹睿上台后，对他们俩更加宠幸，再次加官晋爵，让两人同时担任散骑常侍，刘放被拜为西乡侯，孙资被拜为乐阳亭侯。曹睿不敢轻易决定的大事，则由孙资替他决断；要写诏书檄文时，则由刘放亲自操刀。曹睿派司马懿平定辽东，刘放与孙资因参谋有功，又各自晋爵封侯，刘放被封为方城侯，孙资被封为都侯。

曹氏三代皇帝如此重用刘放和孙资，委以腹心之任，专管国家大事、要事，如此种种，不要说曹氏宗族忌恨他们，一向与世无争的中护军蒋济都看不下去了。

当时担任中护军一职的蒋济曾上疏对皇帝曹睿忧心忡忡地说道："臣听说大臣权位太重，国家必定危险，国君对左右之人太亲近，自己就会被蒙蔽，这是自古以来对君王的警示！刘放与孙资久居中书省，掌握国家机要，陛下事事都交由他们决断，以至于朝廷如今内外皆知中书省权力极大。他们掌握国家机要，又整天在陛下面前晃来晃去，一旦陛下稍有疲倦，其必有可能专权决断。天下人之中，忠诚可靠、认真干事的人多得很，陛下难道宁愿背负大臣专权的恶名而远离忠诚能干的人吗？"

奏书送到宫里后，曹睿看了一眼，就默然搁了起来，不想看了。

这就麻烦大了。

无论怎么看，蒋济这番话都很有道理。古往今来，掌权的大臣无一不是心猿意马，想入非非。况且刘放和孙资之流又绝不是周公、管仲、霍光这类的人，如果不及时加以调整，那么必有吃亏的一天。蒋济身为魏国第一流的谋士，真是站得高看得远。后来的事情亦正如他所料，曹魏帝国已经被他们二人牢牢握在手中，完全不由曹睿当家做主了。

但是，当曹睿钦点曹宇等五名曹氏宗室辅政时，刘放和孙资的威力还没呈现出来。而当夏侯献及曹肇于殿中指桑骂槐时，他们很快就领略到这两个盘踞中书省数十年纹丝不动的老江湖的厉害了。

其实，当夏侯献和曹宇等人走出曹睿宫室时，并不知道有人悄悄尾随，正暗中观察他们的一举一动。而他们几个在树下说的那番话却被尾随的人听得清清楚楚，待他们走远，那尾随之人便迅速跑向中书省报告去了。

刘放和孙资一听夏侯献等人说要杀他们俩，顿时沉默了。

此时夜色已深，中书省里点着几盏明灯，刘放和孙资默然对坐，任凭北风呼呼吹着门窗，动也不动。

半晌，只听刘放长叹一声，幽幽说道："彦龙，此时人为刀俎，我为鱼肉，该如何定计才好呀？"

孙资抬头望着刘放，眼睛透出一丝精光："子弃兄何必唉声叹气？我们俩在这中书省一待就是数十年，什么场面没见过？曹氏那几个有头无脑之徒，还怕对付不了吗？"

刘放眼睛一亮："彦龙贤弟有何妙计？"

孙资望着刘放悠悠说道："先离间曹氏宗族，然后再将司马懿喊回来一道辅政，对他们形成掣肘，如此便大功告成。"

刘放深以为然，点头说道："那么，具体该怎么做？"

孙资胸有成竹，缓缓说道："夏侯献、曹肇、秦朗素来与我们不和，不可让他们辅政，曹宇尽管被拜为大将军，但可劝他主动请辞，让位给曹爽。只要我们扶持曹爽上位，料他也不敢对我们怎样。"

"此计甚妙，就依你说的办。"刘放与孙资一拍即合，就这样把事情定了下来。

第二天，孙资派人以皇帝的名义传唤曹宇进宫。待燕王曹宇进得宫来，宫廷侍从却将他领到了孙资面前。孙资见到曹宇，悠悠说道："陛下已是气若游丝，情况令人担忧。且不知陛下百年之后，燕王如何掌握朝政？"

燕王稍稍一愣，恭敬地说道："曹某一直远离朝廷，不知朝廷深浅，还望中书令赐教！"

孙资叹息一声，摇头说道："政治向来险恶多变，孙某坐镇宫中数十年，尚不能自保，何谈赐教？不过，依孙某数十年的眼力，料今后朝廷政事必有不稳之象，有几句心里话想跟燕王说说，不知当讲不当讲？"

燕王曹宇见孙资这老江湖似乎有什么秘事要说，立即说道："中书令有话尽管讲,曹某洗耳恭听!"

孙资望着曹宇,语气和缓地说道:"燕王与武卫将军曹爽相比,谁与陛下更亲近?"

曹宇听得一愣,不知孙资是什么意思。只见他顿了顿,说道:"曹某久居边地,不入京师,曹爽长期侍奉陛下,陛下自然与曹爽更亲近。"

孙资心里一阵得意,点点头,又问道:"燕王自觉与曹爽比起来,谁更加熟悉朝廷事务?"

曹宇心中一震,沉声说道:"曹某远离京师,驻守边地,论及熟悉朝廷事务,自然不如曹爽!"

孙资心里一笑,暗自骂道,你俩也不过是半斤八两,有什么高低可言?

孙资顿了顿,故意做出一副高深莫测的样子,又说道:"燕王之才比之昔日陈王曹植,如何?"

曹宇一听这话,登时吓坏了,连忙说道:"陈王之才宛若高山,曹某高山仰止尚且不及,岂敢与他相提并论?"

孙资长长地叹了一口气,说道:"太祖生有二十五子,从文帝到明帝,见过哪个诸侯王盘桓于京师,参与朝廷要事?即使当年才名盖天下的陈王曹植,也不过是写几封奏疏罢了。为何?先帝有言在先,曹氏凡是封为诸侯王者,务必待在封国,不得擅自滞留京师。如今陛下垂危,思虑不详,竟拜燕王为大将军,大概是因为燕王与陛下自小感情甚好。但此事若诏告天下,必然引起朝廷争议,到时群臣逼宫,恐怕燕王下不了台呀。"

曹宇一听,心里亦是一叹,觉得孙资说得十分在理。魏国自文帝曹丕登基以来,防诸侯王像防贼一样,十分谨慎;而他对待诸侯王,不仅礼节十分不周全,给的待遇也十分差劲,简直难以启齿。曹宇心道,若自己不识好歹,硬是接下大将军这个职务,必然引起朝廷大臣们的不满。他对朝政如此陌生,哪里是那帮老江湖的对手?与其接下这烫手山芋,搞得自己难受,不如推辞得了!

半晌,曹宇叹息道:"中书令此话让曹某受益匪浅。趁诏书未下,曹某这就入宫请辞大将军之职，让位于曹爽。"

孙资听了这话，十分满意，却假装惋惜地说道："人贵在有自知之明，难为你了！"

曹宇对孙资拱手告辞，转身匆匆朝皇帝寝宫去了。

第三天一大早，刘放和孙资就到中书省会面。两人商议许久，见天色已然大亮，便收拾妥当，匆匆向宫里去了。

两人熟门熟路地进到曹睿寝宫。曹睿见二人同时到来，神色颇有些惊奇，这时，刘放率先开口问道："陛下患疾，让臣等极为担忧，若陛下一旦有不测，不知天下将交给谁？"

曹睿喘息说道："朕想拜燕王曹宇为大将军，与夏侯献等人一道辅政。"

刘放一听，悲声说道："陛下难道忘记了吗？先帝在时，曾下诏不让藩王辅政啊。"

曹睿眼神一暗："朕熟读经史，亦知藩王辅政之弊，奈何曹氏宗族无人，只好托付给曹宇。"

这时，孙资在一旁问道："陛下欲拜燕王为大将军，燕王有何想法？"

曹睿苦笑叹息道："今日燕王进宫向朕请辞，朕不同意。"

孙资又问："依陛下之见，非立燕王为大将军不可了？"

曹睿幽幽一叹："若不如此，教朕如何是好？"

孙资侃侃说道："陛下可记得汉高祖与汉武帝托孤之事？昔日汉高祖将崩，吕后问汉高祖百年后，天下托付给谁，汉高祖语重心长地说道，陈平可以继任丞相之位，然而陈平魄力不足，需以周勃辅之。说安刘氏社稷天下者，必是周勃。后来事情果然不出所料，吕后薨逝，陈平与周勃设计剿灭吕氏子弟，守住刘氏社稷，成就一段佳话。"

曹睿默默听着，心里似有所悟。

孙资接着悠悠说道："孝景帝之时，七国作乱，差点毁汉朝于一旦。等汉武帝登基时，极力削藩，彻底改变诸侯王尾大不掉之势。汉武帝到了晚年，将天下托付给霍光等人。后来，霍光兢兢业业，亦诚心辅政，汉朝再现辉煌。先帝在时曾想方设法掣肘藩王，且陛下亦知藩王于国不利，因此一向不许藩王干政。而今陛下为何一改初衷，拜藩王为大将军？所谓前事不忘，后事之师，还望陛下明鉴！"

孙资这番话犹如尖刀，刀刀刺中曹睿的心。用藩王，天道不祥；不用藩王，他心里亦不踏实。该如何选择，真是令人头痛！

良久，只听曹睿沉声叹道："卿言之有理，那举朝上下，诸大臣中谁可辅政？"

孙资脱口而出："太尉司马懿可当大任！"

曹睿听得神情黯然，不说话了。

刘放在一旁说道："太尉司马懿受先帝所托，辅佐陛下，多年以来，建功立业，足以彪炳史册。他曾奇袭孟达，击垮诸葛孔明，平定辽东公孙渊，这些皆是其赫赫战功。且太尉司马懿为人谨慎，兢兢业业，有古代大臣之风，辅政者舍他其谁？"

曹睿依然默然不语。半晌，才悠悠叹道："既然这样，那朕就下诏召太尉回京！"

孙资和刘放见大事将成，齐声说道："陛下英明！"

第四日。刘放和孙资生怕事情有变，再次来到宫里。他们刚到曹睿寝殿门口，宫廷侍从便将他们拦住说道："两位大人请留步！"

刘放和孙资抬头一望，正想问话，只听宫廷侍从连忙说道："陛下正在与燕王说话，请两位大人稍待片刻。"

孙资听得心里一惊，连忙问道："里面只有陛下和燕王吗？"

宫廷侍从摇头说道："武卫将军曹爽也在。"

孙资又问："那么夏侯献、曹肇、秦朗等人来过没有？"

宫廷侍从摇头说道："没有。"

孙资心里一喜，又连忙说道："等陛下与燕王说完话，速来叫我！"

说完，两人便走到一旁等候去了。

时间犹如漏斗,在孙资和刘放两人心里滴答滴答地流淌,每一次都让人揪紧心脏。尽管两人稳坐魏国中书省数十年,经历过无数政治风雨,然而过往的风雨,都是他们决定别人死活,心里哪有多少波澜。而此时此刻,一旦稍微不慎,错过机会,让曹氏的几个宗族子弟把握权柄,那他们就只能像那殿前树上的公鸡,准备挨宰了!

不知过了多久,只听见外面响起一阵急促的脚步声,然后便渐渐远去。这时,宫廷侍从匆匆走来,领着孙资和刘放进了内室。他们一进内室,便见武卫将军果然在一旁陪侍。

曹睿看见刘放与孙资进门,心里似乎有气,莫名地摇头叹息。

刘放和孙资对视一眼,小心翼翼地问道:"陛下似乎面有难色,难道是燕王又说了什么?"

曹睿摇头叹道:"一连几天,曹宇天天来请辞。今天他还是那个态度,执意请辞。"

两人一听,欣喜若狂。良久,孙资试探着问道:"燕王请辞的理由是什么?"

曹睿说道:"他说他资历浅薄,难以控制局面。且先帝在时曾下诏说,藩王不得辅政,他身为藩王,若是朝廷大臣发难,只怕难以抵挡。他还说自己天性不适合官场,若硬是要他来承担此任,恐怕会适得其反。你说,他说这话的意思,是不是想撂挑子不干了?"

孙资沉吟半晌,缓缓说道:"陛下明鉴。古人尽管有三让之说,然而燕王三番五次固执请辞,足以说明他自知才力不足,不能担此重任,陛下就不必再为难他了!"

曹睿听得有些惊讶,良久才问道:"既然如此,谁可担此大任?"

孙资转头望了望陪侍一旁的曹爽,朗声说道:"武卫将军曹爽可以担此大任!"

曹睿一听,转头看了看曹爽,问孙资道:"卿认为曹爽可代替曹宇?"

孙资斩钉截铁地说道:"臣以为曹爽必能担此重任!"

曹睿转头望着刘放，问道："卿以为如何？"

刘放果断地说道："依臣之见，曹爽足以担此重任！"

曹睿缓缓扭头望着曹爽，像端详一件艺术品一样久久地打量着他，就是不说话。曹爽何曾见过如此场面，不禁浑身直冒冷汗，竟有些瑟瑟发抖。

这时，刘放在一旁悄悄踩了一下曹爽的脚，小声说道："赶快说，臣愿以死报国，忠于社稷！"

曹爽恍然大悟，猛地对着曹睿跪下，叩首急促说道："臣愿以死报国，忠于社稷！"

孙资见大事将成，趁机说道："有大将军曹爽及太尉司马懿辅政，是大魏之福，陛下可无忧了！"

曹睿突然对刘放说道："赶紧拟诏，召太尉回京。"

孙资和刘放大吃一惊："昨天陛下不是已经下诏了吗？"

曹睿摇头苦叹道："昨天你们才走，曹肇就进宫劝我不要召太尉回京，并改派其前往长安镇守。这小子差点坏我大事！"

孙资和刘放一听，暗地里倒抽一口冷气，连忙说道："此刻，还请陛下赶紧下诏，召回太尉。"

曹睿有气无力地对刘放说道："朕现在手脚无力，由你来拟诏。"

刘放说道："陛下之前依曹肇之言下诏令太尉前往长安，可是亲手拟诏？"

曹睿沉重地点点头。

刘放一听便急忙说道："那么这份诏书也要由陛下亲笔拟写，不然两份诏书笔迹前后不同，太尉必然不信。"

曹睿这时气息更加衰弱，他动了动僵硬的手臂，好似没有半点力气，只好气若游丝地说道："朕手臂无力，动弹不得。"

刘放见状，突然说道："来人，拿黄纸笔墨来。"

宫廷侍卫听罢，一个拿着黄纸，一个端着笔墨跑进来了。刘放命他们铺好黄纸，磨好墨汁，一切准备妥当后，刘放拱手问道："陛下，臣上龙床来握陛下之手拟诏，如何？"

曹睿缓缓点了点头。

刘放小心翼翼地爬上龙床，握着曹睿那纤细苍白的手写了起来。诏书写毕，刘放将诏书封好，当即交给使者辟邪。使者辟邪二话不说，匆匆出宫去了。

天色将晚，宫里一片暗沉。孙资望望天色，对曹睿说道："既然大事已定，由大将军曹爽及太尉司马懿辅政，还请陛下下诏，罢免夏侯献、曹肇、燕王曹宇之职，以绝后患。"

刘放又握着曹睿纤弱无力的手再写了一道诏书。写毕，刘放和孙资立即拿着诏书来到宫门宣诏："罢免燕王大将军之职，夏侯献及曹肇等人不许入宫。"

此时，曹宇带着夏侯献、曹肇、秦朗等一行人正朝宫里匆匆赶来，听到守宫侍卫传令不得入内，他们当即面如死灰，跌足叹道："坏事了，让那两只司晨公鸡捷足先登了！"

这时暮色降临，宫里宫外昏黑一片，点点灯火犹如风中鬼火，远远望去，真是惊悚！

在苍凉无比的北方大地上，一支远征队伍正缓缓归来，驻扎于河内郡汲县。同时，一队从洛阳来的轻骑直奔汲县而去。没几日，皇帝使者辟邪亦带着曹睿的手诏抵达汲县，出现在司马懿的面前。

当司马懿翻开辟邪十万火急送来的诏书，再看看前日收到的诏书，一时愣住了。两封诏书都是同一笔迹，第一道诏书是令司马懿前往长安屯守，第二道诏书则是召他速回京师洛阳。

司马懿看了半晌，隐隐觉得不妙。

这时，司马懿又不禁想起了他在襄平时做的一个噩梦。梦里他看见天子曹睿枕着他的膝盖幽幽地说道："卿抬头看看我的脸。"曹睿本来生得面容俊秀，一头长发可垂地，十分动人。然而司马懿在梦里抬头一望，却见曹睿面容忧愁苦闷，异于往常，让人十分害怕。

更让司马懿感到惊奇的是，使者辟邪送来的这封手诏末尾竟如此动情地写道:"朕屏息待卿到来。若卿回到京师,便可推门直入,看着我的脸。"

手诏里的那句"看着我的脸"竟然和梦境中如出一辙。如此,如果没猜错的话,皇帝曹睿必已性命垂危,这才盼他速速回去!

想到这儿,司马懿猛然叫道:"来人,备马!"

司马懿安排好军中事务,急急上马。

此时,司马懿驻军之地汲县距离洛阳城尚有四百里,司马懿日夜狂奔,仅一天就赶到了洛阳。

司马懿此举真是稳如山,疾如风啊。

司马懿一到京师,立即奔往宫门。宫门外早有人在等候,司马懿一到,宫廷侍从便将他匆匆引进嘉福殿内室。

曹睿一见到司马懿,眼泪就掉了出来,悲伤地说道:"朕终于等到司马太尉回来了。"

司马懿看着曹睿一副有气无力、奄奄一息的样子,眼泪哗哗直流,猛然叫道:"陛下,老臣来迟了!"

曹睿欣慰地望着司马懿,气若游丝地说道:"起来,看着朕的脸!"

司马懿泪如雨下,缓缓起身,含泪望着曹睿。

曹睿颤抖着伸出手,司马懿赶紧把手伸过去,一把握住。曹睿手心冰凉冰凉,司马懿握着他的手,犹如握着一块冰凉的玉,心里如被针刺,疼痛难耐!

这时,曹睿一边牵着司马懿的手,一边喘着气说道:"朕召卿回来,是要向你托付大事——卿应与曹爽共同辅佐太子。"

司马懿听罢,泪如雨下,失声说道:"臣以死报国,死而后已!"

曹睿听了这话,苍白的脸上现出一丝生气,动容地说道:"死亡岂可忍受?朕忍着如此痛苦等待你,如今得以相见,朕死而无憾了!"

说完,曹睿召齐王曹芳和秦王曹询来到司马懿面前。这两人都是曹睿养子。曹睿指着齐王曹芳对司马懿说道:"继承魏国大统的就是他了,卿好好看看,不要认错了。"

此年，齐王曹芳年仅八岁，一脸稚气未脱，懵懵懂懂，还不明白眼前发生的一切。

司马懿久久地端详着他，犹如一只伪装温驯的老虎在打量一只鲜嫩的兔子。

良久，曹睿又对齐王曹芳说道："抱抱太尉！"

司马懿连忙蹲下来。齐王曹芳瑟瑟向前，轻轻地抱了一下司马懿的脖颈。司马懿猛地抱紧这孩子，泪如雨下，一时不能自已。

是日，曹睿立齐王为太子。事情办妥后，终于解脱，闭目离世。

这年，曹睿三十六岁。

第八章

权 斗

景初三年（公元 239 年）正月的风呼呼地从洛阳城上吹过，吹起多少历史的悲伤忧愁。风儿年年吹，花儿年年开，可渺小的人类个体却一年与一年大不相同。去年此时，曹睿还雄心万丈地送司马懿远征辽东，此时，洛阳城外又添了一座皇家陵墓。

那新的陵墓里躺着的，正是曹睿自己。

天下三分，世道艰难，曹睿就此离世，真不知道是一种解脱，还是一种道不尽的人间遗憾！

曹睿带着悲伤遗憾离去了，司马懿却还在替他处理后事。曹睿生前大举修建的宫室工程，司马懿命令统统停止。

紧接着，太子曹芳即皇帝位，时年八岁。

一部残酷的东汉历史已充分证明，凡是儿皇帝继位，多数是一个悲伤凄凉的故事。此时曹芳还小，眼睛还是那么清澈，心里还是那么稚嫩无知。然而他并不知道，有两只老虎正陪侍在他的身旁，随时都能将他生吞活剥。

这两只老虎，一只是曹爽，另外一只当然就是司马懿了。

随着皇帝登基，曹爽和司马懿亦水涨船高，加官晋爵。为了体现公平，曹爽和司马懿皆为侍中，假节钺，都督中外诸军，录尚书事。

熟悉历史的人都知道，曹爽和司马懿都被加封了这么大的官职，真是魏国历史上的第一次，简言之，两人赚大发了。

建安年间，魏太祖曹操为丞相时，曾派遣夏侯惇督二十六军；文帝黄初三年，曾派遣曹真都督中外诸军事，假黄钺，总统内外诸军。但无论是夏侯惇还是曹真，其权力范围仅限于管辖军队，而无权参与国家大事的决策。武将要参与国家大事决策，必须加封"录尚书事"。为何？因为录尚书事一职自东汉光武帝开国以来，从来都是重要之职，必须由大将军、太傅或者三公兼任。

而今，曹爽和司马懿两位将军打破魏国传统，集天下军权及国家决策大权于一身，且儿皇帝曹芳又小。如此看来，说他们俩平分魏国天下，一点也不过分。

可翻遍史书，有谁见过一山能容二虎，二虎能和睦相处的案例？当年大将军霍光与上官桀一起辅政，且皆加封录尚书事，结果还不是一言不合就火拼，最后以霍光胜出收场。

由此看来，曹爽与司马懿火拼的时间还会远吗？

当然，此时曹爽还不敢跟司马懿翻脸。他这个初出茅庐的新手还得老老实实地尊重司马懿这个老江湖，一切事务，都还按江湖的老规矩来办。

既然职务相同，待遇相同，那么活儿也要平分，不能抢着干。曹爽和司马懿各领兵三千，在宫里轮流值班。因为司马懿是老前辈，曹爽侍奉他，犹如侍奉父辈，从来不敢怠慢。每件事都要咨询司马懿，不敢独断专权。

就这样，日子一天天地过去了，两人之间相安无事。

直到数年后，曹爽被诛，魏室沦丧，有人回首今天的这一幕，依然感叹地说道："如果曹爽一直都坚持以恭谨之心对待司马懿，那么结局会不会有所改变，魏室可以免除灭亡之祸吗？"

面对这样的发问，有人却一针见血地回答道："即使曹爽以恭谨之心与司马懿共事，一样逃不掉被消灭的命运。因为这根本就不是一山不容二虎的问题，而是猫鼠不可同穴，老鼠无论多么谨慎小心，一样逃不掉被猫吃掉的下场。"

冥冥之中，一切皆有因果。

此时，一夜之间地位大变的曹爽秘密结交了一群狐朋狗友。正是这群人，加速了他的灭亡。

先看名单：毕轨、邓飏、李胜、何晏、丁谧。

这是一群什么样的人呢？都是当时富有才名之人，然而这帮人却急于求富贵，趋炎附势，且追求浮华。明帝曹睿在世时，最讨厌的就是浮夸之徒，所以当他们前来求用时，便硬生生地将他们压了下去，弃之不用。

但是今天，曹爽却一反常态，决意将这帮人放出来"重见天日"。

曹爽朋友圈中的这几个人，若论最著名的，当属何晏。

何晏，字平叔，他的祖父就是东汉末年闻名天下的大将军何进。当年，何进不听曹操劝谏，引董卓进京，最后死于宦官之手。何进死后，何家犹如秋风扫落叶，一派败落凋零之状。何晏的父亲早亡，只好跟随其母尹氏流落江湖，后来竟然遇见当时已是汉朝司空的曹操。曹操见其落难，便娶了尹氏，收养了何晏。

当时，曹操还收养了秦朗。秦朗就是之前与曹爽一同露面，若不是被孙资和刘放设计，便成了曹睿托孤对象的五位大臣之一。话说秦朗小时候性格极为谨慎，极受曹操喜欢。曹操逢人便得意地说道："天下有谁像我这样爱养子秦朗超过爱亲儿子的？"

同为曹操养子的何晏，性格却截然不同。他自幼聪明，小小年纪就才华横溢，在诸多经典书籍中独爱老庄之学，逢人开口，不是老子曰就是庄子曰，飘飘乎犹如超脱世俗的高人。何晏熟读老庄，却没有老庄的恬静之态，为人处世无所顾忌，十分张扬。除此之外，这人还特别自恋，十分喜爱涂粉，动静之间粉不离手，一举一动都是顾影自怜。穿着打扮，更是十分讲究，每次都盛装出行，浑然不将世人放在眼里。

如此种种，连曹丕都看不下去了。曹丕对秦朗，从来都是呼他小名"阿苏"，然而对何晏却从不指名道姓，而是另给他取了个外号叫"假子"！

曹丕对何晏的这个称呼，不是骂他不是自己的亲兄弟，而是骂他虚假、矫情、做作！

曹操为人十分节俭，所以他的诸多儿子中，几乎无人敢有奢侈的做派，连太子曹丕亦是如此。何晏身为养子，寄人篱下，不谨慎小心，反而处处体现一种自以为得宠的优越感，这不是做作，又是什么？

如果曹丕认为何晏没有曹氏之风，那也是不对的。除了以上特点，何晏竟然也有曹家上下都具有的共性，那就是好色！

好色的何晏招曹操喜欢吗？招。

在对待何晏这件事上，曹操是铁了心要送佛送到西，好人做到底。何晏成人后，曹操竟将金乡公主嫁给何晏，与他亲上加亲！

"假子"何晏娶了真公主，这对曹丕来说，真是莫大的讽刺与打击。但是很快的，曹丕对他的打击也来了。曹丕当皇帝时，因为极度厌恶何晏，没有授予他任何官职，让他成了一个无所事事之人。

想当年，曹植被逐出京城，成了无所事事之人时，是何等郁闷，整天吟诗作赋，以酒浇心中之块垒。而何晏对曹丕的打击似乎不以为然，整天拉着一帮朋友一起谈论老庄之学。久而久之，又不再满足于老庄之学，谈论起《黄帝内经》的养生学来，继而又谈论玄学。

于是，他莫名其妙地成了魏晋玄学的重要开山人物。

不得不说，何晏真是学富五车，连坐而论道"扯淡"都扯出了名堂。但当时的人们不认为何晏是在"扯淡"，而是美其名曰"清谈"。从此，清谈便成了魏晋名士的标志之一。

何晏对魏晋名士的作风影响深远，但曹丕就是不喜欢他。连曹丕的儿子曹睿也不喜欢他。曹睿尽管也长得十分秀美，长发飘飘，但他就是不喜欢何晏这样的浮华之徒。所以，曹睿当皇帝时，何晏也是不得志的，他无官可做，只能在家里继续他的"清谈"事业。

不料，曹爽当上辅政大臣后，何晏终于苦尽甘来，盼星星盼月亮似的盼来了他的春天！

这天，曹爽与何晏、丁谧等人一起喝酒。酒过数巡，"涂粉先生"何晏轻轻摇扇，悠悠说道："在下有一句话想对曹大将军说，不知当不当讲？"

曹爽望着面若桃花的何晏，哈哈一笑："平叔见外了，想说什么尽管说！"

何晏若有所思，缓缓说道："曹大将军手握大权，切不可随便分给别人！"

何晏话音刚落，一旁的丁谧连忙说道："平叔说得对！"

曹爽当然听明白了，却故意问道："不知平叔所指，具体是什么事？"

何晏轻轻一叹，仿佛空气中都带有脂粉的香味，他继续幽幽地说道："曹大将军与司马懿共掌朝中大事，难道你就想一直这样下去吗？"

曹爽默然，静静听着何晏把话说开。

何晏见曹爽沉默，接着说道："司马懿老谋深算，屡建奇功，极有威望，曹大将军与他共同辅政，应该将权力牢牢地抓在手里，防患于未然啊。君不见，昔日霍光与上官桀共同辅政，上官桀率先发难，差点置霍大将军于死地。曹大将军若不加以防范，如有不测，后果难料啊！"

曹爽听得神色一变，沉声问道："依平叔之见，该如何定计？"

何晏还没说话，一旁的丁谧急忙说道："大将军不用多虑，丁某已然为大将军想好了应对之策。"

曹爽闻言，目光灼灼地望着丁谧问："彦靖有何高见，赶紧说来听听！"

丁谧，字彦靖，是曹操的老乡。其父丁斐曾跟随曹操南征北战，因立功被封官，后病亡。丁谧自少年时起就不肯与世人交往，只喜欢读书，所以成了一个博览群书、性格沉毅、胸有韬略之人。但其在明帝年间，亦不得志，却颇受曹爽欣赏。曹爽曾于明帝面前屡次进言，说丁谧可堪大用，明帝曹睿就是不理睬。而今明帝已然崩殂，曹爽手握实权，所谓"见龙在田，利见大人"，此时丁谧若不趁机扶摇直上，还待何时？

这时，丁谧望着曹爽，沉稳地说道："司马懿屡建征伐之功，若采用暴力手段架空此人，或许会遭受世人非议。既然如此，曹大将军不妨呈上奏疏，举荐司马懿为太傅及大司马，对外借此名号使他获得尊荣，对内则要求尚书奏事先通过大将军自己，如此便可把控大局，做到心中有数。这就是所谓'尊其名而夺其实'。"

曹爽一听，顿觉甚妙，对丁谧和何晏说道："大事若成，诸君必有厚赏！"

言毕，曹爽便打道回府，以大将军的名义上表奏道："司马懿高风亮节，光明中正，处于上司之位，名声足以慑服众人，再加上有征伐之功，亲受遗诏，辅佐皇室。臣以为任命司马懿为太傅、大司马，于此，上可昭明陛下进贤之明，中可显示司马懿的文韬武略，下可使愚臣免于诽谤讥讽！"

曹爽奏表之意，总而言之可概括为：司马懿品德高尚，功绩赫赫，可为天下道德榜样，只有他能胜任太傅及大司马之职，如此才不被天下人说三道四。

曹爽名义上是向皇帝呈上奏疏，可此时皇帝尚小，不能理政，于是奏书自然而然地就落到了中书省刘放与孙资的手里。

刘放与孙资自然心知肚明，立即以皇帝的名义拟诏，诏告天下："昔日吴汉辅佐光武帝，有平定四方之功，被拜为大司马，名声流传至今，被天下人所称赞。如今太尉司马懿忠诚正直，功盖四海，先帝在时就想将其擢至高位，然而因为一些小事久久不决。如今大将军推荐太尉为大司马，既合先帝本意，又有敬拜功臣之美德，特此任命太尉为太傅、大司马！"

刘放和孙资这对黄金搭档与曹爽这么一唱一和，大事就办成了。

曹爽把司马懿抬上太傅的高位后，当然自己也不能吃亏，他立即给自己的弟弟们谋取职位，先后拜弟弟曹羲为中领军，弟弟曹训为武卫将军，弟弟曹彦为散骑常侍、侍讲，其余诸弟则以列侯侍从身份出入皇宫。

在这座皇宫里，曹爽终于成功架起了第一道防火墙。曹羲和曹训所率领的禁军负责保卫皇宫，曹彦则以侍讲身份监视皇帝。防范如此严密，司马懿纵有天大的本事，也难以破解了。

然而，筑成皇宫防火墙，这仅仅是第一步。

此时，曹爽还是一如既往地尊敬司马懿。但是，诸多国家大事的决策，却不再咨询司马懿了，皆由自己拍板决定。

此时的司马懿犹如一尊活神，除了享受供品，还能做什么？搞定了司马懿，接下来曹爽就开始清洗朝廷，大力举荐自己的人上位。

吏部尚书卢毓与何晏素来不和，曹爽偏将卢毓改迁为仆射，以何晏取代他做了吏部尚书。曹爽之所以这么做，就是要从何晏开始，由自己掌控魏国百官的升迁贬斥。同时，又以邓飏、丁谧为尚书，紧紧控制尚书台，如此一来，百官可以绕过司马懿，直接向曹爽汇报。接着，他又任命毕轨为司隶校尉，负责监察京官。

这是第二道防火墙。

三月，曹爽撤去司马懿的太尉之职，改封征东将军满宠为太尉。

由此看来，司马懿顶着太傅及大司马的头衔，手中却无实权，跟被架空已经没有什么区别了。但是当曹爽有条不紊地蚕食司马懿的实权时，司马懿却似乎若无其事，没有抗议，没有牢骚，也没有怨言。

一切看起来都那么和谐宁静。

乍一看，司马懿这个老江湖似乎是彻底躺平了。

司马懿这么一躺平，前后有足足十年光阴。时光流转，日升月落，月圆又缺。随着时光的流逝，当所有人都以为司马懿可能就此了却残生时，却没有人知道，他的心里早就已经种下了一颗风暴的种子。

只是，当风暴还没有酝酿出来时，天地之间是如此的安详！而时间将残酷地证明，眼前的景象不过是个幻象！

第九章

舍我其谁

正始二年（公元241年），春天。

江南早春的风永远是那么寒冷入骨，让人感觉连骨头缝里都是凉的。此时，建业城的皇宫里，孙权独自端坐于几案前，久久凝视着桌上铺着的一张地图，却不发一语。

这年，孙权恰好六十岁。孔子说，五十而知天命，六十而耳顺。一晃眼，一甲子的岁月就过去了。然而这一甲子之间，天下依然是那个天下，江湖依然是那个江湖，三分之势，并未改变。

此事想想就让人唏嘘啊！当年赤壁之战时，曹操五十四岁，孙权年仅二十七岁。当时曹操率大军压境，气盖长江，雄贯千里，何其壮哉？然而孙权却豪气冲天，拔剑斫案，誓言抗曹。结果曹操大败，魏国数十年过不了长江。可这数十年间，孙权亦屡屡被曹魏阻拦于合肥襄阳，不得北进半步。如此英雄，岂可坐等岁月流逝而悲叹功业无成？而今之时，曹睿崩殂，魏国竟然扶持了一个儿皇帝登基。这真是天赐良机，若此时不出击魏国，还待何时？

孙权正沉思着伐魏大计，突然听到宫廷侍从报告："报，零陵太守殷札求见。"

孙权一听，缓缓抬头说道："领他进来吧。"

之前，零陵太守殷札曾上奏求见，想面陈大计，孙权便准了。不料没几日，他竟已经抵达京师。

没一会儿，宫廷侍从将殷札领到孙权面前。殷札一见孙权，便叩首说道：

"臣闻陛下欲出兵征伐曹魏，特此前来面陈愚见！"

孙权摇摇手，缓缓说道："你尽管畅所欲言，不要有所顾忌！"

"谢过陛下！"殷札再次叩首，起身缓缓问道，"敢问陛下，此次出征可派出多少兵马？"

孙权眼睛一眯，定定地望着殷札的脸："依卿之见，多少兵马才够？"

殷札斩钉截铁地说道："若陛下想一举拿下曹魏，必须举国出征！"

举国出征？孙权听得一愣，以为听错了，又问道："卿所言何意，为何须举国出征？"

殷札胸有谋略，有备而来，他看了看御案上铺着的地图，便问道："陛下可否借地图一用，让臣好好陈说？"

孙权缓缓地点了点头。

殷札缓缓走到御案前，指着地图侃侃说道："天弃曹氏，因此其屡有大丧。曹睿父子皆活不过四十，且子嗣衰弱，竟然让一个八岁孩童坐上帝位，此举与东汉末世衰亡之兆何其相似！这是天赐良机，陛下宜亲率三军出征，收复中原，统一华夏。"

孙权听到这儿，似乎觉得殷札说到了他的心坎儿里，不由得点了点头。

殷札接着说道："然而臣以为，若一举攻克魏国，必得倾国出兵。然后外与西蜀联合，令其从陇右发兵；内则授予诸葛瑾、朱然大军，令其直指襄阳；陆逊、朱桓则另率大军袭取寿春；而陛下则可率兵进入淮阳，直驱青州、徐州。如此，魏国襄阳、寿春皆被我军所困，而长安以西则被蜀军拖住，魏国许昌、洛阳民心势必涣散，我们诸军同时进军，魏国内部必有百姓造反接应。到时，帅对帅，将对将，魏国总有一个地方会出现漏洞，只要我们攻其一处，将其挫败，其他三军便会离心败逃。陛下乘胜追击，何愁北方不能平定啊！"

殷札看着地图滔滔不绝地说着，孙权听着听着，心里倒抽一口冷气。

孙权总算听出来了，殷札不远千里前来面陈大计，原来是想劝他赌上国运，跟魏国硬碰硬地大打一场啊！三国纷争久矣，彼此拉锯数十年，纵使神仙附体，亦不能解决当时的割据之局。而殷札却企图毕其功于一役，一劳永逸地解决掉魏国这个大患，这种急功冒进，赌上江东数十年基业的思想，真是太危险了。曾经，诸葛亮率十万兵，孙权率十万兵，彼此遥相呼应，从东西两线齐头并进，向魏国发起进攻，结果如何？诸葛亮在世时，两国联军都捞不着便宜，还指望此时与蜀国合兵，就能一举打下魏国，这不是滑天下之大稽，痴人说梦吗？

殷札见孙权久久不发话，似乎看出了对方的顾虑，又果决地说道："陛下，三国僵持已久，彼此之间势均力敌，是时候举一国之力打破僵持局面了。若陛下依然沿袭之前的战法，小打小闹，见势不利便撤退，长此以往，恐怕百姓疲劳，威望受挫，力量越来越弱，此非上上之策啊！"

听到这儿，孙权长长地叹了一口气，缓缓说道："卿之见地可谓十分冒险。要赌上国运且不顾江东数百万人的生死，朕于心不忍啊。"

"陛下……"殷札还想说什么，却被孙权摆摆手止住了。

良久，孙权又悠悠说道："今年是个什么打法，朕心里有数了，卿就不必再多言了。"

殷札见难以劝服孙权，只好叩首匆匆离去了。

夏天，四月。孙权调兵遣将，准备伐魏。此次，他绝不是举一国之兵出征，大打特打，那是愣头青才干的事；也不是小打小闹点到为止，那是江湖小商小贩的行为。他决定聚集中等兵力，分兵四路，同时向魏国发起进攻。

孙权此次采用这种打法，自有他的考虑。

之前，他屡屡亲征魏国，都被魏国的征东将军阻击于合肥一带，不得北进。魏国最早的征东将军是张辽，想起当年的合肥之战，孙权都感到不寒而栗；之后是曹休担任征东将军，孙权诱曹休孤军深入皖城，大败曹休，终于扳回一局；曹休死后，满宠任征东将军，孙权怎么也斗不过这只老狐狸，只好恨恨作罢。而此次，魏国的征东将军则由满宠的官场政敌王凌担任。数年前，孙权曾派军引诱王凌出兵，折辱过他一番。今天王凌取代满宠为征东将军，孙权当然不把他放在眼里。况且，魏国儿皇帝曹芳刚登基，曹爽正忙于和司马懿内斗，此时恰是出兵的好时机。

基于以上两个因素，若进兵有利，孙权则可大举渡江；若战况不利，再作观察便是。

孙权的进攻路线如下：全琮率军从建业城出发，目标是攻略淮南，掘开芍陂塘堤坝；诸葛恪从皖口一带出发，进攻六安；朱然从乐乡上路，负责包围樊城；诸葛瑾则从公安出兵，进攻柤中。

此时，魏国征东将军王凌正屯兵于寿春。王凌听闻全琮率兵前来，立即与扬州刺史孙礼合兵出击，在芍陂与全琮决战。全琮不敌，败阵而逃。

与此同时，朱然已经包围了樊城。

魏国荆州刺史胡质派遣轻兵前往救援，属将担忧地说道："吴兵强盛，只怕不可靠近！"

胡质猛然吼道："樊城城墙低矮，守军又少，若不速速派兵援助，以张声势，必被敌军攻破。"

言毕，胡质派兵火速赶往樊城。樊城守军见城外援军到来，一时军心大定，死守城门。

孙权兵分四路进犯魏国东边的消息，风一般传入洛阳。太傅司马懿闻讯，立即上朝奏事，请求出兵。

朝廷之上，诸多大臣却不以为然，有人悠悠说道："孙权之前屡屡犯境，先帝在时，对此都见怪不怪了。多年以来，樊城面对诸多强敌，何曾沦陷过？当年以关羽之强，尚且攻不下樊城。今天孙权以区区一别将远道而来攻城，绝不可能成功。包围就让他包围嘛，他们吃几次亏，自然会乖乖撤兵。"

司马懿听了这话，心里黯然一笑。

真是一帮只会坐而论道的腐儒！当年关羽围攻樊城，世人只见其败，却不知他为何战败。当年若不是吕蒙暗中偷袭荆州，关羽岂会甘心含恨弃樊城而去？况且，先帝在时，对孙权进犯之事总是漠然视之，可那时与今天的形势能相比吗？所谓水无常形，兵无常势。先帝曹睿聪明绝顶，极富谋略，所以处理任何事都是举重若轻。而今天，殿上坐着的皇帝不到十岁，且身边的一帮大臣只会吃喝吹牛，孙权就是看到了这种情景才敢出兵进犯的，怎么可能还像以前那样，轻易就让孙权退兵呢？

煌煌大魏，能用者还有几人？除了司马懿，还有谁？

这时，只听司马懿缓缓说道："诸公以为，樊城如何解围？"

有人接话说道："应该从长计议，打消耗战！"

司马懿心里又一笑，脸上却庄重地问道："公所言究竟是何策？该如何执行？"

那人又悠悠说道："就是以逸待劳，死守城墙。况且樊城外亦有援军，贼兵久攻不下，必然无功而返！"

司马懿一听，长声一叹，沉重地说道："诸位难道看不清当前的局势，已经危机四伏了？"

诸大臣听司马懿这么一说，一时皆愕然，默默地望着他。

司马懿四顾环望，目光落在了曹爽身上，神色深沉地说道："魏国新有大丧，如今陛下年幼，且敌人陈兵边境，朝廷若坐视不管，必将引起百姓的疑虑。这可是社稷大患啊！"

曹爽沉吟半晌，似乎觉得有理。良久，只听他悠悠说道："太傅所言极是，就依太傅之见出兵吧。"

此时，朝廷上诸多大臣都被曹爽及何晏等一帮人拿捏。他们反对出兵，就是不想看到司马懿建功立业，加强他的威势。然而此时连曹爽都觉得出兵有理，那就只好依从了。

曹爽话音刚落，在座大臣都纷纷同意出兵。

六月，司马懿亲率大军离开洛阳，缓缓南去。当洛阳城连同西边的余晖逐渐被夜色吞没时，司马懿心中块垒也随之冰释，一一消散于夜空中。

数月以来，洛阳城表面上看起来平静无事，司马懿心里却犹如经历了惊涛骇浪，无数惊险。曹爽正在玩弄权术，一步一步将他架空，若到了手无缚鸡之力的地步，那就真要沦为人家刀下的鱼肉了。恰好此时孙权出兵犯境，他以出兵为借口，趁机离开那个是非之地。只要离开了洛阳，犹如鸟飞离了樊笼，飞入浩荡长空，自由飞翔，岂不乐哉？

司马懿一路上心事重重，不知不觉地便抵达了樊城。

此时，吴国将领朱然已经整军布阵，摆出了应战的姿态。

尽管司马懿是江湖高手，但朱然也不是吃素的。想当年，朱然镇守江陵，魏国大将军曹真率兵东下，包围江陵半年有余。当时，魏军射出漫天箭雨，在地上筑起土山，在地下深挖地道，可谓使尽手段，但硬是攻不破朱然。

而今，面对强敌司马懿，硬汉朱然能顶得住吗？

高手决战，贵在气场。朱然身长不足七尺，但无论面前是泰山压顶，还是黑云压城，永远都是一副神清气爽、淡定从容之态。此时，他登高远望，看见司马懿大军缓缓前来，沉吟不语。

良久，他似乎看出了司马懿的破绽，对诸将说道："司马懿若派人前来挑战，没有我的命令，不得轻举妄动。"

此时是六月，天气十分炎热，且南方多沼泽，更让人觉得湿热难耐。司马懿缓步走出大营，环顾四周，观察朱然大军半晌，才转身回营。回到大营，便传令诸将前来议事。

诸将很快就聚集到司马懿大营。司马懿一说议事，立马有人站起来说道："朱然来者不善。当年曹真大将军与其对峙半年之久，无功而返。如今，我们若想打掉朱然这块硬骨头，须从长计议。"

司马懿问道："如何从长计议？"

那属将接着说道："朱然远道而来，势必不敢久拖不决。此时樊城的守军见我军前来救援，士气必定高涨，守城必定坚决。朱然不敢进攻，等粮食吃尽，必然自动撤军。"

司马懿听后，默然片刻，才悠悠说道："当年朱然能顶住曹大将军的千军万马，说明此人并非碌碌之辈。等待其主动撤军，并非上策。南方湿热，我军不宜久困于此。所以我决定诱敌出战，速战速决！"

诸将一听，纷纷点头应是。

是日，司马懿派遣轻兵前往朱然营前挑战。朱然似乎早已料到司马懿会有此举，所以早早命令诸将不许妄动。而诸将因为有军令在先，便任魏军于营外叫阵，就是不予理睬。

此时，司马懿站在高台之上，将眼前的景象尽收眼底。他远望着朱然大营，突然缓缓说道："看来，对付硬汉，就只能硬碰硬了。"

诱敌不成，司马懿决定改变主意，通知樊城守城将领，同时对朱然发起进攻。

是夜，一支飞箭划破茫茫夜空，飞入樊城之中。箭落于城内，城内的将士拾起飞箭一瞧，原来上面绑着司马懿写给守城将领的密信，于是火速上报。守城将领一看，原来是司马懿与众将士约好，今晚一同向朱然发起进攻。

一时间，樊城上面火光点点，将士们人人打起了精神。

由樊城远远望去，司马懿大营亦是火光点点，漫山遍野，连成一片。此时，魏军的冲锋敢死队已经列队，就等着司马懿一声令下了。

夜空中，数支火箭犹如流星划过。紧接着，只听魏军喊杀之声四起，犹如潮水一般向朱然大营汹涌地席卷而去。

樊城守将见司马懿已发起攻势，亦大声吼道："出战！"

顿时，城里的魏军亦如潮水般涌了出来。两股巨大的洪流，挟着风雷之势，向朱然大军袭来。

朱然早就做好了准备。这时，诸将来报："朱将军，魏军对我军两路夹击，现在如何是好？"

朱然岿然不动，从容说道："准备应战！"

话音刚落，朱然大营里一声巨响，顿时亮起无数火把。

朱然一手举着火把，一手举着长剑。战鼓咚咚响起，朱然猛然喊道："放箭！"

无数飞箭顿时腾空而起，呼啸而去。箭在空中，却分射两个方向，一拨射向司马懿外城的援军，一拨射向樊城内守军。

吴军的飞箭射入魏军军阵，射倒了无数魏兵，可魏军的喊杀之声依然不绝于耳。

这时，朱然又高声叫道："发石！"

话毕，发石车如雷鸣般隆隆作响，无数巨石犹如天降陨石，朝魏军直扑而去。

好一个惊险刺激的夜晚！

司马懿挑选的精锐敢死队还在舍命冲锋，他们离朱然大营越来越近，只见朱然猛地跳下高台，跃上马背，手提长枪，默默地等待着。

魏军的喊杀声仿佛就在眼前了。朱然大声叫道："诸军听令，迎战！"

话毕，营门大开，朱然一马当先，诸将紧随其后，那阵仗犹如滔滔洪流，势不可挡。这股洪流一出营门，便冲破了魏军战线，犹如狂风扫落叶般，瞬间就不见了踪影。

魏军傻眼了。

这朱然玩的什么花招？怎的不与魏军死战，没对上几个回合，就冲开一条血路逃跑了？

原来，朱然早已看出自己不是司马懿对手，已做好了逃跑准备。他临阵前已经秘密传令，只要打开营门，千万不可恋战，要趁魏兵措手不及之时赶忙撤退。

朱然全军撤退的消息马上传入了司马懿大营。

司马懿心里冷冷一笑，朱然不是一条硬汉吗，怎么做了逃跑的兔子？

司马懿对前来报信的侍卫问道："朱然大军朝哪个方向撤退了？"

侍卫说道："三州口方向！"

"三州口？"司马懿心里仿佛装着一张地图，只见他眼睛一眯，像是心里在默记着地图。

三州口，即荆、豫、扬三州之水汇集的水口。那儿的水通向长江，原来朱然率军朝三州口撤退，是想由此撤回长江南岸。

这时，司马懿猛然怒睁双眼，大声说道："传令，继续追击敌军。"

紧接着，司马懿迅速调一支轻兵赶往三州口，命令他们务必在朱然登船之前截击其军于岸上。

真可谓强中自有强中手。朱然遇到司马懿这种老江湖，真是怎么谋划都会失算。朱然率军逃出司马懿大军重围后，自己断后，让诸军先撤。诸军才撤到三州口，却又遭遇了魏军赶来的轻骑。双方一阵厮杀，吴军大败，被斩首万余人。他们来不及逃跑，那些停在三州口的船队和存放的军资，亦统统被魏军收缴。

朱然所率领的魏军一触即溃，正在攻打柤中的诸葛瑾也无心恋战，率军迅速返回驻地公安城。

更糟糕的是，诸葛瑾才回去不久就病逝了。

真是一声叹息，万般无奈。

诸军伐魏不利的消息传入建业城，孙权只觉得备受挫折，颜面全无。五月，太子孙登病逝，诸军撤退，诸葛瑾亦患病而死。如此种种，真是让他心如油煎，痛彻心扉。

一个司马懿都对付不了，还妄谈什么赌上江东国运，与魏国决一胜负？

闰六月的阳光炽热地炙烤着孙权的脸。孙权想起战前零陵太守殷札说的那番话，再看看今天这样的结果，真不知道应该悲哀还是庆幸！

第十章

蒋琬的局

三国虽然纷扰，但蜀、吴两国互为臂助的格局却并未改变。孙权出兵之前已秘密派人给蜀国送信，约定向魏国开战的时机。然而吴国诸军都兵败逃跑了，为何迟迟不见蜀国出兵？

这个问题让吴国君臣疑惑不已，而正当他们等待蜀国派人来解释时，不料却等来了一个惊人的消息。

如今的蜀国，管家人是尚书蒋琬。

诸葛亮刚去世时，蜀人还担心大厦将倾，因此人心惶惶，不知所措，但是新任丞相蒋琬身为百官之首，处群僚之右，脸上既无悲戚，又无欣喜，神情平静自如。久而久之，百官都被蒋琬折服，心情也都趋于平静了。

早在曹睿派遣司马懿远征辽东公孙渊时，蒋琬就觉得这是一个大好机会，便趁机对皇帝上奏道："魏国边境有难，曹睿又骄横凶暴，辽东三郡百姓苦其暴虐已久，便揭竿而起，反抗暴魏。曹睿对内不体恤百姓，大兴土木修筑宫室；对外不惜代价劳师远征，这必是上天要灭亡他的征兆。昔日暴秦将亡时，陈胜、吴广首先发难，一夫作乱，天下云集响应。而今正是灭魏的绝佳时机，应该将三军屯驻于汉中，与东吴联动，以形成东西掎角之势，趁机合兵出击。"

蒋琬这封奏书一送上去，立即得到皇帝准许。不久，蒋琬便率兵离开成都，前往汉中。然而进入那无边山峦之中，蒋琬竟又按兵不动了，为何？原来蒋琬本已患病，率兵进入汉中后，病情加重，当东吴送书入蜀说要攻打魏国时，他正躺在床上奄奄一息，动弹不得，于是错过了出兵时机。

不过，事情并非如此简单。

进入汉中后，蒋琬日夜揣摩汉中的地理形势。研究多日，他猛然发现了诸葛亮当年屡屡北伐不能成功的缘由。举目望去，尽管汉中与关中只隔着几座山，然而秦岭连绵不绝，沟壑深不见底。且从汉中东部出秦川，道路十分狭窄，进退皆难。在这样的道路上运送粮草，其艰难可想而知。粮草不继，就不能长期坚持。如此，即使诸葛亮再世，再给他五次机会，成功的可能性也不会更大。

蒋琬认为，从汉中出兵攻打魏国关中的风险极大，胜算极低。这也是他按兵不动的原因之一。

既然山路太险，战况必将不利于己方，那么蒋琬会就此放弃吗？让蒋琬放弃与魏国交战是不可能的。如果不与魏国交战，蜀国还有什么出路？

蒋琬纵观天下地理，认为攻魏大可不必从秦川出兵，应该选择别的路线，攻城略地。从哪里攻，路线如何，蒋琬已经心中有数。他立即派人将作战计划送往成都向皇帝刘禅汇报。

不日，奏书送入成都，刘禅一看奏书，倒抽一口凉气，半晌不知所措。不得已，他便将尚书费祎等人喊来商议。大臣们一来，看见蒋琬这新路线新作战计划，立即吵成了一锅粥。

原来，蒋琬准备将大营从汉中移回涪县，同时，派人大量制造大船，然后沿汉水及沔水一路而下，袭取魏国的魏兴、上庸两郡。若平定这两郡，再沿汉、沔二水顺东而进，即可直指魏国襄阳城。这计划的好处，就是这一路沿水道行进，大大减少了运粮困难，而又能从高到低、自上而下，似乎很有胜算。

既然这样，那蜀汉的大臣们为什么还要争吵不休？

虽然这样做有诸多好处，但从水路进攻也有很大危险！汉、沔二水自上而下，横穿千山万岭，河道里礁石四散分布，一不小心，便会翻船落水，成了喂鱼的饵料。在这样的水势中行军，进易退难，且水道距离魏国的魏兴郡十分遥远，至少有千里以上，一旦前线出师不利，退兵逃跑何其困难！难道蒋琬忘了当年先帝刘备是如何在夷陵之战中惨败，又是如何一蹶不振的？行军作战之人，岂可掩耳盗铃，只看见好处而看不见坏处？

刘备生前还有一个伟大的梦想，就是杀出汉中，进入关中，一统天下。既然当年汉高祖刘邦能从崇山峻岭中杀出汉中，与项羽争夺天下，刘备相信自己也能从汉中闯出去。所以诸葛亮数次北伐，都是选择从汉中出兵。只要出了汉中，就可兵锋直指前朝旧都长安，进而就能谋取天下。汉中之地对于蜀国而言何其重要。可是，蒋琬却想从汉、沔二水出兵，攻取魏兴及上庸二郡，实在让人莫名其妙。关中犹如魏国的脏腑，魏兴及上庸二郡犹如魏国的一手一足。即使砍去一手一足，也不会危及魏国的生存。魏兴及上庸二郡的军事价值远远不及关中，舍弃关中长安重地而谋取魏兴这些无关痛痒的地方，能成就什么大事？

总而言之，这条伐魏路线貌似保守却十分激进，即使成功，攻占的也是无关紧要的地方，实在是得不偿失。

诸臣吵完了，皇帝似乎也听出了个子丑寅卯。刘禅当即决定，派遣尚书令费祎前往汉中游说蒋琬，劝他继续屯守汉中。

不日，尚书令费祎赶到汉中，见到蒋琬，将朝廷大臣争吵之事说了。末了，又说道："陛下为此事十分着急，特遣我来与你商量。"

蒋琬听了，半晌沉默不语，许久才缓缓说道："或许是我没把话说清楚，诸位大臣这才吵得如此激烈。"

费祎连忙说道："大司马有话尽管说，我可以回去向陛下转达。"

蒋琬悠悠说道："天下十三州，魏独占九州，吴有三州，蜀仅得益州。魏国经营九州，根基牢固，一时不易攻克。而今吴蜀联盟，东西合力，即使一时不能攻下魏国，然而足以蚕食其土地，借此积蓄力量。可吴蜀三番两次地约定出兵，结果却不如人意，为何？大概是因为吴蜀两国国书来往不便，而战场信息却是瞬息万变，于是便错过了诸多机会。我建议移师涪县，就是出于这一考虑。"

费祎又问道："大司马移师涪县，与吴军书信来往确实便捷许多，然而汉中为蜀中要地，该如何处置？"

蒋琬凝神片刻，接着说道："我移师涪县并非顾此失彼。汉中之地，自先帝以来耕耘已久，先帝对此地十分看重，且又是蜀中要塞，岂可弃而不顾？汉中紧挨凉州，凉州百姓素来不肯归附魏国，却心向蜀汉，魏国对此十分忌惮。我想举荐姜维将军为凉州刺史，待时机成熟，便率兵征讨，控制陇右一带。到时，即使我移师涪县，然而涪县水陆交通十分便利，凉州若有紧急情况，我便可率军支援。如此，移师涪县，进退自如，又有何不可？"

蒋琬说得有理有据，费祎竟然无法反驳，一时陷入沉思。

半晌，费祎回过神来，缓缓说道："依大司马之计，大司马坐镇涪县，既与东吴迅速呼应，又能顾及汉中，用兵的确会灵活许多。我等回去向陛下禀明，届时再决定是否可行。"

蒋琬点点头说道："我再写一道奏书，把事情再讲详细点，你们回去时一道交给陛下吧。"

费祎只好带着蒋琬奏书回到了成都，反过来游说皇帝刘禅。刘禅一看，心想，两个管事的意见都一致了，他还能说什么呀？

不日，刘禅也改变主意，同意蒋琬移师涪县的方案。

正始三年（公元242年）春天，正月。姜维率领先头部队先从汉中前往涪县。这年，魏国的太尉满宠病逝，由蒋济接任太尉之职，此外天下相安无事。

转眼又到了正始四年（公元243年）。

十月，蒋琬这才从汉中出兵，前往涪县。临行前，以汉中太守王平为前监军、镇北大将军，督汉中。然而蒋琬大军才从汉中动身前往涪县，消息不胫而走，传回了吴国。吴国领将步骘和朱然闻讯，便急匆匆赶往建业城求见孙权。

他们一见孙权，就齐声说道："陛下，大事不好，蜀国要跟我们翻脸了！"

孙权莫名其妙地望着他们："你们从哪里听来的消息？"

步骘激动地说道："最近有许多吴国人从蜀国返乡，都说蜀国想背叛盟约，与魏国勾结。蜀国一反常态，制造了大量战船，修缮城郭，其行为十分异常。且蒋琬明明率军屯驻汉中，之前陛下出兵伐魏，他听说司马懿南下攻吴，蒋琬不出兵助吴国一臂之力也就算了，竟主动从汉中前线撤回距离成都很近的涪县。由此可见，蜀国准备背叛吴国的心思已昭然若揭，我们应该练兵提防。"

孙权摇头叹息道："不能听风就是雨，以讹传讹，朕不相信蜀国会背叛吴国！"

朱然见孙权如此自信，便问道："陛下为何坚信蜀绝不敢背叛吴国？"

孙权目露精光，坚定地说道："吴待蜀不薄，又没有做什么激起两国之间的矛盾之事，他们又何必如此？"

步骘又问道："最近诸葛恪派间谍前往寿春，却被司马懿识破。司马懿率兵进入吴魏边境的舒县，想攻打诸葛恪。此时司马懿大军在南边，而西边正空虚，蒋琬不乘虚而入，竟还军涪县，陛下不觉得这事十分蹊跷吗？"

孙权听得一笑，摇头说道："你这话不足以让人信服！司马懿出兵舒县，仅十天左右就撤回，且此时蒋琬身在万里之外，消息不通，如何在短时间内获取司马懿驻兵舒县的消息而匆匆出兵？吴蜀两国的书信来往一向不便，这就是两国约定伐魏屡屡不能成功的原因。你们还记得黄龙二年（公元 230 年）八月，曹睿派遣曹真率军大举征伐蜀国的事吗？当时诸葛亮急得像热锅上的蚂蚁，而我们身在万里之外，竟然一无所知。等我们得知消息时，为时晚矣，刚想出兵，魏国却已撤军，只好作罢。"

步骘和朱然仍不死心，又说道："陛下，如今的蜀国，已经不是诸葛亮在世时的那个蜀国了！且诸葛瑾病逝，两国感情大不如前，我们还是小心防范他们为好啊！"

孙权一听，激动地说道："吴蜀两国的交往并非一朝一夕，数十年的盟国关系岂可因路人几句传言便心生怀疑。你们俩若还不敢相信，朕愿为诸君保证，蜀国绝不敢做背弃吴、蜀同盟的事！"

步骘和朱然见孙权信心如铁，一时不好再反驳，只好回去了。

蜀国有无背盟之心，一切都要交给时间来评判。

时间很快就来到了正始五年（公元 244 年）的春天。这个春天，整个长江中下游一带风平浪静。然而此时，遥远的关中长安，魏国有一群人正在秘密行动，准备图谋汉中。

魏国负责屯守关中的征西大将军是夏侯玄。

夏侯玄，字太初，其父就是大名鼎鼎的夏侯尚。虎父无犬子，夏侯玄有谋略，自少年时起就天下闻名，弱冠之年就被拜为散骑黄门侍郎，颇有当年夏侯尚的风姿。明帝曹叡在位时，夏侯玄因为瞧不起皇后外戚，被明帝忌恨，被降职为羽林监。曹爽辅政时，因为夏侯玄的母亲是曹爽的姑姑，所以他又受到宠幸，迁为散骑常侍，中护军。不久，又被拜为征西将军，并假节都督雍、凉州诸军事。

夏侯玄被迁为征西将军，却也实至名归。想当年，其从祖父夏侯渊可谓一代猛将，却在定军山一役中战败身死。如今夏侯玄以征西将军之职屯守关中，或许有机会攻打蜀国，替夏侯渊报仇！

有人一眼就看穿了夏侯玄蠢蠢欲动的心思，对他说道："日月如梭，时不待我。天赐良机，今天正是夏侯将军建功立业的时候。"

说这话的是夏侯玄的长史李胜。

李胜，字公昭。其父李休当年曾是汉中张鲁属下司马。当年曹操攻打汉中，李休因劝说张鲁投降有功，被封为关内侯，担任议郎一职。身为官二代的李胜，打小便混迹京师，游走于官宦之家。尽管其才智过人，却极尚浮华，生活十分奢侈，不被明帝曹叡喜欢，因此没有担任什么职位。然而此人却甚得曹爽的欢心，曹爽辅政后，李胜与何晏等人纷纷得到任用，李胜先当了洛阳令，后来又被夏侯玄任命为长史，跟随夏侯玄进入关中长安。

夏侯玄初到长安，听李胜说此时恰是他建功立业之时，心情亢奋，便问李胜："李长史所说的建功立业之时，有什么说法吗？"

李胜胸有成竹，侃侃而谈："我听说蜀国大司马蒋琬之前曾率军屯驻汉中，似乎有从汉中出兵的意图。然而不到两年，竟打了退堂鼓，率军撤回涪县，真是可叹可悲。当年诸葛亮北伐之时，汉中郡太守魏延曾建议从子午道出兵，奇袭长安城。不料，诸葛亮为人保守，不肯冒险，白白错过大好时机。后来诸葛亮屡屡北伐，皆没有成功，这就是天意啊。如今，蒋琬却比当年的诸葛亮还要保守，大军主动撤出汉中，仅留一小拨人屯守，难道这不是天赐良机吗？"

夏侯玄亦是有才有谋之人，听了李胜这话，眼睛不由一亮，深以为然地说道："确实如此。奈何蜀道艰险，当年太祖曹操便因此不敢前进，而今之势，若进攻汉中，有几成胜算？"

李胜悠悠一叹，说道："将军若想建功立业，又何必爱惜身家性命？悠悠山河，日月常新，一代又一代的英雄都曾建立属于自己的伟业。当年太祖曹操征伐汉中时，年岁已大，做事不如年轻时勇猛，所以凡事以稳妥为上。再看太祖当年征伐辽东之事，也不过是点到为止，匆匆撤兵。文帝曹丕在位时，亦有畏惧辽东之感，不敢发兵攻打，而明帝曹睿却一鼓作气，派司马懿一举打下辽东。既然司马懿能打下辽东，将军为何不能打下汉中，一举打破困扰魏国数十年的汉中魔咒？"

李胜这番话说得似乎也十分在理，夏侯玄听得十分激动，当即说道："此事我一人做不了主，须得曹大将军及太傅司马懿定夺才行。"

李胜沉吟片刻，叹了口气，说道："依我看，太傅司马懿必然不同意出兵汉中。不过，我们几个必须力劝曹大将军同意出兵汉中，不然，曹大将军的威望可就被光芒四射的太傅牢牢遮盖住了。"

夏侯玄听得一愣，问："此话怎讲？"

李胜侃侃说道："如今陛下年幼，辅政者不过曹爽大将军及太傅司马懿二人而已。尽管曹爽大将军已然牢牢控制京城洛阳，然而在百官与百姓之中的威望似仍不足，威望不足，将来难成大事。所以，建奇功，树立曹爽大将军的威望之事势在必行，且宜急不宜缓。"

夏侯玄顿时明白了，亦不得不叹息道："司马懿斩孟达，败诸葛亮，北上平定辽东，如今又南下击退孙权，魏国上下，建奇功者，无人能出其右。这样一个人，若不对其加以提防，十分不妙啊。"

李胜附和道："将军说的正是。"

夏侯玄果决地说道："那麻烦你走一趟，回洛阳游说曹大将军！"

是日，长安城奔出几匹高头大马，犹如长箭向东射去。不日，李胜抵达洛阳城。进了洛阳城，他没有直接去找曹爽，而是叫上尚书邓飏一起前往游说。

曹爽听了李胜及邓飏的劝说，也对建功立业树立威望，以防被司马懿的功劳盖住，深以为然，当即同意出兵汉中。

接着，曹爽将夏侯玄等人主张出兵汉中的奏书送给司马懿，司马懿果然来信劝阻。曹爽不听，立即调兵遣将，亲自率军前往关中。

三月，风吹秦岭，吹开了满山的红花，吹绿了遍野的草叶。远远望去，这撩人的春色却掩不住一丝寒冷的杀气。这时，曹爽亲率十万大军，与夏侯玄从骆口出发，剑指汉中。

魏军横穿秦岭，向汉中袭来的消息，犹如大风吹来，令汉中郡诸多将士一片惶恐，不知所措。此时汉中守军不足三万，若开城迎战魏军，根本就不是对手。

汉中太守、镇北大将军王平一向是泰山崩于前而色不变。只见他召来诸将，缓缓说道："诸将对目前的局势有何看法？"

诸将一听，纷纷说道："大司马已调大军移往涪县，当务之急，只有固守于此，等待大军救援！"

王平心里冷冷一笑，如此被动防守，那不是等着挨打吗？当年老江湖张郃袭取街亭时，他尚且不怕；曹真大军进山，亦无所畏惧；而今面对纨绔子弟曹爽，他怎么可能就此束手束脚？

良久，只见王平沉声说道："汉中距离涪县约有千里，贼兵若攻下关城，则大事休矣！不如先派遣刘护军据守兴势城，我当后援。若贼分兵攻打黄金城，我则亲率千人前往迎击。如此周旋，相信不久大司马的援军必会赶到。此为上上之策。"

关城，俗名张鲁城，在西县西边四十里处。此城据险而建，敌军若破城而入，则入汉中如一马平川，再无遮挡。王平说如果此城失守，后果十分严重，此言不虚。所以绝不能让敌军靠近关城，定要想方设法将敌人拦在关城之外。

要达到这一目的，就必须守住兴势及黄金两座城池。

小成固城北边约一百二十里处有一名叫兴势坂的土坡，形状像一只脸盆，外围道路险峻，内部有山谷，谷里修建了四门方城，被人们称为兴势城。黄金城与兴势城相距不远，为旧时张鲁所筑，南接汉川，北枕古道，险固至极。

只要守住了兴势城和黄金城，魏军就无法向前挺进，靠近关城。

但是，诸将听了王平此言，却不敢附和，都陷入了沉默。

当年，曹真率大军攻打汉中时，恰逢天降大雨，连绵无期。大雨导致路面泥泞难行，曹真大军被困于秦岭之中，蜀军才得以逃过一劫。如今曹爽大军到来，天公又不作美，若固守兴势城与黄金城，等待蒋琬救援，确实有点悬啊！

正当诸将沉默之时，只见刘敏从容出列，昂首说道："我同意镇北大将军的计谋，愿意率军镇守兴势城！"

刘敏，当时担任护军之职，所以亦被称为刘护军。

刘护军说完，诸将抬头愣愣地望着他，又转头愣愣地望着王平，等待他的决断。

王平见状，镇定自若地问道："诸将以为，曹真与夏侯渊相比，如何？"

诸将答道："曹真不如夏侯渊！"

王平又问道："那么，曹爽比起曹真如何？"

诸将答道："曹真身经百战，战功赫赫；曹爽无半点军功，曹爽不如曹真。"

王平缓缓说道："我有幸跟随先帝征战汉中，当时夏侯渊被称为一代猛将，无人能挡，然而先帝却不以为意，定军山一役，夏侯渊被斩，后来曹真率大军来犯，亦无功而返。夏侯渊及曹真尚且不足为惧，我们又何必害怕愚昧平庸的曹爽！"

王平的一番话仿佛给大家吃了颗定心丸。良久，只见他们纷纷表态，愿以身守城，与曹爽死战到底。

王平顺利稳定了军心，昂首说道："我愿与诸君共进退，人在城在，城在人在，誓不弃城！"

王平说完，诸将人人振奋、个个斗志昂扬地领命而去。

紧接着，刘敏率军进驻兴势城，并派兵沿山插旗。蜀军的旗帜插满了山野，前后连绵数百里。

闰三月，魏军大举进攻汉中的消息传入了成都城，汉主刘禅立即派尚书费祎率领诸军前往汉中救援。出发之前，费祎独自坐在府中，陷入了沉思。这时，光禄大夫来敏走进府中，看见费祎一人独坐，心思一动，若无其事地走上前去，问道："费尚书似乎挺闲哪？"

费祎悠然一笑，缓缓问道："光禄大夫为何事而来？"

来敏悠悠笑道:"今日棋瘾犯了,不知尚书可有闲情下棋?"

费祎气定神闲地说道:"好呀!"

说罢,两人摆开棋局,在方寸之地上厮杀起来。

此时,室内安静从容,室外却忙成一片。写着紧急军情的文书从四面八方源源不断地送进尚书府,而尚书府外人声鼎沸,人穿甲,马备鞍,都在准备出发前往汉中。

时间紧迫,费祎却若无其事地跟来敏下棋,此等从容淡定,实在叫人惊叹。良久,来敏终于沉不住气了,只见他轻轻一推棋子,赞道:"今天我来,本是想跟您告别的。适才与您下棋,不过是想试探试探您的底气,不料您竟然如此淡定从容,举重若轻,实在让人叹服!此次出征,相信您一定得胜而还!"

费祎见来敏说破来意,也不见怪,拱手悠悠说道:"在下倾心报国,不负诸君厚望!"

转眼到了四月。

这年四月的汉中杀气十足,阴凉的山林里弥漫着一股强烈的不祥之气。此时,曹爽亲率的十万大军已经从骆谷穿越秦岭,抵达兴势城。蜀军方面,刘护军率军坚守兴势城,兴势城易守难攻,十分坚固,把曹爽大军挡得结结实实,令其半点都动弹不得。

出师远征,最怕的就是粮食不继。

曹爽征发关中及羌夷百姓牵着牛马骡驴等牲口为军队运送粮草,然而山道狭窄无比,纵使民夫卖命出力,运来的粮食还是严重不足。如此高负荷运粮,不要说人挺不住,就是民夫牵来的牲畜也挺不住了。一眼望去,尽是倒毙在路边的牲畜,百姓夷民更是伤心得在路旁哭泣!

一边是危城挡路,寸步难行;一边是粮食不继,情况堪忧。曹爽走出大营,放眼远眺,心情一片低落。这时,参军杨伟缓缓走到曹爽面前,沉重地说道:"曹大将军,我们已经被拖了一个多月,这样下去,后果不堪设想啊。"

曹爽神情凝重地问:"杨参军有何良谋?"

杨伟沉重地说道:"我军正处于死地,所谓良谋,唯有撤军还兵,如此方能得救，不然，必败无疑！"

曹爽一愣，问道："此处是死地？何以见得？"

杨伟遥指远处，侃侃说道："兴势城坚固无比，那漫山遍野到处都是蜀军旗帜，真真假假，不知虚实，攻又攻不得，绕又绕不过去。连小小的兴势城都如此难攻，前面还有更加奇险的关中城，要攻克，谈何容易？此时，涪县的蒋琬，成都的费祎，他们率领的大军即将抵达汉中。到时，蜀军见援兵前来，气壮山河，必开城迎战。我军长期暴露于野外，疲惫至极，要与蜀国从容安逸之军决战，何来胜算？我军后方运粮之难尚且不说，更让我担忧的是，现在已是四月，汉中雨季即将到来。到时大雨不止，山路难走，撤退都会成为一大难题。如今最好在雨季到来之前撤兵，不然一旦被大雨困住，再受蜀军袭击，那可真是陷入了万劫不复的境地！"

曹爽一听，浑身僵硬，思维像是凝固了似的，整个人一动不动。

这时，只听见有个声音说道："杨参军贵为参谋，不出奇谋破敌，反而张嘴说尽丧气之话，此是何意呀？"

杨伟转身看去，原来说话的人是邓飏。

邓飏，字玄茂，其先祖就是东汉开国元勋邓禹。邓飏颇有先祖邓禹之风，年纪轻轻，少年时就闻名京师，号称名士。明帝时，他曾担任尚书郎，后来又做过洛阳令，但此人与李胜气味相投，以浮华见长，明帝曹睿一气之下将他贬出朝廷，不再录用。岂料，曹爽当上大将军后，这几个昔日崇尚浮华、不被任用的人物纷纷崭露头角，并且还牢牢控制了魏国官场。

若明帝地下有知，怕也要被气得活过来，跳出来暴打曹爽一顿吧！

这时，参军杨伟见邓飏阴阳怪气，冷冷说道："你又有什么良计可以解围，倒是说出来听听呀？"

邓飏扫了杨伟一眼，对曹爽悠悠说道："汉中已经近在眼前，怎么可以此时撤军？既然兴势城易守难攻，我们就可以先诱战出战，敌人若是坚守不出，我们再倾全军之力啃下这块硬骨头。"

这时，长史李胜亦在一旁说道："邓尚书此计甚妙，可以一用！"

杨伟实在听不下去了，大声喝道："你们两个浮夸之徒，尽说些丧家败国之话，兴势城都被围成铁桶一个了，人家守城还来不及，怎么可能上当出城迎战？就算攻城，兴势城四面地势陡峭，中有山谷，自成天地。这天然的险阻，是那些弓矢飞石能撼动的吗？"

杨伟吐了一口气，昂头对曹爽大声说道："邓飏、李胜败坏家国大事，请大将军速速斩之！"

曹爽心中一凛，不爽地望着杨伟："军前议事，畅所欲言，杨参军何必无故定罪？"

曹爽猛然转身，回大营里去了。

此时，曹军的另一边，那个听信李胜之言、渴望建一时之奇功的夏侯玄，望着这地势奇绝的兴势城，连肠子都快愁坏了。他终于知道，所谓奇功伟业，不是信步闲庭、信手拈来的，更不是谈笑之间，强敌就能自己灰飞烟灭的。他也终于明白，对待战争，要心中充满敬畏感。只有敬畏战争，才能不轻言战争，知难而退。曹操当年兵临关中，被困多时，因此才会心生感慨的吧？

夏侯玄正发愁，突然侍卫来报："将军，太傅司马懿信使来到！"

夏侯玄一听，连忙叫道："赶快请进来！"

紧接着，门外侍卫将司马懿的信使引到了夏侯玄面前。夏侯玄接过信，立即拆开，一看，顿时呆了。

司马懿在信里写道："建安二十四年（公元219年），太祖曹操第二次率军征伐汉中，几乎大败，其中详情，您应该有所了解。如今的兴势城至险至固，又被蜀兵先行据有，我方进攻，对方不应战；我军退兵，却又要被拦截阻击。全军覆没，也不过是一眨眼的工夫罢了。《春秋》有言，责任重大者，受恩必重。反之亦然。若魏军全军覆没，试问谁又担得起这责任？"

夏侯玄读完信，心中又恐惧又绝望，紧紧闭上了眼睛。

历史的一幕幕在他面前浮现出来，他不由想起了当年曹操与刘备的那一战。当时，曹操横穿斜谷抵达汉中，与刘备僵持数月，魏军许多将士竟然支撑不住，偷偷逃跑。曹操无奈，只好罢兵返回长安。从此，汉中彻底落入刘备之手。当时刘备凭借奇险之地，挫败强大无比的曹操，可见一场战役没有天时地利，纵有浑身力气使不出来，一切都是白搭。

夏侯玄越想越怕，猛然睁开眼睛，拿着司马懿的信朝曹爽大营跑去。

进得曹爽大营，曹爽屏退左右，两人默默对坐，半天不语。

良久，夏侯玄见曹爽久久望着司马懿的信不发话，不由说道："曹大将军，如今趁蜀国援军未到，我们还是撤兵吧！除此之外，别无选择。"

曹爽沉沉叹了一口气，说道："出征前，司马懿来信劝阻我们出兵，现在他又来信劝告我们撤兵。这只老狐狸，看事情还是很准的。只是我们这一趟无功而返，脸面挂不住啊。"

夏侯玄苦笑道："事到如今，脸面哪有保命重要。以太祖之强，尚且输给刘备，我们又算得了什么？当年，曹真大将军被大雨困在秦岭山谷中，朝廷大臣纷纷请求撤兵，曹真大将军开始不乐意，后来不还是撤了？形势比人强，人在天意面前，又算得了什么？"

曹爽听了夏侯玄这番自嘲，亦自嘲说道："出征前，我们总以为没有什么事是办不到的。此次出征也算是长见识了，胜败乃兵家常事。留得青山在，不怕没柴烧。从太祖到明帝，他们亲征时不也常常无功而返？这么一说，我们无功撤兵，的确算不了什么！"

说罢，一缕阳光悠悠地照到大营里，乍看上去，一片惨红。曹爽抬头望了望大营外面，沉声说道："传令撤军，原路返回！"

五月，曹爽终于无功而返。

情况正如司马懿所料，魏军撤兵时必遭拦截伏击，十分凶险。此时，素来以淡定从容出名的费祎率军从成都日夜追赶，终于在曹爽撤兵前赶到秦岭埋伏。曹爽一动身，费祎所率大军就横空出现，拦截曹爽大军。

兵法有云："归师勿遏。"曹爽大军为了保命，与费祎大军拼死力战，且战且退，虽然伤亡惨重，却也终于得以脱险。

这一仗，费祎似乎打上了瘾，一口气追过了秦岭山脉，一直追到骆口，又追到沈岭，这才心满意足地撤兵离去。

第十一章

熟悉的宫斗戏

正始六年（公元245年）的春天，似乎来得比以往更晚一些。立春已过，江东之地依然寒风呼啸，没完没了，而此时东吴的皇宫里，气氛诡异，让人不安，东宫里更是一片冷寂，有人抱膝独坐，默默无语。

这个在寒夜里郁闷独坐、蹙眉深思的人，正是东吴太子孙和。

孙权生有七子，长子孙登之前已被封为太子，他崇奉儒学，为人十分厚道，极受大臣们欢迎，似乎是接班的好人选。然而天不助孙权，孙登得病早逝，不得已，孙权只得另选太子。次子孙虑，聪明机敏有才干，亦颇受孙权喜爱，不幸的是孙虑亦早逝，死时年仅二十岁。

按照嫡长子继承制，太子的位置只能落在三子孙和身上了。

孙和生母王氏得宠，孙和亦跟着受宠。孙权早早派人对孙和讲学，孙和也不负孙权所望，认真学习，努力向上，礼贤下士，声望渐隆。赤乌五年（公元242年），孙和顺利地被封为太子，年仅十九岁，算是正式出道了。

自古以来，太子的生存之道何其险恶，稍不留意，不是死于对手的乱拳之下，就是莫名葬身于后宫政治的漩涡之中。孙和自幼聪明过人，且有好老师的教导陪侍，当然熟悉古往今来太子的命数。所以，他当上太子后，没有得意忘形，而是潜心读书，期望将来有所作为。

但天不遂人愿，当孙和安静地坐守东宫时，有一个人却跳了出来，想要抢夺太子之位。

纵观三国时代，除了刘备儿子刘禅当太子的时候过得安逸外，其他几家接班人都过得十分坎坷。先是袁绍家，袁绍死后，三个儿子为了夺位大打出手；接着是刘表，刘表死后，两个儿子也是互相争斗，这才让刘备从中谋利，占领了荆州；之后便是曹操，曹丕当年与曹植相争的故事，都成了民间百姓茶余饭后津津乐道的宫廷故事了。

以上三家情况似有不同，然而争斗共性却惊人的一致。这三家儿子互相争斗的背后，都源于其父宠爱无方。

古代社会，嫡长子继承制深入人心，由正妻所生的第一个孩子继承大位，可以说理所当然。可是，如果现在的当家人对太子之外的儿子们宠爱无度，那必将激起受宠者的胡思乱想，以至于一发不可收拾。如果当初袁绍不是十分宠爱三子袁尚，长子袁谭就不会与他火拼；如果刘表不是宠爱幼子刘琮，长子刘琦就不会对刘琮恨之入骨；如果曹操不是因曹植的盖世才华而对他宠爱有加，就不会让曹丕对曹植耿耿于怀，十分忌惮。

历史的教训仿佛就在眼前，不过，孙权面对近在眼前的惨痛现实，他长记性了吗？

没有！

孙权封王夫人所生之子孙和为太子后，又封第四子孙霸为鲁王。皇子被封为诸侯王并不是什么大事，问题就在于，孙权竟然不按规矩办事，彻底将事情搞砸了。

古代社会，皇子被封王后，除了个别年幼的需要人照顾以外，都必须返回封地。这么做，是为了防止诸侯王勾结大臣，胡作非为，干扰朝廷。此时孙霸已长大成人，孙权封孙霸为鲁王后，竟不让鲁王离开京城前往封地鲁国，而是跟太子孙和一同住在皇宫之内。

孙权聪明一世，被赞为绝世英豪，难道他不知道这样的做法不合常理，后患无穷吗？

阴谋论者都坚定地认为，孙权让孙霸与孙和同住宫中，一视同仁，是有意而为之，是故意制造危机，借此清除盘踞在朝廷中的势力。阴谋论者自有阴谋论者的理由，或许他们并没有考虑到，孙权再怎么英雄，也战胜不了人性的弱点。

在对待儿子的态度方面，古代皇帝似乎都无法逃避内心的私情与偏爱。

看看秦始皇，因为喜欢幼子胡亥，竟准许其一起东巡，结果阴差阳错，让宦官赵高从中渔利，将偌大的秦朝搞得一夕崩溃；再看看汉高祖刘邦，因为喜欢性格与自己十分相似的儿子刘如意，结果被吕雉怀恨在心，后来一定要诛杀刘如意而后快；即使英雄如汉武帝，也依然逃不脱这样的宿命，晚年还闹出了太子造反的宫廷悲剧。

今年，孙权虚岁六十四，孙霸与孙和年龄相当，都不过二十出头。在孙权看来，他因为宠爱孙霸，不想让他离开京城而留在宫中，似乎也没什么不妥。何况，孙权本人的身体状况超常的好，还没什么后顾之忧，兄弟俩若有争执，他还是可以搞得定的。

但事情果真如此简单吗？

孙和是太子，孙霸是诸侯王，按照礼仪，太子享受的待遇远高于诸侯王。但是，孙权为了体现父爱无私，竟然让孙霸享受和太子孙和一样的待遇。比如，太子宫中随从多少，孙霸亦有多少；太子宫中可设官僚私属，鲁王孙霸亦可设官僚私属。双方礼仪标准如一，简直就是两个太子，两座东宫。

朝廷大臣见孙权如此不顾礼仪，纷纷劝谏，但是孙权一概不听，依然我行我素。渐渐的，鲁王的存在让孙和紧张不安。那一厢，孙霸似乎也暗暗生出了夺权的野心，在暗处加紧运作，企图孤立孙和。

两宫之争，犹如水火不容，一触即发！

好端端的一座皇宫，突然搞得这样紧张对立。不管孙权是不是故意的，但孙霸确实有了夺嫡之心。接着，孙霸主动出击，四处结交江东诸多名士。而在这帮名士之中，偏将军朱绩被他看上了。

朱绩，字公绪，他的父亲就是闻名江东的车骑将军朱然。朱绩因为父亲功劳甚大，被举荐为郎官，后被拜为建忠都尉，又曾经跟随太常潘濬出征五溪，以勇猛善战和过人的胆色闻名军中，颇有其父朱然之风。

这天，孙霸来到朱绩府邸。朱绩见孙霸不请自来，心里一惊，连忙出迎，孙霸却亲切地抚着朱绩的手说道："哎呀呀，本王顺路前来看望朱将军，打扰了。"

孙霸拉着朱绩的手亲热地走进公府。进得公府，各自落座，孙霸居尊位，朱绩坐卑位。孙霸一落座便东拉西扯，讲话没有主题，也不表明来意，朱绩却一脸凝重，稳如泰山。

这时，孙霸说着说着，竟然离开座位，挪到朱绩身边坐下，以示亲热。

朱绩一看，顿时一惊，连忙站起来，侍立一旁。

孙霸抬眼问道："朱将军这是何意？"

朱绩拱手肃然说道："鲁王身份尊贵，臣不敢领受！"

孙霸啧啧叹道："久闻将军不阿权贵之名，今日一见，果然不虚。不过，此时府中只有你我同席，所谓礼节之事就免了。"

朱绩表情十分僵硬，说道："国有国法，军有军规，臣不敢违背。臣身为鲁王侍卫，不敢妄自尊大，越雷池半步！"

孙霸见朱绩执意拒绝他的一番好意，心里顿时失落，只好叹息道："既然朱将军军务繁忙，本王就不耽误你做事了。"

孙霸感到自讨没趣，说完就起身走了。

宫中权贵，有的人避之不及，有的人却趋之若鹜。当朱绩果断拒绝鲁王孙霸结交的意图时，京城的另外一座公府里有人却闻风而动，立即派儿子出门主动结交鲁王。

这个人就是卫将军全琮。

当今东吴，军中最有权势的要数陆逊，其次非全琮莫属。此时，陆逊率军屯守武昌，全琮却率军保卫京城建业。全琮行军打仗，从来没有半点糊涂，不战则罢，凡开战必有所获，可这么一个军事天才般的人物，在政治方面却屡屡"犯浑"。

当年，魏国超级大间谍隐蕃入吴，全琮没有识人之明，与之倾心结交。结果隐蕃出事被斩，让他十分尴尬。此事过后，他还不长记性，如今见宫中鲁王孙霸与太子孙和陷入了僵局，犹如大灰狼闻到了肉味，又**蠢蠢欲动**起来。

全琮召来次子全寄，问道："鲁王与太子同居宫中，二人之间似乎有些争执，你可知道？"

全寄回答道："据孩儿所知，此事已愈演愈烈，可以说是势同水火。"

全琮脸色深沉，意味深长地又问道："你对此事有何看法？"

全寄心领神会地望着全琮，试探性地问道："父亲有何指教，孩儿愿洗耳恭听！"

全琮得意地点点头，说道："陛下留鲁王于宫中，侍卫臣属等一应规制竟与太子相当，此事非同小可。所谓一山不容二虎，陛下对鲁王与太子的恩宠无异，表面没有区别，其实则有贬抑太子之嫌，有抬高鲁王地位之实。若太子孙和稍有差错，陛下便可趁机废弃太子而改立鲁王。"

全寄深以为然，不由紧张起来，问道："依父亲之见，当前我等该如何选择？"

全琮目光深沉地望着全寄说道："鲁王此时正是用人之时，所谓打铁要趁热，此时投靠鲁王，为鲁王效力，将来必有厚报！"

全寄一听，浑身一抖，大声说道："孩儿明白，从今往后，必誓死追随鲁王！"

全寄出完便匆匆走了。

偌大厅堂里，只剩全琮一个。全琮闭上眼，沉思半晌后，似乎想到什么，猛然睁开眼瞪着屋顶。

良久，他回到书房，挥毫而就，没一会儿工夫就写好了一封信，然后将信交给侍从。侍从拿到密信后，匆匆出门去了。

全琮这封信是写给陆逊的。

在信里，他告诉陆逊，鲁王孙霸有夺嫡之心，正四处笼络朝廷大臣，必然成功。同时，他已派次子全寄选边站队，支持孙霸。

这么隐秘的事情，全琮为什么敢写信告诉陆逊？

只要认真梳理二者之间的关系，即可发现其中的奥秘——陆逊娶的是孙策的女儿，全琮娶的是孙权的长女孙鲁班，两人同属外戚阵营，且又是同僚，互通消息，理所当然。最重要的是，既然全琮派次子全寄支持鲁王，这也就代表了他的政治立场。全琮把他的政治立场告诉陆逊，不就是在拉拢陆逊支持鲁王吗？

没几日，全琮的信乘着春天微冷的风送达了武昌。

武昌城里，陆逊望着全琮来信，神情苦涩，半天说不出话来。陆逊是聪明人，他当然明白全琮的意思。但是，良心与职责告诉他，让他支持鲁王，是一定办不到的。

如今的陆逊，身份与之前大不一样。尽管他是一名屯守武昌城的将领，但同时还身兼东吴丞相之职。前任丞相顾雍病逝后，孙权便以陆逊接替丞相之职。但因为陆逊身兼镇守边地的重责，不能离开武昌半步，只能于武昌城里行使所谓的丞相之职。所谓国家宰相，上佐天子理阴阳，顺四时，使百姓亲附，使卿大夫各司其职。全琮身为国家大臣，不辅佐天子理顺国家大事，竟然还歪着心思投机取巧，企图从二宫之争中谋取利益，真可谓恬不知耻！

自己想蹚浑水也就罢了，竟还想拉上陆逊，这叫人情何以堪？

半晌，陆逊缓缓回过神来，拿起笔来给全琮回了一封信："古人常说，儿孙自有儿孙福。如果儿孙有才，不必担忧不被重用，何苦以私交巴结别人而谋取所谓的荣华富贵？若儿孙无才无德，投机取巧反而惹祸上身。我听闻二宫之争，双方势均力敌，然而这种相持不下的局势势必不会长久，终有一天会决出胜负。届时不知谁是赢家，却要为此赌上身家性命，这是自古以来被大臣们忌讳的事。窃以为，此时不宜介入二宫之争，不偏不倚方为上上之策！"

写毕，陆逊掷笔而立，封好信件。半晌，他才喊道："来人！"

话音刚落，侍从便匆匆走了进来。

陆逊沉声说道："派人将这封信火速送往京城，亲自交给卫将军。"

侍从应声，接过信件准备出去，这时陆逊突然又叫道："此去京城，你留意一下二宫之争有何进展，回来立即向我报告。"

"诺！"侍从立即转身快步离去了。

陆逊望着侍从远去的背影，心里五味杂陈，不知是何滋味。

他身为东吴丞相，对远在千里之外的二宫之争，却不敢插上半句话。所谓伴君如伴虎，迟暮之年的孙权，让他越来越捉摸不定，不敢随意劝谏。之前吕壹弄权修理顾雍等人时，陆逊也只能黯然吞泪，默默为国担忧。后来，孙权自觉愧对大臣，便主动派使者告诉陆逊等人，让他们勇敢上奏公开批评皇帝，但是陆逊等人听了这话，依旧是不肯开口。所以，如今二宫相争，最好的策略还是牢牢管住自己的嘴，以避祸为要。实在不得已，那就另当别论了。

信送出去后，陆逊心里极是不安。没几日，就在他心神不宁地等待时，侍从风尘仆仆地赶回来了。

陆逊正在府中办公，他见侍从跑进来时又惊又喜，连忙问道："托付你的事都办好了吗？"

屋里只有陆逊及侍从两人，侍从一边喘气一边说道："建业城里鲁王与太子争得你死我活，京城中从诸大臣到皇宫侍从都在选边站队，互相毁谤，好好一个国家，犹如分成了两半！"

陆逊听得心里一沉，半晌才沉重地问道："卫将军有话让你捎回来吗？"

侍从摇头说道："没有。"

陆逊心里又是一沉，又问道："卫将军对二宫之争是什么态度？"

侍从沉吟半晌，才缓缓说道："据下官所知，卫将军次子全寄依附鲁王，为鲁王摇旗呐喊，京城无人不知。"

陆逊沉重地摇头叹息道："悲哀啊！"

陆逊挥挥手，让侍从退下了。

半晌，陷入沉思的陆逊缓缓走到桌案前，又给全琮写了一封信。写毕，又让侍从快马送进京城去了。

伴着清脆的马蹄声，这封信迅速抵达建业，到了全琮面前。

全琮见陆逊又给他来信，不由一愣，半晌才缓缓打开。只见信里语气沉重地说道："你不效仿金日磾侍奉汉武帝之法，反而放纵阿寄剑走偏锋，投机取巧，只怕最终会给你全家带来灭门之祸！"

全琮看完，顿时呆了。

金日磾是匈奴人，为人忠诚厚道，侍奉汉武帝数十年，极受汉武帝信赖喜欢。汉武帝曾经想把他的女儿弄到后宫，以让他的家族获得尊荣，金日磾却坚决拒绝，让汉武帝极为惊异。金日磾的长子从小在宫廷内生活，经常爬到汉武帝身上嬉戏玩耍，极受汉武帝喜欢。此子长大成人后，没有学到父亲的谨慎，反而放纵无度，经常跟宫女们胡闹，有一次恰好被金日磾碰到。金日磾顿时心头火起，叫道："我此时若不杀掉你，只怕你将来会给家族带来什么祸端！"

骂完，金日磾竟然就真把儿子杀了。

消息传到汉武帝耳里，汉武帝愤怒无比，立即召来金日磾质问。金日磾叩首认罪，一五一十地将自己诛杀儿子的理由和盘托出，这才让汉武帝消了心中怒火。

汉武帝临崩前，霍光曾想把托孤重担交给金日磾，金日磾却当着汉武帝的面，果断推辞道："我是个匈奴人，不如霍光，如果由我辅政，必然使匈奴轻视汉朝。"

不慕名，不争利，为人厚道，忠于职守，与世无争，这就是让陆逊仰慕不已的金日磾。

而今，陆逊在信里给全琮提起这段汉朝旧事，就是想告诉全琮，要学习金日磾做一个老实本分之人，不然，有朝一日灭门之灾降临时，再喊后悔恐怕就来不及了。

但是，陆逊这番苦口婆心的劝告，全琮听得进去吗？

半晌，全琮缓缓回神，心里苦笑，大手一扫，陆逊的信就被扫落到地上去了。

陆逊坚守大臣本分之道，全琮则不会。因为他已经被另外一个人绑在鲁王的战车上，下不来了。

这个能够深刻影响全琮命运的人，就是他的老婆孙鲁班。

说起孙鲁班，就必然要提到东吴的后宫。家家有本难念的经，话说孙权这后宫里的麻烦事，那真是一点也不比曹魏帝国的后宫省心。

孙权早年在吴郡时，就娶了徐夫人。当时孙登的生母地位卑微，孙权便将孙登交给徐夫人抚养。但徐夫人生性妒忌，让孙权受不了。孙权后来移都武昌，竟把徐夫人留在吴郡，不让她一同前往。孙权到了武昌，移情别恋，宠幸上了步夫人。步夫人长得美丽，且性格随和，也不像徐夫人那样善妒，所以极讨孙权喜欢。当时，孙权想封步夫人为皇后，可是朝廷大臣却反对说，孙登为太子，若封皇后的话，理应封徐夫人为皇后。孙权一听，心里郁闷，就打消了封皇后的主意。尽管步夫人没有皇后之名，却有皇后之实，宫中皆称步夫人为皇后，这么一叫，十多年就过去了。

孙权这后宫之中，宠幸度仅次于步夫人的女人，就是当今太子孙和的母亲王夫人。

尽管说，步夫人没有妒忌之心，然而她所生的女儿孙鲁班，就没有她这样的好脾气了。步夫人为孙权生了两个女儿，长女孙鲁班，字大虎，又称孙大虎。孙大虎之前被许配给周瑜儿子周循，可惜的是周循跟其父一样早卒，便改配给卫将军全琮。小女名叫孙小虎，被孙权许配给了将军朱据。

尽管步夫人宠冠后宫，但她没有生儿子。若她生了儿子，太子夺嫡之争可能会提前上演，之前的太子孙登可能会被扳倒。而今，孙和被立为太子，而步夫人已经病逝几年，当年那个宠幸度仅次于步夫人的王夫人，极有可能被封为皇后。

事实上，孙权也想封王夫人为皇后。

但是，眼看王夫人就要当上皇后了，孙大虎却无论如何也接受不了。在此之前，孙大虎对王夫人就极为反感，两人早就结下了恩怨。

江湖上种下的恩怨，当然得以江湖的手段解决。

当孙权想封王夫人为皇后时，孙大虎屡屡进宫诽谤王夫人，阻止王夫人上位。而王夫人的皇后之梦落空，太子孙和当然知道背后的原因。孙大虎害怕太子孙和当皇帝后，要替他亲妈清算这笔旧账，心里一直恐惧不安。恰好这时，二宫之争，让孙大虎看到了大好机会，于是她主动依附鲁王，与太子孙和对抗。

终于看清楚了吧，表面上是鲁王孙霸在与太子孙和斗，但若背后没有孙大虎这股势力，鲁王根本不是太子的对手。

既然孙大虎坚定不移地支持鲁王孙霸，全琮能够听从陆逊的话，对二宫之争袖手旁观吗？

难啊！

在孙大虎等背后势力的推波助澜下，鲁王孙霸与太子孙和的斗争已经白热化。两宫侍女及宾客互相攻击，互不相让。森严无比的皇宫城墙终于挡不住这场熊熊燃烧的烈火，一下子就烧到了孙权面前。

这天，孙权听说二宫大打出手，闹得不可开交，心里震怒，立即召太子及鲁王到跟前来问话。

孙权望了望太子，又望了望鲁王，兄弟俩都默然无声，不敢说话。

半晌，孙权强忍心中怒火，缓缓问道："朕听说你们两个在宫里拉帮结派，大打出手，可有此事？"

孙和与孙霸身体都猛然一震，望着孙权，一时不知如何作答。

孙权见他们不敢说话，心中更怒，大声喝道："好好的时光不去读书，竟学会了搞这种名堂，这像什么话？从今往后，朕禁绝二宫与诸宾客来往，你们两个必须封门自守，一心学习，若再惹出个什么乱子，谁都别想在宫里呆了！"

太子和鲁王一听，不敢出声，连忙伏地叩首认罪。

孙权见两个儿子趴在地上，瑟瑟发抖，心里莫名伤感，沉声说道："都下去反省反省吧。"

孙和与鲁王听罢，立即起身，瑟瑟发抖地退下了。孙权望着他们离去的背影，心里不禁涌起一阵莫名的辛酸，悠悠想起当年袁绍的儿子袁谭与袁尚兄弟相争之事。而今二宫之争的事情，估计早已传遍天下，难道孙家又要重演袁家当年的悲剧吗？

孙权越想越失落。

之前，辅佐鲁王孙霸的太傅是仪曾屡屡上书劝谏，说二宫之间在礼仪和待遇上无甚分别，长此以往，必定会出问题。最好让鲁王回到封地，建功立业，亦能体现国家尊卑有别，这才是上上之策。当时，孙权根本就没把是仪这番话听到心里。现在回头看，果然被是仪说中了。而更让孙权感到恼火的是，他最近总觉得身体没什么力气，有点不妙。若哪天他突然离世，那兄弟俩真要打杀起来，国家分裂，岂不是会闹出更大的悲剧来？

孙权正郁闷，突然听到侍从报告："长公主求见！"

孙权心中一喜，说道："快引她进来。"

侍从匆忙退去，没一会儿就将长公主孙大虎引到孙权面前。孙大虎见孙权神情郁闷，装出心疼的样子，故意问道："父皇一副怒火攻心之状，到底发生了什么事？"

孙大虎说完，疾步上前，扶住孙权硕壮的身体，让他缓缓坐下。

孙权望着孙大虎，叹息道："朕当初将鲁王留于宫中，难道当真是错了吗？"

孙大虎连忙说道："父皇对诸皇子一视同仁，何错之有？"

孙权叹息道："诸大臣议论纷纷，说二宫今天争吵大闹，都是朕处置不当所致。若当年将鲁王送回封地，事情就不至于闹得这般难堪。"

孙大虎立即说道："嘴长在那帮大臣身上，怎么说他们都有理。其实这事不怪父皇，亦不怪鲁王！"

孙权听孙大虎话中有话，眼睛微睁，问："哦？那你说说，这事怪谁？"

"太子！"孙大虎咬牙切齿地说道，"太子自认为东宫太子，对鲁王甚是傲慢，又有王夫人这个靠山，尾巴都要翘到天上去了。鲁王就是看不习惯他这个飞扬跋扈的作风，才跟他斗嘴。岂料，他恶人先告状，这帮大臣就帮着他说话，把鲁王告到父皇面前来了。"

孙权心里一怒，却沉着脸不说话。

孙大虎见孙权脸色不悦，心里暗自一喜，接着说道："满朝大臣都护着太子，欺负鲁王，太不像话了。太子是陛下的皇子，难道鲁王就不是陛下的皇子吗？陛下对鲁王与太子不偏不倚，感天动地，这有什么错？"

孙权鼻子抽了一下，胸膛里呼呼作响，脾气似乎就要爆发了。

孙大虎唯恐天下不乱似的，滔滔不绝地说道："宫里都在传，说陛下已经坚持不了几天了。一旦太子接替陛下大位，一定不会让鲁王有什么好下场。更让人生气的是，他们竟然说，将来儿臣也要被太子收拾！"

孙大虎说着，呜呜地哭了起来。

孙权又怒又惊，连忙问道："太子为什么要收拾你？"

孙大虎一边掉流泪，一边说道："儿臣见鲁王被太子那一帮人欺负，挺身而出，为鲁王说了几句话，他们从此就把儿臣也一起记恨上了。"

"岂有此理！"孙权听了这话，心中大怒，对孙大虎安慰道："你别哭了，父皇不会让你受半点委屈。"

孙大虎越哭越伤心，又呜呜地说道："若是我阿母还在世上，王夫人一家又怎么敢欺负我？可怜我阿母走得早啊！"

孙大虎的哭声，当然引起了孙权对步夫人的回忆。

是啊，红颜易逝，好花不常开，若是步夫人还陪伴身边，那是多么幸福美满的一件事。步夫人走得早，却也留下孙大虎与孙小虎两个女儿，这让孙权心里失落之时，又有些许安慰。如今，孙大虎被太子及王夫人欺负，这让他心里如何好过？

孙权心里想着，不禁将孙大虎抱在怀里。半晌，只听他轻言细语地说道："你是朕的心头肉，朕决不会让你受委屈！"

孙权送走孙大虎后，缓缓闭上眼睛，身体却止不住地颤抖，嘴里想咳，却拼命忍住。终于，他实在忍不住了，猛地咳嗽起来。宫中侍从听见声音，纷纷赶来，有人赶紧去请御医，有人端来温水，有人找来蜂蜜，宫中顿时乱成一片。

孙权染疾的消息，很快就传遍了宫中。

这天，孙权正躺在床上养病，昏昏沉沉中听到侍从小声说道："陛下，太子求见。"

半晌，孙权似没听见，依然昏昏沉沉，一动不动。

侍从站了半晌，又小声报告了一遍，见孙权没有动静，转身准备离去。这时，却听孙权悠悠说道："传太子进见。"

侍从缩了缩身子，立即离去。没一会儿，太子孙和就出现在孙权面前。

"陛下，儿臣前来向陛下请安！"太子孙和一见到孙权，连忙伏地叩首。

孙权像是睡着了，躺着一动不动。屋里安静得可怕，空气中弥漫着一股不祥的气氛。

太子孙和不敢抬头，伏在地上一动也不敢动。

不知过了多久，孙权仿佛还在梦中，闭着眼睛喃喃说道："所来何事？"

太子听见孙权声音，心里打了个突，战战兢兢地说道："儿臣听闻陛下身体抱恙，特前来探病！"

孙权的声音犹如幽灵般飘在空中，冷冷地说道："放心，朕一时还死不了！"

孙和听了这话，大骇，猛地撞击地板叩首，凄声叫道："儿臣该死！请陛下恕罪！"

地板被撞得砰砰作响，孙和额头都是血迹，紧紧地贴在地上，一个劲儿地颤抖。

半晌，孙权缓缓睁眼，斜眼望着太子，心里又是一阵不悦，冷冷说道："这么说，你今天是来请罪的？"

孙和颤抖地说道："陛下养病，儿臣本不该前来打扰，触怒陛下，儿臣有罪！"

孙权冷哼一声："朕身体有恙，你身为太子前来探病，何罪之有？"

孙和猛然抬头，望着孙权肃杀的神情，身体不禁又一颤，想说什么却又吞回肚子里去了。

孙权见孙和不敢回话，语气凌厉地问道："之前二宫之争，朕对你与鲁王各打五十大板，杜绝与诸宾客来往，你可长了记性？"

孙和颤抖地说道:"陛下教诲,儿臣绝不敢忘!"

孙权再问道:"朕听闻你深居东宫,却与长公主不和,可有此事?"

孙和恍然大悟,孙权语气如此反常,原来是孙大虎来这儿告过他的状!想到这,孙和心里既悲伤又愤怒。悲伤的是,长公主孙大虎恶人先告状;愤怒的是,纵有千张嘴也说不清他和长公主之间的恩怨。长公主孙大虎素来跋扈,嫁入全家后,脾性不改,仍然屡次插手宫中之事。孙和身为太子,对她自然不满,没少给她脸色。不料,孙大虎转身就跑去怂恿鲁王,甚至支持鲁王夺嫡!这种下三烂的手段,宫中无人不晓,她却还有脸跑来父皇这里倒打一耙,这让他如何忍受?

想着,孙和眼泪哗哗直流,却不敢出声反驳。

孙权见孙和一副无辜的神情,语气稍微和缓了几分:"为什么不回答朕的话?"

孙和一听,以头磕地,凄苦地叫道:"儿臣有罪!"

孙权问道:"你认罪了?"

孙和抬起血迹斑斑的头颅,眼泪纵横地说道:"儿臣深居东宫,本认真读书,一心研究治国之道,却不知为何被世人诽谤,徒增陛下的烦恼,让陛下的病情雪上加霜,是以儿臣有罪!"

孙权见孙和如此委婉地为自己辩白,心里又是一惊,问:"难道朕冤枉你了?"

孙和泣声说道:"陛下圣明,儿臣若是有罪,如何瞒得过陛下的双眼?儿臣岂敢斗胆欺瞒陛下。然而宫中有千嘴万舌,儿臣仅有一张嘴,若是无罪,又岂可抵得过他们的明枪暗箭?"

孙和这番话让孙权无话可说。二宫之争,各有各的势力,各有各的措辞,一时难辨真假。然而这些都是家务事,若是派人调查,岂不是火上浇油,越搞越乱,闹到最后,被嘲笑的人还不是自己?

家丑不可外扬啊!

想到这里,孙权不由得消了心中怒气,神情和缓了几分,对太子说道:"你有没有错，朕自会查个水落石出。长公主也好，鲁王也罢，与你都是手足骨肉。所谓家和万事兴，若你们几个之间不和，吴国的未来又将在何方？你好自为之吧！"

孙和一听，连忙叩首说道："陛下教诲，儿臣定铭记于心，不负陛下所望。"

孙权见太子态度谦和，心情舒服了许多。半晌，又叹息道："朕的确身体不适，你前来探望，这份情，朕收下了。朕行动不便，有件事还请你亲自去办一下。"

孙和连忙说道："请陛下吩咐！"

这时，孙权胸中似乎有一团火在奔突冲撞，忍不住猛地咳了起来。孙权这一咳吓坏了孙和。他连忙跑上来扶住孙权，一个劲地抚着孙权的后背，半晌，孙权才平静下来。

孙和准备呼唤侍从，孙权却连忙摆手止住，说道："不必惊动侍从了，你明天率人前往长沙桓王庙替朕祷告，了却朕心中的一桩愿望。"

孙和连忙伏地叩首，然后起身弯腰匆匆离去了。

长沙桓王庙即孙策庙，大庙建在朱雀桥南。翌日，天刚蒙蒙亮，孙和便率领一队人马出宫，前往城外祭祀孙策。人马才出城，城中全琮府上便有一个黑影一闪而出，追着孙和的队伍去了。

时至中午，祭祀终于完毕，孙和正准备返回东宫，这时居住在孙策庙宇附近的太子妃叔父张休请求孙和顺道到家中做客。孙和想都没想就答应了。张休似早有准备，在府中大办宴席，与孙和畅饮，不亦乐乎。

就在这时，一个陌生诡异的影子溜了出去，直奔城里的全琮府。没一会儿，只见长公主孙大虎匆匆走出全琮府邸，坐上马车直奔皇宫。

孙大虎进得皇宫，见到孙权，就开门见山地问道："父皇可是遣太子拜长沙桓王庙去了？"

孙权一脸憔悴地望着孙大虎："怎么啦？"

孙大虎急得直跺脚，说："父皇有病在身，太子竟跑到太子妃叔父张休家里喝酒去了！"

孙权心里一沉："太子不在长沙桓王庙里？"

"没有！"孙大虎睁着眼说瞎话，顿了顿，又说道，"太子正在太子妃家里喝酒，和他们商量大事呢！"

孙权眉头一皱："他们要干什么？"

孙大虎欲言又止，跺了跺脚，不说话了。

孙权沉声问道："有什么话是你不敢说的？"

孙权这一问，让孙大虎的眼泪唰唰直落，她一边抹泪一边说道："父皇染疾，阿虎何等焦虑，茶不思饭不想，盼星星盼月亮就盼着父皇的病情早日好转。阿虎心里为父皇着急，可太子不急呀。此时父皇还躺在这儿，太子竟然和太子妃在叔父家里喝酒，他们还能商议什么大事？无非是盼着父皇早日……他好登基称帝！"

真是哪壶不开提哪壶。皇帝生病，太子不为父亲的身体着想，反而加紧谋划登基大事，这种事放在哪朝哪代，都是犯忌讳的大事。

孙权一听太子在那边谋划着这样的事，心里大怒，沉声吼道："岂有此理！"

孙大虎见孙权被成功激怒，又恨恨不平地说道："太子如此无情无义也就算了，父皇宠幸的王夫人听闻陛下身体有恙，竟然也面带喜色！"

孙权听得一愣，呆呆地望着孙大虎："王夫人也巴不得朕早死？"

孙大虎一听孙权提"死"字，立即满脸带泪地叫了起来："父皇别轻易发怒，伤了龙体啊！"

孙权心里犹如狂风席卷，海上怒涛，胸膛一起一伏，喘息不定。良久，只见他涨红双眼，咬牙叫道："来人，把王夫人召来！"

侍从立即应声而去，孙大虎一脸紧张地说道："父皇此时召王夫人，儿臣在此，怕有所不便？"

孙权望着孙大虎，眼光一下柔和了许多："你且下去避一避吧。"

孙大虎一听，立即抹着眼泪匆匆离去了。

没一会儿工夫，只见王夫人匆匆赶来。王夫人一进来，看见孙权不知何故竟满脸怒容，暗觉不妙，怯怯地说道："陛下！"

孙权紧闭双眼，看也不看王夫人，一动不动地坐着。

半晌，王夫人见孙权不动，吓得连忙伏地叩首说道："臣妾向陛下请安！"

良久，只见孙权缓缓睁开眼睛，冷冷地望着王夫人，说道："起来吧，朕还没到那个地步，没必要说什么安不安的。"

王夫人见孙权神情怪异，说话阴阳怪气，更不敢起来了，伏地颤抖说道："不知臣妾何处冒犯了陛下，让陛下如此惊怒！"

孙权摇头冷笑道："你哪里有罪，是朕有罪。朕都六十多了，还赖在皇位上一动不动。子曰，老而不死谓之贼。朕有老而不死成贼之罪！"

王夫人听得心里一惊，猛地抬头，瑟瑟发抖地望着孙权，犹如望着一个陌生的妖怪。君心深似海，以往卿卿我我之时，是何等春风惬意？而今这枕边人语调阴沉，神态怪异，眼睛里似乎藏着一场即将卷席而来的巨大风暴，如何不叫人心惊胆战？

想到这儿，王夫人吓得眼泪直流，凄声叫道："臣妾若有罪，陛下便问罪，何苦说这番有伤龙体的话？"

王夫人伏在地上，呜呜地哭了起来。

孙权见王夫人大哭，更是大怒，跺脚叫道："晦气！朕还没死呢，都要被你哭死了！"

王夫人听孙权这猛然一喝，一下收住哭声，抬起头愣愣地望着对方，眼泪却止不住地往下落。

孙权怒目圆睁，对王夫人问道："昔日朕想封你为皇后，有人告诉朕，你德不配位，应该再观察观察，今日一看，狐狸尾巴果然露出来了。朕还没死，太子就想着登基了，你是不是也想当皇太后了？"

王夫顿时恍然大悟，知道定然是有人到孙权这里告了恶状，致使孙权震怒。王夫人想反驳，却发现浑身无力，不知从何说起。她只能狠狠地咬着牙一动不动地站着，嘴上血丝缕缕，顺着泪水直往下渗。

孙权冷冷地望着王夫人可怜的样子，却也不为所动。良久，只见他又恶声恶气地补了一句："你回去待罪吧，朕不想再看到你了。"

王夫人何时见过孙权如此无情的样子，吓得一时瘫软，几度想爬起，却怎么也爬不起来。孙权见状，命令宫廷侍从将她拖了出去。

数日后，消息传来，王夫人死在了宫中。

王夫人一死，太子孙和的恩宠就渐渐消失了。鲁王一党又渐渐活跃起来，种种迹象表现，孙和的地位朝不保夕，随时都有被废弃的可能。此情此景，孙和势单力薄，如何破局，这是个问题。

让我们回到开头。

太子孙和独坐东宫，想了一晚还没想到对策。天不知不觉地就亮了起来，他走到窗口，推开窗户，一股寒气猛地扑了过来，这让孙和顿时清醒了。只见他眼睛一亮，似乎想到了什么，嘴里喃喃地叫道："那么重要的人，我怎么就没想到找他帮忙呢？"

太子想到那个人，心里越来越亢奋，大脑急速运转，改变命运的思路似乎变得越来越清晰了。

当孙和拼命寻找救命稻草时，鲁王孙霸一党却在集中火力，向他发起进攻。历史就是最好的老师。当年，曹丕为了保住太子之位，身边聚集了吴质等四位好友，正是这四人为他出谋划策，终于争取到了最后的胜利。而今，鲁王孙霸似乎也看到了智囊团的厉害，于是也学曹丕秘密召集了四个好友，为自己出谋献策。

孙霸身边的这四个人分别是名士杨竺、大臣全琮之子全寄、外戚吴景之孙吴安、皇室宗族孙辅之孙孙奇。这四个公子哥，尽管不如曹丕当年身边那四个好友出名，但是他们联合起来对付太子孙和，却还是绰绰有余。

这天，杨竺、全寄、吴安、孙奇等四人一起进宫，求见皇帝孙权。孙权似乎也不反感，带着病接见了他们。

四个年轻人来到孙权面前，个个意气风发，才华毕露，让孙权心情十分舒爽。闲聊不久，他们便单刀直入，为鲁王高唱赞歌，说鲁王有文韬武略，应该被立为继承人。

孙权听完，半晌不语。

这些话若在此前说来，这几人必定早被孙权一棒子打出宫外，但在此时说出，孙权却听得津津有味，深以为然。人是有感情的，一旦被情绪左右，就难以逃脱感情的迷雾。王夫人死于宫中，孙权对太子孙和又十分反感，此时当然不想把手中的权力交给孙和。而此时杨竺等四人高赞鲁王是合适人选，他当然也觉得并不过分。

这时，杨竺见孙权有所顾虑，又趁机说道："太子无德无功，且天资愚蠢，为人残忍，此人若登基继位，不亚于将国家往火坑里推。鲁王雄姿英发，飘飘然有陛下当年陈兵面对曹贼的气势，若让鲁王继位，何愁国家不强，天下不统一！"

杨竺不愧为江东名士，一句话就击中了孙权心里那根敏感的弦。

自古以来，哪个皇帝不喜欢个性像自己的孩子？孙霸若有孙权的雄姿，来日横扫中国，那他也就死而无憾了。无论于私于公，把国家交给这样的人，都无愧于心。况且，当今魏国，曹氏已经明显地衰落了，坐在位上的是一个儿皇帝曹芳，而蜀国坐在殿上的也是一个只会签字下诏、寻欢作乐的蠢皇帝。吴国若想一统天下，就必须选出一个文武全才，如此，才有魄力趁机横扫天下，一统中国。

半晌，只听孙权缓缓说道："好吧，朕再好好想想。"

杨竺四人见孙权终于松了口，心里都一阵亢奋。万事开口难，既然孙权开了换太子的这个口，那鲁王也就离胜利不远了。

当杨竺四人见大功告成，纷纷离去时，孙权也缓缓起身离开了寝宫，屋里死一般的寂静。不知过了多久，只见孙权床底下缓缓爬出一个纤弱的身影，她在床前四处张望，见没有人，便迅速爬起来一溜烟跑了。

那身影出了宫，向东宫方向一闪，就不见了踪影。

那个躲藏在孙权床底下偷听的人，正是东宫太子孙和派去的卧底。卧底将孙权准备废太子的想法告诉孙和，孙和犹如受了当头一棒，一时惊呆了，几乎不知所措。

正当孙和心乱如麻，急得在宫里团团转时，侍从来报，说尚书选曹郎陆胤求见。

孙和两眼一亮，连忙问道："陆胤为何事而来？"

侍从说道："他准备西行前往武昌见陆丞相，特前来辞别。"

孙和一听见陆逊之名，心里那根救命稻草立即浮现，连忙说道："你告诉陆胤，宫里人多口杂，不必进宫，就留在车上等我。"

侍从心领神会，点头退下了。

紧接着，孙和连忙返回内室换装，带着一个小侍从悄悄溜出了东宫。距离东宫不远处，停着一辆马车，马车上挂着帘幕，里面被遮得严严实实。微服私行的孙和来到马车面前，顿了顿，向四处张望一番，见没人偷窥，便火速掀帘上车去了。

陆胤，字敬宗，乃是丞相陆逊同族兄弟之子，孙和早就听说了他的贤名，常以特殊的礼仪待他，所以两人关系十分要好。此时陆胤因公西行，要见丞相陆逊，而陆胤亦知太子孙和与鲁王不和，所以特此前来问太子是否有话要他向陆逊代为传达，不想竟来对了，正中孙和的下怀。

这时，陆胤见孙和上了车，连忙低声说道："太子亲自前来见臣，臣诚惶诚恐，太子有何吩咐，臣必万死不辞。"

孙和连忙摆手说道："此诚危急存亡之时，免礼，免礼。"

陆胤见孙和一脸焦虑不安，不由得坐直身子问道："太子为何急成这样？"

孙和叹息一声，沉声说道："陛下准备废了我这个太子改立鲁王，你说此事我该不该着急？"

陆胤一听，瞪大了双眼问："陛下老糊涂了？"

孙和摇头叹道："陛下本来不糊涂，都是被鲁王身边那帮人撺掇的。"

孙和将杨竺一行人进宫劝谏孙权废太子立鲁王的事情说了。末了，叹息道：

"此前，我已想了几天几夜，当今吴国，能救我的人，非丞相陆逊不可。此次君将西行入武昌，将我的心里话告诉丞相，拜托他上奏劝谏陛下回心转意，如此，或许尚可力挽狂澜！"

原来，孙和之前想到的能够成为救命稻草的人，就是丞相陆逊。陆逊对东宫素来友好，且他身为东吴百官之首，如果连他都救不了太子，还能指望谁？

陆胤连忙领命道："太子放心，臣必将话带到丞相那里。"

孙和掀开窗帘一角，望了望车外，又忧心忡忡地说道："现在东宫到处都是鲁王的耳目，我不便久留，你一路上也要小心为好。"

说完，孙和当即下车，领着一直等候在车外的小侍从匆匆离开了。

陆胤在车里望着孙和走远，再探头四望，见无人盯梢，猛地喝道："起驾！"

良驹奋蹄，马车向建业城外疾行而去。不日，陆胤便抵达武昌。

此时，武昌城夜色深沉，丞相府里一灯独明，默默地照着陆逊和陆胤。陆胤见陆逊半天不说话，嘴巴不由动了动，问道："太子此时处于虎狼环伺之中，丞相可有妙计，解他的燃眉之急？"

丞相陆逊抬头望着陆胤，叹息道："难啊。"

陆胤听得心里亦是一沉，道："陛下年近古稀，似乎变了一个人。他年轻时，何等英雄意气，再看看这些年，把好好的吴国折腾成了什么样？一会儿要出兵海外，一会儿又想北上征战，一会儿跟大臣斗气，一会儿又跟自己的太子过不去，真搞不懂他心里是怎么想的。"

陆逊一脸苦笑，道："这都是历史的宿命。雄主每到迟暮之年，必有大变。昔日秦始皇、汉高祖刘邦、汉武帝刘彻年老时，不也莫名闹出一堆与其英雄本性不相符的糊涂事吗？即使雄才大略如曹操、刘备，不也是如此？陛下亦为当世豪杰，却仍然逃不出这样的宿命。我一介老臣，如今也是一样。若这是命中注定的劫难，估计也是逃不掉的。"

陆胤心里大惊，连忙问道："丞相怎么说这样悲观的话？"

陆逊缓缓说道："依我对陛下多年的观察，此次太子的命运凶多吉少，不知会有多少人卷入这场争斗之中，丢掉性命！"

陆胤听得又是大惊："这样说，即使丞相亲自出面，太子也不一定有胜算？"

陆逊目光如炬，缓缓说道："不要说太子没有胜算，连鲁王也不一定有胜算。"

陆胤听得莫名其妙，愣愣地望着陆逊。

陆逊想起了之前全琮写给他的信，又沉声说道："谁也不知道这场太子位之争会闹到什么样的地步。如果太子和鲁王公开决裂，而朝廷大臣也纷纷站队，陷入火拼，如此下去，朝廷必然血流成河，双方也必会鱼死网破。若有这一天，陛下必将太子及鲁王一起驱逐出京城，另选他人。"

陆胤这才恍然大悟，说道："丞相这么一说，我似乎明白了，以陛下之英明，恐怕不会将祸患留给后世之人？"

陆逊沉沉地点了点头："说的正是！陛下聪明绝世，昔日袁绍和刘表的教训，难道他不知道吗？当年贾诩亦搬出袁绍教训劝谏曹操，曹操若是顽固不听，魏国还会有今天这般光景吗！"

陆胤摇头叹息道："如今陛下的性情阴晴不定，丞相进退两难，该如何抉择？"

陆逊幽幽地说道："身为丞相，凡事须得奉公而行。之前，陛下启用吕壹，大兴刑狱，我等数位大臣并未上书劝阻，后来陛下特别派来使者训斥。如今陛下想废太子，动摇国之根本，在大是大非面前，我能岂可抽身逃避！我等若不出面劝谏，天下人岂不认为我这丞相是个活死人吗？当年汉高祖企图废太子刘盈，御史大夫周昌强谏，我若命好，或许能像周昌一样成功阻止陛下废太子，若不幸，后果难料。"

陆胤听得两眼发直，一时不知说什么才好。

这时，只听陆逊接着说道："天色不早了，你先回去歇息，我马上写奏书，明早派人快马加鞭送入京城。"

说完，陆逊便送陆胤出门。陆胤还想说什么，却见陆逊眼神坚毅，一脸沉着，只好叹息一声，默默走了。

陆胤走后，陆逊思索了半晌，这才缓缓走到几案前提起笔来，沉重地写道："臣闻鲁王受陛下之宠，久居京城，爵秩与太子无别。臣以为此举万万不妥。太子贤德，有正统之名，理应稳如磐石；而鲁王不过一介藩王，当使其爵秩与太子有别，遣其出京，使其各安其所，此乃国之大幸！臣叩首流血，上表以闻！"

书毕，陆逊不知何时脸上已挂满泪水。他掷笔于案上，猛地伏在地上，朝着东南建业城的方向咚咚地叩首，又呜呜地哭了起来。

悲凉的风猛烈地吹了一夜，吹灭了灯火，吹亮了天光，又将陆逊这封万分沉重、十万火急的奏书吹进了长江下游的建业城，吹落在了孙权的床前。

孙权默默地看了半晌，不作声。

这一天，就算过去了。

然而第二天，陆逊又送来了一封奏书，紧接着第三天，第四天，天天有加急的奏书送到宫里。且陆逊在奏书里只谈一件事，那就是废太子之事不可行。

最后的这封奏书里，陆逊对孙权说道："昔日袁绍二子夺嫡，连曹操都引以为戒，以陛下之英明，远胜曹操，难道还不能明了其中的是非黑白吗？太子地位不稳，国家不安，动摇太子，就是动摇国之根本，那就是个大悲剧啊。臣日夜难安，想亲自前来建业城向陛下当面陈情，望陛下允准！"

孙权看到这里，心里陡然升起一股怒气。家国大事，难道一国之主还不能掌握吗？区区一个丞相大臣，三番四次，屡屡上奏劝谏，难道真以为他孙权老糊涂了吗？再者，他什么时候说要废太子立鲁王了？你们这帮大臣听风就是雨，难道是太子勾结大臣，企图逼迫他吗？

想到这儿，孙权猛地喝道："来人！"

宫廷侍从应声而来，站到了孙权面前。

孙权面容冷冷地说道："传令给丞相陆逊，此时他不宜进京，务必坚守武昌城。没有诏令，不得擅自做主。"

宫廷侍从领命而去，这时另外一个宫廷侍从跑进来说道："报！"

孙权脸色一沉，问道："何事？"

宫廷侍从报告："太常顾谭求见。"

孙权心里冷笑，又来一个，他倒想看看这帮人到底想干什么。半晌，只听他缓缓说道："让他进来吧。"

顾谭，字子默，即前丞相顾雍的孙子。他颇有祖父顾雍那谦虚雍容的气度，颇受世人好评。顾雍病逝后，孙权便将顾谭提为太常。太常，位列九卿之首。此时丞相陆逊远在武昌城，而建业城里百官诸事，皆是太常打理。

除此之外，顾谭还是陆逊的外甥，陆逊此次屡屡上奏，而顾谭今天又不请自来，他除了劝阻废太子的事情，还有什么可说的？

孙权正沉吟，顾谭已经走进来了。顾谭行过大礼，孙权故意顿了顿，悠悠说道："顾太常今日为何事来见朕呀？"

顾谭望着孙权，缓缓说道："臣今日准备面陈之事，是国之大事。"

孙权神情冷漠地说道："既然如此，顾太常就说来与朕听听。"

顾谭正色道："臣听闻古代之君，一定会明确嫡庶之别，分尊卑之礼，如此高下有别，等级清楚，不能逾越，骨肉才可保全，恩情才不会断绝，夺嫡的邪念才不会产生。过去贾谊评价汉代诸侯之事，认为诸侯王势力太大，即使是骨肉至亲，也一定会反叛；若他们势单力薄，即使疏远，也不会有碍国家。所以当时淮南王刘长和孝文帝虽是亲兄弟，却因造反而不得善终，为何？就是因为他权势太重，为人又倨傲；长沙王吴芮虽距离国都遥远，却享国久远，为何？大概就是因为他权势较轻，反而得以自保。如今臣所说的乃是国家大事，并非对谁有所袒护，只不过是想劝谏陛下使太子安定，而使鲁王得以保全呐。"

孙权听得默然不语，半天没有反应。

他心里明知太常顾谭进宫是为太子说话的，但人家这番话引经据典，说得在情在理，无法反驳。汉朝故事仿佛就在眼前，当时孝文帝和淮南王刘长的事才闹罢，后来窦太后却也不长记性，竟然助长梁王刘武的野心，企图让孝景帝刘启传帝位于梁王，幸好一帮大臣极力劝谏，梁王又病死了，此事才作罢。不然后果如何，实在让人难料。

而今孙权若不处理好太子和鲁王之事，鬼知道最后会以什么样的惨剧收场？

这时，顾谭见孙权半天不说话，又拱手说道："当务之急，当断则断，不然必受其乱，请陛下三思而后行啊！"

孙权恍然回神，缓缓说道："卿先退下吧。朕所做之事，自有分寸。"

顾谭见孙权似乎仍不知悔改，拱拱手还想说什么，这时孙权不耐烦地挥了挥手，说道："今天就到此为止吧。"

顾谭见孙权不想听，只好默默退下了。

宫里一片寂然，孙权心烦意乱，理不出个头绪来，这时宫廷侍从又来禀告："报，太子太傅吾粲求见。"

今天真是见鬼，所有关于太子的烦心事都涌出来了！孙权一听太子两个字就怒气上涌，不过他还是强压怒火叫道："传他进来。"

吾粲，字孔休，吴郡乌程人。他出身卑微，凭一己之力，少年时就与陆逊一道闻名于吴郡。孙权做车骑将军时，任命其为主簿，后来建功立业，不在话下。孙和被封为太子时，孙权认为吾粲为人靠谱，便任命他为太子太傅，辅佐太子。

没一会儿，吾粲进来，见孙权神情不悦，似乎不为所动，依然神情严肃地说道："臣有事想当面向陛下陈说！"

孙权冷冷问道："你也是为太子求情来的？"

吾粲心里一震，却不慌不忙地说道："臣是为太子，亦是为鲁王，更是为国家社稷而来。"

孙权脸上一凛，沉声说道："既然这样，你就说来听听。"

吾粲顿了顿，神情严肃地说道："二宫之争，由来已久。之前，陛下禁止二宫与宾客往来，让太子与鲁王一心读书，岂料事情愈演愈烈。如今，臣有一计可以使二宫之间归于平静。"

孙权沉沉地吐出几个字："卿有何计？"

吾粲望了望孙权那张肃杀的脸，拱手昂扬说道："太子是正统，宜居东宫；

鲁王贵重，陛下不舍得遣之就国，可以派他出镇夏口，以示倚重。如此，太子与鲁王各有倚重，各安其所，这不仅可以解陛下心中之结，亦可解二宫之间的矛盾。"

孙权一听，心里一阵冷笑，明着是为了我和鲁王，说来说去，你们还不是想让太子稳坐东宫？

半晌，孙权悠然说道："朕今天听来听去，听的都是关于太子的事。陆丞相信里写的，顾太常与你说的，竟然都是千篇一律，没有新意。当然，你们都是为国家好，为朕好，你们的心意朕也就心领了。"

吾粲见孙权顽固不化，还想说什么，孙权当即制止道："回去吧。朕自有分寸。"

吾粲突然提高声音说道："陛下，容臣说最后一句话。"

孙权漠然地望着吾粲。

吾粲语气激烈地说道："陛下，二宫之争，事不在鲁王，而在鲁王身边的杨竺、全寄、吴安、孙奇等四人。陛下只要将他们四人及鲁王送出京城，斩断乱源，肃清朝廷，国家社稷便可长治久安。今日之急，乃国事之急，臣叩首流血，以示臣之忠诚。"

吾粲说完，猛地叩首撞地，咚咚咚的声音响彻空荡的皇宫大殿，让人闻之色变。

孙权却只漠然地望了一眼，便丢下吾粲，转身离开了。

不得已，吾粲只好抚着流血的头颅悻悻离去。他一离开皇宫，一个躲在暗处的影子一闪，转头向鲁王宫室去了。没一会儿，鲁王孙霸就带着杨竺气急败坏地赶来求见孙权。

这一天，孙权已经被折腾得够疲惫的了。

他本来今天谁也不想见了，一听鲁王来见，心里不禁一动，就让鲁王和杨竺进来。

孙权见到鲁王孙霸，见他那英姿勃发、仪表堂堂的面貌，心里不由一喜。他看到鲁王就仿佛看到了年轻时的自己,心里无限唏嘘。一想到此,他一扫脸上的疲惫,望着孙霸问:"看你气色不好,有何急事?"

孙霸拱手问道:"父皇,太子一党是否又来诽谤儿臣?"

孙权摇头说道:"他们说他们的,你做你的,何须担忧?"

孙霸昂首说道:"身正不怕影子斜。儿臣如何,父皇心如明镜,只是太子一党上下其手,将偌大的朝廷搞得乌烟瘴气,实在让人忍受不了。"

这时,一旁的杨竺立即接话说道:"陛下,有一事臣不知该不该说。"

孙权转头望着杨竺:"你尽管说来。"

杨竺对孙权说道:"臣听闻太子太傅吾粲屡屡跟陆丞相互信通气,里外勾结,企图挟持太子以逞一己之私。太子懦弱,对他们无所防范,所以臣以为,清除朝廷中的害群之马,当从吾粲和陆丞相开始,其次是太常顾谭!"

孙权心里一震,眼睛里隐隐冒出怒火,问道:"太常顾谭何罪之有?"

杨竺心里早有准备,侃侃说道:"当年芍陂之役,全琮将军率军拼尽全力与魏军作战,太常顾谭之弟顾承及太子妃叔父张休,竟诬陷全琮将军之子全端及全绪无功,此事可耻之极。"

芍陂之役发生在四年前的夏天四月,当时孙权派遣全琮率军攻略淮南,与魏兵决战于芍陂。那一场战役,魏国的征东将军王凌及扬州刺史孙礼十分顽强,竟击败了全琮。不得已,全琮败走。此事现在孙权想起来胸口还隐隐作痛,当时不仅全琮败了,诸葛瑾、朱然诸军也在别的战场中败下阵来,让他如蒙大耻。顾承及张休说全琮诸子无功,不等于说孙权无功吗?伤的是别人,打的却是他这当皇帝的脸。

一想到这儿,孙权勃然大怒,叫道:"太子妃叔父张休无功无德,竟为争功而诬告全将军诸子,谁给他的胆子?他仅凭太子外戚就敢胡作非为,朕若不在了,他岂不是要上天了吗?"

杨竺趁机又添油加醋地说道:"朝廷上下,除了全琮将军一家,其他诸大臣都被太子收买,以致太子一党如此飞扬跋扈,陛下若再不收拾收拾他们,将来还得了？"

孙权今天被太子这两个字烦了一天，听了杨竺此话，心里的愤怒彻底爆发了，只听他大声吼道："来人！"

宫廷侍从闻声匆匆跑进来。

孙权喉头一动，恶狠狠地说道："传诏，逮捕太子太傅吾粲，下狱诛杀；贬顾谭、顾承、张休于交州；派特使前往武昌，质询陆丞相是否有与太子勾结之事！"

宫廷侍从领命，准备出去传令，只听孙权猛地又叫道："等一下。"

宫廷侍从赶紧又回来候命。

孙权又狠狠说道："之前，朕身体抱恙，托太子前往长沙桓王庙祭拜，张休半道截下太子喝酒，视朕如无物，他若不死，朕心如何能安？朕要赐死张休！"

说话间，鲁王和杨竺对视一眼，心里都一阵得意——看来，太子一党灰飞烟灭，已经近在眼前了。

这一天，孙权特使前来武昌城。特使一见丞相陆逊，就开门见山地问道："丞相和太子太傅吾粲互相勾结，打击鲁王，可有此事？"

陆逊似乎早料到会有这么一天，面色从容地说道："若臣僚之间互相通信，就定性为互相勾结，敢问特使，朝廷上下，有谁不是同党？"

特使冷冷问道："丞相这话的意思是，你就是太子一党啰？"

陆逊淡淡说道："什么是太子一党，什么又是鲁王一党？"

特使说道："丞相与太子太傅勾结，企图游说陛下派遣鲁王离开京城，这不是打击鲁王吗？"

陆逊神色淡定地说道："依特使所言，不派鲁王出京，难道要派太子出京吗？"

特使见被陆逊绕进去了，连忙说道："我可没有这么说。"

陆逊淡然一笑，悠悠说道："太子居东宫，乃天地常理；鲁王身为藩王，成年之后就应该被遣至藩国，这也是天地常理。我身为丞相，上顺天时，下理阴阳，劝谏陛下派遣鲁王出京，难道也是错吗？"

特使问道："你身为丞相，奉公而行，当然没错。然而你三番四次上奏，且想要当面对陛下陈情，让他驱逐鲁王出京，是何用意？"

陆逊从容答道："你身为特使，说话用词要准确一点。首先，我并非劝谏陛下驱逐鲁王，只是劝他派遣鲁王出京，以体现鲁王和太子之间的尊卑之礼。我的用心无愧于天，亦不负陛下，何错之有？"

特使又问道："陛下留鲁王于京城，不过是因为骨肉之情，你在奏书里提到劝陛下不要废太子，陛下又何曾说过要废太子？你身为人臣却妄加揣测，敢说这不是犯了欺君之罪吗？"

特使这话让一直淡定从容的陆逊一时呆住了。这个问题的角度太过刁钻，如果说是别人告诉他的，那到底是谁？这样一来，就会牵连到陆胤及太子等人；如果说没人告诉他，那他就是乱猜的，这就犯了欺君之罪。

这时，特使见陆逊半天不语，不由冷笑道："丞相怎么不说话了？"

陆逊依然默不作声，只是心绪一下全乱了。

半晌，特使见陆逊无话，得意地站起来，悠悠说道："丞相不说，我也不勉强，嘴长在你身上又不长在我身上，不过，如果丞相不愿如实回答，那我可就回去如实禀报陛下了。"

陆逊依然浑身僵硬地端坐着，几乎成了一块木头。

这时，特使声音猛地大了起来，问道："我最后再问陆丞相一句，废嫡立庶这种妄言到底是谁告诉你的，是不是太子太傅吾粲？"

陆逊一听，猛地抬头，果断说道："不是！"

"既然不是吾粲说的，那就是你道听途说，乱猜的？"特使又追问了一句。

良久，只见陆逊缓缓站起身来，望着特使沉声说道："对，我都是道听途说来的。"

特使又打破砂锅问到底："那就请丞相告诉我，你是在哪条道上听来的，说这话的又是些什么人？"

陆逊一听，心都凉了半截。看来孙权这一趟派遣特使前来，不是简单的吓唬，明显就是要给他下马威了。既然这样，还有什么好说的？

半晌，只听陆逊悠悠说道："二宫之争，京城无人不知。建业城满大街都在传，传到了武昌城。武昌城满大街也都在传，传到我这里不是很正常吗？特使若是不信，可以上街问问！"

特使一听，顿时哑了。

良久，特使又不甘心地说道："既然你不说实话，我就如实回去禀报了。你就在这儿等着吧！"

特使说完便拂袖离去了。

陆逊望着特使远去的背影，脊背发凉。天下三分之势持续已久，吴国的太平日子也维持了这么久，孙权统一天下的万丈雄心早已疲惫。既然吴国大局已定，功臣还有什么用呢。此刻，凡是与君心不一致的，会有什么样的下场？当年曹操平定北方之时，荀彧的下场不就很能说明问题了吗？而今陆逊位极人臣，在废嫡立庶的问题上又跟孙权立场相悖，结局可想而知！

果然，没几日，孙权的第二拨特使又抵达武昌城。此时此刻，陆逊已经思量许久，决定即使自己被孙权定罪，也不能供出太子及陆胤。

于是，当特使再次出现在陆逊面前时，他视死如归，面色从容，一点也不惧怕。

特使悠悠问道："陆丞相可知罪？"

陆逊缓缓答道："知罪！"

特使见陆逊答得如此爽快，不禁一愣，半晌又问道："知的什么罪？"

陆逊缓缓走到窗边，眺望远处的滚滚长江，江上依旧波涛汹涌，却再也不见当年那个雄姿英发、挥斥方遒、纵横天地的青年英雄。那阵阵迎面而来的冷风，犹如利刃刺来，刀刀见血。

陆逊神态悲壮，缓缓说道："臣一生征战沙场，屡屡建功，位极人臣，此为罪一；臣率数万之众，深入夷陵道，火烧连营，使刘备大败，此后蜀兵不敢东来，此为罪二；臣再率数万之兵，跟曹休决战于石亭，击败魏军数十万雄师，魏兵从此不敢轻言出战，此为罪三；臣对陛下忠心耿耿，拥戴太子正统之位，反对鲁王不臣之心，此为罪四。"

陆逊说着，缓缓转身面对特使，脸上泪水纵横，豪迈悲壮，却毫无恐惧之色。

特使望着一脸泪水的陆逊，又是惊讶又是惭愧，一时不知如何是好。

陆逊继续对特使说道："臣自知罪孽深重，痛不欲生，请特使定罪吧。"

说完，陆逊缓缓闭上眼睛，突然，他胸口猛然一震，一股鲜血从口里喷了出来，溅得满地都是。

陆逊犹如一具被旱雷暴击的枯木，瞬间轰然倒塌。

这一天，时间犹如凝固了一般，过得相当缓慢。等到陆逊缓缓睁开眼睛，却发现特使已经走了，自己却躺在了床上，这时陪伴在他身边的只有儿子陆抗，陆抗泪眼蒙眬地望着陆逊，悲戚地说道："父亲，你终于醒了。"

陆逊四处一望，发现天色已晚，迷糊地问道："特使走了吗？"

陆抗道："早就走了。"

陆逊又迷迷糊糊地说道："我睡过去了吗？"

陆抗沉重地点点头。

这时，陆逊迷迷糊糊地又要昏过去，陆抗连忙叫道："父亲，你都昏迷了一整天了，不要再闭眼了。"

陆逊胸口如同压了一块泰山巨石，喘不过气来。半晌，只听他缓缓地对陆抗说道："我这一生无愧苍天大地，无愧陛下太子，无愧江东社稷！我没什么遗憾了。"

说完，只见他眼皮直颤，努力挣扎，却怎么也睁不开眼。终于，那双曾如鹰般雄视战场的双眼，还是缓缓地合上了。

这一天，陆逊在忧愤中离世，时年六十三岁。

第十二章
好一个自取灭亡

时间很快就来到了正始八年（公元247年）的春天。

三月，魏国大将军曹爽在何晏、邓飏、丁谧的怂恿下，将太后迁往永宁宫。消息传到司马懿耳朵里时，他表面上默然不语，心里却暗自冷笑：你们将太后搬走，到底想干什么？这真是一帮成事不足、败事有余的家伙。

现在的江湖早已不是过去的江湖了。现在的魏国江湖，由曹爽及何晏等一帮新崛起的势力来把守，他们犹如一帮穷人乍富、小人得志的愣头青，以为这个江湖只有他们想不到的，没有他们干不成的事。长此以往，江湖还有规矩吗？

既然如此，该怎么办？

司马懿心里默默地想着，那就让他们折腾吧，等折腾得差不多了，再回头收拾他们。

五月，被挟制多年的司马懿将计就计，对外称疾，宣称从此不再参与国家朝廷政事。次年春天二月，中书令孙资与中书监刘放等一帮老臣也光荣退休，不再参与国事决策。

魏国掌权的老一辈纷纷退位，大权便落在了大将军曹爽手中。这时，大将军曹爽见朝中无人制约，一时得意忘形，放开手脚，更加努力地乱来了。

初掌大权的曹爽开始骄傲了。一骄傲，就目空一切，无视规矩，所谓饮食衣服，一切皆按天子的标准来。至于珍奇宝物，那更是如山般堆积在家里。他为了将吃喝玩乐进行到底，派人于府中挖掘地下室，装饰豪华，又派人偷偷摸摸地将先帝曹睿时的七八个能歌善舞的歌伎喊来家里，跟何晏等一帮人没日没夜地饮酒作乐。

曹爽如此放纵无度地享乐，连他弟弟曹羲都看不下去了。曹羲看在眼里，忧在心中，却无处解愁。他想当面劝谏，又怕被曹爽斥骂，想来想去，只好写了几封讲骄淫致祸的大道理的书信，委托诸弟劝诫曹爽。曹爽一看那信就知道是曹羲写的，心里不悦，一脸不屑，继续他的享乐事业。

曹羲见诸弟劝谏无效，决定挺身而出，亲自跟曹爽陈情。

这天一早，曹羲迈着沉重的步子来到大将军宅邸，请求面见曹爽。守门侍从见曹羲有事找大将军，不敢怠慢，将他引到前厅。

厅里摆设精致，极尽奢华。此时，曹爽正与何晏一帮人在地下室听曲饮酒，其乐融融，侍从前去向曹爽报告，曹爽不耐烦地说道："回去告诉他，改日再来。"

侍从只好退了出去，回禀曹羲。

曹羲一听哥哥曹爽只顾享乐，心情更加沉重，脸上却波澜不惊地对侍从说道："你不必来回跑了，我在这儿等着大将军就是。"

曹羲说完闭上眼睛，端坐不动了。侍从见状，想说什么，也只好作罢退下。

这一等，一天就过去了。

黄昏日落，曹爽庭院里一片阴沉，空空的厅堂里更是无比凄冷。这时，呆坐了一整天的曹羲猛然睁开眼睛，起身肃立。原来，他听到了曹爽与人说说笑笑的声音。

没一会儿，只见曹爽和何晏等一帮大臣晃晃悠悠地走出后院密室，当他们跨进厅堂，看见曹羲正一脸严肃地立在堂上，都不由一愣，顿时哑然无声。

曹羲缓缓走到曹爽面前，拱手说道："臣弟拜见大将军。"

何晏见曹羲有话要说，连忙对曹爽说道："大将军请留步，我们就先告退了。"

此时邓飏亦在场，他也打着哈哈说道："大将军有家事要谈，就不妨碍您了。"

两人说完，转身匆匆离去了。

厅堂里就只剩下曹氏兄弟四目相对。

曹爽极度不耐烦地望了曹羲一眼，不悦地说道："到底所为何事，不能等到明天再说吗？"

曹羲扬声说道："打铁要趁热，只怕我明天来又见不到大将军，如此日复一日，只恐明年都没机会跟您说这番话了。"

曹爽一屁股坐了下来，重重说道："你不必说，我已经知道你想说什么了。先帝在时，倾尽一国之力，兴建宫室，搜罗天下美女充实后宫，都不在话下。我身为大将军，办几场宴会，请几个大臣与我同乐罢了，你又何必小题大做，大惊小怪？"

曹羲胸口一闷，缓缓反驳说道："大将军慧眼如炬，您既然知道先帝兴建宫室，行为奢侈，引得天下非议，大臣叹息。先帝驾崩，所有宫室皆已停工，百姓方得休息，得一时之安宁。而今大将军逾越规矩，过度享乐，恐怕这也不是贤明治国之举吧！"

曹爽不服地说道："天下太平，喝酒作乐乃是平常之事，有何不可？"

曹羲眼含悲伤，语气激昂地说道："大将军如何能说天下已经太平？如今天下三分已久，吴蜀强敌在侧，日夜练兵，随时可能越境；太傅司马懿被排斥出朝廷多时，其党羽内心愤愤不平，正暗自磨刀。如今您对外不备战，对内不设防，骄傲自满，成败或在一时，请大将军自省啊！"

曹爽一脸不屑地回道："司马老贼已经病重，余日不多，有什么可怕的？"

曹羲一听更急了，悲声说道："大将军千万别被司马懿外表所骗，其人善于隐忍，能量十分惊人，我们最好小心防范。当年太祖征召他出来做官，他亦称疾不出，太祖秘密派人前往窥探，才发现被他骗了。之后太祖识破其诡计，才强迫他出仕，此人如此可怕，大将军难道不知吗？"

听了这话，曹爽对司马懿的轻视也并未改变分毫，依然不屑地说道："我已控制朝廷上下，司马懿若敢造反，岂是我的对手？他那是自寻死路！"

曹羲满脸忧愁地说道："司马懿还有两个儿子在朝廷啊。"

曹爽冷笑道："司马师与司马昭两个能翻出什么大浪来？你也别太操心了，咱们兄弟该吃吃、该喝喝，昔日太祖有诗说：对酒当歌，人生几何？何晏亦说得好,人生虚无,何必汲汲于世俗之急?当务之急,就是饮酒作乐,恣意挥洒,这就是人生极乐之境!"

曹羲听得顿时呆了,心里犹如刀割。人原来是会变的,曹爽已经不是当年那个侍立在先帝身边、战战兢兢不苟言笑的将军了,如今在何晏的影响下,竟然接受虚无主义,大行淫乐,简直无可救药了!

良久,曹爽见曹羲无话,悠悠说道:"春天已至,野外风光甚好,过几天我准备亲率曹氏兄弟及大臣们出城游玩,你也一起去吧。"

曹羲一听,急得两眼流泪,只见他猛地跪倒在地,叩首说道:"臣弟望大将军停止作乐,专心治国,别为了享乐而生生断送了国运,把国家大权拱手相让啊!"

说着,曹羲伏在地上呜呜地哭了起来。

曹爽见曹羲痛哭流涕,竟不为所动,依旧神情冷漠。半晌,才缓缓说道:"我知道怎么做了,你起来吧。"

曹羲见曹爽似有回转之意,这才爬了起来,沉声说道:"先帝在时,将陛下及国家托付给大将军,是希望大将军效仿霍光,望大将军勿忘初心,还天下一个真正的太平。"

"霍光?"曹爽喃喃自语,转而心里又是一笑,暗自说道,"那是个什么玩意儿,能学吗?"

半晌,只见曹爽悠悠站起,打着哈欠说道:"今日就说到此吧,我困了。"

说完转身走了。

曹羲望着曹爽离去的背影,心里既惆怅,又恐惧,竟然莫名地浑身颤抖起来。

春回大地,北方一片春光灿烂,四处花开。这是一个惬意的季节,正是出门打猎踏青的好时刻。尽管曹羲劝诫多次,但曹爽依然不把曹羲的话放在心上,屡屡带领诸弟出门游玩。这天一大早,他们又准备出门,有人闻讯,匆匆朝司农府跑去。没过多久,司农府中有一个身影匆匆坐上马车,朝大将军府而来。

此时,大将军府前一片喧哗,那从司农府而来的马车骤然停下,车上跳下一个人来，对曹爽急忙叫道："大将军，请留步！"

曹爽闻声望去，原来拦住他的人是司农桓范。

放眼魏国上下，连司马懿都"病"了，朝中老臣，谁敢跟曹爽说半个不字？如今曹爽要出城游玩，为何桓范竟敢来拦？

原因无他，因为桓范是一个让曹爽都不得不礼让三分的老江湖。

桓范，字元则，建安末年就闯荡江湖，进入丞相府为官。魏明帝时期，曾历任中领军尚书、征虏将军、东中郎将等职位，持节都督青、徐诸军事，也做过一方长官。正始年间，又被拜为司农。

桓范和曹真皆是沛郡人，同郡出来做官的人当中，曹真属第一，第二就是桓范。因为桓范和曹真是同乡，且又是老前辈，曹爽对桓范还是十分客气的，至少表面上颇为敬重，不过内心却不以为然。

这时，曹爽见桓范这个昔日与父亲曹真并列的老前辈不请自来，一愣，问道："桓老为何如此着急？"

桓范胡须倒竖，怒视曹爽叫道："老夫是被你活活气坏的！"

曹爽似乎明白了什么，装出一副谦卑的样子说道："桓老有何指教，晚辈愿洗耳恭听！"

桓范脾气暴躁，谁人不知？当年他曾编过一本书，叫《世要论》，为了炫耀自己的学问功夫，便在上朝时将所编之书传给同列诸公传阅，传到太尉蒋济时，蒋济看也不看，桓范见状便怀恨在心，当即就跟蒋济翻脸了。蒋济本来也是个暴脾气，但知道若跟桓范硬碰硬，不一定是人家的对手，便只怒目相视，不搭理他。当时，桓范和蒋济一言不合就翻脸的故事传遍了朝廷，曹爽听后，心里对桓范是又忌又怕，不料今日，这老家伙就气鼓鼓地上门兴师问罪了。

这时，桓范见曹爽摆出一副礼让谦卑之状，也不领情，大声斥道："今天你不仅要洗耳听，更要洗心听，不然，大祸临头，你到死都不知道自己是怎么死的。"

曹爽见桓范摆出一副盛气凌人的模样，心里顿时不悦，神情淡漠，听着桓范把话说完。

桓范见曹爽不吱声，微微缓和语气，叹息道："你说，你天天这样出城游玩，自己玩也就罢了，还要率领一帮曹氏子弟一起去玩。你身为大将军，总领大权，曹氏子弟个个手握重兵，怎么能够一起出城？若有大事发生，城门被关，谁能从里面与你呼应？"

桓范不愧为老江湖，他早就嗅出了那股不祥的味道，这番话说得可谓及时。但是，他话音刚落，曹爽猛地跳起来，大声叫道："谁敢？！"

曹爽这一声喝，让桓范听得一愣，顿时呆了。

眼前这一幕，让他顿时想起了昔日的范增和项羽。项羽独有范增一个智囊，却不能任用，结果放走了刘邦。而今在曹爽阵营之内，所谓何晏、邓飏、丁谧之辈，不过是一帮自以为是的饭桶罢了，真正算得上智囊的，仅有桓范一个人而已。曹爽不听桓范的话，反而怒目相对，真是要重复项羽当年的悲剧吗？

况且，曹爽连半个项羽都算不上！

想到这儿，桓范痛苦地闭上眼，半晌，才缓缓睁开眼睛，摇头沉痛地说道："你好自为之吧。"

桓范再也不想多说什么，转身上了马车，走了。

桓范才走远，只见何晏身轻如燕，无声无息地"飘"到曹爽身边，他面若三春桃花，悠悠地说道："桓司农老矣！都成话痨了，别睬他！"

曹爽回头望着何晏，脸上顿时转怒为喜，得意地说道："平叔言之有理，我必然不会搭理他！"

说着，曹爽转头四望，见曹氏诸弟已准备妥当，队伍排列整齐，都在等着他的号令。曹爽沉吟半晌，缓缓登车，猛然叫道："起驾！"

打猎的队伍隆隆作响，浩浩荡荡地出城去了。

早起的百姓都避让于路旁，看着这雄壮的狩猎队伍出城而去。当这些贵胄子弟一次又一次消失在人们的视野中时，城里不知从哪里传出一曲童谣："何、邓、丁，乱京城！"

何、邓、丁，指的就是大将军曹爽身边的何晏、邓飏、丁谧。这传遍京城的童谣，看似预言，却是一场不见硝烟的舆论战。在以曹爽为代表的江湖新势力与以司马懿为代表的江湖老势力的较量中，曹爽及何晏等人，已经彻底输掉了舆论战。

接下来，他们还将输掉什么？

正始九年（公元248年）的秋天，寒风再一次吹过北方大地，有一个人伫立洛阳风中，心绪激荡难平。

这个伫立风中、思绪凌乱的人叫孙礼。

孙礼，字德达。这也是一个老江湖了。当年曹操征伐幽州时，见他有才，便召他为司空军谋掾。等到魏明帝时，曹睿见他果敢有气节，便以他为心腹。有一次，孙礼跟随明帝到大石山打猎，突遇老虎猛扑銮舆，孙礼见状，立即投鞭下马，拔剑而起，要跟老虎拼命。明帝见情况危险，立即命令他上马，这时老虎亦悠悠离去，孙礼这才作罢。

明帝曹睿驾崩前，想起孙礼为护驾而跟老虎拼命的样子，感慨万千，认为应该将国家大事托付给此人，于是他召孙礼进宫，于床前下诏，拜他为大将军长史，加散骑常侍。

这位大将军就是曹爽。曹睿的本意十分明显，那就是让孙礼这个老江湖辅佐曹爽，这样一来，即使曹爽不靠谱，也不至于差到哪里去。岂料，明帝曹睿一死，附庸曹爽的何晏等人立即着手大力打击朝廷老臣，孙礼据理力争，让曹爽极为不爽，先将孙礼贬出京城，去做扬州刺史，之后又迁为冀州牧。孙礼做冀州牧期间，又因公事跟曹爽争吵不休，曹爽对他就更加不耐烦了，有人见状便趁机上奏弹劾孙礼。孙礼竟遭到了逮捕。

这次，曹爽似乎是要将孙礼往死里整了。孙礼本来被判监禁五年，因他于先帝有救驾之功，便改判为居家待罪。期间，朝廷诸多大臣纷纷为孙礼鸣不平，曹爽无奈，只好让孙礼重出江湖，当了个城门校尉，之后，又让他做并州刺史。

这天，孙礼就要离开洛阳，前往并州赴职了。离开洛阳前，他独自在风中感慨万千，激动不已。想了许久，他决定离开之前去拜见一个人。

想到这里，他便悄悄走下洛阳城墙，趁着夜色，偷偷溜到了一座宏大的府第前。府第门楣写着几个硕大的字：司马府。

孙礼上前敲门，没一会儿，大门吱的一声开了。守门侍卫似乎认得孙礼，立即将他引进府里去见主人。

孙礼要见的人，正是称疾不朝的司马懿。

孙礼和司马懿都是老江湖，彼此知根知底，所以司马懿见到孙礼，也就不装病了，而是从容待客。他见孙礼一副愤愤不平之貌，悠悠问道："你被迁为并州刺史，马上就要去赴任了。看你的样子，你是觉得并州太小了，还是因为之前做冀州牧时被夺官的事，心有不平？"

孙礼一听，悲叹着说道："明公何至于如此轻视我？尽管我孙礼无德无才，岂能为官位之事而发愁？今日前来，不过是想劝明公做一件事而已。"

司马懿悠悠问道："想说何事，请尽管说来。"

孙礼望着司马懿缓缓说道："如今国家社稷已岌岌可危，天下恐又陷入混乱，这就是我心中不悦的原因。希望明公效仿伊尹、吕尚，匡扶魏室，上报明帝之托，下建万世不朽之功。"

孙礼说完，再也控制不住自己情绪，仰面痛哭起来。

眼前这一幕，司马懿看得心里又惊又喜。原来孙礼今天是来向他交投名状的。连曾经贵为大将军长史的老江湖都有反曹爽之心，他若举事，满朝老臣响应，何愁大事不成？

想到这儿，司马懿一边叹息，一边安慰孙礼说道："你不要太过伤心，当务之急，我们要学会忍受别人不能忍受的痛苦啊！"

司马懿轻飘飘的一句话，心机毕露。原来，他也已经准备干掉曹爽了，只是时机未到，还没到出手的时候。

当以孙礼为代表的朝廷老臣纷纷站到司马懿这边的时候，曹爽仍未对司马懿放松警惕。这时，曹爽的所谓智囊何晏，正在加快自取灭亡的脚步，还留了几分神，派人盯着司马懿。

在司马懿的心里，曹爽一党至少有三宗罪不可饶恕：专擅朝政，为第一宗罪；多树亲党，为第二宗罪；屡改制度，为第三宗罪。这三宗罪，前两宗是曹爽干的，而后一宗罪，则由何晏操刀。

魏国这些国家法律制度，是从太祖曹操起到明帝曹睿止，集三代大臣之力，一步步制订和完善的。这些制度当中，包括选拔人才的标准制度。而何晏因为之前不符合这些选拔制度，便被排斥出朝廷。何晏当上尚书后，自然对这些当年将他拦在门外的制度恨之入骨，所以便一股脑地废除法律制度，搞得不亦乐乎。

何晏此举，连太尉蒋济都看不过去了。

有一次，蒋济忧心忡忡地对何晏说道："所谓国家法律制度，都是由绝世大才订立，永传后世，岂是中下等官吏所能轻易改变的？如此乱改一通，非但不利于国家，还严重伤害百姓。所以老夫建议，应该使文武大臣各司其职，便有清平晏世、和气祥瑞出现。"

蒋济此话说得再明白不过。当年汉朝曹参当上丞相时，自以为不如萧何，便清平自守，萧规曹随，留下一段历史佳话。如今何晏才不如人，莫名其妙地要废法重立，岂不是胡闹？

殊不知，蒋济此话，何晏听在耳朵里，非但不服，反而觉得甚为扎心，气得一蹦三尺高。因为在何晏心里，天下大才，无人能超越自己。若连他都不行，敢问谁行？

何晏有一颗骄傲自大的心。这个开辟魏晋清谈之风的鼻祖，领魏晋一时审美风潮的名士，曾在一次聚会上这样品评天下名士："思虑深远，通晓天下大势的人，要属夏侯泰初；洞察人世，完成天下大事的人，要属司马子元；不过要说那种神思不动却神机妙算，无须行步便可悠然抵达的人，我听说过，却还没见过。"

夏侯泰初，就是夏侯玄。此人亦好清谈，经常与何晏聚会"扯谈"，亦成了魏晋清谈之风的创始人之一。司马子元，即司马懿的儿子司马师。其实，何晏这番话就是将天下大才分为了三等，夏侯玄是第三等，司马师是第二等，至于第一等，他言下之意，说的就是自己。这番话的意思就是委婉地自夸罢了。

终于看清楚何晏的内心有多么骄傲了吧。放眼天下，他何晏可是独立天地之间，飘飘乎有一览众山小，孤独求败之感。

何晏如此自我抬举，不要说闻名天下的蒋济不以为然，即使朝廷其他诸臣，对他也是不屑一顾。黄门侍郎傅嘏曾有一次对曹爽弟弟曹羲说："何平叔外表清静而内心浮躁，又热衷于追名逐利，投机取巧，不在根本的地方用功。我担心此人会先迷惑你们曹氏子弟，然后使得仁人志士远离朝廷而致朝政废弛。"

此话一语中的，犹如天雷炸醒曹羲。曹羲便将此话告知曹爽，可曹爽非但不听，反而又把话传到了何晏耳里。何晏一听，对傅嘏恨之入骨，立即找了一个借口，把对方免官了。

有猪队友何晏跟着曹爽一起胡搞，曹爽若不倒台，又怎么对得起这昭昭天理？

何晏和曹爽在疯狂的自我毁灭之中，似乎还保持着一丝丝清醒。这天，何晏悠悠对曹爽说道："司马懿称疾不朝一年多了，这老家伙到底是不是真有病，还得派个人去一探真假。"

曹爽一听，深以为然地点点头，说道："平叔兄所言极是，依你之见，该派谁去打探打探？"

何晏举止优雅，略一思索，悠悠说道："窃以为，河南尹李胜可去探视。"

曹爽似有所悟，点点头说道："李胜刚转迁荆州刺史，以离任之名拜访太傅司马懿，也许这样就不会引起怀疑。"

何晏脸上浮现出一抹笑意，悠悠说道："曹昭伯所言是也！"

这两人凑一起互相称字，却也不称对方官职，可见关系多么融洽。就在何晏自以为运筹帷幄、料敌制胜之时，却不知道灾祸正如一场酝酿已久的暴风雨，正在靠近。

这天，司马府宅邸门外，来了一辆马车。马车乍一停下，便有人掀帘下来。司马府的守门侍从一看，原来来的是河南尹李胜。他们不敢怠慢，便敞开大门，将李胜迎入府内。

此时，司马懿犹如一具枯木，一动不动地躺在床上。

他两眼无神，全身僵直，犹如行将就木，让人观之不忍。侍从将李胜引到司马懿床前，李胜见司马懿这僵尸一般的神情，心里不由一惊，呆立一旁，一动不动。

这时，两个婢女一左一右将司马懿扶起，为他穿衣。婢女将衣服放到司马懿面前，他却一动不动。婢女只好又一左一右将司马懿双手张开，将衣服套上去。但是司马懿依然手脚僵硬，衣服架在身上却无声地滑落下来。婢女见状，只好小心翼翼地为他穿上衣服。

司马懿对眼前的李胜视而不见，半响，只见他僵硬地伸出一指，指了指嘴。婢女知道他的意思，立即将水端来喂他。司马懿喝了半天，一边喘息一边吞咽，好好一碗水被他喷了大半，却喝不进一口。

婢女好不容易给司马懿喂了点水，又端来一碗粥。米粥进入司马懿嘴里，却没有往里面流，反而一个劲地往胸口上淌，没过多久，司马懿的胸口就积了一堆粥水。

这年，司马懿恰好七十岁。

古稀之年，将年轻时就学以致用的表演之术，再次发挥得淋漓尽致。他本来就是一个内心暗藏万座即将爆发的火山的"忍者"，却活生生地演成了一具活人僵尸，让看客李胜都无比辛酸与悲伤。

良久，只听李胜叹息一声，拱手对司马懿说道："我听众人说明公风疾复发，不料竟如此严重，叫人情何以堪哪！"

司马懿浑身僵硬，沙哑着嗓音说道："老夫已经年老，命在旦夕了！听说你要去做并州刺史？并州靠近胡人，你要多多防备才好。恐怕这就是你我最后一次见面了，我想把儿子司马师、司马昭托付给你，你千万不要推辞啊。"

司马懿说一句喘一下，说了半天，终于断断续续将这番话说完。

李胜听了半响，心里又是一叹，连忙解释说道："在下当还本州，不是并州。"

李胜乃南阳人。南阳隶属荆州，他此番离京出仕，即回故乡荆州担任刺史，所以自称本州。之前，孙礼来向司马懿辞别，说要前往并州做刺史，今天他却故意将李胜前往的荆州说成并州，以此迷惑对方。

司马懿愣了半晌，又迷迷糊糊地说道："什么？你去过并州了？"

李胜傻乎乎地又解释道："不是并州，当还荆州。"

如此反复大声解释，司马懿似乎听懂了，又好像没听懂，只含糊不清地说道："我年纪大了，神思糊涂，听不懂你说的话。我快不行了，你却还年轻，且颇具名望，你归还本州，凭你的能力一定能建立不朽功勋！"

当今魏国，建功立业者，无人能出司马懿之右。司马懿身为老前辈，战功赫赫，却如此谦让，并看好晚辈李胜能建立不朽功业，这让李胜听得心里既激动又不安。

良久，只听李胜深深向司马懿鞠躬说道："多谢明公如此抬举，在下一定不负明公所望，建功立业。"

说完，李胜不禁潸然泪下，缓缓退出司马府。

李胜离开司马府后，径直奔往曹爽大将军府。他见到曹爽，就叹息道："司马公都快成一具僵尸了，形神相离，想来余日不多，已经不足为虑。"

曹爽一听司马懿快不行了，心里暗自一喜，又问："他的病还能治吗？"

李胜一听，想起刚刚见到的司马懿那副样子，想起司马懿将二子托付给他，又想起司马懿对他建功立业的期望，心里不由得一阵悲伤，叹息道："司马公之病，无药可治。想想他那副面貌，真让人心中怆然不已啊！"

说罢，李胜眼泪又不由得落了下来。

曹爽见李胜为司马懿病情动容至此，料司马懿必死无疑，便松了一口气说道："既然如此，我们还担心什么。"

说完，他便叫李胜一道回他的豪华地下室玩乐去了。

转眼到了冬天。

十二月二十日这天，天气寒冷，洛阳大街上人迹稀少，只见一人面貌粗陋，玩世不恭，正摇摇晃晃地向何晏府上走去。他一边走一边喃喃自语，犹如犯病之人，毫无威仪之感。他一路晃荡，似乎没人愿意理睬他。

殊不知，眼前这个貌丑之人，却是心中有乾坤，能替人占卜未来生死的奇人管辂。

管辂，字公明，平原人。他长得十分丑陋，喜欢喝酒，天性乐观滑稽，爱与人开玩笑，所以他极受世人喜欢，但又从来没人敬重他。传说他八九岁时便喜欢仰观星空，观察日月星辰，往往一看就是一宿。父母见他迷恋星空，担心他太过执迷，他却依然夜夜与星空对话。这样的性格真让他的父母十分头疼。但是他却自信地告诉父母："我虽然年纪小，但只喜欢天文，这又有何不可？家鸡野鸟，尚知天时，何况人呢？我研究日月星辰，是为了解答人间的疑惑，这也是功德。"

誓将研究日月星辰天文地理进行到底的管辂，成人之后，转学《周易》，对天文风水、占卜相术，无所不通。且他本性宽厚，常以德报怨，十五岁那年，曾有一帮精研《周易》之人请他谈论《周易》，管辂毫不畏惧，欣然前往，当着一百多位宾客的面舌战对方数人，最后众人都被他说得哑口无言，无力反驳。从此，管辂一战成名，被称为"神童"。

魏晋之时，因时局变化，学界风向大变，知识分子纷纷弃儒学道，转攻老庄及《周易》等学问。在当时研读老庄及《周易》的大师当中，何晏自称江湖泰斗。所以，他听说管辂熟读《周易》，便派人请他前来何府切磋，管辂也不推辞，便一早出门，径直来到了何晏府上。

一进何府，管辂便见何晏已摆好宴席，邓飏亦在场。管辂入了席，三人先推杯换盏，接着，何晏就《周易》向管辂抛出了九个刁钻的难题，企图难倒对方。岂料管辂从容不迫，对答如流，顿时折服了向来骄傲自大的何晏。

何晏举杯对管辂叹息道："君论阴阳，可谓举世无双啊！佩服！佩服！"

管辂见何晏甘心认输，仰头哈哈大笑，亦举杯与何晏一饮而尽。

这时，坐在一旁的邓飏却冷笑一声，对管辂说道："先生自称善解《周易》，刚才与何平叔一番问答，却为何不见《周易》辞义？"

管辂悠悠一笑，缓缓说道："善《周易》者，向来不轻言《周易》之辞义！"

邓飏眉头一皱，不解地望着管辂，这时只见何晏心领神会地对管辂啧啧赞道："先生真可谓要言不烦哪！"

邓飏一听，转头望着何晏，一头雾水。

何晏顿了顿，突然话语一转，用戏谑的语气对管辂说道："久闻先生擅长卜卦，今日请先生卜一卦，看看我能否位列三公？"

管辂一听，脸上一笑，正准备说什么，只听何晏又悠悠说道："我连续几天做了同样的梦，所以向先生请教一二。这几天，我总梦见数十只青头苍蝇飞来落在我的鼻子上，赶都赶不走，这是何故？请先生如实解释解释！"

管辂见何晏有心结，心里不由一笑，脸上却诚恳严肃地说道："我听说，那飞翔的鸮鸟，是天下至贱之鸟。然而它若飞入树林吞食桑葚，却会向人们发出悦耳的声音。我管辂心非草木，今天何尚书以好酒待我，我岂能不尽忠说实诚话？"

何晏一听，心结顿解，脸上浮现一抹笑容，悠悠望着管辂。

管辂沉吟半晌，继续说道："昔时八元、八凯辅佐虞舜，广施恩惠，仁慈待人；周公辅佐成王，焚膏继晷，日理万机，福泽深厚，惠及天下，万国安宁。为什么？这就是因为他们走的是正道，所以上天给予他们回应，并不是卜卦的功劳。如今君侯地位如同山岳，势若雷电，可世人对你感恩戴德的少，畏惧威势的多，这恐怕不是小心翼翼、福泽深厚的势头。"

何晏听得心里一颤，脸上却假装从容淡定，悠悠说道："这话说得实在，先生接着说。"

管辂一边端详着何晏的面容，一边侃侃说道："鼻子，在八卦中属于艮卦，乃天中之山，高而不危，那就能长保富贵。如今那逐臭的青蝇集于鼻子，驱之不去，这个梦预示着身居高位者有倾倒的危险，轻佻、奢侈的人容易走上灭亡之路，不能不多想想盛衰之理、盈亏之道啊。"

管辂这番话说得轻言细语，何晏心里却听得如惊涛骇浪、翻滚不已。依管辂之言，他现在跟着曹爽到处作威作福，搞得朝廷鸡犬不宁，所以上天托梦警示他不要自讨苦吃、自取灭亡啰？

想到这儿，何晏不由掏出一把白粉，一边轻抹慢涂那双纤细的手，一边装出一副闲云野鹤般的安详之貌，从容问道："依先生之话，这梦预示的劫难，是否可解？"

管辂猛地抬头，果断说道："当然可以！"

何晏眼睛一亮，笑着问道："哦？那先生说说，该如何解？"

管辂望着何晏，缓缓说道："山在地中是为谦卦；雷在天上是为壮卦。谦卦之意，乃损有余而补不足；壮卦之意，乃是不做非礼之事。选择折损自己的人不会不收获敬仰，做不义之事的人不会不身败名裂。希望您多想想文王六爻意旨，多思考仲尼卦象之义。如此，您自然可以位列三公，那些青蝇也就不会再来妨碍您！"

表面上，管辂说的是易经八卦，实质上，管辂不过是借《周易》卦辞奉劝何晏不要为虎作伥，助纣为虐。只有行正道，做正事，不做伤害朝廷国家的事，那所谓三公之位，也不过是实至名归罢了。

这时，一旁的邓飏却不以为然地冷笑道："先生所说的话，不过是老生常谈罢了。"

管辂一听，意味深长地反驳道："老生可以看见不能生的人，常谈者亦能看见不能常谈的人。请您再好好想想。"

管辂这话一下怼得邓飏哑口无言。

这时，何晏见气氛有些尴尬，悠悠起身，拱手说道："先生不吝指教，我等受益匪浅。今天就谈到这里吧，明年咱们再来相聚论道。"

宴会就这么不欢而散了。

管辂若无其事地离开何府，晃晃悠悠地回到家里。一回到家里，他舅舅问他去了哪里，他就一五一十地将今天发生的事跟舅舅讲了。舅舅一听，惊得眼珠子都要掉出来，呵斥道："你怎么跟他们说得如此直白？"

管辂摇头一叹，冷笑道："怕他个甚！跟死人说话，有什么可怕的！"

舅舅又惊又怒，大声骂道："你这是发疯了还是发狂了？尽说胡话！"

管辂却似充耳不闻，拍拍屁股，甩手走了。

至此，世间之人可以清楚看见，曹爽一党，之前因童谣而丢失了舆论阵地，后来又因为判事不公，丢失了孙礼等诸多老臣的心，接着在管辂这里，透过幽微深远的《周易》之学，又失却了天道之助。如此，他们离自我毁灭还会远吗？

寒冷的冬风吹得肌肤如被针刺，洛阳的夜晚更加阴沉可怕。抬眼望去，一片沉沉暮色，不分南北。然而此时，司马府后院的一处密室里，却一灯独明，照着三个彻夜难眠的人。

这三个人，一个是曾在李胜面前装老年痴呆的司马懿，一个是司马懿长子、被何晏称为能看破人生、成就大事的中护军司马师，一个是颇有雄心壮志的人精散骑常侍司马昭。

屋里燃着炉火，灼人的热气直扑三人脸颊。司马懿一改往常病恹恹的面貌，眼睛炯炯有神，思路清晰地给两个儿子谋划着一场惊天阴谋。他们三人已经决定，要在明年春天一举端掉曹爽一党。

嘉平元年（公元249年）的春天，似乎比以往更加暖和。正月初六，魏国皇帝曹芳已经十八岁了。曹芳准备在这天率领群臣出城，前往高平陵拜谒明帝。

高平陵距离洛阳城有九十里，大将军曹爽和弟弟中领军曹羲、武卫将军曹训、散骑常侍曹彦等人皆跟随出城。

这个天大的机会终于来了。

自明帝驾崩后，大将军曹爽就四处排挤司马懿，到如今已经整整十年了。司马懿忍辱十年，然而君子报仇终不晚，就让暴风雨来得更猛烈些吧。

巍巍洛阳城上，司马师和司马昭驻足远眺，看见曹爽等人的队伍渐渐离去，消失在视线里，立即派人回报司马懿。司马懿一听，精神一振，快步走出司马府大门，立即去见一个人。

这个人就是被曹爽遗弃并边缘化的郭太后。

当初，曹爽在何晏等人的撺掇下，将郭太后迁往永宁宫，司马懿立即就判断出这是一帮愚蠢的人。在曹爽等人眼里，只有天子才有价值，太后不过是碍眼的累赘。但是在司马懿看来，郭太后不失为一张绝佳的大牌。

司马懿见到郭太后，两人三言两语，一拍即合。紧接着，司马懿就以郭太后的名义发令，将洛阳城所有城门关闭，无论是谁都不许进城。

闭城令一发布，司马懿立即派人占据武库，从武库里取出兵器，据守各大城门，同时派兵出城，屯守洛水浮桥。

一切都在有条不紊地进行。司马懿又令司徒高柔持节，以大将军的名义行事，占据曹爽大将军府；令太仆王观以中领军之职行事，拿下了曹羲军营。

看看吧，司马懿一声令下，司徒高柔等朝廷中诸多老臣都闻风而动，前来配合，甚至连郭太后都毫不犹豫地站在了司马懿一边。这说明什么？说明这场惊天阴谋，不仅是司马懿和曹爽之间的较量，更是朝廷元老与少壮派的较量，说到底，是老江湖与新江湖的博弈。

如今看起来，姜还是老的辣，曹爽一党还是嫩了点。

洛阳城的一切安排妥当后，司马懿这才悠悠回到太傅府，写了一道奏书派人送出城去，交给皇帝曹芳。

司马懿在奏书里沉痛地写道："昔日臣从辽东征战归来，先帝召陛下及臣等来到御床之侧，握着臣的手臂，为之后的事忧心忡忡。当时臣流着眼泪发誓，愿以死报国，侍奉君主。如今大将军曹爽对内僭越，对外专权，破坏诸营，把持禁兵，令朝廷群官要职皆由亲信担任，殿中宿卫犹如私人侍从，还日夜纵乐，丧心病狂。又以黄门张当为都监，监视陛下，离间陛下与郭太后，使骨肉分离，天下汹汹，人人心怀恐惧。陛下被曹爽拿捏，犹如寄人篱下，岂可久安？臣虽老朽，不敢忘昔日先帝之遗命。太尉蒋济等诸多老臣，皆认为曹爽目中无君，曹氏兄弟不宜掌管禁兵，便上奏永宁宫，郭太后特此命令臣如奏施行。臣已通告黄门令罢免曹爽、曹羲、曹训的军职，以侯爵归宅，不得逗留，更不准随御驾返程，若有阻挠陛下御驾返回宫中者，一律交军法处置！臣又派兵屯守洛水浮桥，监视他们的去向。"

宫廷侍从携奏书出城,来到了曹爽大营。曹爽看见奏书,无比震惊,顿时不知所措。想来想去,他决定扣下奏书,将天子车驾留在伊水之南,同时派人迅速伐木构筑阵地,征调屯田兵士数千人来充任侍卫。

这时,司马懿等待多时,未见御驾返城,心知奏书必被曹爽所扣,并未送到陛下眼前。他想了想,便召来侍中许允及尚书陈泰,对他们说道:"你俩一起出城,前往游说曹爽早日回来伏法认罪!"

两人领命,匆匆离去。

司马懿沉吟半晌,又召来殿中校尉尹大目,问道:"我听说尹校尉极受曹大将军信任,可有此事?"

尹大目不知司马懿何意,连忙叩首说道:"下官忠诚于陛下,不敢造次!"

司马懿见对方心怀恐惧,神情稍稍和缓,说道:"凡宫中军士,除了曹氏兄弟,皆忠于陛下及国家。今日召你来,是想让你亲自走一趟,告诉曹大将军,说郭太后仅仅是免了他的官职而已,只要认罪,即可回家。"

尹大目见状,这才安心,赶忙领命而去。

尹大目快马出城,没过多久就见到了曹爽。曹爽看见昔日部将前来,一时喜出望外,连忙问道:"宫中情况如何?"

尹大目拱手沉声说道:"郭太后诏令,免除大将军诸兄弟官职,仅此而已。"

曹羲在一旁惊疑地望着尹大目,问道:"司马懿能这么好心,放过我们曹氏兄弟?"

尹大目转头望了望曹羲,又望了望曹爽,信誓旦旦地说道:"大将军如若不信,我可以对着洛水发誓。"

曹爽见部将尹大目要对洛水发誓,神情不由微微一动,默然不语。

这时,尹大目见曹爽有所怀疑,便大步走到洛水旁,高举右臂,对着洛水发誓说道:"臣尹大目奉郭太后之诏,免曹大将军官职,遣其返家。若假传诏令,天打雷劈,夷灭三族!"

曹爽见尹大目举止如此激昂，心中似乎多加了几分信赖。良久，只听他叹息道："既然如此，我就信你一回！"

尹大目见完成使命，心中一片欢喜，立即返城复命去了。

尹大目才走，一个身影匆匆向曹爽走来，大声说道："大将军，不要相信他们的鬼话！"

曹爽等人一惊，转头望去，原来喊话的人是司农桓范！

曹羲看见桓范，又惊又喜，连忙迎上去问道："桓司农不是在城里吗，怎么跑出来了？"

桓范犹如老牛般大口大口地喘着粗气，说道："老夫出城是舍命投奔你们来的！"

司马懿派重兵把守洛阳诸城门，桓范竟然能成功越城而出，这可是一段惊险刺激的经历。当时，司马懿以太后命令征召桓范，任命他担任中领军之职。桓范准备答应，他的儿子却制止他说："陛下车驾在外，若要听命于司马懿，不如出城投奔陛下。"

桓范想了想，他与曹爽之父曹真既是同乡，又是知己，关键时刻不能落井下石，置曹氏诸兄弟落难而不顾。于是，他立即跑到了洛阳城南的平昌城门。

当时，城门已闭，且有重兵把守。桓范转了半天，眼前突然一亮，原来守城的司蕃，是他过去的下属。

桓范看了看手里拿着的诏书，顿时心生一计，高举手中木版，对城上喊道："我有诏令，你快开门！"

桓范企图蒙骗过关，但是，司蕃也不傻，大声叫道："把版诏传上来，我要亲眼看一下！"

桓范听得一怒，大声吼道："你难道不是我昔日下属吗，竟敢如此大胆？"

桓范这么一吼，司蕃就心虚了，沉吟片刻，只好命令道："开门，放桓司农出城！"

城门一开，桓范便骑马跑出了城。

这时，桓范突然低声对司蕃说道："司马太傅企图谋反，你还不速速跟我一起离开！"

桓范说完，猛地拍马，急驰而去。司蕃闻得一惊，慌忙之下只好步行狂奔，追随桓范而去。但是桓范骑马跑得太快，跑到半路，司蕃实在跑不动了，只好躲到路旁的草丛里去了。

桓范不仅骗开了城门，还带着守门长吏司蕃一起跑路的事情，很快就传到了太傅府上。这时，太傅府上已经聚集了诸多老臣。司马懿一听桓范这家伙竟然不支持自己，拿着版诏跑路，一时唏嘘。

半晌，只听司马懿叹息着对太尉蒋济说道："智囊跑啰！"

原来，在司马懿的心中，桓范不仅是个老江湖，还是一个难得的智囊级别的人物。这种能量惊人的人物跑到曹爽阵营中，犹如当年贾诩之于张绣，还不知道要闹出什么大事才罢休！

不料，司马懿话音刚落，只听太尉蒋济悠悠说道："司马太傅别急，这事成不了。"

司马懿惊讶地望着蒋济，问道："哦？蒋太尉这是什么意思？"

蒋济神情淡然地说道："司马太傅可还记得，当年汉高祖得天下时，于朝廷之上是怎么点评他和项羽的？汉高祖说，项羽失去天下，是因为只有一个范增，还不能加以任用。而今曹爽远不如昔日的项羽，不过是驽马一匹。驽马所恋之物，不过是槽中那一点栈豆，曹爽一定不会听从桓司农的建言！"

司马懿恍然大悟，十分欣喜，点头说道："蒋太尉所言极是！"

但曹爽果真如蒋济所说的那般不堪吗？或许，见证奇迹的时刻就要到来了呢！

此时，桓范骑着马一口气跑到曹爽大营。他一下马，便听说殿中校尉尹大目正在游说大将军曹爽放下武器，回家待罪，于是不敢停歇，一路冲过来了。

这时，曹爽看见桓范，心里亦是又惊又奇，连忙上前问道："敢问桓老，依您之见，当前我们该如何是好？"

桓范望着曹爽，目光灼灼，深沉地说道："要解当前之危，唯有一计可行！"

曹爽兄弟听得心里一紧，眼巴巴地盯着桓范。

这时，桓范反倒不急了，背着手缓缓走到洛水旁，遥望远方，从容说道："曹大将军可还记得，魏国的龙兴之地？"

曹羲一听，不由脱口而出："许昌？"

"正是！"桓范猛然转身望着曹羲，又转头对曹爽缓缓说道，"昔日太祖迎天子至许昌，挟天子以令诸侯，征战多年，终于平定北方中国。后来尽管太祖搬往冀州邺城，文帝又建都洛阳，但许昌城一直并未废弃。昔日明帝屡屡前往许昌，住进许昌宫。所以今日许昌，设施一应俱全，并无缺漏。"

曹爽听得一头雾水，莫名问道："依桓老的意思？"

桓范顿了顿，语气顿时变得激昂起来，大声说道："曹大将军若听老臣之计，便立即带天子前往许昌，以天子名义征调四方之兵屯守自卫，如此，便可与司马懿博弈。司马懿名不正言不顺，必败无疑！"

多可怕的智囊！难怪司马懿对桓范投奔曹爽之事忧心忡忡，如此看来，桓范果然成熟老辣，一出手就点到了司马懿的死穴！

然而曹爽毕竟连项羽都不如，他一听桓范鼓动他挟持天子前往许昌，顿时惊呆了，一时无语。

桓范见曹爽一副没见过世面、犹豫不决的样子，又大声说道："事情已经摆在面前，再明白不过了。你们读了那么多书，怎的如此没有决断？今日之势，你们怎么可能还有机会当回一介平民？嬴胡亥是怎么死的？他想当万户侯不得，想当臣民不得，最后只有死路一条。一介匹夫劫持人质，尚且寻求活命，今天你们手里还有天子这张王牌，还怕个甚？你与天子相随相伴，以天子的名义号令天下，谁敢不听？"

桓范说得对啊。当年曹操就是这么干的，且还干成功了。今日他曹爽大将军凭啥就不能干呢？

但是，听罢桓范的大计，曹爽不说话，连曹羲也不说话了。

或许，他们都有自知之明，他们都不是曹操，他们没有曹操那样的勇气、那样的魄力。毕竟，曹操是从铁与火的战场上，从无数生死的战役中历练出来的。而他们要经验没经验，要威望没威望，要胆量没胆量。他们的血液里流淌的，只有"皇二代"身上特有的轻狂、奢侈、软弱！

刚才还从容不迫的桓范，见曹爽迟迟不敢决断，心里又急了起来。他转头对曹羲说道："司马懿已派太仆王观占据你的中领军大营，但你还有一座别营屯守于洛阳城南。洛阳典农中郎将、都尉治所亦在城外，以天子之令召他们前来，不过是举手之间的事。今天率军前往许昌，中途留宿在外，也不过一晚。许昌武库所存兵器，足够装备新兵。所担忧的不过是粮食，然而大司农印章在我身上，还怕什么？"

曹羲耷拉着头颅，默默听着，应都不敢应。

桓范见曹羲兄弟都默不作声，心里一阵悲哀。完了，大事完了！连这个曾经力劝曹爽不要太过奢侈、略通治国之道的曹羲都不说话了，说明他们曹氏兄弟已经彻底没救了。

这时，太阳渐渐西落，满天红霞将天地映衬得散发着无比绚烂的红光。但是，没有人有心情欣赏这无边的好风景。相反，这无边红光犹如血色渲染，让人心生恐惧，十分不安。

大将军曹爽见天色已晚，只好下令回帐中再行商讨。

此时还是正月，洛水风寒，彻夜催逼。曹爽、曹羲等人干坐帐中，听着桓范那些不知道靠不靠谱的计略。桓范说着说着，嘴巴都说干了，声音都快沙哑了。曹爽和曹羲等人听着听着，似乎也越来越有主意了。

这时已是五更天，天色快亮了。曹爽突然站了起来，嗅着帐外吹进来的冷风，猛地抽刀而出，掷于地上，大声叫道："想了一晚，我总算想明白了。"

桓范见曹爽主意已定，也猛地跟着站起来，紧紧地盯着曹爽。

这时，只听曹爽扬声说道："郭太后下诏只是免除我曹氏兄弟的官职，免官就免官，老子还可以做一介富翁！"

桓范一听，脑袋犹如被人从后猛然一锤，摇摇欲坠，连站都站不稳了。

顿时，这智囊老泪纵横，痛哭不已。他一边哭着，一边痛骂道："曹子丹一世英雄，不料生出你们这几个猪狗不如的东西！老夫英明一世，不料今日要因为你们而被夷灭三族！"

桓范痛骂不绝，却还是没有骂醒曹爽兄弟，他痛哭不已，天却慢慢地亮了。桓范怆然走出帐外，望着天上明晃晃的阳光，却感觉已经变了一个世界。这世界，竟然如此陌生，又令人感到恐怖绝望。

他呆呆地望着，眼神越来越朦胧，最后悄无声息地倒下了。

但眼前这一切，依然让曹爽无动于衷。他似乎明白自己这三脚猫的政治功夫远不是司马懿的对手。于是天色一亮，他就将司马懿的奏书交给了皇帝曹芳，接着又将曹芳送回洛阳城，最后自己返回了曹氏府宅。

曹爽诸兄弟一回到府宅，司马懿派来的洛阳吏卒便将宅第包围得严严实实。然后，他们在曹氏府宅外搭起高楼，侍卫在高楼之上，将宅第里的情形看得清清楚楚。

这天，曹爽带着弹弓到后园走动，楼上侍卫见状，高声报告道："故大将军曹爽正向东南行走！"

曹爽呆呆地望着楼上侍卫，郁闷至极。恍惚之间，他猛然意识到，如今被软禁在此、犹如一头困兽的他，不要说做一介富翁，估计离死亡也已经不远了。

情况所料不差。

仅四天后，司马懿便动手了。曹爽、何晏、邓飏、丁谧、司隶校尉毕轨、荆州刺史李胜等一帮人，皆被定罪为阴谋造反，下狱，夷三族。

魏国这场新老江湖之间的对决，就此收场。

何晏及邓飏被杀的消息传出来后，易学大师管辂的舅舅突然想起一个月前管辂跟他说过的话，于是好奇地问管辂："你之前与何晏、邓飏聚会，如何知道他们即将败亡？"

管辂一笑，悠悠说道："与灾星会面，就知道他的下场；与吉星高照的人会面，就知道圣贤积善的精妙。当时我看那邓飏走路的样子，筋不束骨，脉不包肉，无论起立、倾倚，都像一摊烂泥，犹如没有手足。这种相，相书称之为'鬼躁'。何晏呢，他看人总魂不守舍，从不敢正眼直视他人，且面无血色，脸上犹如浮着一层烟雾，整个人好似一具枯木，这种相，相书称之为'鬼幽'。二者都不是有福之相。所以之前我才跟您说，跟死人说话，有什么需要忌惮的？"

舅舅一听，连声叹息道："看人看相，你的确是世间少有之人哪！"

虽是一句叹息，内中却不知饱含了多少悲哀。

洛阳年年花开花落，只可惜，风流男子何晏想一年后再跟管辂谈论《易经》，已经成了泡影！

世间已经没了那个精通老庄之学，又粉不离手、顾影自怜、骄傲自大、极度自恋的白皮肤男子了。然而何晏首开老庄玄学清谈之风，却成了魏晋的风流绝响，在中国文化的历史长河里凝成一朵经久不散的浪花，成了一道永恒的风景！这样的人物，这样的世事人情，真让人感到可悲又可叹啊！

第十三章

鹬蚌相争，渔翁得利

嘉平二年（公元250年）五月，夏天江南的天气有些闷热，有些压抑。

此时，距离丞相陆逊死于武昌丞相府已四年之久了。陆逊死后，二宫之争还没个着落。太子仍然是孙和，孙霸仍然是鲁王。

前面讲过，如果孙霸没有公主孙大虎的支持，这将是一场毫无意义的斗争。因为，这场二宫之争的剧本是孙大虎写的，她有权力决定剧中人物的每一次走向以及终极命运。

如果按孙大虎之前的剧本来看，太子必被废，鲁王必夺嫡成功。可是四年都过去了，二宫之间的僵局还没有打破，这又是为何呢？

至于为什么，孙和不知道，鲁王也不知道，只有孙大虎知道。

因为，她是东吴这场二宫斗争的首席编剧。

此时，建业城的全府里，孙大虎一个人独坐室内，呆呆沉思。其丈夫全琮已经病逝三年多了，她似乎变得有些孤独。但孤独并不影响她对权力斗争的热爱，此时此刻，她正在酝酿构思，准备彻底终结这场拖了多年的二宫之争。

结局该怎么写呢？孙大虎想了半天，似乎想出了一个不按套路走的结尾。

孙大虎拿定主意，走出全府，到来鲁王府。鲁王知道大姐孙大虎到来，连忙喊上杨竺等人，设宴迎接。

孙大虎缓缓入席，对鲁王说道："我听说贤弟新近纳了一个宠妾，可有此事？"

鲁王一愣，不知孙大虎问这话是何意，只好如实说道："小小一个妾，怎么惊动了大姐？"

孙大虎微微一笑，意味深长地说道："女人嘛，就如身上的衣服，总是要多备几套才安心，你说对不对？"

鲁王又是一愣，只好赔笑道："大姐说的是。"

孙大虎笑吟吟地说道："我府上有一个侄女，想嫁入鲁王府中，不知可否？"

鲁王一听，连忙说道："哎哟哟，长公主说这话就见外了，我小小鲁王，岂可纳长公主的侄女。"

孙大虎见孙霸有推辞之意，神色微沉，缓缓说道："鲁王的意思是，我们全府家的侄女配不上鲁王啰？"

鲁王一听就慌了，转头望了望坐在一旁的杨竺。杨竺似乎明了鲁王之意，点了点头。鲁王见杨竺点头，连忙说道："若长公主侄女不嫌弃鲁王府，我鲁王岂不要再娶新人，双福临门？"

孙大虎一听，神情似乎转怒为喜，又故意说道："只不过，我全家那侄女天生娇贵，十分任性，总不想低人一等。她可说了，若到了鲁王府，她必须得是王妃，其他人得统统靠边。"

鲁王顿时傻了。孙大虎这口气好大呀，明明知道他有王妃，竟然想取而代之，这摆明了是威胁哪！

不止鲁王傻了，一旁的杨竺也愣住了，一时无话。

孙大虎见鲁王面有难色，猛地哈哈笑了起来，一边笑一边说道："哎呀呀，吓到贤弟啦？大姐给你开个玩笑，何必当真？"

鲁王和杨竺被这孙大虎的一惊一乍搞得不知所措，只好神色僵硬地赔笑。

半响，鲁王犹犹豫豫、吞吞吐吐地说道："不瞒大姐，目前我身边这个王妃是我的心肝宝贝，除了王妃之位，其他都好说。"

孙大虎又哈哈笑了起来，举杯说道："鲁王多心了，多心了。喝酒。"

鲁王和杨竺只好举杯一饮而尽。这酒似乎变了味道，一进肚子里，全不是滋味。

彼此心照不宣，也就没有必要浪费时间了。酒过数巡，孙大虎便找借口离开了鲁王府，回到全府。

此时，金乌西坠，窗外花红柳绿，鸟鸣阵阵。孙大虎却心事重重，不知在想些什么。这时，只见一个小女孩跑到厅堂里，直呼："堂祖奶奶，堂祖奶奶。"

孙大虎抬头一看，心头一喜，连忙说道："哎哟哟，我的小宝贝，你怎么知道堂祖奶奶在这里？"

孙大虎眼前的这个小女孩就是孙大虎侄子全尚的女儿，长得灵秀乖巧，嘴巴极甜，小小年纪便嗲声嗲气，讨人喜欢。

这时，全尚的女儿一下扑到孙大虎怀里，又嗲嗲地说道："堂祖奶奶，我想进宫和亮亮玩。"

孙大虎眼前一亮，似乎想到了什么，连忙说道："好好好，堂祖母这就带你去。"

这小女孩嘴里的亮亮，就是孙权宠妾潘夫人所生的儿子孙亮。

潘夫人这人，说起来也有一段传奇经历。潘夫人的父亲曾经当过小吏，因连坐而被处死，潘夫人就和姐姐一同被送到输织室做苦工。有一次，孙权不知何故，竟跑来输织室巡视，一眼就看中了长得妩媚动人的潘夫人，立即将她带回了后宫。不久，潘夫人有了身孕，立即跑来告诉孙权，说她做了一个奇怪的梦。她梦见有人拿着一个龙头前来进献，只好蹲下拿围裙将龙头接住。

孙权一听，心里十分高兴，悠悠一笑，感叹道："好啊，这真是一个好兆头啊。"

带着这个好兆头，数月后，潘夫人便生下一子，取名孙亮。

孙亮出生时，孙权都已经六十多岁了。孙权老年得子，本来就很高兴，再加上孙亮聪明可爱，就更让孙权欢喜了。

孙大虎长年混迹皇宫，看见年老的父亲总是将孙亮捧在手心，心里顿时想到，或许孙权也犯了所有皇帝年老时犯的病了。

自秦始皇开始，似乎诸多皇帝年老时对小儿子都溺爱不已。嬴胡亥之于秦始皇，刘如意之于刘邦，刘弗陵之于汉武帝等等，无一不是如此。嬴胡亥的生母不详，但刘如意的母亲戚夫人可是一代佳人，能歌善舞，刘邦总是将她带在身边，几乎把她宠上了天。刘弗陵的母亲钩弋夫人，亦是一代美人，极受汉武帝宠幸。而今孙权宠幸美丽动人的潘夫人，溺爱聪颖过人的孙亮，跟前面三个皇帝比，又有什么不同？

如果再往下想一想，那孙亮的命运，是否也会如刘弗陵一样，被孙权封为太子呢？要知道，嬴胡亥是当上皇帝了，刘弗陵也成功当上了皇帝，当初若不是吕雉及一帮老臣劝阻，刘如意也会当上皇帝。照这样下去，有朝一日，没准孙亮也会当上吴国的皇帝！

孙大虎想起了潘夫人对孙权讲过的那个用围裙收龙头的梦，又想起孙权对孙亮的诸般疼爱，似乎明白了孙权的某些心思。如果顺着孙权这些心思出招，一定会有意外的收获。

孙大虎一边走，一边谋划，不知不觉就到宫里了。

一到宫里，孙大虎就带着全尚的女儿直奔潘夫人的寝宫。这时，小女孩看见一帮宫女正在陪伴孙亮玩耍，立即跳起来，一边跑一边高兴地叫道："亮亮，我来了！"

孙亮今年八岁，与全尚女儿年纪相仿。

潘夫人听见小女孩的声音，就知道是谁来了，立即快步走出来。一边走一边叫道："长公主终于来了，可想煞我也。"

孙大虎听见潘夫人说想她，一时也是眉开眼笑，乐呵呵地说道："哎哟哟，看你说的，你不想陛下，想我做甚？"

潘夫人故意说道："我和这小子天天跟陛下在一起，有什么可想的。"

孙大虎啧啧赞道："也不知道你这是在夸我还是在夸你自己。陛下天天与你在一起，那是你几世修来的福分，不知道羡煞多少人了！"

潘夫人一脸甜蜜，又故意说道："陛下是舍不得孩子！"

一说到这个，孙大虎转头望着两个正玩得不亦乐乎的孩子，感叹道："多好的一对啊！"

潘夫人何其机灵，立马听出孙大虎的弦外之音，心里一动，便悠悠说道："长公主觉得我们亮亮好吗？"

孙大虎啧啧赞道："那可是陛下的心肝宝贝，好得不得了哪！"

潘夫人又趁机说道："我看长公主这侄孙女长得也是水灵，讨人喜欢，如果长公主不嫌弃，不如就给他们俩订个亲？"

孙大虎眼睛一亮，问道："当真？"

潘夫人笑吟吟地说道："长公主看我像是在说笑吗？"

孙大虎一时心花怒放，又试探地问道："我也觉得他们挺般配的。既然潘夫人都同意了，改天我跟陛下说说？"

潘夫人也是眉开眼笑："那太好了，一切就拜托长公主了。"

三言两语之间，一桩政治婚姻就这么谈成了。

太阳底下无新事。孙大虎和潘夫人今天演的这一出，不过是重演了数百年前汉朝皇宫里，长公主刘嫖与王夫人结盟的把戏。历史的教科书就在眼前。当年，刘嫖本来想把女儿陈阿娇嫁给太子刘荣，岂料太子刘荣的母亲栗姬对她极为厌恶，果断拒绝了这桩婚事。刘嫖为了永葆富贵，决定设计扳倒太子刘荣，让栗姬垮台。为此，她特意带着陈阿娇到王夫人面前跟小刘彻玩，王夫人心领神会，小刘彻也聪明绝顶，当着刘嫖的面说："若有一天能娶到陈阿娇，我将筑起一座金屋子，将阿娇藏起来。"

那个金屋藏娇的典故，就是这么来的。

当时，刘嫖听得心里那叫一个舒服。她当即决定将陈阿娇许配给小刘彻。同时与王夫人一唱一和，到处为小刘彻制造光环。终于，在刘嫖和王夫人的联手之下，太子刘荣终于被孝景帝废掉，刘彻被立为太子，而栗姬更是以悲惨结局收场。

潘夫人从一个输织室女苦工，摇身一变，变成了今天孙权身边最受宠幸的女人，凭借的不仅是美丽动人的脸庞，更是不为人知的人生智慧。同时，她更深深知道孙大虎对孙权的影响力。如今二宫之争尚未尘埃落定，若能与孙大虎联盟，或许太子之位还能再生新的变数，这变数，没准会和孙亮有关。

既然心有灵犀，那就各自分工，开始运作了。

孙大虎带着全尚女儿回到全府时，已是黄昏。孙大虎却没有疲倦之感，回到内室不慌不忙地梳洗打扮，静静地等待。

此刻，孙大虎不卸妆歇息，还要这般浓妆艳抹，这是为何？

答案或许让人意外。孙大虎此刻梳妆，原来是为了晚上跟情人约会。

孙大虎之前已经嫁过两回，两任丈夫都已离她而去，如今，为了打发这无边的寂寞，她要悄悄地跟人私会。

这个与孙大虎私通的男人，也是孙权的心腹重臣，侍中孙峻。

孙峻，字子远，是孙坚弟弟孙静的曾孙。此人自幼精通射箭骑马，精悍果决有胆魄，让孙权极为欣赏，便被封为武卫都尉，加侍中。

月上柳梢头，人约黄昏后。夜晚的洛阳城微风吹拂，将白天闷热的空气一扫而空。这时，一辆马车从洛阳大街上经过，竟似悄无声息地向全府驶去。人们只能看见车夫，却不知道被卷帘遮住的马车里到底坐着什么人。没过多久，马车到了全府大门前，却不敢停下，而是缓缓驶到一旁的侧门，刚停稳，便见一个矫健的身影一跃而下，推开小门，倏然不见了。

这时，孙大虎已经梳洗完毕，静静地思索着什么。突然，她听到了熟悉的声音，接着，门哐的一声被推开了，她抬头一看，来的正是情人孙峻。

孙峻一见到孙大虎，肃然拱手说道："长公主，晚辈前来请安。"

孙大虎叹息一声，娇嗔说道："跟你说过多少次了，这儿只有你我二人，不要喊我长公主。"

孙峻呆呆地望着孙大虎，英俊的脸上立即浮现一抹笑意，轻轻喊道："大虎！"

孙大虎听得十分惬意，指着座席软软说道："坐吧。"

几案上面摆了一壶酒并两个小酒杯，中间点着一盏红烛。烛影幽幽地映着酒盏，不过现下这氛围，却并不像是幽会。

孙峻望着座席，又望望孙大虎，一时莫名其妙。

孙大虎周身香气袭人，看上去却是心事重重。她轻轻地走到孙峻面前坐下，半晌，才轻轻说道："我想先跟你谈个事。"

孙峻见孙大虎要谈事，振作精神，说道："长公主请说。"

孙大虎听了这话，眉尖微蹙，故作生气之态，孙峻一看，连忙改口说道："大虎有心事？"

孙大虎这才叹息道："古人说得好啊，人无远虑，必有近忧。"

孙峻疑惑地望着孙大虎，问道："何出此言？"

孙大虎神情变得严肃起来，沉声说道："陛下已经年老，且龙体有恙，不知哪天就会驾鹤西去，若太子孙和登基，咱俩就算是完了。"

孙峻说道："咱们不是还有鲁王吗？若大虎支持鲁王，太子被废是迟早的事。"

孙大虎摇头说道："靠山山倒，靠鲁王，说不定我们会死得更加难看。"

孙峻皱眉问道："到底发生了何事，为何你竟然对鲁王也不信任？"

孙大虎望着孙峻，没有正面回答，却缓缓问道："你身为陛下侍中，难道没发现陛下近年的喜好有些异常吗？"

孙峻想了想，摇头说道："恕阿峻愚钝，当真并未看出陛下有什么变化。"

孙大虎不由叹息道："二宫之争已久，陛下对太子已经彻底绝望，却迟迟不废黜；鲁王虽然受宠，却久久不被扶立，为何？"

孙峻似有所悟，点头说道："这事都拖了几年，二宫之间彼此僵持，的确有些不同寻常。依大虎这么说，难道陛下亦不看好鲁王吗？"

"孺子可教也！"孙大虎见孙峻说出问题本质，不由啧啧两声，又说道，"二宫之争，大臣各自选边站，太子和孙霸二者之中，无论选谁接班，都对朝廷国家不利。陛下英明，他是不会在暮年时制造国家混乱，放任不肖子孙祸国殃民的。"

孙峻听得倒吸一口冷气，啧啧赞道："大虎不愧是女中豪杰，深思熟虑，看问题之长远，让人不得不服。"

孙大虎听得情郎如此夸奖，脸上也浮现出一抹得意之色，缓缓说道："我可惜生了一副女儿身，若我身为男子，还有太子鲁王等人的事吗？"

孙峻一脸敬佩地望着孙大虎说:"听大虎这么一说,我算是醒悟了,照此说来,陛下倒是极有可能改立他人为太子。由此,可以拯救朝廷,大臣不会闹分裂。"

孙大虎点头说道:"说得对。之前,我对鲁王寄予厚望,然而今天一试,不过尔尔,这更让我坚定了想法。如果我们将身家性命放在他身上,必死无疑。"

孙大虎将今天试探鲁王、联婚不成的事说了出来,末了,她又接着说道:"鲁王年长,身边又有杨竺等人辅助,即使帮他上位,也拿捏不住他,此人不帮也罢。据我观察,陛下没准有效仿汉武帝,立少子之意。"

孙峻吃惊地望着孙大虎:"难道陛下想立孙亮为太子?"

孙大虎侃侃说道:"改立太子,避免朝中大臣们火拼,这是识时务的做法;陛下宠幸潘夫人,溺爱孙亮,若在临崩之前将大位交给孙亮,也是陛下发自内心的想法。这两种想法都会指向这一结果,我认为合情合理。"

孙峻连忙问道:"那当下我们该怎么做?"

孙大虎眸光一闪,凑近孙峻面前,口吐芬芳:"今天我带全尚女儿入宫试探潘夫人,潘夫人亦欣然同意孙亮迎娶全尚女儿。若全尚小女捷足先登,必为王妃。只要我们顺着陛下之意,鼓动陛下废孙和,杀鲁王,孙亮必为太子,将来全尚之女必为皇后。长此以往,全府上下几百人,必能长保富贵。"

孙峻瞪大眼睛,又低声问道:"如此,鲁王必得死!"

"必须让他死!"孙大虎摇身一变,顷刻间换了一副面孔,恶狠狠地说道,"鲁王也算是俊杰,极会笼络人心,身边围绕着一帮俊才替他张罗。他若不死,必留后患。无论是为江山社稷,还是我们个人私利,他都必须得死!"

孙峻深深点头:"说得有道理,只是不知道该从哪里入手?"

孙大虎悠然一笑:"这还不简单?他是怎么诬害太子一党的,都让他统统还回去就是了。"

孙峻一听,马上就明白了,立即说道:"当初杨竺上奏陈说前丞相陆逊犯二十宗罪,其实都是诬陷之辞。咱们可以先从杨竺身上入手,只要解决了此人,鲁王必败无疑!"

孙大虎一听，不禁拊掌说道："说得是。明天，我先入宫帮孙亮造势，你可先在陛下跟前吹吹风，让他早下决心解决二宫之争。只要咱们俩内外合力，大事必成！"

孙峻叹道："大虎不愧是我的良师益友，今晚听君一席话，胜读多少兵法权术之书！"

孙大虎见大事谈妥，脸上浮起一抹红晕，举杯望着眼前这个俏情郎，嗲嗲地说道："就你嘴甜，会夸人！"

孙峻听得这话，心里犹如春风吹拂，早已酥软一片。他连忙举杯，与长公主孙大虎一饮而尽。好酒入肠，春光荡漾。只见红烛被吹灭，室内乌黑一片，接着响起了一阵嬉笑之声。

好一个惬意的夜晚！

第二天，孙大虎起了个大早。一夜春宵过后，她似乎越发神采奕奕，天才蒙蒙亮，她就开始梳妆打扮，接着又喊人将全尚女儿带来，亲自给全尚女儿换上一套漂亮衣裳，梳了一个漂丽的发髻。最后，只见她左瞧瞧，右看看，这才心满意足地牵着小姑娘走出全府，坐着马车进宫去了。

此时，孙权正在潘夫人寝宫里抱着小儿子孙亮玩耍。孙亮在孙权怀抱里，将孙权这个年近古稀之年的老父亲逗得快慰至极。潘夫人见孙权和孙亮玩得其乐融融，也不出声，脸上挂着心满意足的笑容，静静地望着这对父子。

这时，眼神刁钻的孙亮，突然朝门口叫道："我玩伴来啰，我玩伴来啰。"

孙权听得一惊，循声望去，原来是孙大虎带着全尚小女儿进宫来了。

全尚小女儿看见孙亮，也欢快地跑上去，一边跑一边叫道："亮亮，我来了。"

两个年纪相仿的小朋友一见面，自然亲热，然后就又蹦又跳地一块儿到一旁玩耍去了。

孙权见两个孩子两小无猜的欢乐模样，脸上也不由洋溢出幸福的笑容，叹息道："真是一对好玩伴哟！"

孙大虎见孙权对全尚女儿十分喜欢，心里也是一喜，走到孙权面前，笑吟吟地说道："父皇，亮亮八岁啦，是不是该给他订一门亲事了？"

孙权听得一愣，转头又望着孙亮。

此时只见这对小朋友手牵着手，一会儿交头接耳，一会儿嘻嘻哈哈，一会儿又亲昵非常，全无上下之分，也没甚计较。

孙权沉吟半晌，悠悠说道："朕老了，或许是该考虑了！"

孙大虎一听，望了潘夫人一眼。潘夫人心领神会地点了点头，缓缓走到孙权面前，指着全尚小女儿说道："陛下，你觉得这个小姑娘乖巧吗，讨不讨陛下喜欢？"

孙权抬头望着潘夫人，又望了望孙大虎，似乎明白她们的意思，仰头哈哈笑道："讨喜！讨喜！"

潘夫人又轻言细语地说道："全尚小女儿才跟亮亮玩过几次，亮亮就十分喜欢她，天天喊着要跟她玩，只好麻烦长公主天天带着她进宫陪亮亮玩耍。若陛下有意，将他们凑成一对，岂不更好？"

孙权心里一动，动情地望着妩媚动人的潘夫人，又深情地望着孙亮，不由叹息道："既然是好事，我有什么可反对的！"

孙大虎见大事将成，心头狂喜，立即接话道："父皇首肯，那儿臣就替全尚谢过父皇！"

孙权慈祥地望着孙大虎，呵呵笑道："朕现在就命人下诏，为皇子孙亮定下这门亲事！"

说完，孙权就派宫廷侍从去张罗孙亮的婚配之事。事毕，便离开潘夫人寝宫，悠悠回到皇帝寝宫去了。

孙权回到寝宫，坐在床上发呆。他心头好像还回荡着孙亮的笑声与那可爱俏皮的神态。想着想着，心里仿佛得到了蜂蜜的滋养，甜滋滋的。

孙权久久回味着孙亮带给他的快乐。这时，心里却不知为何跳出了太子孙和与鲁王孙霸的名字。一想到这两个人，孙权心头犹如万里晴空霎时变作了乌云密布，脸上的笑容立即消失了。

太子孙和自然是不受他待见了。但是经过这几年的暗中观察，鲁王孙霸却也越来越让他觉得晦气厌恶。

为什么？

鲁王孙霸得宠，留居京城，若是规规矩矩地做人，不拉帮结派，就不会跟太子斗来斗去，斗得二宫鸡犬不宁，斗得朝廷四分五裂。自从陆逊去世之后，许多大臣为陆逊等人鸣不平，于是朝廷上支持太子的大臣与支持鲁王的大臣对立得越来越严重，似乎随时都可能发生火拼，只是缺了一个导火线罢了。如果孙权这当皇帝的哪天不幸驾崩，由着这些人趁机作乱，那国家岂不要遭受大难？

造成今天这样朝廷大臣分裂的局面，太子孙和有责任，但是鲁王更加可恶。如果他不攻击太子，又怎么会变成这样？

既然这样，当然也不能让鲁王当太子。

可事情都闹成这样了，现在将鲁王赶出京城还管用吗？即使把他赶出京城，将来太子孙和登基当皇帝时，鲁王为了自保，也极可能举兵叛乱，到时京城里支持鲁王的大臣从中响应，情况就更加不妙了，他们不把国家折腾得半死不活，是不会善罢甘休的。

孙权越想越心烦，越烦越愤怒。突然，只听他沉声叫道："来人！传侍中孙峻来见。"

宫廷侍从立即跑去传话。没一会儿，只见年轻后生孙峻匆匆赶来，神情严肃地站在孙权面前。

孙峻见孙权面色阴沉，连忙叩首说道："臣孙峻拜见陛下，陛下请吩咐！"

孙权叹息道："免礼了！"

孙峻缓缓起身，恭敬肃穆地望着孙权。

孙权神色和缓了几分，对孙峻悠悠说道："卿乃朕的心腹，今天召卿来，就是想让你帮朕解了一桩心结。"

孙峻心里顿时明白孙权在愁闷什么。不过，他不能在主子面前逞能，只好故意装傻，昂首说道："如今四境安宁，百姓和乐，陛下何愁之有？"

孙权苦笑道："家事难断哪！"

孙峻定定地望着孙权："陛下说的，可是二宫之争？"

孙权点头说道："朕当年宠爱鲁王过度，将他留在了京城，他却不懂珍惜，骄傲自大，跟太子闹得不可开交，致使朝廷分裂，危机重重，卿可有法子解朕这燃眉之急？"

孙峻沉吟半晌，缓缓说道："臣有一计，或可解陛下心中所急。二宫之争，乃杨竺等人鼓动鲁王所致，只要将杨竺及鲁王身边一众宾客定罪问斩，这局面自然就被破解了。"

孙权听了这话，神情阴沉，又问道："那么鲁王该如何处置？"

孙峻想了想，说道："鲁王乃陛下骨肉，只是训斥，恐怕过轻，杀之又过重。不如将他遣回封国，派郡守监视，或许可以保住陛下重视骨肉的名声。"

"在东吴的国家社稷面前，骨肉亲情又算得了什么？古语说，王子犯法，与庶民同罪。朕若对鲁王网开一面，江东百姓定会认为我教子无方，不敢担责！"孙权见孙峻为他这当皇帝的开脱，却不以为然，只见他眼睛突然凶光毕现，凌厉地说道，"二宫不和，大臣分裂，危机的种子已然种下。若坐视不管，我孙氏必有袁氏之败，成为千古笑柄！江东基业乃我孙氏父子三人承前继后，苦苦征战数十年才打下来的。这基业得来不易，毁之却不难。朕必须在活着的时候把这巨大隐患平息。不然，朕死不瞑目啊！"

孙权终于亮出底牌了！

孙峻一听，心里暗自一喜，立即附和道："陛下所言极是。当年袁绍不听大臣之言，将大事托付给三子袁尚，引得长子袁谭不满，从而兄弟之间大打出手，被曹操从中渔利，取得冀州。若陛下百年之后，太子与鲁王亦来一场你死我活的火拼，岂不又会被曹魏从中渔利？如今陛下高瞻远瞩，将危机湮灭于未发之时，此乃东吴之福，社稷之幸也。臣以为，潘夫人所生皇子孙亮，聪颖绝世，飘飘乎有陛下英豪雄主之气，改立孙亮为太子，或可杜绝二宫争斗之患！"

孙峻一席话说得水到渠成，自然而然，让孙权听得心里一阵舒服。

良久，只见孙权眸光灼灼地望着孙峻说道："卿之所言，正是朕之所想。今日说的话，不宜外泄。朕当快刀斩乱麻，一举把这事办了！"

九月，秋风萧瑟，万物凋零。此时，对二宫之争犹豫多年的孙权，终于果断出手，以太子孙和不守本分，与诸多大臣勾结，扰乱朝廷等名义，将他逐出东宫，幽禁起来。

消息传出，京城一片哗然。

数年来，朝廷百官都担心太子和鲁王再次交锋，引发大的祸乱。岂料今天，竟然是孙权主动将这个隐患给解决了。

按孙权的推算，驱逐软禁太子，朝廷必有大臣出来叽叽歪歪地劝阻。果不其然，软禁太子的消息才放出，有人就急匆匆地进宫来求见了。

谁也没料到，第一个出面力挺太子孙和的人，竟是骠骑将军朱据。

世间之事，果然是家事最让人头疼。孙大虎和孙小虎同是步夫人所生，孙大虎嫁给了全琮，二人全力支持鲁王；孙小虎嫁给了朱据，朱据却毫不犹豫地站到全琮和孙大虎的对立面，支持太子孙和。

朱据为何要坚定不移地支持太子孙和？只因为这人颇有古代大臣的刚直之风，敢于捍卫正统。

当年暨艳之案爆发时，朱据受牵连，被孙权软禁数月，倒霉至极。按理说，此事过后他应该长点记性，深刻了解孙权的为人。但是今天，他似乎要将这个倒霉驸马的名号进行到底，为捍卫太子正统地位，甚至不惜与孙权翻脸。

朱据进了宫，见到孙权，劈头盖脸地说道："太子乃国家的根本，太子仁义孝顺，深受百姓爱戴，令天下归心。陛下却不问青红皂白，废弃太子，着实不该啊！"

孙权一听，心里冷冷一笑。这帮只会从自己的角度出发看待问题的大臣，是不能指望他们从一国之君的角度去思考问题的。如果他们能站在皇帝的角度想问题，也就没那么多废话了！

孙权神情冷漠，不为所动。半响，才说道："卿接着往下说！"

朱据见孙权态度不佳，语气顿时变得激昂起来，接着说道："陛下熟读经史，何不以史为鉴？昔日晋献公宠幸骊姬，而太子申生自缢身亡；汉武帝信赖小人江充而致太子刘据冤死。臣以为，太子受此事惊扰，心里必不能承受。陛下若不悬崖勒马，到时即使筑思子之宫，也会追悔莫及啊！"

汉武帝晚年最悲哀的事，就是因为猜忌，听信小人江充的一面之词，迫使太子刘据举兵造反，最后逃亡，自杀身亡。后来，汉武帝重查此案，发现太子刘据是被江充诬陷，后悔不已，便于宫中修筑思子宫，以示悔恨。

朱据一席话似乎说到了孙权的痛处，只见他脸上怒色尽露，斜斜地望了望朱据，冷冷说道："卿还有话要说吗？"

朱据看着孙权一脸愤怒，心里顿了顿，缓缓说道："以陛下之英明，何须臣再多说废话。然而太子是正统，不可动摇，请陛下三思！"

孙权冷冷说道："既然卿的意思已经明了，朕也说说朕的态度。废太子之事，朕意已决，卿勿再多言！"

孙权说完，大手一挥，自行离去了。

朱据望着孙权离去的背影，一时呆若木鸡，动弹不得。

雷霆雨露，皆是君恩，暴风雨真的如此无情吗？

这二天，天色刚亮，孙权幽幽醒转。这时，宫廷侍从匆匆赶来，颤抖着对孙权说道："陛下，大事不好了！"

孙权望着宫廷侍从，皱眉问道："何事这么惊慌？"

宫廷侍从慌张说道："骠骑将军朱据和尚书仆射屈晃，率领诸将吏于皇宫大门外请愿！"

孙权听了这话，着实一惊，问道："来了几人？"

宫廷侍从说道："有数十人。"

孙权心中又是一惊，转而冷笑道："好，朕就奉陪到底！"

孙权不慌不忙地洗漱完毕，这才由宫廷侍卫陪着，悠悠出宫去了。孙权登上建业宫白爵观高台，俯视下去，只见皇宫大门外，朱据率领的诸多将吏都头上涂泥，自行反绑双手，站在秋风之中，瑟瑟发抖，十分悲壮。

孙权看了半晌，在高台上大声说道："朱将军，屈尚书，你们这是想逼宫吗？"

朱据抬头望着孙权，大声说道："陛下，太子无罪，臣等数十人特此前来请愿，请陛下宽赦太子！"

朱据说完，所有请愿官吏亦跟着齐声大喊："太子无罪，请陛下宽赦太子！"

孙权冷冷一笑，指着朱据大声斥骂："朱将军，屈尚书，你们莫要无事生非，朕意已决，赶快给朕回去！"

这时，尚书仆射屈晃仰头悲号："若陛下不肯宽赦太子，臣等就不回去了！"

孙权一听，气得浑身发抖，半天没有说话。

这时，无难督陈正、五营督陈象一齐向前走了几步，仰头望着白爵观高台，悲壮地说道："陛下，太子乃国之根本，若陛下执迷不悟，动摇社稷根基，必将使海内沸腾，国将不国啊！"

连这两个禁卫军统领都要趟这"浑水"，看来他们真的是逼宫来了。若不给他们点颜色看看，恐怕他们还以为我孙权已经年迈了吧。

想到这里，孙权暴怒，大声叫道："来人，立即族诛陈正、陈象！"

话音刚落，宫廷侍卫官闻令，立即直奔下楼，率领卫兵押走了陈正和陈象。

请愿将吏见陈正和陈象全家都要被处以极刑，立即跪地悲号，犹如天塌地陷，哭个不停。

孙权最厌恶的正是这痛哭之声。这时，只听他又大声叫道："来人，把朱据和屈晃绑来大殿见朕！"

说完，孙权转身怒气冲冲地朝大殿走了。

孙权回到大殿，命令百官上朝。诸官列席站定，侍卫便将五花大绑的朱据和屈晃押到了大殿上。

朱据和屈晃望着孙权，挺胸而立，一副无所畏惧的样子。

孙权心头一凛，冷冷说道："给朱将军和屈尚书松绑！"

两个侍卫立即跑上来给两位大臣松绑。半晌，孙权阴沉沉地问道："朱将军，屈尚书，你们还有什么话要说？"

朱据昂首说道："回陛下，臣要说的话，适才于宫外已经说过。太子是正统，不可轻易言废，不然动摇根基，国家必生内乱。"

说完，朱据跪地叩首，咣咣咣地以头撞地，在场官员看得心惊胆跳，无不惊骇！

这时，屈晃亦上前一步，昂首说道："回陛下，臣想说的话，朱将军已经替臣说了。废黜太子之事，请陛下三思！"

屈晃说着，亦跪地叩首，咣咣咣地又撞了一通。两人都头破血流，鲜血流了一地。

孙权看得惊怒交加，胸中犹如火山岩浆在激荡冲突，又如风卷浪涌，怒涛翻滚不止。半晌，他终于忍耐不住，大声吼道："太子之事，乃朕的家事。朕爱怎的就怎的，你们身为大臣，管得着吗？"

朱据一听，抬起血淋淋的头颅，丝毫不惧，又说道："江东基业是陛下的基业，亦是江东人的基业。太子是陛下的太子，亦是江东的太子。家国之事，无国岂有家。所以今天之事，既是陛下的家事，又是东吴国的大事。臣食东吴俸禄，岂能坐视国家根基动摇而不管？"

朱据说完，屈晃亦抬起血迹斑斑的头颅，大声说道："古往今来，太子废立，从来都是国家大事。陛下为一己之私而废黜太子，何以服人？"

果真是不怕死，果真是有备而来。孙权彻底被激怒了，啪的一声站起来叫道："满嘴胡言乱语，这是欺朕奈何不了你们吗？"

说完，孙权又叫道："来人！把他们拖下去，各打一百棍！"

侍卫立即冲上来，将朱据和屈晃推下殿去领杖刑。

区区杖刑并不能解孙权心中之恨。紧接着，他又下诏，将朱据贬为新都郡丞，夺屈晃官职，贬为平民，送回老家。至于其他在皇宫外请愿的人，酌情处理，该杀的杀，该流放的流放。

随后，孙权正式宣布：废太子孙和为庶人，贬往丹阳郡故鄣县！

太子以及支持太子的党羽，终于被一网打尽了。接下来，该轮到打击鲁王一党了。

这天，孙权召杨竺进宫。杨竺接到孙权的诏令，顿时欣喜若狂，直奔宫里来了。

在杨竺看来，太子孙和已然被废，鲁王必然上位。而孙权又曾与杨竺秘密商讨过废太子立鲁王之事，如今孙权召他进宫，多半是要和他商量立鲁王为太子之事了。

杨竺兴冲冲地走进宫里。当他见到孙权时，不由愣住了。只见孙权神色阴沉，似有怒色。而侍中孙峻则立于孙权一旁，冷漠地望着杨竺，一声不吭。

杨竺顿了一下，缓缓走上前去，对孙权叩首道："陛下传召，臣应召而来，请陛下吩咐。"

孙权将一捆沉重的奏书扔到杨竺面前，冷冷说道："这些奏书，你可还记得？"

杨竺马上翻看起来，一看便惊呆了。这不是四年前他状告丞相陆逊二十宗罪的奏书吗，怎么孙权竟将这案子翻出来了？

杨竺顿觉不妙，连忙捧着奏书望着孙权说道："陛下，这是何意？"

孙权冷冷一笑："你可真聪明，差点把朕骗过去了。若不是侍中孙峻眼尖，看出奏书有诈，不知道你还要骗朕到几时！"

杨竺顿时大惊失色，猛地叩首道："陛下英明绝世，臣愚钝，岂敢犯欺君之罪啊！"

孙权摇摇头，缓缓说道："你在奏书里写了这么一条，说陆丞相获知太子被废，勾结诸臣，力挺太子，犯了结党之罪。这是真的吗？"

杨竺抬头说道："此事千真万确，臣岂敢欺骗陛下！"

孙权见杨竺死到临头还狡辩，冷笑着问道："那朕问你，陆丞相当时远在武昌，他又是怎么神不知鬼不觉地知道朕要废太子的？"

杨竺脑袋里嗡的一声，嘴唇颤抖，说不出话来。事情都过去这么久了，此事连他都已淡忘。现在孙权要跟他对质，情急之下，他实在想不起那么多事了。

半晌，杨竺突然想到什么，缓缓对孙权说道："臣记得，当时陆丞相族人陆胤离开京城，前往武昌，陛下废太子之事就是陆胤告诉陆丞相的。"

孙权一听，神情微微和缓："此事当真？"

杨竺连忙说道："陛下若不信臣，可以召陆胤前来对质。"

孙权阴冷一笑："好，那朕就成全你，让你们当面对质。"

说完，孙权就派宫廷侍从传召陆胤。不一会儿，陆胤就匆匆进来。他看见这屋里除了孙权竟还有他人，不由一愣，对孙权叩首道："臣在此，不知陛下召臣来所为何事？"

孙权扭头看了看陆胤，又望了望杨竺，说道："都起来，当面把话说清楚。"

陆胤和杨竺都站起身来。这时，杨竺率先对陆胤说道："陆胤，四年前你因公前往武昌与陆丞相见面，是不是你告诉陆丞相说陛下想废太子？"

陆胤听了这话，一愣，望了望杨竺，又望了望孙权，一时无语。

此事已过去了四年，当年陆丞相被孙权特使质询是怎么知道陛下准备废太子之事时，陆逊为保护太子和陆胤，死不供认，以致吐血而死。而今太子果然被废，但也不能落井下石，更不能将当年太子派人躲在床底下偷听孙权和杨竺对话的事说出来，不然，那将是一场血流成河的人间惨剧！

陆胤正在思索，杨竺却急得叫了起来："你快说呀。"

杨竺这一声叫嚷，让陆胤从恍惚中醒了过来，只见他顿了一下，对孙权从容说道："杨竺所言极是，太子将被废之事，的确是臣告诉陆丞相的。"

陆胤这个回答出人意料，孙权和孙峻都惊呆了。

杨竺见状，喜极而泣，望着孙权悲壮地说道："陛下，真相大白了。臣没有犯欺君之罪！"

孙权懒得听杨竺解释，站起来，缓缓走到陆胤面前站定，问道："那么，你告诉朕，朕当时想废太子、立鲁王之事，你又是怎么知道的。"

陆胤定定地望着孙权，半晌，转头指着杨竺说道："是杨竺亲口告诉我的！"

顿时，杨竺犹如天崩地裂，悲号一声，大声骂道："陆胤，你血口喷人！"

"住嘴！"侍中孙峻见杨竺大声吼叫，猛地喝了一下，又说道，"这里是陛下居所，不是市井之地，岂容你大声嚷嚷！"

杨竺见状，低头呜呜地哭了起来，喃喃说道："陛下，陆胤血口喷人，臣冤枉啊！"

孙权缓缓走到杨竺面前，目露凶光，却久久不说话。

杨竺见孙权露出狰狞可怕的面容，吓得一时也不敢哭了，呆呆站立，却一直颤抖不已。

良久，孙权阴沉沉地说道："当时，朕与你在这间内室，秘密交谈废太子立鲁王之事。此事只有天知地知，你知朕知。然而没几天，却传到武昌的陆丞相那里去了，如果你不告诉陆胤，陆胤不告诉陆丞相，难道是陆丞相长了千里眼、顺风耳吗？"

孙权分析的这个逻辑简直天衣无缝，叫杨竺顿时哑口无言，让千年后的看官们亦无言以对。所有的语言，顿时都变得苍白无力，只有一阵又一阵的恐惧直往杨竺心里钻。终于，杨竺瘫倒在地，不停地叩首说道："陛下，臣真没有欺骗陛下啊。"

孙权见杨竺无力倒地，懒得再问了。他向侍中孙峻使了一个眼色，孙峻转身跑出去，喊来侍卫将杨竺架走，下狱。

杨竺被丢进监狱，初时还死不认罪。狱吏见他嘴硬，天天拷打他，他终于忍受不了，只好屈打成招，承认废太子之事的确是他传出去的。

既已认罪，孙权便迅速派人诛杀杨竺，将其尸体抛入长江喂鱼。接着，他又以鲁王孙霸与杨竺合谋诬陷太子的罪名，赐死鲁王，并诛杀全寄、吴安、孙奇等人。

到此，鲁王一党亦被清除得干干净净。

二宫争斗的闹剧，到此终于收场。

十一月，吴主孙权宣布，立皇子孙亮为新的太子！

古人说，鹬蚌相争，渔翁得利。诚不我欺！

第十四章

对决

十二月，长江之上，冬风狂卷，卷起阵阵寒波。在这满目苍凉、无边萧瑟的狂风中，有一匹快马向着洛阳城的方向疾驰而去。

不一日，有一道奏书便飞进洛阳城里，落在了太傅司马懿的几案上。

此时，魏国境内，洛阳城中，司马懿已将曹爽一党清扫得干干净净，一切归于平静。因为诛曹爽有功，诸臣上奏，请求封司马懿为丞相，加九锡，但都被司马懿拒绝了。

司马懿深深知道，有些戏，不能演得太过，一过就坏事了。如果接受丞相之职，加九锡，那没准就是把自己往绝路上逼了。天下百姓都知道，凡是权臣，加九锡之后会怎么样，具体可以参考曹操当年的做法。

那么，司马懿不想当曹操第二，是不想当，还是不敢当？没人知道。反正目前他还是魏国太傅。不过魏国诸多大事，都已经被他牢牢地控制在掌心里了。

今天，这道奏书是征南将军王昶派快马秘密送来的。司马懿打开奏书，只见上面写道："孙权流放良臣，恰逢内部嫡庶纷争，朝廷四分五裂，可以趁这个机会出兵袭击。且白帝、夷陵之间，黔、巫、秭归、房陵等皆在长江以北，其夷民与新城郡接壤，亦可一并出兵袭取。分兵数道出而攻之，您可建立不朽之功，固万世之威。"

司马懿看完，心里一沉，缓缓闭上眼睛，陷入沉思。

多年以来，孙权屡屡出兵北上，攻击魏国，倚仗的都是那一批精悍猛将。时过境迁，东吴名将如陆逊、全琮、朱然等人纷纷病逝，一代名将朱据因为支持太子而被贬斥，孙权年事已高，若出兵袭击吴境，孙权想出兵相救，恐怕也会心有余而力不足。再看蜀国，诸葛亮病卒后，蜀国人才凋零，恐怕已经无力招架，若挥兵西入蜀境，亦有胜算。

更重要的是，此时洛阳曹爽一党刚被诛灭，整个魏国都在瞪大眼睛看着司马懿如何掌权。此时出兵攻打吴、蜀，不仅能将百姓的视线从宫廷纷争转向前线战事，亦可以借几场胜仗来巩固他司马太傅在魏国的赫赫威望。

知我者，莫若王昶啊。他这封奏书来得太及时了。

半晌，司马懿缓缓睁眼，挥毫而就，在奏书上落笔，写了一个大大的"准"字。接着，司马懿便以朝廷的名义调兵遣将，派新城太守州泰领兵袭击巫、秭归等地，派荆州刺史王基率兵直指夷陵，派王昶亲率大军进攻江陵。

此时，江陵以北，一片汪洋大水，远远望去，一片茫茫，曾经暴露于野外的道路已被淹没。这一带被淹，并非因为大雨不止，而是吴军干的。吴军听说魏军杀向南边的江陵，惊慌之下，便决开沮水和漳水河堤，引水淹没了江陵北边大片土地。

这茫茫大水挡得住魏军的铁蹄吗？这就要问王昶答不答应了。

此时，江陵对岸的东吴守将是朱然的儿子朱绩。王昶久久站立，远眺茫茫大水。良久，只听他从容不迫地对侍从说道："传令下去，搭桥渡水，向朱绩出击！"

一声令下，王昶所率军士立即行动，砍来竹子搭起横桥。桥才架起，魏兵便渡河直扑朱绩大军。

当年，朱绩父亲朱然面对魏国千军万马时，那是何等洒脱，何等从容淡定，从不露一丝胆怯。如今，朱然听说魏军扑来，竟然拔腿就跑，一口气跑进江陵城躲了起来。

东吴战将，真是一代不如一代啊！

如果把过错都归咎于朱绩，似乎也不妥。或许这样说更为准确：不是吴军无能，而是魏军太强了。

王昶，字文舒，太原晋阳人。太原，那可是天下王氏的郡望之地，东汉末年,这里诞生了闻名天下的王允。王昶少年时,曾与王允的侄子王凌闻名于郡内。因为王凌年长,王昶便以兄长之礼待王凌。文帝曹丕当太子的时候,王昶担任太子文学之职,后来,便当了中庶子。孔子说,学而优则仕。王昶反其道而行,仕而优则学。做官之余,他还孜孜不倦地著书立说,写成《治论》,又著兵书十余篇,深谙兵法奇正之道。

青龙四年,魏明帝下诏说:"朕欲选拔有才干智慧且精通文章之道,深谋远虑,料事如神,洞察幽暗,运筹帷幄,凡有谋划必不落空,忠于国家,小心谨慎,有操守,勤勤恳恳,从不懈怠,且以天下为公的人。请大家每人举荐一人,不论年龄,无论尊卑贵贱。"

当时司马懿二话不说,就推荐了王昶。王昶本来与司马懿共事多年,而今,他又深受司马懿抬举,官运自然亨通。正始年间,他受封武观亭侯,迁征南将军,假节都督荆、豫诸军事。王昶一到任,立即把将军大营从宛阳搬到挨近襄阳城的新野,一下子捅到了吴国软肋。

为何?

多年以来,征南将军大营都是驻扎于宛城。宛城距离襄阳城有三百余里,战船远在宣池,一旦襄阳有急,极难应付。王昶将大营移至新野后,开垦良田,又日夜操练水军,对吴军可谓进可攻退可守。

由此看来,朱绩遇上王昶这么一个资历老、有能力的老江湖,怎能不闻风而逃?

此时,王昶登高远望,见东吴大将朱绩闭城不出,久久沉思。良久,他心里生出一计,决定引诱朱绩出城,与之决战。

古往今来,诱敌出城之计,多是派人于城下辱骂,激怒敌人开城出战。此计高祖刘邦用过,刘备用过,即使聪明绝世如诸葛亮,竟然也用过,只不过当时司马懿不上他的当。而今,王昶深知颇有其父胆识的朱绩并非一介莽夫,派人去辱骂是不顶用的,于是决定不按套路走,别出心裁,玩一个更高级的诱敌之术!

王昶打定主意,命令五路大军先行撤退。紧接着,又将刚刚打败吴军而获取的铠甲马匹，绕着江陵城一路铺开展示，故意让城上的吴军观看。

王昶所做一切，皆被江陵城上的朱绩看得一清二楚。朱绩眺望江陵城下，久久不语。

朱绩身边的两名大将钟离茂和许旻已然受不了刺激，指着城下那嘶嘶悲哀鸣叫的吴军战马，又看看那满目狼藉的铠甲战具，愤怒地说道："王昶辱人太甚，朱将军还犹豫什么？！"

朱绩沉吟半晌，才悠悠说道："你们说说，王昶此举用意何在？"

钟离茂不屑地说道："王昶年迈，不能久战，大军已撤，又如此摆出战利品，不过是想耻笑我们无能罢了。"

许旻接着说道："古人云，有仇不报非君子。王昶志得意满，骄傲而归，若将军率兵出城追击，必能打他个措手不及。如此，大仇便可报了！"

朱绩似有所悟，定定地望着远方，缓缓说道："古往以来，大军撤退，军心多半松懈。当年，陛下攻打合肥，无功而返时，张辽竟倾巢而出，尾随袭击陛下，几乎成功。至今，吴人依然记得这等耻辱。王昶太过轻视我辈，若不给他点颜色看看，还以为东吴无人了！"

朱绩顿了一下，又果决说道："传令开城，全军出城，杀敌报仇！"

言毕，三人齐步走下城墙，率兵出城。随着江陵城门隆隆作响，吴军犹如泄洪之水，奔涌而出，向王昶撤军的方向追去。

吴军果然上当了。

此时，魏国大军先撤，又于江陵城下摆放战利品以激怒吴军，不过是王昶使的连环计罢了。王昶已悄悄设下伏兵，只等敌人出动。当朱绩亲率大军，不顾一切穿越羊肠小道呼啸而来时，王昶伏兵大出，犹如潮水般涌向吴军，与之大战起来。

这场大战可谓惊险刺激。魏国老将王昶身先士卒，阻击吴军；东吴大将后起之秀朱绩身陷重围，亦奋勇杀敌，横冲直撞，杀红了眼。双方激战许久，善于陆战的魏军将士愈战愈勇，善于水战的吴军却渐渐不支，崩溃而逃。

结果，魏军成功斩杀吴国钟离茂和许旻两员大将，凯旋。

王昶取得大捷，与此同时，分道出兵的王基和州泰亦颇有斩获。王昶献策有功，司马懿趁机给他加官，拜他为征南大将军。

与之前的军职比，王昶的头衔多了一个"大"字。虽只有一字之差，意义却非同一般。这表示王昶从此迈进了国家重臣之列，为魏国镇守南方疆域！

此次魏国出兵取胜，有人欢喜，有人心酸。寿春城里，空荡荡的府第中，一灯独明，有一人想着王昶取得攻打东吴的胜利而封官，心里极不是滋味。

这个人就是曾与王昶闻名于郡中的现任太尉王凌。

王凌与王昶同出太原王氏，年少齐名，且王昶对他又十分谦让。如今王凌身兼太尉，位列三公，非王昶可比，而王昶得胜封官，他心里为何不悦呢？

一句话就可以概括：同出太原王氏的王昶，是司马懿的人；而他王凌非但不是，反而是当今魏国，司马懿最可怕的政敌。

王凌为何会与司马懿对立？

多年以来，王凌都是司马懿的老朋友，且他与司马懿的兄长司马朗亦是人生知己。但是，这对相识多年的老朋友，因为司马懿诛杀曹爽、诛其全族一事，彻底翻脸了。

此前，司马懿率领朝廷诸多老臣围攻曹爽时，王凌正率军屯守于扬州寿春县。王凌听说司马懿剿灭曹爽一党，独掌朝廷大权时，心里顿觉不妙，认为朝廷社稷已经危在旦夕。

王凌为何会对司马懿产生这种不安的感觉？

司马懿诛灭曹爽一党后，几乎满朝老臣都拥护他为丞相，加九锡。尽管这些都被司马懿拒绝了，可时机一旦成熟，司马懿还有装下去的必要吗？权力这东西，就好像能让人上瘾的毒药，只要沾上了，就很难摆脱。王莽如此，曹操如此，难道司马懿会是个例外？

王凌思前想后，悠悠想起当年叔父王允忍辱负重，设计为国除掉董卓这么一个大害的光荣往事。于是，他决定铤而走险，为国除掉司马懿这个巨大的隐患。

斗争也好，造反也罢，这都是极为烧脑的体力活，稍有不慎，就是毁家灭族之罪，落得个惨烈收场。司马懿本来深耕魏国官场，功力十分了得，又有诸多老臣拥护，王凌仅凭一己之力，想干掉对方，机会十分渺茫。于是，他决定找一个帮手，联手完成这场巨大阴谋。

此人，就是他的外甥令狐愚。

令狐愚，字公治。他还是白衣时，便胸怀大志，当时郡中很多人都十分看好他，纷纷说道："兴令狐氏者，必此人也。"

众人之中，唯有族父弘农太守令狐邵不看好令狐愚。有一次，令狐邵当着族人的面点评道："令狐愚尽管才能卓然，然其不修品德，又志向远大，将来灭亡令狐氏宗族的，必是此人！"

这句话深深刺痛了令狐愚，他一直记恨在心，愤愤不平。

转眼多年过去，当年那个不看好他的族父令狐邵仅官至虎贲中郎将，可令狐愚投身官场后，却屡获升迁，早已名动江湖。曾有一次，令狐愚在令狐邵面前得意扬扬地说道："过去大人说我不行，如今看来，又如何呀？"

令狐邵不答，沉默不语。回到家里，他才阴沉地对妻子说道："公治的性情依然如故，毫无改变。在我看来，此人终当败亡，但不知道我会不会因为活得长久而被他牵连，只恐怕你们将来会因他受罪啊。"

令狐邵为何如此坚定地否定令狐愚？或许有一件事，能见其端倪。

那就是文帝曹丕给令狐愚改名的事情。

令狐愚其实本名叫令狐浚。黄初年间，他曾迁为和戎护军，当时乌丸校尉田豫讨伐胡人有功，不知为何，犯了一个小小的错误。当时令狐浚见立功机会来了，立即给田豫治罪。消息传到洛阳城，文帝曹丕闻言暴怒，马上派人逮捕令狐浚，并将他免官治罪。

文帝为何对所谓秉公执法的令狐浚这般不满？就是因为此人太自以为是，太不分轻重了。天下汹汹，胡人为乱，田豫为国杀敌立功着实不易，且行军路上，军务烦琐，犯点小错误也是在所难免。这令狐浚不从大局着想，为立功而不择手段，整治功臣名将，那让当皇帝的如何忍受？

事后，曹丕一想起这事，心里仍然极为不爽，便下诏说道："令狐浚何其愚蠢！特此诏令其改名令狐愚！"

令狐愚之名便从此叫开了。

令狐愚弄巧成拙，将自己弄得一头灰，不过他并没有就此沉沦。人在江湖走，首先混的就是圈子。没过多久，他又成功打进了另外一个圈子，从而给自己带来了人生的第二春。

这个圈子的领袖就是曹爽。

明帝曹睿驾崩前，曾在床前拜孙礼为大将军长史，辅佐曹爽。岂料曹爽与孙礼不和，便设计把他赶出将军府，同时把自己圈子里的另一个人迅速提拔上来。曹爽提拔的这个人就是眼前的令狐愚。令狐愚任大将军长史不久，就被调离洛阳，出任兖州刺史。

如此看来，令狐愚本属曹爽一党，且率重兵在外，与王凌又是至亲，这样的人，王凌不找他找谁？

在一个夜黑风高的晚上，令狐愚秘密前来与王凌碰面了。

王凌见令狐愚到来，开门见山地说道："陛下尽管已成年，可其人昏暗孱弱，被太傅司马懿死死拿捏，几乎动弹不得，犹如傀儡。我听说楚王曹彪有勇有谋，咱们可以联手迎立楚王，建都许昌，如此可力挽狂澜，救社稷于不倒。"

令狐愚一听，深以为然，缓缓说道："我早看出司马懿并非善人，只可惜曹大将军技不如人，被人剿灭。如今您领扬州之兵，而我领兖州之兵，淮南之地，皆在你我二人之手。楚王曹彪又在兖州，其人若如传闻般有勇有谋，我派人前往游说，料他必定答允！"

王凌见令狐愚如此沉着老道，心里先是一喜，转而深深叹道："此事关乎国家社稷，关乎家族命运，若是成功，必千秋传颂！"

这年，王凌已然七十九岁，长司马懿七岁。就辈分来论，两人从东汉末年曹操的时代一直混到曹操的曾孙曹芳时代，经历曹氏四代变迁，可谓老江湖中的老江湖了。如此千年老江湖政见不和,且又各怀绝技,一场你死我活的较量,将会何等触目惊心?

又或许,这会是魏国江湖里,司马懿最后一场巅峰之作!

令狐愚和王凌定计,便派心腹秘密前往白马城拜见楚王曹彪。

曹彪,字朱虎,曹操之子。在曹操诸子中,若论与曹植最惺惺相惜的,除了曹彰,或许就是曹彪了。当年,曹丕当皇帝时,曹植和马白王曹彪被同时诏令前往洛阳。离开洛阳时,曹植想和曹彪一同回去,曹丕却对他们结伴同行十分怀疑,命令他们分开上路。忧愤不已的曹植只好借诗抒怀,写下了一首著名的《赠白马王彪》送给曹彪。此事已过去多年,但曹彪想起此事,依然历历在目。且这么多年以来,他所承受曹丕父子的非难不在少。明帝曹睿登基后,先是将他迁为楚王,不久又找借口削夺他三县,之后又假惺惺地恢复他被削夺的三县。然后,又假惺惺地给他再加五百户。搞得曹彪整日战战兢兢,魂不守舍,不知道哪天人家会不会又以什么理由将他所拥有的尽数抢走。

三国时代,魏国的诸侯王应该是史上待遇最差的诸侯王。皇帝为了防范他们,分给他们的僚属都是一些出身不高的低等人才,分给他们的士兵也不过是一些老弱残兵,人数不超过二百人。这样的待遇,跟西汉初期那些居住豪华宫殿,吃香喝辣,动不动就拥兵数十万的诸侯王相比,那真是莫大的讽刺。此种滋味,曹彪的体会是最深的。那么,这个蹲了多年活监狱、被人监视的楚王曹彪,会赌上自己的身家性命,勇敢踏上王凌和令狐愚驾驶的这辆战车吗?

令狐愚派来游说曹彪的心腹之将叫张式。张式见到曹彪后,没有单刀直入地亮出主题,而是东拉西扯地试探了一番。

张式悠悠问道:"近来东郡发生了一桩奇闻,不知楚王可有耳闻?"

曹彪客客气气地说道:"不知您指的是那件事?"

张式悠然说道:"听东郡的人说,白马河里出了一匹妖马,夜里跳出河面,跑到官家牧马的圈里呜呜直叫,那官家牧马亦呜呜呼应,场面十分壮观。待到天亮,东郡人跑去看,却见这匹马留下来绵延数里的痕迹,这才消失于白马河中。"

曹彪听得心里一颤，愣愣地望着张式，不知对方此话何意。

曹彪曾当过白马王，此时尽管被改封为楚王，所居之地依然还是白马城，而白马城就隶属东郡。张式这番话傻子都听得出来，那传说中的白马河里的妖马夜里鸣叫，受到诸多官马的响应，暗指的不就是他如果振臂高呼，便会即刻得到朝廷诸公的响应吗？

振臂高呼，那可是造反之罪。莫非，张式前来就是怂恿他造反的？

曹彪一时摸不透对方来意，半晌，只好假装糊涂，叹息道："本王久居樊笼，出入不便，这种民间传闻，确实没听说过。"

张式见曹彪有所迟疑，悠然一笑，又缓缓说道："民间还有一首童谣，传播极广，只怕楚王也未曾听说过？"

曹彪笑盈盈地望着张式说道："愿闻其详！"

张式缓缓说道："那首童谣是这样唱的：白马素羁西南驰，其谁乘者朱虎骑。"

又是白马！且见"朱虎"二字！曹彪总算听出来了，张式此番来见，必有所谋。借用这首童谣，不过是想借民间舆论鼓动他造反罢了。

造反，那可是一桩风险巨大却又收入颇丰的买卖。一旦失败，全族覆灭；一旦成功，鸡犬升天。但是，忍辱多年，曹彪虽贵为楚王，却活得一点幸福感都没有。与其如此浑浑噩噩、了无声息地度过余生，不如轰轰烈烈，摧枯拉朽，即使飞蛾扑火，也可成就一段可歌可泣的不朽人生。

不过，江湖险恶，鬼知道对方是不是挖坑让他跳？想到这儿，曹彪脸上波澜不惊，半晌才缓缓说道："民间儿歌，不过是小孩的游戏，听过便算了。"

张式看曹彪一副不为所动的样子，又缓缓说道："在下曾因公前往扬州，拜见王司空，王司空讲了一事，竟与童谣不谋而合。"

当时，王凌身兼数职，被朝廷拜为司空，仍领兵驻守扬州寿春。曹彪一听张式见过王凌这个老江湖，眼睛不由一亮，颇有兴趣地问道："哦？如何个不谋而合法，可否说来听听？"

张式见曹彪眼睛灼灼有光，心里一笑，悠悠说道："王司空夜观天象，见荧惑守南斗，便唤善于观星象的人前来询问，说斗中有星，当有暴贵者。"

所谓"荧惑"即火星。古人以为，火星闪闪发光犹如荧荧之火，然而行踪飘忽不定，令人迷惑，便称之为"荧惑"。在古人那里，如果出现"荧惑守心"的天象，无非两件事，要么将有战事，要么帝王家将有死丧。王凌心里有鬼，听说东平有一个叫浩详的人知晓天文星象，便派人将他叫来答疑解惑。殊不知，这个叫浩详的星象家，早知道此次"荧惑"在南方，预示东吴将有死丧之事。但他看出王凌有举兵造反之意，担心说真话会惹王凌不悦，想了想，决定顺着王凌的心意，说了句假话。

浩详是这样跟王凌说的："荧惑现南斗之位，说明淮南及楚国的分野，有王者兴！"

就这样，浩详骗了王凌，王凌又骗了张式，现在张式又骗了曹彪。

而曹彪也成功地被骗了。

如果说童谣与民间传说可能是附会的，但是，荧惑偏移南方的天象，却是真的，谁也骗不了。所谓天象，那就是天意。如果天意注定淮南、楚地有暴贵者，那么除了曹彪，还能有谁？

曹彪听张式这么一解释，心里一阵荡漾，悠悠地叹了一口气，说道："若果真如君所言，我也乐见其成啊！"

张式见曹彪终于心动，哈哈一笑，意味深长地说道："今日出使楚国，乃使君之意。魏国貌似升平已久，底下却是暗流涌动，从未平息。所谓天下之事不可知，愿大王勤恳自爱，勇于担当啊。"

曹虎一听，亦仰头哈哈一笑，心领神会地说道："本王知使君之厚意，在此先谢过使君。"

说完，双方都得意地笑了起来。

王凌听说张式成功说动曹彪，也不禁激动起来，当即给远在洛阳的儿子王广去了一封信，秘密告诉对方，他准备举兵造反，干掉司马懿，为国除害。

王广，字公渊，为人老成持重，才华卓绝。有一次，司马懿与蒋济闲聊时，曾问道:"王广此人如何?"

蒋济啧啧一叹,情不自禁地说道:"王凌文武双全,举世无双。然而王广立志高远,定力十足,风度神韵犹胜其父!"

蒋济一时兴起,如此夸赞王广,回到家时,再想起这事,竟后悔不已。他叹息着对亲近的人说道:"我点评王凌父子的这番话,恐怕要给人带来祸患啊!"

这话多少泄露了天机。原来出身河内郡的望族司马氏,一直想跟闻名天下的太原王氏较劲,一比高低。

诚如蒋济所言,王广有远见卓识,王凌似有不及。他听说父亲想举兵诛灭对手司马懿,急急来信告诉王凌道:"凡举大事,必先审时度势。曹爽骄奢失民心,何晏崇尚虚无,华而不实,不务正业。丁谧、毕轨、桓范、邓飏等人虽有名望,却热衷名利,再加上他们变更朝廷法典,朝令夕改,如此种种,动作虽大,名声虽响,却不接地气,不切实际。而百姓已经习惯了旧的法令,无人愿意跟着他们瞎折腾。所以,他们虽权倾四海,名震天下,可一日之内,同时被诛,百姓都是一副事不关己之态,无人替他们感到悲哀。为何?就是因为不得民心。反观司马懿,其人城府极深,心里想什么,没有人知道。此时,他没有公开显示所谓的篡逆之举,反而大力选拔贤能之士,为自己广树党羽。蒋济、高柔、孙礼、陈泰、郭淮、邓艾等,皆聚集在侧,能量惊人。且司马懿做事善于顺势而为,他整理先朝政令,顺应民情。曹爽昔日所做的恶事,他都一一革除,日夜操劳,凡事以恤民为先。况且,司马懿父子兄弟,皆掌兵权,占据要地,想要灭亡他,可不是一件容易的事啊。"

王广字字珠玑,针针见血,一下将问题的本质说得一清两楚。王凌只想造反,研究了天文星象,却忽略了造反最需要的一个东西。

这个东西,就是"借口"。

古语常云,欲加其罪,何患无辞。那么,王凌若要以清君侧的名义,举兵干掉司马懿,也总要给对方安个罪名吧?若说司马懿大逆不道,有何证据?过去,他是太傅;现在,他依然是太傅。朝廷想封他为丞相,加九锡,他一样都不肯接受。他非但不给自己加官，反而日理万机，为国操劳，颇有民望，这是哪门子的大逆不道？找不到司马懿的政治漏洞，就匆忙起兵，等于陷自己于不义之境。以不义之名征伐有义的正统，以扬州及兖州二州之力，就想和魏国七八个州的兵力对抗，实力如此悬殊，若能取胜，连鬼神都不信。

况且，这样的一番劝谏，是自己的亲儿子说的。连自己的儿子都觉得此事不靠谱，放眼天下，除了那个自以为是的曹爽余党令狐愚，还有谁愿搭上身家性命，陪着他王凌起兵闹事？

人啊，老了就罢了！但不能老着老着就变成老糊涂了！

或许，王凌真的变成了老糊涂。他看完王广的信后，心里却不以为然。当年，叔父王允不也是这样解决董卓这个国家大害的吗？而今，他为什么不能除掉司马懿？

于是，决定一条道走到黑的王凌又派人给令狐愚送信，让他再次派人与楚王曹彪沟通。但是，没过多久，王凌却等来了一个晴天霹雳般的消息。

那就是，兖州刺史令狐愚病卒了！

过了一个月，王凌又等来一个消息，朝廷派出特使前来寿春了。

猜猜朝廷特使来寿春是干什么的？

竟然是来给王凌升官的。

司马懿以朝廷的名义，任命王凌为太尉，让他继续领兵屯守寿春。

司马懿真不愧是千古政治大家，这一招不可谓不高明。他诛杀曹爽有功，却不给自己加官，反而大肆给别人加官，还把最大的官衔封给了王凌，将仁义之举演绎得淋漓尽致。

令狐愚病死了，王凌也升官了，造反的借口也不成立了。按理说，此事也该就此消停了。

但是，王凌仍然想做魏国江湖里那自取灭亡的扑火飞蛾！

只有老江湖才懂老江湖，司马懿派特使前来给他加官，不过是想暂时稳住他罢了。或许盘踞洛阳城的司马懿，已经嗅到了王凌身上的不祥之气。

嘉平三年（公元251年）的夏天四月，谋划多时的王凌没有找到造反的理由，但是这个夏天，他却找到了出兵江东、趁机倒戈的巨大理由。

之前，孙权曾派兵掘开涂水堤坝，用大水淹没北方大地。王凌认为，孙权此举甚为心虚，不如将计就计，以出兵江东为借口，向朝廷请求调兵。

请兵的奏书送入洛阳城，又送进了太傅府。司马懿看了半天，没有说话。

良久，只见司马懿在奏书上写了一个大大的"否"字。

司马懿否决出兵东吴的消息传来，王凌又惊又气。之前，王昶请兵攻击江陵，司马懿都批准了，此次出兵攻打东吴的理由十分充足，司马懿反而不肯，为何？

王凌越想越害怕。难道，司马懿果真截获了他想造反的消息？

王凌沉吟良久，索性一不做二不休，当即写下一封密信，交给了将军杨弘。

王凌精神抖擞地对杨弘说道："你亲自跑一趟兖州，务必将这封信交到兖州刺史黄华手里。"

令狐愚死后，朝廷派黄华接任兖州刺史一职。王凌部将杨弘怀揣王凌密信，日夜奔驰，不日便抵达兖州治所平阿县。

当杨弘将密信交给兖州刺史黄华时，对方看完，久久没有说话。

半晌，杨弘忐忑问道："黄刺史有什么话想转告王太尉？"

黄华一听，脸色十分为难，连忙摆手说道："不必了。"

杨弘疑惑地望着对方，一时无话。

黄华见杨弘一副忧愁的样子，心里一笑，计上心头。良久，他才问道："足下以为，王太尉之才与司马太傅比，如何？"

杨弘不知黄华是何用意，只好如实说道："不如！"

黄华又问："若论门生故吏，朋党交往，建立的功勋，社会名望，王太尉与司马太傅比，如何？"

杨弘想也不想，答道："远不如。"

黄华脸色变得严肃起来，语气突转激昂："王太尉处处不如司马太傅，且并无任何起兵理由,足下以为,咱们跟随王太尉造反,能成功吗?"

杨弘一听,顿时惊恐不安起来。

黄华接着又说道:"我们若起兵响应王太尉,非但没有胜算,反而会陷入三族被诛灭的命运,这又是何苦?王太尉犯浑,令狐愚犯浑,难道杨将军也想跟着犯浑吗?"

杨弘顿时醒悟,连忙问道:"那现在怎么办?"

黄华见杨弘怕了,反而不慌了,他死死地盯着对方,一字一顿地说道:"当前之计,咱们若想脱身自救,唯有一计!"

杨弘脱口道:"黄刺史快说!"

黄华顿了顿,凑到杨弘面前,沉声说道:"王凌请兵,朝廷不许。依我看来,或许司马太傅已经有所察觉。我们不妨联名状告王太尉,并将王凌造反的密信一起上交,坐实其罪。如此,你我不仅与王太尉脱离干系,甚至还可能被朝廷封侯加官。如此送上门的好事,不干白不干!"

杨弘听了这话,恍然大悟,不由说道:"好!一切依黄刺史所说的去办。"

两人谈妥,黄华和杨弘立即联名写了封信,火速送入洛阳。司马懿接到密信,脸上一片沉静,心里则是微微一笑,喃喃自语道:"自投罗网,自取灭亡,此时不灭此人,还待何时?"

不日,司马懿果断出击,亲率大军从水道南下征伐王凌。此次,司马懿故伎重施,将当初先稳住曹爽而后徐徐图之的方法,又用到了王凌身上。水军行进路上,他一刻也没闲着,一边以皇帝名义下诏赦免王凌之罪,一边又以老朋友的语气给王凌写信。

等做完这一切的时候,水军大船距离寿春已经不足百尺!

百尺也就是不过一箭的距离。

当司马懿出其不意地杀到眼前时,王凌闻讯,一时慌张起来。可怕的司马懿,果然是静若傻子,动如惊雷,太可怕了!

寿春的太尉府里,王凌一时慌了神。他一会看看司马懿那句句暖心的信件,一会又看看那让人如坠冰窟的军报，彻底陷入了彷徨！

半晌，只见王凌缓缓站起，眼神无光，悲伤地叹息道："事已至此，势不如人，情何以堪！"

此时，掾属王彧正呆立一旁，王凌转头对王彧沉声说道："把印绶、节钺都交上去谢罪吧。"

王彧听后，默默去办了。

王凌想了想，缓缓走出门，走到淮河边上，跳上一艘快船，悲壮地说道："老夫要单独前去迎接太傅，开船！"

快船离开河岸，向上游缓缓驶去。夏天四月的热风猛烈地吹在王凌的身上，他心里却是无比的悲凉。王凌驻足远眺，遥遥望去，可见船队正向他铺天盖地压来，犹如泰山压顶，让人喘不过气。

这时，王凌面对大军方向，用绳子把自己绑了起来，然后扑通一声跪在了船板上。

没过多久，一艘快船从上游向王凌驶来，王凌抬头一看，来者竟是司马懿太傅府的主簿。

太傅主簿将船停在王凌的船前，然后拿出皇帝诏令，当即赦免王凌之罪。接着，太傅主簿又跳上王凌乘坐的小船，亲自为王凌松绑。

双方寒暄几句，太傅主簿就跳回自己的快船，回去复命了。

王凌定定地望着太傅主簿离去的背影，心头一热，感慨万千。皇帝赦免的诏命已下，自己跟司马懿又是多年的老朋友，看来能安然无恙地渡过此劫了。

王凌默然片刻，见司马懿大军战船已经从上游的颍水驶入淮河。王凌一望，胆气一壮，对船夫说道："我要亲自前往面见司马太傅！"

船夫一听，不敢怠慢，猛地用力，将快船迅速向司马懿所乘大船划去。

王凌要亲自前来面见的消息，传到了司马懿耳里，只听司马懿冷笑道："马上派船出去，把他拦住。"

司马懿一声令下，便有数艘水军快船向王凌快船冲了过去，将他团团围住。

王凌见自己的船被拦住，心里不由一震，抬头一望，只见司马懿大船就在眼前，两者相距不过十余丈罢了。

王凌还在发愣，只见司马懿缓缓走上船板，定定地望着王凌，半天不说话。

王凌心里又怒又悲，仰首对司马懿喊道："太傅若想召见我，不就是一道诏书的事吗，为何大张旗鼓地率军而来！"

司马懿威风凛凛，居高临下，亦昂首回话道："太尉岂是一道诏书就能召得动的！"

言语之间，双方之间的鸿沟顿时出现。

王凌见状，知道自己被司马懿骗了，身子一抖，大声叫道："卿负我！"

司马懿也不甘示弱，昂首回道："我宁可负卿，也不能有负国家！"

话音刚落，司马懿大手一挥，只听见扑扑扑数声怪响，数道身影跳上王凌快船，将他拿下了。

紧接着，司马懿派出六百步骑，将王凌押往洛阳。

当此情景，王凌觉得，自己勇猛的一生，或许就要收场了。王凌被押往洛阳的路上，越想越心有不甘，思索许久，他决定再行试探，看看自己还有没有得救的可能。

主意打定，他便对押送他的侍卫说道："帮我问问司马太傅，可否赐给我几颗棺材钉子。"

侍卫听完，当即跑去向司马懿报告。

司马懿一听，心里一笑，冷冷说道："既然王太尉想要棺材钉子，那就赐他几颗吧。"

当侍卫拿着几颗棺材钉子出现在王凌面前时，王凌简直不敢相信，顿时崩溃了。

司马懿给的这几颗棺材钉子，看上去事小，其实寓意十分明确。王凌索要棺钉，就是想知道司马懿会不会让他死，而今棺材钉子也送来了，说明他此次回洛阳，必死无疑。

如此看来，之前司马懿以皇帝名义下达的赦免死罪书，以及写给他的安慰书，不过就是一场欺骗。孟达被骗，曹爽被骗，他王凌勇猛一生，纵横江湖数十年，竟然也看不出司马懿的诡计，死在这下三烂的手段之下，真是够可悲的了。

王凌越想越觉得自己愚蠢。他满眼悲愤，抬头向外望去，正好看见颍水旁立着的一座故人之祠。

那是祭祀王凌故友、昔日魏国名臣贾逵的祠堂。

王凌猛地站起身，望着贾逵祠堂大声呼道："贾梁道，王凌一直忠于魏国社稷，唯尔有神知之！"

五月十日，押送队伍抵达项县。是夜，王凌对掾属王彧等人说道："老夫年逾八旬，不料身败名裂。今夜与诸君作别，来生江湖再见！"

说完，王凌悲壮地拔剑自刎！

王凌自杀了，但事情并未就此罢休。司马懿穷追猛打，一查到底，令狐愚的心腹张式终于招架不住，主动自首了。

接着，楚王曹彪被赐死。凡与此事有牵连的，皆夷其三族，并挖掘王凌及令狐愚坟墓，剖棺暴尸三日，烧其印绶、朝服，才重新埋葬！

结果不出令狐邵所料，令狐愚果然成了毁家灭族的那个家伙。不幸中的万幸是，令狐邵已死了十年有余，躲过了这场被夷灭的浩劫。

浩浩江湖，成败荣辱，不过是一场游戏一场梦。王凌自诩大魏社稷忠臣，这话不过是自欺欺人。他与司马懿的这场江湖决斗，自取灭亡，其实是技不如人罢了。

冥冥之中，司马懿战胜了王凌，似乎也耗尽了毕生的元气。当年八月，身染重疾的司马懿夜里梦见王凌及贾逵的鬼魂前来索命，自梦中惊醒，魂飞魄散，当即薨毙，享年七十三岁！

无边的秋意笼罩着城郭，笼罩着北方大地的山林，又是一年萧瑟。远远望去，一轮残阳缓缓沉落，染红了大地。只是不知，在那苍凉的秋风中，这满天的红光里，还有多少新的江湖恩怨正在紧锣密鼓地准备上演！

第十五章

遗 响

嘉平三年（公元251年）八月的秋风，埋葬了北方的司马懿，却吹不灭江南的生机。在这浓浓秋意里，吴国建业城中，有一个二十六岁的年轻人，正伫立风中，眺望长江，神情迷离，似乎在想着些什么。

这个即将离开京城的青年俊秀，就是陆逊的儿子陆抗。

陆抗，字幼节，孙策的外孙。当年，陆逊含恨而死时，他年仅二十岁。转眼六年过去了，他已从建武校尉升为立节中郎将，率兵屯守柴桑。此前，他因病返回建业治病，此时病情好转，准备返回柴桑。但是离开建业城时，他还要去见一个人，向他辞别。

这个人就是吴主孙权。

一想起要跟孙权见面，陆抗心里总有些不平之气，让他难以释怀。但是，纵使岁月留下的伤痕依然在心中，他也不得不走这一趟。

陆抗久久立于城头，吹着微凉的秋风。不知过了多久，才缓缓回神，望了望天色，转身向皇宫方向走去。

当宫廷侍从将陆抗领到孙权面前时，孙权一时怔愣，莫名地感伤。

陆抗叩首，朗声说道："陛下，臣陆抗即将离京，特此前来向陛下告辞！"

一声告辞唤醒了孙权多少回忆，只见他眼泪顿时涌出，亲自扶起陆抗说道："时间可真快啊，你都这么大了。"

陆抗见孙权伤感落泪，眼睛也不由一湿，哽咽说道："谢过陛下！"

孙权扶着陆抗，两眼浑浊地望着他，心里满是惭愧。良久，只见他伤心地说道："我以前听信小人谗言，与你父亲君臣大义，不能善始善终。是我负了你啊！"

一语勾起多少伤心往事，陆抗终于也忍不住哭了起来，一边流泪一边说道："陛下，这都是陈年往事了！"

孙权摇摇头，说道："我有一事向你请求，不知如何？"

陆抗闻言大骇，连忙叩首说道："陛下尽管吩咐，臣不敢有非分之想。"

孙权抹了抹泪，望着陆抗说道："过去我写给你父亲的那些质询之话，可否麻烦你统统烧掉，不要让外人看见？"

陆抗心里悲痛，但仍果决地说："陛下放心，臣必遵旨照办！"

孙权听后，心里这才舒服了点，收住了眼泪。半晌，只见他叹息一声，又无限伤感地说道："我老了，你此去柴桑，恐怕下次再来，已经见不到我了。你正值青春年少，意气风发，未来的路还很长哪！"

陆抗望着一脸沧桑，已经日渐衰老的孙权，心里又是一酸，扬声说道："陛下教诲，臣牢记于心，定不敢忘！"

看着这意气风发的年轻人，孙权似乎又想起了自己的少年时光，心里的伤感之情再次爆发。他缓缓地伸出双手，紧紧地握住陆抗的手。君臣两人，一时竟情不自禁，抱头痛哭起来。

太阳西斜，余晖悠悠。送走陆抗后，孙权心里犹如卸下了一块沉重的石头。陆逊的事，似乎是抚平了。但是，他还是无法感觉轻松，因为他心里还有一块石头，还不知道该怎么卸下来。

压在他心头的另外一块泰山巨石，是故太子孙和。

孙权不由得想起当年朱据说过的话。如果不及时醒悟，等到像汉武帝那样想建思子宫，也是来不及的。现在，他后悔还来得及，因为故太子孙和还活着。

既然如此，到底要不要召孙和回京？

到底要不要召故太子孙和回京，无疑是孙权毕生中最痛苦、最困难的抉择。他从八月就动了心思，但到十一月冬天来临时，仍然犹豫不决，无法定夺。

这天，身体极为孱弱的孙权率队离开京城，前往城南郊外祭祀。返城时，冬风猛烈地席卷着，打到了孙权身上。孙权身子猛然一抖，竟然莫名感觉浑身无力，往地上倒去。侍从见状，立即将他扶住，送他回宫。

孙权回到宫里，却瘫痪不起了。御医忙活了一阵子，无奈地说道："陛下患的是风疾，一时半刻好不起来。"

今年孙权已经七十岁了。生命犹如风中残烛，摇摇欲灭，又患上了这样的重病，还能好得起来吗？

孙权似乎知道大限将至，立即将中书令孙弘召来，悲伤地说道："朕纵横天下五十多年，风雨雷电，山崩地裂，鬼哭狼嚎，无所不经。如今病卧在床，半身不遂，岂不悲哉！"

孙弘见孙权如此伤感，连忙安慰道："陛下乃天下雄主，区区风疾又算什么，望陛下安心养病，不必过虑！"

孙权摇头说道："昔日曹孟德与刘玄德，皆活不过七十，朕今年已然古稀之年，岂会怕死？只是朕一想到故太子孙和，无辜被朕贬斥在外，凄凉受苦，不胜悲哀哪！"

孙弘听得心里一惊，两眼紧紧地望着孙权，小心问道："陛下的意思是？"

孙权叹息一声，悲声说道："朕并非无故得风疾，而是年老体弱所致。朕今天召你来，就是想说，可否将故太子孙和召回京城，了却朕的一桩心愿，朕真不想带着遗憾离世哪！"

孙弘一听，脱口而出："陛下，此举万万使不得！"

孙权一愣，问道："为何使不得？"

孙弘急得一时找不出措辞，张口结舌，不知如何是好。

孙权若追悔当年罢黜太子孙和之事，那问题就大了。当时，孙权把驸马朱据降为新都郡丞，但他还没出京赴任，孙弘受到孙权暗示，便赐死了朱据。故太子孙和在朝廷中的拥护者极多，如果召他回京，一旦夺位成功，第一个清算的岂不是他孙弘？

不要说孙弘，就是长公主孙大虎、侍中孙峻，谁又能逃得脱被清洗的命运？

半响，孙弘才缓过神来，沉声说道："陛下，召故太子孙和回京，事关重大，臣请陛下召长公主及侍中孙峻前来议议。"

孙权想了想，点头说道："那就把他们两个都召进宫来吧。"

话音刚落，孙弘立即叫人去传召孙大虎和孙峻。

没过多久，长公主孙大虎和侍中孙峻匆匆赶来。他们一进来，看见孙权一副顾虑重重的样子，顿觉不妙，问道："陛下，发生什么事了？"

孙权闭着眼，半天无话。

这时，呆立一旁的孙弘只好将孙权刚才的意思，给他们复述了一遍。孙大虎一惊，急得都快要跳起来了，一下冲到孙权面前，叫道："父皇，此事万万使不得啊！"

孙权缓缓睁开眼睛，眼神呆滞，喘息地说道："中书令说使不得，你也说使不得，到底是为什么使不得？"

孙大虎急得跺脚，说道："父皇纵横天下数十载，见风见雨，百般历练，千般打磨，何时变得如此儿女情长了？过去父皇是怎么说的？二宫之争，无论谁登大位，必有血腥杀伐、扰乱国家社稷之事。所以，赐死孙霸，罢黜太子，皆是上上之计。而今看来，您做得实在是对的呀。父皇再想想，孙亮已被封为太子，若召孙和返京，岂不是又给了他理由，到时又是一场血雨腥风，这岂不是画蛇添足、无事生非吗？"

孙权听得心里一颤，一时默然无言。

这时，侍中孙峻亦上前劝谏道："昔日二宫之争，朝廷大臣各自为主，社稷不稳。陛下力挽狂澜，重立太子，朝廷这才趋于平静。如今太子聪颖，大臣得力，君臣和谐。若陛下再召南阳王孙和回京，等于给南阳王翻案。陛下若就此事翻案，岂不是重挫陛下之威望，又重挫太子孙亮之贤名，到时朝廷诸臣若有非分之想，从中再次搅乱二宫，岂不是灭了一个二宫之争，又燃起一个新的二宫之斗？"

孙峻这番话犹如利刃，刀刀刺中孙权的痛处。孙权听得眼睛更加迷茫了。

孙弘见孙权一时无话可说，趁机又说道："陛下，自古以来，所谓雄主，无不以国家为先，以私情为后；以大事为急，以小事为缓。陛下若因故太子孙和之事而误了东吴长治久安的百年之计，那真是得不偿失啊！请陛下三思！"

三人轮流上阵，用滔滔不绝的说辞对着孙权狂轰滥炸。孙权听着听着，心都麻木了。

这三人不同意召孙和回京，先不论他们心里有没有鬼。但就事论事，他们也是句句在理。**翻案**，并不是一件光荣的事。当然了，如果翻案翻得好，不仅不会有损颜面，还会挣足口碑。比如汉武帝，逼死太子刘据后，又追悔莫及，在宫里修建思子宫，消息传出来，天下同悲，无不为汉武帝的柔情而动容。

但是，汉武帝的做法，孙权能学吗？

不能学啊。

汉武帝不过是修筑了一座思子宫，装了个样子，就挽救了自己晚年糊涂的名声。如果孙权把孙和召回来，那就不是装样子的问题，而是活生生地搅乱时局了。太子之位本来就是孙和的，他若回到了京城，会甘心就此罢休吗？并且，当年暗里支持孙和的朝廷大臣见孙和回来了，能不会再次跳出来为他声辩，帮他夺回太子之位吗？若是这样，那不是无事生非又是什么？如果说当年孙权平二宫之争，是无上智慧，如今再令孙和回京，却是无比愚蠢。先智而后愚，这不是圣明君主的行事风格啊！

良久，孙权摇了摇头，叹息道："罢了，此事就当朕没有说过吧。"

孙权终于妥协了！

就事论事，这是一个充满遗憾的决定。但是这样的决定，可以避免东吴内部再次折腾内耗，不愧为明智之举。

但是，此时太子孙亮才九岁，什么都不懂。如果继续扶持他登基，就必须给他找一个像霍光一样的辅政大臣。孙权整天在脑子里想呀想，从秋天八月想到冬天十一月，心里依然一片迷茫，不知该选谁才好。

这天，僵卧龙床的孙权，对一旁陪侍的侍中孙峻不胜悲哀地说道："朕想将国家大事托付给大臣，但想遍朝廷诸大臣名字，竟无一人合适。"

国家没有贤相名将，如何自立？东吴立国多年，名将贤相犹如风中落叶，接连被狂风吹落。周瑜、鲁肃、吕蒙、张昭、顾雍、陆逊等等，皆已作古。都说长江后浪推前浪，江山代有才人出，但放眼东吴，哪里还能看到当年赤壁之战时，才俊辈出，犹如长江之浪翻滚、争先恐后的样子？目光所及之处，只能看见风卷树林，却不见那高耸入云的擎天大树！

孙权正悲哀叹息，孙峻上前一步，拱手端肃地说道："陛下，臣以为，有一人可托付国家大事！"

孙权望着孙峻，不相信地问："哦？卿所说乃是何人？"

孙峻顿了顿，肃然道："诸葛恪可当大用！"

"诸葛恪？"孙权眉头一紧，眼神痴痴，不由想起了与诸葛恪有关的许多往事来。

诸葛恪，字元逊，是诸葛瑾的长子。说起来，诸葛恪也是江东一绝，难见的大才。他幼年时就十分聪慧，文采极佳，颇有才名。且他极好辩论，常常与人辩论，却无一人是他对手。当时，孙权就对这个颇有辩才的孩子赞不绝口，对其父啧啧赞道："蓝田产好玉，贤父生贤子，果然不虚！"

诸葛恪长大后，身长七尺六寸，须眉甚少，鼻梁短折，却宽额大口，声如洪钟，高大雄壮。众所周知，诸葛亮素来卓越超群，且身长八尺，容貌甚伟，时人无不惊异。诸葛恪的长相，虽然不如诸葛亮，却也胜过那长着一张驴脸的诸葛瑾。

有一次，孙权大会群臣，派人牵着一头驴走进来，众臣望去，竟然哄堂大笑，歪倒一片。

为何？

原来那被牵进宴会场里的驴子身上写着几个字：诸葛子瑜。

当时诸臣狂笑，诸葛恪走出席位，对孙权跪着说道："臣请陛下赐笔，再续写几个字，可否？"

孙权见诸葛恪要替其父解围，心中一乐，爽朗说道："好！来人！赐笔！"

侍从拿了一支笔放到了诸葛恪的手里。诸葛恪缓缓起身，气定神闲地走到驴边，悠悠添了两个字。

笔落字成，诸位同僚望去，却是又惊又叹。原来，诸葛恪加的是"之驴"两字，读下来，就成了"诸葛子瑜之驴"。

用两个字扭转乾坤，却是另外一番神韵。孙权看得又惊又喜，哈哈大笑道："果然是神来之笔，朕就把驴赐给你了！"

诸葛恪略施小计，就替父亲诸葛瑾化解了尴尬，其机智过人，随机应变之能力，可见一斑。

又有一次，孙权在宴会上喝酒行乐，对诸葛恪笑问道："卿父与叔父诸葛孔明相比，谁更贤明？"

天下无人不知，诸葛亮自比管仲、乐毅，是世之少见的宰辅之才。孙权这么问，不是有意为难他吗？然而孙权话音刚落，只听诸葛恪从容应声答道："臣以为，臣父比叔父贤明！"

孙权十分惊讶，问道："为何？"

诸葛恪悠悠说道："臣父懂得选择明主，臣的叔父则不然。所以，臣以为臣父比叔父贤明！"

孙权听了这话，心情舒畅，哈哈大笑："卿所言极是！"

这诸葛恪脑瓜果真灵光，拍马屁都拍得如此出神入化，拍得孙权无比欢喜。这时，乐在心头的孙权似乎意犹未尽，命诸葛恪敬酒。诸葛恪沿席位依次敬酒，一路来到了张昭面前。

张昭本就不善饮酒，此时酒意上头，已经不想再饮，于是望着诸葛恪，故意推脱道："你这可不是奉养老人应有的礼仪哪！"

孙权见张昭不肯喝酒，对诸葛恪笑道："卿今天若能使张公无词应对，张公当饮此酒！"

诸葛恪听罢，脑子里灵光一闪，举杯对张昭从容说道："张公，今天这杯酒，您老是喝定了。"

张昭悠悠反问："哦？理由何在呀？"

诸葛恪侃侃说道："昔日姜太公年逾九十，尚且领兵出征，不敢言老。而今，行军打仗之事，请张公在后；喝酒吃饭之事，请张公居前。如此，又怎么说不符合奉养老人的礼节呢？"

诸葛恪一席话说得张昭瞠目结舌，哑口无言。半晌，无力反驳诸葛恪的张昭，只好服输，把诸葛恪敬的酒给喝了。

诸葛恪见张昭喝了酒，挺着一具又肥又壮的身躯，接着敬酒，又来到了孙权面前。孙权上下打量着诸葛恪，心里不禁一动，悠悠问道："喝酒之前，卿可否先回答朕一个问题？"

诸葛恪恭敬说道："陛下请说。"

孙权脸上现出一副戏谑的神情，缓缓问道："朕一直心里疑惑，卿到底有何养生之术，竟然将自己养得这般肥硕壮实？"

孙权话音一落，满场大笑，众臣无不拊掌叫道："陛下问得好！"

诸葛恪一听，心知孙权又想捉弄人了，他望望众僚，又定定地望着孙权，不慌不忙地说道："臣听古人言，富润屋，德润身，臣有如此之身貌，不过是勤于修身而已。"

诸葛恪话一出口，众僚无不折服，异口同声地叫道："彩！"

孙权见诸臣喝彩，不由得哈哈大笑，举杯对诸葛恪爽朗说道："哎呀呀，诸葛元逊巧舌如簧，快如闪电，无法招架！此名不虚！"

如此种种说明诸葛恪机智过人的神奇故事，不知还有多少，而他与人机智较量、口舌交锋的经典之作，或许要属当年与蜀国特使费祎激辩的故事了。

当年，费祎出使东吴，孙权对群臣说道："等费祎到来，大家尽管埋头吃饭，别理他就是了。"

费祎进入宴席，只见孙权一人闲坐，群臣皆埋头吃肉，对他不理不睬。费祎见状，悠悠吟唱道："凤凰来翔，麒麟吐哺，驴骡无知，伏食如故。"

诗句绕梁，久久不去。费祎此诗可谓将眼前之景描绘得淋漓尽致。他就是那只飞来的凤凰，孙权就是那只停食待客的麒麟，而东吴群臣则是一群愚蠢无知的驴骡，只顾埋头吃饭。

当时，诸葛恪就在宴席之中。身为东吴首席辩论高手，面对蜀国才华卓越的费祎，当然不能束手就擒，被人嘲讽。

费祎说罢，只见诸葛恪从容站起，高声唱道："爰植梧桐，以待凤凰，有何燕雀，自称来翔？何不弹射，使还故乡！"

妙啊！诸葛恪吟罢，群臣立即唱彩。

费祎自称凤凰，可在诸葛恪看来，不过是自以为是的燕雀之徒罢了。于是他说：别在这里自卖自夸了，还是赶快回你的蜀国去吧。

这一番较量，双方打了个平手，谁也没占到便宜。就此，孙权对诸葛恪的惊人辩才深信不疑。此事过后，他决定再换个法子试试，看他是否有处理政务的真本事。

要看一个人有没有当官的本事，不是看他表面上夸夸其谈、坐而论道有多高妙，而是看他处理政务是否从容淡定，举重若轻。比如蜀国的费祎，无论军事政务如何繁忙琐碎，他从来都能处理得有条不紊，从不会有文书堆积之事。这种功力，不仅与他同朝为官的董允自叹不如，即使是久闻其名的孙权，对他的能力与前途，都是十分看好。

与费祎辩论打了个平手的诸葛恪，到底有没有费祎那般从容大气、悠闲自得地处理政事的能力？

此前，诸葛恪被任命为骑都尉，与顾谭、张休等人一同侍奉太子孙登，结伴讲学论道，结为宾客。后来，又从中庶子转为左辅都尉。为了试一试诸葛恪的理政能力，这一次，孙权重新给诸葛恪安排了一个官职——令节度。

这是一个极其考验人的职务。

此职负责军队粮草调度、文书往来，十分繁重。孙权给诸葛恪安排新职务的消息一传出，诸葛恪立即就傻了。孙权这摆明了是想刁难他啊。掌管军队粮草调度，处理烦琐公文，这根本就不是他喜欢的工作。这时，诸葛亮听说诸葛恪得了新职位，立即给陆逊写了一封信，叹息道："家兄年老，诸葛恪性格疏朗，根本就不适合做烦琐之事。如今派他主管粮谷，而粮谷又是军事最为重要的东西，在下虽远在西蜀，想起这事，心里仍极为不安，足下可否就此事向至尊转告？"

陆逊读了诸葛亮的信，立即转告孙权。孙权见状，只好派诸葛恪领兵去了。

这一次"改行"，是诸葛恪人生当中的一件大事。恍惚之间，此事似乎也让孙权看出来了，诸葛恪根本就不能与蜀国未来宰辅费祎相提并论。

不过，诸葛恪倒是真心喜欢带兵、治理百姓，且颇有心得。当时，诸葛恪见丹阳郡山险路远，民风彪悍，朝廷屡次出兵攻打，却只能在外围打转，根本无法深入打击，毕其功于一役。于是，诸葛恪决定主动请兵，打一个漂亮的翻身仗！

这天上朝，诸葛恪对孙权慷慨陈词道："臣听闻丹阳郡地势险峻，民风剽悍，久攻不下，臣愿出京为丹阳郡守，迁移百姓，改变民风，如此，不出三年，便可得甲士四万。"

孙权心中一震，又惊又疑。让孙权惊的是，丹阳郡可是东吴境内多年难以攻克的一块顽疾，诸葛恪竟主动请缨担此大任，其志可嘉。而让他有所怀疑的是，诸葛恪向来刚愎自用，若真要他出京为官，他能搞得定丹阳郡那帮村夫野民吗？

正当孙权沉默不语时，有人走出来，昂首说道："陛下，诸葛恪满嘴大话，可立即推下去，军法处置！"

孙权听得一愣，问道："卿何出此言？"

那人肃然对孙权说道："依陛下之见，诸葛元逊之才比起陆伯言来，如何？"

孙权沉吟说道："不如。"

那人一脸得意，侃侃而谈："昔日陆伯言发兵攻打丹阳诸郡，初次征讨，仅得二千余人；之后再出强兵，历经数月，也不过得民一万。而今诸葛恪竟然说三年即可得山越甲兵四万，与当年不知天高地厚，说率十万大军即可平定匈奴冒顿单于的樊哙有何区别？所以臣以为，应当把诸葛恪推下去，军法处置。"

对方话音方落，只见诸葛恪起身说道："陛下，此人刻舟求剑，搬弄是非，犯了欺君之罪，应该立即推下去，以军法处置！"

唇枪舌剑，这两人一下就杠上了。

孙权望望这个，又望望那个，良久，对诸葛恪问道："卿又何出此言？"

诸葛恪一脸轻蔑地望了望那攻击他的同僚，转头对孙权说道："樊哙不过一介屠狗之徒，徒有勇猛之称，岂知兵法为何物？且樊哙不知时势，乱发哗众取宠之言，季布才说要将他以军法处置，的确不为过。然而昔日樊哙请兵出击匈奴，与当今臣的请求，不可相提并论。"

孙权见诸葛恪一副自信满满、志气昂扬的模样，心里颇为欣赏，默默地等着诸葛恪把话说完。

诸葛恪顿了顿，又说道："过去淮阴侯韩信经过樊哙门前，仰天叹息道，真是不幸，竟与樊哙这样的屠狗之辈为伍。为何？就是因为韩信懂兵法而樊哙不懂，所以耻与之为伍。何谓懂兵法？就是对天时、地利、人和的了解。陆将军攻打山越之时，曹公尚在，当时魏强吴弱，且山越之贼与曹公遥相呼应，里应外合，且山越据险而守，可谓得天时地利。而今，曹魏渐衰，魏主曹睿不敢对东吴用兵，山越之民没了外应，兵困深山，就失去了天时。敌失天时，独守地利，犹如单脚立地，如何能长久？若此时出兵，以德教化百姓，加上兵马威胁，山越之民必归陛下所有。可有的人不懂时势，不通兵法，鼠目寸光，墨守成规，睁眼说瞎话，这不是刻舟求剑，当面欺君，又是什么？"

孙权一听，心里一阵叹息，不禁为诸葛恪这番话深深折服。

陆逊攻打丹阳等山越之贼，已经是建安年间的事情了。当时曹操在北方，狼环鹰顾，关羽在荆州，亦对江东虎视眈眈，内外交困，所以陆逊征讨山越之地时，只是小打小闹，便撤兵返还，岂料山越叛民卷土重来，实在让人头疼。可今天，情况似乎不一样了。长江南北局势大变，曹魏转攻势为守势，东吴转守势为攻势，山越叛民已无外援，不过是做困兽之斗。若依诸葛恪之计，一举平定山越，又可得甲兵数万，可谓一举两得，何乐而不为？

良久，只见孙权环视众臣，又望着诸葛恪，目光灼灼地说道："此一时，彼一时,依时而变,与时俱进,识时务者为俊杰。朕以为,诸葛恪征讨山越叛民之计可行。朕决定拜诸葛恪为抚越将军,领丹阳郡太守,以治山越叛民。"

一语落地,满朝皆惊。诸葛恪拜谢孙权,昂首离去。

那一年,诸葛恪三十二岁。

但是,诸葛恪受此重用,其父诸葛瑾却一点也高兴不起来。诸葛瑾对家人叹息道:"诸葛恪这小子说三年内平定山越,得甲兵四万,这是不可能完成的任务。如此空话,若不实现,必反受其罪。他不能使家族兴旺倒也罢了,恐怕将来还要牵连我诸葛一族啊!"

诸葛家族有没有救,这个就要问诸葛恪了。当时,诸葛恪非但没有其父诸葛瑾那般悲观绝望,反而意气风发,雄心万丈,准备大干一场,建功立业,光宗耀祖,扬名立万。子曰:三十而立。领兵打仗之人,首要就在于立功。当年,周瑜于长江赤壁击败雄主曹操,年仅三十四岁;陆逊于夷陵道火烧八百里连营,一举击垮刘备,亦不过四十岁。而今,如果诸葛恪在三年之内平定山越叛民,铲除东吴的内部大患,那时也不过三十五岁罢了。若立下此功,虽不敢与周瑜、陆逊等英雄前辈争锋,但在江东同时代人中,也算是首立奇功,无人能出其右。

未来如此激动人心,为何不放手一搏?

当朝廷诸多同僚都在翘首以望,等着看笑话时;当其父叹息连连,提心吊胆时;当山越叛民依然我行我素,过着他们山里的自在日子时,诸葛恪悄然来到丹阳太守府,胸有成竹地开展他的行动了。

诸葛恪先发了一道公文,告知相邻诸郡及所属各县的官员,屯兵自保,守好自己的疆域。接着,派人到山里安抚山越之民,凡是前来投降的,便令他们屯居一处。最后,又派军队屯守各个险要之地,修筑防御工事,并命令不许与敌人交战。

不主动征伐叛民,诸葛恪这是玩的哪一出?所谓欲钓大鱼者,就得先静下心来,耐得住性子。诸葛恪屯兵自守,就是准备跟山越叛民打个消耗战,看看谁能耗得过谁,谁能撑到最后。

山越叛民住在山里,还怕跟诸葛恪打消耗战?错了!其实,诸葛恪早就命令部队盯住山越叛民的庄稼,庄稼一成熟,诸葛恪的守军便倾城而出,将那满山的粮谷收割得干干净净,一粒不剩。

没了粮食,难道叛民要靠喝西北风度日吗?

果然,没过多久。叛民旧粮吃尽,新粮又颗粒无收,饥寒交迫,只好纷纷出山投降了。

叛民投降,不过是为了糊口活命。一旦时机成熟,他们肯定还会翻脸,重回山里做他们的叛民。这个道理,诸葛恪当然懂得。于是,他当即下了一道命令:"山民去恶从善,理应给予抚慰,令迁出山里,到山外诸县屯居,官府不得有猜忌及拘捕他们的行为。"

诸葛恪之计甚妙!

此令一出,山民便扶老携幼,全部搬出山外,归顺官府。出人意料的是,仅过了一年,诸葛恪就完成了当年许诺"得甲兵四万"的目标。

孙权听说诸葛恪平定了山越叛民,心里又惊又喜,立即派特使前往慰问,又拜诸葛恪为威北将军,封都乡侯。

只是不知道,诸葛瑾听说了这事,心是否安定了?

世事如烟,萦绕不去。诸葛恪的峥嵘往事,如今孙权回想起来,依然是津津有味,惊叹不已。不过,孙权心里似乎还是有一种不踏实之感,为何会这样,一时说不清楚。

"陛下以为诸葛恪其人如何?"这时,侍立一旁的孙峻,见孙权两眼空茫,不知在想什么,又轻声问道。

半响,孙权缓缓从回忆中醒来,望了望孙峻,沉沉地摆了摆头,重重地叹了一口气说道:"诸葛恪虽才智过人,然而其人刚愎自用,当时其叔父诸葛亮与丞相陆逊对他都颇有微词,朕心里还是不太放心哪!"

孙峻顿一顿,说道:"陛下所言甚是。然而如今朝臣之中,若论其才,无人胜过诸葛恪;论其功,诸葛恪当居首位。诸葛恪又身居大将军之职,镇守故都武昌。他若不当辅政大臣,还有谁可当此重任?"

孙权面色沉重，心灰意冷。半晌，只好叹息道："天意如此，朕亦无力反抗，东吴未来国运如何，朕只好闭眼赌上这一把了！"

孙权说完，再也不想说话了。

寒风呼啸，长江之上，惊涛拍岸，轰鸣作响。这响声似乎远远地传到了武昌城的将军府里。此时，将军府里坐着两个人，一个是大将军诸葛恪，另一个是上大将军吕岱。

之前，孙权曾令太常潘濬与陆逊一起镇守武昌。潘濬死后，改派吕岱协同陆逊；陆逊死后，则由诸葛恪代陆逊之职镇守武昌。诸葛恪到任后，便将武昌城分出两部，令吕岱督右部，负责防守武昌城上游至蒲圻一带。

这一年，诸葛恪四十九岁，而吕岱竟已经九十一岁了。尽管诸葛恪官职在吕岱之上，然而就江湖辈分来论，吕岱则远在他之上。

诸葛恪和吕岱面对面坐着，他们面前摆着一桌酒菜。两人一边吃一边闲聊。诸葛恪举杯对吕岱悠悠说道："陛下召我前往京师，要将国家大事托付给我，此刻，不知吕公有何指教？"

吕岱望着诸葛恪那颇是得志的神情，表情凝重地说道："诸葛将军才气、功勋、官爵、声望，都在吕某之上，岂敢谈指教？"

诸葛恪微微一笑，说道："今天咱们两个，没有上下之分，只有前辈与晚辈之别。吕公一生经历风雨，见多识广，也算是老江湖了。晚辈见识浅陋，望请吕公指教一二才是。"

吕岱见诸葛恪一改平时盛气凌人的样子，心里不由一动，缓缓说道："吕公虽然年龄长于诸葛大将军，然而今天一别，当以朋友之礼赠言两句，不知可否？"

诸葛恪哈哈一笑，说道："吕公见外了，有话尽管说。"

吕岱敛了笑容，望着诸葛恪严肃说道："方今之世，陛下病弱，天下多事，举步维艰，还望将军每每行事，必十思而行！"

诸葛恪听得一愣，心里一阵不悦。良久，只听他沉声说道："过去鲁国大夫季孙行父三思而后行，孔夫子说，再思可以行矣。如今吕公令我十思而后行，这是说我诸葛恪愚蠢吗？"

吕岱一时哑口无言，不知该说什么。

这时，诸葛恪缓缓起身，扫兴地说道："今日就谈到这儿吧。"

诸葛恪心气不平地拂袖走了。

不日，诸葛恪抵达京师建业城。孙权召其到卧室床前，诏令他以大将军身份领太子太傅，中书令孙弘领少傅。紧接着，又诏令诸葛恪统领百官诸事，惟生杀之事须向皇帝报告。然后，又为诸葛恪制定百官晋见参拜礼仪，依官位高低、爵位等级不同而行。

仿佛一日之间，诸葛恪成了东吴最有权势的辅政大臣。

转眼到了第二年。

春天二月，孙权病情加重，岌岌可危。孙权知道自己时日不多，心情越加沉重，不得释怀，仿佛还有心事压在心头没有解决。

这天，孙权召中书令孙弘前来，表情凝重地问道："朕患病甚重，将不久于人世。然而朕尚有一心事没有解决，此事若不解决，朕死不瞑目哪。"

中书令孙弘一听，慌忙说道："陛下有何事，臣马上去办！"

孙权定定地望着孙弘，问道："卿可还记得吕氏擅权之事？"

孙弘一听，惊慌不已，不知孙权此话何意，连忙说道："臣记得。"

孙权又问道："卿可记得，汉武杀拳夫人之事？"

孙弘点点头："记得。"

孙权又问："汉武为何临崩前要诛杀拳夫人？"

孙弘答道："汉武帝说，子弱母壮，曾发生过吕后干政、外戚当权之事，几乎夺了刘氏社稷。当时拳夫人尚年轻，昭帝年幼，所以汉武帝怕他百年之后，拳夫人会像吕后一样干政，乱了刘氏天下，所以借机杀了拳夫人。"

孙权点点头，意味深长地说道："凡事要以史为鉴啊！东吴可不能出现太后干政亡国的事情！"

孙弘一听，似乎明白了什么，连忙叩首道："臣当以死报国，决不许东吴有牝鸡司晨之事，万请陛下安神养病！"

孙权见孙弘似乎没有完全明白他的意思，又沉声说道："潘皇后性情刚硬，嫉妒心强，戾气甚重，且太子年幼，朕怎么能放心。"

孙弘顿时全明白了，孙权所谓他放不下的心事，其实就是担心将来潘皇后像西汉吕后一样干政夺权。所以，孙权话语之间，已经透出了想学汉武帝诛杀拳夫人，以绝后患的做法。

既然这样，那就好办了。

孙弘再次叩首说道："陛下放心，臣现在就前往后宫，试探潘皇后如何？"

孙权终于和缓了心绪，僵僵地点点头，摆手道："去吧。"

孙弘一刻也不敢怠慢，走出孙权卧室，转头便朝后宫走去。他走进潘皇后宫寝，一看见潘皇后，当即就愣住了。

潘皇后正在津津有味地读着《汉书》。

潘皇后看见孙弘，双眸炯炯有神，叫道："哎呀呀，我正准备找孙中书，不料您竟然来了。"

孙弘缓缓走到潘皇后面前，仔细一瞧，原来潘皇后正在读《汉书》里的《吕后本纪》。这一看，孙弘犹如被当头击了一棒，一时恍惚，不知该如何是好。

潘皇后却没有看出孙弘的失态，拿起《汉书》就对孙弘问道："孙中书，我正在读《吕后本纪》，可我一介女流，对吕后称制不甚了解，可否请孙中书详细解说解说？"

半响，孙弘才缓缓回神，严肃地说道："既然皇后想听，臣就略讲几句，请皇后不要嫌弃！"

潘皇后缓缓说道："孙中书不必过谦！"

孙弘清了清嗓子，表情凝重地从吕后下嫁高祖刘邦讲起，说她跟随刘邦造反，经历九死一生，终于当了皇后，且于高祖崩后，称制干政，令满朝恐慌，人人都自顾不暇。

孙弘六神无主地讲着，潘皇后却是听得津津有味，犹如坠入了故事之中。

孙弘讲完,眼睛直盯着潘皇后。潘皇后眼里满是向往之情,望着孙弘叹息道:"吕后之刚劲,千年以降,男儿英雄尚不能及,何况女流之辈!"

孙弘缓缓说道:"潘皇后所言极是!太史公说,高后之时,黎民得以脱离战国之苦,君臣休息无为,所以政不出房户,天下晏然。刑罚罕用,罪人却不多,百姓乐于耕作,衣食丰足!"

潘皇后听着,眼睛猛地放光,定定地望着孙弘问道:"卿以为,本后与吕后相比,如何?"

孙弘心里一颤,不由冷笑,狐狸终于露出尾巴来了。半晌,只见他从容说道:"如今陛下病重,时日无多,太子年幼,无力执政。若潘皇后学习吕后,临朝称制,也无不可!"

潘皇后见孙弘支持自己,心里一阵狂喜,口中啧啧赞道:"倘若有这么一天,孙中书可是本后的左臂右膀!"

孙弘连忙说道:"臣当与皇后匡扶社稷,不避生死!"

潘皇后心里暗喜,话头一转,悠悠问道:"卿今日进宫,所为何事?"

孙弘微微一笑,意味深长地说道:"巧了!今日臣进宫,就是想与潘皇后商讨将来之事,适才那番话,把臣心里想的全说了。"

潘皇后欣赏地望着孙弘,又问道:"陛下病情如何?"

孙弘叹息一声,摇头说道:"恐怕时日无多了!"

潘皇后心里暗暗一喜,却装出一脸愁容,叹息道:"天道不济,陛下受苦了!"

话音刚落,潘皇后潸然落泪。孙弘则陪侍一旁,亦黯然神伤。

良久,孙弘向潘皇后作别,匆匆离去。他再次回到孙权身边时,孙权两眼似有光芒,喘息问道:"事情办得如何?"

孙弘连忙叩首,凄声叫道:"陛下,大事不妙啊!"

孙权心头一紧,又问:"潘皇后果真有吕后称制之心?"

孙弘猛地点头:"潘皇后称制之心十分强烈!"

孙弘便将他进宫碰见潘皇后读《汉书》之《吕后本纪》，及他试探潘皇后，皇后说出想学吕后的事情，一五一十，详详细细地讲了一遍。

孙权听了半响，实在听不下去了，两眼冒火，不知何来一股猛力，把手啪地拍在龙床上，叫道："朕待她不薄，她却想趁机掌权生乱！朕岂可再忍！"

孙弘一看，连忙说道："陛下千万别轻易动怒，伤了元气。"

孙权喘了口气，眼中杀机毕现，向孙弘招手示意。孙弘赶忙将身子向龙床凑近。孙权气若游丝，在孙弘耳边低声说了起来。孙弘一边听着，一边点头，眼中也流露出一股浓浓的杀意！

这天晚上，潘皇后正在床上沉沉睡着。半夜，只见六七道身影悄无声息地摸了进来，她们见潘皇后睡得极沉，便齐齐朝床上扑去。潘皇后挣扎着醒来，不知发生了什么事，想张口呼救，却被对方紧紧捂住嘴，紧接着，有人将一根绳子绕到潘皇后脖子上一勒，潘皇后挣扎几下，便断气了。

第二天，宫里传出，潘皇后因为性格暴虐，经常凌辱左右婢女，有六七个婢女趁她半夜睡熟，将她绞杀了。然后，那六七个婢女已经被捉拿归案，处死！

好一个杀人灭口的活剧本！

潘皇后被杀的消息传出，孙权非但没有悲伤，反而放下了心，了却了心中一桩大事。这时，他的生命似乎也走到了尽头。他见自己病情加重，便紧急召见诸葛恪、孙弘、驸马滕胤、将军吕据、侍中孙峻等入内，交付国家大事。

诸葛恪等一帮人匆匆赶来时，孙权嘱咐道："太子及国家就交给你们了！望诸君同心协力，匡扶社稷！"

诸葛恪跪于床前，流着泪大声说道："臣等皆受陛下厚恩，当以死奉诏，愿陛下勿要牵挂！"

一语落地，君臣之间，泣声一片。

一个月后，孙权崩殂，享年七十一岁。

月望东山 著

读一页就上瘾的三国史

下册

北京理工大学出版社
BEIJING INSTITUTE OF TECHNOLOGY PRESS

目录

第一章　权臣 … 001

第二章　作死 … 021

第三章　大风暴 … 049

第四章　其斗无穷 … 065

第五章　生死赌徒 … 087

第六章　姜维北伐 … 109

第七章　内讧 … 135

第八章　寿春再现叛乱幽灵 … 147

第九章　惊雷 … 179

第十章　血染的风采 … 211

第十一章　陨灭 … 245

第十二章　三国归晋 … 275

第一章

权臣

滚滚长江东逝水，浪花淘尽英雄。三国的大英雄时代，随着东吴有为之主孙权的驾崩，彻底结束。

如果说，曹操、刘备、孙权等英雄人物是江湖之中的绝顶高手，那么孙权离世后的三国，不过是一些后辈流于表面的争斗罢了。

回忆往昔，鼓角争鸣，刀光剑影，那峥嵘的岁月宛如梦幻；眺望未来，英雄寥落，国运依然渺茫，这是何其的悲哀！三国的大英雄时代，是一个英雄争霸、热血沸腾的伟大时代！是一个慷慨激昂、不可复制的时代！更是一个令后人想起来就心向往之的铁血时代！

然而这个时代终究是告一段落了。呜呼！悲风呼啸，吹拂着万里长江，仿佛吹响了一首悲歌，回荡在长江之畔的建业城里，回荡在东吴的皇宫上空。

孙权二月底跟诸葛恪等大臣交代后事，四月初崩殂。他驾崩时，中书令孙弘得知消息，迅速前往宫中，封锁消息，秘不发丧。

为何？

他想趁这个大好机会，把盘踞在建业城里的那只大螃蟹制住，扔进锅里煲汤解馋才肯甘休。

孙弘心目中的那只建业的大螃蟹，就是大将军兼太傅诸葛恪。

孙弘为何与诸葛恪不对付？原来，孙弘素来与诸葛恪交恶。孙弘担心诸葛恪掌权后，要跟他清算旧账。与其坐以待毙，不如主动出击，赌上这一把。

再说了，孙弘也不愿意为诸葛恪作嫁衣裳！

想想朱据将军是怎么死的。若是朱据还活着,哪有诸葛恪的什么事?再想想,潘皇后又是怎么死的,若潘皇后还活着,又会有诸葛恪什么事?朱据及潘皇后之死,孙弘都是台前幕后的推手。可是忙活了那么久,诸葛恪却不费吹灰之力就坐上了大位,权倾东吴,这让他如何能甘心?

当年上官桀与霍光斗法的故事,在孙弘心里萦绕不去。而今之势,他不想让诸葛恪成为稳坐钓鱼台的霍光第二,也坚决不想当那个落败而死的上官桀。

孙弘决定去找侍中孙峻,和他联手对付诸葛恪。

孙弘也知道,若论单打独斗,他不是诸葛恪的对手。但是他不知道,孙峻已将自己绑上了诸葛恪这辆战车。因为,诸葛恪能当上太子太傅,成为托孤大臣之首,是孙峻向孙权极力推荐的。所谓一荣俱荣,一损俱损。

孙弘喊来孙峻,对他说道:"太子太傅诸葛恪盛气凌人,不是治国的合适人选,诸臣心中不服。陛下一时糊涂,将国家大事托付给他。而今陛下驾崩,应该矫诏诛杀诸葛恪,以绝后患。"

孙峻听得一愣,一时不敢相信。半晌,才缓缓问道:"孙中书何以见得诸葛太傅不适合治国?"

孙弘似料到孙峻有此一问,侃侃说道:"君以为,诸葛太傅之父诸葛子瑜为人如何,值得相信吗?"

孙峻说道:"诸葛瑾将军为人宽宏有雅量,做事沉着有度,朝中无人不服!"

孙弘又问:"前丞相陆伯言为人如何,值得相信吗?"

孙峻答道:"陆逊丞相文武双全,夷陵之役,一战而挫败刘备,战功赫赫,且为人谦卑,是一世豪杰,当时人们莫不叹服!"

孙弘一听,得意地说道:"君所言甚是!然而诸葛恪此人,不要说陆伯言不看好他,认为他不能长保社稷平安,即使是其父诸葛子瑜,对他亦是十分担忧,觉得他不能保家!"

孙峻十分惊讶,问道:"哦?有这回事?"

孙弘侃侃而谈:"诸葛恪年少成名,为人十分乖张。其父诸葛子瑜常在族人面前忧心忡忡地说，诸葛恪此人非但不是保家之主，甚至还会毁家灭族！诸葛瑾的友人奋威将军张承听后，也认为诸葛氏必败于诸葛恪之手。"

孙峻一听这话，阴沉着脸，不说话。

孙弘望着孙峻，顿了顿，接着说道："有一次，诸葛恪于诸臣面前表现得十分嚣张，陆伯言劝诫他说，为官做事，须有谦让之道。同僚之间，对于在我之上的人，要恭敬地侍奉，与其同登高堂；对于在我下面的人，要倾力扶持他，与其携手并进。然而看他如今的作风，对上则盛气凌人，对下则轻蔑侮辱，如此做人，绝不能让人心怀感恩，让社稷安稳！"

孙峻叹息一声，依然沉默不语。

孙弘见状，语气转急，说道："诸葛恪如此霸道，若他掌权，必定容不下你我二人。如今事情紧急，你还有什么可犹豫的？"

孙峻望着孙弘，半晌才说道："你说得对！孙中书先拟诏，待我出宫稳住诸葛恪！"

孙弘见孙峻同意合谋，一时得意忘形，激动地说道："成败在此一举！"

孙弘见事情谈妥，便转身离去。孙峻眼神冷漠地望着他的背影消失，忽然叫道："来人！"

宫廷侍从匆匆跑来，站到孙峻的面前。

孙峻眼中杀机毕现，冷冷说道："没有我的命令，任何人都不许进陛下卧室！"

话音刚落，孙峻便扭头匆匆走了。

孙峻一出皇宫就一头闯进了太子太傅府。他一进太子太傅府，看见诸葛恪正独自阅读公文，失声叫道："诸葛太傅，大事不妙！"

诸葛恪循声望去，只见孙峻一副惊慌失措的样子，急忙问道："何事如此惊慌？"

孙峻将中书令孙弘正准备矫诏诛杀诸葛恪之事和盘托出，末了，又叹息道："陛下尸骨未寒，孙中书如此狠辣，实在太不厚道！"

诸葛恪摇头冷笑道："人性如此，何必叹息！"

孙峻见诸葛恪一副悠然淡定的样子，问道："诸葛太傅早就知道会有这么一天？"

诸葛恪摇头笑道："孙侍中可知孙中书为何要急着杀我而后快？"

孙峻眉头一皱，问道："太傅说来听听？"

诸葛恪悠然地踱着步子说道："一个月之前，陛下将国家托付给诸位大臣，我诸葛恪排在首位，孙中书排第二。孙中书自诩跟随陛下多年，掌握宫中诸多机要，自然不服我这个突然调入京师的外臣。不过，事情既然已经发生，那也就不必藏着掖着了。"

孙峻问道："诸葛太傅想怎么办？"

诸葛恪望着孙峻悠悠说道："昔日袁绍联手何进，请董卓率兵进城诛杀宦官，当时曹孟德说，诛宦官者，一狱吏足矣，何必招兵引祸？今日，我诸葛恪要诛杀孙中书，又何须狱吏？江湖恩怨江湖了，我亲摆酒宴，请他入席，当面清算旧仇新账。"

孙峻见诸葛恪拿定了主意，只好点头说道："好！我这就去请孙中书。"

诸葛恪哈哈大笑，说道："此计最妙。除了你孙子远，只怕无人请得动这只老狐狸了！"

这就是江湖啊！

当年，刘备在白帝城托孤，将朝政交给了诸葛亮，李严等人不敢与之争锋，为何？那是因为李严自知地位不如诸葛亮，所以甘居人下，乖乖做事。尽管后来**蠢蠢**欲动，但诸葛亮不费吹灰之力，几句话就把他治得服服帖帖。由此可知，任何皇帝托孤，如果不是诸葛亮这样有威望的人，必然会引起争斗。西汉时期上官桀与霍光争斗，蜀国魏延与杨仪争权，魏国太尉王凌与司马懿大打出手，就连今天孙弘跟诸葛恪争权，也都没有逃过这个人性陷阱。

这就是江湖中的人性。

孙峻立即回宫，他见到孙弘，神秘地说："孙中书诏书可拟好了？"

孙弘说："快了！诸葛太傅现在人在哪里？"

孙峻悠然一笑，说："诸葛太傅正在府中忙碌，说恰好有大事召你我一同前往商议！"

孙弘心里打了个突，疑惑地问道："诸葛太傅有没有说商议什么大事？"

孙峻说道："诸葛太傅说，曹魏大军在长江北岸有调兵移师之举，十分可疑。所谓兵者国之大事也，所以请几位托孤大臣商讨应对之策。"

孙弘心中疑惑，不知该如何是好。半晌，又问孙峻道："此中可有诈？"

孙峻哈哈大笑："难道孙中书还信不过我吗？"

孙弘顿了顿，若有所思地说道："既然这样，那咱们就往太傅府走一趟！"

孙峻与孙弘一道前往太傅府。进了太傅府，果然看见太常滕胤、将军吕据等托孤大臣亦在席间。

诸葛恪见孙弘和孙峻到来，仰首哈哈一笑："哎呀呀，终于等到了你们两位！"

孙弘和孙峻各自入席坐定。孙弘望着座中之人，疑惑地问："太傅今天召我等前来，所为何事？"

"议的当然是关乎国家社稷的大事。"诸葛恪顿了一下，又笑眯眯地说道，"不过，美酒当前，先不急着谈事。"

诸葛恪一边说着，一边举杯向孙弘遥遥敬酒。孙弘只好端起酒杯来，一饮而尽。

酒过三巡，诸葛恪这才悠悠说道："一个月之前，陛下召我等于龙床前受诏，何人为首托之臣？"

孙弘心里咯噔一下，转头望了望孙峻。

孙峻却是一副若无其事的样子，默默坐着。

这时，只见太常滕胤及吕据异口同声地说道："陛下以诸葛太傅为托孤大臣之首，孙中书为次，我等为末。"

诸葛恪问孙峻："是这样的吗？"

孙峻神情从容地说道："正是！"

诸葛恪转过头，目光落在孙弘身上，问道："孙中书，是这样的吗？"

孙弘略有犹豫，但也点了点头："是！"

孙弘话音刚落，只听诸葛恪猛地厉声叫道："既然陛下以我诸葛恪为首辅大臣，你孙中书为何封锁陛下崩殂的消息，秘不发丧！居心何在？"

孙弘一愣，惊恐地望向突然向他发难的诸葛恪，又望了望孙峻。

孙峻依然若无其事地坐着，稳如泰山。

孙弘见事情已败露，气得浑身颤抖，指着孙峻骂道："小人！你竟敢出卖我！我做鬼都不会放过你！"

孙峻任凭孙弘咒骂，依然一动不动。

"死到临头还嘴硬。若说小人，你才是建业城最大的小人！"诸葛恪喝了一声，顿了顿，又大叫道，"来人，给我拿下！"

说罢，数个刀斧手从屏风后一跃而起，宴席之间顿时刀光剑影，孙弘被当场击杀。

孙弘一死，诸葛恪便宣布发丧，年仅十岁的太子孙亮即位。

至此，继蜀、魏之后，东吴亦迎来了权臣治国的时代。这个演变升级的时代，我们甚至可以叫它"三国2.0时代"。

当年，魏明帝曹睿一死，辅政大臣司马懿便以皇帝的名义下达诏令，停止所有宫殿建造工程。此令一出，魏国举国欢庆。而今，诸葛恪深知东吴官民苦孙权之政久矣，也立即着手做了两件大快人心的事。

孙权生前，因为对百官猜忌，特别设立了校官以充当耳目，校官要典校诸官府及州郡文书。这种时刻被人监视的生活，从京师到州郡，百官苦不堪言，却又无可奈何。诸葛恪干的第一件事，就是罢免了这一官职，停止监视百官。

孙权生前征战多年，国力损耗，无力填补，无奈之下，只好将盐铁等变私有为国有，以使国库充盈，同时四处设立关卡，大肆征收税赋，税赋种类之多，让百姓们怨言载道。而诸葛恪干的第二件事，就是减免田赋关税，赦免逃犯，向黎民百姓施恩。

这两件事真是让东吴官民欢欣鼓舞！

因为这两件事,诸葛恪毫不费力地确立了他在东吴的威望与地位,得到了官吏和百姓的极大拥护。于是,诸葛恪每次出门,百姓都早早地候在街道两旁,踮起脚尖,伸长脖子,想要一睹其人风采。

紧接着,诸葛恪又将目光锁定在孙氏的两个诸侯王身上。

众所周知,魏国自曹丕起,诸侯王的日子就过得十分寒酸,惨不忍睹。孙权则不一样,对诸子十分大方,毫不吝啬——他封儿子孙奋为齐王,居武昌;封儿子孙休为琅邪王,居虎林。这两个儿子身在封地,真正过的是诸侯王的生活,不仅修建宫室,还肆意挥霍,无所约束。

但他们纵情享乐的日子,似乎要到头了。

今天,齐王孙奋和琅邪王孙休成了诸葛恪眼里的两颗钉子,必须把他们移到他们该去的地方。因为,这两个诸侯王所居住的地方乃长江军事要塞,岂能任由他们胡作非为?诸葛恪便以先帝孙权遗诏的名义,将齐王孙奋迁到豫章郡,将琅邪王孙休迁到丹阳郡。

诏令发出后,琅邪王孙休十分听话,收拾收拾,走得干脆利落,一点也不含糊。但是孙奋听说自己要被迁居,大发脾气,不肯搬离武昌,甚至扬言说:"本王不吃这一套,看你们能把我怎么样!"

消息传来,诸葛恪思索半天,决定给孙奋写一封信,给他来个下马威。

诸葛恪在信里写道:"西汉初期,诸王势大,多有不臣之事,随后七国之乱爆发,危及社稷。东汉初期,光武帝以史为鉴,制约诸王,令诸王只许在宫里自娱自乐,不得私自与百官交往,干涉朝政。是以,先帝驾崩前,以古为训,特令诸王迁居。大王迁徙之策,乃先帝生前之旨意,并非臣之私意。臣听闻,大王自从到武昌以来,多次违反诏令,不讲制度,擅自调遣诸将之兵修整宫室。您身边的人曾经犯罪,本应上表告知朝廷,交付有司处理,然而大王擅自将其治罪诛杀,又不向朝廷说明。今日,您还不肯听从诏令,离开武昌,这是公开与朝廷作对。窃以为,大王应当以鲁王之事为戒,战战兢兢,凡事遵循礼法,如此,欲有所求,必有所得,才不会重蹈鲁王之覆辙。"

行笔至此，诸葛恪笔锋一转，语气变得凌厉无比："倘若大王不听先帝的教诲，对朝廷有轻慢之心，臣宁可负大王，也不敢辜负先帝遗诏；宁可被大王怨恨，也不敢忘尊主之威，使诏令不得执行！昔日，假如鲁王早早接纳忠直之言，心怀畏惧，则必能享福，岂会有自取灭亡之祸！所谓良药苦口利于病，忠言逆耳利于行。如今诸葛恪等臣向大王进言，希望为大王将灾难扼杀在未萌芽之时，愿大王三思！"

写毕，诸葛恪缓缓舒了一口气。

半晌，他又看了一遍，心里暗暗说道，这就是所谓"仁至义尽"，至于结果怎样，就看齐王你的了。

不日，信送至武昌。齐王孙奋阅毕，脚底生寒，当时就怕了。诸葛恪说得再明白不过了。他这个齐王在武昌的不善之举皆被掌握，如果识时务地搬离武昌，朝廷便不追究。若再不听，或许他就是第二个鲁王，将凄惨收场！

无奈之下，被唬住的孙奋只得离开武昌，搬到了南昌。

如此一来，诸葛恪又赢了一局。接下来，就是他大展拳脚的高光时刻了！

冬天，十月。天气转寒，长江之上，寒风阵阵，却吹不散诸葛恪那一腔热火朝天的渴望建功立业的激情。同月，太傅诸葛恪亲率诸军来到东兴，修筑大堤。

东吴黄龙二年（公元230年），吴主孙权为了用战船进攻魏国，派兵修筑东兴堤以拦截巢湖之水。十余年后，大堤修成。正始二年（公元241年），孙权派全琮率军攻打淮南郡，与魏国决战于芍陂。前面讲过，魏国征东将军王凌及扬州刺史孙礼等人，见巢湖水势大涨，乘势派出战船，将全琮打了个落花流水。孙权见苦心修了十年之久的巢湖大堤不仅不利于己，反而有利于魏，心里暗暗叫苦，只好废弃此堤，不再修治。

转眼间，又十来年过去了。

诸葛恪再次修筑东兴堤，所为何来？他不信邪，重修东兴堤，就是准备对魏国发起战争，誓要攻下淮南郡，建不朽之功勋。

权臣掌国，必以战功固权，没有个像样的军功何以服众，何以长久？且不说司马懿，愚蠢如曹爽，都知道以军功服众的重要性，只不过曹爽和他的那帮谋臣自不量力，兵败秦岭，这才无奈罢休。

这下，大家该明白诸葛恪为何要让齐王孙奋和琅邪王孙休"搬家"了吧！

大战来临前，他不希望这帮只会混吃混喝、不懂兵法的诸侯王碍手碍脚。当年夷陵之战时，陆逊就吃过这样的苦，到今天，他不想再重复陆逊被人掣肘的痛苦了。

此刻，诸葛恪修筑东兴堤的热情高涨，士兵和百姓的热情也十分高涨。军民同力，万众一心，东兴堤迅速落成。巍巍堤坝，犹胜以往。堤坝间流淌着滚滚濡须水，景象颇为壮观。濡须水两边各有一座山，分别是濡须山和七宝山。濡须山在和州界，谓之东关；七宝山在无为军界，谓之西关。两山对峙，遥遥相对。诸葛恪便命令东西两边依山各筑一城，城池落成，又各留千人，派将军全端屯守西城，都尉留略驻守东城。

大堤既建成，诸葛恪立于船头，望着眼前辽阔的水流，心里也跟着一同激荡，久久不能平静。如今，鱼饵已下，就等着大鱼上钩了。诸葛恪心里想着，便宣布撤军，悠悠返回京师去了。

这条大鱼不是别人，正是魏国掌权大臣司马师。

司马懿死后，司马师迅速上位，被封为抚军大将军，录尚书事。魏国朝政皆握于他一人之手。诸葛恪是东吴的权臣，司马师是魏国的权臣，这两人皆是人中龙凤。如今相遇于江湖，一决高下，仿佛是一场无法逃避的宿命。

司马师，字子元，乃是司马懿的长子。其人文雅，颇有风采，性格沉着刚毅，富有谋略，且城府极深，颇有其父司马懿的风范。司马师年少时就闯荡江湖，极负盛名，竟与喜好玄学的夏侯玄和何晏齐名。何晏向来自恋自大，不过对司马师却不吝赞美，说："能成天下大事者，唯司马子元是也！"

不但何晏认为司马师能成大事，即使是英明绝世的司马懿，也认为他这个长子是块做大事的料。当年，司马懿忍辱十年，准备诛杀曹爽时，都只单独跟司马师谋划，竟连司马昭也不知内情。等事到临头，司马师才把诛杀曹爽的计划告诉司马昭，说明天一早准备起事。当时，司马昭一听，惊慌失措，一晚都没睡好。司马师却镇定自若，派人出去侦察情况后，就躺下呼呼大睡，仿佛无事发生。

多年以来，司马师秘密豢养了三千死士，这些人散落民间，不知去向。第二天一早，司马府门外，三千死士从天而降，排列整齐。司马师走出司马府门，指挥镇定，调度得宜。这时，为了欺瞒曹爽装病多年的司马懿也一反常态，从司马府门缓缓走出来。

当司马懿看到这三千死士时，也不禁感叹道："我这个儿子可真是块干大事的料啊！"

后来，司马师因诛曹爽有功，被封长平乡侯，食邑千户，不久又加封卫将军。司马懿一死，满朝官员皆拥护司马师继位掌权，纷纷附和说："伊尹既卒，伊陟嗣事！"

伊陟就是商王朝开国元勋伊尹之子，伊尹死后，伊陟继续辅佐商王，成为商朝的一代名相。而今，魏国这帮大臣，俨然将司马懿比作伊尹，又把司马师比作伊陟，不知是他们对司马师寄予了厚望，还是心怀鬼胎，别有所图？

无论如何，司马师还是成功上位，成了魏国的辅政大臣。

由此看来，司马师的江湖段位也并不比诸葛恪差，诸葛恪竟然要把他当成一条准备上钩的大鱼，为何？其实只要对比一下司马师和司马懿的人生履历，就会发现，尽管司马师的政治才华深得司马懿真传，但是他有一样东西，却远远不及其父司马懿。

这东西就是军功。

多年以来，因为有司马懿在前面冲锋陷阵，司马师便守在后方，除了那三千死士，并未立下什么军功。而今，司马懿一死，他由幕后转到台前，就不得不想着建功立业，以此服众，巩固大权。

要建功立业，就必须对外征战。放眼天下，当前，他能出兵的地方，也就是东吴了。诸葛恪率军修筑东兴堤，并在东西两座山上筑起新城，悍然越过了魏吴两国的边境，眼看东吴大张旗鼓地在魏国境内修筑堤坝，司马师如何能忍得了。

要有军功，就要发动战争，要发动战争，就要有出兵的借口。所以，诸葛恪料定，此时洛阳城里的司马师，无论他多么有谋略，也必定逃不过这个人性的弱点，必定会趁机向东吴出兵。

一旦司马师出兵，后面的戏就好看了。

但这一切真的都在诸葛恪的预料中吗？

此时此刻，遥远的洛阳城大将军府里，司马师正望着地图陷入了沉思。诸葛恪出兵修筑东兴堤以及筑城的事，他早已得知。但是，他却一动不动，似乎在等待着什么。

就在他沉思时，侍从突然跑进来报告："大将军，镇东将军诸葛诞求见！"

司马师一听，眼睛一亮，连忙说道："诸葛公休来也，赶快请他进来。"

其实，司马师等待的人就是征东将军诸葛诞。他非常想听听诸葛诞对诸葛恪率军深入扬州境内大兴土木之事有何高见。

于是，这戏剧性的一幕上演了——今天前来游说司马师出兵攻打东吴的人，竟然是诸葛恪的堂叔诸葛诞。

三国时期，战火绵延数十年不断。在这个你争我夺的三国中，诸葛瑾、诸葛亮和诸葛诞虽出自同一个家族，但他们仿佛说好的一般，各自奔赴一方。如同后世所说的"鸡蛋不能放在一个篮子里"，诸葛瑾去了东吴，诸葛亮跟着刘备创立了蜀国，诸葛诞则投奔了北方魏国。三人各在一国，皆负有盛名，分别被喻为"龙、虎、狗"。蜀得龙，吴得虎，魏得狗。

诸葛亮自然是龙，诸葛瑾则是虎，为何偏说诸葛诞是狗？其实，这不是一般的狗。这狗，俗称"功狗"！

当年，高祖刘邦初得天下，以萧何为首功之臣，诸臣不服，便吵了起来。刘邦悠悠问诸臣道："打仗如打猎，猎人驱逐一群猎狗去捕捉兔子，请问是猎人的功劳大，还是猎狗的功劳大？"

诸臣不知其意，都说道："当然是猎人的功劳大。"

刘邦哈哈大笑："这就对了。萧何就是那猎人，可称之为有功之人；你们就如同那群猎狗，可称之为有功之狗。功狗与功人争功，岂不是天大的笑话！"

刘邦这话虽然粗野，却说得诸臣无话可说。此后，"功狗"便成了"功臣"的代称了。

诸葛氏这三兄弟，皆是西汉汉元帝时司隶校尉诸葛丰之后。他们兄弟三人，各投一国，其实也是时势所迫。东汉末年，诸葛氏家族已经没落，又遭逢天下大乱，只好各自寻找出路。当年，诸葛亮前往荆州投奔堂叔父，诸葛瑾避乱江东，诸葛诞却独具慧眼，不远千里，凭借一身才华胆识，独自北漂，闯荡江湖。

初到许昌，诸葛诞成功闯入官场，做了尚书郎。有一次，他跟随仆射杜畿到陶河试新造的战船。不料，才登上战船就遭遇了大风，战船支撑不住，翻在了河里，诸葛诞和杜畿双双溺水。虎贲军见状，立即划船前来援救诸葛诞。诸葛诞却对虎贲军喊道："先救杜仆射！"

虎贲军将士猛然醒悟，先去救了杜畿。当杜畿被救到岸上时，却已经断气了。这时，诸葛诞被风吹到了岸边，被虎贲军救了下来。

此事传出后，尽管诸葛诞的那句"先救杜仆射"并没有把杜畿救活，却让他名声大噪。此后，朝廷任命他为荥阳令，他在地方任职，历练了一番，不久又回京当了吏部郎。随后，他的升迁之路可谓顺风顺水，又被任命为御史中丞尚书，与夏侯玄、邓飏等人来往，互相吹捧，声名远播。

那时，诸葛诞可谓春风得意，却不知危险即将降临。

当时，明帝曹睿厌恶浮夸之徒，有人却将诸葛诞告到了皇帝那里，说他与邓飏等人十分浮华，整天只会坐而论道，说着些不切实际的玄学，却不务实，可谓沽名钓誉。

明帝一听，立即将诸葛诞等人罢了官。

等到明帝驾崩，曹爽摄政，诸葛诞咸鱼翻身，与邓飏等人再次被启用，重入官场，先是担任了御史中丞尚书，后又出任扬州刺史，加昭武将军。王凌阴谋造反时，司马懿紧急拜他为镇东将军，假节督扬州诸军事，封山阳亭侯。

仔细研究一下诸葛诞这份罢官又复官、升官的履历，不难发现，诸葛诞不愧为混江湖的绝顶高手。他本与邓飏结交，混的是大将军曹爽的圈子。然而司马懿清洗曹爽一党时，诸葛诞非但没有被清洗，反而被司马懿任命为镇东将军，督扬州诸军事，简直神了！

今天，诸葛诞秘密离开扬州，赶回洛阳面见司马师，到底要献什么奇计妙策？

此时，司马师正自沉吟，侍从已将诸葛诞引到了他面前。两人见面，一番客套寒暄后，便进入正题。

诸葛诞研究玄学多年，对老庄颇有心得，言谈举止间，自有一股清雅气质。只见他悠悠对司马师说道："如今东吴辅政大臣诸葛恪率军入侵扬州，大修东兴堤，此乃魏国之耻。大将军应当下令出兵，攻打东吴，以雪此耻！"

司马师端坐位上，心里波澜不惊，脸上不动声色。良久，他才问道："我听说，诸葛恪可是你们诸葛氏的一大神童，机智过人，可有此事？"

诸葛诞哈哈一笑："我这个堂侄只知道耍嘴皮子，自诩英雄盖世，却是腹内空空，头重脚轻，行事不稳。昔日，我堂兄诸葛瑾说他志大才疏，无法保家，此言不虚！"

司马师一听，眉头似乎微微舒缓了一下，又问道："若要出兵，可有良策？"

诸葛诞见司马师确有出兵之意，两眼放光，悠悠说道："诸葛恪初掌东吴大权，便举兵至东关修东兴大堤，又在两山间筑两座新城，志不在小。"

司马师一听，问道："诸葛恪筑堤修城，意欲何为？"

诸葛诞十分肯定地说道："意在寿春！"

司马师心里一颤，讶然道："诸葛恪志在谋取寿春？"

诸葛诞缓缓说道："正是！"

司马师又问道："公休如何断定诸葛恪意在寿春？"

诸葛诞气定神闲，从容说道："昔日，诸葛恪曾派出斥候，潜入寿春侦察地形，被我军捉住，经过拷问，才知是诸葛恪之意。当时，孙权尚在，诸葛恪有心无力，而今诸葛恪大权在握，图谋寿春，是迟早之事。"

司马师心往下沉，良久，才缓缓说道："寿春之地，为大魏东进要地。多年以来，孙权视寿春为眼中钉，总想把它拔掉，不料屡屡乘兴而来，败兴而归。若是诸葛恪有图谋寿春之意，的确志不在小。"

诸葛诞见向来老成持重的司马师都忧心忡忡，不由哈哈一笑："大将军不必过虑，我有一计可令其闻风丧胆，损兵折将。"

司马师见诸葛诞说得如此轻松自信，眼睛一亮，定定地望着他。

诸葛诞也看着司马师，又看了看司马师的几案，见上面铺着一张地图。他便指着地图，气定神闲地说道："东吴此国，于长江的要塞不过三地，乃是上游江陵，中游武昌，下游建业。建业乃是京师，与寿春却隔着长江遥遥相望。昔日孙权为何屡屡出兵攻打合肥、志在寿春？若是打下合肥，攻占寿春，那么不仅解除了建业城被觊觎的危险，又可将其当作北进之要地，可谓一举两得。"

司马师深以为然地点了点头。

诸葛诞顿了一下，接着说道："若要一举解除东兴之患，大将军可令文舒进逼江陵，令仲恭兵指武昌，牢牢牵制吴军上游兵力，然后派出精锐之师，突袭其新筑的两城。如此一来，必然引得诸葛恪率兵来救，到时我们便可出动大军，一举击破诸葛恪！"

司马师听得心情甚好，叹息道："围点打援，此计甚妙！"

诸葛诞见司马师当面夸奖自己，心里很是得意，口中却淡淡说道："雕虫小技罢了，大将军过奖！"

司马师仰头一笑，说道："哎呀呀，公休不必过谦！天下盛传，诸葛氏三兄弟被喻为龙虎狗。今日，有公休这样能谋善断之大犬守边，诸葛恪不过一小虎崽，又何惧之有？"

诸葛诞亦得意地笑了起来。

司马师接着说道："公休远道而来，我已命人备好酒宴，特为你接风洗尘。走，我们边喝边聊。"

司马师一边说着，一边站起来，带着诸葛诞向会客厅走去。

酒席散后，送走诸葛诞，司马师准备出兵东吴的消息便在魏军内部传开了。不日，司马师又收到了三封奏疏，他看了这些奏疏，心里顿时又惶惑起来。这三封奏疏，分别是征南大将军王昶、征东将军胡遵、镇南将军毌丘俭所写，他们就征吴之事，分别各自献计。

让司马师头疼的是，这三道计策，计计不同。

司马师与其父司马懿不同。司马懿天纵英豪，无论是朝堂政务，或是军事决策，只要他亲自把关，八九不离十，心里便自有主张。司马师却不同，论朝政之事，他无师自通；论驾驭群臣，拿捏朝廷，也毫不费力；但若涉及军事，他似乎就力不从心，容易犯糊涂了。

司马师看看这三道征吴之计，又想起诸葛诞之计，一时不知该如何是好。半晌，只听他叹息道："来人，传召尚书傅嘏！"

侍从领命匆匆离去。没一会儿，只见尚书傅嘏匆匆赶来了。

司马师一见傅嘏，眼睛一亮，连忙说道："傅尚书，我有一事不明，特请你前来评断！"

司马师一边说着，一边将王昶等三人为征吴献计的奏疏放到了几案上。

傅嘏缓缓落座，默默地翻看这些奏书。

魏国的官场江湖，曾经涌现出多少高瞻远瞩、有远见卓识之人。岂料，司马懿诛杀曹爽后，一代谋略大师蒋济走了，随后司马懿也走了，如今，魏国都找不出一个有名气的谋臣。司马师找来找去，似乎也只有傅嘏这个略有名气的人可以替他出谋划策了。

傅嘏，字兰石，北地泥阳人，乃是西汉以闯荡西域立下不朽奇功而闻名天下的傅介子的后裔。傅嘏弱冠之年，就以才华闻名于世。当时司空陈群闻之，辟为掾属。但不知为何，他一路走来，在官场里一直都默默无闻。直到明帝曹睿驾崩，曹爽当政，他的名声才越来越大，引起了司马懿的注意。

众所周知，曹爽执政时，何晏、邓飏等一帮人亦跟着鸡犬升天。但是，傅嘏并不理睬这帮人，对他们嗤之以鼻，闪避唯恐不及。即使与司马师、何晏齐名的曹氏宗族夏侯玄主动前来与他交往，他也"敬而远之"，不与其往来。

傅嘏有个好友叫荀粲，此人乃是曹操时代著名人物荀彧之子。荀粲亦是一个清静无为、有远见卓识之人，他见傅嘏竟然连夏侯玄这等有权势、有学问的人都拒绝与之结交，心里感到奇怪，怀疑傅嘏是不是也染了自命清高的毛病。

有一次，荀粲好意劝傅嘏说："夏侯泰初乃一时豪杰，他虚心与你结交，若与之结交，好事少不了；若与之交恶，必招怨恨，这又何必？二贤不睦，于国不利，你应该效仿昔日的蔺相如，有谦让的美德啊！"

傅嘏听后，漠然说道："君此言差矣！"

荀粲疑惑地问："从何说起？"

傅嘏目光坚定，神情严肃地对荀粲说道："夏侯泰初志大才疏，好虚名而无实才。何平叔喜谈玄言，好于辩论，为人却不真诚。这就是所谓的以口舌倾覆邦国之人。至于邓玄茂，有为却不坚持，求名求利，内心膨胀，不懂控制，贵同恶异，排除异己，且喜欢挑拨离间，妒忌他人。窃以为，此三人，皆有败德之相。远离他们都还来不及，怎会与之交往！"

后来事情的发展，果然不出其所料。

当时，傅嘏因为与何晏不和，被罢官赋闲在家，司马懿听说了傅嘏之事，认为此人是有识之士，便请他出山做从事中郎，后又令他离京担任河南尹，不久又回京，改任尚书。

正值初冬十月，将军府庭院里只听风吹树响，府里，却是另外一番光景。屋里一片寂然，只见傅嘏紧皱眉头，一脸肃杀，不紧不慢地读着奏疏，而素来老成持重的司马师，望着傅嘏，也暗暗地坐不住了。

不知过了多久，傅嘏终于搁下最后一卷奏疏。只见他沉沉地叹了一口气，一脸沉重，默然不语。

司马师问道："傅尚书，这些计策如何？"

傅嘏望了望司马师，缓缓说道："兵者，国之大事，死生之地。大将军不可不三思而行。"

司马师一脸疑惑，愣愣问道："傅尚书所言何意？"

傅嘏侃侃说道："这三计，有令战舰横行江上的，有要兵分四路、齐头并进、攻城略地的，有要求在边境屯垦、观察敌情、伺机而动的。此三计者，皆攻城杀贼的寻常之计。不过，窃以为，若从长远大局出发，唯有一计可行。"

司马师赶紧问道："何计？"

傅嘏胸有成竹地说道："屯垦沙场，伺机而动，唯有此计可行。"

司马师听得一愣，一时不知说什么才好。

傅嘏见司马师一脸迷茫，叹息一声，缓缓解释道："所谓知兵者，先胜而后战。若先胜而后战，必知己知彼，方可百战不殆。如今大将军知己却不知彼，若先战而后求胜，恐怕犯了兵家大忌。"

司马师心里一时不知滋味，冷冷问道："傅尚书是说我智识不如诸葛恪吗？"

傅嘏摇头说道："非也！"

司马师又问道："那您究竟是何意？"

傅嘏答道："东吴敌情如何，您心中可有底？"

司马师沉吟片刻，答道："吴主孙权新丧，新主尚幼，权臣内斗，吴民心中生疑，诸葛恪率兵犯我扬州之境，大修堤坝，筑造新城，辱我大魏。此时出兵，名正言顺，且乘东吴国弊，出兵讨伐，您怎能说我不知敌情？"

傅嘏心里一叹，摇头说道："大将军徒见其表，不见其里。东吴犯境，自赤壁之战起到如今，五十五年有余。五十多年来，自魏太祖至魏明帝，不知出兵多少，皆是胜少败多，斩获不多。为何？东吴凭借长江天险，以逸待劳，且江东之士亦是非凡之辈，所以他们屡屡化险为夷，坐收江南之利。如今的东吴，孙权已死，看似群龙无首，其实颇有忧患意识，君臣相互扶持，患难与共。此时此景，无论是派战船出击，抑或分兵攻击，皆不容乐观，为何？边境守将，与贼相距甚远，贼特设烽燧，犹如天眼。且我军间谍活动不多，耳目闭塞。一支军队缺乏耳目，摸不清敌情，还要大举进军，那定会面临巨大的风险，恐怕收获甚微啊！"

司马师默默听着，心情愈发沉重，一时无话。

傅嘏顿了顿，接着说道："孙权掌国已久，喜欢劳师动众，兵疲民困。所以，昔日司马太傅欲振长策而御之，派兵屯守东南边境，伺机而动。而今孙权新丧，托孤于诸葛恪。诸葛恪并非鱼虾之辈。听说此人一掌权便废除孙权昔日劳民之政，极得人心。他亲自率兵筑两城，此计或为诈计，您切勿上当，自投罗网。急切之间想克敌制胜，一战成名，这不符合实际。您可诏令征南大将军王昶等人率兵据险而守，审时度势，三方各自向前移动，夺东吴肥地而屯守。如此，军于外，民于内，贼必不敢轻举妄动。久而久之，敌情虚实，必为我所知。到时再商议出兵之事，也为时未晚。"

傅嘏滔滔不绝地说了一通，貌似句句有理，却句句都扎到了司马师的心。

司马师当然了解其父为人处事的特点。司马懿是一个不见兔子绝不撒鹰的江湖老手，一向善于隐忍，遇事宁可不动，一动必有斩获。当时他率兵入关中与诸葛亮交手，亦是如此。那时诸将跃跃欲试，都想出兵与诸葛亮痛痛快快地大打一场，司马懿就是不肯答应。如今，镇守东边及南边的四大将领，有三人急切出兵攻吴，而他本人亦想毕其功于一役，所以攻吴之事，势在必行。可傅嘏却说要按照过去司马懿的策略行动，从长远着眼，伺机而动，真是扫兴至极！

良久，司马师缓缓抬头，对傅嘏说道："傅尚书见识高明，以保家全国为上，令人叹服。不过，攻吴之计，恐怕不能再拖了。"

傅嘏见司马师不采纳他的计策，心往下沉，急忙问道："大将军既然明白这一道理，却为何要背道而驰？"

司马师苦笑说道："诸葛恪率兵犯境，损我大魏之威，若我不肯出兵，必被骂无能软弱。再说，诸葛恪刚愎自用，此人究竟有无真才实学，我也想与之比试比试。"

傅嘏顿时明白了，司马师为求一时功名，准备放弃其父司马懿的策略，既然如此，他再说又有何用？何况，司马师这头牛力大无穷，他想干什么，谁又阻止得了？

半晌，只听傅嘏叹息一声，不甘心地说道："望大将军三思而行！"

司马师含糊地敷衍道："傅尚书的话，我心里记下了。"

说罢，司马师便示意送客。傅嘏见状，心里一叹，怅然若失地起身离去了。

第二章

作死

转眼到了十一月。

寒风席卷着长江江面，卷起隆隆的浪涛，摄人心魄。此时，司马师已急不可耐地调兵遣将，准备攻打东吴。

思来想去，他还是决定按诸葛诞的计策走。诸葛诞说，派文舒逼近江陵。文书便是王昶的字。于是，他便派王昶率兵逼向南郡，攻打江陵。诸葛诞又说，派仲恭去武昌。仲恭是毌丘俭的字。于是，司马师便派毌丘俭率兵向武昌进发。

诸葛诞还说，以精锐之师袭击东关二城。关于这一点，司马师稍作修改，大力加码，给诸葛诞增加兵力，让征东将军胡遵及镇东将军诸葛诞一齐出兵，各领数万兵马，合计七万人，向东关进发。

这不仅是诸葛诞与诸葛恪之间的决斗，更是司马师与诸葛恪的决斗，东关就是魏吴两国主力会战的战场。事关魏国颜面，亦事关司马师个人威望。因此，司马师决定再给诸葛诞加派一个人协助他。

这个人就是司马师的弟弟司马昭。

司马师在大事面前绝不糊涂。之前，王凌谋反之事，让他心里耿耿于怀。他深知朝廷中肯定还有人对他们司马家不满，为了保险起见，他选择亲自坐镇洛阳，令司马昭充当监军，随军出征。

一边控制洛阳，一边遥控军队，且又给诸葛诞加派了那么多兵马，稳字当头，不失司马师谋略大师的本色。

但是，战场千变万化，奇正之术层出不穷。如果稳就能赢，那么当年项羽就不会赢得巨鹿之战，韩信就不会创造背水一战的奇迹，曹操也不会取得官渡之战的大捷，周瑜在赤壁之战中更不会有"羽扇纶巾，樯橹灰飞烟灭"的战绩。司马师与诸葛诞共同设计的这场围点打援的会战结果如何，一切都要交给时间来证明。

十二月，诸葛诞与胡遵率领魏军抵达东兴，立即展开攻势。魏军杀声一起，吴国烽火便呼呼燃起。烽烟弥漫，沿着东兴大堤一路传送，屯守在建业城长江边上的吴军，远远望见火光，立即上报。

此时，太傅府里的诸葛恪听闻魏国正率军攻打濡须山及七宝山等两座新城，顿时心花怒放。

所料不错，大鱼终于上钩了。

十二月十九日，寒风呼啸，不断卷起惊涛骇浪。诸葛恪亲率四万大军，日夜兼程，赶往东兴大堤，救援二城的守军。

此时，魏国一方，胡遵命令诸军搭设浮桥强渡大水，陈兵于大堤之上，分兵攻打两城。吴国新筑的两座城池地势险要，魏军一时攻不下来。寒风阵阵，军情紧急。诸葛恪登船远望，陷入了沉思。丁奉、吕据、留赞、唐咨等诸多将领，都陪侍一旁，亦一动不动地望着前方。

良久，诸葛恪悠悠问道："大敌当前，诸将有何看法？"

话音刚落，只见吕据信心十足地说道："敌闻太傅亲自率兵前来，或许会闻风而逃。"

一旁的唐咨、留赞等人一听，亦纷纷附和道："世议所言极是。"

诸葛恪轻轻一笑："诚如世议所言，不知我有何神力，让敌军见我便望风而逃？如此，我岂不是白来了？"

诸葛恪话音刚落，只听一个洪亮的声音说道："依末将之见，贼敌不会不战自退。"

说话的人原来是冠军将军丁奉。

丁奉，字承渊，庐江安丰人。此人少年时便以骁勇闻名于军中，数十年来，跟随过甘宁、陆逊、潘璋等将领。每次随军出征，此人必冲锋在前，斩将擎旗，身受重创亦不顾。因其敢于冲锋，舍生忘死，诸葛恪便封他为冠军将军。

诸葛恪见老将丁奉有话要说，眼睛一亮，问道："承渊对敌情有何判断？"

丁奉声音洪亮、意气雄壮地说道："今贼敌攻城之地在魏国境内，且对方发动许昌、洛阳之地的军队浩荡而来，怎能虚张声势，无功而返？既然如此，就不要指望贼军会不战自退，而是要想好克敌制胜之术！"

诸葛恪一听，深以为然地说道："承渊所言极是！"

谈话间，于风中疾进的吴军战船即将靠近东兴堤。诸葛恪神情严肃，大声叫道："诸将听令！"

诸将昂首肃立，齐声喊道："大将军请吩咐！"

诸葛恪遥指七宝山，对丁奉说道："我命你与吕据、留赞、唐咨为前部先锋，从西边上山。"

"诺！"丁奉等诸将齐声叫道。

丁奉领着诸将昂首离去。

正值隆冬十二月，寒风大作。丁奉望了望天，遥指七宝山说道："敌方守城军队人数不多，军情瞬息万变，情况紧急。如今诸军行进十分缓慢，若是被敌贼抢先上山，占据有利地势，战况必不利于我。不如，我先率敢死队乘风疾进，你们紧随其后。前后配合，必可破敌！"

诸将一听，深以为然，纷纷回营，各率其军驶离左右，让出了一条水道。诸军才让出水路，只见那个不怕死的冠军将军丁奉，亲率三千敢死队，扬起风帆，从中间出列，向东关疾行而去。

寒风席卷，吹得浪花翻滚不歇。丁奉乘着北风，不到两天，便迅速抵达东关，占据了紧挨东关的徐塘。

此时，天气越来越寒冷。突然，丁奉觉得脸上一阵冰凉，抬头一看，只见茫茫天上竟飘下了雪花。

雪花漫天飞舞，风又冷，恰是喝二两好酒暖身的时候。魏国征东将军胡遵、镇东将军诸葛诞轻敌至极，竟然对即将到来的吴国援军视而不见，于军中设高台，摆酒宴，放纵作乐，无所顾忌。军中诸将喝酒作乐，将士们亦十分懈怠，魏军前部兵少卒缺，竟没见几个人。

眼前的情形让丁奉又惊又喜，心里一阵叹息，难道历史就要重演了吗？

秦末汉初，高祖刘邦东出汉中，亲率诸侯及六十万兵马，一路势如破竹，杀进了项羽的老巢彭城。才进彭城，刘邦便自以为大功告成，筑高台，办酒宴，日夜作乐，犹如神仙，根本不将远在齐国的项羽放在心上。不料，远在齐国的项羽见彭城沦陷，倍感耻辱，便亲率铁骑，日夜赶路，不日便杀进彭城，将刘邦的队伍杀得屁滚尿流。

谦虚使人进步，骄傲使人落后。这个千古颠扑不破的大道理，让不信邪的刘邦都吃过大苦头，今天，难道魏国的胡遵及诸葛诞两位将军也想试试其中滋味？

丁奉望着一派歌舞升平的魏军阵营，半晌才缓缓回神。只见他拔剑而起，剑锋指向魏军军营，对部卒慷慨激昂地说道："男子汉大丈夫，博一个封侯受赏的前程，当在今日！"

丁奉一句话说得部卒们热血沸腾，群情激动，好像都忘了这是一个寒冷的冬天。因为部将身穿铠甲，手持长枪，若上岸与魏军短兵相接，极为不便。于是，丁奉令三千死士全部脱下铠甲，扔掉长枪，仅头戴铁盔，手持大刀、盾牌，浑身赤裸，上岸与敌搏杀。

茫茫天地之间，大雪纷纷扬扬，一望无际。这颇有胆气的一幕就在这时上演了，"拼命三郎"丁奉竟在飘雪的隆冬天气里，亲率一群赤身裸体的战士，深一脚浅一脚地朝堤岸伏地爬去。

眼前这景象，让魏国士卒看得万分惊奇，都纷纷跑出来看热闹。他们一边看一边笑，仿佛眼前这帮人是在雪地演习或者表演，与他们的生死毫无关系。

此时，胡遵与诸葛诞还在痛饮狂欢，不知危险将至。而眼前的魏军守兵，却还在津津有味地说说笑笑。

这到底是个什么日子，魏军上上下下都把战争当儿戏，真是活见鬼了！

丁奉率领的敢死队距离堤上的魏营越来越近。这时，只见丁奉猛然站起，举起手中的长刀吼道："兄弟们，给我杀！"

刚刚还在地上匍匐前进的吴军敢死队一跃而起，齐声叫喊，如一群饿狼般朝魏营扑去。

这喊杀声终于让刚刚还在看热闹的魏兵猛然醒悟，一时惊慌失措，纷纷跑回营里。但是，哪里还来得及？丁奉一冲上来，就干掉了他们的前哨。紧接着，吕据亦率大军靠岸。一时间，吴军前呼后拥，一齐向魏营冲杀而去。

毫无防备的魏兵被吴军的气势吓坏，四散而逃，纷纷向浮桥跑去，企图跑回大本营。但是，浮桥并不结实，且一时人多拥挤，你推我赶，只听见哗啦一声巨响，浮桥便断了。浮桥一断，将士们互相踩踏，落水的不知有多少。无处可逃的魏兵犹如猪羊，任由吴军宰杀。

就这样，东兴堤这场战役，在紧张、严肃的气氛下开始，却在滑稽、无厘头的嘲笑声中结束。魏军损兵数万，被掳掠的车乘、牛马、骡驴，各以千数计。

吴军敲锣打鼓，满载而归。

胡遵、诸葛诞兵败如山倒的消息传来，远在长江中上游的王昶与毌丘俭见大势已去，亦纷纷烧营撤兵。

这时，洛阳城的大殿上，大臣们听说前线惨败，吵成了一片，他们纷纷要求司马师严惩诸葛诞等人。

司马师面色阴沉，默不作声。

等诸臣吵得差不多了，他才叹息道："当时，我若听公休之言，仅派精锐出击，那就好了。因为不听他的话，事情才到了这个地步，这都是一个人的过错，诸将无罪。"

聪明如司马师，不愧是玩弄权术的高手。关键时刻主动为诸将揽罪，丢了政绩，却收了人心，不可谓不高明。不过，司马师为了有所交代，不得不对监军司马昭追责，削夺其爵位。同时改封诸葛诞为镇南将军，都督豫州；改用毌丘俭为镇东将军，都督扬州。

诸葛诞与毌丘俭不过是军职对调了一下，毫发无伤。

退朝后，司马师回到大将军府。光禄大夫张缉安慰他说："这一役，大魏虽败，然而诸葛恪离死亦不远了！"

司马师听得一愣，疑惑地问："为何？"

张缉气定神闲地说道："诸葛恪功高盖主，要想不死，可能吗？"

司马师一听，心中不禁苦笑。

张缉这到底是在说诸葛恪，还是在说他司马师？诸葛恪功高盖主，不能活得长久，那他司马师是不是也好不到哪里去？

司马师心情更糟糕了，含糊着说了几句，就把张缉打发走了。

就在司马师失意时，诸葛恪却是春风得意，风光无限。诸葛恪从东兴得胜回到建业，立即被晋封为阳都侯，加荆、扬州牧，督中外诸军事。

做臣子做到这个地步，夫复何求！

转眼就到了第二年的春天。二月的春风尽管还有些许寒意，可吴国因为刚打了一场胜仗，建业城里到处洋溢着欢乐的气氛。他们或许都以为，这场胜仗不仅让他们出了一口恶气，而且让魏国长了记性，可以让吴国的老百姓高枕无忧地过上几年好日子。百姓们想的是自己的小日子，可太傅府里的诸葛恪却在沉思静坐，默默地谋划着东吴帝国的伟大未来。

一想起两个月前取得的那场东关大捷，诸葛恪就觉得既好笑又得意。

好笑的是，魏国优秀将领几乎死绝，竟然用这种愚蠢透顶的将领，不仅轻敌还阵前作乐，自取灭亡。得意的是，他修堤筑城，以此刺激曹魏出兵，与之会战，他们果然上当了。

赢得太轻松，太没有悬念，但诸葛恪心里还是有些遗憾。

为何？

因为合肥与寿春还是没有拿下。

自孙权以来，合肥与寿春一直是东吴人心中的痛。扬州之地，东吴得一半，魏国得一半，而魏国扬州的治所就设在寿春县。只有打下寿春，才能真正地把整个扬州划入东吴版图。而要攻下寿春，必先攻下合肥。魏吴交恶快六十年了，东吴每每攻打合肥，都无功而返。久而久之，合肥城不仅是孙权的痛，更是东吴人的一块心病。

若能一战而击败魏国，拿下合肥，攻下寿春，那真是建立了不朽的战功，将彪炳史册！

一想到此，诸葛恪心中便豪情勃发，决定乘胜出击，再度出兵伐魏。

这天，诸葛恪举行朝议，当他把这个想法说出来时，满朝哗然，直接炸锅了。诸臣十分不解，东吴大军刚刚回到建业城，诸葛恪又想出兵，简直是瞎闹！

诸葛恪早料到朝臣必有异议，但他做好了辩论的准备。今天，他倒想看看，这帮过惯了安稳日子的大臣，有谁是他的对手。

他正在沉思，只见中散大夫蒋延昂首出列，大声叫道："诸葛太傅，此次出兵伐魏，您到底是想小打还是大打？"

诸葛恪表情凝重地望着蒋延，反问道："此次出兵，志在寿春，要一举平定扬州，君以为这是小打还是大打？"

蒋延又问："既然诸葛太傅想大打，欲调多少兵力？"

诸葛恪悠悠说道："昔日先帝率十万大军出征合肥，蜀国亦出兵十万，如此尚且无功而返。此次，欲想一举攻克寿春，须得增加一倍兵力。"

蒋延又问："依诸葛太傅之言，此次伐魏须得二十万兵力，如此倾国而出，是要赌上东吴国运吗？"

诸葛恪冷冷地说道："既然想赢，就得敢赌，有何不妥？"

蒋延一听，立即着急地大声叫道："胡扯！你这跟樊哙有什么区别？"

诸葛恪见对方撒泼骂人，脸色一黑，心中怒火熊熊燃起。

这时，急了眼的蒋延顿了一下，又大声说道："昔日汉高祖刘邦率三十万大军，尚且被匈奴冒顿单于围于平城七天七夜，几乎不能逃脱。吕后当政时，樊哙竟说以十万兵即可以扫荡匈奴王庭，季布当即骂他不知天高地厚。如今，寿春之地，合肥之城，先帝一生也未能攻克。以先帝之智识、诸将之勇猛，尚不能得志，诸葛太傅却想以二十万兵力毕其功于一役，企图一举解除东吴数十年的顽疾，简直是痴人说梦！"

真是骂得越来越难听了！

诸葛恪冷冷地望着朝廷诸臣一派严肃寂然的模样，不得已，只好静静地听下去。

蒋延见众人皆屏息沉默，也缓和了语气，望着诸葛恪语气沉重地说道："诸葛太傅贵为国家重臣，江东国运，皆系于您之身，凡涉及东吴国运的大事，关系到百姓生死的大事，须得三思而后行。君不见，昔日曹操举一国之兵，兵临赤壁，东吴面临生死存亡，先帝尚不敢举一国兵力与曹操一决高低，而是派周瑜先行攻击，随后给予支援。事实证明。先帝的决策英明无比。先帝驾崩前，亦想举兵攻克寿春与合肥，不想留遗憾。当时零陵太守殷札向先帝献计，鼓动先帝以举国之力出师，趁魏国有大丧之时，与之一决胜负。先帝虑及江东百姓，顾及东吴国运，亦不敢用此计，仅派全琮将军出兵攻打淮南。此事刚刚发生不久，相信诸葛太傅仍然历历在目。而今，诸葛太傅却违背先帝之志，冒险出征，与魏国决胜，若成功，您大可功名不朽，可一旦战败，则吴国灭亡。非黑即白，不胜则败，这不是大臣治国的良策啊！"

蒋延说完，众人皆唏嘘不已。满朝大臣虽然不敢言语，但都默默地朝蒋延投去了赞许的目光。

诸葛恪望了望蒋延，又望了望诸臣，见众人都无声地站在蒋延一边，反倒不急了。今天不把蒋延驳倒，堵住眼前这帮大臣的悠悠之口，他可就脱不了身了。既然这样，那就让他们心服口服。这样，才可光明正大地出兵伐魏。

想到这里，诸葛恪沉声问道："蒋大夫还有什么话要讲吗？"

蒋延摇头说道："我想讲的都讲了。"

"善！"诸葛恪缓缓站起，声音洪亮地叫了一声，昂扬说道，"刚才蒋大夫语如江河之水，滔滔不绝，且又引经据典，指桑骂槐，斥我与樊哙并无区别。我也要大声说，蒋大夫之见，不过是些腐儒之见，犹如腐尸，臭不可闻！"

诸臣见诸葛恪动气，顿时心中一紧，都不由得暗暗替蒋延捏了一把汗。

蒋延似有准备，神色镇定，一动不动。

诸葛恪见蒋延神情镇定，语气变得更加激昂，一字一顿地说道："古人常言，居安思危。依我看，刚才蒋大夫反对出兵，并非居安思危，而是如同躺在温水里的青蛙，居安而忘其危！"

大殿上只有诸葛恪的声音在回荡，无人敢驳。

诸葛恪环视诸臣，又激情豪迈地说道："蒋大夫一番世俗鄙夫之见，乃谋大事者所不屑。为何？昔日汉高祖已占据三秦之地，却不肯闭关守险，自娱终老，反而倾尽全力，大力攻楚，身经百战，介胄生虮，将士皆言厌战，即使如此，亦不敢偃旗息鼓。这是因为汉高祖深知，因闻厌战之声而息兵，只可换一时的安宁，难保长久。唯有战斗到底，方可翦灭项羽。而今，魏国在北方虎视眈眈，我等岂有长久之安宁可言？所以，伐魏除患，势在必行。其次，举兵伐魏，并非我诸葛恪急功近利。为何？昔日，秦仅得关西之地，尚能吞并六国，而今魏与古之秦国相比，土地广袤；吴与蜀，比之古代六国，还不到一半。如今之所以能与魏抗衡，不过是因为曹操时期魏之名将纷纷凋落，而后起之秀尚不见起色，此时正是敌贼青黄不接、更新换代之时，加之司马懿与王凌等名将新丧，魏主孱弱，政归司马氏。司马师与魏之诸臣貌合神离，虽有智谋之士，却不被其所用。所以，此时伐魏，乃天赐良机！"

诸葛恪不愧是天生的辩论高手，说起话来一套一套的，死人亦能被他说活了。

接着，只见他咽喉动了动，又说道："圣人谋事，当乘势而为。所谓机不可失，时不再来。若顺从众人之意，怀偷安之计苟延残喘之心，以为凭长江之险就可以永保太平，那就太天真了！不管魏国未来有无可能发展壮大，成为更大的祸患，只顾着眼前的平安，着实让人叹息。若为子孙后代计，我辈当奋不顾身，力克万难，以除后患！"

一言掷地，大殿上一片沉寂，诸臣一时无声。

半晌，诸葛恪见无人应和，又望着蒋延，轻蔑地问道："蒋大夫，我这番话，你服是不服？"

蒋延一听这话，犹如被大针刺痛了屁股，猛地跳起来骂道："一派胡言！"

诸葛恪见蒋延急了，便大声喝道："蒋大夫，就事说事，休得无礼！"

蒋延毫不客气地大声反驳道："诸葛太傅刚才说魏之名将纷纷凋零，无人可用，此时恰是伐魏之时。敢问东吴的名将，又留下了几个？周瑜将军、鲁肃将军、吕蒙将军、陆逊将军，朱然将军、全琮将军等皆已离世。魏之名将青黄不接，恰如东吴之名将青黄不接。难道诸葛太傅取得了东关之捷，便自诩为天下名将，就敢如此轻举妄动，蔑视敌国了吗？诸葛太傅又说，司马师与魏之众臣貌合神离，殊不知，曹爽当政时，愚蠢无知，胡乱折腾，那才是真正的与诸臣不和。司马懿诛杀曹爽时，魏国群臣莫不响应，皆欲除曹爽而后快。所以，此时司马师当政，恰恰是魏之众臣最为同心协力之时。诸葛太傅为伐魏而不惜胡扯，抹黑魏国，自抬身价，此举不亚于掩耳盗铃。这不是一派胡言又是什么！"

蒋延面对诸葛恪，竟也毫不退让，针锋相对，激得诸葛恪心中怒火冲天，实在忍无可忍。只听他大喝一声："来人！把蒋延给我赶出去！"

话音刚落，宫廷侍从便匆匆赶来，一左一右扶着蒋延离开大殿。蒋延却不服气，一边挣扎一边叫道："诸葛恪，你不听我劝言，必不保家，亦不保国！"

诸葛恪大脑充血，又大声吼道："放肆！"

宫廷侍从大惊失色，只好强拖着蒋延速速出大殿去了。

大殿中，死一般的安静。

半晌，只见诸葛恪怒气冲天，大声说道："我刚才一番陈述，会张榜广而告之，劝喻百姓！"

满殿之上，诸臣都变成了哑巴，无人抗争，个个都做了缩头乌龟。

诸葛恪见无人说话，宣布罢朝，轻蔑地甩了甩袖子，转身离去了。

很快，诸葛恪便将他于朝议上反驳中散大夫蒋延的那番高论张榜公告天下。东吴朝中，人人皆以为出兵之计不可行，却没有一个人敢冒死劝谏。

诸葛恪的蛮横霸道，可见一斑。

二月的春风乍暖又凉，徐徐地吹着躁动不安的建业城。这天，有一个端庄的身影从太常府里走了出来，坐进了早已停在太常府外的一辆马车上。那人上了车，马车便向太傅府方向去了。车到太傅府，那端庄的身影从容下车，在太傅府外停顿片刻，就径直朝里面走了进去。

诸葛恪正在忙碌，一抬眼，见面前站着一个人，不由一愣，脱口叫道："承嗣，你怎么来了？"

这个从太常府来到太傅府面见诸葛恪的人，正是孙权五位托孤之臣之一的太常滕胤。

滕胤，字承嗣，北海郡人。他自少年时起就有节操，容貌端庄，雄伟大气。正因如此，他在二十岁弱冠之年便娶了公主，做了孙权的驸马。

滕胤的才华和为人让孙权心里十分欣赏。有一次在宴会上，孙权对诸葛恪问道："你与滕胤相比，如何？"

诸葛恪大言不惭地说道："论登阶蹑履，威仪气质，我不如滕胤；论运筹帷幄，出谋划策，滕胤不如我。"

诸葛恪这话说得倒也对。

滕胤的容貌威仪，不仅刚愎自用的诸葛恪自叹不如，举目东吴官场，无人不被滕胤的长相气质折服。每年正朔，即正月初一，东吴举行朝贺时，皮肤白皙、仪表堂堂的滕胤立于百官之间，犹如鹤立鸡群，成了一道亮丽的风景。在场的诸位大臣无不啧啧叹赏。不过，多年以来，滕胤以威仪美貌闻名，诸葛恪以机智多才闻名，两人同在官场，却惺惺相惜，结为好友，常胤还把女儿嫁给了诸葛恪的儿子，结成了亲家，也算成了一桩美谈。

今天，滕胤心事重重地来到太傅府，又是为何？

滕胤望了望一脸疲惫的诸葛恪，缓缓说道："看你脸色，最近非常疲惫吧？"

诸葛恪眸光炯炯，哈哈一笑，叹息道："哎呀呀，天下为公，谁不是日夜操劳？伐魏之事，箭在弦上，忙点儿又算什么！"

滕胤顿了一下，声音低沉地说道："元逊，伐魏之事，就不能先放一放吗？"

诸葛恪听得一愣，惊讶地问道："难道承嗣也反对伐魏吗？"

滕胤叹息道："元逊与蒋大夫在朝堂上的辩论，我不敢插嘴。回府以后，我左思右想，觉得有些话又不得不跟你说说。"

诸葛恪脸色一沉，悠悠说道："别人想说却不敢说，你想说便尽管说。"

滕胤望着诸葛恪，神情凝重地说道："君于先帝床前受伊、霍之托，肩负着安定朝堂的大任。辅政以来，率兵出师，击败强敌，取得了东关大捷，名声震于海内，天下莫不震动，举国上下也无不欢欣鼓舞。窃以为，君可谓不负众望，有伊尹、霍光中兴国家的气象。民间都说，以为东关之战得胜归来，便可罢兵息战，得一时的闲逸。岂料，不到一个月，太傅又想兴师出兵，这实在让人心中疑窦丛生，不能理解！"

滕胤望着诸葛恪，把话停了下来。

诸葛恪不置可否，漠然说道："先把话说完。"

滕胤只好点点头，又说道："劳师远征，且不说军民疲乏，强魏以逸待劳，必有所防备。若攻城不克，野战无获，岂不是白白丧失东关大捷的功劳，而又招致怨恨？窃以为，不如按甲息兵，以观敌情。且兵者，国之大事，须上下同心，全力以赴，方可成事。如今举国上下怨声载道，君凭一己之力，岂能成就大事？"

一语落地，滕胤沉沉地叹了一口气，不说话了。

诸葛恪听罢，心中无奈至极，长长叹息一声，沉声说道："百官民众不支持我出兵伐魏，那是因为他们不了解我的计谋，只想苟且偷安，受困于区区江东之地。不料今天君之所言，亦有偷安之念。如此，我还能指望谁！"

滕胤一听，连忙说道："元逊误会了。天下是众人的天下，不是一人的天下；出兵伐魏是所有东吴人的事，亦非君一人之事。天下三分之势已久，非一人一时之力所能改变。先帝征伐一生，经历无数战役，江东百姓数十年间为此奔波忙碌，不得歇息。所以，如今东吴百姓人心思安，亦是人之常情。元逊若屡屡兴师，只怕与民心相违，望三思而后行哪！"

诸葛恪一听，不由冷笑一声说道："承嗣不必老调重弹。所谓谋大事者，不与众谋。若遵循大多数人的看法，当初曹操举数十万军兵临长江，张昭等诸公纷纷劝降时，先帝又怎会力排众议，出兵抗曹，成就了千古壮举？"

诸葛恪这话一说，滕胤顿时哑了。

诸葛恪见滕胤怔忪，心里一阵得意，悠悠问道："承嗣以为，我与我家叔父诸葛孔明比，如何？"

滕胤不知诸葛恪何意，如实答道："不如。"

"然也！"诸葛恪大叫一声，又说道，"我每每阅览叔父昔日上呈蜀帝的《前出师表》与《后出师表》，心里无不感慨。以叔父的智谋，深知若不趁机北伐，激发将士的雄心壮志，必然亡国。为何？益州与关中之间横亘着连绵万里的秦岭，前不见头，后不见尾。凭此险峻之地，即使雄武如曹操者，尚不得进。若不北伐，久而久之，蜀民必以为仰赖秦岭之险，可以高枕无忧。如此，百官不争，民心懈怠，个个苟且，亡国也不过是迟早之事啊！"

诸葛恪越说越激动，情不自禁地流下了眼泪。

这时，只听诸葛恪哽咽数声，又落泪说道："今日的东吴与昔日的西蜀相比，何其相似？西蜀有巍巍秦岭，东吴有滚滚长江。叔父担忧蜀民生苟且之心，接连北伐，鞠躬尽瘁，死而后已。如今我亦担忧吴民有偷安之念，乘胜出兵，兴师伐魏，有何不妥？自曹操举兵东下以来，五十多年间，东吴依靠长江之险，从未受过北方的兵祸。当初张昭等人尚且有贪生怕死之念，时至今日，吴国偷安于江表之心，可谓根深蒂固，不可消除。如今魏主曹芳孱弱，朝政握在司马师一人之手。君臣之间必定离心离德。我凭借国家力量，借助之前打了胜仗的气势，再次出兵，必将无往不胜！为国家除后患，我暂时承受点骂名又算什么？百年之后，千秋之史，必将就今天伐魏之事作出公正的评断！"

说罢，诸葛恪收住眼泪，猛然拍案叫道："知我者，谓我心忧；不知我者，谓我何求。北伐魏国之事，我意已决，君勿复言！"

诸葛恪的决心使得滕胤再无话可说。半晌，只见他沉重地点了点头，默默离去了。

三月，诸葛恪给蜀国姜维写信，与之相约出兵，东西并进，攻打魏国。接着，以太常滕胤为帐下督，留守建业，然后，传诏征发诸州郡兵力，召集二十万众，浩浩荡荡，渡过长江，犹如狂风暴雨般向寿春扑去。

倾一国兵力席卷淮南，这是江东自孙策以来从未有过的壮举。而且这二十万兵力，目标明确，杀伤力强大，犹如一把倚天长剑直刺淮南心脏寿春。如此，寿春能顶得住吗？

诸葛恪身边的这帮将领，自闯荡江湖以来，也从未见过如此深入敌后，冒险发起进攻的事情。他们留一军围合肥新城后，便一路向前疾行，不知不觉，距离寿春已经不远了。不过，东吴将领率兵远征，在距离东吴越来越远，距离寿春越来越近时，竟然一时胆怯，不敢前进了。

为何？

可还记得当年孙权是怎么引诱魏国大将曹休率兵深入，于半道设兵伏击而得胜的？今日，东吴举一国之兵，竟然主动深入敌后，人生地不熟，若被魏军设伏攻击，岂不就此陷入绝境？

诸将对诸葛恪建议说："如今大军深入敌国之境，民众纷纷远遁，粮草辎重，就需要令士卒搬运。如此，恐怕兵疲而功少。之前，我们已派兵围攻合肥，一月有余也尚未攻下。此刻，不如折返包围合肥新城。新城被围，魏师必率兵前来救援。到时，我方与敌人会战，必有大获！"

此计与之前魏国将军诸葛诞向司马师献的计一模一样，攻一处而吸引敌军救兵，围点打援，从而达到事半功倍的效果。

诸葛恪一听，也想起了当年曹休率兵深入东吴境内而被打得落荒而逃的往事。

半晌，只听他沉吟说道："善！"

五月，诸葛恪率领大军返回合肥，将新城围了个密不透风，犹如铁桶。

殊不知，大战在即，不知不觉间，诸葛恪已露败象！因为他已经犯了一个严重的常识性错误。

兵家有言，先胜而后战。此话何意？为将之人，于未开战之前，必须将双方的优势劣势全部对比一番，如果胜算极大，便可开战。诸葛恪自诩谋略过人，难道出兵之前就没想到此次出兵是一定会深入敌后的吗？而一旦深入敌后，辎重运输必然十分艰难。如今走到半路才发现问题的严重性，从而临时改变作战路线。这种做法，不是先胜而后战，而是先战而后胜，底气不足，心里没谱。

古今多少兵书早已总结，先战而后求胜，这是兵家大忌。先战而后求胜，说明准备不充分，世上哪有准备不充分却能在战场取胜的好事？

为何诸葛恪这么聪明绝顶的人，准备都如此不充分？原因无他，只因为他被东关大捷冲昏了头脑。

他二月从东关班师，三月就率兵再次出发。如此史无前例的出兵壮举，理应准备妥当，谨慎执行。他竟然不留时间准备就匆匆出征，轻敌到如此地步，实在过分。诸葛恪只会说，诸葛亮为救蜀国而屡屡出兵北伐，此等壮举，多么感人。他只看见诸葛亮屡屡出兵北伐，却没看见诸葛亮每一次北伐之前，都做了多么充分的准备。诸葛亮一生谨慎小心，从不敢打无准备之仗，即使像魏延提出的斜出子午谷攻击关中的冒险性军事行为，他都不敢去执行。而今天，看看诸葛恪做了什么？自诩胸怀大略的他，当真学到了诸葛亮治军理念的精髓了吗？

天道有常，若是盲目而为，必定不会有好下场。或许，前面等待诸葛恪的，不是胜利的鲜花，而是万劫不复的黑暗深渊。

这一切，就留给时间去评判吧。

诸葛恪出兵淮南包围合肥新城的消息，风一样传入洛阳城。今年，司马师已四十六岁。仅隔一月，诸葛恪就派兵再来伐魏，若换成他人把持朝政，早就急匆匆地出京跟诸葛恪干架去了。但是，司马师却死死盘踞在洛阳城，一动不动。此种定力，不可谓不强。

可司马师脸上不动，不代表心里也不动。他心里已经拿定了主意，诸葛恪此次亲率二十万大军北伐，志在与魏军搏命。面对这等轻浮狂浪不要命的战场赌徒，必须启用老江湖，方可克敌制胜。

而司马师想到的这位老江湖，就是他的叔叔司马孚。

司马孚，字叔达。若论才华胆识，司马孚仅次于司马懿。当年，明帝曹睿刚即位，对左右问道："司马孚此人如何，有其兄司马懿之风吗？"

左右异口同声地说道："颇似其兄。"

曹睿心中大喜，说道："朕得司马懿兄弟二人，还有什么可担忧的？"

今年，司马孚七十四岁，官拜太尉。廉颇老矣，尚能饭否？司马孚以古稀之年，慷慨出征，令人叹服。他一接到司马师交给他的虎符，当即率领二十万大军，匆匆赶赴寿春。

司马师送走司马孚后，不知为何，心情十分失落，一时忧心忡忡，不能自已。

此刻，魏国东西两边皆临大敌。魏国将几乎所有家底都交给司马孚带往淮南对付诸葛恪了，而西边的姜维正在攻打陇西。怎么对付姜维，也是个头疼的问题。

不得已，司马师只好将司马懿的老部属虞松召来问计。

司马师叹息一声，沉重地问虞松："如今魏国东西两面受敌，诸将似乎都十分沮丧，此时该如何是好？"

虞松悠然说道："大将军不必过虑，此次诸葛恪与姜维同时用兵，虽然情况紧急，但必能得解。"

司马师两眼放光，立即问道："有何妙计，说来听听？"

虞松缓缓说道："昔日西汉七国之乱，太尉周亚夫率兵坚守昌邑，不与吴楚联军争锋，后来吴楚久攻不下，一夕瓦解，自行退散。今日，诸葛恪倾一国之兵，人多势众，威力无穷。他凭此兵势，完全可以纵横淮南，横行无阻，却突然调转方向，独攻合肥新城，为何？他用此计谋，不过是想借攻打新城，吸引我援军前往与之会战。既然如此，只要大将军命令诸将守城不动，不与争锋，而吴军攻城不利，屡屡受挫，必然兵将疲乏，自行退去。蜀将姜维出兵攻打陇右，与诸葛恪遥遥呼应，料其亦翻不出什么花样。秦岭之地，西蜀每次出兵，皆因粮食不继而主动退兵。此次,姜维必以为我军全力应付诸葛恪而导致西边空虚,定想从狄道小径寇边,抢割我大麦充当军粮。若关中诸将急速行军,出其不意,其必无功而返。"

虞松一番高论,让司马师听得心花怒放。

司马师仰天长叹,啧啧赞道:"善哉!"

司马师当即传诏,命令屯守关中的车骑将军郭淮、雍州刺史陈泰出动全部关中兵力,赶往狄道解围。同时,派人火速传令镇东将军毌丘俭按兵不动,将计就计,丢下新城不管,尽管让诸葛恪拿去。

此时,合肥新城的守将是扬州牙门将张特,城中军民不过三千人。炎热的阳光照在大地上,犹如万千利箭射进了处于血雨腥风中的新城里。原来新城之内不仅人口不多,竟还瘟疫流行。战死加病死,人数已经过半。城外二十万大军,犹如亮出了獠牙的野兽,随时都可能将这座摇摇欲坠的城池吞掉。

新城外,诸葛恪优哉游哉地观看将士们攻城。吴军筑起土山,采取车轮战术,日夜攻打,犹如汹涌的洪水一浪高过一浪,猛烈地拍着新城。

此时,若满宠地下有知,不知对他当年修筑的这座新城有何感想?

新城虽然坚固,终究抵挡不住这车轮战式的猛烈攻击。在铺天盖地的喊杀声中,城墙一块接一块地坍塌,眼看就要守不住了。

这时,只见城中守将张特悲壮地走出来,对城下高声喊道:"不要打了,我已无心恋战!"

吴军将士见魏国守城将领出来示弱,一时都停止了攻击,得意地望着城上。

张特又高声喊道:"魏国军法有规定,被攻过百日而救兵不至者,即使投降也罪不及家人。自交战以来,已有九十余日矣,此城中本有四千余人,战死者已过半。现在,城墙虽然陷落,然而尚有一半人不想投降,我还在对他们进行劝降。明日一早,一定将名册送出城外,且以我印绶为证,以证明我所言非虚。"

说罢,张特便将他的印绶扔下城去了。

在绝对优势的力量面前,魏国守将还是要投降了。吴军将士见状,也不想打了,却也懒得去捡张特丢下的印绶,都放下兵器回营休息去了。

从三月打到六月,整整三个月,诸葛恪竟然连一座小小的新城也没打下,更让他郁闷的是,魏军根本就没上他的当,并未派兵前来救援新城。

这正是吴军将士轻敌的原因。新城已经破败至此,连魏军都不想来救了,如同一个破瓦罐,攻下来又有什么意思?

是夜,当吴军沉沉睡去,城里的张特却一刻也不敢闲着。他趁吴军轻敌大意,当夜派兵拆除城里的房屋,把木材全都搬来修补城墙了。

第二天一早,当吴军将士悠悠醒来,抵达城下时,眼前的情景让他们大吃一惊。

之前被他们打得残破垮塌的城墙,竟然又被补上了。

这时,只见张特悠悠走到城上,对城下的吴军高声喊道:"老子反悔了!老子现在只有决死之心!"

此时,诸葛恪就在城下站着。张特的话彻底激怒了他,只听他咆哮道:"立即攻城!给我狠狠地打!"

诸葛恪一喊打,吴军将士立即各就各位,只听见扑扑扑的飞箭直响,接着,漫天箭雨呼啸而去,土山上的发石声亦隆隆作响,飞石腾空而起,砸向了城墙。随后,吴军架起木梯,手持刀盾,爬上梯子与敌人搏斗。

一番厮杀,来来回回,从早上打到日落黄昏,合肥新城依然坚如磐石,岿然不动。

斜阳照在诸葛恪身上,照得他仿佛沐浴在鲜血之中。诸葛恪身披红光,心里却是又羞又怒。他一改之前从容的模样,犹如一头困兽,想仰天咆哮,却又羞于启齿。只能愤怒地徘徊,不知该去向何方。

这时,老江湖司马孚已率二十万大军抵达寿春。毌丘俭等诸将见大军赶到,登时心里有了底,纷纷请求出战。

但是,司马孚却轻描淡写地对他们说:"进攻之事,当学会借力,以巧取为上,勿以力争。"

狡猾的司马孚便按兵不动，悠然自得地看着诸葛恪表演。

而诸葛恪此时几乎要崩溃了。

新城久攻不下，司马孚又不肯出兵应战，搞得他浑身如万蚁噬咬。他怎么也想不明白，当时东兴之役，魏军是多么愚蠢，几乎一战即溃。如今，魏兵却变得如此坚强狡猾，简直不可同日而语。

不是魏军太强，而是诸葛恪自大，变得愚蠢了。

所谓知己知彼，百战不殆。诸葛恪非但不了解自己，更不了解眼前的敌人。如此轻敌，离战败辱国还会远吗？

炎炎烈日高高地挂在六月的空中，正是大暑天气，吴兵疲惫饥渴，到处找水。可水土不服，军中腹泻与浮肿之病高发。粗略一算，生病以及死伤者竟然过半，好不惨烈。昔日曹操以军中瘟疫流行，战斗力大减而兵败赤壁。而今，老江湖司马孚按兵不动，似乎就是想看吴军水土不服，自行退败的惨景。

吴军患病的人数每天都在增加。军中值日官每天都来向诸葛恪汇报，诸葛恪以为他们夸大其词，叫着要斩值日官，吓得军中所有值日官再也不敢说话了。

身处困境，不能自行解脱，又犯了糊涂，看来诸葛恪危矣！

又过了几天，诸葛恪不见值日官前来报告，沉下心一想，才知自己犯了掩耳盗铃之错。但是，新城久攻不下，极是耻辱，强烈的自尊心又让他不肯承认错误，于是脾气越来越坏，天天见人便骂。

将军朱异因为跟诸葛恪顶了几句嘴，诸葛恪脑袋一热，就把他赶回建业去了。接着，都尉蔡林屡屡献计，见诸葛恪不想听，灰心绝望之下，便出奔投降魏国去了。

蔡林才投奔魏军，司马孚便召来诸将悠悠说道："吴军兵疲马困，军情紧急，此时恰是出兵之时。"

司马孚欲派出大军的消息传出，诸葛恪大惊，顿时醒悟，这才明白自己上了老江湖司马孚的大当。

原来司马孚一直按兵不动，就是想等吴军筋疲力尽，才出手收拾的。

这下麻烦可大了。

此时，吴军的二十万人因病、因战死的，已有一半之多，在剩下的十万兵中，到底还有多少战斗力，实在不敢想象。盼星星盼月亮地等敌军前来会战，天天喊，狼快来呀，狼快来呀。现在狼真要来了，不要说会战，再不撤退都来不及了。

这时，军中侍卫来报，建业城传来数道急诏，令其撤兵。

诸葛恪思前想后，无奈之下，只好灰溜溜地撤兵返回了。

这一场战争，正如出征前太常滕胤所料，若不成功，必丧前师之功而招致怨恨。仅仅数月，东吴军民对诸葛恪的景仰之情急转而下，变成大失所望，痛恨埋怨。

八月，诸葛恪率军返回京师建业。

二十万大军出征，竟未建尺寸之功，只剩下十来万的病残之兵回城。诸葛恪此番阵前受辱，却不改本性，依然是一副盛气凌人的模样。他回到太傅府，立即召来中书令孙嘿，大声骂道："大军在外，你哪里来的胆子，屡屡传诏令我返城！"

孙嘿受了这一顿骂，惶惶不安，一出太傅府，立即称疾，回家养病去了。

此情此景，叫人如何不感慨！

看看人家司马师，诸将打了败仗，非但不怪罪，反而主动揽责；再看看诸葛恪，孙嘿以皇帝名义矫诏令其返还，不亚于给他一个台阶下，他非但不感恩，不知悔，反而恼羞成怒。平心而论，司马师真是聪明过人，有大智慧；诸葛恪却是徒有小聪明，没有大智慧。

二人境界，高下立判。

滚滚长江水，悠悠建业城。历史是如此的现实，如此的残酷，诸葛恪凭借东关一役赢得了江东官民之心，却因合肥一役大失民望，成了孤家寡人。到此，历史仿佛也证明了，合肥不仅是孙权的噩梦，亦是诸葛恪永远抹不去的人生阴影，更是所有东吴人的魔咒，无人可打破。

诸葛恪还是有自知之明的，返城后，他表面上虽然还是一副堂皇之貌，心里却惶恐不安，疑神疑鬼。为防不测，他果断采取自保之策。凡是不经他同意由选曹上奏皇帝任命的官僚，一律罢免，重新改选。宫中禁卫一律撤掉，改换亲信掌管。

看来，再强大的人，也有怕死的时候。

当诸葛恪惶惶不安时，皇宫里的小皇帝孙亮与侍中兼武卫将军孙峻亦是忧心忡忡，不发一语。

孙峻在担忧什么呢？

先帝孙权驾崩前，拜他为武卫将军，负责管理宫中宿卫。而今，诸葛恪连宫中宿卫禁军都换成了自己的亲信，对曾力挺他的政治伯乐孙峻都心生嫌隙，这可不是什么好兆头。合肥之役已经让诸葛恪脸面无光，无地自容。他如果想杀大臣立威，保住面子，说不定这场祸事就要落到他孙峻头上了！

想至此，孙峻心里冷笑一声，阴沉沉地对小皇帝孙亮说道："陛下，太傅诸葛恪刚愎自用，以致合肥之战一败涂地。陛下诏令其撤兵班师，他却对陛下怀恨在心，现在又撤换宫中禁卫，陛下不得不防啊！"

此时，小皇帝孙亮才十一岁。他见孙峻神情严肃，似乎将有大事发生，点点头，用稚嫩的声音问道："那我们该如何是好？"

孙峻面露杀意，又阴沉沉地说道："诸葛恪欺瞒陛下，又招致民怨。东吴上下，无不对此人心生恨意，欲诛之而后快。陛下乃英雄明主，岂能坐以待毙？不如我们设计诱他前来，将其诛杀。如此一来，既能保住大位，又能为民除害，一举两得，何乐而不为？"

小皇帝孙亮又用稚嫩的声音问道："孙侍中有何妙计？"

孙峻神情一凝，叹息道："此时宫里宫外，皆是诸葛恪的人。如果想杀他，唯有请陛下出面，宴请诸葛恪。到时，只要诸葛恪入席，臣将亲手将他诛杀，解决这个千刀万剐亦不能解恨的狂悖之徒！"

小皇帝孙亮听了这话，点头望着孙峻说："一切都听孙侍中的。"

大计议定，孙峻心里一阵狂喜，连忙跪谢，起身离去了。

时至十月，天气转凉，寒风徐徐，吴国的首都也变得萧瑟起来，远远望去，行人稀少，落叶纷纷。就在这个落叶飞舞的季节，这天一早，皇宫里缓缓走出一人，坐上马车，匆匆向太傅府去了。

此人就是皇帝特使。特使一到太傅府，熟门熟路，径直走了进去。当他把一封宴帖放到诸葛恪面前时，诸葛恪久久望着对方，一时愣住了。

原来，小皇帝孙亮将于明天设宴，请他入宫赴宴。

诸葛恪送走皇帝特使后，心头便笼罩着一朵巨大的乌云，任凭窗外的寒风吹拂，就是吹不散。

一整天，他都心神不宁，坐立不安。

太阳渐渐西斜，夜幕缓缓落下。诸葛恪怅然若失地回到家里，心情依然沉重。他之前曾设宴引诱中书令孙弘赴宴，将其击杀于座中，这件事仍历历在目。如今，他夺了孙峻宿卫皇宫之权，那家伙会不会也利用小皇帝请他赴宴的时机，将他击杀于座？

诸葛恪越想越迷茫，越想越头疼。他从白天想到晚上，又从晚上想到天亮，神思越来越恍惚了。

诸葛恪一夜未眠，见天色已然大亮，不得已，只好去洗漱。

当他漱口时，却闻到了一股腥臭之味，又用鼻子嗅了嗅，原来是水臭了。

诸葛恪只好换水。这时他惊恐地发现，家里所有的水都有一股腥臭之味。

真是莫名其妙！

诸葛恪又惊又疑。他望了望天，只好回屋穿衣，准备出门赴宴。岂料，他穿上衣服时，竟闻衣服亦有一股腥臭之味。于是他将所有衣服都拿出来闻，竟都有相同的腥臭味。

一股不祥之气顿时弥漫开来，诸葛恪万分惆怅。他不知道是自己的嗅觉出了问题，还是别的什么出了问题，只得换上赴宴的盛装走出大门。这时，家里的大狗突然跑出来，紧紧地咬住他的衣服不放。

诸葛恪又惊又奇，失声说道："难道是家狗闻到不祥之气，不想让我走吗？"

诸葛恪想了想，回到家里，坐了半晌，他望了望天，离宴会时间不久了，心里十分焦急，只好再次出门。

不料，家里的大狗再次跑来咬住他的衣服，不让他走。

诸葛恪再次望了望天，太阳已经高高地升了起来，再拖就要迟到了，于是跺了跺脚，对着家狗骂道："好狗不挡路！滚开！"

诸葛恪让侍从将狗赶走，毫不犹豫地登车离去。

此时，东吴皇宫大殿的宴会厅里，孙峻与小皇帝孙亮默然对坐，静静等待。宴厅背后是一片帷帐，里面埋伏着刀斧手，犹如一群狩猎的饿狼，正等待着猎物出现。

不知过了多久，依然不见诸葛恪进来。孙峻对宫廷侍从说道："去宫门外看看诸葛太傅来了没有。"

宫廷侍从领命匆匆离去。

不一会儿，宫廷侍从小跑着进来报告："诸葛太傅的马车已到宫门外，但不知为何，迟迟不肯入宫。"

孙峻面若冰霜，冷冷问道："诸葛太傅还带了什么人？"

宫廷侍从说道："太常滕胤在他身边。"

孙峻默然片刻。半晌，才冷冰冰地说道："下去吧。"

孙峻又坐了一会儿，对小皇帝孙亮缓缓说道："陛下，诸葛太傅于宫外徘徊不肯进来，或许是已经察觉到了什么。"

孙亮问道："难道走漏风声了吗？"

孙峻摇头说道："此事唯陛下与臣二人知道，刀斧手亦是临时秘密安排的，怎会走漏风声？他犹豫不敢进来，怕是心里有鬼，心虚了。"

孙亮又问道："现在该如何是好？"

孙峻沉声说道："臣亲自出宫门走一趟，看看再说。"

孙峻说完起身，从容地向宫外走去了。

孙峻走出宫门，看见宫外停着两辆马车，太常滕胤与诸葛恪站在马车旁，面容凝重，相对无言。

孙峻若无其事地走到诸葛恪面前，神情镇定地说道："听说太傅身体抱恙，不便进宫。既然如此，不妨改日再来，我回去向主上解释。"

诸葛恪见孙峻语气如此宽宏，心里先是一惊，本来紧张的情绪一下缓和了许多。良久，只见他舒展眉头，用从容淡定的语气说道："君请暂且回宫禀报主上，臣虽然有疾在身，但一定强打精神，入宫觐见陛下。"

孙峻拱了拱手，从容说道："太傅若不便，不必勉强！"

诸葛恪悠悠说道："君可先进去，我与滕太常说几句话，随后就到。"

孙峻望了望滕胤，又望了望诸葛恪，神情自若地拱手说道："那就不妨碍诸葛太傅和滕太常了。"

说罢，孙峻转身从容离去。

诸葛恪望着孙峻的背影，心里又惊又疑，一时万千思绪涌上心头。这时，只听见一阵焦急的马蹄声传来，一匹快马向他们冲了过来。快马还没到诸葛恪面前，就有个身手敏捷的影子翻身下马，气喘吁吁地大步跑来。

此人原来是诸葛恪的亲信，散骑常侍张约。

张约跑到面前，掏出一封密信交给诸葛恪，一边说道："朱恩密书！"

朱恩亦是诸葛恪的亲信，当时亦担任散骑常侍一职。诸葛恪迅速打开密信，才扫了一眼，神情陡然一僵，默然不语。

滕胤见诸葛恪神情不妙，连忙问道："发生什么事了？"

诸葛恪把朱恩密书交给滕胤："卿自己看。"

滕胤接过密信一看，原来朱恩来信说宫里十分异常，很可能有人设下了圈套。

滕胤摇头叹息说道："孙峻为人狠毒，毫无底线，最好还是防着他。不如称疾还家，改日再论。"

诸葛恪神情一凛，轻蔑地说道："宫门外面皆是我们的人，孙峻岂敢胡来！只怕他会往酒里下毒，不过，我亦有所准备。"

滕胤又劝道："君何必急于一时？"

诸葛恪摇头说道："我自出征返城，至今已有两月，还未曾觐见过陛下。陛下设宴，我赴会是理所当然。再说，我人已到宫门外，且又答应要进宫，若是不进，既是失信于陛下，又是向孙峻示弱，此非辅国大臣所为！"

滕胤又说道："行大事者何必拘于世俗之见，小心才能驶得万年船！一旦失策，后悔就来不及了。"

诸葛恪一笑，悠悠说道："君勿复言，我心里有数。"

说完，诸葛恪便带着散骑常侍张约，昂首挺胸地进宫去了。

古之大臣，功高盖世者，可佩剑着履上殿，比如汉代的萧何，献帝时期的曹操，皆是如此。诸葛恪辅政以来，小皇帝孙亮并未下诏许他佩剑着履上殿，但是今天，诸葛恪却我行我素，以一副不可一世的模样，佩着剑穿着鞋上了殿，向孙亮行跪拜礼，然后悠然落座。

诸葛恪才落座，宫廷侍卫就端来了酒。诸葛恪望着眼前的酒，却是一动不动。

孙峻见状，从容说道："诸葛太傅有疾在身，不便饮酒，可用药酒代替。"

诸葛恪缓缓点头，悠然说道："善！"

散骑常侍张约便将随身携带的药酒摆上。孙峻见诸葛恪心情稍安，便依礼行酒。酒过数巡，小皇帝孙亮用稚嫩的语气说道："朕先行退下，由侍中孙峻陪侍诸葛太傅。"

众人齐齐起身，目送孙亮离去。

送走小皇帝后，众人接着饮酒。孙峻依然镇定自若地与诸葛恪推杯换盏，不露一丝痕迹。半响，孙峻起身借口如厕，暂时离席去了。

诸葛恪和亲信张约面面相觑，似乎嗅到了一丝不祥之气。

不知过了多久，孙峻才缓缓进来。当他再次出现在宴席上时，诸葛恪顿时呆了。孙峻不知何时脱去了长衣，换上了一身短服。他一进来，便打开一卷诏书，神情严肃地说道："陛下有诏，下令捉拿诸葛恪。"

果然上当了！

诸葛恪闻声跳将起来,准备拔剑,但他身体肥硕,行动不便,还未拔出剑来,孙峻长剑已刺到面前。诸葛恪中剑倒地,亲信张约从旁边冲出,举剑朝孙峻砍去,孙峻躲闪不及,被伤到了左手。然而张约还没来得及砍第二剑,孙峻猛然挥剑,怒吼一声,一剑将张约右臂砍了下来。

藏身于殿内的武士纷纷跑上来。片刻之间,只听闻数声惨叫,张约便被砍成了肉块。

孙峻握着剑冷冷环顾四周,缓缓说道:"今日要杀的,只有诸葛恪一人。诸葛恪已死,你们将武器收起来吧!"

众武士听罢,便将犹如死猪的诸葛恪拖走了。

这一页历史就这样翻过去了。寒风冷冷吹在脸上,让人不由想起当年韩信之死。世人皆说,成也萧何,败也萧何。今日诸葛恪之死,也可以说是成也孙峻,败也孙峻。诸葛恪一死,孙峻便火速夷其三族。果然,不出其父诸葛瑾当年所料,此儿不会兴家,亦不保家!

呜呼哀哉!诸葛恪!

第三章

大风暴

风景依稀似旧年。建业宫廷中刀光剑影，人头落地，诸葛恪的埋骨之地很快就荒草蔓延，这场"其兴也勃焉，其亡也忽焉"的荒唐戏就这样落幕了。冬天过去了，暖风又起，从东吴吹到了北方的魏国，停在了巍巍洛阳宫的上空，经久不息。

时光真快啊，转眼又是一年了，此时已是嘉平六年（公元254年）的春天。

这时，洛阳城里的魏国中书令李丰面色深沉地眺望天空，听着呜呜的风声，回想着大将军曹爽一党被诛，太尉王凌被司马懿所害之事，感到宫廷风云如同这从未止歇的风声，让人心潮澎湃，久久不能平静。

司马懿！

司马师！

这是曹氏不共戴天的仇敌，心存曹氏的社稷大臣与他们的江湖恩怨，或许到了该清算的时候了。

李丰一边望着暗淡的天空，一边默默思考着。

中书令李丰何许人也？他为何会对司马懿父子耿耿于怀，甚至到了水火不容的地步？

李丰，字安国。其父李义曾官拜卫尉。李丰十七八岁初出江湖时，在邺下居住，一边读书，一边与文人来往。因其为人清正，品性纯洁，且喜欢参加月旦评，品评天下人物，因此一夜爆红，声名鹊起，成为当时人们追捧的海内名士。后来，因父亲任职而有资格应召随军，来到了许昌。李丰一到许昌，与诸名士来往得更加频繁,名声日隆,一时春风得意,好不快活。

其父李义见李丰年纪轻轻就名动天下,忧心忡忡。有道是初生牛犊不怕虎,李丰只知恣意纵横,哪里知道许昌乃是天下政治的旋涡中心,稍不留意,就会卷入政治斗争中,引来灭族之祸。

一天,卫尉李义将李丰召到面前,厉声说道:"从今往后,你必须与那些所谓的名士断绝来往,闭门读书,哪里都不许去!"

被关了禁闭的李丰不得不与外界断了来往,暂时过上清静的生活。

明帝曹睿初为东宫太子时,李丰还被父亲关在家里苦读。曹睿即位后,李丰这才重出江湖,担任了黄门郎一职。当时魏国与吴国交战,擒得吴国降将。曹睿好奇地问吴国降将:"吴国知道的魏国名士都有谁?"

吴国降将说:"臣听说有李安国!"

曹睿一愣,对左右问道:"李安国是谁?"

左右答道:"李安国就是黄门郎李丰。"

曹睿又是一惊,说道:"李丰声名远扬,难道此人真有这么厉害?"

于是,曹睿决定起用李丰,先让他当了骑都尉,后来迁为给事中;曹睿驾崩后,李丰转任永宁太仆,却被认为名高于才,名过其实,不被重用,后改任侍中尚书仆射。

这时,郁郁不得志的李丰,便学会了混日子。

当时的人们把李丰这段混日子的官场生涯,当成茶余饭后的谈资,津津乐道的好段子。当时,朝廷规定,凡请病假超过百日者,当解除官禄。李丰为了混日子,便打起了擦边球。他先称疾不朝,在家里舒舒服服地躺着睡大觉,一躺就是数十日,见时间差不多了,再出门上朝,继续领官禄。

这样的日子,一混就是几年。

有些人身处官场,这样一混就是一辈子。李丰混了几年,时来运转了,因为他的儿子李韬娶了公主,而李丰的两个弟弟也纷纷升官,被授郡守之职。但是,李丰似乎并不以此为荣,反而常常召来两个弟弟,苦口婆心地劝道:"为官之道,当小心谨慎，不可胡乱结党，否则祸在旦夕！"

出道多年，李丰终于醒悟，洛阳官场鱼龙混杂，暗流涌动，绝不是一个好混的地方。况且当时正是正始年间，以曹爽为代表的青壮派与以司马懿为代表的老臣派正在明争暗斗。双方你来我往，无论站队哪方，都十分危险。

既然站队危险，那就哪边都不选，任他们刀光剑影，我自清风万里，安逸逍遥。为了明哲保身，无论是曹爽，还是司马懿，李丰都与对方保持着足够的政治距离，跟谁都不亲近，也不疏远，从容自在。

洛阳官场中当然不全是傻子。久而久之，便有人给李丰编了一个顺口溜，悠悠唱道："曹爽之势热如汤，太傅父子冷如浆，李丰兄弟如游光。"

何谓游光？指的是李丰表面清静无为，内心却热情如火，暗里谋事，两边通吃，犹如游光。

后来，司马懿忍辱十年，一朝发力，终于把曹爽等人一举端掉，牢牢控制了朝廷。曹爽被诛后，司马懿派人将此事告诉李丰。李丰当即面如死色，长跪于地，久久不起。李丰为何如此恐惧？因为他深知江湖规矩，若司马懿父子乘胜追击，继续打击曹爽余党，他一定会被他们识破伪装，揪出来，贴上曹爽余党的标签，推上断头台。

然而司马懿父子却不按套路出牌，为安抚人心，他们竟然只点到为止，没有继续打击报复曹爽余党。更让人暗暗称奇的是，心里有鬼、害怕受牵连的李丰非但躲过一劫，反而升官了。

这天，大将军司马师于朝廷上问道："中书令一职尚缺，谁可补上？"

众僚纷纷说道："此职非李丰不可！"

司马师沉吟半晌，悠悠说道："善！"

司马师便拜李丰为中书令，李丰亦不敢推辞，乖乖赴任。

外行看热闹，内行看门道。不熟悉官场的人都以为，李丰失志多年，而今一朝得到司马师的赏识，登上中书令的高位，可真是幸运啊！

殊不知，这一切都不过是个圈套。

与丞相、太尉、司空这三公之职比起来，中书令之职并不算显贵。但是，此职掌管皇帝诏书以及诸多机要密事，在朝廷中具有举足轻重的地位。看看当年曹爽上台便可略知一二，当时若不是中书令孙资及中书监刘放从中帮助，他岂能一朝富贵？再看看吴国，当时孙权对中书令孙弘十分信任，以致孙弘胆大包天，不但矫诏诛杀将军朱据，且孙权驾崩后，又想联手侍中孙峻诛杀诸葛恪。

中书令一职如此重要，司马师为什么要将其授予被时人称作"游光"的骑墙派李丰呢？

这就是司马师的厉害之处了。

不涉大水，不知水的深浅；不爬高山，不知山的高低。司马师深知李丰之子娶公主为妻，与曹氏联婚，亦知李丰游走于曹家与司马家之间，风光无限，更知李丰久经风浪，练就了一身金钟罩铁布衫的看家本领。为此，他就不得不下足血本，试探李丰内心的真实意图，看他到底是忠于曹氏，还是归顺司马氏。

舍不得孩子就套不住狼，这是千古至理。要想套住李丰这只危险的老狼，无疑，中书令之职当为最好的诱饵。

一场诱杀与反诱杀的较量，一触即发！

李丰初任中书令时，皇帝曹芳才二十岁出头。今日的曹芳之于司马师，犹如当年的汉献帝之于曹操，两者的命运，何其相似。已过加冠之年的曹芳在司马师的控制下，犹如一只蠢蠢欲动的困兽，总想挣脱被别人掌握的命运。无疑，与皇家联婚的中书令李丰，就是帮他破开牢笼的最好帮手。

如此，曹芳便借故屡屡召李丰入宫深谈，谈了什么，没人知道。

有一天，司马师将李丰请来，悠悠问道："听说卿最近屡屡进宫与陛下见面，敢问陛下与你说了什么？"

李丰似已早有准备，从容说道："陛下最近苦心研究玄学，问我《黄帝内经》的养生之术罢了。"

司马师一听，心里一阵冷笑：你这是骗鬼呢！

他顿了顿，试探说道："陛下贵为天子，不修帝王之术，反修养生之道，此为不祥之兆，愿中书令从中劝谏，让其回心转意。"

李丰又从容说道："陛下曾说，魏国朝政，司马大将军已打理得十分妥当，他不必过分忧虑。国治而身养，乃天之道也。不然，国在而身不在，又有何益？"

司马师脸色阴沉，又试探问道："陛下的养身之志何以如此坚定？"

李丰叹息道："昔日魏太祖感叹人生苦短，却也活了六十多；后来魏文帝不重视养身，享年仅四十；先帝亦不顾身体，修建宫室，留恋后宫，仅活了三十六岁。陛下总结文帝与明帝之教训，重视养身，与国同在，岂不甚好？"

看来李丰是执意要糊弄他了！

这家伙明明在深宫暗谋，还把年轻皇帝曹芳说得如此清静无为，高远玄妙，头头是道。

司马师见李丰不肯说实话，只好无奈地将他打发走了。

李丰离开大将军府，回到中书省，脸色阴沉，表面上平静无波，心里却犹如狂风猛刮，风起浪涌，翻江倒海，一时不能平静。

他默默坐了许久，这才缓缓回神，抬头望了望天色，心头一颤，猛地起身，朝宫里匆匆而去了。

李丰见到皇帝曹芳，屏开左右，打开天窗说亮话："陛下，今日司马师召臣，问陛下与臣深谈之事。司马师狡猾如狼，他肯定是听到什么风声了。"

曹芳大惊失色，连忙问道："卿是怎么与大将军说的？"

李丰说道："臣早有准备，说陛下与臣所谈之事，不过尽是些《黄帝内经》里的养身之道罢了。"

曹芳又问道："卿这般解释，大将军能信吗？"

李丰摇头说道："他当然不信，但也一时抓不到臣的把柄。"

曹芳一脸忧虑地说道："司马氏一门尽是些虎狼之辈，卿务必提防着点。"

李丰点头说道："陛下所言极是。臣以为，陛下所托诛大将军之事，今日看来，事不宜缓，务必要先发制人。"

曹芳又惊又怕，问："如今朕羽翼未丰，该如何是好？"

李丰说道:"陛下所担忧的事,臣来之前已有些想法。欲诛司马氏一门,此事非墙倒众人推才可。臣以为,可与太常夏侯玄、国丈张缉联手。"

曹芳叹息道:"如此甚好!奈何手中无兵,该怎么办?"

李丰目光坚定地说道:"臣二弟皆居州郡,掌二州军事,可传诏兴兵,里应外合,想来此事可行。"

曹芳一时默然,神情似有犹豫。

李丰果断地说道:"陛下,行大事者,言必信,行必果。以迅雷不及掩耳之势攻其不备。稍有彷徨,大势便去矣!"

曹芳一听,点头说道:"那朕就拜托你了。"

李丰视死如归,拱手说道:"臣必不负陛下所望!"

说罢,李丰转身匆匆离去。

这天傍晚,洛阳城暮色深沉,寒风阵阵,一片萧瑟,举目望去,路上竟无一人,唯有风在呼呼地吹着。这时,却见远处传来马车声,那声音越来越急,向李丰府邸方向疾驰而去。

此时,中书令李丰正在府上等待着。他默默呆立,忽然听见府外传来马蹄声,悚然回神,匆匆往大门走去。才到大门,便见侍从打开大门,从外面匆匆走进一个人。

李丰连忙走上前,拱手说道:"丰恭迎泰初!"

来者原来是太常夏侯玄。

夏侯玄也连忙拱手说道:"安国兄久等了。"

两人正说话间,只听见外面又有马车声响起,李丰神色一动,对夏侯玄说道:"若没猜错的话,定是敬仲兄到了!"

李丰一边说着,一边向府外走去。这时,只见一人下了马车,向李丰大步走来,此人果然是光禄大夫张缉。

三人一边说笑,一边向院中走去。进到厅堂上时,里面已摆好酒宴,三人各自落座,谈笑风生,其乐融融。

夏侯玄是一个以研究玄学出名的海内名士，李丰与张缉亦深通玄学。说话间，三人皆言玄；谈笑间，三人皆言玄；玄来玄去，夜色已深。这时，李丰神色突变，对二人幽幽说道："此地谈话不便，可否移步至内室？"

夏侯玄和张缉默默点头，起身跟着李丰来到了内室。不知何时，里面已经摆好一张茶几。茶已煮好，李丰斟茶，三人饮茶解酒，一时无话。

半响，李丰放下茶杯，将他被司马师召见问话，又将他与皇帝曹芳之间的谈话内容和盘托出。末了，又沉声说道："大将军司马师大权在握，似有王莽之心，诸公皆为社稷重臣，不得不为陛下操心江山社稷啊！"

夏侯玄和张缉皆一脸凝重，默然不语。

李丰望着夏侯玄，叹息一声，悠悠说道："时人皆说我李氏兄弟在曹氏与司马氏两边讨好，犹如'游光'。今日，我可把话说清楚了，丰表面侍奉司马子元，实则属意夏侯泰初，望泰初明了。"

夏侯玄两眼明亮地望着李丰，缓缓说道："安国兄见外了。安国兄为人如何，玄亦心知肚明。"

李丰默默领意，转头对张缉说道："昔日敬仲兄与司马子元言东吴诸葛恪虽取得东关大捷，然则其人必身败名裂，事情果然不出所料，可谓神矣！如今依敬仲兄之见，那司马子元掌控朝局，将何去何从？"

张缉摇头一叹，缓缓说道："举目朝廷，除了我们几个，哪个不是司马氏的耳目爪牙？司马子元初掌大权，内忧外患，天下未稳，必须趁势将其铲除。若等其平东吴，灭蜀国，统一天下，江山社稷必易名改姓为司马氏！"

夏侯玄点头说道："不错！司马子元之心，昭然若揭！"

李丰见二人皆对司马师不满，心里有了数，低声说道："泰初乃曹氏宗亲，敬仲乃皇后之父，丰等亦与曹氏联婚。我等三人若不出力捍卫曹氏社稷，还有谁可力挽狂澜？当务之急，必先诛司马子元，而后以夏侯泰初为辅政大臣，方可名正言顺，理顺阴阳。"

李丰话音刚落，光禄大夫张缉深以为然地说道："不错！昔日司马子元虽与夏侯泰初齐名，被称为海内名士，然而司马懿诛杀曹爽大将军，时人皆谓其不仁。以不仁之道而得不义之物，必不能长久。今日，陛下已成年，收回大权，司马氏还政于曹氏宗族，乃顺应民心之举，我辈若不替天行道，为朝廷除此害，天地难容！"

李丰见张缉亮明态度，心中大喜，对夏侯玄问道："我与敬仲兄心意已定，不知泰初意下如何？"

夏侯玄一听，抬头望望李丰，又望望张缉。半响，才缓缓说道："昔日司马懿诛杀大将军曹爽等人时，我与夏侯霸皆在关中。夏侯霸力劝我与之逃往西蜀避难，我却不肯。为何？生为魏国人，死为魏国鬼，我不屑为了苟活而投降敌国。司马懿死后，有人对我讲，此后当可无忧了。我告诉他，司马师与司马昭两兄弟必不容我。之后的事，也果然不出所料。司马子元夺我征西将军之职，使我怏怏不如意。而今，安国兄谋划要诛杀大将军司马子元，我必定奋不顾身，为国除害！"

张缉亦苦笑着说道："我与泰初兄可谓同病相怜。我曾以东莞太守之职领兵在外，司马子元亦召我回京，回来后，我整天无所事事，亦是很不痛快。"

李丰见二人互相倾吐心声，也苦笑说道："我也好不到哪里去。洛阳城里的百姓都知道我李丰是个失意混日子的人！"

说罢，三人皆仰天苦笑。

半响，夏侯玄问李丰："准备怎么动手？"

李丰语气转为严肃，缓缓说道："待定下时日，我们从宫里出动诛杀大将军，同时呼我弟李翼以兖州刺史之职发兵呼应。"

夏侯玄想了想，又说道："如此，我写信与镇东将军毌丘俭通气，力保大事无碍。"

李丰一听，拊掌叫道："泰初与毌丘俭素来交好，若他亦举兵呼应，万事大吉。"

张缉接话问道："不知泰初兄与镇南将军诸葛诞感情如何？"

夏侯玄沉默半响，沉声说道："毌丘俭尚且有把握，诸葛诞此人不好说。"

李丰摇头说道："诸葛诞此人虽为名士，却是真正的游光之人，靠不住！"

夏侯玄想了想，又沉声说道："京师外的起事，不过是遥相呼应，以壮声威罢了。诛一司马子元，何须如此费劲？关键是选择恰当的时机。"

李丰说道："陛下马上要进行贵人册封，到时陛下亲登前殿，宫门皆闭，我们便可趁机行动，传诏诛大将军司马子元。"

夏侯玄和张缉一听，皆脱口说道："妙极！"

如此，计谋便定。当晚，李丰立即写密信，派人给其弟兖州刺史李翼送去，相约起兵。

这天，李丰将黄门监苏铄、永宁署令乐敦、冗从仆射刘贤等人秘密召到中书省，沉声说道："传闻诸君居内宫，做了许多不法之事。"

苏铄闻言大惊，问道："李中书何出此言？"

李丰不慌不忙地说道："近日与大将军司马师议事，他多次说起你们有不轨之事。如果是真的，你们可要小心为妙啰！"

苏铄立即面如死灰，慌张地问："司马大将军要对我们动手了吗？"

李丰悠悠反问道："诸君以为司马大将军为人如何？"

苏铄回答道："司马大将军性好杀伐，宫里宫外，无人不怕。"

李丰点点头，说："司马氏父子刻薄寡恩，诸君可别忘了黄门张当是怎么死的！"

昔日，司马懿诛曹爽时，怀疑黄门张当与曹爽有勾连，便将其一道收捕。张当供认曹爽及何晏确有谋反之心，却没能活命，反而被司马懿治罪，夷其三族。此刻，李丰故意重提此事，就是先给他们一个下马威，警告他们不要轻易做告密者，不然亦会成为张当第二。

这时，苏铄等人彻底慌了，连忙说道："中书救我！"

李丰见一众人都害怕了，心里不无得意。半响，只听他低声说道："诸君若想活命，我有一计可行！"

苏铄一众人顿时眼睛一亮，连忙问道："中书有何妙计？"

李丰面色一变，杀机毕露，盯着他们恶狠狠地说道："司马懿与司马师皆是虎狼之辈。他们架空陛下，专权霸道，毁坏朝纲。诸君与其坐以待毙，不如先发制人，诛杀司马师，为国除害！"

苏铄等人闻言色变，一时不敢相信，吓得一动不动。

李丰冷冷一笑："怎么？怕了吗？"

苏铄等人面面相觑，陷入了死一般的沉默，不敢应声。

李丰幽幽一叹，缓缓说道："诸君以为太常夏侯玄与司马师比起来如何？"

苏铄等人回答道："这两人齐名，皆是海内名士。"

李丰又问道："司马师专的是曹家的权，这样做是可以的吗？"

苏铄等人默默摇头，却不敢出声。

李丰又问："若是太常夏侯玄辅政，又如何？"

苏铄沉吟半晌，才说道："夏侯玄乃是曹氏宗亲，若是他来辅政，名正言顺，水到渠成。"

李丰叹道："这么说就对了！诛除司马师，不仅是为国除害，亦可匡正社稷，一举两得，必千古不朽！"

苏铄等人一听，心里都倒抽一口冷气。此事若能做成，岂止一举两得，说一举四得都不过分。除了为国除患、匡正社稷外，还有保命保家、封侯加爵等好处。

所谓富贵险中求，既然有这么多好处，赌上身家性命又何妨？

想到这里，只听苏铄等人齐声说道："我等愿听从中书吩咐！"

李丰见他们愿参与政变，心里落下一块巨石，缓缓说道："陛下即将册封贵人，诸营兵卒皆屯守宫门，陛下亲自驾临前殿，我们可趁此机会胁迫陛下，派兵诛杀大将军。"

苏铄听得一愣："胁迫陛下？若陛下不肯听从呢？"

李丰听得这话，默然无语。他自然早就跟皇帝曹芳设计好了，所谓胁迫不过是一场表演，曹芳哪里有不肯听从的道理？但是，这话只有天知地知，千万不能让眼前的这帮人知晓。

半晌，李丰才缓缓说道："诸君尽管放心，陛下不敢不从。咱们可随机应变，若到时陛下不从，便可将其劫持离去，如此，岂有不从之理？"

苏铄等人一听，默然点头。

李丰见众人心思安定，昂首说道："此等谋反之事，乃灭族大罪，卿等务必保守秘密！大事若成，卿等自可加官晋爵、封侯拜将！"

"诺！"苏铄等人齐声叫道，随后就离开了中书省。

此时，有一个身影犹如长了八条腿的蜘蛛，正紧紧地贴在中书省的墙壁上偷听李丰等人的密谋。等他们悄然撤离后，那蜘蛛似的身影亦悄无声息地离开，向大将军府赶去了。

此时，司马师正一动不动地坐在大将军府里。那八条腿的蜘蛛正是他安插在中书省里的卧底。当卧底把李丰准备谋反的消息告诉他时，他神色阴沉，镇定自若，只是定定地在思索着什么。

这时，侍立一旁的舍人王羕站出来，昂首说道："大将军，请允许我前去捉拿中书令李丰！"

司马师缓缓抬头，神色从容地问道："君有何计？"

王羕面色从容地说道："我以大将军的名义召李丰前来议事，若其心中有鬼，自知理屈，不敢不来，那么凭羕一人之力就可以将他制服；若他知道事已败露，必亲自率众横穿云龙门，挟持陛下登凌云台。台上有三千披甲执戈之士，其必鸣鼓会师，如此，我就拿他没办法了！"

司马师又不慌不忙地问道："那么，依君之见，李丰会如何抉择？"

王羕自信地说道："苏铄等人前脚才离开中书省，大将军便召他前来议事，料他必不知事已败露，定会亲自前来。"

司马师眼睛一亮，点头说道："妙极！君且先去请他！"

王羕领命，昂首离去。没过多久，只见一辆马车驶出大将军府，向中书省疾驰而去。王羕来到中书省府门外，缓缓下车，抬眼四望，见一切如常，心里一定。他顿了顿，缓缓向里面走去。

王羕进得中书省，见中书令李丰正独自伏案做事。李丰抬眼看见王羕，心中一愣，浑身一僵。

王羕从容不迫地走到李丰面前，将大将军司马师的手书放下，缓缓说道："大将军请李中书前往府中议事。"

李丰心中一凛，问道："所议何事？"

王羕面色沉静，又从容说道："大将军要议的自然是大事，我等岂能得知？"

李丰沉默半晌，缓缓说道："你且先回，我稍后便去。"

王羕听了这话，果断说道："大将军说，事不宜迟，马车已然备好，李中书出门坐车便是。"

李丰环顾四周，奈何此时府中只有他一人，而对方却是著名的刺客，自己根本就不是他的对手。此时若与对方拉扯对抗，恐怕会让司马师起疑，那就打草惊蛇了。不如将计就计，随他前往。

半晌，李丰缓缓起身，甩了甩袖子，昂首大步走了出去。

李丰坐着大将军府上的马车，心情沉重地来到司马师面前。司马师看见李丰，心里冷笑一声，悠悠问道："李中书，最近在忙什么事呀？"

李丰心里十分紧张，脸上却镇定自若地说道："为官之道，以天下为公，忙的还能是什么事？"

司马师冷笑一声，猛然问道："敢问李中书，我司马家待你不薄吧？"

李丰一听，暗叫不妙，嘴上答道："不薄！"

司马师又问道："既然不薄，你却为何处处跟我司马家作对？"

李丰闻言一惊，强自镇定，反问道："今天大将军召我前来，不是要议国家大事吗？"

司马师猛地拍案叫道："议的正是你与司马家作对之事！"

李丰四处望望，只见一列武士缓缓从屏风后面走了出来，心里一惊，又问道："不知大将军此话从何说起？"

司马师冷笑一声，叫道："死到临头，竟还嘴硬！之前，陛下屡屡召你进宫深谈，所议之事，必然与我有关，你却不肯透露半个字。如今，你却又召黄门监苏铄到你那里密谋诛我司马家。是可忍，孰不可忍！"

李丰心里一凉。完了，定然是他所谋之事被司马师知晓了。

半晌，李丰不死心，又问道："大将军有何证据，说我李丰要对大将军不利？"

话音刚落，只见司马师随手将一张奏疏丢到李丰面前，厉声说道："你且看看，你们李家做的勾当！"

李丰面色从容地捡起奏疏一看，原来是其弟李翼写的请求进京朝见的奏疏。

李丰整理好奏疏，对司马师问道："兖州刺史李翼上奏请求朝见，与我何干？"

司马师冷笑道："难道你不觉得这一切太过巧合吗？你李家兄弟分明是想里应外合，诛我司马家。"

司马师话都说到这个份上了，任何辩驳都已无效。半晌，只见李丰抖了抖身子，正色道："你父子居心叵测，有虎狼之心！可惜我力量太弱，不能灭你三族解恨！"

司马师见李丰原形毕露，亦露出一副狰狞面孔，怒叫道："昔日诸臣皆言你李丰可任中书令，我故意顺从人意，赐你此职，就是引蛇出洞。如今一看，你竟然不知死活，自投罗网，主动送死！"

司马师说着，猛地大手一挥。只见侍立一旁的武士举刀直奔李丰，咔嚓一声，一个冒着鲜血的人头就滚落到了地上。

杀了李丰，司马师又派人迅速行动，将夏侯玄、张缉、黄门监苏铄等人全部缉拿下狱，等待判决。但是不久，消息传来，诸人皆伏法认罪，独夏侯玄不肯顺应。

司马师召来廷尉钟毓，问道："夏侯玄不肯伏法，卿将如何处置？"

钟毓，字稚叔，其父就是当年替曹操安抚关中而闻名天下的钟繇，钟毓为人机敏，谈笑间颇有乃父之风。风水轮流转，当年那帮跟随曹操出生入死的大臣后裔，如今心都不在曹氏身上，竟纷纷转投司马氏门下，为司马氏效命，而钟繇的两个儿子钟毓与钟会，亦成了司马师的左臂右膀。

这时，只听钟毓对司马师侃侃说道："夏侯玄乃天下名士，无人能出其右，他颇有节操风骨，若怒而杀之，恐怕会有损大将军的名望。"

司马师叹息道："夏侯玄与我齐名，所以我才对他颇为忌惮。无故杀之，天下人就会认为我是妒忌其才，但不杀他，不足以消我心头大恨！"

钟毓从容说道："大将军不必过虑，夏侯玄之案，让我亲自处理，必不负大将军所望。"

司马师眼神中流露出欣赏之意，点头说道："你去吧。"

钟毓当即领命，亲自到狱中审问夏侯玄。彼此都是熟人，夏侯玄看见钟毓进来，只扫了他一眼，就扭过头去，闭上眼睛，一句话也不肯说。

钟毓默默注视着夏侯玄，亦一动不动。

半晌，钟毓叹息一声，打破沉默，幽幽说道："泰初早知如此，何必当初。你贵为天下名士，却败于一念之间，可惜啊！"

夏侯玄缓缓睁开眼睛，转头望着钟毓，面露傲气，不屑地说道："你这是同情我，还是笑话我？"

钟毓神情严肃，缓缓说道："谋反之事，李丰、张缉、苏铄等人皆供认不讳，人证物证皆在，泰初则一张铁嘴不肯认罪，但拖也是拖不过去的。"

夏侯玄一听，反唇相讥，说道："既然如此，不如稚叔替我写认罪书吧！"

夏侯玄话音刚落，钟毓竟应声说道："既然泰初委托我来写，那我领命就是了。"

钟毓当即命狱卒拿来笔墨纸砚，就在狱里当着夏侯玄的面替他写起了认罪书。

烛光映壁，照着人影。这一写，一夜就过去了。

天色乍亮时，钟毓终于写完，停笔望向夏侯玄，眼里不知何时已蓄满了泪水。他一边流着泪，一边将替夏侯玄写好的认罪书端到夏侯玄面前。

夏侯玄神情镇定，波澜不惊。他看了半晌，什么也没说，只是默默地点了点头。

钟毓神伤不已，默默起身走出监狱，向司马师交差去了。

行刑这天，洛阳东市外面，早早聚集了许多看热闹的百姓。囚车一路向东市驶来，被押下车的正是夏侯玄。

夏侯玄面不改色，神情自若地望了望天空，只见天上风卷云舒，依然是万世不变的景象。这情景真让人不胜感伤。

半晌，只见夏侯玄缓缓闭上眼睛，深深地吸了一口气。

这是人间最后一口新鲜的空气。

这时，只听行刑官高声喊道："行刑时辰到！"

随着这冷酷的一声叫喊，一串鲜血冲天飞溅，射向了虚无的苍穹，不知飞向了何方。天地苍茫，天空中突然响起了惊雷，一场突如其来的大雨顿时淋湿了人间。这场大雨无边无际地下着，仿佛苍天正流着眼泪洗刷着无穷无尽的悲伤。

第四章
其斗无穷

嘉平六年（公元254年）二月，太常夏侯玄于洛阳东市扬起的那一抹鲜血，仅仅是洛阳宫廷里那场未叛即败的斗争的一个逗号。哪里才是斗争的尽头，哪里才是结束流血的句号，没人知道。

如果拿这话去问司马师，恐怕他也是一头雾水，茫然不知历史的走向。因为他在明处，并不知道还有多少政敌躲在暗处，他只能将父亲司马懿传给他的盖世功夫发扬光大，勇敢斗争，感受着种种胜人一着、化险为夷之快意，尽管这浸透着无穷的血腥味道。

这是一种变态的快乐，但司马师也绝没有自废武功的理由，他只能挥舞着长剑，继续发出带着血腥气的咆哮。

眨眼，三月已到。

洛阳城今年的春天非但不暖和，反而渗透着丝丝寒意，让人冷得直打寒战。或许，在这三月的春光里，真正感受到寒冷的不是司马师，更不是躲在洛阳城低矮屋檐下不停跺脚的百姓，而是裹着一身龙袍，站在空荡荡的大殿里的皇帝曹芳。

因为光禄大夫张缉参与谋反，张缉的女儿张皇后非但保不住后位，连人也没能保住。因为司马师二话不说，连个招呼也不打，直接将张皇后杀了。

司马师这个杀法，跟当年曹操杀汉献帝的伏皇后是一个德性。天道循环，万事皆有报应——说不准哪一天，司马氏的后裔也会沦为他人刀下鬼魂呢！

司马师看不到这天，但他杀人的时候，心里作何想法，旁人也并不知晓。

但这是历史的宿命，谁也逃不掉。

皇后被废，中书令李丰被杀，曹芳一下成了孤家寡人，再无人可以召来深谈。一想到这事，他心里就愤愤不平。但他也只能愤愤不平。在时局变得越来越血腥的时候，实力比职位重要。曹芳贵为魏国皇帝，却没有实力，只能沦为司马师手里的一个玩偶。说来可叹，司马师玩弄曹芳，和当年曹操玩弄汉献帝的方式如出一辙，连招式都没改。

这窝囊无能、痛苦郁闷的日子，何时是个头啊！曹芳久久地立在宫中高台上，望眼欲穿，心潮澎湃，久久难平。

整整半年，从三月到九月，曹芳一直都沉浸在这种无法摆脱的痛苦之中。然而就在九月的一天，左右突然跑来悄悄告诉曹芳："天赐良机，陛下的机会来了！"

左右在耳边叽叽咕咕地说了半天，曹芳听着听着，神情凝重，心里却是又紧张又兴奋。

原来，此前魏国关中的狄道长李简给西蜀大将军姜维写了封请降的密信。姜维得此密信后，立即率兵攻取陇西。消息传来，司马师思前想后，决定将镇守许昌的安东将军司马昭召来，命他率军出击姜维。

这天，司马昭率军经过洛阳。皇帝曹芳与左右登上高高的平乐观，检阅准备入蜀作战的魏军。

曹芳远远望着这浩荡雄壮的阵势，听着那震天动地的响亮口号，心里不禁生起一股从未有过的豪迈激情，一时不能平静。

有个宫廷侍从附在曹芳耳边，悄悄说道："陛下，此时就是动手的好时机。"

曹芳一听，身体不禁莫名颤抖，愣愣望着侍从。不知为何，刚才那番豪情竟突然间荡然无存，不翼而飞了。

另外一个侍从见曹芳犹豫，亦靠近曹芳身边，用轻而狠的声音说道："陛下，如今人为刀俎，我为鱼肉，您赶紧出手吧！"

可曹芳就像被勾了魂似的，呆立原地，一时动弹不得。

侍从见他犹豫不决，又赶紧说道："请陛下赶紧下诏，召安东将军司马昭入见，趁机将其诛杀，然后领司马昭之兵讨伐大将军！"

眼前的谋划并非临事起心，激情举兵，而是在司马昭率兵进入洛阳之前，左右心腹跟曹芳谋划好的，而曹芳也表示愿意搏一把。

然而，事到临头，曹芳竟然害怕了。

左右心腹只知曹芳有想摆脱司马师控制之心，却不知道这是一个仅有贼心而无贼胆的皇帝。道理是显然易见的。曹芳生于深宫之中，长于妇人之手，没经过风，没淋过雨，让他一日之间犹如神明附体，突然变得果敢杀伐，无往而不胜，这可能吗？

左右见曹芳还在犹豫胆怯，都急得跺脚，叫道："陛下，机会稍纵即逝，若再犹豫，恐怕真的要沦为鱼肉了。"

在左右恨铁不成钢的叫声中，曹芳这才缓缓回过神来。他环顾左右，见四周都是自己的人，不由胆气一壮，厉声叫道："来人，赶快拟诏，传召司马昭将军。"

左右见曹芳终于战胜胆怯，顿时兴奋起来，连忙当场书写诏书。没一会儿工夫，就将写好的诏书送到曹芳面前。

曹芳看了半晌，不知为何，眼神黯淡无光，又陷入了沉默。

左右见状，无不惊恐，连忙叫道："陛下，赶紧派人传诏啊！"

只见曹芳手脚无力地瘫软着，摇头说道："算了，不干了吧。"

左右一听，急得眼泪都快掉下来了。诏书已经拟好，就差一声令下，大事就可成，历史的轨迹也将被改变。岂料，窝囊废还真是窝囊废，关键时刻，还是认怂了！

左右带着哭腔问道："陛下，您这是怎么啦？"

曹芳看看这个，又望望那个，有气无力地问道："敢问，若司马昭上来，你们敢杀吗？"

"敢！"左右一听，齐声叫道。

曹芳再问:"杀了司马昭,是朕亲自领兵向司马师发动进攻,还是你们去?"

左右闻言,叫道:"陛下吩咐即可,我们身先士卒,以陛下之威,必攻无不克!"

曹芳苦笑道:"你们打过仗吗?会是司马师的对手吗?"

左右又说道:"天下哪有现成的将军?不打,哪里知道不是司马师的对手?"

曹芳又摇头说道:"算了,朕没有信心。"

左右终于忍不住哭了起来:"陛下,不搏一把,又怎么知道不会赢呢!"

"明知是送死,为何还要送死?"曹芳说着,挥了挥手,说道,"都散了吧。"

就这样,胸中豪情犹如昙花一现的曹芳,只能在高台上远远望着司马昭喊完口号,领兵隆隆离去了。但他企图诛杀司马昭的消息已经不胫而走,飞入了司马师的将军府。紧接着,又飞出洛阳城,飞到了司马昭的耳朵里。司马昭闻言大惊,大骂一声,立即率兵返回洛阳,准备收拾曹芳。

九月十九日,司马昭大军才抵达洛阳城,司马师便于宫里迅速动手,以皇太后的名义召群臣前来商议废除皇帝之事。

这就是当断不断,反受其乱!曹芳不想做司马氏的玩偶皇帝,如今想做玩偶也没机会了。

诸臣坐定,司马师环顾四周,面沉如水,缓缓说道:"陛下荒淫无度,沉溺倡优,无心理政,不可以再为天子。"

欲加其罪,何患无辞?这又是无数次重演过的经典一幕。

司马师话既出口,宫中寂寂无声,既没有人认同,也没有人反对。

半晌,司马师缓缓说道:"众卿既然都不说话,那就是默认了。本将军现在就派人前往宫中,收缴陛下玺绶,遣其回到齐国封地,改立彭城王曹据!"

满座大臣皆神情漠然,仿佛这件事和自己并没有什么关系,仍然没有任何人说话。

司马师见状,悠悠叫道:"郭芝!"

众卿之中,有一个身影匆匆站起,大声说道:"在!"

司马师望着郭芝，说道："卿亲自走一趟，入宫将今天朝廷议事的结果告诉郭太后。"

"诺！"郭芝领命，匆匆离去了。

昔日，郭太后得宠，明帝曹睿驾崩前封她为皇后。虎死余威在，郭太后就是曹睿的余威。郭太后出身于河右大族，行事十分果决，不轻易屈服。所以，司马师对她亦有几分忌惮，只好派郭太后的堂叔父、时任虎贲中郎将的郭芝出面传达他的意思。

此时，郭太后正在后宫中与皇帝曹芳默默对坐，仿佛在等待着什么。

郭太后的政治嗅觉十分敏锐，已经嗅到前殿飘来的不祥之气。曹芳却目光无神，似乎也察觉到了母后脸上的担忧之色。

想起来，眼前这个年轻皇帝曹芳的命运何其悲哀！明帝昔日所生数子皆夭折，只好抱养曹芳，可他到底是谁生的？这是宫中秘事，无人知道。

有人说他是任城王曹彰的孙子。

但传说毕竟是传说。来路不明的曹芳败就败在来路不明这几个字上。因为来路不明，所以人生履历一片空白，无根无基。自己打小就被人拿捏，又没有司马懿那般忍辱负重、苦练耐力、一朝纵横江湖的能力，且临事犹豫不决，连赌一把的勇气都没有。如此，他只能听从命运的安排，一路滑向命运的深渊。

不过今天，他似乎已经到达了人生的尽头。

宫室寂然，了无声息。母子二人正相对无言，只听有急匆匆的脚步声响起，两人都不由转头向门外望去，看见郭芝正向他们走来。

郭芝望了望郭太后，又定定地望着曹芳，一字一顿地说道："大将军心意已决，欲废陛下，改立彭城王曹据。"

曹芳似乎早已料到会有这么一天。命运终于被判定了，心里反而落下一块石头。他脸色阴沉地向郭太后行最后的跪拜礼，然后默默起身，木讷地离去了。

郭太后望着曹芳离去的背影，心里猛地刺痛，脸上顿时现出了不悦之色。半晌，只见她对郭芝缓缓说道："大将军想废帝就废帝，他眼中可有我这太后？！"

郭芝脸色冷厉，说道："太后教子无方，酿成大错。如今大将军心意已决，安东将军司马昭就勒兵驻于城外，此刻，您除了顺从大将军旨意，还有什么可说的？"

郭太后不服，继续说："我想说的可多着呢。无论如何，我一定要见大将军，当面质问。"

郭芝实在忍不住了，喝道："您见大将军做甚？赶快把陛下玺绶取来！"

郭太后简直不敢相信，愣愣地望着郭芝，仿佛眼前站着的是一个十恶不赦的陌生人。历史仿佛又回到了西汉末年，王莽篡汉时，派王舜向王太后取玺绶，语气亦是呵斥之状，毫无尊重可言。可眼前这郭芝可是郭太后的堂叔父啊，怎么说都是血亲，竟然还用这副嘴脸，简直就是寡廉鲜耻的刻薄小人，无耻至极！

这时，郭芝见郭太后怔忪出神，又不耐烦地吼道："您还愣着干什么？"

这呵斥之声，简直如同叱骂奴仆，郭太后咬紧牙关，眼泪顺着脸颊落下，只好叫一旁的侍女去取玺绶。

女侍取来玺绶，交给了郭太后。郭太后把玺绶放在一边，心里有气，一时还不肯交给郭芝。

郭芝见到郭太后取来玺绶，便知大事已成，转身匆匆离去，跑到前殿去向司马师汇报。司马师一听太后无力抵抗，愿意交出玺绶，心里亦是一阵狂喜，立即派特使前往宫中，将齐王印绶交给曹芳，并让曹芳立即移居西宫。

曹芳只好与郭太后告别。

临别之时，郭太后抱着曹芳泪如雨下，不舍其离去。曹芳亦是泪眼滂沱，哽咽说道："母后保重！"

曹芳转身登车，离开了太极殿。

郭太后恋恋不舍地跟在曹芳马车后面。郭太后身后亦跟着数十个大臣。所有人都流着眼泪，悲不自禁。太尉司马孚也在那些流泪送别的大臣之中，他已经哭得几乎要断气。

政治江湖就是如此残酷。成王败寇，无关道德。这些痛楚、感怀和眼泪，就是唯一的纪念。

此时,马车已经驶离太极殿南门,曹芳最后望了一眼那熟悉又陌生的地方,终于掀开车帘,止不住地号啕大哭。

风景依稀似旧年。透过如雨的泪水,他仿佛看到了当年汉献帝被他的曾祖父曹操一路劫持、狼狈痛苦的情景,又仿佛看到了汉献帝被他的祖父曹丕废为山阳公,夹着尾巴灰溜溜独自走人的背影。

而今天,轮到他来上演这与汉献帝如出一辙的悲惨故事,难道曹家气数已尽了吗?

曹芳的马车才走,司马师的使者便急忙来向郭太后索要皇帝玺绶。

郭太后擦干眼泪,冷冷地望着司马师的使者说道:"若论辈分,彭城王还是我的季叔。敢问特使,若立彭城王为帝,我又该当如何?"

特使一听,一时愣住了。

彭越王曹据乃魏太祖曹操之子,若立他为皇帝,仍然以郭太后为太后,这合适吗?

郭太后见特使为难,从容说道:"若立彭城王,明帝岂不是绝嗣断后?高贵乡公乃文帝之长孙、东海王曹霖之子。若立高贵乡公,则有小宗继承大宗之义,符合礼仪,请特使向大将军禀报,让他再考虑考虑。"

郭太后有理有据,特使不敢争辩,只好回去如实向司马师汇报。

司马师一听,深深地叹了一口气,心里暗自想:"郭太后扯出明皇帝这面旗,不可谓不高明啊。"

要知道,司马懿乃是明皇帝时的辅政大臣,若司马师执意断绝明皇帝之后而改立彭城王,必将被世人诽谤,说司马氏家族落井下石、过河拆桥,岂不是折了威望,失了人心,那还谈什么执政掌权的合理性?再说,郭太后所提出的立高贵乡公之事,是以小宗继承大宗,亦合情合理,没什么不妥。

九月二十二日,司马师再次召集群臣商议。司马师向诸臣传达郭太后的旨意,诸臣见司马师没意见,也纷纷表示支持改立高贵乡公。

消息传来，郭太后又惊又喜，心里暗暗松了一口气。

她惊的是，司马师竟然没有就到底该改立谁为皇帝之事与她纠缠不清；喜的是，她心里的一桩秘密心愿终于达成了。

曹髦，字彦士，乃文帝之孙，东海王曹霖之子。正始五年，他被封为郯县高贵乡公。此人自幼喜欢读书，成熟早慧，行事稳重，曾给郭太后留下深刻印象。

郭太后为什么一直不肯交出皇帝玺绶，就是想借此与司马师讨价还价。她自知，凭她一己之力是根本斗不过司马师的。想要保住曹氏的千秋大业，想不被司马氏家族继续欺负霸凌，就必须忍辱负重，寻找好的苗子，认真扶持，待将来找到机会，一举报仇雪恨。无疑，成熟早慧，似乎有几分成大事模样的曹髦，就成了郭太后最后的希望。

如今，郭太后的秘密心愿得以实现，她心里怎能不暗喜？

跨出了第一步，就等于成功了一半。

司马师议定了皇帝人选，便选了一个黄道吉日，派人前往元城迎接曹髦。迎请曹髦的使者才出发，向郭太后索要玺绶的使者也来了。

郭太后表情冷漠，目光坚定地对司马师使者说道："玺绶是天子之物，非大臣所能窥视。在高贵乡公小的时候我就见过他，我想亲自把玺绶交到他手上。"

此情此景，明帝曹睿若地下有知，不知有何感想？

当曹氏整个宗族面临巨大灾难时，当曹氏所有男人都悄无声息、无力挣扎时，在外戚郭芝都被收买的境况之下，唯有这位郭太后仍保持了战斗意志，即使孤立无援，也要尽可能地与司马师周旋，捍卫曹氏宗室最后的一丝尊严。

什么都好说，就是不能让你碰玺绶！使者见郭太后目光坚毅且态度明了，也不敢放肆，只好乖乖回去复命了。

郭太后又成功地挡住了司马师的一轮进攻。

十月四日，郭太后心里日盼夜盼的曹髦，终于坐着车驾缓缓来到洛阳城北，抵达了邙山脚下的玄武馆。

初来乍到，群臣以皇帝的待遇招待这位即将登基的刚满十四岁的少年，请他到前殿落脚歇息。曹髦却立即传话给群臣，说馆舍前殿乃先帝所居，自己不敢进入，而应当避让，移往西厢。

果然是少年老成！

第二天，群臣准备于西厢门外迎接曹髦进城。曹髦缓缓走出来，看见馆前停着皇帝使用的法驾，神色一凛，果断说道："法驾乃天子所用，我不宜乘坐。"

真是出乎众人所料。曹髦年纪轻轻，竟如此沉着老成，步步谨慎。这么说，曹氏又有了振兴的希望吗？

曹髦已然大步走向自己的车驾。诸臣见状，只好各自登车，跟在曹髦车驾后面，驶向了洛阳城。

与此同时，洛阳皇宫西掖门南的两旁，魏国群臣肃然而立，都在静静等待曹髦的到来。曹髦来到皇宫门外，望了望窗外，缓缓下车，准备答拜诸臣。

傧者在一旁说道："依礼仪，天子不拜！"

曹髦对傧者说道："我现在还是人臣，而非天子。"

曹髦从容向群臣走去，一一答拜。礼毕，曹髦回到车上，继续向宫里而去。车缓缓驶到止车门，曹髦命令停车，准备下车步行。

左右见状，连忙说道："依礼，天子车驾可直接驶进宫。"

曹髦面不改色地回道："太后召我，不知何事，何敢以天子自居？"

说罢，曹髦下车，昂首阔步地向太极殿东堂走去。

此时，郭太后正在东堂里肃然而立。她远远看见曹髦向她走来，面上波澜不惊，心里却犹如狂风呼啸，波涛汹涌。曹髦的到来，让她仿佛在隆冬的暗夜里感受到了一丝暖意，又如在狂风大浪之中抓到了救命的浮板。

这时，曹髦庄重肃穆地走到郭太后面前行跪拜礼，并大声说道："臣髦叩见太后。"

曹髦响亮的拜谒之声令郭太后从恍惚中惊醒，瞬间回过神来。

半晌，只听她缓缓说道："许久不见，髦儿已长大成人，一身英气，令人欣慰啊！"

曹髦见郭太后夸赞，又连忙说道："太后美言，臣受宠若惊；太后教诲，臣刻骨铭心！"

郭太后一听，心里犹如一股暖流缓缓流淌，叹息一声，说道："取玺绶来！"

话音刚落，侍女便将玺绶端到郭太后面前。

郭太后端着玺绶对曹髦意味深长地说道："这是曹家的传家宝，现在我把它交给你了。你要好好珍惜，好好保护！"

曹髦当即叩首，大声说道："太后之托，臣铭记于心，绝不负太后厚望。"

是日，曹髦在朝廷百官的注视下，于太极前殿即皇帝位。

一切仿佛都已成定局，一切又仿佛才刚刚开始。凛冽的寒气笼罩着洛阳城，呼呼向东吹去，没过多久就吹进了寿春城里，吹进了镇东将军毌丘俭的心里。

这真是一个寒冷的冬天啊。毌丘俭久久望着灰蒙蒙的天，惆怅地叹了一口气。

冬天年年有，冷风年年吹。毌丘俭为一代名将，出生入死，屡次征伐，又何惧这区区冷风？自然，这冷冽的寒风算不了什么，让他惆怅的不是什么寒风，而是听到了两个人被诛杀的消息。

这两人就是死于司马师刀下的中书令李丰与太常夏侯玄。

曹爽和王凌等人被杀的时候，毌丘俭已经十分震惊，只得默不作声。等到李丰和夏侯玄沦为司马氏刀下鬼的时候，他却再也无法平静，犹如心中被万蚁啃噬，彻夜难眠。

为什么？

因为，他和李丰及夏侯玄是同一条战壕里的好兄弟。

自司马懿诛杀曹爽以来，司马懿及司马师似乎都定了一条底线，那就是只诛杀跟司马氏家族明目张胆对着干的人，而不扩大打击范围，株连他人。话虽如此，可素来与李丰及夏侯玄交好的毌丘俭，依然心绪不安，总担心哪一天，司马师的特使就突然出现在他的面前，到那时候，想逃都来不及了。

与其坐以待毙，为何不奋力一搏，轰轰烈烈地折腾一把？昔日陈胜因大雨失期身陷大泽，命悬一线，尚且振臂高呼："王侯将相，宁有种乎！"如今，他毌丘俭镇守扬州，率重兵守备要害之地，难道连陈胜都不如吗？之前，征东将军王凌亦有举兵之志，可惜王凌不敢与司马懿对抗到底，最后落了个身死族灭，何其悲哀！若他举兵造反，一定要整出一番惊天动地的大动作，绝不能像曹爽和王凌等人那样软弱无能，变成白白挨刀的冤死鬼。

想到这里，毌丘俭谋反之志越来越强烈，越来越坚决。一股豪迈之情犹如野火燃烧，仿佛这把火一放出去，便可烧毁整个中原。

可谋反绝不是吟诗，酒入愁肠，临风而立，便可大声吟唱，水到渠成。谋反是一群志同道合之人即将走上的不归路，必须严守秘密，不然稍不留神，就会马失前蹄，陷入万劫不复的境地。回头看，王凌谋反为何失败？归根到底在于内有叛将，外无响应。他还没来得及举兵，消息就已泄露出去，最后只好老老实实地向司马懿请罪。

王凌发起的寿春第一叛，输得实在窝囊。

所以毌丘俭认为，他若要发起寿春第二叛，绝不可以重蹈覆辙。为此，他决定亲自试探一个人，拉对方入伙，一道举兵。

若此人与他一拍即合，大事便可成矣。

这个人就是扬州刺史文钦。

文钦，字仲若，谯郡人。其父文稷富有勇力，曾为曹操帐下著名的骑将。或许是家族遗传，文钦亦有其父文稷的一身勇力胆气，少壮时就以名将之子的称号闯荡江湖，颇受人瞩目。但是，文钦性格刚烈，且暴躁无礼，骄傲自大，明帝时就不受重用，被遣出京城，转任庐江太守、鹰扬将军，成了征东将军王凌的属将。

王凌本来就是一个既骄傲又有脾气的将军。两个骄傲的人碰到一起，岂能有好事？王凌见朝廷派文钦当他的部将，不久便上奏弹劾文钦，说他贪婪暴虐，不宜当抚边之将，请求朝廷将其免官，把他抓回去治罪。

想当年，王凌都不把上司满宠放在眼里，把他告到朝廷，一个小小的文钦又算什么？况且，明帝对文钦亦十分不待见。如此，不出意外的话，文钦栽在王凌手里，算是玩完了。

岂料，文钦回到洛阳城后，非但无事，反而安然无恙，活得十分滋润。

为何？

原来当时恰逢明帝驾崩，曹爽掌权专政。文钦因与曹爽同乡，曹爽待他十分优厚，非但不追究他，反而又将他遣回庐江，继续做他的庐江太守，加冠军将军，待遇远胜从前。

因有曹爽罩着，本来就骄傲贪暴的文钦，变得越发不可收拾，四处逞能斗狠，十分神气。然而好景不长，曹爽被诛，文钦一下便萎靡不振，总是一副戚戚之貌，时刻担心被司马懿父子清算。司马懿父子似乎看出了文钦心中所想，为安抚他，非但未将他贬官，反而给他加官，转拜其为扬州刺史，取代诸葛诞。

文钦当扬州刺史时，诸葛诞担任镇东将军一职，两人皆常驻寿春，因为诸葛诞也是一个骄傲的人，两个骄傲的人若不能惺惺相惜，必会相互交恶。东吴大将军诸葛恪出兵东关时，诸葛诞因战败，转迁为镇南将军，而时任镇南将军的毌丘俭则转迁镇东将军，便与文钦共事，同处寿春城。

到此，总算明白了毌丘俭为何选中文钦为谋反合伙人了吧？这两人跟曹爽多多少少都有过扯不清的政治关系，自然对司马师十分忌惮，将其视为眼中钉肉中刺。且文钦作战十分勇猛，若能说动他一起秘密起兵，胜算极大。

这天，毌丘俭备好酒宴，派人请扬州刺史到府中喝酒。文钦来到府中，见毌丘俭在等他，不禁疑惑地问道："今天是什么日子，就只有咱们俩？"

毌丘俭哈哈一笑："人生知己何须多，有文将军一人足矣！"

文钦见毌丘俭话中有话，亦仰首哈哈一笑："毌丘将军如此抬举，在下不敢当啊！"

文钦一边笑着一边落座。

毌丘俭举杯说道："文将军过谦了！此刻正是隆冬，对酒当歌，人生几何？今天我就与仲若不醉不归。"

文钦听罢，哈哈大笑，举杯一饮而尽。

酒过数巡，正微醺时，毌丘俭将酒杯置于地上，情不自禁地长叹一声，说道："唉！人这一生到底图个什么？"

文钦听罢，疑惑地问道："仲恭兄喝醉了吗，为何如此叹息？"

毌丘俭醉眼蒙眬地望着文钦说道："我叹气，一是为人生无常，二是为国家社稷。"

文钦眼睛一瞪，问道："此话从何说起？"

毌丘俭叹息道："人生在世，如白驹过隙，稍纵即逝。君不见，昨日高朋满座宴宾客，今日就楼塌人散门可罗雀；君不见，昨日加官进爵荣归故里，今日就身首异处埋骨荒草地；君不见，长江滚滚永不停歇，人本是风中残烛，朝不保夕。天地不仁，以万物为刍狗；人生无常，你我皆不过是草木一秋啊！"

文钦一介武夫，本性粗犷，素无文人墨客感叹人生的情怀。然而他听了毌丘俭这番酒中感言，心里亦是一阵凄凉。他不由想起了曹爽及何晏等昔日故友。昨日高朋满座欢聚一堂，今日坟头荒草凄凉，人生如此无常，说的不正是他们吗？

良久，文钦深有感触，又问道："仲恭兄说为国家社稷而叹息，又是何故？"

毌丘俭望着文钦，两眼陡然放光，昂首说道："昔日汉祚衰微，群雄并起，逐鹿中原，争霸天下。魏太祖奋盖世之神威，以区区兖州之地，斩吕布，灭袁绍，南征北战，北据冀州，南吞荆州，遂有魏国疆土。汉献帝见日月轮换，审时度势，将大位禅让给文帝，乃天地常理。而今，太祖魂魄在天，文帝作古，明帝音容宛在，司马师身为权臣，却欺曹氏孤弱，以霍光之名行废帝之事，实则有王莽篡汉之心。你我二人身为大魏臣子，食曹氏禄，难道就此闲坐扬州，喝酒唱和，任由郭太后及弱帝被司马师欺凌吗！"

毌丘俭话音刚落，只听见"砰"的一声，文钦拍案而起，拔剑叫道："竖子司马师，欺人如此，老子与他水火不容，势不两立！"

毌丘俭成功激怒了文钦，心里一阵暗喜，缓缓起身说道："仲若息怒！"

文钦舞着剑说道："大丈夫即使战死沙场，亦不愿沦为司马氏刀下冤鬼。毌丘将军一声号令，我等一同举扬州之兵，杀入洛阳，为朝廷清除污秽，如何？"

毌丘俭亦拔剑起舞道："文将军有为国尽忠之心，我毌丘俭岂是贪生怕死之辈？"

两剑当的一声抵到一处，二人四目相对，齐声吼道："报效国家，与司马贼子势不两立！"

铿锵之间，豪情万丈，剑气冲天，让这个冬天都变得悲壮起来。

转眼到了第二年的春天。

此时，毌丘俭和文钦正在磨刀霍霍，准备举兵，但是，他们还在等一个重要的信号。这天晚上，只见天上一道彗星拖着数十丈长的光线，自东南向西北方向划了过去。

文钦指着天上那耀眼的光芒对毌丘俭说道："吉时已到，请毌丘将军下令。"

彗星象征着逆乱。扬州地处东南，彗星起于东南，说明必有战祸。天意如此，何必多虑？毌丘俭便以郭太后的名义诏告天下，于寿春起兵，征讨司马师。

同时，他又向郭太后上表奏道："相国司马懿为人忠正，于国家社稷有大功，宜宽有后世，请废司马师大将军之职，以侯职返宅，以其弟司马昭代之。太尉司马孚为人忠孝、小心谨慎，护军司马望忠正孝直，皆宜宠幸，授以要职。"

这表奏说得太清楚了，他们起兵造反，只反司马师一人。

但是，毌丘俭这番话说出去，人家会相信吗？这可是当年司马懿用来对付曹爽的说辞呀，难道他也想以其人之道还治其人之身？

是的，这不是高明之举，但绝对是粉饰造反的绝佳理由。这时，毌丘俭又想起了与夏侯玄素来交好的诸葛诞，立即派特使秘密前往豫州，欲说服诸葛诞一起举兵为好友夏侯玄报仇。

但是，诸葛诞混迹江湖已久，根本就不上毌丘俭的当，当即将毌丘俭的特使斩首，并派人火速将毌丘俭和文钦造反的消息送入洛阳。

毌丘俭真是糊涂透了。他只知诸葛诞与夏侯玄及他本人是好友知己，却忘了诸葛诞与文钦是一对江湖死对头。诸葛诞想发兵征讨文钦尚且来不及，如何还会起兵响应？

毌丘俭见事情败露，当即与文钦率领五六万兵以狂风席卷之势渡过淮水，迅速挺进到项县。项县再往前就是乐嘉，只要突破乐嘉这道防线，就可以直指魏国旧都许昌城。毌丘俭与文钦商量了分工，毌丘俭屯兵坚守项县，由文钦率兵进攻出击。

可真是惊雷奔矢，迅疾不及掩耳之势啊！

当毌丘俭与文钦举兵的消息传入洛阳，朝廷上下有人欢喜有人忧。然而大将军府里的司马师似乎早已习惯这突如其来的大变，不慌不忙，一脸沉着地读着前方传来的奏报。读了半晌，他的眼睛有些发疼，眼泪止不住地流。不得已，他只好闭上眼睛，心思却转个不停。

半晌，只听他叫道："来人，召河南尹王肃来见。"

府中侍从领命，匆匆出去。没过多久，便见河南尹王肃向大将军府匆匆赶来。

王肃，字子雍。其父就是昔日魏国著名的司徒王朗。王肃深受其父王朗影响，自小研究经学，颇有建树。且其人品贵重，见事深远，有识人之明。昔日，曹爽专政，重用何晏与邓飏二人。有一次，王肃与太尉蒋济、司农桓范等人品评天下人物时，都提到何晏与邓飏有不世出之才，王肃却不以为然，正色道："此二人不过是昔日弘恭、石显之类的人，有什么可称道的？"

汉元帝年间，弘恭与石显因专权乱政而闻名。王肃毫无惧色地将何晏及邓飏比作弘恭、石显之流，消息传入曹爽耳朵时，曹爽也深感震惊。曹爽对何晏和邓飏说道："王肃等公卿都将你们俩比作昔日的恶人了，你们还是小心谨慎点为妙啊。"

他们小心了吗？谨慎了吗？他们又是否有自知之明？

从后来发生的事情看，显然没有。

曹爽与何晏等人被诛杀后，一天，洛阳城的武库屋顶上，莫名出现了两条一尺长的大鱼。管理武库的官员以为这是吉祥之兆，便前来报告司马师。

当时，司马师刚刚当上大将军，若洛阳城有吉兆，那当然是件大喜事。但是司马师不糊涂，召来精通经学的王肃，向他询问出现这两条一尺长的大鱼究竟是不是吉兆。

王肃一听，当即说道："此物出现，绝非吉兆！"

司马师疑惑地问道："何以见得？"

王肃严肃地说道："大鱼乃生于深渊之物，无故现于屋顶，岂不悖逆常理？且大鱼有鳞甲，鳞甲乃甲戈之喻，武库又是保藏刀枪甲胄的地方，二鱼现于武库屋顶，或是预兆边将将丢兵弃甲，大败而归。"

之后的东关之役，诸葛诞和胡遵两位将军果然被诸葛恪打得落花流水，丢盔弃甲而归。司马师这才恍然大悟，原来莫名出现在武库屋顶上的那两条大鱼，竟然是暗指打了败仗的诸葛诞和胡遵。

这话玄乎得很，姑且不置可否，我们接着往下看。

后来，司马师废掉曹芳，迎立曹髦，天上又现不祥之兆。一天夜里，一道硕大的白光横贯夜幕，久久不散。

司马师见之，心里又惊又疑，又召来王肃，问道："天现白光，弥久不散，此为何意？"

王肃从容答道："这白光乃是蚩尤之旗。或许，东南方向又要出乱子了。"

司马师心里一颤，又问道："可有化解之道？"

王肃不慌不忙地说道："惊乱纷扰乃世间常态。仁者处之，泰然自若；不仁者处之，惶惶不安。假若大将军修身立德以安百姓，则天下必然安乐，所谓倡乱者必自取灭亡！"

王肃这张嘴真可谓料事如神，司马师不得不服。因为这话才说了不到两个月，东南方向的毌丘俭和文钦就起兵造反了。不得已，司马师只好再将王肃召来，问他该如何对付东南方向的这两位叛将。

这时，司马师看见王肃，犹如抓到了救命稻草，幽幽一叹，沉声说道："昔日霍光废帝，天下惶惶不安，大儒夏侯胜向霍光进言，重视儒学之士，天下必安。霍光感夏侯胜之言，重用儒士，果有所获。而今东南叛乱，天下纷扰，所谓安定国家社稷之术，又在哪里？"

言语之间，司马师这是把自己当霍光，把王肃当夏侯胜了。

王肃望着一脸迷茫的司马师，从容说道："大将军不必叹息，东南叛乱，必不成大事。"

司马师听得眼睛一亮，问道："哦？如何见得？"

王肃目光坚定，炯炯有神地说道："昔日樊城一役，关羽于汉江之畔俘虏于禁将军，气势雄壮，虎虎生威，有北向争霸天下之志。后来，孙权派兵奇袭关羽后方，俘虏其将士家属，关羽所率部众闻讯，气势瞬间瓦解，一战而败。以关羽之事观毌丘俭之事，何其相似。毌丘俭所率部众，父母妻子等家属皆在内地，当务之急，应该一边派兵保护毌丘俭部众家属，一边派兵阻截他大军北上。如此，其内部生乱，必将如昔日关羽一般土崩瓦解！"

司马师一听，心里不由得长长地松了一口气。

当时魏国军制，诸将出征或镇守一方，必须留下家属为人质。而当时驻守淮南的将士，皆是从北方内地诸州征调过去的，其家属在内地。今天看来，祖宗军制自有祖宗军制的妙处啊，以家属威胁诸将，乱其军心，岂有不胜之理？

半晌，司马师望着王肃，果断说道："善哉！就依卿所说妙计行事，我立即派太尉率兵征讨。"

王肃一听，连忙说道："司马太尉年事已高，恐怕不行。"

此时，魏国太尉依然由司马师的叔叔司马孚担任，司马孚今年已经七十六岁。不过，让司马师感到困惑的是，司马孚身体尚且硬朗，他不去，那谁能代替他？

想到这里，司马师问道："依卿之言，谁领兵出征方可？"

话音刚落，只听王肃斩钉截铁地说道："此次征讨，非大将军亲自出马不可！"

司马师一听，顿时无言。

自司马师掌控魏国以来，他根本就没迈出过洛阳城半步。国家凡有出征之事，不是交给司马孚，就是托付司马昭。况且他身患目疾，刚刚才动刀割掉，创伤尚未痊愈，连睁眼说话都十分困难，如何上得了战场？

然而国难当前，司马师岂能开口说有疾在身，不便出征？他出神半晌，沉声说道："事关重大，容我再想想。"

一句话便将王肃打发了。

王肃走后，司马师沉默半晌，又说道："召尚书傅嘏与中书侍郎钟会前来相见。"

侍从领命离去。没过多久，尚书傅嘏和中书侍郎钟会便匆匆赶来。这时，司马师两眼疼痛不已，难以睁开，他听见脚步声，只能闭着眼问道："来了？"

傅嘏和钟会连忙说道："大将军有事请吩咐。"

司马师斜斜靠在床上，闭着眼睛一动不动，半晌，才沉声问道："诸卿对毌丘俭与文钦举兵叛乱之事，有何看法？"

话音方落，只听傅嘏和钟会异口同声地说道："军情紧急，大将军应速速率兵出城拦截！"

司马师听得一愣，猛地睁眼问道："你们的意思，是让我亲自出马？"

两位大臣又齐声说道："正是！"

司马师脑子里嗡嗡作响，疑惑地望望傅嘏，又望望钟会，问道："难道朝中竟无人可对付毌丘俭了，非要我亲自出马？"

傅嘏一听，叹息道："大将军有所不知，毌丘俭与文钦非同寻常，其来势凶猛，不是一般人所能降服的！"

司马师一听，心里轻蔑一笑，脸上却不动声色，接着问道："毌丘俭与文钦加起来，两人经受过的风雨，有司马太尉吃过的盐多吗？如果连司马太尉都不是他们的对手，岂不是长他人的志气，灭自己的威风？"

傅嘏一听，急得跺脚，说道："大将军此言谬矣！昔日英布造反，高祖刘邦想派太子率兵出征，吕后力劝高祖，说英布个性刚猛，太子软弱，根本不是人家的对手。若要拿下英布，必须陛下亲自出马。后来果不其然，高祖带病出征，英布兵败被杀。今日，文钦勇冠三军，不亚于英布，况且毌丘俭南征北战，有丰富的作战经验。这两人合力造反，势如潮涌，大将军若不亲自出征，恐怕无人能压得住这两人！"

司马师静静听着，并未表态，似乎还在犹豫什么。

傅嘏又急忙说道："魏国四面八方，唯淮南兵力最猛，自魏太祖以来，皆是如此。所以，孙权毕其一生，无数次攻夺合肥，总是被挡在寿春城外。即使诸葛恪赌上东吴国运，率二十万兵前来，仍然打不下合肥。为何？就是因为既有地利，又有强兵。此前，王凌以区区淮南之地，为何敢于造反？就是因为淮南兵势威猛，无人可抵挡。淮、楚兵劲，且毌丘俭与文钦又善于作战，其锋芒不易抵挡。假若诸将出战不利，气势一失，大将军可就满盘皆输，万事俱休了。"

傅嘏连喘气的工夫都没有，噼里啪啦地说个不停。他说的话仿佛一连串的惊雷，司马师听着听着，如梦初醒。

突然，只见他猛然跳起，拔剑叫道："情况如此危险，我就是被抬着也要出城跟毌丘俭和文钦拼个你死我活！"

久居洛阳城的司马师终于被迫拔剑，要与毌丘俭等人一较高下了。

正月五日，司马师亲率中央禁军及诸州大军征讨毌丘俭和文钦。为此，他派遣弟弟司马昭兼中领军，留守洛阳，又召三万大军会于陈县与许昌待敌。

说一千道一万，还是司马师成熟老到。想当初，曹爽兄弟连打猎都一起出城，轻敌至此，竟然不留一个守城的。结果被司马懿父子抓住这个漏洞，将曹爽兄弟一锅全端了。现在，情势如此危急，司马师更是不敢掉以轻心，命令司马昭镇守洛阳城，他这才安心出城与毌丘俭比画。

不一日，司马师被"抬"到了许昌。

此刻，他似乎忘了目瘤之痛，整天忙个不停，召集诸将及大臣商讨计策。他问随军出征的光禄勋郑袤："我欲与毌丘俭决战，卿有何妙计？"

郑袤悠悠说道："此次出征，毌丘俭与文钦必不是大将军的对手。"

司马师感到惊奇，连忙问道："卿这话从何说起？"

郑袤侃侃说道："毌丘俭无深谋远虑，对事情不够通达。文钦尽管勇冠三军，却胸无韬略，不过一介莽夫罢了。淮南之卒虽锐不可当，然而只要大将军以史为鉴，必能一招制敌。"

司马师听得津津有味，见郑袤停下，忙说："卿接着说完。"

郑袤顿了顿，接着说道："昔日孝景帝削藩，引起了七国之乱。吴楚等七国率数十万大军来势汹汹，攻打梁国。当时的太尉周亚夫率兵征讨，却不与吴楚七国硬碰硬，而是深挖战壕，高筑堡垒，与他们僵持，待敌人锐气挫尽，泄气之时，出其不意，一战而克敌制胜。周亚夫之策，大将军可借而用之！"

司马师听得啧啧称赞："善哉！此计甚妙！"

司马师不由又想起了诸葛恪。诸葛恪率二十万大兵，来势汹汹，然而当时太尉司马孚却按兵于寿春城里一动不动，最后活生生地将诸葛恪拖垮，令其自行还军。老子说：无为，而无不为。战场之事，又何尝不是如此。强敌当前，锐气冲天，不可阻挡。与其硬碰硬，不如坚壁清野，任他蛮横霸道，等他力气用完了再出手，又有何妨？

此所谓不战之战是也！

第五章

生死赌徒

司马师已定计,便开始调兵遣将,拜荆州刺史王基为行监军,假节,统领许昌军队。

可王基一听说司马师准备让他屯守许昌,不许进攻,一时急了,当即冲到司马师面前大声问道:"大将军这是准备与敌人僵持下去吗?"

司马师淡淡说道:"先挫挫他们的锐气,此时不宜着急进攻。"

王基反驳说:"若大将军与他们在此僵持,岂不是错过大好时机?"

司马师心中一奇,问:"有何良机,说来听听?"

王基侃侃说道:"淮南叛变,非人心思乱,乃是毌丘俭等人诓骗、诱惑、胁迫将士所致。此刻,淮南诸将皆畏惧杀伐,屯兵聚众而不敢动。如果我们大军一动,以迅雷不及掩耳之势杀将过去,他们必定立即土崩瓦解。毌丘俭和文钦的人头,不到一日即可挂到城门上示众!"

司马师听了这话,似有所悟,久久沉吟不语。

半晌,只见他缓缓回神,叹息道:"王刺史说得不错!我命令你为前军,立即开拔,先行攻击毌丘俭。"

荆州刺史王基见司马师同意出兵,兴奋起来,立即领命而去。

王基前脚刚走,只见光禄勋郑袤匆匆赶来,问司马师:"大将军准备发兵与毌丘俭作战?"

司马师见状,只好将王基主张出战的理由说了出来。

郑袤一听,当即急得跺脚,叫道:"若听王刺史之计,大将军大势去矣!"

司马师心里一震，连忙问道："此话怎讲？"

郑袤问道："大将军以为，王刺史比起毌丘俭和文钦，如何？"

司马师一听，顿时呆住了。

王基，字伯舆，东莱曲城人。他在被任命为荆州刺史之前，一直在青州刺史王凌身边担任副手，后来又回洛阳在曹爽手下为官。曹爽被诛杀后，他先是被罢官，后又被司马师任用为荆州刺史。初到荆州，尽管王基曾经率军随征南将军王昶出征吴国，略有收获，但是若将其军事生涯跟毌丘俭比较，简直就是小儿科。

回顾往昔，毌丘俭的军事履历是何等熠熠生辉！他曾因深有谋略而被明帝相中，拜为幽州刺史，加度辽将军，曾独立率兵攻打辽东的公孙渊。毌丘俭当时并未取得战果。第二年，他又随司马懿出征辽东，继续与公孙渊作战，终于平定辽东，因有功，被加官晋爵。正始年间，毌丘俭因高句丽屡屡入侵，叛服无常，亲率万人远征，与敌大战，斩获颇多。此后，司马师见北方无事，便将毌丘俭调到东南前线，防守吴国。吴国太傅诸葛恪率二十万兵围攻合肥城时，毌丘俭与文钦曾合力抵抗，硬是把诸葛恪拖垮了。

毌丘俭从北到东，可谓身经百战，百炼成钢。多年的沙场历练，已经将他变成了一个钢铁将军，而王基并未立过什么战功，竟急匆匆地要率军跟毌丘俭决战，结果可想而知。

想到这里，司马师不由得眼睛作痛，脑袋也一时发疼，不知道该说什么。

郑袤见司马师半天无话，接着说道："王刺史说，淮南将士是被毌丘俭诳骗胁迫而战，此话不错。然而其屯兵不动，内情不详，若误以为对方军心不稳而仓促出兵，那就太过冒险了！退一步来说，如果毌丘俭此时真的军心不稳，不敢有所动作，大将军就更不能动手了。"

司马师问道："何出此言？"

郑袤侃侃说道："毌丘俭正因军心不稳而焦头烂额，内部危机重重，大将军此时若出兵攻打，岂不是给了他转嫁危机的机会，让他有借口煽动将士为存身保命而死战？由此看来，我方出兵则正中毌丘俭下怀，按兵不动才能击中他的软肋。只要我们不动,他就无计可施,军中上下必会因猜疑而生变。这是不战即战,坐而待其生变,一举两得,岂不妙哉!"

司马师恍然大悟:"王基差点误我!"

接着,只听司马师大声叫道:"传令王基,立即停止进军,不得擅自出兵!"

侍从当即领命,匆匆离去了。

没过多久,王基火急火燎地赶回来,又惊又急地对司马师问道:"大敌当前,战机稍纵即逝,大将军为何改变主意,按兵不动了?"

司马师望着王基,半晌才叹息道:"毌丘俭身经百战,文钦勇冠三军,淮南兵卒以悍勇善战闻名天下,此时若是出战,正中毌丘俭下怀,不如再等等。"

此时,光禄勋郑袤还没离开。王基看看郑袤,似乎明白了什么,转头对司马师说道:"大将军若依他人之计,便大势已去。"

司马师心里又是一惊。郑袤才否定王基,现在王基又来否定郑袤,阵前意见不合,各说各的理,这等光景,他还是头一回见。

还没等司马师开口,一旁的郑袤神情不屑地缓缓说道:"王刺史有何高见,可否说来听听?"

王基斜睨了郑袤一眼,望着司马师严肃地说:"毌丘俭乃是沙场老将,以风雷之势率兵北上。而今却驻足不前,久久不进,危机暴露,众将沮丧。此刻,大将军不排兵布阵对敌示威,收服人心,反而停军筑垒,摆出一副畏惧软弱之状,这绝非用兵之上策。"

郑袤脸上一笑,反唇相讥,说道:"王刺史此话愚蠢至极,这也算知兵吗?"

王基脸色一黑,沉声质问道:"我不知兵,难道光禄勋就知兵?"

郑袤冷冷一笑,问道:"先不论我知不知兵,我且问王刺史,以你之才与昔日的司马太傅相比,如何?"

王基一听郑袤拿司马懿跟他比,不知对方何意,心里不觉一阵紧张,他望了望司马师,昂首说道:"司马太傅乃盖世豪杰,才如汪洋大海,我区区王基,不过是山里田间的潺潺小溪,如何可与海水相较?"

"算你有自知之明！"郑袤又冷冷一笑，缓缓说道："昔日诸葛孔明率蜀军越过秦岭，司马太傅率军前往关中抵御。司马太傅料定诸葛孔明锐不可当，于是坚城固守，任诸葛孔明如何辱骂，都不肯出城交战。之后，诸葛孔明粮食不继，且患重病，不得不撤兵。而今毌丘俭兵势与当初诸葛孔明北伐之时如出一辙，气势汹汹，势不可当。此刻，与他出兵硬碰硬，那才是自讨苦吃。所以坚城固守，以逸待劳，以观其变，这才是上上之策啊。"

"光禄勋此言大谬！"郑袤话音刚落，王基就大叫一声，据理力争道，"水无常形，兵无常势。凡事以史为鉴，此话不错，但也要考虑实际情况，活学活用。此时若不迅速出兵，以狂风扫落叶般的姿态扫荡群秽，必将给毌丘俭留下可乘之机。"

王基大步走到司马师案前，指着地图对司马师侃侃说道："大将军不进兵，弊端何在？若毌丘俭和文钦此时调整方向，出兵攻打州郡。每攻下一郡，便能抢得一郡百姓，攻下一州，便能抢得一州之人民。州郡百姓被他们俘虏为人质，州郡之兵必人心惶惶，暗生背叛之心。毌丘俭如此得势，其所率将士心知罪孽深重，不敢北还，只好跟着毌丘俭一路走到头。而我们只能待在这无用之地，眼睁睁地看着情势越来越坏，又有何用？"

王基顿了顿，猛地指向东吴方向，又侃侃说道："毌丘俭率兵北上，寿春城无人防守。此时，东吴必派兵越江而来，进犯寿春。如此，淮南必为东吴所占，谯、沛、汝、豫四郡之地亦岌岌可危，难以自保。如此，按兵不动的坏处，不言自明。"

王基说到这里，停了下来看向司马师。

他见司马师沉吟不语，又接着说道："大将军若想解决内忧外患，此时宜迅速进兵，挺进南顿。南顿之地有大邸阁，那里有充足的存粮。如此，即便固守不战，亦可先声夺人。此乃平定叛贼之上上之计，望大将军三思。"

王基这一番言论犹如长江之水，气势恢宏，难以抵挡。光禄勋郑袤在一旁亦听得默默无声，无话可说。

半晌,司马师抬头望向郑袤,见他并未反驳,又望着王基,深深地叹了一口气,说道:"卿之计策颇有道理。然而为了谨慎起见,可先渡过隐水,防范毌丘俭渡水而战。"

闰正月一日,司马师率兵渡过隐水,占据了隐桥。大军才到,毌丘俭属将史招和李续相继来降。这两人的投降让王基喜出望外,更加坚定了自己的看法。但是,谨慎小心的司马师犹如当年修炼隐忍之术的司马懿,过了隐桥,就派兵坚守,不敢再前进一步了。

王基见状,又趁机游说司马师道:"兵贵神速,从未见过仅靠投机取巧就能克敌制胜的。如今外有强敌,内有叛臣,若不果决,事态的发展将不可预知。大家都对大将军说要小心谨慎,我认为,大将军小心谨慎是对的,但是停滞不前,却是不对的。他们说持重,不是说不可前进,而是应当前进到让叛敌不可侵犯之地。窃以为,大将军坚守不出,徒将南顿之粮仓拱手相让,而我们却要源源不断地从后方运粮,这绝非良计!"

司马师一听,不发一语。

王基还想说什么,只见司马师摆手说道:"我意已决,你且回营去吧。"

王基见状,只好灰溜溜地回营了。

回到营里,王基召见诸将,心有不甘地说道:"南顿粮仓若为叛将毌丘俭所占,大事不妙矣。"

诸将一片唏嘘,不由问道:"那该怎么办?"

王基激昂地说道:"兵法有云,将在外,君命有所不受。南顿乃兵家必争之地,我得则我得利,敌得则敌得则。此刻,应该趁毌丘俭未进兵之时,抢先占有此地。"

诸将一听,齐声说道:"善!我等愿听将军命令!"

一锤定音,各就各位。紧接着,王基便率领军队,迅速行军,犹如一把倚天长剑,狠狠地插到南顿,占据了南顿诸地要塞。

南顿的前面就是项县,毌丘俭近在眼前,大战一触即发。

此时，毌丘俭似乎嗅到了一丝气味，整军向南顿扑去。然而大军才赶了十里路，斥候便回报，王基已然占据南顿。

毌丘俭听罢，心里一阵沮丧。思前想后，只好率兵撤回项县。

纵横江湖多年，自诩深谋远虑的毌丘俭，终于露出了怯意。而好运似乎也离他越来越远。此时，吴国丞相孙峻见寿春空虚，率骠骑将军吕据、左将军留赞等袭击寿春。紧接着，魏国诸路大军正从四面八方赶来准备参与会战。如此，寿春是回不去了。毌丘俭若要谋得生路，唯有在司马师诸军未会师之前勒兵向前，与司马师一较高下。

正如他在以郭太后名义发布的起兵诏书里所说的，这是他与司马师两个人之间的战争，与他人无关。毌丘俭自是渴望司马师拍马横枪，亲自出来与他对决。但是，他等了许久，却没有等到司马师叫阵的声音。放眼望去，南顿方向一片静悄悄，隐水一带一片静悄悄，司马师所部皆是一片死寂！

这可怕的宁静！

毌丘俭哪里知道，魏国那一片静默只是假象。此时司马师的大营里，诸将已然吵翻了天。

诸将纷纷请战，要求出兵攻打项县。但是，司马师就是不答应。

此刻如同当年司马懿在关中对抗诸葛亮时的情景再现了。当时司马懿的上面还有明帝曹睿，曹睿派特使监军，不许乱动，诸将才无可奈何。然而此时此刻，魏国上下全都由司马师一人说了算，且毌丘俭已露怯意，司马师还不肯出兵，那就太让人失望了。

看来，今天司马师若拿不出足够的理由，是难过诸将请战这一关了。

他见诸将吵嚷个不停，不由叹息一声，缓缓说道："你们只知其一，不知其二，所谓请战，只是图一时的痛快罢了。"

诸将极是不服，齐声问道："大将军为何有此一说？"

司马师缓缓说道："淮南将士本无反志，但毌丘俭和文钦却告诉他们，说只要他们一举事，远近诸军一定起兵响应。然而举事之日，淮北诸葛诞等将皆斩杀了毌丘俭派去游说的特使,拒绝起兵。之后,史招与李续先后来降,说明毌丘俭已经内忧外患,无法持久。此时,毌丘俭是困兽思斗,我等若出兵,正合其意。即使我们能够打败他,但所付出的代价必定增多。所以,当前之势,应当让他想斗斗不得,想退又退不了,如此一来,时间一久,内部必再生大变,自我毁灭就在眼前。此所谓不战而克敌之术。"

诸将一听,恍然大悟,一时再无异议。

司马师见诸将情绪缓和了许多,又昂扬说道:"来人,速速传令镇南将军诸葛诞率兵杀向寿春,截断毌丘俭后路;命征东将军胡遵督青、徐诸军出谯、宋之间,断其归路。"

特使领命,当即匆匆离去。

诸将纷纷问道:"大将军,那我们呢?"

司马师双眼肿痛,却藏不住那腾腾的杀气,只见他指着地图说道:"我们尽管向前推进,与诸军会师。"

紧接着,司马师悄悄移师,从隐水桥率军推进到了紧挨南顿的汝阳县,然后又神不知鬼不觉地向乐嘉城移动,与另外一支等了他许久的军队会师。

毌丘俭刚起兵时,不仅派人向诸葛诞游说共同起兵,亦派人星夜赶往兖州,向兖州刺史邓艾游说起事。岂料,兖州刺史邓艾不仅不响应,反而诛杀毌丘俭的说客,并亲自率领一万人赶往乐嘉城,阻拦文钦北上。

殊不知,当司马师与邓艾于乐嘉城会师的消息传出时,那个号称勇冠三军却浪得虚名的文钦,竟然莫名地害怕了。

这春夜寒冷依旧,风声呼啸,犹如鬼哭。此时叛将文钦的军帐里,一灯独明,只见文钦如困兽般走来走去,想来心情十分烦躁,不知如何是好。

文钦之子文鸯时年十八,勇力过人。他见父亲一副手足无措的样子,不由挺起胸膛,雄壮地说道:"司马师初来乍到,我们可以趁他立足未稳时出兵袭击,必可破之。"

文钦一听,猛地抬头,眼中一半惊喜,一半担忧。半晌才缓缓问道:"此计是否妥当？"

文鸯豪情满怀，昂首说道："有何不妥？狭路相逢勇者胜。父亲可将大军一分为二，你率一队垫后，我率一队冲锋，彼此呼应，想来大事可成！"

文钦沉吟半晌，只好点头说道："也好！"

是夜，寒风阵阵，雾气弥漫，在隐水之上如轻纱般飘荡，犹如暗夜中的幽魂。隐水上有一座浮桥，这浮桥乃是邓艾派兵临时修筑，专为等待司马师率兵渡河会师。司马师大军刚刚渡过隐水，暂时屯驻于乐嘉城外。数月以来，叛军迟迟不敢向官军发动进攻，且司马师已与邓艾成功会师，料敌人不敢轻举妄动，所以大军上下十分松懈，一到驻营之地，皆倒头呼呼大睡，任凭外面寒风大作。

半夜三更，叛将文钦军中的一支骑兵部队出动了，他们人衔枚，马裹蹄，犹如凌空飞箭，迅速消失于茫茫夜色之中。

没过多久，他们犹如从天而降，悄无声息地出现在司马师大营前。

深沉的暮色掩不住十八岁的文鸯的雄姿。只见他猛然拔剑，旁边一骑顿时举起一支火把。夜色仿佛瞬间被这支火把点亮，紧接着无数火把呼呼燃起，火光冲天。

这时，只听见"咚咚咚"的战鼓声犹如雨点般响了起来。文鸯高声叫道："后军攻后营，前军随我杀进前营！"

话音刚落，一阵震天动地的"杀"声犹如潮水般朝着司马师大营汹涌扑去。

鼓声大作，杀声震天，司马师大营里人仰马翻，鬼哭狼嚎，叫成一片。司马师还在睡梦中，侍卫冲进来，大声说道："不好了，文钦率军杀来了。"

侍卫并不知道，正在大营外面冲杀的不是浪得虚名的文钦，而是真正的猛士文鸯。

司马师翻身醒来，一时手足无措。他听着刺耳的马蹄声和喊杀声，心脏突突直跳，两只病眼仿佛要从眼眶里跳将出来，痛得他浑身颤抖，但又不敢叫出声，只得拽起被子，狠狠咬住。

此情让人胆战心惊。只见司马师嘴里咬着被子，手里却撕着被子，眼睛剧痛，心脏狂跳，仿佛死神就在眼前。

侍卫见状，亦不知所措。

司马师突然失声叫道："护卫！"

侍卫悚然一惊，立即拔刀举剑冲出帐外，大声叫道："护卫大将军！"

话音才落，一队精锐的步骑兵架盾举戟，将司马师的军帐保护得严严实实。

这时，敌军阵前又响起咚咚咚的战鼓声，又是一阵激昂的喊杀声从四面八方席卷而来。司马师侧耳细听，总算听出来了，刚才那喊杀声竟来自文钦的儿子文鸯。

也就是说，文钦的主力还没出现。

想到这里，司马师浑身颤抖，一动不敢动。两军厮杀一阵，没过多久，那咚咚咚的战鼓声再次响起。但是这一次，司马师细细地听了半晌，紧张的心情反而渐渐缓和下来了。

三阵战鼓过后，杀声渐弱，没过多久，侍卫来报，文鸯撤兵离去了。

司马师一听，立即召来诸将说道："文鸯已然败逃，速速率军追击！"

夜色惨淡，军营里弥漫着一片血腥气，诸将被文鸯这么一折腾，后怕不已，惊魂未定。他们纷纷说道："文钦父子皆是骁勇善战之人，恐怕难以屈服，他们激战一夜，或许只是暂时撤离，何来败逃一说？"

司马师双眼疼痛不已，但其神情却十分从容。只见他坚定地说道："古人云，一鼓作气，再而衰，三而竭。文鸯前来攻营，何须三次擂鼓，此鼓乃行军响应信号。然而军中只见文鸯杀声，不见文钦前来响应，说明文钦已然恐惧害怕，先行逃跑了。"

诸将听得一愣，问道："沙场父子兵，文钦岂能丢下文鸯不管？"

司马师冷笑道："文钦此人色厉内荏，贪暴刚戾，为了自己的性命，是连亲生儿子都不顾惜的。其父子生隙，军心大乱，此时不追，还待何时！"

诸将一听，齐声叫道："遵命！"

诸将领命而出。瞬间，军中人声沸腾，马蹄声急，犹如狂风暴雨般向文鸯撤兵的方向狂追而去。

此时天已蒙蒙亮，天色依然黯淡。阵前不见援兵的文鸯十分郁闷地回到军中。他见文钦准备撤兵逃离，不由问道："司马师被我袭击，军心大乱，父亲为何不出兵助我，反而想逃跑，这是何故？"

文钦叹息道："我实属无奈啊。我们袭击司马师只不过是图一时之快罢了，根本无法歼灭他。所以我想了想，不如撤军东还，与毌丘俭将军合兵屯守。"

文鸯见状，也不想辩驳，只好随文钦一起动身逃离南顿，撤向项县。

可文钦父子才动身，却听见排山倒海般的铁蹄之声向他们扑来。文鸯听得心里一急，连忙对文钦说道："司马师或已识破父亲撤兵之计，此刻若不狠狠地回击他们，一定无法摆脱他们的追击。"

文钦心里更急，吃惊地问道："难道我们定要跟他们拼个鱼死网破吗？"

文鸯虎躯一震，昂首说道："大可不必。父亲可先率主力撤离，我来殿后，正好给他们点颜色看看。"

文钦忧心忡忡地望着文鸯："你见好就收，不必恋战！"

文钦说完就翻身上马，率军匆匆离去。

文鸯目送父亲离开，随后跃马挺戟，亲率十余骑立于大路中间，等待敌军。寒风呼啸，少年文鸯视死如归，横枪立马，气势昂扬，远远望去，犹如天神。

这时，司马师追兵犹如疾风骤雨，马蹄声使得大地震颤。不久，便见滚滚烟尘冲天而起，一队铁骑出现在路的尽头。

文鸯缓缓向天竖起长枪，声若惊雷："给我狠狠杀！"

文鸯话音刚落，十余骑跟随文鸯，犹如一道闪电，朝司马师的追兵猛冲而去。魏军追兵何时见过如此猛将？他们见文鸯扑来，连忙摆出防守之势，阻截文鸯。岂料文鸯犹如项羽赵云附体，左冲右杀，如入无人之境。顿时，司马师军队招架不住，一片混乱，只能眼睁睁地看着文鸯所向披靡，宰人如同宰鸡。

双方激战一番，官军受不住文鸯的穷追猛打，只好落荒而逃，回去向司马师复命。

司马师一听文鸯仅率十余壮士便拦住了他的追兵，又惊又急，猛然叫道："到嘴的鸭子绝不能让他飞了。文鸯再勇猛也是人，绝不是什么战神！"

说完，司马师对左长史司马班说道："我命你率八千骑兵追击文鸯，务必将他人头提回，不可任其猖獗妄为！"

"诺！"左长史司马班领命而出，率八千铁骑精锐追文鸯去了。

此时，文鸯尚未走远，还在路上慢悠悠地前行。他知道司马师必不甘心，会再派精锐铁骑前来追击，所以一边赶路，一边等待敌军到来。

隆隆的铁蹄之声由远及近，再次敲响了大地。文鸯脸上露出轻蔑一笑，对身边的壮士们说道："这回你们不必出战，看我表演就是了。"

诸将见状，连忙说道："文将军说过，见好就收，不必恋战。"

文鸯摇头说道："诸君可曾听说当年刘备仓皇败逃，曹太祖派兵穷追不舍，张飞于长坂坡上横刀立马，喝退曹兵的故事？"

诸将连忙点头说道："张飞之勇，尚不足你一半。"

文鸯不无得意，气势昂扬地说道："此时司马师派兵追得甚急，我父亲撤兵东还，此情与昔日刘备败逃时何其相似！若贪生怕死，不敢死战，必被司马师追兵猛咬不放。所以，我今天就放手一搏，让他们见识见识我文鸯的厉害！"

诸将见状，只好说道："既然将军想战，那便战。我等为你掠阵！"

说话之间，司马班的铁骑已然出现在眼前。文鸯缓缓拍马而出，独自立于大路中间。

司马班见文鸯独自拦路，勒兵问道："大胆叛将，还不快快下马受降！"

文鸯听着，仰首哈哈长笑："对面可是司马师的左长史司马班？"

司马班人多势众，自然不把文鸯放在眼里，大声喝道："今天就让你死个明白，本人正是左长史司马班。"

文鸯又哈哈大笑："你若晓得好歹，现在撤兵离去，还有逃命的机会。"

司马班一听，心里一阵刺痛，厉声叫道："匹夫狂徒！死到临头还嘴硬，给我杀！"

话音刚落,司马班挥舞长剑,率军向文鸯冲来。

文鸯见司马班要跟他拼命,心里冷冷一笑,目露凶光,抡起长枪,迎面冲上前去。他一边舞枪,一边喝道:"不怕死的尽管放马过来!"

长枪入阵,犹如闪电。长枪过处,血肉横飞,惨叫连连。司马班所率数千精锐在文鸯面前犹如虚设。文鸯在阵中冲杀,凡被他长枪挑中的,无不纷纷倒下。片刻之间,文鸯就杀了一百多人。

此景让人看得血脉偾张,不由想起了西楚霸王项羽。

昔日项羽兵败垓下,率数百军士突围而逃。灌婴将军率五千铁骑穷追猛打,项羽一路逃一路战,毫无畏惧,最后只剩他一人败于乌江之畔,自刎身亡。

如今,十八岁的文鸯能挡住司马班这八千精骑吗?

这时,杀红了眼的文鸯似乎有些累了,拍马从混乱的包围圈中冲出,跑了一阵,突然调转马头,对准司马班追兵,再次挥舞长枪冲杀进去。

又是一片惨叫之声,震天动地!

没有文鸯的命令,那十来个壮士也不敢随意上阵助战,都在马上又惊又奇地看着这千古难得一见的酣畅淋漓的"表演"。

文鸯仅凭一己之力,单挑司马班八千精锐骑兵,倘若项羽在世,是否也会自叹不如,感叹江山代有人才出,长江后浪推前浪?

这是三国历史上,甚至中国历史中难得一见的精彩大戏。文鸯杀进杀出,于敌军中放手大杀,此番双方较量了六七个回合,司马班终于众不敌寡,败下阵来,回去复命了。

司马师一听左长史司马班率八千精锐不敌一介少年,惊得只能捂着又要暴出的眼睛,半天说不出话来。

诸将见状,也是手足无措,不敢吭声。

半晌,只见一人缓缓走出来,对司马师说道:"大将军,可否让我前去劝降文钦父子?"

司马师抬头一看,原来请命者乃是殿中校尉尹大目。

尹大目小时候曾做过曹氏家奴，成年后常在皇帝身边侍奉。昔日司马懿父子围攻曹爽时，担心曹爽挟持皇帝不肯投降，曾派遣尹大目出城去劝降曹爽。曹爽以为尹大目是曹氏家奴，断然不敢欺骗自己，便与他于洛水旁对天发誓。那时尹大目说，只要曹爽交出军权，司马懿必不会为难他。

不过，曹爽还是落了个被夷三族的下场。

尹大目尽管为司马懿立了功，但心里并不快乐，反而十分压抑，一直寻机报复司马懿父子。

为何？

司马懿不但骗了曹爽，还把他也骗了。而他本是曹氏的家奴，却亲自葬送了曹氏的未来，这让他心里如何好受？而今，司马师患了眼疾，料其已经时日无多。若借此机会，出去跟文钦通气，或许能争取到复仇的大好机会。于是，他便主动请命，以劝降的借口去见文钦。

这时，司马师见尹大目主动要去劝降文钦父子，心里欣喜，问道："尹校尉有何妙计能令文钦父子投降？"

尹大目从容答道："文钦乃大将军心腹大将，被毌丘俭误导才举兵谋反。文钦与天子出自同乡，且素来与大目交好，无所不谈。所以，我请求独自策马追他，替大将军向其晓之以理，动之以情，令其还军与大将军复合。"

司马师心里一阵冷笑，文钦若肯投降，必将夷族，还想与我重修旧好？他想得美！

沉吟半晌，司马师点头说道："尹校尉之前劝降曹爽有功，此次若能再劝降文钦父子，可是为国立了大功！"

尹大目心里暗自冷笑，自己已被你们父子俩骗过一次，还想从他这里捞便宜？

想到这儿，尹大目脸色严肃，庄重说道："大目必不负大将军所望。"

尹大目转身离去。他回到营里，披上沉重的铠甲，又叫人牵来一匹高头大马，然后跃上大马，猛地一拍，只身狂奔而去。

此时，文鸯击退司马师精锐，已悠悠回到文钦军中。文钦听到侍卫叫道："文刺史，后方有一人追来说要见您。"

文钦听得一惊，问道："对方是谁？"

侍卫说道："他说是文刺史故友尹大目。"

文钦心中又惊又气，连忙问道："他带了多少人来？"

侍卫回道："仅他一人骑马前来。"

文钦不禁骂了起来："这厮胆子可真不小，老子正想找他算账呢！"

说完，文钦便率兵出去与尹大目相见。他一出去，就远远地看到尹大目骑着高头大马，独自立于大路前头。

文钦对尹大目大声喝道："你来此所为何事？"

尹大目满是秘密心事，却不知如何跟文钦说起。半晌，只见他意味深长地说了一句："君侯何苦如此，为何不再多忍几天？"

尹大目本意是想告诉文钦，司马师已患了严重的眼疾，活不了几天了。如果再忍几天，司马师或许就会暴毙，那么翻身的大好机会就来了。

但是，心里有气的文钦哪里听得出尹大目的意思？他以为尹大目是质问他何苦谋反，为什么不忍耐。想到这里，文钦暴跳起来，大声骂道："你尹大目本是先帝家人，不思报恩，反而与司马师为伍，不顾上天，天必不佑你！"

文钦骂完，接着又大声喝道："来人，准备弓弩，把这个忘恩负义的叛徒给我射下马！"

文钦话才落地，弓弩手张弓搭箭，准备射杀尹大目。

尹大目见文钦没悟出他话中的意思，心中禁不住泛起一阵悲哀，眼泪瞬间夺眶而出。只见他一边流着眼泪，一边大声说道："大事败矣！君且努力！"

尹大目拍马转身，如一道烟般消失在了路的尽头。文钦望着尹大目离去的背影，心中莫名伤感，久久不能释怀。

当文钦满怀恐惧地撤兵返回项县时，殊不知，此时项县的毌丘俭，心里亦是一片慌乱，不知所措。

毌丘俭南征北战，也算是见过世面的大将。为何文钦一撤军，内心就不淡定了？

因为形势比人强啊。此一时彼一时，眼前所发生的事，远远超出了他的预期和想象。

举兵之时，他以为淮南乃是魏国强兵屯驻之地，以他之谋，以文钦之勇，合力造反，一切皆有可能。况且，司马师父子诛杀曹爽家族，又诛李中书、夏侯玄等天下名士，料天下诸州将军亦有兔死狐悲之感。他若举兵，诸葛诞与邓艾、胡遵等人皆会响应。

如今看来，这一切都失算了。

诸葛诞、邓艾、胡遵三人皆不肯举兵响应，的确让人意外。然而更让他意外的是，以文钦之勇，尚未与司马师交战，就撤兵东还，撤回了项县，简直是个巨大的讽刺。本来是让文钦打前锋，自己来殿后，一同击败司马师。现在文钦变成了缩头乌龟，逃回项县避难。这小小项县，岂是避难之所？司马师从前面追来，诸葛诞进攻寿春，胡遵亦切断退路，自己龟缩于项县，必死无疑。

既然都是死，为何不趁早开溜？

原来那帮准备与他死战到底的北州将士皆纷纷逃跑，如今留在项县的不过是一帮屯守将士。文钦撤军之举，令全军沮丧，已毫无战斗力可言。

所以，现在就只剩一条路，逃跑。

是夜，走投无路的毌丘俭悄悄行动，率领亲兵趁着茫茫夜色开溜了。毌丘俭一走，消息传开，军中顿时炸了锅，作鸟兽散，各自逃命去了。

毌丘俭前脚才逃走，文钦后脚就到了项县。他一进城，顿时惊呆了。他眼前只剩下一座空城，所谓一代名将毌丘俭，竟不知所踪。

文钦望着这座空城，内心十分崩溃。

这时，文鸯昂首说道："既然毌丘将军都跑了，不如我们据有项县，与司马师死战到底。"

文钦摇头说道："举目四方，皆是敌军，项县不过是一座孤城罢了。毌丘俭料孤城不能自守，率先开溜。我们留下坚守，又有什么意义？"

文鸯问道："依父亲看来，眼下该如何行动？"

文钦沉吟半响，才缓缓说道："吴国丞相孙峻正率军与诸葛诞争夺寿春，不如投奔吴国算了。"

是日，文钦父子率军远奔吴国。

文钦总算找到了归宿。然而此时的毌丘俭却成了孤家寡人。他率领亲信向慎县逃跑，左右却不愿随其流亡，一路上纷纷弃他而去。不得已，他只能带着弟弟毌丘秀及孙子毌丘重，沿着颍水江边东躲西藏，继续向东逃亡。

茫茫颍水，草木茂密，毌丘俭或许并不知道，危险即将来临，他即将成为被射杀的猎物。

这天，毌丘俭见天色将晚，留下毌丘秀及毌丘重，独自摸出茫茫芦苇荡，出去觅食。他远远望见前方有几座稀疏的院落，心里想了想，在脸上抹了一把泥，深一脚浅一脚地向前走去。

没走几步，他突然听见一个声音从芦苇荡里传来："站住！"

毌丘俭听得一愣，一动也不敢动。

那声音又叫道："转过身来！"

毌丘俭心虚，仍然一动不动。

那声音大了起来："快转过身来！不然，你会死得很难看。"

毌丘俭不得已，只得缓缓转过身来。

但是，他还没看清楚芦苇荡里到底是什么人，只见一支响箭凌空而起，嗖的一声射中了他的眼睛。紧接着，又扑扑扑数声，毌丘俭当即中箭倒地而死。

不日，毌丘俭的人头就被悬挂于京师洛阳，日日示众。

至此，这场貌似轰轰烈烈的起兵造反，终于在莫名其妙的恐惧中虎头蛇尾地落幕了。

春风终于暖和起来，引得人间也随之荡漾，风情无限。司马师不战而屈人之兵，率兵班师，可才到许昌，便病情加重，一时走不动了。

一报还一报。司马师尽管平定了毌丘俭、文钦之叛，然而他因为文鸯半夜袭击大营而受惊，眼疾加重。大敌当前，他尚能忍痛坚持，叛军已灭，他便精神松懈，再也熬不下去了。

司马师知道自己时日无多，立即召来中郎将参军事贾充监诸军事。这时，司马昭闻讯，亦亲自从洛阳赶来探望病情。

闰正月二十八日，司马师病卒，时年四十八岁。

真是可悲啊，倘若文钦听明白了尹大目的话，再忍几天，政治高手司马师一旦病逝，天下还有他文钦父子的对手吗？

司马师刚病逝，洛阳城便闻风而动。

皇帝曹髦立即派人前来许昌传诏，说道："东南刚刚安定，文钦叛投吴国，可能会卷土重来。为今之计，留卫将军司马昭屯守许昌，防范内外之变，令尚书傅嘏率诸军返还洛阳。"

诏书一下，中书侍郎钟会震惊无比，立即找到尚书傅嘏，低声说道："此为调虎离山之计，若依此计，大事败矣！"

傅嘏也是老江湖了，立即明白其中深意，亦点头说道："陛下年纪轻轻，竟有如此高招，让人惊叹。若不及时破解此计，你我或皆要沦为刀下鬼魂了。"

二人的唏嘘让人不解——一道简单的诏书，怎么就能从中看出生死存亡之道？

不在江湖，不知江湖风浪有多可怕。曹爽是怎么死的？身为辅政大将军，他不派曹氏亲信驻守洛阳以防不测，竟然目空一切地倾巢而出，结果成了司马懿的刀下鬼。如今，司马师已然病逝，司马昭若听诏屯守许昌，洛阳城内没有司马氏之人掌控，岂不危哉？况且，司马师掌权以来，天下诏书皆出自司马师之手。而今司马师才死，少年皇帝便急匆匆地颁诏传令，想取而代之，若此时不将他控制住，大权必然会回到曹氏手中，司马氏家族及余党必然会被清洗扫荡。

由此看来，皇帝曹髦下诏，是以防范东南有变的名义，将司马昭留在许昌，又让傅嘏率大军返回洛阳，摆明了就是调虎离山，必有后招。

郭太后果然没看错人，曹髦一出手，便狠狠地击中了司马氏的软肋。

曹髦固然多智，然而可惜的是，他又碰到了一个绝世高手。很快，那绝世高手就让他的计谋化为泡影。

这位高手，就是一直跟随司马师的笔杆子，中书侍郎钟会。

钟会，字士季，是昔日太傅钟繇的小儿子。钟繇诸子中，除了侍中廷尉钟毓外，其次就是钟会了。

想当年，钟毓十四岁就出道做官，担任散骑侍郎一职，可谓光宗耀祖。然而少年得志的钟毓与孩提时就名动江湖的钟会比起来，却是略逊一筹。

钟会的母亲张氏年轻貌美，钟繇年老，对张氏极为宠幸。或许是老夫少妻的缘故，钟会打小就聪慧敏捷，受到了中护军蒋济的赞赏。

蒋济之才，天下闻名。其所料之事，八九不离十；其所看之人，亦不出其慧眼。蒋济如此厉害，那是因为他练就了一身看相度人的绝世功夫。他曾著书立说，专讲度人之术，有一句话是这样说的："看相度人，首先要看他的眼睛。看清楚了他的眼睛，就知道他是个什么样的人了。"

钟会五岁那年，父亲钟繇派他去见蒋济。钟会也不胆怯，欣然前往，求见蒋济。蒋济看见钟会独自前来，又见其长了一双灼灼有光的大眼睛，当即惊叹道："哎呀呀，钟繇此子，断非常人！"

想当年，孔融初出茅庐，独自前往洛阳求见当时的司隶校尉、东汉名士李膺，并于座中语出惊人，折服众人，名动江湖之时，也不过十来岁。而今钟会年仅五岁就被蒋济如此赞赏，难道天下又冒出了一个天才？

后人说，看广告，更要看疗效。一转眼多年过去，钟会长大成人。此时的钟会犹如毛毛虫破茧成蝶，变得博学多才，精通玄学，读书学习更是发了疯似的，夜以继日，于是名声越来越大，逐渐有了名士之风。

正始年间，钟会初出江湖，先做了秘书郎，后来转任尚书中书侍郎，常年跟随司马师左右。

说起钟会被司马师赏识之事，却也是一段佳话。

最初，司马师凡有奏表，皆请中书令虞松来写。有一次，中书令虞松按司马师的意思写了一封奏表，司马师过目后，见不合己意，便命其修改。虞松思考多日，才思枯竭，依然无从入手。这天，钟会见虞松一副愁眉苦脸、忧心忡忡的样子，询问缘由。虞松无奈，只好如实相告。

钟会听罢，悠悠说道："可否把司马大将军的奏表给我看看？"

虞松便把奏表交给钟会。钟会看了一遍，拿起笔来，改了五个字，又交回给虞松。

虞松一看，眼睛不由一亮。钟会虽然仅改了五个字，但奏表之意顿时变得流畅起来，一时心悦诚服。

当虞松把奏表再次呈送上去，司马师一看，悠悠说道："奏表我是满意了，不过改这几个字的人绝不是你，这到底是谁替你改的？"

虞松一听，不得不佩服司马师的眼力，只好老实说道："钟会！"

虞松顿了一下，又补了一句："钟会博学多才，弱冠之年便与玄学名士王弼等人齐名，我一直以来都很想向大将军推荐他，今天既然大将军问了，那我就更不敢令他埋没才华了。"

司马师一听，啧啧赞道："钟会不愧为名公之子，这笔法甚为了得。既然此人博学多才，可堪大用，那就请替我将他召来一试。"

虞松领命，立即跑去通知钟会。

钟会一听，沉思半晌，一时不敢说话。为何？虞松弱冠之年就已名动天下，其曾跟随司马懿征伐辽东，替司马懿捉刀，深得司马懿赞赏。司马懿攻破辽东后，便辟虞松为掾属，后又迁其为中书郎。不过，以虞松之才，虽得司马懿厚爱，却被司马师刁难，若自己跟了司马师，又能好到哪里去？

半晌，钟会对虞松悠悠问道："司马大将军擅长什么？"

虞松叹息道："司马大将军乃天纵英才，博学多识，无所不能。"

钟会听得一愣，心里暗自一惊——原来司马师如此博学，难怪虞松亦不是他的对手，得不到他的喜爱。

为了应对司马师的考校，钟会半点都不敢马虎。他闭门谢客，冥思苦想，十天之后，终于打开门，自信满满地去见司马师了。

那天，钟会早早入见。司马师跟钟会仿佛聊上了瘾，直到半夜二更，才送钟会离府。

临别时，司马师握着钟会的手赞不绝口，惊叹道："君真乃王佐之才！"

司马师此语可谓意味深长。王佐之才便是王佐之才，为何还加了一个"真"字？原来，当时夏侯玄、王弼、何晏等名士皆喜好玄学，开了一代清谈之风。这帮自诩有才、不愿被俗世束缚的人，皆自我标榜为王佐之才。比如何晏，就自诩王佐之才，无所不能。

事实证明，何晏所自诩的王佐之才是假的。

以司马师的实干能力，对钟会说出"真王佐之才"，钟会获此殊荣，如何不受宠若惊？此后，司马师便提携钟会，让他进了自己的决策圈，为自己捉刀，出谋献策。所以宫里宫外，朝内朝外，诸多秘事，钟会本人皆暗藏于心，了然于胸。

此时，钟会才三十一岁。多年以来，蒋济及司马师皆为他的名声打出了广告，而今司马师病逝，司马氏家族面临生死存亡的抉择，钟会也终于有机会将毕生所学展露出来，不负"非常人也"及"真王佐之才"的美誉。

看疗效的时候终于到了。

刚刚转暖的春天，似乎还夹着一丝冷气。钟会和傅嘏沉默半响，钟会又开腔说道："此乃关键之时，必须让卫将军率军回城，加官固权。"

傅嘏深以为然，望着钟会问道："士季兄有何妙计？"

钟会双眸炯炯有神，望着傅嘏严肃地说道："傅尚书可趁机上奏，向陛下陈述卫将军司马昭还军的理由。"

傅嘏问道："什么理由最合适？"

钟会气定神闲地说道："东南方向的叛乱已然平定，诸葛诞调任镇东大将军，仪同三司，都督扬州诸军事。东南方向所谓的内忧外患已经不足为虑。且司马大将军刚刚病逝，司马昭必须送葬，还军京师，此为手足之情，乃天地常理。两理并述，料陛下定不敢反驳。"

傅嘏赞道："善哉！此计甚妙！"

两人谈罢，傅嘏便立即写好奏疏，派人送往洛阳。

奏书才送出，钟会又对傅嘏说道："许昌不宜久留，若陛下识破计谋，即使不反驳，亦会想方设法地拖延。与其坐等不测之事发生，不如先发制人，即日与卫将军率军返回京师。"

傅嘏一听，倒抽一口凉气，说道："我怎么就没想到这招？"

说罢，二人立即通知司马昭，以护司马师还葬洛阳之名，举兵向洛阳城浩浩荡荡地进发。

不一日，司马昭大军便回到了洛水之南，按兵屯驻，等待皇帝诏令。

大军已经抵达洛阳城外，曹髦无可奈何，只好下诏，召司马昭进京。二月五日，司马昭被封为大将军，录尚书事。

一身兼任两职，魏国的大权依然牢牢地被司马氏家族控制着。司马昭能拿下这关键一步，钟会功不可没！

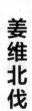

第六章

姜维北伐

三国时代，天下就是个大漏勺，不是东边出娄子，就是西边出漏子，漏来漏去，缝缝补补。司马懿和司马师倾尽毕生之力，拆东墙补西墙，忙个不停，耗尽了生命。这不，东南方向的叛乱刚刚平定，司马昭就跑回洛阳"占位"，他才坐上大将军之位，屁股还没焐热，侍卫就匆匆来报，说敌军又出兵攻打魏国了。

这一次的敌军自然不是东吴，而是西蜀。

如今的西蜀，当家掌权之人换了几个，终于轮到了姜维。当年，诸葛亮说，在他之后西蜀的掌权之人是蒋琬，蒋琬之后是费祎，却没看到费祎之后的姜维。姜维与费祎年纪相差无几，诸葛亮当然看不出姜维能代替费祎。人算总是不如天算，费祎因为遇刺被害，蜀国的大权便由姜维来接替掌管了。

费祎是怎么死的？那是魏国的刺客干的。

此前，姜维率兵攻打魏国西平时，俘虏了魏国中郎将郭脩。郭脩投降蜀国后，被皇帝封为左将军。按魏国军制，为将者，凡是投降敌国的，家属皆要受牵连。奇怪的是，郭脩投降西蜀后，其家属非但没受牵连，魏国还派人对其家属嘘寒问暖，生活一点也没受影响。

这其实就是一招攻心计。

郭脩听说家属得到了故国关照，心里颇不平静。他思前想后，决定刺杀蜀国皇帝刘禅，以报故国之恩。郭脩酝酿了许久，却因为西蜀皇帝刘禅将保护措施做得太好，实在无法近身，只好放弃。

之后，他便将目光锁定了毫无防备的大将军费祎。

费祎素来性格随和，待人宽厚，出门上朝从不派人保护自己。他这样做，让一个叫张嶷的蜀国大臣极为担心。张嶷曾写信严肃地告诉费祎说："昔日东汉岑彭率师，来歙杖节，皆被刺客所害。而今大将军位高权重，对待亲信又过分宽容，大将军应以前车之鉴，加强警卫。"

费祎受此警告，不以为然，依旧我行我素，不设警卫。

嘉平五年（公元253年）春天，正月，费祎在汉寿大宴诸将，郭脩亦在座中。岁首大喜之日，高朋满座，推杯换盏，人人都放松了警惕，各得其乐，但这在郭脩眼中，恰恰是行刺的大好机会。

酒过数巡，诸将各自饮酒，场面十分热闹，费祎酒意甚浓，郭脩见天赐良机，猛地一跃而起，拔刀直刺费祎。郭脩刀刀狠辣，费祎当即倒地身亡。在一片慌乱中，郭脩亦被乱刀砍死。

至今，费祎已经死了三年多。然而对姜维个人来说，费祎被刺身亡，或许也不是个坏事。

费祎生前，姜维曾屡屡劝谏，鼓动他率兵伐魏。然而费祎总是按兵不动，这让姜维极是纳闷。有一次，姜维斗胆问道："大将军自出兵秦岭追击曹爽后，就再也不出兵伐魏了。我主动请求率军出征，将军也不允，这是为何？"

费祎一听，反问道："君以为你我之才与昔日诸葛丞相比起来，如何？"

姜维愣了一下，缓缓答道："皆不如。"

费祎微微一笑："这就对了。"

姜维莫名其妙："怎么就对了？"

费祎见姜维不解，叹息道："我等之才能皆远远不如诸葛丞相。昔日诸葛丞相尚且不能平定中原，我等又如何办得到？既然如此，不如退而求其次，保国治民，安守社稷，把建功立业的大事留给将来有能力的人。我辈此生就不要幻想着毕其功于一役了！倘若逆势而为，后悔就来不及了！"

听了这番话，姜维如被雷轰，一时脑子里嗡嗡作响，只感到不胜悲哀。

蒋琬接任诸葛亮之职后，便主动撤出汉中，已露保守之意。岂料，蒋琬死后，费祎比蒋琬还要保守，一心只想治国安民，偏安于西南一隅。

此刻，倘若刘备与诸葛亮于地下有知，他们该作何感想？

悲哀的费祎啊！

因为诸葛亮不能平定中原，就料定自己亦不能平定中原，从而选择"躺平"，甘守一隅，把责任推给后人。当年，诸葛亮明知蜀国力量不如魏国，依然屡屡出兵北伐，为何？因为他知道，若不举兵伐魏，久而久之，蜀国将士必如温水中的青蛙，不求上进，必然沦落。果然不出所料，蜀国之大，连掌权管事的费祎都没有斗志，何况他人？

春秋末年，礼崩乐坏，孔子带领诸多弟子周游列国长达十四年，企图游说诸侯接受仁政思想，息兵安民。然而孔子四处碰壁，四处流浪，惶惶乎犹如丧家之犬。当时诸多道家隐士见状，皆作诗讽刺孔子，说他自不量力，自找苦吃。当时，孔子听着隐士们讽刺自己的诗，不由仰头叹道："天下若太平，还需要我孔丘如此操劳吗？民不聊生，我孔丘不出来做事，还能指望谁来？我知道自己能力有限，却依然奔波劳碌，为何？这是明知不可为而为之啊！"

明知不可为而为之，不仅是孔子的人生态度，更是他的政治态度。千百年来，孔子这种执着追求的精神，已然深入儒家士子之心。也正因如此，诸葛亮面对强大的魏国，不敢忘却刘备的托孤遗言，更不敢忘记自己身上流淌的那明知不可为而为之的儒家血液。费祎读书多年，怎么就忘了身为儒家士子该有的责任与历史担当呢？

这简直是一个巨大的讽刺，让人哭笑不得，欲哭无泪！

苍天有眼，西蜀眼前这悲哀的、颓废的、可耻的一幕，随着费祎的遇刺，都结束了。姜维接掌蜀国军队后，决定以身作则，捍卫刘备诸葛亮生命不息、奋斗不止的理想，捍卫士大夫那明知不可为而为之的顽强精神。

如此，西蜀便有救了，天下或许也有救了！

近三年来，姜维曾两次出兵伐魏，一次无功而返，一次略有斩获。今年，他决定趁魏国司马师新丧、国内民心不稳时，再次出兵伐魏，杀他们个措手不及。

七月,蜀国举行廷议,姜维再提出兵伐魏之事。姜维北伐之声一出,满场寂然,无人反对。

姜维看看这个,又看看那个,见无人应声,刚准备说些什么,突然听见一人叫道:"姜将军反复提及出兵伐魏,此为穷兵黩武,窃以为不妥!"

众人闻得一惊,扭头望去,原来发声者乃是征西大将军张翼。

张翼,字伯恭,犍为武阳人。当年刘备平定益州,领益州牧时,张翼曾担任刘备书佐。之后,节节升官,平步青云,先后当过广汉、蜀郡太守。诸葛亮北伐时,以张翼为前军都督,任命其为扶风太守。诸葛亮病卒后,又迁其为征西大将军。

举朝上下,当众将诸臣对姜维出兵伐魏都不敢吱声时,为何独张翼一人敢挺身而出?张翼的政治履历即可说明一切。当年张翼跟随刘备时,姜维还不知道在哪个犄角旮旯里呢!此刻,他若不发声说几句,又怎么对得住这头上的名衔?

姜维见张翼有异议,心里一凛,脸色冷冰冰地问道:"敢问张将军,北伐魏国,乃先帝及诸葛丞相时就定下的国策,我提议出兵伐魏,乃是为国为民,如何就成穷兵黩武了?"

诸臣见姜维面有怒色,都不由得紧张兮兮地望着张翼。

张翼望了望诸臣,转头对姜维缓缓说道:"姜将军出兵伐魏固然无错。然而姜将军不计国小民劳,屡屡出兵,着实不妥。"

姜维冷冷一笑,说道:"那依张将军此话,蜀国因为国小民劳,尽可以闭关锁国、自生自灭了?"

张翼目光坚定,语气铿锵有力地说道:"昔日汉高祖平定项羽后,曾率三十万大军远征匈奴,被困平城。以汉朝之大,高祖之强,尚不能平匈奴,至汉武帝时期,武帝凭借汉朝六十余年积累的国家财力,乃发兵远征匈奴,光耀汉朝之天威。高祖刘邦将平匈奴之事留给后世子孙解决,足可借鉴。又,昔日东吴太傅诸葛恪举兵伐魏,东吴上下一片劝阻,诸葛恪仍然不惜赌上国运,率兵出师,却久攻合肥不下,落了个身败名裂。天下三分已久,蜀之实力,尚不如东吴,以东吴之水路陆路之便，尚屡屡被阻于合肥城外。而今秦岭路险，运粮不便，每每出兵，必因缺粮而撤还。且姜将军三年两征，兵疲民困，何不先休养生息，待机而动？"

张翼一席话犹如洪水奔腾，气势如虹，诸臣听得纷纷点头。但是，他们望了望姜维那肃杀的脸，却也不敢吱声。

这时，姜维望了望诸将，见他们对张翼之话深以为然，缓缓站起，庄重地说道："张将军一番大话，貌似有理，追根究底，却是牛头不对马嘴，毫无根据。"

张翼望着姜维，默然不语，不作辩驳，等着姜维把话说完。

姜维望了望诸将，顿了顿，又对张翼说道："两军交战，若仅论国之大小，兵之众寡，便可见输赢，那么昔日项羽五万楚兵，又是如何战胜秦将王离与章邯所率领的数十万大军的？之后，高祖刘邦又是如何凭区区汉中之兵，暗度陈仓，与项羽争霸天下的？还有，昔日袁绍领兵数十万直指官渡，曹操兵少，却又为何取得了官渡之战的胜利？曹操势力坐大，兵临长江，以先帝之弱，又是如何与周瑜联手，取得赤壁大捷的？"

姜维言辞滔滔不绝，他顿了一下，接着说道："昔日汉高祖与匈奴息兵和亲，乃以匈奴为外族，不与之争一时之成败。如今天下三分，西蜀不过占有一州之地。我们若身处一州，便甘居一州，不求长远，只图一时的安逸，长此以往，蜀汉如何光复天下？再说，东吴太傅诸葛恪不惜举兵伐魏，乃是被诸葛丞相北伐精神感召。他的失败不在于出兵，而败于兵法不济。为何？过去，诸葛恪以区区之兵取得东关之胜，之后倾尽一国兵力，企图毕其功于一役，却未能得胜，这是因为他犯了兵家大忌。倘若当时诸葛恪率领二十万大军直指寿春，寿春必被攻克，许昌便唾手可得。张将军却将诸葛恪战败的原因归于出兵，本末倒置，岂不悲哀？"

姜维语气激昂，气势雄壮，忽然之间，诸将似乎又觉得刚才张翼所言，的确有些强词夺理了。

姜维见诸臣皆面露折服之色，豪迈之情不由再次爆发，昂首大声说道："先帝征战一生，不知经历过多少失败，却屡败屡战，奋斗不息；诸葛丞相继承先帝之志，日夜研究天下大势，屡出祁山，鞠躬尽瘁，死而后已。昔日费祎掌蜀国军政，闭关自守，困于汉中之内而不敢出兵，竟还美其名曰，当务之急乃是先治国安民，将伐魏、平天下之大事留给后世子孙。如此软弱、自欺欺人，实在让人不能容忍。如今，魏国内部危机重重，边将屡屡背叛，说明司马氏不得人心，且司马师新丧，司马昭焦头烂额，手脚难以兼顾，此乃天降良机，若不出兵，还待何时！"

姜维话音刚落，只见一人猛然挺身，昂首叫道："我愿随姜将军出征北伐，洗我心中仇恨！"

众臣闻言，循声望去，见那起身力挺姜维之人，原来是车骑将军夏侯霸！

夏侯霸，字仲权，夏侯渊之子。当年，定军山下，夏侯渊与蜀军火拼，不幸死于刘备刀下。如今，曾视刘备为仇人的夏侯霸却出现在西蜀的朝廷中，力挺姜维伐魏，他到底经历了怎样的人生变故？

当年，夏侯渊遇害后，夏侯霸的确常常咬牙切齿，立志为父亲报仇。黄初年间，他被拜为偏将军。魏明帝时，曹真率大军穿过子午谷攻击蜀国，夏侯霸担任前锋，进兵至兴势城，包围蜀军。兴势城里的蜀兵认出夏侯霸，出兵攻之。夏侯霸与之死战，眼看就要撑不住了，这时魏国援军赶到，这才得以解围离去。经受了这一场挫败，夏侯霸并不甘心，退兵以后，以右将军身份屯守陇西，监视蜀军，伺机再战。正始年间，曹真之子曹爽得势辅政，率大军再次讨伐蜀国，夏侯霸再次随军出征。岂料，出师不利，又一次失败而还。

当时夏侯霸与夏侯玄同时领兵驻守关中。曹爽被司马懿诛杀后，司马懿将夏侯玄召回，夏侯霸见势不妙，怂恿夏侯玄向蜀国投降，夏侯玄乃一代名士，岂能做出叛国之举，只一声叹息，便听命返回京师去了。

夏侯玄有忠于国家之志，难道夏侯霸为了活命就不要脸面了吗？

其实，夏侯霸身处曹爽兄弟被杀的巨大变故之中，弃魏奔蜀，乃是不得已而为之。曹爽受诛，而他身为曹爽亲戚，迟早惹祸上身。同时，夏侯霸当时担任的是征西将军一职，司马懿却派属将郭淮取代夏侯霸，夏侯霸素来与郭淮不和，就此被夺职削官，即算不被司马懿整死，迟早也会被司马懿的爪牙郭淮设计弄死。由此看来，他与司马懿及郭淮之间必成水火之势，彼此难容。一时之间，父亲夏侯渊被刘备所杀的大仇，比起他和司马懿之间的仇恨，又算得了什么？

当然，夏侯霸为活命而不顾父仇，这只是表面原因。其实，夏侯氏与刘备父子之间的关系，不仅有说不清的江湖恩怨，竟还有扯不清的政治联姻。

建安五年，夏侯霸从妹时年十三四岁，在本郡山里砍柴，不料被张飞俘虏。张飞看其相貌，认为此女必是贤良之女，便娶之为妻。后来，夏侯霸从妹替张飞生下一女，张飞又将此女嫁给刘备的儿子刘禅，成了皇后。夏侯渊死时，张飞妻子曾向刘备请求将其归葬，夏侯渊也算体面入土。所以绕了一圈，夏侯氏既是刘备父子的亲家，又是仇家。所谓，两害相较取其轻。夏侯霸思前想后，这才决定投奔蜀国。

夏侯霸既是皇后外戚，又是蜀国大将，优待自然是少不了的。他一入蜀，皇帝刘禅便设宴为他接风洗尘。一番推杯换盏后，刘禅对夏侯霸解释道："卿父乃遇害于乱阵之中，非如民间所言，死于我先人刀剑之下啊。"

夏侯霸闻言，默不作声，亦不作争辩。

刘禅见状，又指着自己的儿子对夏侯霸说道："这是夏侯氏的外甥！"

夏侯霸看看刘禅，又看看他的外甥，一时百感交集，感慨万千。曾经的刘备杀父之仇，似乎化成了烟云，而他心中从此就被司马懿父子诛杀曹爽及夏侯玄、架空皇帝的深仇大恨填满。

所以，姜维今天复议北伐大事，夏侯霸终于忍不住心中愤怒，起身力挺姜维。

然而夏侯霸刚说完，张翼当即大声驳斥道："国小兵寡，将疲民困，车骑将军不以国家之急为急，反而鼓动姜将军出兵伐魏，居心何在？"

夏侯霸望着张翼，激动地说道："张将军以为我力挺姜将军出兵，是公报私仇吗？若张将军有此心，也不为过。然而从国家大计出发，此时正是出兵的良机。"

张翼一听，脸上浮现出一抹冷笑，问："敢问车骑将军，你所谓的出兵良机，究竟是什么？"

夏侯霸昂首说道："先不说司马师新丧，魏国将成一盘散沙之势。仅就司马昭而言，此人乃一介纨绔子弟，徒有其表，并不是深谙兵法之人，且其毫无军功，由他掌权，人心不服，此时兴师北伐，难道不是天赐良机吗？"

张翼反唇相讥，说道："司马懿诸子个个龙凤，车骑将军为何如此轻敌，如此贬损司马昭？"

夏侯霸冷笑道："张将军难道忘了东关之役，司马昭是怎么一败涂地，颜面尽扫，被削官夺爵的吗？"

张翼一时愣住，说不出话来。

夏侯霸神色轻蔑，接着说道："昔日魏军围东吴于东关，诸葛恪率兵来救，天寒地冻，天降大雪，大敌当前，司马昭身为监军，竟然视军事有如儿戏，与诸葛诞等诸将筑坛喝酒行乐，之后一战而败，成为千古笑话。如此作为，算得上腹有韬略之人吗？"

夏侯霸越说越激动，他顿了一下，又神情悲壮地说道："司马昭不过如此，其派遣屯守关中的诸将，又何足虑？此时若不出战，遗失战机事小；居安忘战，坐以待毙，国将不国，祸及子孙，才是难忍之痛啊！"

夏侯霸语毕，在场众人皆面有愧色，无人应答。

这时，姜维见无人反驳，大声问道："诸臣还有什么异议？"

全场寂然，张翼亦不吭声。

姜维声若惊雷，一锤定音："既然诸臣无异议，大事就此定矣，即日出兵伐魏！"

姜维当即宣布车骑将军夏侯霸、征西大将军张翼等皆率军随他出兵汉中。

八月，姜维率领数万军队抵达陇西郡枹罕县。紧接着，他又马不停蹄地率军直插军事要塞狄道。姜维大军一动，魏军亦闻风而动，雍州刺史王经迅速率兵挺进狄道，就地屯守，准备应敌。

同时，魏国的另外一支军队正驻守于陈仓，与王经遥遥呼应。

姜维赶到狄道，遥望敌营，只见魏国的军旗于风中飘扬，远远看去，无边无际。张翼见状，倒吸一口凉气，担忧地说道："敌军以逸待劳，我军疲惫，还是小心为妙啊。"

姜维扫了张翼一眼，轻蔑地说道："张将军以为王经之军能挡得住我们的剑锋所指吗？"

张翼默然半晌，缓缓说道："魏军有备而来，咱们可不能轻敌！"

这时，一旁的夏侯霸早就听不下去了，大声叫道："咱们出来就是战斗的，这也小心，那也害怕，还打个什么？我军乘风雷之势而来，此时宜速速出战，攻破敌阵，进据狄道城。"

姜维听得心潮澎湃，昂首说道："还是夏侯将军明白我的心。我即刻下令，诸军随我攻打王经守军！"

说罢，姜维排兵布阵，准备发起进攻。

战鼓咚咚咚地响起，只见姜维猛地拔剑，喊道："兄弟们，给我杀！"

杀声落地，万马奔腾，喊杀声震天动地，犹如风卷尘埃，向魏军卷去。蜀魏交战多年，将士们早已见怪不怪。然而今天，姜维这攻势竟不同以往。魏国雍州刺史率兵出战，一触即溃，根本挡不住对方的攻势。

不得已，王经只好且战且退，渡过洮水，退守狄道城。

姜维这一仗打得何其过瘾，斩杀魏国士卒数以万计，又一路追逐魏军，犹如狼群驱逐羊群，追过洮水，追到了狄道城下。

姜维屯兵城下，仰望狄道城，犹如贪婪的恶狼，两眼大放绿光，似乎随时都可以扑上去撕破眼前这座犹如羊圈的狄道城。

紧接着，姜维又排兵布阵，准备攻城。

这时，征西大将军张翼见状，幽幽叹息道："姜将军，咱们赢了这一战，应该见好就收了。"

姜维闻声，神色一变，沉声问道："张将军此话何意？"

张翼忧心忡忡地说道："我以为，姜将军攻打狄道城，此乃画蛇添足之举，实在不可取。"

姜维一听,怒气顿起,却又强忍怒气,冷冷问道:"敢问张将军,我们乘胜而进,锐气正盛,攻城必克,如何说是画蛇添足了?"

张翼不看姜维脸色,侃侃说道:"昔日战国,楚国令尹昭阳率军伐魏,一战而克敌。之后,昭阳又移师攻打齐国,齐国使者陈轸对昭阳说,君攻魏既胜,当可还军,加官进爵,却又移师攻齐,简直就是画蛇添足,做无用之功。昭阳当即醒悟,立即还师。而今姜将军首战取胜,斩敌数以万计,足可巩固威望。敌城坚固,易守难攻,且我军运粮极为不便,敌人援兵又在赶来的路上,到时敌人里应外合,我们必定吃力不讨好,最后无功而返。由此看来,所谓攻城之战,那不就成了画蛇添足吗?"

姜维一听,再也止不住怒火,大声叫道:"此次出征,张将军可谓胆小如鼠,前怕狼后怕虎。首战取胜,却又爱惜羽毛,想见好就收。今天我就把话给你挑明了。我姜维出征,并非逞一时之勇,也并非为了威望声名,而是为了蜀汉的江山社稷!所谓点到为止,见好就收,不过是些小生意人的算盘。战场就在眼前,睹物思故人。昔日诸葛丞相潜心谋划,志在平定天下。而今我们却把攻城克敌当作小本生意来经营,斤斤计较,小打小闹,若诸葛丞相地下有知,又该作何感想?若先帝闻蜀汉诸将不思进取,长年困守蜀中以自保,不敢进入关中,又该作何感想?!"

姜维胆气雄壮,声如洪钟,声声叩问人心,张翼似觉理亏,默不作声了。

姜维热血沸腾,又慷慨地说道:"出兵狄道,不得狄道城,必留遗患。攻下狄道城,陇西必为我所有。陇西在手,犹如斩断魏国一臂,关中指日可待。"

夏侯霸等诸将听得亦是心情激动,振臂说道:"我等听姜将军令,攻城克敌,拿下陇西!"

蜀汉诸将说罢,军中亦是一片沸腾,齐声喊起了攻战口号。

口号声声,震天动地,传入了狄道城,魏军守城将士十分悲戚。他们仿佛看见,死神正无情地降临在他们头上。

正当姜维对狄道城磨刀霍霍、志在必得之时，魏国的一支援军正在风驰电掣地赶来。八月二十二日，魏国长水校尉、安西将军邓艾率兵赶往陇西，与征西将军陈泰于上邽城会师。紧接着，太尉司马孚亦不顾年迈，亲自率军赶往陇西。

秋风萧瑟，三国如今的江湖高手蜂拥而出，战斗的号角即将吹响。

这天，上邽城的魏国征西将军军帐大营里，邓艾等诸将与陈泰正围坐在地图旁，商讨应敌对策。邓艾率先开腔，对陈泰说道："狄道城被姜维所围，此时率军前往，恐怕无益于事。"

陈泰神情严肃，从容问道："邓将军这话从何说起？"

邓艾叹息道："王经新败，退守狄道城，不过是苟延残喘，而城外蜀军大兵包围，我们率乌合之众去抵挡蜀军的劲旅，恐怕没有胜算。古人云，蝮蛇螫手，壮士解腕。孙子又说，兵有所不击，地有所不守。若放弃救援狄道城，可以以小的代价保全整体，为何不据险自保，以观其后续事态发展，再行进兵营救呢？此乃上上之计。"

陈泰一听，不由摇头说道："若如邓将军所言，大势去矣！"

邓艾闻得一惊，连忙问道："陈将军何出此言？"

陈泰目光沉着镇定，指着地图缓缓说道："姜维所率士卒看似强劲，无可抵挡，然而其陈兵之处却犯了一个致命错误，若我们以迅雷不及掩耳之势出兵击之，其必闻风而逃。"

陈泰这番话说得诸将又惊又奇，他们望了望陈泰，又望了望地图，但是看了半响，竟然看不出个所以然来。同一张地图，邓艾等诸将看出了恐惧与不安，陈泰却看见了姜维的布阵漏洞及出兵战机，差别如此悬殊，实在让人惊叹不已。难道陈泰当真身怀绝技，练就了盖世神功吗？

一切皆是宿命。面对陈泰，姜维的确是碰到对手了。

陈泰，字玄伯，其父乃是魏国与司马懿同为明帝辅佐大臣的司空陈群。陈泰仿佛深得其父为人做事低调的风格，年少时默默无闻。进入官场后，也是一直波澜不惊。最初担任散骑侍郎，后迁为游击将军、并州刺史，加振威将军，再后来又迁为护匈奴中郎将。嘉平初年，陈泰取代司马懿部将郭淮做了雍州刺史，加奋威将军，从此跟姜维正面交手，这才大展身手，一战而锋芒毕露，使江湖震动。

当时，姜维率领诸军沿着麴山修筑二城。城池落成后，便派牙将句安、李歆等人驻守，同时聚集羌胡人，不时地扰乱魏国边境。

为此，征西将军郭淮召陈泰前来商议防御之策。不料，陈泰云淡风轻地对郭淮说道："姜维新筑二城不足为虑，只要出兵，便可一举将其拔掉。"

郭淮见陈泰如此从容自信，惊奇地问道："那二城并非用篱笆所筑，而是坚固无比，陈将军如何断定可将其拔掉？"

陈泰见郭淮疑惑，侃侃说道："麴城虽然坚固，然而距离蜀地十分遥远，须从后方运粮，方可维持。姜维当初筑城，是想靠羌胡之人运粮支持，但羌胡之人受此劳役，必不肯依附。所以我们若出兵围攻，必能兵不血刃地将其拿下。即使姜维率兵来救，山道路险，无行兵之利，不足为虑！"

郭淮一听，略加思索，觉得他说的好像也对。姜维走的是山路，又不会飞翔之术，即使他赶到，估计黄花菜也凉了。

郭淮决定派陈泰亲率大军攻城。

接着，陈泰从容不迫，按部就班，先派邓艾等两员大将率兵将麴城包围，然后派兵截断蜀军运粮之道，再派人将输送到城里的水流也截断了。

陈泰不愧是江湖高手，一出手，招招狠辣，处处致命。由此，蜀兵被困城中，无粮无水无救兵，岂不是要活活饿死？

原来，这就是他所说的，兵不血刃而城可拔！

蜀军将领句安等诸将见城池被困，只好出城叫阵。但是陈泰早就命令魏军，不管蜀将句安喊什么，即使他喊破嗓子，也要坚守要地，不与之交战。

蜀兵叫阵，魏兵置之不理，如此反复，句安无奈，只好将城中剩余粮食分发到诸将士手中，让他们化雪为水，以此坚守，等待姜维赶来援救。

麴城被围的消息很快就传回了蜀国，姜维听说此事，立即率兵急匆匆地从牛头山向陈泰杀过来。

陈泰听闻姜维要正面与他交战，又惊又喜，当即对诸将说道："兵法贵在不战而屈人之兵。我们只要出兵牛头山，截断姜维退路，他无路可逃，必为我所擒！"

陈泰紧急传令诸军坚壁不出，不与姜维约战。然后又派人告诉郭淮，说他准备南渡白水，沿白水向东，迎面拦截姜维，请郭淮出兵急向牛头山，截断姜维退路。由此，不仅麴城唾手可得，连姜维也能拿下。

郭淮一听，大呼妙哉，立即向牛头山进军。

不过，郭淮大军一动，立即惊动了姜维。姜维见状，为了活命，只好先行撤兵。姜维一跑，麴城就成了孤城，句安等蜀将只好乖乖投降。

麴城山一役，陈泰巧妙排兵布阵，就令姜维败逃，此事颇受朝廷称赞。郭淮病卒后，朝廷便以陈泰代替郭淮为征西将军，假节都雍、凉诸军事。

不料此役过后，才过两年，陈泰又跟姜维交上手了。

上次陈泰一刀捅到了姜维的软肋，不战而屈人之兵，此次姜维卷土重来，通过他那双锐利如鹰的双眼，这回他又会瞄准姜维的什么漏洞？

这时，陈泰见诸将皆一脸茫然，指着地图侃侃说道："姜维率轻兵深入，本来是想与我军于原野之地决战，企图一战得利。当年王经本就应当坚守不出，挫其锐气，岂料他竟出城与敌大战，中了计。王经已然败走，如果姜维乘胜追击，进兵东向，占据栎阳粮仓，大肆招降，招纳羌胡民兵，再次出兵向东争夺关中、陇西地区，并传檄陇西、南安、天水、略阳四郡，那我们麻烦就大了。"

诸将听得两眼发直，屏息凝神，一时都不敢说话。

陈泰语气陡然转厉，激昂说道："然而，姜维有如此胜算，不去掠地抢粮，竟然陈兵于狄道城欲攻城。狄道城地势险要，易守难攻。蜀军锐气一挫，攻守之势大变，机会必然落于我们之手！"

诸将还是一头雾水，不敢相信地问道："陈将军如何断定姜维必不得志？"

陈泰胸有成竹，悠悠说道："姜维修盾牌撞车，再筑土山，准备攻城，前后需得三月之久。然而他孤军远征，粮草不继，必受其困。且观其兵势，背山面水,姜维军队受困其中。若我们以迅雷不及掩耳之势占据有利地形,神不知鬼不觉地扼其颈项,攻其要害,他一定不战而闻风败逃!"

诸将这才恍然大悟。

之前只顾着害怕,没瞧出姜维的软肋,此时经过陈泰一番分析,才明白这回又该如何出兵制敌。

这时,只听诸将纷纷表态:"愿听陈将军令,出兵破敌!"

陈泰见诸将被说服,心里亦落下一块大石头。紧接着,他亲率一军,秘密潜入山里,终于在夜里赶到了狄道城东南的高山上。陈泰乘夜登高而望,见山下蜀军正紧锣密鼓地加紧修筑工事,准备攻城,一派热火朝天的忙碌之景象。再望狄道城内,只见城里灯火稀落,一派凄凉,犹如鬼城。

陈泰沉着脸望了半晌,对左右诸将说道:"蜀兵攻城气盛,我军守城气衰。若不趁机出手,恐怕狄道城会有陷落的危险。"

诸将听了这话,心情无不沉重,急忙问道:"现在该怎么办?"

陈泰气定神闲,目光如炬,大声说道:"传令下去,诸军多备火把,准备战斗!"

诸将听令,纷纷回营,各就各位。

时至半夜,山里寒气逼人。这时只见黑漆漆的高山上亮起了一点光,远远望去,犹如萤火虫在不住抖动。紧接着,冷寂的夜空里,咚咚咚地响起一阵激烈的战鼓声。在激烈的战鼓声中,火光四起,密密麻麻,呐喊之声此起彼伏,竟远远地传到了山下,传进了狄道城。

狄道城里,魏国守将王经听说援兵来到,一时又悲又喜,不敢相信。他匆匆跑出来,远远眺望山上,听着那振奋的呐喊之声,心里百感交集,不禁仰天叫道:"狄道城终于有救了!"

此时,姜维于狄道城外亦听到了魏兵的呐喊之声,他率领诸将走出大营,远远望去,只见狄道城东南方向的山上燃起了一片火光,在狂乱的战鼓声中,呐喊声响彻山谷,弥久不散。

诸将望着眼前漫山遍野的火光,心里一时慌乱,手足无措。

这时，只见姜维镇定自若地说道："诸君莫慌，魏军不过是虚张声势，为狄道城守军壮壮胆气罢了。"

诸将望望山上，又望望狄道城上，只见狄道城守军亦纷纷燃起火把，群情汹涌，呼天喊地，与山上的魏军遥相呼应。

诸将问道："姜将军，当此情景，该如何定计？"

姜维缓缓说道："如果料得没错，山上援兵必是陈泰所率。陈泰此人颇懂兵法，之前我出兵救援狄城守军时，就是被他逼得无奈才退兵的。既然他想来救狄道城，我就让他有来无回！"

这时，张翼在一旁神色凝重地问道："依姜将军之见，是想围城打援？"

姜维神态从容地说道："狄道城已被我们围死，我料陈泰不敢率兵来救。既然他来了，就正中我下怀，我们一举将他的主力打掉，岂不妙哉？"

张翼又问道："敌居高临下，只怕不好攻啊。"

姜维悠悠说道："仰攻当然不利，先诱敌下山，再与之决战。"

张翼叹息一声，幽幽说道："我对陈泰略有所知，此人并非庸将，恐怕他不会像王经一样，主动出城与我们决战。"

姜维冷笑道："到时他若不肯下山，我便亲自上山去会会他。"

张翼听得一愣，正准备要说什么，姜维又说道："诸君各自回营备战！"

姜维说罢，昂首回营去了。

张翼望着姜维的背影，又转头望了望山上，心情莫名忐忑，越发沉重。

第二天一早，姜维令全军吃饱肚子，排兵布阵，派人遥遥向山上的陈泰叫阵。折腾半天，山上寂然不动，陈泰就是不肯下山。

陈泰不肯下山，狄道城的魏国守军也不敢出城。双方就这样僵持着，一眨眼，一天就过去了。

一连数天，陈泰犹如千年老蛇盘在山上不动，任姜维喊破嗓子，就是不下来。

这天，张翼对姜维说："陈泰以逸待劳，不肯出战，摆明是想拖垮我们。"

姜维望着山上，沉声说道："他不肯下来，那我便上去。"

张翼连忙说道："陈泰据险而守，我们岂能轻易占得便宜？"

姜维信心十足，指着连绵大山说道："仰攻必犯兵家大忌。我们可以沿山势从侧面上山。"

张翼说道："陈泰或许于山里设下伏兵，还是小心为妙。"

姜维冷冷一笑："狭路相逢勇者胜。今天夜里，我们就偷偷摸上山，打他个措手不及。"

是夜，狄道城外，蜀兵大营外火光大亮，摆出一副忙忙碌碌准备攻城的阵势，当然，这不过是迷惑敌人罢了。此时，姜维已然率领一支步骑悄悄从西边上山去了。这迷惑敌人的阵势果然有效，姜维所率之军趁着夜色成功地摸到了半山腰。

夜色深沉，斥候回报，说魏军大营就在前面，防范十分松懈。姜维听说，心里一阵得意，对左右说道："擂鼓，准备发起冲锋。"

山里雾气弥漫，让人瑟瑟发抖，蜀兵皆伏于地上一动不动。这时，只听战鼓咚咚咚地敲响了，山鸟顿时惊飞一片，扑扑地拍着翅膀乱窜。

姜维拔剑怒吼："杀！"

杀声落地，蜀兵便一跃而起，顷刻之间，满山遍野皆是喊杀之声。蜀兵杀声才起，只见魏军大营顿时火光冲天，战鼓擂动，紧接着营门大开，魏兵亦杀声震天地奔出来了。

姜维一愣，难道陈泰早已有所防范了？他还没回过神来，突然又听见一阵喊杀声，扭头一看，只见茫茫大山，高低错落，四面皆是魏军点燃的火光。

中计了？！

姜维似乎早已料到会出现这样一幕，只见他挥剑从容喊道："吹军哨！"

一声尖锐悠长的哨声响起。紧接着，只见魏军大营南面火光四起，一支蜀兵叫喊着朝魏军大营冲去。

原来姜维也留了一手。

此时，谁也不知道究竟是谁中了谁的计。一时间，杀声漫山遍野，鬼神同惧。天色渐亮，太阳东升，山里红光一片。在这满山的红光里，山林中回荡着喊杀声，何其悲壮惨烈！渐渐地，太阳挂到了高高的天上，又缓缓西斜，到了黄昏，山里杀声渐息。因为陈泰早有防备，姜维久攻不下，只好退兵下山去了。

姜维才下得山来，斥候来报，陈泰正集结大军，准备截断蜀军退路。

姜维闻得一惊，仰头望着狄道城，心里喃喃说道："难道这到嘴的鸭子又要飞了？"

车骑将军夏侯霸站在一旁，亦忧心忡忡，呆立不动。

半晌，姜维对夏侯霸问道："陈泰这只狡猾的狐狸！对付他，咱们不易取胜；狄道城城高壁坚，不易攻克。看来，又要白忙一场了！"

夏侯霸叹息一声，沉声说道："我们孤军深入，粮草难以接续，若后路被陈泰截断，后果不堪设想啊。"

姜维苦笑道："攻城之前，张翼将军说此役乃是画蛇添足，如今看来，确是如此。不过，我们不如将计就计，先行退兵，到时再杀个回马枪，料陈泰必定没有防备。"

夏侯霸眼睛一亮，赞道："姜将军此计甚妙，可以一试。"

姜维见夏侯霸亦认为这是一条好计，脸上不由露出一丝得意。

九月二十五日，姜维拔营撤军，狼狈离去。蜀军远遁，陈泰悠然率军下山，这时狄道城城门大开，雍州刺史率兵急急出城，迎接陈泰。

王经一见陈泰，激动万分，说道："城中存粮已不足十天，若不是征西将军率救兵赶到，恐怕一城尽被屠戮，一州尽落姜维之手啊！"

一语说罢，满是唏嘘。狄道城守军将士犹如劫后重生，皆落下了庆幸的眼泪。

这时，陈泰叹息一声，安慰王经道："王刺史与诸将死守城池，将功补过，亦是壮举啊！"

是日，陈泰遣散王经所率将士，重新调派将领屯守狄道，修治城垒。事毕，他便率军撤回上邽城去了。

转眼到了甘露元年（公元256年）的春天。正月，姜维因狄道一役斩敌上万，有功，受封为大将军。

高官厚禄虽是捞到了，但姜维并不以此为荣，沾沾自喜。

昔日霍去病曾说："匈奴未灭，何以家为？"而今，魏国依然像铁桶似的，有坚固的铜墙铁壁，陇西关中尚未到手，他又有什么资格躺在功劳簿上，数着这区区战功苟且过日？所以，升为大将军的姜维没有返回成都耀武扬威，而是退守距离狄道不远的钟提，整兵备战，准备卷土重来，再次出兵北伐。

转眼半年过去了，姜维却毫无动静，没有半点出兵的迹象。

六月的风吹过祁山，吹过魏军驻扎在狄道的军营，吹乱了大营里一帮正在议事的魏国将领的心神。大营里，主持会议的人正是魏国安西将军邓艾，他目光炯炯有神，神态自若地听着诸将七嘴八舌地谈论着姜维。

诸将讨论的是，姜维这个"北伐疯子"，今年还会不会出兵伐魏？

在魏国诸将看来，姜维比昔日的诸葛亮还要疯狂，将他比作"北伐疯子"，一点也不为过。费祎遇刺身亡之前，姜维已有五次北伐经历。费祎死后，他每年都要率兵前往秦岭，算起来已经去了三次。所以，前后加起来，姜维的北伐竟然有八次之多。

敢问天下英雄，谁有过如此频繁出兵的军事生涯？

今年，一眨眼一半的时间都已过去了，却迟迟不见姜维的身影，难道是因为去年在狄道城吃了亏，不敢再出来露面了？众人讨论来讨论去，认为姜维经过去年的挫折，吃了陈泰将军的亏，实力衰竭，没有能力再出来挑战魏国了。

于是，有人不禁得意地对邓艾说道："姜维连续三年出兵北伐，穷兵黩武，兵力不如从前，料他今年不敢再出来了。"

此话一出，诸将深以为然，纷纷附和。

邓艾望了望诸将，脸色十分严肃，摇头说道："诸君太过自得了。依我看，姜维今年必然还会出兵！"

诸将听得一阵惊奇，纷纷问道："邓将军何以如此断言？"

邓艾目光深沉，洞若观火，答道："兵法有云，知己知彼，百战不殆。此前我与姜维交过手，此人老谋深算，又屡败屡战，行事邪气得很。"

诸将听罢，一片默然，似乎还是没有听懂。

邓艾见诸将一副不信的样子，叹息一声，说道："我给诸君分析分析，此事便可明了。去年雍州刺史王经与蜀军在洮水以西交战，兵败如山倒，士卒凋残，仓廪空虚，百姓流离失所，这可不是小损失。尽管姜维围攻狄道城没有得手，撤兵还军，但他还有乘胜追击之势，而我内中虚弱，此为一也；姜维所率蜀军上下齐心，兵强盾厚，武器齐全，而我代替王经驻守狄道，与士卒之间还需磨合，且兵器仍未齐备，此为二也；姜维从汉水乘船进出，十分方便，而我从陆地行军，十分疲劳，彼以逸待劳，此为三也；狄道、陇西、南安、岐山这几处我们各有所守，姜维专攻一处，集兵容易，而我兵力分散，难以防范，此为四也。兵法有云，先胜而后战。姜维身为北伐老将，必定算出此四处有利于他，而十分不利于我。如此看来，他岂能放过这大好的出兵机会？"

诸将依然沉默不语，半是疑虑半是迷茫。

邓艾顿了顿，语气十分坚定地说道："兵马未动，粮草先行。此时羌胡之地粮谷已熟，姜维或从南安、陇西沿途征收羌胡粮食，若他急攻祁山，那一带有上千顷熟麦，可供他尽力收割。有如此之利，姜维又狡猾，我断定他必会向祁山发动进攻！"

诸将恍然大悟，连忙问道："如此看来，我们得先防范祁山？"

邓艾果断说道："正是！"

说罢，邓艾当即调兵遣将，急往祁山守住要塞。

七月，天气转凉。一直蛰伏钟提不动的姜维，突然传令集结诸军，准备攻打祁山。不出邓艾所料，姜维是秦岭中鼻子最为灵敏的，他似乎已经嗅到了祁山那千顷熟麦的香味。

正当姜维磨刀霍霍时，一骑快马急匆匆地跑进营门，一个身影从马背上翻了下来，快速向大营跑去。那人一看到姜维，便大声疾呼："大将军，大事不妙！"

原来前来报告的是派出去侦察祁山情况的斥候。

姜维隐隐觉得不妙，但仍从容问道："何事如此慌张？"

斥候喘着大气说道："魏国已派大军屯守祁山各大要塞！"

姜维心里一惊，又问道："魏军守将是谁？"

斥候脱口而出："邓艾！"

姜维心里又是一惊："邓艾？"

斥候肯定地说道："正是。雍州刺史王经已被陈泰调到别处，另派邓艾巡守陇西。"

姜维神色一变，一时默然。

才走了一个陈泰，竟然又来了个邓艾。对于姜维来说，陈泰犹如捕猎高手，只要他出手，自己的软肋总能被其击中，使自己不战自退。与邓艾却是棋逢对手，此人料事如神，精于算计，无论怎么伪装，似乎都逃不过他的火眼金睛。

邓艾到底是何许人也，让身经百战的老江湖姜维都对他如此忌惮？

邓艾，字士载，义阳人。当年，曹操率兵南下，攻破荆州，年少孤弱的邓艾不得不迁往汝南，靠养牛为生。十二岁时，他随母亲到了颍川，某一天，他读到东汉名士陈寔的碑文，不禁被上面的一句话给吸引了。

陈寔的碑文是汉末名士蔡邕所写，那句话是这样说的："（陈寔）文为世范，行为士则。"

陈寔出身贫寒，毕生努力，最终成就声名，且为世人推崇，这是何等的光荣！而同样出身贫穷的邓艾，犹如在茫茫人海中找到了自己的灯塔。

陈寔就是他人生的伟大灯塔！

从此，邓艾发愤图强，渴望成为如陈寔一样的人。他初入官场，先担任都尉学士一职，因为口吃，当不了掌管文书的官吏，只能做稻田守丛草吏。身为草吏，多少会感叹人生的卑微，邓艾却从不自怨自艾，反而十分自信，每天都是一副从容淡定的模样。他屡登高山，亲临大泽，测量规划军营布局，乐此不疲。邓艾这样做，当时的人们非但不理解，反而借机对他加以讥讽嘲笑。但是，内心强大才是真正的强大。邓艾一介草吏，与稻丛为伍，却仰望星空，追慕先贤，从未惧怕世俗的非议，实在让人惊讶。天助自助者，在他困顿挣扎时，终于等来了他人生的大贵人。

邓艾的大贵人就是司马懿。

司马懿任太尉时，偶然碰见邓艾，经过一番畅聊，司马懿见此人言谈不俗，颇为惊奇，便用其为掾属，后来，又任命他为尚书郎。

到此，我们终于明白了一件事，那就是当年毌丘俭派使者前往游说邓艾举兵造反时，邓艾为何非但不听，反而果断地斩杀使者，率兵前往支援司马师。如果没有司马懿这个贵人的提拔，又怎会有邓艾的现在。他身为司马氏提拔的官吏，岂能当司马氏的叛徒？

当时，司马懿一心筹划征伐东吴，却苦于没有粮草，便派邓艾前往寿春一带考察地形，看能不能屯田种植。邓艾出去考察一番，回来后立即给司马懿上书，说寿春之地可用来屯田开垦，不出六七年，便可有供十万之众吃五年的粮食。司马懿听罢，心中十分欣喜，立即派人前往寿春屯田。

殊不知，邓艾此举为魏国造了福，却也为司马氏家族埋下了祸根。

司马懿晚年，太尉王凌叛乱；司马师接任大将军之职时，毌丘俭再次举兵叛乱。这两次叛乱都发生在寿春，为何？其中有一个重要因素，就是江淮之地经邓艾提议，开发屯垦后，粮食丰收，足够军队食用。于是，便有了足以支撑造反的物质条件，从此，造反就成了寿春无法逃脱的魔咒。

不管怎样，江淮大开发的首功应归于邓艾。他能够有今天这样的成就，跟当年他乐此不疲地亲临高山、沼泽，测量规划，是否也有着莫大的关系？

机会是留给有准备的人的，此话诚不我欺！

嘉平元年（公元 249 年），邓艾以南安太守的身份，随征西将军郭淮出征姜维，首次跟姜维交手。当时姜维不敌魏军，已然退兵，郭淮以为无事，准备撤兵。但是，邓艾却对郭淮说："姜维刚刚撤兵，或许会杀个回马枪，应该分兵屯守，以备不虞。"

郭淮一听，觉得此话有理，便留邓艾屯守于白水北边。

果然不出所料。三天后，姜维派将领廖化率兵从白水之南向邓艾方向集结。邓艾听闻蜀兵来攻，悠悠走出营门，远远眺望。

半晌，只听他对诸将说道："整军，准备救援洮城。"

诸将一时愣住，莫名其妙地问道："这是怎么回事？"

邓艾悠悠说道："姜维突然杀回，我军兵少，他理当铺桥渡河攻我。然而他却只派一员将领率兵前来，亦不铺桥，却装出攻打我军的样子，这不过是想牵制我军罢了。而姜维本人必率军向东袭取洮城，所以回军救洮城乃是我军真正的当务之急。"

当时，邓艾所驻之地距离洮城有六十里。邓艾当夜率军急行，赶往洮城。让诸将惊奇的是，他们才赶到洮城，姜维果然就率兵来犯了。姜维铺桥，渡水攻城，然而邓艾已经先行占据了洮城，有所防备。姜维没讨到便宜，只好撤兵回去了。

往事历历在目，姜维一时郁闷。昔日他就被邓艾识破了计谋，难道今天又要被那家伙看穿了吗？

姜维回到营里，召来诸将，重新商议进攻路线。

诸将到齐，姜维指着地图上的祁山说道："可惜呀可惜，这里有千顷粮食，因邓艾有所防备，今年没办法割取了。"

诸将听得无不愕然，不由问道："既然如此，那我们还沿着祁山出兵攻打上邽城吗？"

姜维语气坚定地说道："上邽城是必须要打的。既然祁山走不通，我们可以改道，从董亭方向急行军，向南安郡进发，沿渭水东下攻打上邽。"

诸将听罢，一时默然，心道，看来也只能这样了。

上邽城位于汉水和渭水的交界处，地理位置十分重要。这个要塞前可扼制陇右，退可守关中。陈泰去年吓退姜维后，就是回军驻扎在上邽城。然而陈泰已被朝廷召回京城任职，屯守关中的任务便交给了安西将军邓艾。

今年，姜维改道从董亭进军，直抵南安郡，必须先翻越武城山。然而隔着茫茫大山，料事如神的邓艾会不会再一次看破姜维的部署呢？

不日，姜维率军向武城山挺进。

然而，他才进山，斥候就跑回来报告："魏国安西将军邓艾已派兵占据险要地势，准备迎击我军。"

姜维一时愣住，震惊极了。

他原先以为陈泰已经够能谋善断了，不料这个邓艾更是用兵如神。这家伙简直如影随形，真是去哪儿都甩不掉他。邓艾既然选择据险而守，现在只有一条路，那就是硬着头皮往前冲了。

姜维召来诸将，昂首说道："我们现在只有一条路，就是突破邓艾守军的防线，冲过武城山。除此之外，没有别的路。"

诸将一听，齐声叫道："愿听姜将军令，干掉魏军，冲过武城山。"

姜维见诸将士气高昂，心情大好，拔剑起身，昂首说道："愿与诸君共生死，拿下上邽城！"

说罢，姜维率军上山，准备攻打邓艾守军。

茫茫深山里，只听杀声震天，只见林鸟乱飞。为了越过那险要茂密的山林，姜维已经杀红了眼，指挥一拨又一拨的蜀兵呐喊着朝邓艾守军冲去。魏兵据险而守，以逸待劳，蜀兵上来一拨，就被他们抛出的山石压下去一拨，再上来一拨，又被他们射出的乱箭射下去一拨。

在喊杀声中，一天很快就过去了，姜维不知发起了多少次进攻，竟没讨得半点便宜。

天色慢慢地暗了下来，杀声渐息，山林中一片冷寂。姜维却一刻也没闲着，对诸将说道："我与镇西将军胡济约定在上邽会师，与魏国会战，若不及时赶到，胡济必然危险。"

诸将问道："邓艾防守十分顽强，冲不过去，怎么办？"

姜维从容说道:"当年先帝与曹军大战于平阳关,战况不利,移师定军山,再次突围,一举攻破曹军。今日,我们亦可绕道,趁夜色强渡渭水,沿山势急行军,与镇西将军会师,攻破上邽。"

诸将深以为然,立即分别率兵上路。是夜,姜维竟然顺利渡过了渭水。

紧接着,姜维率兵直奔上邽城的消息传进了邓艾大营。邓艾一听,亦是一惊,他派人四处屯守,竟然还是没能拦住姜维。

看来,一场恶战已经不可避免!

邓艾亲自率军,急向上邽城南部行军,终于在城南一个叫段谷的地方把姜维拦住了。

此时,姜维面对邓艾主力大军,心里又惊又气。惊的是,邓艾行动竟然如此迅疾,一点也不拖泥带水。气的是,他千辛万苦地急行军,希望赶到上邽与镇西将军胡济会师,竟然连胡济的影子也没看见。

姜维对诸将说:"我料胡济已被邓艾其他守军拦住,所以才失期,无法与我会师。眼下邓艾已摆好阵势,而我们孤军深入,一场大战势不可免,不能再等了。"

诸将齐声叫道:"杀敌破贼,不辱使命!"

姜维听得诸将这一声呐喊,眼泪差点掉了出来。他顿了顿,拔剑昂首叫道:"天佑蜀汉,破敌必胜!"

诸将亦跟着喊道:"天佑蜀汉,破敌必胜!"

天空碧蓝无比,七月的阳光照在大地上,照在山林间,照在段谷的水面上,与以往千万年的七月无甚分别。然而此时,一旁空阔的谷地上,魏蜀两国陈兵布阵,剑拔弩张,一场生死决战马上就要上演了。

咚咚咚!蜀兵的战鼓首先擂响了。姜维阵前挺立,满脸肃杀。那一边,咚咚咚,魏军的战鼓也擂响了。邓艾气定神闲,威风凛凛。

一阵猛烈的战鼓声后,只见姜维缓缓举剑,猛然高声吼道:"杀!"

"杀!"蜀兵嘶吼着冲杀出去。

这时，只见素来口吃的邓艾，举起长剑，干脆利落地吼道："给我杀！"

"杀！"魏军呐喊着，亦向蜀兵冲去。

顿时，谷间杀声如雷，响彻天地，天空不禁为之一暗。不知从何方飘来了一片乌云，随风聚散，越来越大，让天空变得越来越暗淡。

仿佛眼前的这场厮杀，连上天也于心不忍，不想再看下去了。

一番激战，这场战役很快就分出了胜负。姜维孤军深入，寡不敌众，被邓艾主力打得落花流水，尸横遍野，溃不成军。

这是姜维北伐以来输得最惨重的一次。

消息传开，蜀国上下一片失望，怨声四起，咒骂姜维的话仿佛遮盖了蜀国的天空。姜维无奈，只好主动上书请罪，自求贬职，由大将军降为卫将军，仍领大将军事。

一场游戏一场梦。沙场如赌场，去年攻打王经，姜维赢回了一个大将军之位，今年段谷一战，败给了邓艾，又将赢来的大将军高位输了出去。

茫茫人生，姜维也迎来了至暗时刻，未来将何去何从，难道就此认命了吗？

答案到底该怎么写，或许只有姜维自己知道了。

第七章

内讧

七月过去，八月来临。这个凉爽之中又透出些许异样的八月，似乎有些忙碌。

　　天下最为忙碌的人，可能就是魏国的大将军司马昭了。

　　司马昭在忙些什么呢？他在忙着给自己的脸上贴金。

　　说起来，真是让人匪夷所思。姜维去年以来两次北伐，最大的赢家不是陈泰，亦不是邓艾，更不是姜维，而是魏国的大将军司马昭。

　　我们先来算一笔账，看看司马昭是不是大赢家。

　　去年，陈泰击退姜维，被调回洛阳，加官为尚书右仆射，典选举，加侍中光禄大夫。于是，司马昭也不忘给自己脸上贴上一金，以皇帝名义给自己赐了一套衮冕之服，一双赤色长靴。今年，邓艾大破姜维，斩获甚丰，由安西将军改迁为镇西将军，都督陇右诸军事，进封邓侯。于是，司马昭又不忘在自己的功劳簿上记上一笔，以皇帝名义下诏，给自己加了个大都督的称号，奏事不名，假黄钺。

　　到此，如果将司马昭与司马懿进行比较，就会发现司马昭简直是有过之而无不及。

　　当年，司马懿奔袭孟达，阻击诸葛亮，远征辽东，哪一件事不是亲力亲为，实打实地拼杀出来的？而今天，司马昭坐守洛阳城，大笔一挥，就轻轻松松地将陈泰和邓艾的功劳算到自己头上，这算什么本事？

　　此所谓建功无能，揽功在行啊。

　　想当年，司马懿诛杀曹爽，控制洛阳，满朝大臣纷纷上书，请求给司马懿加官晋爵，司马懿一概拒绝，依然老老实实地干活，给天下人树立了一个高风亮节的典范。而如今，司马昭积极揽功也就罢了，看看他揽的是什么功？衮冕之服，那是皇帝的龙袍；赤色长靴，那是帝王的鞋子；假黄钺，那代表的是帝王的权力。稍微有些常识的都瞧出来了，司马昭这是朝着王莽的方向一路狂奔啊。

司马昭之心，路人皆知，就是从这儿来的。

过去，司马懿和司马师吃着曹家的饭，认真替曹家做事。现在，司马昭却是一边吃着曹家的饭，一边想方设法地砸曹家的碗。过去司马懿不敢干的事，司马昭统统干了。若曹操、曹丕、曹睿于泉下有知，不知该作何感想？

也许冥冥之中，一切都是历史的宿命啊。

洛阳城里，司马昭忙得不亦乐乎。然而此时，千里之外的建业城里，有一个人也是一刻没闲着，整天四处奔跑，面见大臣，充当说客。

司马昭一定没料到，这个在建业城最为忙碌的人，竟然是魏国叛将文钦。

文钦在忙些什么？他忙着到处游说，怂恿吴国出兵攻打魏国。

司马昭想砸曹家的碗，文钦却想砸司马昭的锅。这绝不是机缘巧合，而是历史的必然。司马懿诛杀曹爽，司马氏家族独揽魏国大权，对皇权虎视眈眈，这才是问题的死结。这个死结不解开，魏国的叛臣就不止文钦一个，后来的历史将会见证更多的叛臣前赴后继地往前冲。

这天，文钦来到丞相府，面见孙峻。

自从孙峻成功诛杀诸葛恪后，便独揽东吴大权，任丞相大将军一职，督中外诸军事，假节，进封富春侯。所以，文钦想要东吴出兵攻打魏国，最为重要的环节，就是先说动权倾东吴的丞相大将军孙峻。

八月，正是炎炎夏日，丞相府中，孙峻和文钦二人对坐席间，饮酒畅谈，一派和乐融融。酒过数巡，文钦满脸红光，似乎越喝越兴奋，只见他举杯对孙峻说道："在下有句话想对丞相大将军说，不知当说不当说？"

孙峻此时两眼通红，酒意正浓，只见他仰头哈哈一笑，说道："此地只有你我二人，仲若不必有所顾忌，想说便说。"

文钦一听，心情一阵舒爽，缓缓说道："一年前，东吴国内有人想谋刺丞相大将军，不知其中有何内情？"

孙峻一听，神色陡然一变，不由得想起一年前自己遇刺之事。

去年七月，蜀国使者来访东吴，吴国将军孙仪、张怡、林恂等人阴谋结党，准备在孙峻接见蜀国使者时趁机将他刺杀。此前，故太子孙登次子孙英也曾想谋刺孙峻，事败自杀。此后，孙峻凡在公开场合露面，皆派虎贲保护左右。那天，孙仪等人刺杀孙峻没有成功，被斩杀者竟有数十人。事发后，孙峻认为事情没有那么简单，派人追查。公主孙大虎向他告发，说孙小虎鲁育公主与孙仪参与了这场阴谋。

孙峻闻言，便派人将鲁育公主杀了。

孙仪乃吴国宗室，孙小虎是孙大虎同母妹妹。孙仪与孙小虎谋刺孙峻，可见这场阴谋乃是吴国宗室内部斗争的产物。

半晌，只听孙峻叹息道："不瞒仲若，东吴内情复杂，盘根错节，我舍身掌国，却被人谋算，也是在所难免。"

文钦定定地望着孙峻说道："丞相大将军这话说得对，但也不对。"

孙峻听得一奇，不由问道："仲若此言何解？"

文钦露侃侃说道："天下三分，其乱纷纷。身处乱世，人心不古，所谓刺客行刺之事，也算平常。然而丞相大将军去年遇刺之事，恐怕没有那么简单。"

"哦？"孙峻两眼睁大，等着文钦把话说完。

文钦望着孙峻，又继续说道："昔日魏太祖曹操、蜀国大将军费祎皆有遇刺之事，然而刺客不是政敌，就是外敌。刺杀丞相大将军的刺客竟然是吴国宗室，为何？那是因为您威望不足，不能服众，所以什么牛鬼蛇神都纷纷冒头，企图争夺大位。"

文钦一番话让孙峻听得心里一阵沉重，却又不得不服。

多年以来，孙峻尽管身为孙权侍中，却自知建功不多，并无威望。且他与公主孙大虎秘密私通多年，风流韵事早已传遍坊间，说声名狼藉亦不为过，甚至有人认为,他能得到孙权的重用,完全是依靠情妇孙大虎的帮助。正因如此,吴国宗室内部才有人口服心不服,总想密谋将他除掉。

半晌,孙峻沉沉地叹了一口气,问道:"依仲若之见,我该怎么做?"

文钦两眼放光,目光灼灼地说道:"自古以来,立威莫过于立功,功大则威重,威重则能服众。丞相大将军只有立不朽奇功,才能使得吴国上下心服口服。若要立大功,首先应当伐魏。"

"伐魏?"孙峻愣了一下,接着问道,"出兵寿春,攻打诸葛诞?"

文钦摇头说道:"我与诸葛诞素有仇怨,巴不得一剑将其劈成两半,然而顾及国家大事,窃以为寿春并非最佳的出兵之地。"

孙峻心中一奇,不禁问道:"此前无论是先帝还是诸葛恪,都想出兵寿春,平定淮南。去年我亦想偷袭寿春,可诸葛诞快人一步,率军占据了寿春城,这才作罢。寿春城是东吴的噩梦,人人都想拔之而后快,仲若为何有此一说?"

文钦叹息道:"寿春之地,昔日吴主屡屡出兵,尚且久征不下。近些年来,魏国又在寿春、淮南一带屯垦种植,如今粮食丰足,人口众多,攻城更是不易。兵法有云,军有所不击,城有所不攻,地有所不争。大将军若想建功立业,不妨弃难求易,从江都出兵淮、泗,攻打青、徐二州。"

孙峻沉思半晌,似有所悟地说道:"魏国素来派重兵把守南方及东方,青州与徐州在北方,防守薄弱,易于攻取,胜算倒是极大。"

文钦一拍大腿,朗声说道:"丞相说得极是!"

孙峻顿时两眼放光,亦拍着大腿说道:"文将军此计甚妙,我就这么办!"

两人一拍而合,哈哈一笑,举杯一饮而尽。

九月初,孙峻派遣文钦与骠骑将军吕据、镇南将军朱异、前将军唐咨等人率兵集结,准备从江都出征,攻打青、徐二州。

出师这天,孙峻在建业城西北设宴为大军饯行。临行前,身披厚重甲胄的吕据缓缓走到孙峻面前,拱手肃穆说道:"整军完毕,请大将军检阅!"

孙峻望着吕据一张冰冷的脸,心往下一沉,当即率领百余从者跟着吕据走进军营参观检阅。才进大营，只见军容齐整，器具排列有序，士气更是高昂振奋，好不雄壮！

孙峻看了半晌，心里却觉得莫名刺痛，一点也高兴不起来。吕据亦是辅政大臣之一，他出身名门，治军有方，器宇轩昂，且于军中颇有人望，派此人出去建功立业，若他建了军功，未来会不会成为自己最大的政敌？

孙峻默然不语，一旁的滕胤对他说道："诸将已然列队在前头等着丞相大将军了。"

一阵秋风吹来，孙峻不禁打了一个哆嗦，这才恍然回神。半晌，只见他神色黯淡地对滕胤说道："不知为何，我心跳剧烈，十分疼痛，恐怕去不了了，你替我去吧。"

滕胤听了这话，竟惊慌起来，说道："要不我陪您回丞相府歇息？"

孙峻摇头说道："大军即将出发，岂能虎头蛇尾，你替我去向诸将饯别！"

说完，孙峻在随从的保护下，匆匆离去了。

滕胤望着孙峻离去的背影，一时默然，心头却涌起了一股不祥的预感。

果然，大军才开拔，大将军府就传来消息：丞相大将军孙峻不幸身患重病，卧床不起。滕胤一听说孙峻病倒，又惊又奇，本来好好的人，怎么说倒就倒了呢？

他二话不说，立即直奔大将军府。

滕胤进得大将军府，见到孙峻，简直不敢相信。几日不见，孙峻犹如变了个人，竟然变成了一个皮肉松垮、两眼无神、奄奄一息的枯槁之人。

尽管滕胤素来与孙峻貌合神离，然而眼前此景的确让人心酸。只见他扑上去，失声说道："丞相大将军，几日前不是还好好的嘛，怎么就病成这般光景了！"

滕胤说着，眼泪滚滚而落。

孙峻两眼空洞地望着滕胤，声音颤抖地说道："诸葛恪来索我性命了！"

滕胤听得惊恐万分，慌张地问道："您怎么提起诸葛恪来了？"

孙峻声音嘶哑无力，颤声说道："那天与你告别回来后，当夜我就做了一个噩梦，梦见诸葛恪化为恶鬼索我命来了，然后我就病倒了。"

滕胤一时不知道说什么才好，只能抓着孙峻冰凉无力的双手安慰道："那不过是个噩梦罢了。丞相大将军尽管安心养病，一切都会好起来的。"

孙峻摇头颤声说道："我自己的身体我知道，恐怕好不起来了。"

滕胤见孙峻如此悲观绝望，不知该如何是好，只能愣愣地望着对方。

按理说，孙峻都病成这样了，他应该对同是辅政大臣的滕胤交代后事。但是滕胤等了半天，就是不见孙峻提到交权的事。

半响，只见孙峻轻轻地摇了摇滕胤的手，虚弱无力地说道："你先回去吧，我想闭上眼好好想想。"

滕胤见孙峻不肯说交权的事，心里顿时十分失望，只好起身说道："那就不打扰丞相大将军了。"

滕胤离去没多久，孙峻突然颤声叫道："来人！"

左右侍从立即跑过来，慌张地问道："丞相大将军有何吩咐？"

孙峻眼里突然闪过一丝光芒，说道："传偏将军孙綝来见。"

左右侍从闻言，咚咚咚当即就跑出去了。

孙綝，字子通，此人乃是孙峻堂弟，当时任偏将军一职。没过多久，只见孙綝匆忙跑进来，一下跪倒在孙峻床前，泣声叫道："听闻丞相大将军病倒，我心痛如绞！"

孙峻望着孙綝痛哭的样子，眼睛亦不禁一湿。半响，他轻轻摆了摆手，说道："起来，我有话跟你说。"

孙綝听罢，立即爬起来，跪在孙峻的床边，紧紧地抓着孙峻的手。

孙峻悲哀地说道："我气数已到，活不久了。"

孙綝连忙说道："丞相大将军吉人天相，不必说丧气之话。"

孙峻神色悲怆，又说道："昔日我听闻魏国太傅司马懿梦见王凌化为厉鬼索他性命，我不信。现在我信了，我梦见诸葛恪的鬼魂向我索命来了。"

孙綝咬牙叫道："千刀万剐的诸葛恪，我马上派人将他掘墓鞭尸！"

孙峻摇头说道："不顶用的，来不及了。"

孙綝心里一怒，正准备说什么，只听孙峻又说道："刚才滕胤来过，我没把大事托付给他。现在召你来，就是想把大事托付给你。我死后，朝廷必定会掀起一场腥风血雨，你要好自为之。"

孙綝听说孙峻要把东吴大权交给自己，一时又惊又喜，连忙叩首说道："臣绝不负丞相大将军所望！"

此时，孙峻眼中的光芒倏然消逝，元气大泄，他张张嘴，还想说什么，竟然说不出来了。半晌，只见他脑袋一歪，竟就此断气。

孙峻一死，孙綝在孙峻左右亲信的拥护下，立即加官为侍中武卫将军，领中外诸军事，掌管朝政大权。

大风起兮云飞扬，滚滚长江，浪花翻滚。一场酝酿已久的暴风雨即将降临！

孙峻暴毙身亡，出兵伐魏已然没有必要。于是，孙綝便火速派人召吕据率军返回。

此时，吕据正在进军路上，他听说吴国突然生变，朝政已经交到了孙綝手中，一时又惊又怒，大声叫道："孙綝何德何能，竟然代理吴国朝政！"

紧接着，吕据召来诸将又说道："先帝驾崩前，召我与滕胤等五人为辅政大臣。孙峻既死，仅剩我与滕胤为辅政大臣。我自知威望能力不如滕胤，由滕胤担任丞相一职，掌管东吴大权，理所当然。孙綝是什么人，从半路杀出来，就想争夺吴国大权！"

诸将也都愤懑不平，一时群情激愤。

吕据见诸将皆义愤填膺，又大声问道："诸君与我一道上奏，举荐滕胤为丞相，如何？"

诸将齐声说道："末将等皆愿追随将军！"

不日，吕据的奏表便飞到了建业城，落到了孙綝面前。

孙綝召来左右问道："吕据联名诸将，拥戴滕胤为丞相，现在我该怎么办？"

左右说道："必须想办法把滕胤弄出建业城。"

孙綝眼睛一亮，问："有何妙计？"

左右说道："大司马吕岱刚病卒于武昌，可改迁滕胤为大司马，让他前往武昌。以加官之名，将他赶出建业，料他也无话可说。"

孙綝一听，心头大喜，拍案叫道："妙哉！此计可行！"

说罢，孙綝立即派人拟诏，迁滕胤为大司马，取代吕岱驻守武昌城。

这场生死攸关的角逐已有愈演愈烈的态势。孙綝在动，吕据也在动。吕据又召来诸将商议说："我想了又想，觉得孙峻生前派我率兵伐魏，乃是使诈！"

诸将一片惊疑，纷纷问道："吕将军说来听听？"

吕据自信从容地说道："孙峻莫名染疾，让人猜忌。或许他之前早已有病在身，却强装无事，就是为了骗过我等。他以伐魏之名使了调虎离山之计，不然，怎么我刚离开江都，他就将大权交给孙綝，而不交给滕胤？"

诸将一听，恍然大悟，问道："那现在该如何是好？"

吕据目光坚定，说道："急行军，回建业城，同时派人报告滕胤，待我进城，就一同罢黜孙綝！"

十月，寒风大作，有一支军队正从北方马不停蹄地向江都方向扑来。

消息很快就传到了建业城，孙綝听闻吕据率兵赶赴江都，立即令堂兄孙宪派兵前往江都拦截，同时遣宦官持节，诏令文钦、唐咨等诸将率兵攻打吕据。紧接着，孙綝又将侍中左将军华融、中书丞丁晏二人叫到面前，命令他们前去告诉滕胤，必须迅速动身离开京城，前往武昌赴任。

有条不紊，滴水不漏，原来这孙綝也非等闲之辈啊！

此时，滕胤并不在太常府，而在卫将军府上。孙权驾崩前，滕胤被拜为太常，孙亮即位时，又加封卫将军。如今，建业城风雨欲来，草木皆兵，卫将军府禁卫森严，也算是一个不错的容身之地。

卫将军府上，将士披坚戴甲，一派肃杀，远远望去，令人生畏。然而宽阔的府厅里却是另外一派光景，只见滕胤从容淡定，身边则聚集了一拨将领，他们吵吵嚷嚷，似乎在争论着什么。

这时，侍卫来报："侍中左将军华融、中书丞丁晏求见。"

部将一听，无不愕然，转头呆呆地望着滕胤。

滕胤望了望部将，脸上不觉一笑，转头对侍卫说道："引两位大人进来。"

侍卫闻声离去。不一会儿，华融和丁晏就被引到厅里，他们见滕胤身边坐着一拨佩剑披甲的部将，皆是一愣。

滕胤起身，淡淡问道："二位前来所为何事，有何指教？"

华融和丁晏对望了一下，沉吟半晌，才硬着头皮说道："传陛下诏令，请太常立即动身前往武昌就职！"

滕胤一听，脸色一沉，缓缓说道："最近魏国内有叛乱，外有姜维出兵陇西，正焦头烂额，无暇顾及东吴。长江一带，算是风平浪静，陛下却请我速去武昌，敢问二位，陛下这是何意呀？"

华融和丁晏一愣，半晌，又硬着头皮说道："陛下说，武昌乃东吴重镇，不可一日无将。所以，请滕太常速速前往就任。"

滕胤讥笑道："你传的这是陛下的旨意，还是孙綝的旨意？"

华融和丁晏见谎话被滕胤识破，只好无奈说道："这也是孙将军的意思。"

滕胤一听，勃然大怒，厉声说道："先帝驾崩前，曾命我与孙峻等五人为辅政大臣。陛下姓孙，孙峻亦姓孙，然而吴国是陛下的吴国，绝不是孙峻的吴国。孙峻身为东吴大臣，有何权力擅自将辅政大权授予孙綝？孙綝何德何能，竟敢从一个偏将军蹿升为辅政大臣？孙峻和孙綝这么做，若先帝泉下有知，当作何感想？"

滕胤一席话说得理直气壮，华融和丁晏无话可说，只好闷声不响。

滕胤见华融和丁晏二人自知理亏，又昂首说道："我与吕据将军同为辅政大臣，何人掌国，应由我与吕据将军召集众卿商议，然后呈报陛下。孙綝窃据大权，国法难容，尔等应该立即拟诏，令孙綝交权让位。"

华融和丁晏一听，连忙说道："这使不得啊！"

滕胤怒目圆睁，喝问道："如何使不得？"

华融和丁晏见滕胤发怒,只好又说道:"要不我们现在回去,当面劝说孙将军?"

滕胤冷冷说道:"你们以为今天还回得去吗?不拟诏书,不将此事摆平,你们就别想离开这里!"

华融和丁晏面面相觑,四目相对。半晌,中书丞丁晏叹息道:"既然滕太常都发话了,那我来拟诏吧。"

中书丞丁晏一直负责皇帝诏书拟写事宜,没一会儿,就将诏书写好,交给滕胤。滕胤看了看,又叫丁晏抄了一份,当即派人送出将军府。一份送给小皇帝孙亮,一份送给孙綝。

没过多久,诏书就落到了孙綝手上。孙綝一看,立即撕成碎片甩到地上,接着对左右说道:"立即拟写奏表,参奏滕胤造反作乱。"

孙綝的狠厉决绝在这一刻体现得淋漓尽致,他话才说完,又叫道:"来人,传将军刘丞来见。"

没一会儿,侍卫就将将军刘丞引到孙綝面前。孙綝见到刘丞,开门见山地说:"太常滕胤劫持左将军华融及中书丞丁晏,准备造反。我命令你现在立即率骑兵包围卫将军府,事成之后,必有厚赏。"

折腾了一天,此时天色已暗。刘丞得到孙綝命令,立即率兵包围卫将军府。滕胤见孙綝非但不肯降,反而先发制人,当即对华融和丁晏说道:"你们俩现在就以陛下名义拟诏,说孙綝造反,诏令诸军发兵来救。"

华融和丁晏一听,争辩说道:"滕太常和孙将军的事情,我们俩岂能插手?这等矫诏发兵之事,我们不敢做。"

滕胤立即拔剑,指着他们骂道:"你们怕孙綝,难道就不怕我滕胤吗?"

华融和丁晏见滕胤拔剑,不为所动,呆立无言。

滕胤又猛地挥剑叫道:"到底写不写?"

华融和丁晏依然昂首站立,半晌,才沉声说道:"发兵之事,若无陛下旨意,我等实在不敢拟诏。"

滕胤一听，彻底失去耐心，二话不说，猛然挥剑，当场将华融和丁晏斩杀。

这时，府外的呐喊声此起彼伏，接连不断地传进来。诸将问道："滕将军，当下该如何定计？"

滕胤情绪渐渐平复，神情又变得从容起来，缓缓说道："吕据将军前日给我来信，约期会师，只要熬过今晚，大军必到城外。"

有人忧心忡忡地说道："孙綝已派孙宪前往江都拦截吕将军，又命令文钦等诸军攻击吕将军，恐怕吕将军一时不能赶到。不如这样，滕将军趁夜色率兵前往吴宫苍龙门，将士们见到将军，必弃孙綝而投奔将军。如此，孙綝可擒，大事可成。"

滕胤摇头说道："几个鼠辈岂能拦得住吕据将军？且攻打皇宫乃是大逆不道的行为，还是等吕将军吧。"

诸将一听，只好作罢。

夜色渐深，三更过后，建业城的上空寒风呼啸，犹如鬼哭。卫将军府里，却是一派热火朝天、视死如归的场景。滕胤与诸将谈笑风生，脸色不变，有恃无恐，仿佛天色一亮，吕据便会从天而降，血洗建业，斩杀叛臣孙綝。

寒冷的大风猛烈地刮了一晚，天色渐渐亮了。这时，滕胤及诸将千盼万盼的吕据将军没有出现，反而等来了孙綝的大军。天亮之时，孙綝成功集结诸军，陈兵于卫将军府外，只听一声令下，卫将军府便被震天动地的喊杀声淹没。

是日，滕胤被杀，三族被灭。

消息乘着寒冷的大风，很快就传到了吕据耳里。此时，因为孙宪率先占据江都，吕据作战不利，一时还被阻隔在江都外。

滕胤已死，建业城内已无人响应，即使能冲过江都，回去也是送死。诸将纷纷对吕据说道："我们已无退路，不如投奔魏国。"

吕据拧起眉头，语气激昂地说道："我为名将之后，岂能做无耻的叛臣！"

随即便拔剑自刎，倒地身亡。

大风渐渐止息，这场荒唐的大戏也就此落幕了。十一月，孙綝官拜大将军，成功上位，从此号令东吴。

第八章

寿春再现叛乱幽灵

甘露二年（公元257年），四月。

这天夜里，寿春城的征东大将军府内室里一灯独明，唯有诸葛诞坐于灯旁，久久思索。良久，只见侍从推门进来说道："大将军，诸将已到府厅里等候。"

诸侯诞说道："让他们到内室来。"

侍从应声离去。没多久，只见诸葛诞的几个部将鱼贯而入，各自落座。

诸葛诞望着诸将说道："诸位可知今日我为何召大家前来？"

诸将面面相觑，皆一脸迷茫。

诸葛诞叹息一声，望着诸将缓缓说道："昔日毌丘俭与文钦叛乱，我与诸将入据寿春城，如今两年有余。然而两年多来，我身在寿春，却如履薄冰，提心吊胆，没有睡过一个安稳觉。"

诸将疑惑地问道："将军所为何事？"

诸葛诞望着诸将，半晌，才缓缓说道："昔日司马懿掌国，太尉王凌谋反；司马师掌国，毌丘俭与文钦造反。诸君想想，他们为何而反？"

诸将皆摇头。

诸葛诞不知诸将是真不明白还是假不明白，只得继续苦笑说道："过去我亦不明，然而来寿春两年后，今天突然想明白了。"

诸将心中更是疑惑，等着诸葛诞把话说完。

诸葛诞语气急转，激昂说道："司马懿一门皆是虎狼之辈，王太尉与毌丘俭的谋反之举，并非心怀不轨，而是义薄云天，视死如归，为国除害。**魏国本是曹**

氏当国，大权却被司马懿强行窃为己有，司马师当政，更是离谱，竟公然废除皇帝，还美其名曰，行霍光之事。如今司马昭掌权，看看他又做了什么？先是自赐衮冕之服，后又号称大都督，奏事不名，假黄钺。如此下去，不出明年，必然加九锡，行禅让，做出王莽篡权之事。如此，真是是可忍孰不可忍！"

诸将一听，顿时群情激愤，说道："此为国之恶人，不可忍！"

诸葛诞见诸将站在自己一边，心里一阵得意。半晌，只听他又深沉地说道："不过，司马昭尚未原形毕露，此时若举兵，必被其诬陷，最终陷入无法自辩之境而不可自拔。"

诸将连忙问道："那我们该怎么做？"

诸葛诞沉吟道："人无远虑，必有近忧，何况行军掌兵之人？所以，我们应该未雨绸缪，防患于未然。我听说吴国内部生变，孙綝掌权，企图率兵攻打东关东面的徐塘。既然如此，我们可以趁机以吴国攻打寿春的名义，向朝廷请兵十万，或守城，或临淮水筑城，以防吴寇。司马昭着急立功，料其必不会拒绝。"

说到这里，诸葛诞突然目露凶光，恶狠狠地说道："一旦我等手握军权，只要司马昭敢加九锡，我必发兵勤王以清君侧，屠灭司马氏！"

诸将一听，皆大声说道："愿听诸葛大将军号令，为国而死！"

诸葛诞见诸将亮明态度，振臂昂扬说道："司马氏不灭，国患难除！我愿与诸君共进退！"

叛乱的号角又即将吹响。一语落地，诸葛诞当即拟写奏表，派人送入洛阳。

这是继王凌、毌丘俭之后，寿春守将第三次谋反了，寿春城由此闻名三国。之前已经探讨过，邓艾提议屯垦开发淮南后，淮南粮食自给自足，再加上淮南有旧日楚国彪悍善战的民风，所以寿春这地方，只要有人扔出一点火星子，便立即星火燎原。

然而诸葛诞企图造反，背后还有一个深刻的原因：司马氏家族与忠诚于曹氏宗室的大臣之间存在着不可调和的矛盾。

尽管司马懿辅政时，门生故吏遍布天下，然而曹爽为大将军时，同党、余党亦遍地开花。即使司马懿对曹爽余党点到为止，并没有大肆杀戮，曹爽昔日的余党对司马氏家族的猜忌却从未停止。文钦在恐惧与郁闷中反了，而诸葛诞也在看不到尽头的猜忌中爆发了。

在诸葛诞看来，他曾与夏侯玄及邓飏等相善、相知，声名闻于朝廷。邓飏及夏侯玄先后被司马懿父子诛杀，夷灭三族，他诸葛诞敢说自己能够与这些人脱离干系，保全自身，此生平安无事吗？

况且，诸葛诞与司马昭还有一段扯不清道不明的江湖恩怨。

昔日诸葛诞游说司马师出兵东关，司马师派司马昭为监军。此役一战而败，诸葛诞没有获罪，仅与毌丘俭对调军职，而身为监军的司马昭却背了这口黑锅，领罪削爵，为此事担责。

如今司马昭掌权，他若计较这段往事，能放过他诸葛诞吗？

当初毌丘俭和文钦起兵时，诸葛诞若不是因与文钦交恶，或许他的背叛将大大提前。毌丘俭等被灭后，种种猜忌，种种恐惧，犹如天降陨石，乱七八糟地砸在了诸葛诞的心里。所以，早在二年前他初到寿春任征东大将军之职时，便秘密做了许多准备。

当时，诸葛诞变卖家产，四处施舍淮南百姓，同时又变相地赦免了许多有罪之人，以此收买民心。接着，又派人秘密招募数千名年轻尚侠的死士，随时待命。

两年过去了，或许到了了结这场江湖恩怨的时候了。

四月的阳光灿烂地照着洛阳城。洛阳城的大将军府里，司马昭久久读着诸葛诞请兵的奏书，觉得这封奏书犹如窗外的阳光，十分刺眼，让人忍受不了。

司马昭心中冷笑一声，狠狠地将奏表甩在几案上。半晌，只听他沉声说道："来人。"

侍从闻声跑来，候在司马昭面前。

司马昭眼神冷漠地说道："召长史贾充前来议事。"

"诺！"侍从应声而去。

没过多久，只见长史贾充匆匆赶来。司马昭二话不说，将诸葛诞的奏表推到贾充面前。贾充也不敢多问，便将奏书拿起来认真阅读。

半晌，只见贾充摇头说道："大将军，诸葛诞此举恐怕不祥啊！"

司马昭故作惊讶地问道："哦？有何不妥？"

贾充悠悠说道："吴国丞相孙峻病死，将朝政大事托付给了从弟孙綝，吴国大将吕据等人不满，出兵与之争权，血染建业。此刻，吴国国内不稳，哪敢出兵伐魏？即使出兵，也不过做做样子，以巩固威望罢了。诸葛诞身为朝廷老将，驻军紧挨吴国，必能体察吴国内情。然而他借东吴出兵徐塘之名，调十万兵到寿春，必然有所图谋，或者有不臣之心。"

司马昭点点头，又不疾不徐地问道："依贾长史之见，当下该如何定计？"

贾充沉吟片刻，说道："昔日太尉王凌亦以东吴伐魏之名向朝廷请兵数万，不过当时便被司马太傅识破其谋，没有准奏。如今，我们既不知寿春具体情形，又怕他故伎重演，最好派人亲自走一趟寿春，看看情况再作定夺。"

司马昭深以为然，又问道："可派谁去寿春？"

贾充当机立断，说道："臣可亲自前往，替大将军一探究竟！"

司马昭沉吟半晌，又缓缓问道："以什么名义去寿春？"

贾充果断答道："魏国有四方重镇，大将军何不以慰劳四方征将军之名，派臣前往寿春？诸葛诞必不会生疑。"

司马昭见贾充心思敏捷，感叹道："贾长史如此机敏多智，必不负国之重望。"

不日，贾充以朝廷特使之名巡视四方重镇，第一站就来到了寿春。

贾充，字公闾，其父就是昔日著名的魏国大臣贾逵。贾充和诸葛诞乃是旧相识，且又是特使，诸葛诞见他前来，心里极为高兴，特意为他摆酒设宴，接风洗尘。

宴席之上，贾充与诸葛诞推杯换盏，畅谈玄学，其乐融融。夜色渐深，其他客人尽皆散去，座中只剩诸葛诞与贾充。贾充见诸葛诞兴致不减反增，趁机与之谈论起天下时事来。

二人越说越兴奋，谈到投机处，贾充试探问道："诸葛将军久居寿春，可知洛阳朝廷最近有什么大事发生？"

诸葛诞醉眼蒙眬地问道："哦？有何新鲜之事，可说来听听？"

贾充缓缓说道："听闻洛阳城中诸多大臣都希望陛下禅让，拥护司马大将军取而代之，不知君有何看法？"

诸葛诞一听，酒意顿消，怒目圆睁，厉声说道："此等欺君亡国之言，你怎么说得出口！"

贾充之父贾逵曾担任过豫州刺史，故世称贾豫州。这时，诸葛诞酒意上头，又厉声数落起贾充来："贾豫州忠于国家，不阿权贵，直言敢谏。昔日魏太祖病逝于洛阳，鄢陵侯曹彰问印绶之事，就是贾豫州出面将其严厉喝止，鄢陵侯这才作罢，魏文帝才得以登基。而今，司马大将军觊觎帝位，心怀不轨，君竟然不加劝阻，反而欲与之狼狈为奸，你还配当贾豫州之子吗？"

诸葛诞不知是喝高了，还是有意诘难，贾充被骂得哑口无言，一时默然。

可诸葛诞说了这话，却怎么也收不住嘴了。只见他举杯一饮而尽，又酒气冲天地对贾充说道："你家世受国恩，岂可眼睁睁看着江山社稷沦入他人之手？今天，我诸葛诞把话放在这里，假若洛阳有难，我必当为国尽忠！"

说完，诸葛诞拔剑而起，砰的一声狠狠地砍在地上。

贾充见状，连忙说道："诸葛将军喝醉了，今天就到此为止吧。"

贾充匆匆喊来侍从，让他们扶诸葛诞回内室，自己也匆匆离去了。

不日，贾充匆匆赶回洛阳。司马昭一听贾充回来，立即召见。贾充一见司马昭，深深叹了口气，道："大将军，只怕大事不妙啊。"

司马昭脸色顿时一变，连忙问道："诸葛诞当真有谋逆之心？"

贾充忧心忡忡地说道："诸葛诞才到寿春两年，不仅士卒归附，还甚得民心。这也就罢了，他还在臣面前拔剑，叱骂司马大将军。"

司马昭一时惊怒交迸，两眼睁得滚圆，大声叫道："诸葛诞敢骂我？！"

贾充只好将诸葛诞酒后之语详详细细、一五一十地说了出来。

司马昭听着听着，脑袋充血，拔出剑来，一剑砍在几案上，大声叫道："竖子欺我太甚！昔日东关一役，他吃了败仗，本将军替他担罪，他竟不念旧恩，反而心存怨毒！我明天就发兵，看他能挡得了几天！"

贾充见司马昭动怒，连忙劝道："大将军息怒！怒而兴兵，此为兵家大忌！如此，正中诸葛诞下怀！"

司马昭一惊，问道："公闾何出此言？"

贾充缓缓说道："从前诸葛诞与邓飏等浮浪之人来往交好，也算是浮夸之徒。然而其心性狡诈，不可不察。他明知下臣为大将军特使，却毫不隐晦，痛陈心中所想，可谓趁机撒泼，这摆明了就是刺激司马大将军，激您出兵。他本来就想举兵叛乱，却苦于没有借口。若大将军怒而兴师，他必借机发出檄文，号召天下随他造反。如此，岂不是落入诸葛诞圈套了吗？"

司马昭听得后背直发凉，情绪一下子缓和下来，问道："依公闾之见，该如何是好？"

贾充沉吟半晌，才悠悠说道："古时帝王，边将诸侯凡是出现了叛乱的迹象，便以述职之名将其召回京城。大将军或可以朝廷之名，转拜诸葛诞为司空，令其回京赴职。诸葛诞叛心已决，必定知晓这是夺权之计，定会举兵自守，不敢回京。如此，大将军再发兵，岂不是师出有名了？"

司马昭一听，舒了一口气，啧啧称赞道："公闾此计甚妙！"

半晌，司马昭却又疑惑地问道："不过，现在召诸葛诞回京，是不是操之过急了？要不再缓一缓，再观察一段日子？"

贾充摇摇头，果断说道："此事宜速不宜迟！召之，逼其造反，祸小；不召，待其造反，祸大。昔日西汉七国之乱，孝景帝执意削藩，逼反吴、楚等国。吴王急忙举兵造反，而太尉周亚夫一战而击败叛军，结束叛乱。今日，若不急召诸葛诞回京，他必会与东吴内外勾结，遗祸无穷啊！"

司马昭又倒抽了一口凉气，叹息道："公闾深谋远虑，看来本将军只能跟他周旋到底了！"

四月二十四日，魏国特使持诏书前往寿春，拜诸葛诞为司空，令其返回京师。同时令诸葛诞将兵权交给扬州刺史乐綝，由乐綝镇守寿春。

诸葛诞接到诏书，真是两眼一抹黑。

司马昭这招实在是让诸葛诞猝不及防。现在，若诸葛诞听令返回京城，昔日的太尉王凌就是前车之鉴；若不听令，诸葛诞就会陷入不忠不义之境，司马昭便师出有名。

如此，起兵造反已经箭在弦上，不得不发了！

半晌，诸葛诞才慢慢缓过神来，召来诸将问道："司空乃三公之职，王昶战功赫赫，威望甚高，司马大将军不拜王昶为司空而拜我，这是为何？"

诸将答道："司马大将军此次封官是明升暗降，实则是司马昭想夺诸葛将军的兵权。"

"说得对，"诸葛诞顿了一下，拍案叫道，"司马大将军着急让我把兵权交给扬州刺史乐綝，并让我返回洛阳就职。我被司马大将军猜疑，必是乐綝所为。若不跟乐綝算清这笔账，我与诸君都要被陷于不义之境。"

诸将叫道："请诸葛将军下令，立即发兵诛杀乐綝。"

诸葛诞从容说道："诸君原地待命便可，我要亲自前往扬州，斩杀乐綝。"

语毕，诸葛诞当即率领数百人急奔扬州城。

诸葛诞深知，在司马昭大军赶来淮南之前，必须把扬州城拿下，不然后患无穷。诸葛诞率兵抵达扬州城下，城上守将见诸葛诞来势汹汹，就要关闭城门，诸葛诞举剑朝城上怒吼道："大胆，难道你不是我旧时故吏吗？"

城上守将一听，吓得乖乖放诸葛诞进城。

诸葛诞径直进城，直奔乐綝府邸。扬州刺史乐綝听闻诸葛诞率兵前来，转头就跑，却被紧追而来的诸葛诞一剑刺中，当即毙命。

乐綝一死，诸葛诞立即征调淮南及淮北一带屯田开垦的十万官兵，以及刚从乐綝处夺来的四五万兵，一并聚集于寿春城，并命令城中诸军存足一年的粮食，准备守城死战。

同时，诸葛诞又派长史吴纲等人紧急入吴，向吴国称臣，请求支援。为表达投降诚意，诸葛诞令长史吴纲遣其少子吴靓及诸将子弟入吴国为人质。

此时，孙綝初掌东吴国政，威望不足，正想打一场硬仗以树立威望。不料此时诸葛诞竟主动请求称臣，这不亚于是天上掉下的大馅饼，主动送上门来的大生意。

孙綝欣喜若狂，二话不出，立即出兵。

他火速派遣将军全怿、全端、唐咨、王祚等人率领三万兵，与文钦一道赶往寿春，支援诸葛诞；同时，又封诸葛诞为左都护，假节，加封大司徒、骠将军、青州牧，封寿春侯。

明明是诸葛诞与司马昭的对决，转眼之间，竟成了吴魏两国之间的大决战！

事实上，这场江湖决战，也是吴魏两国之间的决战，因为孙綝也正看司马昭不顺眼呢！

诸葛诞跟司马昭过不去，孙綝怎么也跟司马昭杠上了？

原来，就在诸葛诞向东吴请降时，孙綝正派人清洗吕据与滕胤的余党。滕胤与吕据皆迎娶了夏口督孙壹之妹，孙綝担心孙壹心存异志，秘密派遣镇南将军朱异前去偷袭。朱异才到武昌，孙壹闻风而逃，率领部曲投奔魏国去了。

殊不知，孙壹逃到魏国，对司马昭来说，亦不亚于天上掉下个大馅饼。

为何？

孙峻及孙綝皆是孙坚弟弟孙静的曾孙，孙壹则是孙静的嫡孙。他们同宗同祖，若论辈分，孙壹还长孙峻及孙綝一辈。昔日孙峻诛杀诸葛恪时，孙壹曾替孙峻率兵攻打诸葛恪的弟弟诸葛融。眨眼之间，孙氏宗室手足相残，便让司马昭有了可乘之机。孙壹投降后，司马昭火速拜他为车骑将军、交州牧，封吴侯，令其开府征召，仪同三司，赐衮冕红靴，待遇十分优厚。

司马昭厚待孙壹的目的有二：抬高孙壹身价，让他与孙綝继续撕裂吴国；借此进行政治宣传，吸引更多东吴将领投魏。

如此看来，司马昭此举不亚于狠狠抽了孙綝一记耳光。孙綝听说诸葛诞请降，也立即抬高诸葛诞的身价，并发兵救援，与司马昭来个隔空对决。

这场难得一见的决斗，诸葛诞押上了身家性命，孙綝押上了东吴，司马昭也押上了重注，带着郭太后及皇帝曹髦一道出征。

此前，司马师病逝，曹髦曾下诏命令司马昭屯守许昌。当时若不是钟会识破其中计谋，或许司马昭现在都不知道躺在哪座坟墓里了。所以，司马昭此次出兵征讨诸葛诞，洛阳城中空虚，为防止皇帝和郭太后阴谋使诈，索性将他们带着一道上路，这样既方便签字下诏传令，又可将其捏于手上，可谓一举两得。

六月二十五日，司马昭亲率二十六万大军抵达项县。

当初毌丘俭起兵造反时，就是率军屯守项县。从军事角度看，项县地理位置十分重要，只要据有此地，即可长驱直入，剑锋直指寿春城。

然而此时，诸葛诞为何不率兵出城拦截司马昭，反而龟缩在寿春城，一动不动呢？

诸葛诞不出城迎战，不为别的，只因为他从毌丘俭谋反失败的事情上总结出了教训。当初，毌丘俭与文钦率兵离开寿春，屯守项县，与司马师对峙，诸葛诞这才有机会从背后包抄，抢在东吴前面占据了寿春城。而毌丘俭亦因为丢了寿春城，无路可逃，惨败被诛。

所以，面对司马昭大兵压城，诸葛诞龟缩不出，貌似保守，却十分保险。首先，寿春城已存够了一年的粮食，尽可放心守城。其次，城外有吴国援兵遥相呼应，内外相合，司马昭前后受敌，料他不敢轻举妄动。即使攻城，也会被多方掣肘。如此，只要拖上一年半载，司马昭必会因粮草不继而撤兵。

长远来看，只要熬到司马昭撤兵，扬州之地不再属于魏国，诸葛诞便可借扬州之地，转守为攻，向北挺进，不出数年，即可虎视天下，成为一方霸主。

如此，大业可成，未来可期！

理想是丰满的，如此激荡人心，然而残酷的现实却是不知在前方埋伏了多少残酷的杀戮。人间所有的理想计划，看上去无论多么伟大，多么完美，其中必然充满漏洞。诸葛诞在成就自己的宏图大略时，不仅要问自己才能胆识够不够，还要问对手司马昭行不行，答不答应。

至于司马昭行不行，能不能抢回寿春城，那只有排兵布阵，较量几回才能知晓了！

六月，天气炎热，司马昭从容调兵，派人诏令镇南将军王基为镇东将军，都督扬、豫军事，与安东将军陈骞等率兵合围寿春。诏令一到，王基便举兵风驰电掣地朝寿春扑来。王基刚刚抵达寿春城外，突然看见寿春城北面烽烟滚滚，马蹄踏着地面，犹如千万只手在击鼓，一支军队从城北的八宝山上冲下来，没几刻便冲进寿春城里去了。

原来，率先冲进寿春城里的是文钦与全怿率领的吴国援军。

消息传来，司马昭得知诸葛诞与东吴里外勾结，心情十分沉重。寿春三叛，一次比一次猛烈。司马氏父子，若论才华，司马师不如司马懿，司马昭又不如司马师。才不如其兄与其父的司马昭，面对的是猛于父兄所经历的叛乱，他还能搞得定吗？

司马昭一时犹豫不决，不敢攻城，命令王基等诸将按兵不动，等待时机。

王基一听司马昭不肯让他攻城，心里十分郁闷——这司马氏兄弟怎么都一个德性！昔日毌丘俭谋反，他屡屡请兵攻打，司马师就是不肯，如今难道司马昭又要重蹈覆辙，再次上演这一幕吗？

王基不管三七二十一，果断上奏，请求攻城。

那一厢，司马昭却不为所动，果断按下奏书，不许王基乱动。王基偏不信邪，再次请战，然而他屡次三番请战，司马昭仍然稳如泰山，不肯下令出兵。

王基无奈，只能天天眺望城上。那边厢，诸葛诞及文钦等人亦徘徊城上，悠闲自得地俯望着城下。

两军便就此僵持不动了。

双方都在打量着对方，都在计算着对方，都在等待着对方。终于，他们等来了打破沉寂的这一天。

这天,吴国将军朱异率领三万兵,从南边急奔而来。但是,朱异并没有直接奔袭王基,而是在距离寿春城八十里外的安丰郡驻扎了下来。朱异此举意思十分明了,只要王基胆敢攻城,他就和寿春城里的文钦等诸军里应外合,夹击王基。

消息传来,司马昭惊怒交迸,立即命令王基移师北山,据险而守。

王基一听司马昭命他搬家,立即召来诸将说道:"吴军三万兵于安丰郡驻扎,与寿春守城敌军形成遥相呼应态势,大将军令我等移兵北山,据险而守,诸君以为如何?"

诸将一听,连忙说道:"贼军兵马众多,依山而守或许更为稳妥。"

王基摇头说道:"我们已对寿春形成包围态势,营垒坚固,兵马汇集,只需修筑工事,严防死守,他们便无路可逃。若移兵守险,不亚于使己方门户大开,生生给敌军让出一条活路,到时即使天降神兵,亦不能收拾残局。"

诸将一听,恍然大悟,连忙问道:"大将军已经传令,那我们该怎么办?"

王基镇定自若地说道:"将在外,君命有所不受。我们可继续坚壁死守,然后再给大将军上奏解释,请求允准。"

说罢,王基立即拟写奏书,他从容写道:"今与贼寇对峙,当不动如山。若依大将军之令,移兵守险,则军心必然动摇,士气必然有损。诸军现已占据有利地形,人心稳定,不可轻易动摇军心,此为御兵之要。"

奏书写毕,快马疾驰,将之风一般送到了项县。

司马昭接到王基奏书,来来回回读了几遍,陷入了沉思。良久,只见他在奏书上写下了一个大大的"准"字,派人火速回报王基。

司马昭准许其坚守原地,让王基信心倍增,立即加大兵力,日夜挖沟筑垒,里三层,外三层,从四面八方将一座偌大的寿春城包围得密不透风。

六月的阳光炙热又刺眼,在这灿烂的天地间,杀戮的味道似乎又重返人间。这天,寿春城守将文钦与诸葛诞缓缓登上城楼,眺望着城下在火辣辣的太阳下修筑工事的魏军,神情十分凝重。

半晌，文钦叹息一声，对诸葛诞说道："王基不惧朱异将军援军，竟然不惜代价修筑工事，看来是想将我等困死在城里了。"

诸葛诞冷冷一笑："城里粮食够吃一年，我倒要看看他能折腾多久。"

文钦摇头说道："不能任其肆无忌惮，我率兵出城冲一阵，或许能冲出一条血路来。"

诸葛诞沉声说道："兵法有云，围城必阙。王基将寿春城包围得犹如铁桶，犯了兵家大忌。咱们要冲出城外，岂不是轻而易举？"

文钦担忧地说道："我们也不能坐以待毙，让我出去打个胜仗回来，或许能激发将士们的斗志！"

诸葛诞沉吟半晌，目光坚定地说道："如此也好，你去吧。"

文钦得了诸葛诞许可，立即率领骑兵出城。

此时的城外，王基见文钦率兵出城，立即下令："诸将听令，筑起铜墙铁壁，一个也不能让他逃了！"

话音刚落，诸将火速传令，于是，深沟高垒中纷纷竖起长矛，严阵以待。

文钦打头阵，走在前头，他问跟随在侧的儿子文鸯："王基摆下这铜墙铁壁之阵，凭你的勇猛，可否一鼓作气冲出去？"

文鸯望了一阵，对文钦说道："就算王基架的是铜壁铁壁，我也能冲出去。"

文钦又对右旁的儿子文虎说道："你向右边，文鸯向左边，我走中路，今天我们文氏虎将，就给司马昭点颜色看看！"

"诺！"文鸯和文虎齐声吼道。

文钦将手中的长剑高高举起，猛然叫道："兄弟们，给我杀！"

杀声震天动地，吴军山呼海啸般朝魏军扑去。

王基所率魏军也已如肌肉充血的硬汉，做好了准备。他听见敌军的喊杀声，从容举剑叫道："放箭！"

箭如雨落，不断朝文钦所率领的骑兵射去。在一阵人仰马翻的喊杀声中，文钦骑兵竟冲出箭雨，向王基阵前袭来。

文钦骑兵就在眼前了。王基又举剑高声叫道:"铁盾长矛阵,摆开!"

顿时,只见深沟里刷刷刷竖起无数闪闪发亮的长矛,斜斜地刺向长空。文钦才受过一阵箭雨洗礼,未料到这重重叠叠的长矛阵横空而出,看得人又惊又怕。不过,他似也有所准备,于阵中高声叫道:"冲车阵,出列!"

话音刚落,文钦骑兵左右分开,让出一道,一队庞大的冲车队伍迅速向前奔去。车上早准备了巨石,巨石腾空而起,犹如天降陨石,纷纷砸向魏军的壕沟,一时间,魏军所谓的铁盾长矛阵溃不成军。

文钦见已破掉王基的长矛阵,又举剑叫道:"杀!"

杀声一起,王基亦怒目叫道:"杀!"

两军犹如两股狂风,顿时卷到一处,漫山遍野都是震天的兵戈相交之声。

文钦一门三父子犹如狮子扑进狼群,左冲右撞,却被凶狠的魏军死死撕咬,脱不开身,无法前进。迫不得已,文钦只好边战边退,魏军继续紧追不舍,这时只听文鸯狂叫一声,又如疾风般扑向魏军。魏军招架不住,且战且退。王基见文钦父子再次冲来,又怒声叫道:"给我顶上去!"

话音刚落,又一拨魏军一跃而起,拔剑向文钦骑兵扑去。

双方如此来来回回,激战不休,纵使文钦一门三父子多么骁勇,依然被王基的铜墙铁壁挡住,无法脱身。

黄昏日落时,文钦见无望冲破敌阵,只好退回城去了。

两军之间激战的消息传来,司马昭听得又惊又怕。惊的是,文钦一门三父子竟然如此顽强善战,竟然来回拉锯几次,才将他父子迫回寿春城里;怕的是八十里以外的吴军将领突然冲来,与文钦夹攻王基。

然而因为司马昭镇守在项县,与王基呼应,朱异一时亦不敢轻举妄动。不过,照此情形,文钦与诸葛诞肯定不甘心龟缩寿春,还会出城与魏军厮杀,到时吴军将领朱异肯定也会率兵前来助阵。

当务之急,是先派兵盯住朱异,以防万一。

想到这里,司马昭当机立断,派遣奋武将军、监青州诸军事石苞,督兖州刺史州泰、徐州刺史胡质等，立即挑选精锐，紧急南下，拦截朱异。

司马昭诏令一出，魏国三军齐发，督兖州刺史州泰率先赶来，他才到阳渊，竟然遭遇了准备前往寿春攻打王基的朱异所部。

两军相遇，州泰和朱异大战一场，朱异不敌，且战且逃。州泰则紧追不舍，杀伤朱异军二千余人。

转眼到了七月。

这时，吴国大将军孙綝见朱异败阵而归，不得已，只好亲率大军前去救援寿春。孙綝到了镬里便驻足不前，再命朱异率丁奉、黎斐等五位将军前去解寿春之围。

朱异，字季文，东吴名将朱桓之子。其人因有胆识而闻名于世，曾受孙权赏识。

朱异从孙綝手里领到兵后，立即开拔前往寿春。抵达都陆时，距离寿春已不过一箭之地。朱异对诸将说道："王基兵多，我们携带辎重与之交战，十分不利。不如将辎重留在都陆，挺进黎浆。黎浆之地，进可与寿春呼应，退可守都陆，与敌持久作战，诸君以为如何？"

诸将默然，无人反对。

朱异见无人反对，便留下辎重及一支守军，率领主力赶赴黎浆。

此时，司马昭从北方征调来的精锐部队，已经抵达寿春城外，全部到位。他们的任务就是拦截打击吴国的援军，所以，朱异所部一到黎浆，魏军将领州泰及石苞等人便如虎似狼，不由分说，率军直接向朱异扑来。

朱异似乎早已料到，当即排兵布阵，与魏军厮杀。

就在朱异与魏军激战之时，有一支魏军奇兵从天而降，他们人衔枚、马裹蹄，犹如一阵狂风，迅速向都陆席卷而去。

这是一支仅有五千人的奇兵，领军者乃是魏国太山太守胡烈。

胡烈这支奇兵的战略目标只有一个，就是奇袭都陆，焚烧吴国援军的辎重粮草。胡烈急行军，终于在半夜赶到都陆。他趁夜色偷袭吴军，只见火光冲天，吴军粮草尽数被焚毁。

这时，朱异听闻后方辎重粮草被敌人用大火烧光，无心恋战，只好率领全军一路以葛叶为食，急忙返回孙綝大营。

孙綝见朱异再次败还，又惊又怒，大声质问道："寿春被围，你不死战，还有脸回来？"

朱异性格骄傲，脾气暴烈，受孙綝辱骂，如何忍得住？当即顶嘴说道："军中无粮草，如何死战？"

孙綝讥讽道："你的辎重粮食都到哪儿去了？"

真是哪壶不开提哪壶，朱异脸色涨红，一时无言以对。

孙綝又厉声说道："你现在立即率兵回去，与魏军死战！"

朱异一听，一蹦三尺高，大声叫道："寿春我是救不了了，要救你去救！"

朱异拒绝听令，转身离去了。

孙綝望着朱异离去的背影，气得浑身颤抖。

半晌，只见他杀气腾腾地对左右说道："朱异如此乖张，竟不把本大将军放在眼里，是可忍，孰不可忍！"

左右连忙附和道："大将军，朱异三番两次吃败仗，真是蹊跷！"

孙綝两眼一瞪："哦？如何个蹊跷法？"

左右悠悠说道："昔日，大将军命令朱异率军袭击孙壹，结果兵马未到，风声就传出去了，让孙壹乘机逃到了魏国。若孤立看此事，似乎极为寻常，然而大将军命令朱异将军前去支援寿春，魏国援军未到时，朱异没有攻打王基，竟然在魏国将领州泰赶来时开战，且一战即溃。然后就是眼前这场仗，行军之人，应知辎重何其重要，朱异竟然丢下辎重不管，导致粮草尽数被魏军焚毁，朱异亦因此战败而还。如此种种，难道还不够蹊跷吗？"

孙綝恍然大悟，又问道："如此看来，朱异极有可能是故意吃败仗，扫我脸面？"

左右叹道："只怕大将军说得正是。大将军初掌国政，本来就需要一场胜仗来巩固威望，朱异两次率兵与魏作战，皆是一战即溃，他打了败仗，却叫大将军丢威望。您若无威望，内必生怨，那可就危险了！"

孙綝心里一阵惶恐，又问道："当下该如何定计？"

左右闻言，恶狠狠地说道："必须诛杀朱异，以此谢罪，然后迅速还军建业，以防不测。"

孙綝听罢，却又有些迟疑，问道："临阵杀将，是否不妥？"

左右摇头说道："大将军行大事理应不拘小节。朱异是什么人？其从叔父就是朱据。朱据之妻鲁育公主，与昔日刺杀孙峻丞相的案子有所牵连，所以才被孙丞相处死。朱异属鲁育公主一党，若不诛杀，必留后患。且朱异军前不听命令，就是杀了，也是罪有应得，何惧天下悠悠众口？"

孙綝想了想，长长地呼了一口气，叹息道："君所言有理。"

左右又趁机说道："孙大将军可设宴召朱异前来，趁机将其击杀。"

孙綝猛地拔剑叫道："不诛朱异，无以泄我心中之怒！"

九月一日，孙綝设宴，召朱异赴宴议事。

得知消息，朱异好友陆抗连忙跑来对朱异说道："君与孙大将军已经结怨，此去赴宴，恐怕赴的是鸿门宴，你最好还是别去了。"

朱异一听，骄傲地说道："我与孙子通的关系如同家人，这有什么好怀疑的？"

一句话，将朱异在政治上的幼稚暴露得淋漓尽致。

朱异屡吃败仗，没给孙綝增光，反而拍案叫骂，当场与人翻脸，还自诩关系亲密如同家人，这真是太幼稚了。况且，鲁班公主孙大虎与鲁育公主孙小虎是同母姐妹，孙大虎尚且怂恿孙峻诛杀孙小虎。朱异身处这危机四伏的江湖，难道不知到底有多凶险吗？

朱异告别陆抗，悠悠前往大将军营帐赴宴去了。

孙綝见朱异独自前来，心中暗喜。酒过数巡，只见孙綝悠悠对朱异说道："听闻朱将军昔日跟随诸葛丞相出征合肥，朱将军因与诸葛丞相意见不合，被赶回建业，是否有此事？"

朱异一听，不以为然地说道："确有此事。"

孙綝装作一副好奇的样子，又问道："朱将军可否说说这是怎么一回事？"

朱异一听，往事历历在目，骄傲地说道："昔日合肥新城久攻不下，我等向诸葛丞相建议，不如速还豫章，偷袭石头城，不出数日，即可得城。岂料，诸葛丞相非但不听，还固执地继续攻打合肥新城。当时，我气不打一处来，当面斥骂他，他忍受不了，便夺了我的兵权，把我赶回去了。"

孙綝脸上挂着冷笑，津津有味地听着。

半晌，只见他脸色突变，沉声说道："依朱将军所言，身为属将，不听大将军之令，已经不是第一次了？"

朱异顿感不祥，惊诧地望着孙綝问："子通此话何意？"

孙綝原形毕露，目露凶光，恶狠狠地说道："我以大将军名义命令你率兵救援寿春，你抗命不从，敢问此为何罪？"

朱异一听，陡然起身。孙綝见状，连忙举起酒杯朝地上一摔，大叫道："刀斧手！"

话音刚落，数个刀斧手从帐后猛冲出来，血光飞溅，朱异立即毙命于座。

孙綝既诛朱异，便丢下寿春，率军返回建业去了。

此时，司马昭正率军悠悠到达寿春城外，他听说孙綝已经撤军，这等于放弃了诸葛诞，于是在诸将面前流露出得意之色，感叹道："孙綝如此愚蠢，大局已定！"

诸将不解，问道："大将军此话何解？"

司马昭冷笑道："孙綝若有点脑子，用围魏救赵之计，寿春便可自动解围！"

诸将仍心存疑惑，问道："如何使这围魏救赵之计？"

司马昭侃侃说道："寿春既被围，敌人不过是做困兽之斗，插翅难飞，即使东吴周瑜、吕蒙、陆逊再生，亦不能解寿春之围。假如孙綝举荆、扬之众，从襄阳出兵，剑指宛县、洛阳，而我军必会分兵回救，寿春城内诸葛诞及文钦趁势出城死战，此围便可解开！不过人一犯浑，就容易昏招迭出。孙綝不懂三十六计也就罢了，竟然还临阵诛杀名将。诛杀名将也就罢了，竟然还撤兵还军，丢下寿春不管了。如此愚蠢，寿春还能守得住吗？"

诸将听得亦是心绪激动，啧啧叹息。

这时，王基趁机说道："大将军英明！寿春城外已无东吴援军，请允许末将率兵攻城！"

司马昭一听，摇头从容说道："攻城之战，不急于一时。"

王基疑惑地问道："大将军认为现在还没到攻城的时候？"

司马昭目光坚定，炯炯有神地说道："寿春城坚池深，守将顽强，士卒众多，强行攻打，损失必然惨重，到头来得不偿失。假如孙綝猛然醒悟，再派援军来救，那我们里外受敌，必然危险。"

王基又问道："如此，大将军如何定计？"

司马昭眺望城上，半晌才缓缓说道："城里有三个魏国叛将，诸葛诞、文钦以及唐咨。此三人集于一城，此乃天意。所以，我要想个好办法，将他们一网打尽！"

司马昭顿了顿，遥指寿春城，对王基缓缓说道："昔日我军尚未攻城，四面围城，不让敌军逃脱，此计可行。然而如今局势变化，一旦攻城，你可网开一面，仅坚守三面，这就是兵法所云，围城必阙。孙綝若派援军从陆道赶来，军粮必不足，我们只需派出小股骑兵，截断他们的粮道使其无法运粮，就能不战而破敌。吴贼援军既破，文钦、诸葛诞必为我所擒！"

王基素来攻守有术，听了司马昭此言，亦深以为然，便默然领命。

这时，司马昭又神情淡定地说道："若吴贼援军不来，我们也须得做好另一手准备。"

王基听得又是一奇，问："大将军还有奇策？"

司马昭望着王基，淡定说道："朱异无法靠近寿春攻击我们，并非是他的过错，然而孙綝却借故将其诛杀，想以此稳住诸葛诞守城之心，使其相信吴国不会丢下他们不管。所以，我决定，我们可以一边围城，一边施以攻心之计，误导诸葛诞，让城里诸将作出错误的判断。"

王基一听，啧啧赞道："大将军谋划可谓周全！如此，贼首必为我所擒，寿春必破。"

这天，寿春城里传出一则消息，说吴国大将军即将率领援军赶来，而魏国大军粮食不足，已经将老弱病残之卒移往淮北，包围寿春城的魏军必不能持久。

消息不知真假，但一夜之间寿春人人皆知，城中一片欢腾。

文钦不知消息真假，匆忙跑来找诸葛诞，诸葛诞也不知真假，众人一时迷糊，无法判断。良久，只听文钦猛然说道："消息真不真，我们登城一看便知。"

诸葛诞一想，连忙说道："咱们赶紧上城看看。"

诸葛诞和文钦率领诸将走出府第，登上城楼。他们居高临下，四处眺望，只见远处魏军的一些残弱之兵正拖着兵器，稀稀拉拉地向淮北方向撤去。而城外的魏军士卒，一改往常攻城的锐气，似乎变得无比松垮，疲软无力。更让他们感到意外的是，原来守在城南的魏军，正在搬运攻城器械，似乎当真准备走人了。

诸葛诞望了半晌，心情大好，悠悠说道："果然不出我所料，司马昭折腾不了多久的。"

文钦亦是心情大悦，对诸葛诞说道："看来我们不必节衣缩食了，不如让将士们狂欢痛饮几天，过过嘴瘾。"

诸葛诞仰首哈哈笑道："我正有此意，竟然与你不谋而合！"

于是，诸葛诞和文钦皆放松警惕，当即下令大宴将士。

寿春城里，十多万官兵大吃大喝，一片欢乐。他们在欢笑中等待着，盼星星盼月亮，盼着吴国援军的到来，盼着魏国围兵不战而退。然而，当他们大吃大喝，粮食逐渐变少时，却突然发现，不知不觉，许多天过去了，孙綝援军迟迟不来，而城外的魏国围兵却还没有离去。

诸葛诞心生疑惑，派遣斥候潜出城外，秘密打听消息。不久，斥候回报，根本就没有吴国援军这回事，孙綝诛杀朱异后，早就回建业城去了。而魏国围兵也没有准备撤兵，恰恰相反，他们正准备攻城。

诸葛诞得知上当，立即与文钦将诸将召来，商议对策。

诸将坐定，诸葛诞忧心忡忡地说道："司马昭使诈，派人散播谣言，称有吴国大军来救寿春，又说魏军缺粮撤兵，以此迷惑我们，幸好我们发现得早，尚可亡羊补牢。如今孙綝不肯发兵救援，寿春已成一座孤城，魏军又在一旁虎视眈眈，诸位以为，当如何定计？"

诸将一听，一片哗然，莫不惊慌失措。

这时，只见诸葛诞的心腹将军蒋班出列，对诸葛诞大声说道："我有一计，破敌不在话下！"

众人一听有破敌之计，立即安静下来。

诸葛诞问道："蒋将军有何妙计，说来听听？"

蒋班望了望众人，又定定地望着诸葛诞，从容说道："朱异率军前来救援却被拦截，不能靠近寿春，孙綝诛杀朱异，返回江东，扬言会再派大军前来支援，实则默然无为，暗自放弃寿春。今日，我等唯有自救。如今城中粮食尚足，民心稳固，士卒尚有杀敌决死之心。所以，不如趁士气正锐，出城破敌，攻其一面，就算不能全部突围，亦有部分人马可突出重围。不然，坐以待毙，又有何用？"

蒋班话音才落，诸葛诞另外一员心腹大将焦彝亦站起来说道："我支持蒋将军之计。若我等不思自救，何况城中十余万官兵？"

诸葛诞默默听着，不发一言。

半响，只见文钦缓缓说道："窃以为，两位将军所说的出城破敌之计，太过冒险，不宜施行。"

诸葛诞问道："文将军有何计策？"

文钦望着诸葛诞，底气十足地说道："公举十余万兵向吴国投降，而我文钦与全端等皆身陷死地，且父兄子弟尽在江东，就算孙綝放弃寿春，不愿赶来相救，难道陛下以及全端等诸将家眷亲族会听他的话，弃我们于不顾吗？数年来，魏国年年有大事，军民疲敝。若我等守城一年，其内必定生变，到时魏军必会弃寿春离去。如此，我们何必心存侥幸，冒险出战？"

文钦话音刚落,蒋班却反驳道:"文将军以为冒险出战为侥幸之计,然而坐等魏国内部生变就不是侥幸之计吗?况且,魏国近年来生变之地皆在寿春,且司马昭挟持魏主及太后同来寿春,朝廷若有变故,他又何惧之有?所以,窃以为文将军此举是坐以待毙,乃下下之策!"

文钦冷笑着反驳道:"蒋将军只记得寿春之变,难道忘了蜀中姜维?吴蜀两国素来互为臂助,吴出兵伐魏,蜀亦必出兵关中。此时,司马昭倾魏国大军,强围寿春城,关中必然空虚,以姜维的勇猛,岂会坐失良机?若姜维攻破关中,司马昭又岂能安坐寿春城外,他除了撤兵回救关中,还有何计可施?到时,我们乘胜出城破敌,岂不更妙?"

文钦说罢,将军焦彝霍然起立,昂首说道:"文将军此话差矣,不足为谋。"

文钦心中一怒,盯着对方叫道:"你说说,本将军所言如何不妥?"

焦彝连珠炮似的说道:"自蜀国诸葛丞相北伐以来,数十年之间,蜀兵何时攻破过关中?蜀国北伐,不是小胜,就是缺粮而败,次次无功而返。如今,魏军主力在寿春,以姜维的个性,必然不会错过再次北伐的良机。然而关中之地,有魏国征西大将军司马望以及安西将军邓艾屯驻,这二人对付姜维绰绰有余。如此,关中无恙,司马昭必专注于攻打寿春,到时我们还是会落个坐以待毙的下场!"

"二位将军说来说去,到底是不相信孙綝以及吴主,还是不相信我文钦与全端?"文钦见对方字字句句切中要害,一时恼羞成怒,吼了一声,又转头对诸葛诞说道:"这二位将军众目睽睽之下,妖言惑众,动摇军心,请诸葛将军将他们拉下去斩首示众!"

蒋班和焦彝见文钦动怒,一时愣住,呆呆地望着诸葛诞。

诸葛诞望了望文钦,又望着二位心腹将军,半晌,才缓缓说道:"昔日我命令诸将存一年之粮,就是要坚城固守,以待时变。而今二位将军只想突围出城,可就算突围出去,又能去往何处?"

蒋班和焦彝一听,连忙说道:"不是还有江东可去吗?"

"江东？"诸葛诞见两位心腹一心投奔江东，心里勃然大怒，然而他又不得不强压怒火，沉声说道，"寿春还没到弃城不顾的地步，何须考虑突围？坚守寿春，等待援军，和司马昭周旋到底，此乃生存之道。"

蒋班和焦彝还想说什么，诸葛诞厉声喝道："你们俩什么都别说了。适才妖言惑众，我姑且念你们跟随我多年，此事到此便罢，若再有此不祥之言，罪当处斩！"

蒋班和焦彝顿时闭嘴，不敢争辩了。

诸葛诞环顾众人，神色肃杀地说道："当务之急，在于坚守城池。城在人在，人在城在，若再有谈论突围之人，杀无赦！"

说罢，诸葛诞宣布散会。

蒋班与焦彝离开将军府，愁眉苦脸地回到营里。蒋班忧愁地对焦彝说："刚才在将军府冒死劝谏，却犯了将军的大忌，我们不应该说可以投奔江东。"

焦彝疑惑地问："为何？"

蒋班叹息道："诸葛诞向东吴称臣，不过是权宜之计。他存粮固守寿春城，就是想击退司马昭，以扬州为据点，做大自己的势力范围，岂会甘心当吴国的马前卒或者附庸？且孙綝此人不可靠，还没亲自上阵，就跑回江东了，这样的人，诸葛诞岂能与之为伍？"

焦彝一听，亦微微叹息："说得对啊。当时就不该捅破将军心中的秘密。如今话已说出口了，估计离灾祸也不远了。"

蒋班冷笑道："与其坐以待毙，不如出城降魏。如此，尚可保命，运气若好，还可以封官晋爵。"

焦彝眼睛一亮，拍着大腿叫道："哎呀呀，我怎么就没想到。道不同则不相为谋，跑吧？"

"那就逃吧。"蒋班与焦彝一拍即合。

是夜，蒋班和焦彝趁夜翻墙出城，投奔司马昭去了。

世间之事何其巧，蒋班和焦彝二人才弃诸葛诞投奔魏国，这时东吴将领全怿族子全辉、全仪二人，因家族内部争斗，携母亲及部属数十人，也从建业城跑来投奔司马昭。

司马昭喜出望外，立即召来黄门侍郎钟会，问道："诸葛诞与诸将不和，东吴宗族内部分裂，君可有妙计瓦解寿春守军军心？"

钟会沉吟半晌，缓缓说道："有一计可一试。"

司马昭连忙问道："何计？"

钟会微微一笑："离间计。"

司马昭眼睛一亮："如何离间，说来听听？"

钟会侃侃说道："寿春城里尚有全端及全怿等吴国将领，全怿乃东吴昔日名将全综之子，全端又贵为东吴大将，只要这两人还留在寿春城中，孙綝必不敢轻言放弃救援。如果派全辉及全仪二人游说全端及全怿出城投降，城中没有东吴将领，那么孙綝必会弃寿春于不顾。如此，诸葛诞无东吴外援，成了孤家寡人，守城之势必定不能长久。"

司马昭一听，不禁抚掌叫道："妙计！就这么办！"

言毕，司马昭便命钟会以全辉及全仪之名，给城中东吴守将全端及全怿写信。

钟会信中写道："朱异救寿春不得而被诛杀，孙綝大将军返回东吴后，又以全端、全怿等诸将不能救寿春之名，欲诛杀诸将家属，迫不得已，全氏子弟只能率领全家前来投奔魏国。"

钟会写成此信，立即派全辉、全仪亲信侍从，携信秘密潜入城中。

十二月的一天晚上，寿春城一处小门突然打开，一队兵马迅疾冲出，直奔魏军而来。魏军以为是诸葛诞派兵出城偷袭，一时慌乱，准备迎敌。等兵马冲到眼前，见其阵势才恍然大悟，原来是全怿及全端带着他们的部下出城投降来了。

司马昭闻讯，立即拜全怿为平东将军，封临湘侯。全端等东吴诸将皆被封侯。

才走了蒋班等二人，又跑了全怿等诸将。消息传出，寿春军心大乱，人人惶恐。城中十余万官民很想知道，失去了东吴援军的寿春城，还能支撑多久？

寒风呼啸，昼夜不息。吹黑了白昼，又吹亮了黑夜，很快就吹走了十二月，吹来了一个异常寒冷的春天。

甘露三年（公元258年）春天，正月。

这天，诸葛诞、文钦、唐咨三人登城，眺望城下。在这乍暖还寒的时节，天气仍然寒冷，风如刺刀，刀刀刮骨，令人闻风却步，不敢出门。然而，诸葛诞等三人却顾不得这些，在寒风中沉思，未来将何去何从。

半晌，只见文钦哈了一口热气，指着城下说道："蒋班、焦彝弃城出走，全端、全怿又率众叛逃。城中虽一片悲哀之声，却也是魏贼防备懈怠之时，如此，正可出城一战，择机突围。"

诸葛诞一听，默不作声，不发一语。

这时，唐咨对诸葛诞说："举兵以来，已过半年。之前大吃大喝，本来够吃一年的粮食如今也已所剩不多。此时应该出城好好打一仗，激发将士斗志，或许能杀出一条路来。"

诸葛诞见唐咨亦赞同突围，心里不禁一阵悲哀，叹息道："人算不如天算。昔日我以为举寿春十万兵马，再加东吴援军，寿春城必能守住，扬州必能归我所有。岂料朱异无能，愚蠢的孙綝又忘恩负义，见死不救，才使我等沦落至此。"

文钦见诸葛诞斥骂孙綝，心里一阵不悦，争辩道："孙綝大将军或有难言之隐，一时来不了。"

诸葛诞心知文钦叛魏入吴后，极受孙峻及孙綝倚重，且其所率之兵多是吴人，他为孙綝说话，也属正常。既然这样，也就不能再驳文钦的话了。

半晌，诸葛诞心里一冷，嘴上却缓缓说道："但愿孙綝援军能来吧。"

文钦听诸葛诞语气悲观，神情一振，朗声说道："诸葛将军不必悲观。斥候回报，姜维听闻司马昭分关中之兵赶赴淮南，已经趁机率领数万人出骆谷，抵达沈岭，准备攻打秦川。此时，我们与姜维遥相呼应，出城突围，何愁大事不成？"

诸葛诞一听姜维出兵关中，心情顿时好了许多，语气激昂地说道："司马昭与我僵持半年之久,已经兵疲马困,我们以求战之兵攻疲困之军,有何不妥?诸君可令城里官民制作器具,准备破敌!"

大事谈毕,三人各自回营,准备突围之事。

这天,寒冷的春风呼呼吹过城墙,寿春城南边大门旁一派热火朝天,诸葛诞及文钦等诸将率兵列阵,摆好了突围出城的战具。这时,战鼓咚咚响起,诸葛诞举剑吼道:"放箭!"

顿时,只听见刺耳的箭声嗖嗖嗖地响起,箭镞凌空而起,密密麻麻,犹如蜂群,朝城下壕沟高垒的魏军扑去。

魏军听闻诸葛诞要从南面突围出城,立即集中其他两面兵力赶赴南面,筑起土山,与诸葛诞诸军对峙。寿春城才飞出箭来,王基便怒吼道:"架盾!"

盾牌唰唰架起,箭矢落在上面,犹如雨点,声音却无比刺耳。

诸葛诞见城下早有防备,又举剑叫道:"发石!"

话音刚落,发石车隆隆响起,巨石凌空飞起,砸向城外的魏军。魏军的盾牌根本就挡不住这从天而降的飞石,壕沟里,高垒上,一片鬼哭狼嚎之声。

诸葛诞见魏军挡不住飞石,又举剑大声叫道:"开城门!冲出去!"

城门隆隆打开,城中诸军犹如洪水,嘶吼着冲杀出去。

王基正站在城外魏军的土山上,看见叛军来势汹汹,犹如汹涌的海潮,神色既严肃又镇定,举剑叫道:"放箭!"

如蝗的箭矢纷纷飞起,直扑冲出城的叛军。然而,被关在寿春城半年之久的叛军,犹如找到了自由冲杀的快感,对这漫天的飞箭丝毫不惧,一拨倒下,一拨接着往前冲。

王基见飞箭根本就压不住这疯狂的进攻,又高声吼道:"发石!"

魏军的发石车隆隆响起,巨石一部分朝城外的叛军砸下,一部分朝城上的守军扑去。城上发石车多被砸毁,城下的叛军也倒了一大片。

一轮互攻过后,王基又高声吼道:"出战!"

躲藏在壕沟里的魏军闻声一跃而起,举刀与叛军厮杀。天地顿时黯淡无光。

杀声震天,哀嚎声漫山遍野,无比惨烈。

这是一场三国历史上少见的厮杀。寿春城的十余万叛军进攻了一轮又一轮,又被魏军一次次地压回去。双方大战了五六天,日夜不停,依然不分胜负。诸葛诞见魏军防守依然坚固无比,只好撤军息战,重新关闭了城门。

夜色深沉,天地之间只有死一般的寂静。

此时,寿春城里的粮食开始不够了。突围无望,又缺粮食,城中怨声四起,不断有人为了活命出城请降,前后逃出去投降的竟有数万人。

文钦对诸葛诞沉重地说道:"城中粮少人多,再这样下去,难以维持。"

诸葛诞沉声问道:"那你说该怎么办?"

文钦果断说道:"把寿春城里的北方人送出去,留下南方的吴人屯守即可。"

诸葛诞一听,心里犹如被针刺了一下,差点跳起来指着文钦的鼻子骂娘了。

诸葛诞在寿春城精心经营了两年之久,城里的北方人都是他的部下,且都听命于诸葛诞。如果将他们都送出城去,诸葛诞岂不成了光杆司令?而且,城里的这帮吴人都是文钦从江东带来的部属,仅听令于文钦。如果文钦突然翻脸,诛杀诸葛诞夺权,那就是一眨眼的事情。

大敌当前,文钦竟然还在打这样的算盘,到底想干什么?

半晌,只见诸葛诞压住心中怒火,对文钦说:"为什么要把城中的北方人,而不是南方的吴人赶出去?"

文钦见诸葛诞话里话外阴阳怪气,亦怒道:"兵法有云,散地则无战。昔日魏太祖解释此话,说士卒眷恋故土,易于分散。若不把城中北方人赶走,他们在故土上作战,能为了守城而不惜生命吗?吴人则不一样,他们从江东而来,如果不死战,就毫无退路。你若想保城存人,就只能把北人赶出城去,让他们逃命。"

文钦说的似乎句句在理,诸葛诞却半句都听不到心里去。

他冷笑一声,猛地厉声叫道:"水上作战,北人不如南兵;然而陆上作战,南人根本就不是北人的对手。看看朱异,三番两次率领数万兵前来,竟然连寿春的边都没摸到就被击败,再看看孙綝这个孬种,拥兵十万以上,却也不敢靠近寿春,连船都没下就溜回江东去了。如今大敌当前,若没有我手里这帮北兵,你手里的这帮吴人能顶几时?只怕早就埋骨于荒冢之中了吧!"

文钦被诸葛诞这么一吼,气得一时不知该说什么,只见他大声吼道:"你不听我计,还会有更多北兵出城投降,到时你想不当光杆将军都不行了!"

文钦猛地拍了一下剑,扭头离去。

诸葛诞眼瞅着文钦离去,半晌,杀心顿起,对左右说道:"我与文钦素来有仇,因为司马昭是我二人共敌,才权衡利弊,凑在一处奋战。如今,眼看突围无望,他竟然想出驱逐北人独占寿春城的诡计,是可忍,孰不可忍!"

左右叫道:"诸葛将军可立即发兵击杀文钦。"

诸葛诞冷冷说道:"诛一莽夫何须发兵?只需几个刀斧手便罢了。晚上我于府中设宴,请他前来议事,便可将他击杀。"

天很快就黑了。

寿春城的将军府里,灯火昏黄暗淡,诸葛诞召来诸将议事。席间诸将皆神色肃杀,唯有一个座位还空着。

诸葛诞神色镇定,默默地等待着。

又过了一会儿,门外响起熟悉的脚步声。紧接着,只见文钦推门而进,他望了望四座,又望了望诸葛诞,气冲冲地落座了。

诸葛诞看了文钦一眼,冷冷问道:"军情紧急,文将军为何迟到?"

文钦冷冷地回了一句:"紧急或不紧急,又有何妨,还不是死路一条?"

诸葛诞大怒,厉声喝问道:"兵临城下,文将军身为大将,竟妖言惑众,动摇军心,该当何罪?"

文钦闻言,亦是一怒,顶撞道:"欲加之罪,何患无辞?寿春陷于绝地不能自拔,我不过是实话实说!敢问诸葛将军,你此话又是何意?"

诸葛诞见文钦死到临头竟还嘴硬,不由得大声叫道:"动摇军心,其罪当诛!"

话音刚落，诸葛诞将一个酒杯狠狠地摔在地上，埋伏在帐后的刀斧手一跃而出，还没等文钦回过神来，就将他砍得血肉模糊，死于座上。

此时，文钦的两个儿子文鸯与文虎正率兵在城上巡逻，他们听闻其父被诸葛诞杀于将军府中，勃然大怒，立即拔剑对士卒叫道："跟我来，杀进将军府！"

文鸯和文虎转身朝将军府跑去。

他们跑了几步，不禁停了下来，神色惊慌。

原来，他俩率领的这帮士卒，似乎已经被收买，竟无一人跟随他们前去送命。

半晌，文鸯转身对文虎叫道："大势去矣，我们逃吧？"

二人慌忙朝城门跑去，越城而出，投奔魏军去了。

文鸯与文虎前来投奔的消息立即传到了司马昭耳朵里，左右对司马昭说道："文鸯罪不可赦，请大将军下令将其诛杀。"

司马昭一听，心情十分沉重，不由想起了往事。

可还记得，当初司马师是怎么死的？文鸯亲率一军，半夜偷袭司马师大营。司马师本来患有眼疾，结果被文鸯这么一吓，眼珠子都差点掉出来了。由此，司马师病情加重，死于还军途中。

造化弄人啊，岂料昔日的仇人竟然主动送上门来了。这仇，到底要不要报呢？

半晌，司马昭缓缓回神，叹息一声，对军吏沉声说道："文钦罪不容诛，其子固然当死。然而文鸯、文虎兄弟穷途末路，赶来投奔，且寿春城还没攻下，若是将他们杀了，必让寿春城里的叛军绝了投降之心，反而坚定守城决心。如此，得不偿失啊。"

军吏又问道："依大将军之见，如何处置他们？"

司马昭缓缓地说了八个字："赦免其罪，加官晋爵。"

军吏一阵疑惑，一时犹豫不定。

司马昭挥挥手说道："走吧，照我的意思做。"

司马昭多么可怕，多么能忍！面对杀兄之仇，仍然镇定从容，不仅丝毫不乱，反而愈加清醒，知道该以何事为重。回头看看曾经率军攻打合肥新城的诸葛恪，事情稍微超出预期便乱了心绪，作出了错误的决策，于是一错再错，落得个凄惨下场；再看看孙綝，根本就不值一提。都说成功之人均有"反人性"的一面，司马昭之所以在三国江湖里难逢敌手，难道就是因为他这"反人性"的性格？

司马昭赦免了文鸯兄弟，又表奏封他们为将军，皆拜为关内侯。

这仅仅是司马昭耍的一个小手段。接着，司马昭便派文鸯、文虎两兄弟率领数百骑兵，天天到寿春城下对城上守将喊话。

喊的什么话？当然是招降之话。

文鸯和文虎拍马来到城下，对城上不停喊道："城里的兄弟，我文鸯投降，尚且没有被杀，还被拜将封侯，你们要出来投奔，岂能在我兄弟之下？"

城上的守军听得是又惊又喜，一片欢腾。

他们惊的是，司马师的索命鬼文鸯竟然没有被杀，反而如鱼得水，真是让人艳羡不已。喜的是，司马昭如此宽宏大量，若出城投降，必能活命；即使对方攻下寿春，亦会放过他们，给条活路。

这天，司马昭亲自走出大营，在诸将的陪侍下，缓缓来到寿春城下观察敌情。司马昭仰望城上，只见城上守兵拿着弓箭，却是有气无力，甚至懒得向他放箭。

司马昭望了半晌，胸有成竹地对王基说："可以放手攻城了。"

王基欣喜，连忙说道："末将必不负大将军所望，拿下寿春！"

司马昭点了点头，又缓缓说道："我之前命令你只围三面，留下一面，今日形势不同了，你可以从四面进攻。"

王基转头望了望城上，又望了望司马昭，十分亢奋，拱手叫道："遵命！"

主将一声令下，战鼓擂响，杀声四起，魏军终于对寿春城发起了全面进攻。

二月二十日，魏军花了近一个月时间，终于攻克寿春，涌进了城里。诸葛诞见寿春城被攻破，一时情急，独自率领麾下数百死士从小城突围。然而，小城城外已有一支魏军精锐埋伏。诸葛诞才出小城，魏军司马胡奋便率兵追杀，将诸葛诞斩落马下。

随后，唐咨等人皆投降。至此，寿春城一役彻底结束。

司马昭既攻下寿春，意气风发，颇为得志。他召来王基，得意地说道："我想让你先率诸军轻骑乘胜东下，趁机杀过长江，一举剿灭东吴，如何？"

王基一听，连忙说道："大将军，此举万万使不得！"

司马昭疑惑问道："孙綝连寿春都不敢来救，龟缩于建业不敢出头，此时趁势东下，乘胜追击，又有何不妥？"

王基神色严肃，侃侃说道："昔日东吴诸葛恪取得东关之胜，不出数月，就赌上东吴国运，举全国二十万兵围攻合肥新城。岂料，新城未破，吴军死伤大半，诸葛恪兵败如山倒，招来吴人怨恨，所以身败名裂，被夷三族。又，姜维因洮西攻打王经一役得胜，得意忘形，孤军深入，因粮草不继，败于上邽城。此二人皆是大胜之后大败而归，为何？正是因为他们一取得大捷就开始轻敌，轻敌就会导致谋划不足、考虑不周，战败就成了必然。"

司马昭听着这番话，不发一语。

王基顿了顿，又接着说："如今吴贼新败，又内生祸患，孙綝必然有所防备，上下同心，思虑周全。我们此时出兵，胜算不大。且将士出征在外已将近一年，人人皆有回乡之念，而寿春一役，俘虏近十万，这是历代以来罕见的战果。昔日魏太祖曹操在官渡击败袁绍，斩获甚多，便不再穷追猛打，为何？不过是惧怕稍有不慎就会受挫，反而损害其威望啊！"

司马昭恍然大悟。

得意便忘形，这就是所谓的人性陷阱。大捷之后，人人都容易被胜利冲昏头脑，掉入这陷阱之中。轻则失利，重则毁家灭族。被冲昏了头脑，还能审时度势，克敌制胜吗？

半晌，司马昭倒吸一口气，啧啧叹道："初围寿春时，吴将朱异率援军来救，我令王将军移师八宝山，王将军死守不动，严防贼敌逃脱，而后证明，此乃明智之举。如今破敌有功，王将军依然洞若观火，进退有度，当真有大将风范！大魏有如此大才，何愁天下不平！"

言毕，司马昭便以王基为征东将军，都督扬州诸军事，加封东武侯。随后，他便率军悠悠返回洛阳去了。

第九章

惊雷

八月。寿春兵火渐熄，鸟归山林，鱼翔浅水，天空晴碧，万里云轻。辽阔的天空之下，渔樵之人日升而起，日落归城，大地重归宁静，好一个清爽的秋季！秋风吹过北国，吹得遍野金黄，民心大悦，可吹过万里长江时，却吹不去建业城里凝聚不散的忧虑与恐惧。

建业城里，孙綝独自坐在空荡荡的将军府里，仿佛有虫子在身上爬来爬去，让他浑身瘙痒，坐立难安。

半年前，他因撤兵不救寿春，颇受建业官民非议。之后，他犹豫不决，想出兵补救，却又迟迟下不了决心，等他下定决心，打算派弟弟孙恩率兵前往援救寿春时，孙恩却告诉他，不必费劲了，因为诸葛诞已经兵败被杀了。

寿春沦陷的消息传入江东，江东官民无不怨声载道，骂声四起。孙綝见自己大失人望，一时郁闷不已。

失了人望也就罢了，更让他辗转难眠、恐惧不安的是，他从吴主孙亮身上嗅到了一股浓烈的不祥之气。

孙亮即位时不过十岁，转眼之间，已然十六岁。去年，十五岁的皇帝孙亮开始临朝理政。他刚上殿理事，就下诏选拔十八岁以下、十五岁以上的江东子弟三千人，又从名将子弟中选出年富力强者充当将帅，并向外宣扬道："我立此军，是想与之一道成长。"于是天天在后苑排兵布阵，钻研兵法。

此举可谓意味深长啊！

这天，孙亮来到中书处，翻看孙权昔日手诏文书。他默默地看了半晌，愤愤不平地问左右侍臣："先帝问事皆下发手诏，诸大臣上朝觐见时作答。如今大将军问事，却令我按照他的意思下发手诏，是不是欺人太甚？"

左右听闻，一时怔愣，不知如何应答。

孙权一生阅人无数，识人何其精准。当年他驱孙和，杀孙霸，扶持孙亮为太子，似乎早已看出孙亮将来必成叱咤苍穹的雄鹰，或成咆哮山林的猛虎。数年之间，孙亮非但隐现其雄鹰之志，亦见其霸气如虎的一面。而偶然的一件事，更让他露出龙蛇一般的聪明智慧。

那天，孙亮离开西苑回宫里吃生梅，觉得梅子酸涩，便叫黄门到宫里藏室取蜂蜜沾梅吃。黄门取来蜂蜜，孙亮一看，里面竟然有一粒老鼠屎，他当即大怒，召来藏吏，藏吏一看，吓得立即伏地叩首请罪。

孙亮看看藏吏，又看了看碗里的蜂蜜，若有所思地问道："黄门是不是向你索取蜂蜜了？"

藏吏老实交代："索取过，但臣实在不敢给他。"

黄门在一旁一听，急得跳脚，叫道："陛下，藏吏胡说！"

孙亮望了望黄门，又望了望藏吏，一时默然不语。

这时，侍中刁玄与张邠见二人各执一词，对孙亮说道："黄门、藏吏二人各有说辞，请陛下将他们下狱，派狱吏查办此事。"

孙亮胸有成竹地说道："此事不必大费周章，很好决断。"

侍中刁玄及张邠一听，惊奇地问："陛下已有决断了？"

孙亮微微一笑："你们叫人把老鼠屎剖开，便知谁的话真，谁的话假。"

两位侍中更加惊奇，立即叫宫中侍从剖开老鼠屎。宫中侍从只得小心翼翼地将这米粒大的东西剖开，然后把它放在盘子里，端到孙亮面前。

孙亮扫了一眼老鼠屎，嘴角含笑，不说话。两位侍中及左右一拨人都看了，却看不出所以然来。

孙亮见众臣皆一头雾水，悠悠说道："此事必是黄门陷害藏吏！"

众臣皆惊，连忙问道："陛下何以见得是黄门陷害藏吏？"

孙亮哈哈一笑，得意地说道："若老鼠屎先在蜜中，则里外皆湿，然而如今却是外湿内干，必是黄门临时起意所为。"

孙亮话音刚落，黄门当即慌张，连忙叩首认罪。

众人见黄门伏罪，一时莫不震惊。孙亮身为皇帝，小小年纪竟如此明察秋毫，若长大成人，江东还有何事何人能逃得过他的火眼金睛？

孙亮对大将军孙綝不满，及剖开鼠屎断案等事，一传十，十传百，传遍了宫中，又传到了大将军府上。

孙綝一听，正闷闷不乐，侍从突然跑进来说道："大将军，陛下特使奉命前来召大将军入宫。"

孙綝慌忙起身，问道："特使在何处？"

侍从立即答道："就在府外。"

孙綝大步流星，急忙向外走去。走到府外，见朝廷特使肃然而立，立即向前对特使说道："本将军公务繁忙，有失远迎！"

特使神情漠然，说道："大将军公务繁忙，理所当然，不必过虑。如今奉陛下旨意，特来请大将军入宫议事。"

孙綝心里一紧，却又不好发问，只好拱手说道："烦请特使回禀陛下，臣稍后便到。"

特使点点头，话也不多说，便转头离去了。

孙綝愣了半晌，见特使走远，才对左右问道："你们猜猜，陛下要问我何事，先替我想想怎么作答。"

左右说道："陛下对大将军不救寿春城之事颇为不满，大将军只要对此事加以解释，说明诸葛诞及文钦皆是虎狼之辈，居心叵测，不值得救便可。"

孙綝一想，点头说道："也对。"

孙綝又跟左右商议了半晌，这才急急出门，直奔宫里去了。他来到宫里，只见孙亮及诸位大臣已然等候他多时，便连忙叩首谢罪。

这时，只见孙亮神色淡漠，缓缓说道："大将军事多，晚到片刻也无碍，大礼就免了吧。"

孙亮的话像压在孙綝身上的一块巨石，孙綝只得起身，缓缓落了座。

诸臣坐定，孙亮缓缓说道："我刚刚亲政，诸事不熟，所以今天特召来众卿，了解一下咱们的家底。"

了解家底？诸臣面面相觑，又惊又疑，不知孙亮这葫芦里卖的是什么药。

这时，孙亮转头对孙綝问道："孙大将军位在众卿之上，那就从孙大将军问起吧。"

孙綝心里暗叫不妙，嘴上却说："陛下尽管问，臣知无不言。"

孙亮脸色依旧淡漠，看不出情绪，缓缓问道："孙大将军掌一国之军，可知东吴有多少战马？"

孙綝一愣，紧张起来，望着孙亮，半响才说道："臣不敢隐瞒，东吴战马数量，臣确实不知。"

孙亮眼神一黯，又缓缓问道："哦？看来孙大将军只管兵，不管马？"

孙綝心里一紧，说道："正是。"

孙亮若有所思，又悠悠问道："那么孙大将军可知，东吴十五岁以上的男子有多少，有多少可以征为士卒？"

孙綝顿时又呆住了。

这小皇帝问的尽是些刁钻问题，摆明了就是想让他当众出丑，颜面扫地。

半响，孙綝又嗫嚅说道："陛下，这个臣亦不知。"

诸臣见孙綝左不知右不知，都莫名紧张起来，怔怔地望着孙亮。

孙亮神色不悦，又沉声问道："东吴有船军多少，骑兵多少，陆兵多少，有多少船可用，多少兵能用，这你总该有所了解吧？"

孙綝苦着脸颤声说道："回陛下，臣只知道东吴有兵士十到二十万，至于战船、骑兵、陆兵各是多少，一概不知。"

孙亮又问道："孙大将军说东吴有十到二十万大军，那到底是多少？可否报个具体数来？再者，大军中将有多少，兵有多少，粮有多少，兵器甲胄又各有多少，通通报上来吧。"

这下孙綝彻底绝望了，颤抖着说道："回陛下，陛下所问，臣实在不知。"

孙綝说罢，全场大臣们的心全乱了，各个惶恐，人人自危。孙亮这把火都烧到孙綝屁股上了，只怕接下去就要掀他们的底了。

这时，只听孙亮大声说道："《孙子兵法》有云，知己知彼，百战不殆。孙大将军掌东吴大军，不知兵有多少，将有多少，船有多少，粮有多少，兵器甲胄有多少，凭何作战？难道凭一拍脑门的空想吗？"

孙綝一听，扑通一声跪伏在地，大声叫道："臣掌军不力，诸事不明，请陛下治罪。"

眼前一幕何其相似？熟悉汉史的人都知道，西汉初期，右丞相周勃就曾被孝文帝刘恒以类似问题问倒，吓得冷汗直冒，心里直呼不是对手。但是，当时的左丞相陈平面对刘恒所问，对答如流，让孝文帝无话可说。如果孙綝读过《汉书》，他又哪里会被孙亮难倒？

此时，孙亮见问倒了孙綝，心里不无得意。但他神色仍然一片肃杀，又缓缓说道："掌军不力之事，尚且不论，我且问你，昔日派你出兵救援寿春，你却屯兵巢湖，迟迟不动，为何？"

孙綝一听孙亮问到自己提前准备好的问题，底气顿足，举头说道："臣身为大将军，当固守大本营。臣两次派朱异前往救援，皆败军而还，此乃朱异之过，非臣之过。"

孙亮神色冷淡，反问道："尽管朱异将军战败而还，吴军主力尚在，孙大将军不亲自率军出战，为何将寿春弃之不顾？"

孙綝似乎早料到会有这么一问，从容不迫地说道："朱异败还，臣又给了他三万人马，可他拒绝执行军令，臣便以军法处置。这也是朱异之过，非臣之过。"

孙亮冷笑一声，说道："你将过错全都推到朱异身上，难道你就没有半点失职之处？"

孙綝辩解说："臣率军返回建业，依然牵挂寿春，准备派孙恩率军前往救援时,寿春已败,诸葛诞已被杀,此乃诸葛诞守城不力所致,非臣之过。然而臣身为三军统帅,此一役损兵折将,辎重丢失甚多,臣愿为此承担责任。不过,臣有一事,现在当着诸位大臣的面,不得不一吐为快。"

孙亮漠然道:"有话尽管说。"

孙綝沉吟半晌,才缓缓说道:"臣没有亲率大军救援寿春,乃是因为诸葛诞与文钦不值一救。"

孙亮眉毛微挑,反问道:"孙大将军此话从何说来?"

孙綝侃侃说道:"昔日东关一役,乃诸葛诞向司马师献计所为,此人视江东犹如仇寇,为何会突然率十万大军请降?这分明是权宜之计。讨伐东吴的是他,反出魏国的亦是他,如此反复无常之辈,倾东吴一国之力救援他,不亚于养虎遗患。所以臣以为,当时象征性出兵,向其示好,稳定其守城之心,让他与司马昭对峙到底,已是上上之策了。"

孙亮冷冷问道:"依孙大将军之计,是任其两军相搏,想坐收渔翁之利啰?"

孙綝大声答道:"陛下英明!诸葛诞尽管兵败受诛,然而淮南经此一役,叛心已起,不易消除。倘若陛下想建一时之功,出兵伐魏,攻下寿春,岂不是轻而易举之事?"

"简直是一派胡言!"孙亮实在听不下去,厉声喝道,"朕虽年少,孙大将军以为朕好骗吗?昔日诸葛诞、文钦、唐咨、全怿等诸将皆在城中,拥兵众多,城池坚固,你尚且不敢率军前往。此时寿春已然被攻下,魏军乘胜固守,我如何以区区之兵拿下寿春?别说我拿不下,即使大帝(孙权)再生,亦不敢说此大话!"

孙亮句句铿锵,骂得孙綝脸上青一阵红一阵,一时不知所措。

良久,孙亮见孙綝无话,又问诸位大将:"众卿可有要为孙大将军说话的?"

诸大将闻言,你看看我,我看看你,更是屏息不敢言。

少年皇帝仿佛被气饱了,见无人说话,郁闷地说:"既然都无话,我也懒得问了,都散了吧。"说完便拂袖离去了。

孙綝望着孙亮离去的背影,默然不语,一时怔忪。顿时,一股不知从何而来的恐惧犹如冷风一般直往他身上钻,他不由得抖了一下身子,竟站立不稳。

宫廷侍从见状,连忙上去将他扶住。

孙綝回到大将军府,独自沉思,回想着孙亮对他的种种敲打,越想越觉得这小皇帝十分可怕。猛然之间,孙亮这只幼虎非但开始学会咆哮,还要准备亮出獠牙了!照这样下去,下次上朝,他还能全身而退吗?

想着,孙綝又觉冷得浑身发抖。

半晌,只听他大声叫道:"来人!"

侍从闻声匆匆赶来。

孙綝说道:"立即传威远将军孙据、武卫将军孙恩、偏将军孙干、长水校尉孙闿等人来议事!"

没过多久,孙据及孙恩等人匆匆赶来,问孙綝发生了什么事。孙綝一五一十地将他在宫里被孙亮质询刁难的事说给他们听,诸将听了,都不敢相信,问道:"陛下怎么一夜之间变得这么厉害了?"

孙綝郁闷地说:"宫中估计有高人指点,不然他不会如此故意当众让我下不了台。"

孙据问道:"那现在该怎么办?"

孙綝摇头苦笑:"我还想问你们该怎么办呢,你倒问起我来了。"

孙恩露出一副邪恶的表情,沉声问道:"皇帝能扶也能废,不如……"

孙綝连忙摇手说道:"使不得,万万使不得!"

孙恩疑惑地问:"刀都架到脖子上了,大将军还有什么可犹豫的?"

孙綝深思半晌,悠悠说道:"事情还没到谈论废立的时候,不过,如果他逼人太甚,离那一天也不会太远了。今日之计,不如以退为进,再观察观察他的意图,如何?"

孙据也点头说道:"大将军此计甚妥。"

孙綝想了想,又说道:"昔日张昭与大帝翻脸时,亦是闹得不可开交,张昭干脆称疾不朝，大帝不得已，亲自登门来请，这事才了结。我就依葫芦画瓢，先称疾不朝，看他反应，再作计较，如何？"

偏将军孙干点头附和道："如此也好。"

孙綝叹息一声，又说道："寿春一役，我不救诸葛诞，惹来一片非议。如今小皇帝又如此刁难我，这城里我是待不下去了。为防不测之事发生，我先移居朱雀桥南，孙恩、孙干、孙闿你们几个分别屯营，护我左右；孙据进驻皇宫仓龙门，负责盯住宫里的动静。"

诸将听罢，深以为然，皆领命回去照办了。

不日，孙綝果然称疾不朝，搬到朱雀桥南去了。消息传到宫里，孙亮心里一阵冷笑，暗自叫道："好呀，忍你好久了，也该借机收拾你了！"

孙亮决定清除孙綝势力，彻底清扫东吴朝廷。但是，要对付孙綝这么一个狡猾的家伙，必须要物色一个好帮手，不然凭自己的能力，肯定做不到一击致命。

那么，宫里到底谁比较可靠？孙亮眯眼想了半晌，忽然有了主意。

这天，孙亮在宫里召见公主孙大虎。孙亮是孙大虎看着长大的，彼此都十分熟悉。但是，当孙大虎进宫时，见孙亮一改往日情态，脸上一片肃杀，心里不由得咯噔一下。

这时，孙亮见孙大虎到来，阴沉着脸问："朕有一事不明，召长公主前来问问，以解朕心中郁结。"

孙大虎见孙亮不苟言笑，心里七上八下，不安地说道："陛下请问。"

孙亮这招果然奏效，孙大虎向来嚣张跋扈，今天竟也低声下气了。

半晌，孙亮神情严肃地说道："朕近来听闻，鲁育公主昔日被孙峻陷害冤杀，长公主可知内情？"

孙大虎一听，顿时大惊失色，一时呆住了。

众所周知，鲁育公主孙小虎受诛，是孙大虎诬陷她参与刺杀孙峻案而被孙峻所杀。两姐妹本是同根生，何必闹到性命相搏的地步？那自然是因为二宫之争时，孙大虎支持鲁王孙霸，而鲁育公主及丈夫朱据将军则坚定地站在太子这边，替太子说话。尽管二宫之争早已平息，然而两姐妹之间恩怨尚在。所以孙峻一坐上大将军之位，孙大虎便怂恿孙峻杀掉鲁育公主，以解心头之恨。可二宫之争，最大的受益者不是她孙大虎，而是眼前这个小皇帝孙亮。孙亮怎么突然将这件事翻了出来，他到底想干什么？

孙亮见孙大虎半天不说话，又沉声问道："长公主是不是有难言之隐，难以启齿呀？"

孙亮刚说完，孙大虎恍然回神，慌忙答道："回陛下，此事内情十分复杂，不知从何说起。"

孙亮见已经捏住孙大虎七寸，心里一笑，又冷冷说道："朕听说孙峻诛杀鲁育公主，乃长公主进谗言所致，不知是否有此事？"

孙大虎纵横吴国后宫多少年，从未像今天这般狼狈。他见孙亮杀机毕露，急得差点落泪，带着哭腔说道："宫中妇人七嘴八舌地冤枉我罢了，这事跟我完全无关，这一切都是朱据二子朱熊、朱损干的。"

孙亮见孙大虎落入圈套，心里暗自得意，脸上却表现得十分愤怒，厉声喝道："鲁育公主贵为朱熊、朱损兄弟的嫡母，这二人怎敢做出如此伤天害理之事？"

孙大虎慌里慌张，颤声说道："朱熊兄弟的母亲素来和鲁育公主不和，且朱损之妻为孙峻之妹，朱损通过其妻向孙峻暗里毁谤鲁育公主，孙峻受此刺激，这才动手杀了鲁育公主。"

孙大虎这番话看似胡编乱造，却也合情合理。孙亮沉默半晌，突然大声叫道："来人呀！"

侍从闻声跑了进来。孙大虎闻声一惊，颤声叫道："陛下，我所说的句句属实，您若是不信，可将朱熊兄弟俩召来，一问便知。"

孙亮望了望孙大虎，阴沉沉地对宫廷侍从说："传诏，将虎林督朱熊、外部督朱损下狱问罪。"

侍从领命离去。孙大虎望着侍从远去的背影，心有余悸，不停抚胸喘气。

这时，孙亮望着孙大虎又问道："孙峻辅政时，名声不好，嗜好杀戮，搞得孙氏宗族四分五裂，真是可恨！朕听说，长公主与孙峻交往颇深，甚至扰乱宫中秩序，不知可有此事？"

孙大虎见孙亮语气中暗含杀机，脚下又不由一软，连忙说道："孙峻曾为先帝侍中，我为先帝长女，在宫中来往，实属寻常。我与孙峻有所接触是真，然而所谓与他交往极深，合谋扰乱宫中，绝对是坊间乱传的毁谤之辞！"

孙亮听了这话，语气陡然一转，叹息一声，缓缓说道："宫中妇人多嘴多舌，挑拨我与长公主的关系，差点误我！"

孙大虎见孙亮神态语气缓和，心里也松了一口气，又带着哭腔说道："陛下英明！请陛下为我做主！"

孙亮神情漠然，点了点头，又说道："敢问长公主，朕与孙綝大将军，你与谁亲？"

孙大虎大惊，连忙说道："陛下怎会有此一问！我与陛下同父，且陛下纳全氏女为后，我与孙綝无亲无故，凭什么与他亲？"

"听长公主这样说，朕就放心了。"孙亮眼睛一动，转而又怒道，"孙峻擅权跋扈，竟不顾大臣劝阻，扶持孙綝为大将军，此为罪一；孙綝当政，目中无人，辅政大臣滕胤及吕据将军皆沦为其刀下之鬼，此为罪二；朕派孙綝率兵救援寿春，他非但不下船，反而临阵诛杀大将朱异，以塞无能之责，致使寿春失守，此为罪三；孙綝称疾不朝，屯兵自守，目无君上，此为罪四。孙峻及孙綝兄弟俩四罪并立，该不该杀？"

孙大虎恍然大悟。原来今天孙亮召她前来问话，并不是准备清算她怂恿孙峻诛杀鲁育公主一事，而是借鲁育公主一事吓唬她，让她与孙峻及孙綝兄弟划清界限，并与他合力对付孙綝。

才十六岁的孩子，思维竟如此缜密清晰，且老谋深算，不可谓不惊人啊。

孙大虎不由得想起当年自己费尽心机将全尚之女带入宫中，取悦孙权，并成功将其嫁给孙亮的往事，再看看眼前这孩子的模样，心里又悲又喜，一时感慨万千。

半晌，只听孙大虎信誓旦旦地说道："愿与陛下合力诛孙綝，至死不悔！"

见孙大虎弃暗投明，坚定地站在自己这一边，孙亮眼露惊喜，说道："有长姐助我，何愁大事不成？"

刚刚还阴阳怪气，现在转呼长姐，孙亮这驭人之术用得有张有弛，连深谙宫中政治的孙大虎也不得不暗自佩服。

孙大虎身心放松，暗自叹了一口气，悠悠说道："诛孙綝一事，可召将军刘丞一起谋划，胜算更大。"

孙亮点头说道："我正有此意。"

孙亮当即派人秘密召来刘丞。三人秘密谋划了一夜，才悄悄散去。

这天，孙亮秘密召来全尚之子全纪，对他说："我想诛杀孙綝大将军，如何？"

全纪当时担任黄门侍郎一职，闻言大惊，连忙说道："陛下欲诛大将军，理由何在？"

孙亮恨恨说道："孙綝专权霸道，以为我年幼，处处轻视我。我曾派他出兵救援固守寿春的诸葛诞，他却不肯上岸，久久逗留船上。战败无功，又将罪责推给大将朱异，擅杀功臣，又不先上表告知我。率军返城后，又于桥南筑室，称疾不朝，无法无天，无所畏惧。对此人，我实在忍无可忍！"

全纪沉吟片刻，说道："陛下于宫中练兵已久，用这数千死士，有几成胜算？"

孙亮摇头说道："孙綝在宫中城里四处设置耳目，且于各处屯营，仅靠这数千死士当然不能成事。你父亲身为太常兼卫将军，你可回去传诏，让他督领中军，严整兵马。到时，我便率宿卫虎骑及左右无难营兵，出城前往桥南包围孙綝，并下诏令孙綝所领诸将当即解散，不得反抗。如此，孙綝必为我所擒！"

全纪见孙亮意志坚决，沉声说道："陛下旨意，臣必定带到家父那里。"

孙亮面色阴沉，又说道："切记！你回去后，只能秘密向你父亲宣诏，一定不能让你母亲知道此事。你母亲是孙綝堂姐，若让她知晓，走漏消息，那就误了大事！"

全纪一听，拱手肃然道："臣遵旨！"

孙亮摇摇手说："去吧。"

全纪当即领命，急忙回到家里。到了家里，他与父亲全尚同入内室，叽叽咕咕说了半天，这才各回各室。

全尚才躺到床上，妻子突然翻身过来悄悄问道："你与纪儿秘密商量什么事去了？"

全尚听得一惊，问道："你怎么还没睡？"

妻子叹息道："我能睡得着吗？快说，你们父子俩到底在商量什么？"

全尚叹息一声说道："这不是你能知道的事，你还是睡吧，少管闲事。"

妻子闻言一怒，踢了全尚一脚，嗔道："你到底说不说？"

全尚素来惧怕妻子，被她一踢，沉吟半晌，才附到妻子耳边说道："纪儿叫我不让你知道，我跟你说了，你千万别多嘴。"

全尚附在妻子耳旁，又叽叽咕咕地说了一阵。

夜色深沉，满城寂静，不知从哪儿传来一声鸡鸣，划破长空。三声鸡鸣后，天色逐渐变亮。

这时，全府西边的一个小门吱的一响，从门内闪出一个身影。只见那身影一出全府便迅速消失，趁着晦暗未明的晨色，向建业城朱雀桥南方向去了。

等天色大亮时，桥南的孙綝府第外，一派戒备森严的景象。这时，孙綝已召来弟弟孙恩等人，将刚刚从全府得来的消息告诉他们。

孙綝怒不可遏，拔剑叫道："孙亮这小兔崽子乳臭未干，竟然就想先发制人！事已至此，不是他死，就是我亡！"

孙恩等诸将亦附和道："只要大将军发令，我们便冲进宫里去捉拿少帝！"

如此，一场恶斗势不可免！

九月二十六日，深夜。建业城里一派沉寂，然而建业城外的长江边上，夜风呼啸，水浪翻滚，轰鸣声不绝于耳。在这一阵强似一阵的波浪声中，只见朱雀桥南孙綝的府第里突然烧起一把火，紧接着，无数火把朝天举起，照得内外通明。

这时，孙綝披甲佩剑，健步出府，跃马而立，举剑叫道："天道不察，卫将军全尚图谋不轨，今天本将军就替天行道，为国除害！"

说完，孙綝便率军而出。

此时，卫将军府里不知死活的全尚正沉沉入睡，犹如死猪。突然，只见府外火光通明，人声鼎沸，一队兵马撞开全府大门，直朝全尚卧室扑来。全尚在睡梦中被推醒，还没睁眼，就迷迷糊糊地沦为了阶下囚。

与此同时，孙綝弟弟孙恩正率领一支精锐扑往苍龙门。将军刘丞听闻孙恩率兵前来，慌忙举兵迎击。双方一番厮杀，刘丞不敌被杀，苍龙门被孙恩控制。

紧接着，孙綝的几路兵马一齐奔来，天色大亮时，已将皇宫围了个水泄不通。

孙亮听闻事情泄露，孙綝先发制人，包围皇宫，勃然大怒，立即翻身上马，叫着要与孙綝决战。

孙亮昂首说道："朕乃大帝（孙权）嫡子，即位已然五年，谁敢不听令！"

宫中侍卫近臣及乳母见孙亮要出宫跟孙綝拼命，个个吓得手忙脚乱，纷纷跟来围住孙亮，硬将他从马上拉下来。

孙亮一边挣扎，一边骂道："你们不要拦我，让开！"

孙亮越是挣扎，众人越是不敢放手，死死地将他困住。

孙亮无法出战，气得两眼冒火，指着全皇后骂道："你父亲真是昏庸至极！败我大事，气杀我也！"

全皇后一边哭一边流泪，不敢顶半句嘴。

这时，孙亮抬头四望，又怒叫道："黄门侍郎全纪去哪里了，替朕把他喊来！"

宫廷侍从见状，便匆匆去找全纪。

全纪听闻孙亮要找他，面如死灰地对宫廷侍从说道："臣办事不严，臣父奉诏不谨，辜负陛下，岂有面目见人？"

说罢，全纪拔剑自刎。

说话间，孙綝已经冲进宫里控制了孙亮。他一刻也没停，立即派光禄勋孟宗前往太庙祭祀，向孙权亡灵宣布废除孙亮，将其贬为会稽王。事情办妥后，又紧急召集群臣商议道:"少帝行事荒谬,昏乱不明,不可以继嗣承祧,继承宗庙。我已派人前往太庙告诉先帝,将少帝贬为会稽王。诸君若有异议,尽管提出。"

孙权晚年几次折腾朝廷大臣,大臣们对孙氏皇族早已心灰意冷。且孙綝废孙亮之事,亦不过是他们孙氏宗族内部斗争,与他们又有何干?

所以,对孙綝的这句话,大臣们唯唯诺诺,惶恐说道:"愿听大将军令!"

孙綝见诸臣不敢抗命,心里不无得意。只听他缓缓叫道:"中书郎李崇何在?"

"臣在!"中书郎李崇闻言,立即出列。

孙綝阴沉着脸说:"本大将军命你立即进宫,将少帝印绶取来,并拟书将其罪状传告天下。"

"诺!"中书郎李崇乖乖领命,转身离去了。

没过多久,只见中书郎李崇拿着孙亮的印绶匆匆赶来。孙綝眼前一亮,问道:"少帝是自愿交出印绶的?"

李崇如实说:"少帝不肯,这是臣抢来的。"

孙綝神色一凛,又说道:"少帝罪书何时能拟定?"

李崇从容说道:"现在就可以。"

李崇叫人拿来纸笔,挥毫泼墨,一气呵成。孙綝在一旁看得直点头,又叫道:"尚书桓彝何在?"

半晌,才见一个身影缓缓站起,沉声说道:"臣在!"

孙綝手指着罪书,望着桓彝说:"请尚书署名!"

桓彝望了望中书拟定的所谓罪书,又扫了孙綝一眼,昂首说道:"此书不义,恕臣不能署名!"

孙綝闻声,拔剑喝道:"你不怕死吗?"

桓彝冷笑道:"皇室遭难,满朝衣冠竟无一义士挺身而出,实在是可悲可叹。既然无人为皇室而死,就让我来吧。"

孙綝一听,亦冷笑道:"既然你要做这冤死鬼,本大将军就成全你。"

说罢,孙綝当场击杀桓彝。

桓彝死后，孙綝当即宣布罢会，独独留下典军施正继续议事。

孙綝问施正："既已废少帝，卿以为，何人可以代之？"

施正从容说道："臣以为，琅邪王孙休可继嗣承祧。"

孙綝疑惑地问："为何立琅邪王？"

施正侃侃说道："大帝诸子中尚在人世的不过三人，能继承大位的只有琅邪王和章安侯。然而章安侯孙奋野心勃勃，且有杀人之过，名声不好，不合众望。琅邪王孙休乃安守本分之人，不惹是生非，立他，可谓名正言顺。"

孙綝听了，一时陷入沉默，不说话。

施正似乎看出孙綝心中顾虑，又悠悠说道："琅邪王为人十分软弱，胆小怕事，若立他，大将军必能驾驭。"

孙綝眼睛一亮，问："此话怎讲？"

施正心里一笑，又悠悠说道："昔日诸葛恪将诸王迁离长江要塞时，齐王孙奋大吵大闹，不肯动身，琅邪王却不吵不闹，悄悄迁往丹杨郡。当时，丹杨郡太守李衡屡屡侵夺琅邪王封地，琅邪王竟也不敢反抗，还上书请求朝廷让他迁离丹杨郡。之后，朝廷准许他迁往会稽郡，这才罢了。"

孙綝听得心情大悦，不知是欣喜还是同情，叹息道："琅邪王如此贤德谦让，世上少有，不立他，还能立谁？"

第二天，孙綝派宗正孙楷与中书郎董朝率队前往会稽郡迎接琅邪王孙休。同时，又派将军孙耽遣送会稽王孙亮回其封地，将孙大虎贬往豫章郡，将全尚贬往零陵郡，又派人在半路上将其杀害。

到此，这出让人无限唏嘘的戏，终于暂时停下了。

孙綝率军出征，行军打仗犹如莽夫壮汉，胸中无半点谋划。可搞起宫廷内斗却是杀伐果断，花样百出，让人惊叹，真可谓"术业有专攻"。

这年，十六岁的孙亮因技不如人，输给了二十八岁的孙綝。而孙綝将手下败将孙亮送往了会稽郡，又从会稽郡接回了二十四岁的孙休。不过，孙綝并不知道，他迎回来的这个人究竟是何等面貌，有何等能耐。但在不久的将来，这个貌似软弱无能的王子，其实却是个不世出的高手，他将让孙綝见识到什么是天下无敌，独孤求败！

孙休，字子烈，孙权第六子。

孙权诸子，个个聪明，没有一个笨蛋，可是，将孙权年轻时身处逆境之中隐忍不发而后发制人的江湖绝技发扬光大的，只有孙休一人。昔日，孙休被诸葛恪逼迫，一声不吭地就从长江要塞虎林搬到丹杨郡；在丹杨郡被太守李衡冒犯，又主动离开丹杨迁往会稽郡。他一路忍让，从没跟谁红过脸，也没有大吵大闹，唯恐天下不知。不知为何，他到会稽后，就做了一个奇怪的梦，梦见自己乘着一条巨龙上天，回头一看，却看不见这条龙的尾巴。醒来以后，他深感惊异，不知为何会做这样的梦。

等到孙亮被废，孙綝派使者迎他前往建业城的时候，他才猛然想起那个奇怪的梦，似乎明白了什么。

当宗正孙楷和中书郎董朝抵达会稽，告诉他建业城发生了什么，为什么要迎他入京时，孙休又惊又疑，担心这又是个圈套，迟迟不肯上路。

宗正孙楷亦是孙氏宗室，他对孙休说："你信不过中书郎董朝，总该信得过我吧？咱们姓孙的不骗姓孙的，你说是不是？"

孙休不为所动，摇头说道："让我再想一想。"

孙楷无奈地说："那你就好好想想吧。"

孙休这么一想，一天两夜就过去了。他不急，孙楷和董朝反而急了，两人轮番上阵游说，好话说尽，嘴皮磨破，最后只听孙休叹息一声，无奈说道："好吧，我跟你们走。"

孙休磨磨蹭蹭地上路，又磨磨蹭蹭地赶路，十月二十七日才抵达曲阿。

一到曲阿，孙休就说赶路太辛苦了，想停下来休息两天。

孙楷和董朝一听，两眼圆瞪，急得直跺脚。此时建业城里，孙綝等一拨人盼星星盼月亮地盼着孙休呢，这家伙竟然又想拖延，如此拖延下去，孙綝会不会生气，会不会产生变数，那就不好说了。

这时，只见孙楷苦着脸劝道："大王，打铁要趁热，你再这样拖下去，猴年马月才能到京城啊？咱们赶紧上路，好不好？"

孙休摇头叹息道："还是歇歇再说吧。"

孙休说完，正欲转身离去，侍从跑来报告："大王，有人求见。"

孙休警惕地问道："是谁？"

侍从说道："是位拦路的老太公，说是过路的百姓。"

孙休沉吟片刻，说道："让他进来吧。"

没一会儿，侍从就带着一位白发童颜的老太公走进营帐。老人家步履硬朗，一见孙休就拱拱手，爽朗地叫道："小民拜见陛下。"

孙休疑惑地打量着对方，问道："敢问足下有何指教？"

老者仰头哈哈一笑，说："老夫不过是一介乡村鄙夫，今天路过此地，见大王车队，想必您这是要前往京城吧？"

孙休一惊，点头说："不错。"

老者又哈哈一笑，转而神色庄重地说道："小民昨夜夜观天象，知道今天有天子从此经过，今日一见，果然如此。天命不可违，予而不取，必受其咎。事久而不决，必然生变。天下纷乱已久，苍生盼望圣君，愿大王速速赶路！"

老者不由分说，拱手作揖，说完便转头走了。

孙休一时无语，孙楷及董朝亦在一旁呆呆不语。半晌，孙休灵光一闪，大叫道："起驾！加速赶路！"

孙楷闻声大喜，连忙出门带路去了。

是日，孙休的车队一路奔驰，终于赶到了布塞亭，此地距离建业城已不远了。

此时，建业城中的孙綝迟迟不见孙休到来，心中大怒，大声叫道："琅邪王迟迟不到，本大将军想回皇宫暂住，召集百官议事，如何？"

百官一听，无不惶恐。听孙綝这说话的口气，看来是对孙休很不耐烦，似乎是想废帝自立？

众臣正唯唯诺诺不敢吭声，只见一人缓缓说道："明公掌国，当以大局为重，此时回宫暂住，十分不妥。"

众人循声望去，原来说话的是选曹郎虞汜。

虞汜，字世洪，其父就是当年处处跟孙权抬杠而被贬到遥远交州的虞翻。

孙綝见虞汜反对他进宫，神色一冷，沉声问道："此事有何不妥，你可说来听听。"

虞汜从容说道："明公有伊尹、周公的重担，处将相之位，有废立之威，上可安宗庙，下可惠百姓，如今举国欢喜，皆以为伊尹、霍光再现。如今却只因琅邪王未到就想入宫居住，如此，文武百官必群情汹涌，人人怀疑猜忌，这可不是忠孝两全、扬名后世的好举措啊！"

孙綝细细一想，似有所悟。天下自从分裂为三国以来，吴蜀魏皆有权臣，然而还没见过哪个权臣霸占皇宫自立为帝的，即使阴险狡诈如司马昭，也不敢立即就将这个想法付诸实践呀。

半晌，孙綝不悦地望了虞汜一眼，冷冷说道："既然有异议，那就再等等琅邪王吧！"

话音刚落，突然远处扬起尘烟，一匹快马飞驰而来。没一会儿，快马即到眼前，从马上翻下一个人，急声叫道："报——"

孙綝及百官闻声无不大惊。他们还没开口，就听那骑士大声叫道："琅邪王车驾已到布塞亭。"

虞汜一听孙休即将抵达京城，心情大悦，欣慰地叹了一口气。这时，百官亦是兴奋至极，有人悄悄对虞汜说道："幸亏你说得及时，不然不知道还要闹出什么大事来。"

孙綝见大事已定，只好命弟弟孙恩代行丞相之职，自己则亲率百官前往永昌亭迎接孙休。不久，孙休一行人便抵达永昌亭。孙恩奉上玺符，琅邪王三让，这才接受。接着，群臣依次拜谒，孙休一一答谢，这才登上车辇，由百官陪侍，悠悠向京城皇宫方向驶去。

这时，孙綝已然率领上千人于建业城外等候。他见孙休车驾缓缓向他驶来，便于道旁行跪拜礼。

琅邪王孙休下车答拜孙綝。

是日，孙休顺利进入建业城，登上正殿，大赦天下，改元永安。

孙休登基，当上吴国的第三任皇帝的消息传开，江东之民不知多少人又是惊奇又是悔恨。惊奇的是，昔日被人欺负四处迁徙奔波的皇子，竟然也当上了一国之主。悔恨的是，孙休当初落难时，怎么就没与之亲近，帮他一把呢？那样或许现在就有个官做了吧！

是啊，过去的孙休让人爱理不理，今天的孙休已经让人高攀不起。然而此时，在遥远的丹杨郡，太守李衡却坐在家里，动弹不得，整个人仿佛都要崩溃了。且不说他不敢去高攀孙休，过了今天他还能不能活到明天，都是个问题。

为何？

想想当年孙休流落至丹杨郡的时候，李衡是怎么对待人家的，就一清二楚了。若不是受李衡欺凌，孙休能灰心绝望地夹着尾巴离开丹杨，迁往会稽郡吗？现在人家当皇帝了，这账能不算？

李衡正发呆，妻子习氏见状问道："你在想什么？"

李衡忧心忡忡地叹息一声，说道："哎呀，当年不听你的话，屡屡欺负琅邪王，如今琅邪王当皇帝了，问罪的特使估计马上就要到丹杨了——我想弃官投奔魏国，如何？"

习氏一听，果断说道："不可！"

李衡疑惑地望着妻子问："我不跑路，难道要等着挨宰吗？"

习氏数落道："你本一介平民，受先帝提拔，拜为太守，然而你不知感恩，还对先帝后裔如此无礼。时至今日，你又以小人之心猜忌陛下，害怕报复，想弃官奔魏。我且问你，你若因此投奔魏国，你又有什么脸面面对魏国人？"

李衡一想，又傻了。这脸丢在东吴也就罢了，如果投魏，丢脸都丢到国外去了，岂不更受人嘲笑？

半晌，李衡又叹息道："那现在该怎么办？"

习氏神态从容，镇定自若地说："陛下初登大位，且其素有好善之名，如今正是向天下人显示贤德的时候，绝不会因你这点私仇而毁了明君的英名。如果你此时前往京城，主动投狱，上奏自陈罪名。如此，非但能躲过杀身之祸，可能还会得到封赏，说不定还能升官呢！"

李衡听得一奇，沉吟半晌，若有所悟地说道："此话甚有道理。"

这天，建业城的皇宫里，孙休正与心腹辅义将军张布议事，却听宫廷侍从进来报告："丹杨太守来京城主动投狱，上表自陈罪状，要呈给陛下。"

宫廷侍从说完，就将奏表放到孙休面前，然后匆匆退下了。

孙休拿起奏表，严肃地看了半晌，又默默地放下了。

张布望着孙休，眼里透出一丝杀机，说道："李衡此人真是可恨，他自知有罪，便让他下狱罢！"

孙休摇头说道："有如此之心，不足以成大事！"

张布惊讶地问道："陛下此话怎讲？"

孙休镇定自若地说道："昔日汉高祖刘邦起事，占领沛县，派雍齿据守。然而高祖才率兵出去攻城略地，雍齿转头就叛变，火烧高祖屁股，夺取高祖据点，此仇不可谓不大。然而汉高祖灭项羽，夺取天下之后，在诸将为封侯之事整天吵闹不休时，汉高祖首封雍齿为侯，其他诸将见高祖昔日仇人都被封了侯，便不再争吵，放心散去，这是为何？"

张布恍然大悟，脱口说道："陛下是想效仿汉高祖，善待李衡，以安抚百官？"

孙休微微点头，沉声说道："不错！大帝（孙权）之时，大兴刑狱，打击百官，人心涣散。孙峻辅政时，与宗族不和，大打出手，朝廷更加四分五裂。所以孙綝一怒，废除少帝，唯有桓彝赴死。如今，孙綝一门五侯，耳目遍布朝廷，我若不安抚百官，招揽民心，又何以立足于朝廷？"

张布啧啧叹道："陛下高瞻远瞩，可喜可贺，那您打算怎么处置李衡？"

"赦免他，嘉奖他！"孙休顿了一下，又说道，"我还要诏告天下，封故南阳王之子为侯。"

张布瞠目结舌，问："这又是为何？"

孙休目光深邃，缓缓说道："昔日二宫争斗，京城震动；之后孙峻诛杀鲁育公主，宗族分裂。如今我拨乱反正，安抚百官，凝聚宗族，如此，何惧大事不成！"

昔日二宫争斗，孙权赐死鲁王孙霸，贬太子孙和为南阳王。陆逊、朱据等支持孙和的江东大族，在受到孙权及孙峻的打击后，士气十分低落，对政治的态度都甚为消极。如今孙休替其兄孙和平反，封其子为侯，借此安抚孙和故旧，不可谓不高明！

不日，孙休下诏赦免李衡，遣其回到治地，又加封其为威远将军。紧接着，又封故南阳王孙和之子孙皓为乌程侯。

两事并举，一经传开，朝廷百官无不啧啧称赞。他们似乎受到鼓动，纷纷出动，上表请求孙休选立皇后与太子。

孙休这一番操作，一下就收揽了众臣之心，实在漂亮。

但是，当诸臣的奏表纷纷飞进宫里时，孙休却是一动也不动，仅下了一道奏书，诏告群臣说："朕乃寡德之人，即位临事，时日尚浅，未有利于国家之功，更无惠及百姓之恩泽，所以后妃之号，太子之位，不能操之过急。"

孙休说的是漂亮话，但也是实话。

孙亮是怎么败给孙綝，被人家收拾得干净利落的？一个字，急！若不是操之过急，而是笼络群臣，与之抗衡，孙綝以独虎之力，又怎么斗得过群狼？

所以，孙亮的教训摆在眼前，孙休必须步步为营，处处小心。

况且，群臣说一千道一万，不如孙綝一句话。若孙綝想当霍光，自然会上表请求孙休封皇后皇子，如若他不肯，这件事就不能操之过急，否则后果堪忧啊！

政治如酒，需时间陈酿。正如司马懿忍辱负重十年，一朝诛杀曹爽。如果没有足够的时间，这酒又怎会酿出百倍于水的滋味？

时间在流淌，孙休则在静静地等待着。

十月底的一天，孙休正在宫里忙碌，宫廷侍从跑来报告："孙大将军求见陛下。"

孙休目光沉沉，抬起头说："大将军为何事而来？"

宫廷侍卫回答道："大将军带着牛肉美酒，说是要送给陛下品尝。"

孙休心里一笑，孙綝无利不起早，他这摆明是想来套近乎了。

半晌，孙休缓缓说道："找个理由打发他，说朕不便见客，牛肉美酒也请他带回去。"

此时，大将军孙綝正在宫门外昂首肃立，身旁还有数位侍从，扛肉的扛肉，抬酒的抬酒，队伍整齐。这时，孙綝见宫廷侍从走出来，还没开口，宫廷侍从就对他从容说道："陛下说今天不便接见臣属，酒和肉就请大将军带回去吧。"

孙綝眉头一皱，沉声问道："陛下在忙什么？"

宫廷侍从神色镇定地说道："陛下近日操劳国事过度，正在内室歇息。"

孙綝吃了个闭门羹，心里十分不爽。但他望了望紧闭的宫门，只能望而却步，无可奈何。半晌，他才对宫廷侍从说道："既然这样，那我就不打扰陛下了。"

孙綝只好带着侍从悻悻地走了。

才坐上马车，他突然掀帘叫道："我要去见辅义将军张布，就直接去他府上。"

马车直奔张布将军府上。张布听闻大将军孙綝来了，急忙跑出大门迎接，又将他引进府里，并连忙叫人摆酒设宴。一坐下，积了一肚子气的孙綝就不停地与张布推杯换盏，没几杯，酒劲就上头了。

张布见孙綝一脸怨气，小心问道："大将军好像有心事？"

孙綝一边叹息一边说道："实不相瞒，这牛肉美酒本是我今天带去见陛下的，但陛下不便见我，所以我才到你这里来。"

张布心里一震，脸上却堆满笑容说道："看来今天我吃了大将军的酒肉，是天意啊！"

孙綝端起酒杯一饮而尽，对张布说道："实话实说，我今天吃了陛下这个闭门羹，可是出丑出大了。"

张布故作惊讶，说："陛下或许是身体抱恙，大将军不要往心里去。"

昔日，孙休为会稽郡王，张布为其左右督将。孙休入京时，张布亦伴其左右，一道进京。难道孙綝多喝了几杯就晕头转向，忘了张布和孙休的关系了？

这时，只听孙綝冷笑一声，又恨恨说道："我初废少帝时，诸大臣皆劝我自立为帝。然而我因为陛下贤明有德，才决定派人迎接他入京即位。如果没有我孙綝，陛下能当上皇帝吗？这才不到一个月，他就如此待我，在他眼里，我简直与一般臣子无异。"

张布见孙綝怨气甚重，连忙安慰道："大将军息怒，或许陛下当真是有事不便见你。"

孙綝不知何来一股怒气，猛地拍案叫道："我功劳赫赫，即使不便，就能说不见便不见吗？陛下如此过河拆桥，那就休怪我无情无义。看来，我要改变我的计划了。"

张布听得心惊肉跳，连忙举杯说道："大将军息怒，我新近得了几个能歌善舞的歌伎，不如叫她们出来替大将军助助兴？"

见孙綝不置可否，张布连忙转头朝堂里叫了一声："起乐！"

话音刚落，厅堂里便响起一阵悠扬的乐声，接着，只见一队舞女莲步轻移，缓缓走到大厅中央舞了起来。

不知是酒的作用，还是乐舞的作用，孙綝的意识渐渐模糊起来。

这一天，孙綝喝得烂醉如泥。张布命人将孙綝送回大将军府上，一刻也没停，当即就朝宫里跑去。

进到宫里，张布一见孙休，失声说道："陛下，大事不好。"

张布将孙綝在他家里酒后说的那番狠话，详详细细地讲了一遍，末了又说道："大将军早有自立之心，若不及时平息其怒，或许那些酒话就要成真了。"

孙休沉思良久，才悠悠说道："冥冥之中皆有定数。朕离开会稽郡赶赴京师时，一路都是走走停停，不料半道上来了一个老翁劝我宜加速赶路。若当时不听劝，或许孙綝就自立称帝了。"

张布叹息道："孙綝此人狼子野心，比魏国的司马昭还要不堪。"

孙休冷笑道:"司马昭挟持魏国皇帝的情景,朕坚决不能让它在东吴重演。"

张布追问道:"当务之急,该如何定计?"

孙休又想了半天,缓缓说道:"朕今天折了孙綝的面子,那就想办法赏赐他,让他挽回面子。只要把他稳住了,下一步就好办了。"

于是,孙休轻声跟张布说了起来。不知过了多久,张布听完,立即拱手说道:"臣愿与陛下共进退,诛杀逆贼,为国除害。"说完便匆匆离去。

不日,孙休上朝时,以孙綝迎立有功为名,对他大加封赏。数日后,却又下了一道诏书说:"大将军执掌中外诸军事,事务繁多,因此让御使大夫孙恩兼侍中,与大将军分掌诸军事。"

孙休即位时便下诏拜孙綝为丞相、荆州牧,增加采邑五县;拜其弟孙恩为御史大夫、卫将军、中军督,封县侯;以孙据、孙干、孙闿等为将军,皆封侯。这就是所谓的一门五侯,显贵无比,自东吴立国以来还从未有过如此盛况,简直有东汉末年时王氏一门五侯的荣耀啊。

那么,孙休拜孙恩为侍中,与孙綝共掌东吴军事的玄机何在?妙就妙在,以兄弟共掌东吴军事之名分解孙綝权力,再寻求各个击破。

一切都在有条不紊地进行着。

这天,有人上奏,状告孙綝怨恨皇帝,企图造反。孙休听说,马上将此人逮捕,并且派人将这个告状之人送到孙綝府上。孙綝二话不说,将告状人诛杀了事。

但是,杀得了一个,再来一个告状者又怎么办?难道要大开杀戒,来一个杀一个,来两个杀一双吗?孙綝越想越恐惧,他猛然醒悟,建业城暗流涌动,隐约间又有一股力量正在聚集,准备要对他兴师问罪了。

那现在该怎么办?

还是之前对付孙亮的那招,先躲为妙。不然,建业城里到处都是瞄准他的暗箭,怎么防也防不过来。

于是,孙綝立即让光禄勋孟宗替他向孙休带话,请求出镇武昌。

孙休一听,二话不说,准了。

离开建业城的这天,孙綝带走了他的精锐万余人。同时,又从武库里取走了许多兵器。

孙休想也没想,全部答应。

这时,孙綝又派人来向孙休请求,说想带走两名中书郎,负责掌管荆州诸军事。

中书令一听,连忙对孙休叫道:"陛下,此事万万不可!"

孙休故意问道:"有何不可?"

中书令说道:"中书郎不应外出!"

孙休轻轻一笑,说:"凡事皆有特例,让他们去吧。"

孙休难道不知道孙綝的伎俩吗?他当然知道!

中书郎的职责乃是参与国家机密大事,以及草拟诏书,孙綝将两名中书郎都带走了,那东吴的国家机密,还有他不知道的吗?可孙休当然不能说破。因此孙綝的所有请求,他统统答应,让对方心满意足、得意扬扬地离开建业城。

越是高明的猎手,总是给猎物留出足够的空间和时间去感受周围的环境,当狡猾的猎物通过种种测试,自以为万事皆安,放松警惕时,猎手收网猎杀的时候就到了。

这一天终会来,也必然会来。

寒冷的风吹过苍茫的长江,吹过建业城,吹进了萧瑟的皇宫。这个冬天,皇宫里气氛十分异样,脚步声来来回回,没有停过。没几刻工夫,孙休就分别秘密接见了将军魏邈和武卫士二人。送走二人,孙休只觉泰山压顶,喘不过气来,又连忙紧急召见辅义将军张布。

张布一到宫里,孙休就沉声说道:"朕对孙綝已经十分谦让,不料他却得寸进尺,步步进逼,朕已经忍无可忍。"

张布问道:"孙綝又向陛下提出无礼要求了?"

孙休摇摇头,沉重地说:"刚刚将军魏邈晋见,据他所说,孙綝已于武昌磨刀霍霍，准备叛乱了！他这话才说完，武卫士施朔又来晋见，说孙綝谋反已是板上钉钉。如今大火已经烧到了眉毛，该如何是好？"

张布沉吟片刻，说道："臣以为，有一人可断大事，陛下可将他召来问计。"

孙休眼睛一亮，问："谁？"

张布脱口说道："此人乃是左将军丁奉。他虽不识字，却智略过人，可以一用。"

孙休心头一喜，连忙说道："朕对此公亦略有耳闻，朕现在就召他进宫。"

说罢，孙休便叫宫廷侍从秘密出宫。

不知过了多久，孙休和张布突然听见一阵脚步声。他们转头一看，只见左将军丁奉匆匆赶来，问道："陛下所召甚急，不知所为何事？"

孙休也不卖关子了，严肃地说："孙綝自诩功高盖世，专权擅政，将行不轨之事，有谋逆篡位之心！朕想与将军共谋诛之，如何？"

丁奉闻言不由一愣，他望了望孙休，又望了望张布，半晌才沉声说道："孙丞相兄弟党羽甚多，朝廷内外都是他们的人，若是急于行动，恐怕不利。"

孙休神情黯然，一时无话。

这时，只见丁奉望着孙休，缓缓说道："不过，臣有一计，或许可以一用。"

孙休两眼顿时发亮，连忙说道："何计？"

丁奉神情镇定，从容说道："等到腊月大会之时，陛下可借士卒拱卫大殿之时，召孙丞相上殿，趁机将其诛杀，继而将孙氏兄弟一网打尽。如此，大事可定。"

孙休一听，拊掌叫道："朕听闻当年魏国皇帝曹芳检阅司马昭大军时，曾想下诏召司马昭上殿将其诛杀，岂料临事不决，被废远谪，下场何其凄惨！前事不忘后事之师，今日设计召孙大将军上殿，朕岂能犹豫不决！"

三人议定大计，就准备在腊月行事。

十二月七日，寒风狂吹，吹响了天地的孔窍，吹得四野呜呜作响。纵使寒风席卷，也挡不住东吴人对腊月大会的热情。为了迎接明天这个重要的日子，全城张灯结彩，一派喜气洋洋。此时，孙綝亦已从武昌回到了建业城外朱雀桥南的府第里。腊月大会，百官朝贺，公卿升殿，与民同乐。孙綝贵为东吴丞相，孙休早已派特使召他回京，让他参加这个隆重的大会。

但是，面对明天这场隆重的大会，孙綝却忧心忡忡，心情不佳。他刚回到建业城时，就听说城里谣言四起，说明天腊月大会必有大事发生。放眼东吴，哪里还有比他与皇帝孙休暗里较劲更大的事？如果谣言是真的，难道孙休是想借这场大会对他下手？

孙綝越想心越乱。尽管孙恩等人给他捎信说，城里一切如旧，都在兄弟们的掌握之中。但是，孙綝心里还是发虚。这一发虚他就睡不着了，于是只能傻坐着，傻想着，傻听着窗外的寒风。时至半夜，风声越来越大，屋顶上传来石子敲打瓦片的声音。孙綝心里陡然一紧，难道可怕的风暴就要来了吗？

孙綝昏昏沉沉，迷迷糊糊地煎熬了一夜。

第二天一早，他推窗望去，只见庭院里一片狼狈，沙尘满地，再往上看时，许多屋顶都被掀起来了，瓦片四散，触目惊心。

孙綝目光呆呆地望了半晌，突然叫道："来人！"

侍从闻声匆匆赶来，问道："丞相请吩咐。"

孙綝深深吸了一口气，缓缓说道："赶紧派人传话，说我身体抱恙，不便参加今天的腊月大会。"

孙綝说完便转身回屋补觉去了。

不知过了多久，孙綝迷迷糊糊地听到有人喊，他缓缓睁眼，朝室外吼道："何人在此大呼小叫？"

侍从瑟瑟发抖，报告道："丞相，陛下特使到了。"

孙綝一听，睡意顿消，叫道："请他进来说话。"

侍从推门进来，又颤声说："特使都来了两拨了，他们奉陛下之诏前来召丞相进城参加腊月大会。"

孙綝不知是睡意不足，还是被此事所困，脑袋顿时一阵疼痛。他只好一只手紧紧捂着脑袋，另一只手沉重地摇了摇，道："告诉特使，我有疾在身，动弹不了。"

侍从只好领命离去。

没一会儿，侍从又匆匆跑来叫道："丞相，陛下的特使又来了。"

孙綝简直不敢相信，问："那两拨还没走，又来了一拨？"

侍从点了点头。

孙綝心里顿时更虚了，一时沉闷至极，不知所以。

正在这时，又有一个侍从跑来报告："丞相，又有特使来啦！"

孙綝一听，顿时怒目圆睁，更加不知所措。

这一天，孙綝赖床不起，然而皇帝的特使却是一拨接一拨，前后竟有十余拨特使接连前来请他赴会。

看来，今天如果不出门，孙休是坚决不会罢休的。

孙綝只好起床，一番梳洗，准备出门。左右亲信一听说他要出门，立即将他团团围住，纷纷劝他不要进城。

孙綝沉重地望着众人，叹息道："我已三辞三让，陛下还不肯罢休，屡屡下诏，派特使征召。如果再不去，就会被人非议。况且今天陛下借腊月大会宴请公卿及百官，独我不去，似乎也有违礼仪。"

左右亲信齐声说道："丞相行大事应不拘小节，今日进城，凶多吉少啊。"

孙綝沉声说道："昔日汉高祖赴项羽的鸿门宴，借故离席，张良算计好他回到军中的时间，这才返回宴席复命。不如这般，你们算好我赴宴的时间，等差不多了便在府中放火，我便可以救火为名速速回来，亦不失为良策。"

孙綝说完，便走出府宅，坐上马车，缓缓进城去了。

孙綝一路畅通无阻，进了城，登上大殿，诸公卿及百官早已依次排列，等待开宴。这时，孙綝看见其弟孙据、孙恩、孙干等人亦在公卿之中，心情似乎微缓，这才落座。

孙休见孙綝终于入席，当即宣布开宴。此次宴会氛围热烈，欢声笑语不断，看起来其乐融融。

不过孙綝仍旧闷闷不乐，忐忑不安。他不停地朝大殿外张望，似乎在等待着什么。没过一会儿，宫廷侍从突然跑来报告："桥南大将军府第起火了！"

孙綝闻声而起，连忙对孙休说道："陛下，臣家中失火，请允许臣回家救火！"

好不容易请君入瓮，岂能放虎归山？孙休心里冷冷一笑，脸上却是一副淡然的样子，说："城外那么多将士，这点小事，何须劳烦大将军？"

孙綝一愣，望了望周围，见四周皆是皇宫卫兵，而隶属于他孙綝及孙据等人的队伍没能进城，更没机会靠近大殿。如果孙休这时下手，那他们就只有挨刀的份了！

孙綝越想越觉得不妙，陡然起身，执意要离席。

孙綝的一举一动早被丁奉与张布看在眼里。丁奉和张布同时向左右使了个眼色，只听席间兵戈声响，卫兵闻声而动，三五下就将孙綝及孙恩等孙氏兄弟全部绑了起来。

孙綝心里悲哀至极。他见大势已去，不得不向孙休叩首说道："臣有罪，愿自贬交州！"

孙休悠然一笑，反问道："卿当初为何不迁滕胤和吕据于交州？"

孙綝面如死灰，又叩首说道："臣愿削官为奴！"

孙休冷笑一声，又反问道："卿当初为何不让滕胤和吕据削官为奴？"

孙綝知道大限将至，已经无法说话，呆若木鸡。这时，只见张布大声喝道："动手！"

在一片刀光剑影中，孙綝、孙恩、孙据、孙干等一门四侯皆被斩杀。

孙休派人将孙綝的头颅拿到城外，对他的部将宣称："凡与孙綝同谋者，皆赦免。"

是日，孙休赦免了五千人。

孙闿当时在城外驻军，听说孙綝等人被诛杀，想乘船渡过长江逃奔魏国。但是船刚驶入江中，孙闿就被东吴水军追击斩杀。

孙綝一门五侯就此覆灭。真所谓，其兴也勃焉，其亡也忽焉！呜呼哀哉！

紧接着，孙休夷孙綝三族，挖掘故丞相大将军孙峻棺木，取其印绶，并以薄质棺木入葬，以示贬斥；改葬诸葛恪、滕胤、吕据等人，并将因诸葛恪事件远迁的官员统统召还。

这天，有朝臣进宫晋见，当面向孙休进言，请求为诸葛恪立碑。

孙休听后，沉吟半晌，喟然叹道："昔日诸葛恪盛夏出兵，士卒劳损，一败而国疲，无尺寸之功，谈不上贤能；他受托孤之任，死于竖子之手，谈不上有智慧。如此之人，凭什么给他立碑？"

孙休甩甩龙袍，悠然返回内室休息去了。

第十章

血染的风采

正元四年（公元259年）的春天，魏国发生了一些诡异的事情。正月时，有人在宁陵县的一个井里看见两条黄龙舞动显现，久久不散。

　　近两年来，魏国百姓看见龙的事发生了不止一两回。去年，顿丘县、冠军县、阳夏县等井中，皆有青龙的影子出现。如果认真追究，早在魏明帝曹睿时，魏国就有青龙出现，当时魏明帝认为这是吉祥之兆，便改元为青龙。

　　宁陵县出现两条黄龙的事情，很快就传到了洛阳，群臣皆以为吉祥，又纷纷向曹髦报告。曹髦听后，却不以为然，悠悠对群臣说道："都别高兴了，这根本就不是什么吉兆。"

　　群臣问道："陛下何以见得这不是吉兆？"

　　曹髦侃侃说道："龙者，君之德也。上不在天，下不在田，却屡屡屈缩于井中，这哪里是好的兆头，分明就是凶兆！"

　　群臣对曹髦的见解一时倍感惊愕，不敢答话。

　　同样是龙，为什么魏明帝认为这是吉祥之兆，而曹髦则以之为凶兆？此所谓，时也，命也。当时，魏明帝君临魏国，大权在握，公卿听命，诸将臣服，岂不吉祥？看看今天，司马昭击败诸葛诞凯旋，又变着花样给自己加官封爵，拜相国，封晋公，食邑八郡，加九锡。自秦汉以来，相国职位远高于丞相。司马昭野心昭然若揭，简直是狮子大开口，如此发展下去，不用猜测，他定然比王莽更胜一筹。

　　曹髦面临如此险境，所谓吉兆有何意义？若硬要说吉祥，那也是自欺欺人罢了。

曹髦打发走群臣后，想想自己的处境，一时郁闷不已，挥毫而就，写下了一首著名的《潜龙诗》。诗曰："伤哉龙受困，不能越深渊。上不飞天汉，下不见于田。蟠居于井底，鳅鳝舞于前。藏牙伏爪甲，嗟我亦同然！"

眨眼之间，曹髦登基即位，已经五年，他今年都十九岁了。

当年，他被迎入京师洛阳时，步步小心，举止得体，甚让郭太后欣慰，以为中兴曹氏有望。曹髦即位后，一直渴望中兴曹室。为此，他曾于朝上召集群臣辩论，论少康与高祖刘邦孰强孰弱。群臣纷纷说，高祖刘邦从无到有，成为汉朝皇帝，是以刘邦更厉害。但是曹髦却毫不谦让，以一人之力舌战群臣，引经据典，滔滔不绝，说少康接手夏朝国政时，面对的是一个烂摊子，经历数年艰苦奋斗，终于振兴国家，乃千古以来难得一见的中兴之主，比起刘邦，少康更胜一筹。

尽管辩论是个公说公有理、婆说婆有理的技术活，但经过那场辩论，群臣不仅见识了曹髦的才识，更看出了他的远大志向，他当着群臣的面抬高少康身价，不就是渴望自己将来也能成为另一个少康吗？

然而数年过去了，他真的成为少康了吗？他非但没有做成少康，还成了被压在井底的龙，整天只能眼睁睁地看着一群鳅鳝在他面前张牙舞爪，却无可奈何。

曹髦借诗言志，宣泄心中不满及抑郁之气，心情可能是好受了，但是，他的诗传到司马昭耳朵里，司马昭犹如咽了一只苍蝇，对曹髦无比厌烦。

曹髦何其失策！他明明知道司马昭是个什么样的人，却依然压不住内心的痛苦，并将它毫无保留地宣泄出来，这样做，终究还是嫩了点。

何谓潜龙？

潜龙说的是一种状态，说的是那潜于深渊之中暗自积蓄能量，一旦时机来临就腾空而起，呼风唤雨之人。现在时机未到，能量不足，他却掀开了自己的底牌，岂不是搬起石头砸自己的脚？

整个洛阳城都在翘首以望。他们相信，一定会有一场可怕的暴风雨从天而降，无情地将整个洛阳宫浇湿。

但一年很快就过去了，洛阳城依然平静如水，什么也没发生。当所有人都以为曹髦只是发发牢骚，日子照过时，夏天的一场雷雨，撕破了天空的一角，将残酷的事实撒向人间。

四月，曹髦仍然按照程序下诏，让大将军司马昭继续当他的相国，仍然是封晋公，加九锡。

但诏令发出后，曹髦心里怒火中烧。

他在皇帝这个位子上都当了六年的傀儡了，而今已到加冠之年，竟然还是当这个只能听令而不能发令的傀儡。曹髦越想越气，终于按捺不住，彻底爆发。

五月七日，曹髦召来侍中王沈、尚书王经、散骑常侍王业。三人一到，曹髦的脾气就爆发了，怒声说道："司马昭之心，路人皆知。我不能坐等被废，今日召诸卿前来，就是要商讨一起出兵讨伐他。"

话音刚落，三人便目瞪口呆，不知该说些什么。

曹髦看看这个，又看看那个，冷笑道："诸位害怕了吗？"

三人面面相觑，依然不发一言。

半晌，只听王经叹息一声，缓缓说道："春秋时，鲁昭公无法忍受季氏擅权，出兵讨伐，不胜，投奔齐国，死在乾侯。其战败逃走，为天下人所笑。而今之世，政归司马一门，为时已久，朝廷百官，四方诸将，都愿为他效命而死。这些人毫不顾忌尊卑秩序，已经不是一天两天了。况且宿卫之兵空缺，甲兵羸弱，陛下又拿什么跟他斗？一旦撕破脸，非但不能铲除祸患，反而只会加深祸患。届时您将要面对的是深不可测的祸患，生死仅在一念之间，望陛下三思！"

曹髦似乎早有准备，猛地从怀里掏出一张黄素诏书，扔在地上，愤怒地说："朕意已决！此时不动手，还待何时？死有什么可怕，况且还不一定会死！"

三人望着地上的诏书，又看了看视死如归的曹髦，呆若木鸡，彻底傻了。

曹髦望着三位大臣，又大声说道："我现在就进宫向郭太后报告，立即行动。"

曹髦转身离去了。

三人瞠目结舌地望着曹髦的背影，半天回不过神来。良久，王沈突然跳起来对王经叫道:"大祸临头,王尚书,此时不跑,更待何时?"

王经一动不动,冷冷地望着王沈,缓缓说道:"陛下如此礼遇你,呼你为文籍先生,亲昵至极。而今大事临头,你就想一跑了之吗?"

这时,王业也一跃而起,叫道:"王尚书,多说无益,还是先跑为上吧。"

王经见二人要做逃跑的兔子,依然端坐不动,昂首说道:"我生为社稷之臣,死为社稷之鬼,与你们志不同道不合!"

当年,王经在洮西被姜维击败,退守狄道城。陈泰率兵解围后,他被召回洛阳城,转迁为尚书。如今竟要舍身跟随曹髦,真是可惊可叹。

王沈和王业见王经固执不听劝,只好抽身便跑,向司马昭告密去了。

当曹髦再次回来时,见心腹大臣王沈及王业已然叛逃告密,一时又惊又怒,拔剑冲出大殿。

曹髦登上辇车,天色突暗,只听见轰的一声巨响,天上就下起了大雨。

曹髦举头仰望苍茫的雨帘,转头对部众叫道:"天地不仁,以万物为刍狗。司马昭不义,当杀其以祭天下苍生!"

部众亦听得群情激愤,齐声叫道:"诛杀逆贼,替天行道!"

曹髦见状,昂首叫道:"杀!"

杀声一起,卫兵及奴仆侍从便擂鼓呐喊,跟随辇车直奔司马昭的相国府。

曹髦率兵才到东止车门,却见司马昭的弟弟屯骑校尉司马伷列兵布阵,准备拦截。曹髦见状,挥剑叫道:"司马伷,你兄长司马昭叛逆,目无国君,难道你也要逆天而行吗?"

司马伷顿时愣住,一时不知该如何应答。

这时,曹髦又大声对司马昭的部众喝道:"难道你们也要跟朕作对吗?"

部众听曹髦这一喝,无不浑身哆嗦地望着司马伷。还没等司马伷说话,曹髦左右齐声叫道:"大胆逆贼,还不赶快散开!"

哗的一声,司马伷的部众顿时四散逃离。大门外空空如也,只剩司马伷一人茫然四顾,不知所以。

司马伷急得团团转，也不得不拍马逃跑了。

曹髦率军继续向前，到了南宫门。还没出宫，只见一队人马蜂拥冲进宫里，二话不说，对着曹髦部众就是一阵砍杀。

来的正是中护军贾充。

这时，曹髦见贾充率兵冲杀，也拔出长剑，挥剑冲杀。贾充部将见皇帝发了疯似的狂砍乱杀，只得抱头乱跑，无人敢上前。

贾充率领的士卒人人惊惶，他们上阵搏杀，向来杀的是敌人，从未想过有一日要与皇帝近身肉搏。随便换个人，他们都会像狼群一样将敌人撕成粉碎，可谁有这个胆敢冒犯皇帝？

正当贾充部众哆哆嗦嗦，准备逃跑时，太子舍人成济对贾充问道："事情如此紧急，该如何是好？"

贾充咬牙狠狠说道："多年以来，司马公待你如何？眼前事急，正是用你之时，还有什么好问的？"

成济不敢相信，又问道："难道要刺杀陛下，以解燃眉之急？"

贾充神色肃杀，点头说道："正是！"

成济一听，立马竖起长矛，对贾充道："既然将军发话，我当不顾生死！"

说着，成济高举长矛，朝曹髦的辇车一路冲杀而去，才到辇车前，只见他一跃而起，举矛直刺曹髦胸膛。

只听噗的一声，一串鲜血喷起，曹髦身躯已被刺穿，轰然倒于车下！

两军人人怔忪，一动也不敢动。天地之间，只有这凄惶的雨声。

曹髦被刺杀的消息传入大将军府，司马昭闻言，当即瘫倒在地，软成一团烂泥。消息又传入太傅府，八十一岁的太傅司马孚闻声踉踉跄跄地跑到南宫大门。他见曹髦的血流了一地，气息已绝，不由抱起曹髦，痛哭不止。

这时，一道刺眼的闪电划破长空，几声巨响，天地之间回荡着巨大的轰鸣声。紧接着，雨声越来越急，天地昏暗，犹如黑夜。

真是一个悲戚的日子。

等急雨渐息，南宫大门处那一地的血腥已被雨水冲洗得干干净净，毫无痕迹，仿佛这里根本无事发生。大雨冲刷了血迹，却刷不去所有人心中的忐忑。司马昭强打精神上殿，召集群臣议事。待诸臣到齐，却发现独独少了尚书左仆射陈泰。

今天这场廷议至关重要，这是一个所有人都不得不面对的困境，陈泰久久不到，这是何意？司马昭环视群臣，半晌，这才对尚书荀顗说道："烦请荀尚书走一趟，去把左仆射请来。"

荀顗，也就是昔日曹操属下大臣荀彧之子，亦是陈泰的舅舅。

荀顗坐着马车来到陈泰家里，对陈泰说道："大将军召集大臣们上殿议事，你为何不到？"

陈泰目光紧紧地望着荀顗，缓缓说道："天地昏昏，大道不行，我欲效仿先人泛舟五湖，远离世事，可以吗？"

荀顗怔怔地望着陈泰，默默无话。

半晌，陈泰冷笑一声，又悠悠说道："你我皆为名臣后裔，理应为国效命，捍卫王室。然而世事无常，以前世人皆说泰不如舅舅，如今看来，是舅舅不如泰！"

荀顗沉声问道："如此说来，你这是要赌上三族之命，跟大将军翻脸吗？"

此时，陈泰一族子弟及家眷皆聚于家中。他们一听陈泰不肯上朝的问题如此严重，一片哗然，纷纷跑来劝告。众人你一句我一句，好说歹说，终于将陈泰推上马车，逼他上路。

陈泰无奈，只好上朝去了。

陈泰上殿见到司马昭时，泪如雨下。司马昭见状，亦流下了眼泪。诸臣也都陪着默默地流起了眼泪。

只是这满殿的悲戚，不知谁真谁假。

良久，司马昭抹着眼泪对陈泰悲伤地说道："玄伯，你说，我现在怎么办？"

陈泰止了眼泪，目光坚定地说道："当前之事，唯有杀贾充以谢罪，方可塞天下悠悠之口。"

司马昭一愣，久久不语。

过了许久，司马昭又问道："你再想想，还有更好的办法吗？"

陈泰一听司马昭还在偏袒贾充，立即怒火中烧，昂首说道："泰只有这一句话，这件事不能再有别的选择！"

司马昭闻言一怔，不敢再说话了。

多年以来，天下皆知司马氏家族以善养死士而闻名。当年司马懿与司马师合谋诛杀曹爽时，若不是有那三千死士，怎么会有今天的司马昭？司马昭豢养死士贾充及成济多年，若把他们当替罪羊杀掉，以后还会有死士效忠司马昭吗？

况且，做相国，封晋公，加九锡，都不是司马昭的终极追求。他的野心是吞掉魏国，改朝换代。如今大事未成，就让他诛杀死士，他怎会愿意？

可司马昭不愿诛杀贾充，更不敢得罪陈泰。

陈泰的父亲陈群与他的父亲司马懿曾经共同辅佐曹氏，皆是世家大族。如果得罪了陈泰，就会得罪一大帮世家子弟，没有了世家子弟的拥护，他也决实现不了他的梦想。

杀不是，不杀也不是。司马昭只有一招可用，那就是先把事情按一按，拖一拖，再见机行事。

因为此时，司马昭还有比诛杀贾充更重要的事要做。

司马昭以郭太后的名义下诏，列出曹髦的几大罪状，将其废为庶人，以民礼葬之。同时，又派人逮捕王经及其家属，交廷尉审讯。

王经被带离家时，向母亲悲壮告别。其母神色不变，笑着对王经说道："人生天地间，谁人不死？怕的是不能死得其所。而你以死效命，又有何遗憾！"

有子若此，原是因为有母如此。

王经受诛，司马昭便派儿子司马炎以中护军身份，迎接燕王之子曹璜入京。六月一日，郭太后下诏令曹璜改名为曹奂。六月二日，曹奂来到洛阳，是日即皇帝位，年十五岁，大赦，改元。

挣扎了一个多月，司马昭还是决定设法保护贾充，仅以大逆不道之罪诛杀成济。同时，辞让相国、晋公、九锡。

悲剧谢幕，这一页历史似乎是翻过去了。

景元三年（公元262年）的秋天，蜀国大将军姜维离开成都，又准备率军征伐魏国了。消息传出，成都城一片哗然。姜维这个好战的狂徒屡屡出征，不分好歹，不讲分寸，一味蛮干，何时是个头啊？

姜维这么做，不要说成都城的那帮文官及百姓不愿意，即使军中的领将对他也颇有微词。上次出征时，将军张翼有异议，这次轮到右车骑将军廖化发牢骚了。

廖化对诸将叹道："打仗不收敛，玩火必自焚，说的就是姜伯约这种人。智慧不如敌人，力量又小于敌寇，却还无休无止地出兵，这岂是兵家生存之道？"

诸将默然不语，唯有叹息。

然而诸将心里苦，姜维心里亦苦。没人知道，此次出征与以往不同。以往出兵，姜维都是先有谋划，再主动出击。然而此次，他以出征伐魏的名义离开成都城，却是权宜之计，不得已而为之。

为何？

因为他快要在成都城混不下去了。

姜维贵为大将军，因为长年征战在外，没时间回成都，又战功寥寥，不能服人。久而久之，成都城便有人乘虚而入，掌握朝政，甚至想夺取姜维的大权。

这个敢跟姜维作对的人，名叫黄皓。

最初，黄皓的身份不过是个小小的宦官，他的任务就是陪侍幼主刘禅。当然，人都是有感情的，幼主刘禅长大后，对黄皓极为信赖。黄皓心思邪巧，他挖空心思取悦皇帝，更是十分受宠。

当黄皓甚得刘禅欢心时，侍中董允却将这一切看在了眼里。

董允才能不如费祎，却与费祎齐名，并与蒋琬及诸葛丞相等人一起，被蜀人谓为蜀国四相，别称"四英"。董允上朝时，总是义正词严地对刘禅旁敲侧击，又对黄皓训斥警告。黄皓见皇帝都对董允不敢吭声，自己就更不敢吭气了，他畏惧董允犹如畏虎，不敢胡作非为。终董允一世，黄皓再怎么得宠，也不过是个小小的黄门丞。然而董允一死，他摇身一变，立即成了宫里的红人，开始跳将出来，呼风唤雨。黄皓与接替董允侍中之职的陈祗狼狈为奸，干预政事。陈祗死后，他更是春风得意，从黄门令一跃而成为中常侍、奉车都尉，进而专权秉政。

姜维从汉中回到成都城后，见黄皓势大，心里后悔不迭。

更让他震惊的是，黄皓的能量已经大到能离间皇帝手足之情的地步！皇帝刘禅的弟弟刘永见黄皓专权，十分痛心，屡屡进言。黄皓听说此事后，立即向刘禅进谗言，不知道他说了些什么，刘禅从此对这个弟弟拒而远之，以致刘永多年都不能与刘禅见面。

黄皓这个宦官的手伸得何其长！他搅浑了成都城的水，姜维又岂能独善其身？姜维秘密探听到，黄皓正与右大将军阎宇眉来眼去，准备密谋除掉自己，立阎宇为大将军。

姜维连年征战，诸将皆有不满。而成都城宫里宫外之事，又被黄皓拿捏在手。如果军中有将军与黄皓联手，姜维岂还有命活着逃出成都？

姜维当机立断，跑到刘禅面前说道："黄皓乃奸邪小人，擅自专政，恣意妄为，败坏朝纲，请陛下将其诛杀！"

刘禅一听，不以为然地说道："姜大将军言重啦！黄皓不过是一个行走宫中的小臣罢了，你又何必介意？以前董允在的时候，也常常对他咬牙切齿，我都觉得有些过意不去了。你呀，也就别跟他计较了。"

姜维见刘禅跟他打马虎眼，敷衍了事，顿时后悔来见皇帝了。刘禅如此偏袒黄皓，可见黄皓在宫中已经树大根深，动他不得了。

既然如此，多说又有何益？

姜维只好闭嘴，连忙退出宫中。他才回到府中，只见侍从慌慌张张地跑来对他说："黄门令黄皓求见。"

姜维心里一惊，问道："黄皓前来，所为何事？"

侍从答道:"这个他没说。"

姜维沉声说:"让他进来吧。"

没过一会儿,侍从将黄皓带到姜维面前。他一见姜维,用那软绵绵的声音说道:"下臣特奉陛下之命,前来向姜大将军请罪。"

姜维身体不由一抖,他前脚才出皇宫,黄皓后脚就到,看来皇帝这话传得比风还快啊。

半晌,姜维装出一副莫名其妙的样子问:"敢问黄门令,你这请的是哪门子的罪呀?"

姜维说着,眼前仿佛浮现出秦朝宦官赵高的影子。昔日嬴胡亥就是被宦官赵高忽悠,身死国灭的,如今刘禅亦被黄皓忽悠得团团转,或许蜀国离亡国也已不远了。

黄皓见姜维还在装糊涂,阴阳怪气地说道:"姜大将军初回成都,下官还没来得及登门拜访大将军,实在失职,望大将军大人大量,不计小臣之过。"

姜维苦笑着说:"黄门令守宫中,我姜维守国门,大家各司其职,你何来失职之说?"

黄皓见姜维推来推去,硬是不领情,只好阴着脸说道:"既然大将军没把此事放在心上,那小臣就放心了。"

两人话不投机,拉扯半天,黄皓终于走人了。

黄皓一走,姜维倒抽一口凉气,顿觉成都不宜久留,于是便上奏请求伐魏。刘禅也不阻拦,意思是你爱折腾就折腾去呗——他立即答应了姜维出征的请求。

十月,天气转凉,寒风拂面,姜维率军抵达了洮阳。

这时,魏国征西将军邓艾听说姜维又来了,果断率军迎战。姜维心事重重,漫不经心,几个回合下来,竟被邓艾打得无力招架,只好率兵退守沓中。

成都是回不去了。姜维命令全军在沓中垦田种麦,准备长期屯守于此。

或许,退守沓中不过是姜维自保的一个策略。消息传入魏国,味道却全变了,变成了一场亡国的历史风暴。

十月，初冬的洛阳城里，司马昭独自坐于大将军府里，看着几案上的地图沉思着，似乎在盘算着什么。

他在盘算什么？他当然是惦记着他曾经拥有的相国、晋公、九锡等这些重要的东西。因为，如要实现其不可告人的野心，就必须将这三样东西重新拿回来。

曹髦被刺身亡一事，转眼已过去了两年多。世人似乎已经渐渐将此事遗忘，诸多大臣又纷纷上奏，请求恢复司马昭的相国、晋公、九锡等名号。郭太后也不阻拦，前后两次同意恢复，但司马昭就是不肯接受。

为什么不肯接受？因为无功不受禄啊。司马昭固然爱相国、晋公、九锡这些东西，但他也是有尊严的。这三样东西是因为他平定寿春叛乱有功而得到的，既然因为失职而归还回去，就得重新建功立业，光明正大地拿回来。恰好，姜维屡屡伐魏，成了魏国的巨大边患。如果谋划出兵征伐蜀国，一举解决姜维，岂不是再立奇功了吗？

想到这里，司马昭身体猛地一振，沉声叫道："来人！"

话音刚落，侍从立即赶来问道："大将军有何吩咐？"

司马昭眼睛一眯，缓缓说道："召官骑路遗及从事中郎荀勖来见。"

"诺！"侍从领命，应声而去。

没过多久，官骑路遗及从事中郎荀勖匆匆赶来。司马昭请他们落座，半晌，才缓缓说道："今天召二位前来，是有件事想向你们请教。"

二人一听，立即齐声说道："大将军有事请问，下臣知无不言。"

司马昭表情沉重地望着他们，叹息道："蜀国大将军姜维屡屡寇边，十分猖狂，不知二位可有计谋对付这个匹夫狂徒？"

官骑路遗一听，若有所思地说道："昔日蜀国大将军费祎死于我刺客之手，而今之时，亦可再寻刺客潜入蜀国行刺姜维。如此，便可不必大动干戈！"

官骑路遗刚说完，从事中郎荀勖不禁摇头说道："此言差矣，如此行事，并不值当。"

荀勖，字公曾，乃是东汉司空荀爽的曾孙。他刚在魏国为官时，做的是大将军曹爽的掾属。曹爽被诛后，几经流转，因其能谋善断，又被司马昭重用。

司马昭见荀勖口气极大，心中一奇，问道："公曾此话何解？"

荀勖昂首挺胸，十分笃定地说："司马明公贵为天下主宰，应师出有名，讨伐不义。仅以刺客除贼，又岂能扬名四海，为天下人所景仰？"

司马昭一听，心情大悦。知我者荀勖是也。这话真是说到他心坎上了。

这时，荀勖又大声说道："魏国立国以来，已历四十余年，三国僵持已久，必待当世豪雄打破僵局，才能一统天下。举目天下，除司马明公，谁可做到？人心思统，恰在其时。大将军可大举出兵，征伐姜维，攻下蜀国。如此，既可除贼，又可立绝世奇功，岂不更妙？"

"彩！"司马昭听得拊掌叫道，"公曾的眼界格局，正合我意。天地悠悠，时光如白驹过隙，若我有生之年能攻下蜀国，平定天下，乃天下之大幸。"

司马昭本来只是想打一场胜仗，以便拿回他失去的东西。不料荀勖一番高瞻远瞩的见解，竟让他忽然生出了一统天下、成就一代帝业的雄心壮志。

不日，司马昭于大殿上召集群臣，商议大举出兵伐蜀之事。

岂料司马昭刚说完，朝臣们顿时叫嚷起来，人人都认为伐魏之计不可行，大举出兵更是要不得。

司马昭见朝臣们反对伐蜀，心里好不郁闷，不想说话。

正当众人吵吵嚷嚷之时，只听一个洪亮的声音说道："出兵伐蜀，平定边患，正是顺应天命的做法，真不知诸公卿为何都做了睁眼瞎，竟视而不见！"

众公卿闻言转头望去，原来发声者乃是司隶校尉钟会。

诸葛诞叛乱时，钟会出谋划策，瓦解叛军军心，攻下了寿春。此后，司马昭待钟会日益亲厚，视之为心腹，而时人亦将他比作昔日张良，对他无不刮目相看，艳羡不已。

这时，司马昭见他的张子房出来说话了，心中一喜。可他还没来得及说话，一个大臣缓缓走出，对钟会大声说道："敢问司隶校尉，伐蜀一统天下之事为何就是顺应天命的做法？"

钟会环视诸位同僚，神情镇定，悠悠说道："天下大道，无非治乱二字。治之久矣，必致乱也；乱之久矣，必致治也。如今天下三分，犹如昔日东周的春秋战国。春秋战国一乱就是五百年，然而终归一统；天下三分久矣，亦应归于一统。此所谓否极泰来，正应了分久必合的大势。"

那大臣一听，一脸轻蔑之色，说道："纸上谈兵，何其轻巧？数十年来，魏国屡屡出兵伐蜀，屡屡败还，事倍而功半，为何？蜀国凭借秦岭之险，足可阻挡魏国百万雄师，令我等不能西进。司隶校尉怎么敢说现在就是伐灭蜀国之时？"

话音刚落，钟会仰首哈哈大笑："足下笑我纸上谈兵，我亦笑足下迂腐不堪，顽固不化。若说蜀贼凭秦岭之险，便可守得江山万年，那么请问，当年秦帝国有崤函之固，百万雄师，却为何守不住陈胜吴广的匹夫之卒？为何泱泱帝国崩于一瞬，成为千古笑话，这又是何故？"

那大臣听得一愣，支支吾吾说道："那是因为嬴胡亥昏庸，被赵高所欺，且秦贪暴异常，以致天下怨声载道，如此，能不亡国吗？"

"说的正是！"钟会不由拊掌称赞，接着从容说道，"能让国势持久的，并非山川之险，即使有山河之险，而君臣官民不和，国必亡。西汉末年，公孙述亦想凭借蜀道之险而自立称帝，结果战败身死，为何？皆因天下民心所向乃是光武帝，而不时公孙述。如今天下大势，民心皆向着司马明公，而不归于蜀吴二主，出兵征伐，何愁敌贼不克！"

诸大臣默默听着，皆不说话。

钟会顿了顿，又说道："时也，命也。魏太祖时，魏国大军兵临蜀境，刘备与诸葛亮君臣合力，诸将效命，又凭借汉中之险，所以蜀国以区区益州之地尚能存活偷生；时至蒋琬、费祎，二人精心经营蜀国，恃险而立，亦不足亡国。然而姜维被拜为蜀之大将军以来，屡屡征伐，却毫无战功，军疲民敝，举国不满，人心离散，所谓亡国之象，已然显露。昔日嬴胡亥被赵高诳骗，猜疑大将，以致章邯率数十万大军而不得一战，只能投降项羽。今日蜀主刘禅宠幸宦官黄皓，犹如当年嬴胡亥宠信赵高。刘禅被宠臣黄皓所惑，猜忌姜维，以致姜维屯兵沓中而不敢返回成都。如此,只要我方出兵祁山,兵分数路,一路围姜维,一路断其后路,一路向汉中,蜀兵必败,其国必亡!"

钟会一番话犹如黄河之水滔滔不绝,滚滚奔流势不可挡。满朝大臣,无不被其远见卓识折服。此时的司马昭亦是听得津津有味,豪情顿生。钟会真不愧为他的张子房啊!听他这么一说,蜀国那百弊横生、积重难返之势如在眼前,魏国乘势而进,正是时候。

半晌,司马昭啧啧赞道:"听司隶校尉一言,我恍然大悟,决意出兵伐蜀,不知众卿有何异议?"

朝臣默然,无人说话。

司马昭见无人反对,心中大悦,便一锤定音,大声说道:"蜀主昏庸,宦官当道,蜀将姜维众叛亲离,此乃天欲亡蜀,我与诸卿当惜时奋进,征伐不道,扫清群秽!"

一语既出,朝臣无不齐声叫道:"愿听大将军令!"

伐蜀大计就此拍板。司马昭当即拜钟会为镇西将军,都督关中。

就在司马昭雄心勃勃,准备出兵蜀国时,关中一骑快马向洛阳城狂奔而去,紧接着,一纸奏表就急匆匆地送到司马昭的将军府里来了。

司马昭看完奏表,半天不语。

奏表是征西将军邓艾派人送来的。他在奏书里洋洋洒洒,慷慨陈词,说蜀国还没到自取灭亡的时候,此时出兵灭蜀,为时尚早。

大计才定,司马昭正在兴头上,邓艾就出来浇了一盆冷水,实在让人不爽。

司马昭久久沉思,猛然叫道:"来人,传主簿师纂来见!"

没一会儿,主簿师纂匆匆赶来。司马昭嘱咐一番,主簿师纂频频点头,听完便又匆匆走了。

很快,马蹄敲在洛阳城的石板上,发出清脆的声响,几匹高头大马横穿大街,冲出城门,消失在了茫茫远方。

没几日,洛阳城里驰出的这几匹高头大马便出现在狄道城外。接着,城上侍卫匆匆向征西将军报告，说洛阳特使捎信来了。邓艾闻声，立即出来将特使迎到将军府上。

眼前的这个洛阳特使，正是司马昭大将军府上的主簿师纂。

邓艾一见师纂，连忙问道："大将军怎么说？"

师纂定定地望着邓艾说道："大将军说，出兵伐蜀，已如箭在弦上，不得不发。"

邓艾一惊："大将军此时伐蜀，理由何在？"

师纂侃侃说道："自平定寿春以来，魏国息兵已然六年，粮食充足，兵器尤锐，可征二虏。然而吴国地广卑湿，伐之难见功效，巴蜀地窄，不如先定巴蜀。三年之内，若定巴蜀，即可顺流而下，水陆并进，以灭虢取虞之势攻取东吴。"

邓艾默默听着，一言不发。

师纂顿了顿，接着说道："蜀国之兵，粗粗一算，可知其战士约有九万，守备成都及各地的，不下四万，剩下的也不过五万而已。如果把姜维困在沓中，使他不能东顾，魏军便可直指骆谷，攻其空虚之地，袭击汉中。以刘禅之昏弱不明，若边城被攻破，其必无计可施，到时成都必定人心惶恐，亡国就在眼前。"

邓艾沉默半晌，悠悠叹道："这是大将军的意思？"

师纂严肃地说："正是！"

邓艾又问道："诸位公卿对大将军出兵作何看法？"

师纂将司马昭召集群臣议事，钟会与朝臣辩论的事情详细说了一遍。末了，又说道："大将军还特别想对邓将军说，伐蜀大计，功在当代，利在千秋，望邓将军以大局为重。"

邓艾一听，悠悠说道："既然大将军与诸位公卿已议定伐蜀大计，我唯有奉命行事便是。"

邓艾心结顿解，不再反对出兵。

诸将再无异议，司马昭便调兵遣将，命令征西将军邓艾督三万余人，从狄道出发，急向甘松、沓中一带牵制姜维；命令雍州刺史诸葛绪督三万余人，从祁山急赴阴平郡桥头要塞，断绝姜维归路。

围困姜维，仅是伐蜀的第一步。

紧接着，司马昭又命令钟会率十万余人，兵分三路，从斜谷、骆谷、子午谷同时赶赴汉中。为了防止钟会及邓艾突然不听命令，又派遣廷尉卫瓘持节，监督邓艾及钟会。

一切安排妥当，大军即将开拔。

景元四年（公元263年）的秋天。秋风送爽，一天凉似一天，此时巴蜀雨季将过，钟会陈兵于洛阳城外，司马昭则率领百官，气势雄壮地为钟会饯行。

临走前，司马昭拉着钟会的手，久久不舍得放下。司马昭望着列队整齐的大军，又望着钟会，语重心长地说："伐蜀大计，皆出于卿所谋；伐蜀大军，皆统于卿之手；伐蜀是否有功，还望卿多加努力！"

钟会目光如炬，慷慨激昂地对司马昭说道："臣定牢记明公之托，不负明公及朝廷所望！"

钟会说罢，跨上战马，昂首离去。

司马昭望着他的背影，又望着诸军远去的背影，心潮起伏，一时难平。天下三分已久，历史将一统天下的职责交到了司马昭手里，而司马昭又将伐蜀这一至关重要的任务交给了钟会，未来如何，历史将很快证明。

此时，魏国出动大军，西入伐蜀的消息，乘疾风来到了成都城。成都城里的刘禅闻言，立即派遣廖化率兵急赴沓中救援姜维，同时又派老将张翼等人急赴阳安关口屯驻防守。同时，又下令屯驻汉中的军队退守汉、乐二城，并下诏命令二城守将："纵敌军围堵，亦不能出城作战。"

刘禅这是怎么回事？钟会以大军压境，不努力屯守汉中，反而敞开汉中大口，任敌军纵横，这不是自寻死路吗？

非也！

此乃诱敌深入，合兵围歼之计。

而提出此计的人，恰是与曹魏交手多年的沙场老将姜维。

当年，刘备与曹操争夺汉中，终于以刘备的胜利而告一段落。刘备派魏延屯守于此，抵御外敌，使魏军无法攻入。事实证明，此计甚为稳妥，自曹操之后，直至曹爽，魏国大军屡被阻挡于汉中兴势城外，无法进入汉中之地。等到姜维掌权，他突发奇想，认为把守汉中可以御敌，却总不能获利。那不如大胆一点，将汉中这个口子松开一线，仅退守汉、乐二城，任敌纵兵深入腹地，也许会有意想不到的收获。

姜维此计玄机何在？

他认为，只要重兵把守重要关口桥头，敌久攻不克，运粮又十分艰难。等他们无奈退军之时，诸城守军再一并杀出，一举而歼灭敌军。

此计一出，世人算看明白了，姜维不但好战，而且激进，竟主动放弃汉中要地。他可曾想过，若汉、乐二城守将不听命令，出了什么差错，还有挽救的余地吗？

然而蜀国诸将对姜维是敢怒不敢言，只好听之任之。姜维奏表送到皇帝刘禅面前的时候，刘禅也似乎是大眼不识字，一下就签字批准了。

正因如此，当刘禅命令蜀国将领放弃汉中，仅退守汉、乐二城时，钟会却捡了个大便宜，十万大军不费吹灰之力就进入了汉中，并分兵包围了汉、乐二城。

不久，钟会亦率军抵达了阳安关口。

此时，蜀国镇守阳安口的守将是将军傅佥和武兴督蒋舒。傅佥和蒋舒听说魏军主帅钟会前来攻城，登高而望，只见关口外的魏军漫山遍野，不知有多少人。

蒋舒看了半晌，顿时心猿意马，似乎有了别的想法。

当初，蒋舒担任武兴督一职时，碌碌无功，朝廷便将他调离，派他辅佐傅佥守卫阳安关口。因为此事，他一直抑郁不得志，甚至心怀怨恨。此时他望着城外的魏军，一时间，似乎找到了发泄怨恨的出口。

傅佥和蒋舒正沉吟间，只见城外一片骚动，魏军说来就来，其先锋率先发起了攻城。

任魏军在外面嘶吼攻城，阳安城上的守兵就是不为所动。因为城高势险，魏军折腾了半天，关口依然岿然不动。

此时，蒋舒对傅佥说："我们眼睁睁地望着魏贼攻城，却闭城自守，这个想法要不得！"

傅佥悠悠说道："陛下已经下诏，只许守城，不得出战。若能保住城池，也算有功；若违命出战，丧身辱国，又有何益？"

蒋舒冷笑道："傅将军此言差矣！大敌当前，击之必胜，岂能坐失良机？既然你以保城得全为功，我就以出战克敌为功，咱们各行其是，也就罢了！"

蒋舒起身离去。不久，只见城门大开，蒋舒率领部下哗地涌出城去了。

奇怪的是，副将擅自出城，主将傅佥竟也不阻挡。他只默默地站在城楼上，眺望蒋舒出城，心里竟然波澜不惊，若无其事似的一动不动。

左右对傅佥说道："傅将军，蒋将军率兵出城，城中空虚，我们要不要防备敌军偷袭？"

傅佥心不在焉地说道："不必。蒋舒本为武兴督，如今做了我的副将，有杀敌立功之心实属正常，此时出战，必得胜而还。"

话音刚落，只见城下一片混乱，城门还来不及闭上，钟会先锋属将胡烈已率兵乘虚攻打城门，魏兵一时得利，嘶喊着涌进了城门。

傅佥看得惊恐万分，简直不敢相信。他还没回过神来，只见一个侍卫跑上来报告说："傅将军，蒋舒竟率兵投降贼军去了，魏军正乘虚杀向城来！"

原来，蒋舒以出城杀敌为名，干的竟是临阵投敌之事！

傅佥身体一阵颤抖，拔剑叫道："都随我来，誓死杀敌！"

傅佥率领侍卫朝城下冲去，却见魏军将领胡烈率兵杀了进来。胡烈举剑对傅佥叫道："逆贼还不弃剑投降！"

傅佥两眼一瞪，怒声吼道："大胆狂贼，吃我一剑！"

傅佥举剑朝胡烈冲去。这时，只见胡烈转身拿过一支长矛，亦冲向傅佥。接着，只听噗的一声，傅佥被长矛刺中。他欲挣扎奋战，又被数根长矛刺中。

傅佥怒目圆睁，倒地而死。

是日，阳安关口被攻下。钟会率军长驱直入，大肆搜罗城里积藏的谷物。

钟会这边得胜，那一厢，邓艾也闻风对姜维发起了猛烈进攻。邓艾兵分三路，一路攻大营，一路在前拦截，一路卡在甘松，防止他向西逃窜。

姜维与邓艾大战了几个回合，斥候匆匆来报，说钟会已率大军进入汉中。姜维一听，暗自叫苦，心知大事不妙。昔日，他定下的退守汉、乐二城，诱敌深入之计，有一个重大前提，那就是魏军主力进入汉中时，他必须在场指挥。他若不在现场，蜀军那些个无名将军，岂是钟会的对手？

不得已，姜维紧急收兵，撤兵东还。

邓艾的任务本来就是对姜维严防死守，姜维岂能说走就走？姜维向东赶路，邓艾立即派出一支精锐对他穷追猛打，终于在强川口赶上，双方大战一场。姜维无心恋战，大败而走。

姜维继续向东赶路，然而还没到桥头要塞时，心里又是一阵苦笑。

为何？原来魏军将领诸葛绪已经率军屯守于此，断绝他的东还之路了。

如果要东还，当前只有一条路，那就是攻打诸葛绪，但是，诸葛绪已做好了迎战准备，防守极其牢固。姜维想了想，决定绕道从孔函谷方向进入北道，从后面袭击诸葛绪。

诸葛绪听说姜维想从后方袭击他，顿时大惊，立即率兵后撤三十里。

这时，姜维率兵刚入北道三十余里，听说诸葛绪已经撤出桥头要塞，心里一喜，虚晃一枪，杀了个回马枪，调头穿过桥头，继续向东赶路。

兵不厌诈！兵贵神速啊！

这时，经不住吓的诸葛绪听说姜维已过桥头，心里大骇，急忙率军拦截姜维。可他哪里赶得上姜维，姜维日夜行军，终于逃脱了诸葛绪的追兵，顺利抵达阴平。

姜维抵达阴平后，立即集结诸军，准备赶赴阳安关口。然而他听闻阳安关口已被钟会攻破，不得已，只能率兵退守白水，与廖化及张翼等人合兵坚守剑阁关，准备在此拦截钟会大军。

剑阁关上，姜维登高而望，当此情景，心里只有说不尽的悲哀郁闷。良久，只见他失声痛骂道："阉宦黄皓，祸国殃民，恨只恨当初我未诛之而后快！"

早在去年，当司马昭召集群臣商议出兵伐蜀时，姜维已在沓中听到了风声，于是立即上奏朝廷，对刘禅说："臣听闻魏国朝廷即将派钟会出兵关中，欲对蜀国不利。臣以为，宜派遣车骑将军张翼、廖化等督诸军，分别屯护阳安关口及阴平郡的桥头要塞，以防患于未然。"

奏表送入成都城后，黄皓却不以为然，反而向巫鬼问事。巫鬼宣扬汉中秦岭地势险峻，魏师无法千里运粮，没有机会进抵桥头，更不会来到阳安关口。黄皓将此话告知刘禅，无脑的刘禅竟然对他言听计从，没有按照姜维的意思提前部署。

攻城伐敌，姜维是专业的。刘禅不听姜维计策，结果如何？如今桥头被诸葛绪率兵占据，阳安关口又被钟会攻下，两头一并陷落，姜维也只能退守剑阁关。

若剑阁关也守不住，成都城还有救吗？蜀国还能存在吗？惹了这么大的祸，难道黄皓还不应该被千刀万剐吗？

十月，蜀国派出的使者日夜奔驰，向吴国请援。

吴主孙休听说此事，心头大震，但又不得不派兵驰援。此时，蜀国只有姜维一员大将，而吴国也是将星凋落，后继无人。当年那个赤身裸体，率兵爬上东关大堤，大破魏兵的冠军侯丁奉，因诛杀孙綝有功，被拜为大将军。吴主便将统军的任务交给他，大将军丁奉立即出兵，直指寿春，企图吸引魏军东下，牵制魏国。

同时，丁奉又派将军丁封、孙异等率兵前往沔中，救援蜀国。

可东吴在东，西蜀在西，短时间内，两国只能互通声气，即使丁奉有所作为，也是远水救不了近火。况且，这不过是一杯小小的水，连解渴都难，又如何救得了西蜀那漫天的大火？

十月的寒风席卷着大地。钟会十万大军已如山火之势，四处蔓延。除了这一把大火，魏国还有两团火正乘着风势席卷而来。

此时，邓艾的三万大军亦抵达阴平。邓艾挑选精锐，准备与诸葛绪合兵，从江油插向成都，直捣蜀国心脏。但是，诸葛绪听了邓艾的建议后，却推辞说他奉诏拦截姜维，西入成都不是他的军事任务。随后，诸葛绪便率兵前往剑阁关，与钟会合兵去了。

魏剑阁，地势险峻，一夫当关，万夫莫开。钟会昂首仰望剑阁关上，只见上面飞鸟盘旋，绕山而行，又听见山间猿猴发出声声哀鸣，好不凄凉。

半晌，钟会深深地呼了一口气。

这时，侍卫跑来报告："钟将军，诸葛将军率兵前来与您汇合了。"

钟会眉头一皱，缓缓说道："请诸葛将军来见。"

没过一会儿，侍卫带着诸葛绪匆匆赶来。诸葛绪一见钟会，拱手说道："拜见钟将军，在下来迟了。"

钟会一见诸葛绪心里就来气，三万兵屯守桥头，竟经不住姜维恐吓，主动撤兵后移，让姜维抢先一步跑进剑阁关了。若诸葛绪能拖住姜维一两天，恐怕今天这十万魏军已踏平剑阁，破关而入了。

只见钟会阴沉着脸，缓缓说道："你亲率三万兵屯守桥头，应当断绝姜维后路，如今姜维却安然无恙地躲进了剑阁关，这到底是怎么回事？"

诸葛绪神色一片惊慌，连忙解释道："姜维狡猾至极，他要绕道从后方袭我，我这才后退三十余里，准备与之交战，他却一溜烟地调头跑了，我连夜狂追，结果还是晚了一天，没有追上。"

钟会冷冷说道："是贼敌狡猾，还是你胆怯不敢与之作战？"

诸葛绪见钟会脸色冰冷，心里更慌了，又急声说道："行军打仗之人，怎敢懦弱？钟将军误会了！"

"误会？"钟会一听，神色一凛，继续阴沉着脸问，"那我问你，邓将军想与你合兵，经江油攻成都，你又为何不去？"

诸葛绪目瞪口呆，一时手足无措，慌张说道："出兵前，司马大将军令我率兵拦截姜维，没有说要我率兵西入！"

"简直是一派胡言！"钟会大怒，厉声喝道，"将在外，君命有所不受！你摆明了就是胆小怕死，不敢跟邓将军合兵西入成都！"

诸葛绪正想争辩，只听钟会叫道："来人，将这畏战将军给我拿下！"

话音刚落，只听见咣当几声，一队侍卫拔剑持矛，全都架到诸葛绪的脖子上。

是日，钟会上奏陈述诸葛绪拦截姜维不力且胆怯畏战之事，并派人用囚车将诸葛绪送回洛阳，然后就将诸葛绪的三万兵合到了自己麾下。

钟会这招真是阴险至极。

原来，他设计整垮诸葛绪，就是为了夺其兵马，壮大声势，独吞功劳。然而眼前的剑阁关，即使多了这三万兵力，他又能吞得下吗？

冬风漫卷，山林猎猎作响，好不凄凉。此时剑阁城下，却是一派热火朝天之状，丝毫感觉不到冬天山间的寒冷。

这天一大清早，姜维还在睡梦中，突然听见侍卫跑进来报告："大将军，魏国镇东将军钟会要攻城了。"

姜维先是一愣，之后一笑："别慌，让他先忙活一会，我稍后便到。"

姜维不慌不忙，起身收拾完毕，这才从容出门去了。

姜维来到剑阁关上，见张翼及廖化将军已到。他们看到姜维，无不面露恐惧，指着城下对姜维说道："姜将军请看。"

姜维举目俯视关下，只见下面的魏军犹如蚂蚁，密密麻麻，忙碌不停。军号之声此起彼伏，遥遥传来，犹如一支轻缓的乐曲。

姜维神情镇定，面容似笑非笑，不知心里在想什么。

张翼望着姜维，小心问道："姜将军，钟会夺了诸葛绪的三万兵，如今约有十三万之众，如此攻势，剑阁能顶得住吗？"

姜维悠悠一笑："甭说十三万，就是给他一百三十万，他也一样进不来。"

廖化一听，脸上露出惊愕的表情："姜将军何来自信？"

姜维悠然一笑，指着山下，淡然说道："诸君请看这剑阁地势，高不可及，险不可攀，飞鸟尚不得过，猿猴亦不得渡。如此地势，纵有千万个攻城车具，亦使不出劲,发不到城上来;纵有万千飞箭射来,也伤不得我们半毫。且十三万大军守于山下,他们的粮食能吃几天?如果他们不想喝西北风,就得千里运粮,然而粮道险远,不易输送。如此,不出十天八日,军心必定不稳,到时候就会从哪里来,滚回哪里去!"

诸将一听,觉得此话有理,纷纷叫道:"如此看来,钟会攻城的阵势,乃是中看不中用!"

姜维仰首哈哈大笑:"不错!"

姜维与诸将在剑阁关上谈笑风生,此时钟会却在剑阁关下仰望关上,目光沉沉,不发一语。

昔日天下大乱,魏太祖曹操派遣钟繇节度关中。钟繇守关中多年,也仅仅是替曹操守住了关中,并无什么攻伐的奇功。而今,钟会却率十万大军穿越汉中,直抵剑阁,这是做到了多少前辈想做却做不到的事!如果能攻破这剑阁关,攻下成都,那这丰功伟绩,又有几人可与他比肩?

钟会越想越激动,半晌才缓缓回神。这时,侍从官跑来大声报告:"整军完毕,请将军发令!"

钟会环视左右,见山间有人,人中有山,阵势无比雄伟,可谓杀气冲天。

钟会豪情顿起,举剑叫道:"擂鼓!"

战鼓隆隆,响彻山谷,震得人两耳轰鸣。

钟会又大声叫道:"发箭!"

话音刚落,山谷里箭雨纷纷扬扬地拔地而起,直扑剑阁关。只是这剑阁关实在陡峭,满天飞箭不是落在剑阁关的墙上,就是掉进了峭壁之下,少有能飞到城里去的。

一阵箭雨过后,只听姜维于城上叫道:"来而不往非礼也,把飞到城里来的箭双倍给钟会还回去!"

姜维话音刚落,剑阁关上顿时射来无数飞箭,犹如山间马蜂嗡嗡而下,直扑城下的魏军。

从上往下射落的箭势头凶猛，魏军只好架起盾牌。连绵的盾牌一架起，只听飞箭犹如急雨冰块般砸来，发出声声巨响，令人心惊。

钟会见状，又大声叫道："用强弩压制！"

一支强弩队立即出列，嗖嗖点火，顿时万千火球昂扬飞起，直射城上。这阵强弩犹如火雨，攻势可谓强悍，一下压住了城上的飞箭，从天而落的飞箭渐渐减少，直至消失。

钟会正得意，猛然听到一声巨响，山谷间响起一阵惨叫。紧接着，只见万千滚石由天而降，直扑魏军。魏军的盾牌根本就挡不住这漫天的滚石，一时鬼哭狼嚎，惨叫不绝。

钟会眼睁睁地望着蜀兵的滚石冲来，急得眼睛顿时通红，他怒声吼道："放火！"

一队魏兵闻声而起，抱起干柴火油急向剑阁关脚下冲去。紧接着，一阵火光燃起，滚滚浓烟冲天而上。

钟会本想趁火势向城上发起进攻。岂料城关太高，纵使火势再旺，也仅能烧到一半便热气不足了。

钟会急得直跺脚，叫道："发石！"

发石车不断投掷巨石，巨石撞在剑阁城墙上，轰然作响。然而剑阁关建造得坚固无比，毫无损伤。

不信邪的钟会又举剑叫道："攻打城门。"

魏兵呼啸着朝城门扑去，一拨倒下又上一拨。城上落下箭石，地上尸横遍野，层层叠叠，一直堆满了山谷。

一连数日，钟会攻城，损失惨重，只好停战。他抬眼望去，剑阁关坚挺如初，隐约之间，城上竟传来阵阵欢声笑语，真叫人心里刺痛，恼火至极。

钟会望望城上，又望望城下死伤无数的将士，心情无比沉重。所谓建立不世奇功，哪有那么容易！此时，更让他恼火的是，他从阳安关口抢来的粮食已经不够吃了。若要运粮，远隔千里之遥，且山道奇险，后面的事，他简直是想都不敢想了。

当此情景，钟会终于泄气了。恍惚之间，不由得动了退兵之意。

正当钟会迷茫无措时，只听山间响起一阵急促的马蹄声，一匹快马冲到大营前，紧接着从马上滚下一个骑兵，大声叫道："报！"

大营侍卫一看，原来是邓艾将军派来的快骑，皆不敢多问，赶忙将对方引到钟会帐下。那快骑五步并做三步走，冲进大营，见到钟会，立即呈上一封密信，说道："这是邓将军写给钟将军的密信，请将军过目！"

钟会一听邓艾来信，不由分说，拆开一看，只见上面这样写道："诚闻钟将军攻打剑阁关不利，损失惨重，或有退意。然而经此一役，贼兵亦大受摧折，若撤军还魏，必前功尽弃。我可率军从阴平小径走汉德阳亭，然后急攻涪城。涪城距离剑阁关西不足百里，距离成都有三百余里，到时出奇兵攻击涪城，姜维守军必闻风回援，那么钟将军即可破关；若剑阁守军不救涪城，则涪城必为我所取。这就是攻其不备，出其不意。只要钟将军拖住姜维，分散他的注意力，我乘其后方空虚，必能破之！"

钟会一口气看完邓艾的密信，顿时眼睛里又有了光，连日的郁气终于渐渐散去。

昔日韩信派樊哙明修栈道，他却暗度陈仓，率军东出，从此改写了历史。而今钟会大军吸引住姜维主力，邓艾亲率精锐走阴平奇袭涪县及成都，与当年韩信出汉中之计，可谓有异曲同工之妙啊！

钟会当即挥毫写就一道密书交给快骑，令他回报邓艾，说自己同意此出奇兵之计。

十月的山风吹过山林，沙沙作响，响声未歇，又起沙沙之声，抬眼一望，原来是天上落雨了。雨滴连绵不绝。在这个萧瑟寒冷的季节里，邓艾率领数万精锐，从阴平义无反顾地走进了一条从未有人走过的路。这条路前后足有七百余里，前不见鬼，后不见人，是真正的无人区。

邓艾行军到六十里外，见前面有一座马阁山，山势陡峭，极为艰险，而前后茫茫，路皆不通。不得已，邓艾只能派兵凿山，打通道路，在狭窄处建造栈道，缓缓前行。走到高深艰险处，不得不悬车束马而行，此时粮食运送极为不便，情势十分危急，若不能及早抵达江油，万事休矣！

邓艾走在这条即将改写历史的道路上，举目四望，见四面都是悬崖峭壁，心里亦是一片沉重。

半晌，只听他对左右说道："如此行军，恐怕粮草断了都走不到江油。"

左右问道："现在该怎么办？"

邓艾叹息道："恨不能肋下生双翅！"

左右皆无言。

这时，邓艾又沉重地说："事到如今，唯有走险路了。"

左右听得一惊，问："如何走险路？难道这路还不够险？"

邓艾指着灌木丛生的峭壁，激昂地说道："我们已经走上这条路了！这山势陡峭，然而山下道路平缓——我们可以从这里跳下去。"

"跳下去？"左右望着深不见底的深渊，皆两眼圆瞪，一时不敢相信。

邓艾从容说道："我率先锋队由此下山拿下江油，然后就可以接应后续部队。"

左右又问道："邓将军，我们真要跳下去？"

邓艾叫兵士拿来毛毡，将自己包了一层又一层，共有六层，裹得严严实实，不露一丝缝隙。只见他缓缓躺下，翻身一滚，顿时骨碌碌地滚下山去了。

左右亲信望了半晌，才猛然回神，大声叫道："快，快跟上将军！"

数个亲信侍卫皆用毛毡裹身，骨碌碌地滚下山去。其余诸将则继续攀树登崖，鱼贯而行。

此情此景，若诸葛亮地下有知，不知会作何感想。

当年，魏延献计，出奇兵走子午谷，横穿秦岭，直指关中腹心长安。然而诸葛亮却以稳妥为上，舍弃其计。而今，邓艾敢走险路，敢以命搏，出其不意，竟然神不知鬼不觉地抵达江油城外，如此情景，怎不叫人惊叹？

邓艾大军一到江油，蜀军守将马邈如五雷轰顶，呆若木鸡，立即举城投降。

江油城就这么被邓艾拿了下来。

过了江油关,前面就是涪县。此时,诸葛亮之子诸葛瞻听说邓艾率军攻破江油,大惊失色,立即从成都风尘仆仆地赶往涪县。

诸葛瞻一到涪县,就按兵不动,不敢前进半步了。

尚书郎黄崇对诸葛瞻说:"邓艾先锋虽夺江油关,然而其大军尚未集结,此时宜速速赶路,据险而守,不能让敌军进入涪县平原之地。"

诸葛瞻一听,犹豫不决。

尚书郎黄崇见诸葛瞻不敢决断,急得眼泪都流出来了,一边跺脚一边泣声说道:"大难临头,不知你还有什么顾虑?"

诸葛瞻摇头叹息道:"此时据险或已来不及,不如据守涪县,派人向姜将军求援,或可一救。"

黄崇仰天泣道:"天命如此,蜀国必将不保!"

黄崇一句话道尽了这数十年来的悲凉。数十年来,蜀魏交恶,昔日魏之猛将夏侯渊死后,魏国名将仍然层出不穷,至今竟还有邓艾、钟会等人。反观蜀国,真是一代不如一代,邓艾大军分明阵脚未稳,诸葛瞻竟毫无率兵攻击的胆量,如何不让人感慨叹息?

战机稍纵即逝,诸葛瞻想后悔也来不及了。这时,只听外面响起一阵脚步声,侍卫跑来向诸葛瞻报告,说邓艾已率军攻城了。

邓艾大军翻越阴平七百余里的悬崖峭壁,犹如走了一趟地狱,练就了不死之身,区区一个诸葛瞻,岂是他们的对手?

邓艾那边一吼,魏兵如恶狼般直扑蜀兵。绵羊般的蜀兵根本顶不住,不得已,诸葛瞻且战且退,退到绵竹城里去了。

过了绵竹,前面就是雒城;过了雒城,前面就是让人垂涎欲滴的天府之国成都了。

既已攻破涪县,胜利在望,邓艾反而不急了。他想了想,决定派特使走一趟绵竹城,劝降诸葛瞻。

邓艾不想动手攻打诸葛瞻，并非是因为绵竹城多么坚固。原因只有一个，他敬诸葛亮是条汉子，因此想给诸葛瞻留个机会。

诸葛亮大公无私、鞠躬尽瘁的精神，令无数人敬仰。昔日，他的老对手司马懿巡视诸葛亮治军场所，对其佩服称赞，无以复加。此前，钟会率兵经过阳安口时，亦心存敬畏，派人到诸葛亮墓前祭祀。诸葛亮有如此声名，邓艾岂能不给他的儿子诸葛瞻留点面子？

邓艾的特使悠悠来到绵竹城下，请求进城面谈。诸葛瞻见邓艾有条件可谈，便放其特使进城。

诸葛瞻见到邓艾特使，冷冷地问："不知特使前来，所为何事？"

特使问道："兵临城下，不知诸葛将军作何感想？"

诸葛瞻冷笑道："兵来将挡，水来水掩，乃兵家之道，还有什么好问的？"

特使又问道："依诸葛将军的实力，挡得住邓将军的精兵吗？"

诸葛瞻又冷笑道："难道邓将军拿下了涪县，就以为绵竹也可任意纵横了吗？骄兵必败，此乃千古至理。望特使回报邓将军，其兵是否是精兵，还要打几仗才知道。"

特使叹息道："大难临头，诸葛将军还如此嘴硬。说实话，昔日诸葛丞相名震江湖，天下英雄无不仰慕。邓将军派我来，意思有二：一是传达他对诸葛丞相的敬意；二是给诸葛将军留条后路。若诸葛将军肯投降，邓将军可上表朝廷，封你为琅琊王。您获得此等殊荣，亦不愧为一代名相之后。"

邓艾特使刚说完此话，只见诸葛瞻勃然大怒，大声骂道："大胆狂贼，竟然如此侮辱我！我诸葛氏上不愧天，下不愧地，亦不负国家明君。你竟不识好歹，以区区王侯之爵诱我投降，是可忍，孰不可忍！"

诸葛瞻胆略不行，骂人却是一点也不含糊。特使听了他这番慷慨陈词，一时怔忪，亦不知说什么是好，只听诸葛瞻又大声叫道："来人，立即诛杀贼使，列阵迎敌！"

一声令下，一道剑光划过，邓艾特使当即被诛杀。

既杀特使，诸葛瞻立即排兵布阵，准备迎战。

此时，邓艾听说诸葛瞻非但拒绝他的好意，还斩杀特使以示死守绵竹之决心，不由得怒从心头起。他立即召来儿子邓忠及师纂，令邓忠率军向绵竹城右侧、师纂率军向绵竹城左侧发起进攻。

二人领命，匆匆离去。

邓艾见二位属将离去，半晌，亦起身缓缓走出大营，登高远望。他不想亲自上场，却想看着诸葛瞻这个不入流的将军，是如何在他的铁蹄下灰飞烟灭的。

绵竹城上，诸葛瞻及尚书黄崇排兵布阵，队伍整齐，气势雄壮，皆是一副视死如归之貌。绵竹城下，邓忠及师纂亦排好阵势，等待攻城讯号。咚！咚！咚！城下战鼓擂响。在紧急的战鼓声中，两支魏军一左一右，叫喊着扑向城池。

邓艾脸上闪过一丝冷笑，信心满满地等待着。

与诸葛瞻并肩守城的尚书郎黄崇亦是一代名将的后裔，其父就是当年夷陵之战中无法返回西蜀，而不得不投降魏国的黄权。

涪县之战，诸葛瞻心存侥幸，败给了邓艾。然而此时，诸葛瞻及黄崇所率领的蜀兵似乎下定了死战的决心，战斗力陡然跃升。蜀兵面对攀城上来的魏兵，毫不畏惧，越战越勇，将魏兵一次次打下城去。

一时间，城下一片鬼哭狼嚎，遍地惨叫。

邓忠和师纂发起了几轮进攻，皆收效不大，不得不暂时罢兵，回报邓艾。

两人回到大营，无奈地对邓艾报告说："诸葛瞻及黄崇早有防备，实在难以攻克！"

刚才那场大战，邓艾早已看在眼里。他看着眼前这两个人灰头土脸的样子，心里又羞又怒。他本以为这是一场没有悬念的战役，不料竟会如此。

邓艾怒骂道："我们翻越阴平七百余里的无人区，跋山涉水，历经无数艰险，犹如在鬼门关前走了一趟才抵达此地。此时，后无退路，唯有向前，生死存亡，在此一举，还有什么是不可能攻克的？"

邓艾顿了一下，猛然提高声音叫道："败军之将，无能之极！泄我士气，罪当论斩。来人，将这两个无能之辈拉下去，以军法处置！"

邓忠和师纂闻言，一时手忙脚乱，连忙叫道："末将愿率军再战，誓克敌城！"

邓艾黑着脸，看了看儿子邓忠，又望了望师纂，猛地叫道："此次再败，尔等当提头来见！"

"诺！"邓忠和师纂领命匆匆离去。

邓忠和师纂再次率军来到绵竹城下，目光阴寒，神情悲壮。

此时绵竹城上，诸葛瞻和黄崇一改肃杀神情，换了一副淡定自若的样子，诸将士因为刚刚打了一场胜仗，心里亦是一阵得意，皆轻蔑地望着城下的魏兵。

城下的为保命而战，城上的为保城而战。生死决战，你死我活，势所难免。只听城下又响起急促的战鼓，远处传来一声："杀！"

顿时，杀声震天，攻城士卒如潮水般汹涌而来。

这一战，邓忠及师纂终于如愿，一举攻破绵竹城，斩杀诸葛瞻和黄崇。诸葛瞻之子诸葛尚听说父亲死于阵中，不禁仰首悲叫："我诸葛一门享受皇恩，只恨不能早除黄皓，如今国破家亡，活着还有什么用？"

诸葛尚策马冲入魏军兵阵，举剑厮杀，亦被无情地斩落马下。邓艾驻足凝望，仿佛听见了诸葛尚的那句话。

他牢牢地记住了一个名字：黄皓！

魏军由天而降，绵竹城被攻破的消息传入成都，城中一片混乱，百姓纷纷逃亡，路上皆是携家带口前往山林沼泽之地避难的，官府拦都拦不住。

百姓用脚投票逃离成都城的消息传入皇宫，刘禅急如热锅上的蚂蚁，一时不知所措。他猛然响起黄皓之前问巫鬼的事，巫鬼说魏兵不可能有机会靠近成都城。现在人家都攻破绵竹城了，攻破成都城，也不过是旦夕之间的事罢了。

祸国殃民第一人，看来真是这个黄皓！

恐惧不安的刘禅只好立即召集群臣商议蜀国该何去何从。群臣一上朝，便纷纷各抒己见。有的说，蜀吴本是兄弟国家，不如投奔吴国；有的说南中七郡，山高水远，可以据险而守，应该南奔。

到底是投奔吴国，还是南奔避难，百官叽叽喳喳，没有定论。

就在大家争执不下，吵得不可开交的时候，只见一个身长八尺、神情严肃的大臣缓缓说道："投吴或者南奔，都不是保全国家的最好策略。"

众人闻言皆惊，转头望去，原来说话的是光禄大夫谯周。

谯周，字允南，巴西西充国人。他少时孤弱，家境贫穷，却热爱读书，不治产业。历经多年苦读，精研六经，上知天文，成了蜀国著名的儒者。他还收了一位著名的学生，此人就是《三国志》的作者陈寿。

谯周身为蜀人，贵为巨儒，亦曾受诸葛亮赏识提拔，然而在保全国家这个问题上，他却站在了蜀国的对立面。

他曾写过一篇著名的文章，叫《仇国论》，从大历史的角度讲兴亡之道。他认为，三国鼎立的局势，不似昔日刘项楚汉争霸，而似战国时代。今之魏，犹如战国之秦；今之蜀、吴，犹战国之魏、韩。战国时代，强秦凭一国之力，一统天下，结束大分裂局面，这样的功勋，毋庸置疑。而今之魏国，亦必然收服蜀、吴，一统天下，成就不朽基业。

谯周这篇《仇国论》不吝笔墨，抬高魏国而贬低蜀、吴，潜台词十分明显，就是宣扬投降论。他认为在强大的魏国面前，蜀国不要作无谓的挣扎，应顺应大势，主动投降，完成统一。

谯周此举可谓让人啼笑皆非，若刘备诸葛亮地下有知，岂不要被生生气活？

谯周思维敏捷，但素来不善辩论。让我们来看看这个投降分子及投降理论家，是怎么跟众人及皇帝推销他的投降理论的。

这时，有大臣问谯周："投吴和南奔之策，有何不妥？"

谯周神情淡定，侃侃说道："自古以来，从未有寄居他国而为天子的，若奔吴国，亦是臣服。如此，恐怕将来还得再受辱一回。"

群臣皆惊，又问道："蜀、吴本来是兄弟之国，何来二次受辱？"

谯周看了看诸位同僚惊愕的神情，心里一阵冷笑，缓缓说道："自古以来，国体不同，以大吞小，是自然之数。以此理观之，以魏国之强，将来亦必能吞吴，而吴不能吞并魏国，此乃和尚头上的虱子，一清二楚。蜀奔吴，向吴国称臣，降魏亦是称臣，与其向小国称臣，不如向大国称臣，不然一旦魏国吞并吴国，岂不是还得二次受辱？与其二次受辱，为何不选择受一次辱便罢了？"

谯周这番话合乎逻辑，头头是道，百官众臣竟一时无法反驳。

良久，又有大臣问道："投吴不行，那南奔又如何不妥？"

谯周叹息一声，神情一肃，又缓缓说道："若南奔，则应早做打算。如今之势，大敌当前，祸败将临，朝廷上下，人心涣散。只怕一旦出了成都城，人人皆各顾各地逃命去了，说不定未到中途便所剩无几，如此，又如何能抵达南中？"

百官诸臣一听，又是一片惊愕哗然。

这时，又有大臣问道："邓艾即将兵临城下，如果他不肯纳降，该如何是好？"

谯周一听，连忙摆手，果断说道："绝对不会出现这样的事。"

这时，沉默多时的刘禅问道："光禄大夫如何见得邓艾肯纳降？"

谯周神情镇定，信心满满地对刘禅说："如今东吴尚未归附，为势所迫，他也不得不纳降，且纳降还不得不待之以礼。若陛下降魏，魏国不裂土封陛下，臣谯周便只身赶赴洛阳，据理力争！"

刘禅一听，心里不禁苦笑。

在强权面前，据理力争有用吗？这套说辞诳骗别人可以，他刘禅可不受此忽悠。况且，黄皓之前借巫鬼说事，已经坑过他一回，现在肠子都悔青了！

百官见刘禅不表态，纷纷说道："陛下，光禄大夫所言极是。投吴与南奔皆是下策，不如举城投降，如此，尚可保国安民！"

半响，只见刘禅望了望谯周，又望了望众臣，郁闷地说："朕以为，奔南中之地，并无不妥。大难将临，只要君臣合心，在哪里不能安家，又何来人心涣散之说？"

谯周见刘禅犹豫不决，原来是有奔南中之意，急得当即叫道："即使人心不涣散，南奔亦不能安身立命！"

刘禅听得一奇，问："此话何解？"

谯周侃侃说道:"南方诸夷素来不向陛下进贡,既不纳税,亦不出力,无所作为。如此,还常常举兵反叛。昔日,诸葛丞相举兵威逼,这才暂时偃旗息鼓。如果陛下逃奔南中,既要举兵抗魏,又要供应衣食住行,所费极大,却无处索取,只能向诸夷征税。诸夷见费用巨大,必会因不满而再次反叛。如此,陛下又如何安身立命?"

谯周这番话犹如天落陨石,狠狠地砸在刘禅心上,砸得他眼冒金星。他终于认识到,逃奔南中这条路也是走不通的,剩下的,就只有投降了。

半晌,只见刘禅摇头叹息说:"看来,为保全蜀国百姓,朕也只好投降了。"

是日,刘禅派张飞之子侍中张绍前往雒城,向邓艾请降。邓艾闻之,欣喜若狂,立即作书回应。不日,邓艾率兵抵达成都城北,刘禅率太子及大臣等六十人出城迎接。

邓艾顺利进城,成都城终于逃过了一场大屠杀。

第十一章

陨灭

诸葛瞻战死的消息很快就传到了剑阁关,姜维还不知道刘禅已经举城投降,他来不及多想,立即率大军赶往巴中,准备救援成都。姜维才赶到广汉郡郪县,却见太仆蒋显持节领着一行人出现在他的面前。

太仆蒋显缓缓走到姜维面前,将一纸诏书交给他。姜维一看,当场傻眼。

这竟然是一封命令他向钟会投降的诏书!

诸将听说皇帝已经投降,成都已经沦陷,无不震怒异常,竟纷纷拔刀向着大石咣咣乱砍。

太仆蒋显见诸将愤愤不平,怕事情生变,心情沉重地对姜维说道:"大势去矣,陛下走到今天这一步,亦是万不得已。不降,成都必然沦为人间地狱,蜀中官民必然不保。为顾全大局,请大将军听从陛下诏令,安抚诸将归降。"

姜维神情悲壮,沉痛地问道:"陛下何在?成都现在情况如何?"

蒋显语气和缓地说:"陛下安然无恙,成都城与往常无异。市井营业,各得其所!"

姜维又是欣慰又是悲痛,一时无语。

将军张翼叹息一声,对姜维说道:"事已至此,我们还是降了吧。"

将军廖化亦附和道:"天命如此,眼前只有投降这一条路了。"

姜维肃然地望了望张翼,望了望廖化,又转头望着蒋显,缓缓地点了点头,痛苦地闭上了眼睛。

寒风摧折着连绵起伏的蜀地山川,吹得山色萧瑟。姜维前脚离开剑阁关,钟会后脚就攻占了剑阁。此时，先锋部队将领胡烈快马向钟会报告，说姜维正率军前来投降。钟会闻讯，喜出望外，排兵布阵，等待姜维到来。

清脆的马蹄声由远及近地传来。钟会举目远望，只见一队骑兵飞速驰来，最前面的正是姜维。姜维快到钟会大营前时，猛地翻身下马，诸将亦跟着下马，紧跟在姜维背后，向大营一路跑来。

姜维跑到钟会面前，大气还没喘匀，即悲声叫道："降将姜维及诸将，特此前来归顺镇东将军！"

这年，钟会三十九岁，而毕生北伐、久经沙场的姜维已六十二岁。此刻，即将迈入不惑之年的钟会看着跪倒在自己眼前的这个纵横江湖多年的名将，心里何其得意，又是何其感慨！

钟会久久望着姜维，心里又是惊奇，又是惋惜。半晌，只见他缓缓地扶起姜维，目光灼灼地说道："听闻姜将军及诸将一路风尘仆仆，本帅特为你等设下宴席，接风洗尘。"

这时，军中响起了钟鼓之声，雄壮异常。钟会领着姜维一行人，在军乐声中缓缓向大营中走去。刚才还紧张肃杀的景象顿时变成了一派喜气。宴席之间，祝酒之声一起，到处都是欢声笑语，好不热闹。

无论对蜀国还是魏国，或许这都是最好的结局。

此种结局，不止钟会欣喜若狂，远在成都城的征西将军邓艾更是得意非常。邓艾进入成都城后，天天大摆酒席，宴请蜀魏群臣。大家仿佛都不曾是你死我活的敌人，而是离散多年的亲人，此刻终于齐聚一堂，气氛惊人地和谐融洽。

这天，邓艾与蜀国诸位大臣饮酒作乐，酒到酣处，邓艾志得意满地说道："在座诸君幸亏是遇到我邓某，若遇到吴汉之类的暴徒，今天的成都可就不是这般光景啰，诸君估计也就无法在此安坐饮酒了！"

王莽末年，天下大乱，时任蜀郡太守的公孙述拥兵自重，占据益州，于蜀中割据称帝。刘秀平定天下时，曾派马援前往成都游说公孙述，请他顺应天下大势，举兵归顺。然而公孙述不为所动，拒绝投降。不得已，刘秀便派大司马吴汉率兵伐蜀。后来，公孙述见吴汉大军到来，依然坚决拒敌，甚至出兵偷袭吴汉，导致对方落水，几乎身死。吴汉逃过一劫后，卷土重来，一怒而率兵击破成都城。进入成都城后，他纵兵屠城，公孙述及众大臣诸族，几乎尽数被诛灭。成都人一提起这件事，都不禁心惊胆战，不胜恐惧。

如今，邓艾重提此事，让在座的蜀中大臣人人感慨叹息，却默默无言。

邓艾见诸大臣不说话，又问道："诸君以为我说得对吗？"

蜀中众大臣一听，纷纷附和道："上善若水，水善利万物而不争。邓将军安抚蜀地万民，功德无量，此乃蜀人之大幸！"

邓艾脸上现出得意的神情，又悠悠问道："姜维算是一时豪杰。可惜的是，姜维之才不如我，与我对垒，屡战屡败，所以蜀地才落在邓某手里。"

邓艾话音刚落，蜀中士大夫只好又恭维说道："邓将军攻无不克，战无不胜，犹胜当年吴起、韩信！"

邓艾一听，心里乐开了花。是啊，茫茫天下，谁能想到当年那个口吃不能做佐吏的下等官吏，如今竟逆袭成为天下第一名将！

十二月，朝廷的诏书抵达成都，邓艾一看，心里更加得意了。

先看看诏书是怎么写的：

征西将军邓艾扬兵奋武，孤军深入，斩将拔旗，使僭号伪主系颈请降，一日铲平历世遗患。兵不逾时，战不终日，以席卷之势荡平巴蜀。即使是白起攻破强楚，韩信攻灭赵国，吴汉屠灭公孙述，周亚夫消灭七国等事，尚不足与邓艾将军功勋相比。为此，特拜邓艾将军为太尉，增食邑二万户，封子二人为亭侯，各食邑千户。

这封诏书可谓字字如金，让人越读越爽快，越读越惬意，越读越豪情万丈。人生如此，夫复何求？

儿子邓忠对邓艾说道："父亲功勋卓著，可以如愿了！"

邓艾眼光灼灼地望着邓忠，摇头说道："此言差矣！昔日霍去病扫荡匈奴，功盖一时，尚且说：'匈奴未灭，何以家为？'而今天下尚未统一，仅平定区区巴蜀之地，就得意忘形了？"

邓忠听了这话，心里一震。

邓艾顿了顿，又缓缓说道："大将军在诏书中所写，有过誉之辞，凭我平定巴蜀之功，或许可以与吴汉相比，然而可与韩信相比吗？昔日韩信背水一战而定赵国，之后席卷天下，又平齐国，再克项羽，如此不朽之功，天下几人可与之相提并论？"

可怕的邓艾。得意之时，尚不忘形。有如此清醒的认识，不枉为一世名将了。

邓忠似乎明白父亲想要干什么了，又问道："父亲想凭克蜀之势，席卷东吴，一举而定天下？"

"不错！知父莫若子！"邓艾顿了一下，又沉声说，"不过，大军离蜀，成都城必会骚乱。伐吴之前，我还得先给成都洗洗澡，把这里的污水给清理干净。"

邓忠不解其意，问："父亲此话何解？"

邓艾眼神里突然露出一丝杀机，他沉声说道："成都之败，首败不在于我，而败于惑主的宦官。我听闻此前姜维曾上表，请蜀主调兵防守阳安关口及阴平桥头等要塞，宦官黄皓却拿巫鬼说事，导致蜀主弃用姜维之计。若当时蜀军守住了阳安关口，镇东将军钟会必会被阻挡而不能前进，姜维与我在阴平僵持，我岂能奇袭成都？所以，成都之败，蜀国之灭，宦官黄皓是第一罪人。诸葛瞻之子诸葛尚临死前还说，恨不能将黄皓杀死。黄皓之流乃是成都城的一股污水，必须除之而后快！"

邓忠一听，心里一沉，久久不敢说话。

魏军初入成都城时，宦官黄皓似乎明白自己难逃一劫，便派人携重金悄悄前来拜会邓忠和师纂二人。二人得了好处，答应可保黄皓不死。如今邓艾突然说要诛杀黄皓，这让邓忠一时不知如何应对。

邓氏父子正沉吟间，突然侍卫进来报告："司马师纂求见。"

"让他进来。"邓艾想都没多想。

师纂进了将军府，一见邓艾就喜气洋洋地说道："下官听闻朝廷来诏，要为邓将军加官晋爵，特此前来向邓将军道喜。"

邓艾神情自得地望着师纂，缓缓说道："伐蜀之役，你也功劳不小，我准备向朝廷上表，替你请功。"

师纂脸上一喜，连忙说道："下官谢过邓将军。"

邓艾脸色又严肃起来，对师纂缓缓说道："你与邓忠都是我的左膀右臂，既然二人都在，就按我说的话去做吧，马上派人将黄皓斩首！"

师纂一听，神色一惊，连忙问道："邓将军为何要杀黄皓？"

邓忠便将其父刚才的一番话重复了一遍。师纂听完，不由脱口说道："黄皓杀不得呀！"

邓艾眉头一皱，反问道："如此祸国殃民之人，为何杀不得？"

师纂一时哑然，转头望着邓忠。

两人对视半晌，师纂心头似乎有了主意，娓娓说道："此前，我军大军压境之际，蜀主曾想逃往南中诸郡，黄皓力劝蜀主投降，成都城才不费一兵一卒地被我军拿下，于我等而言，黄皓功不可没，此为其一；黄皓乃旧蜀国大臣，将其诛杀，必会引发蜀主及百官猜忌，人心不稳，于治蜀不利，此为其二。二者结合来看，邓将军何必因黄皓一人而坏了蜀地长治久安之计呢？"

这时，邓忠在一旁连忙接过话说道："司马所言不错。父亲正想举兵东下，此时诛杀黄皓，消息传出，江东哪里还有人愿意劝降吴主？"

两人你一言我一句，邓艾听得沉默不语。

良久，邓艾叹息一声，恨恨说道："我平生最恨黄皓此等祸乱国家之人，然而顾及治蜀及伐吴大计，暂且放其一马。"

师纂和邓忠二人相视无声，心里似乎都落下了一块石头。拿人家的手软，总算替人家把这事办成了，保住了黄皓这条小命。

不日，邓艾拟写伐吴奏表，派人快马送入洛阳。

十二月的寒风呼啸而来，却吹不散洛阳城里热火朝天、喜气洋洋的欢乐气氛。此前，邓艾出奇兵穿越阴平小径、奇袭成都城的消息传入洛阳，满城欢笑，四处沸腾。

拿下成都，洛阳臣民大喜，大将军司马昭更是欣喜若狂。当然，他又将沾光沾到底的脾气继续发扬光大，将此前丢掉的相国、晋公、九锡之位，又统统拿了回去。

此前他推辞了两次，此次借邓艾立下的奇功，终于不用再装了。

但是，当快骑将邓艾的奏表送入大将军府时，司马昭读完，心中洋溢了许久的喜气一扫而光，一种莫名的压抑感油然而生，让他一时难受至极。

邓艾到底写了什么，让司马昭都不好受了？

半晌，司马昭沉声叫道："来人，传中护军贾充来见。"

没过一会儿，贾充匆匆赶来，见司马昭神色不对，疑惑地问："大将军召下官来，所为何事？"

司马昭指着邓艾的奏表沉声说道："卿自己看吧。"

贾充拿过奏表，认真地看了起来。原来邓艾在奏表里慷慨陈词，说："兵有先声而后实。如今以平蜀之势，乘胜伐吴，吴人必然震恐。席卷而下，正当其时。然而伐蜀之后，将士十分疲劳，不可急用，应该缓慢推行。窃以为，可留陇右之兵二万人，蜀兵二万人，煮盐炼铁，以供军用。同时，兴建大船，准备顺流渡江伐吴。谋定这两件事，便可派使者前往东吴，晓之以利害，吴必望风归化。届时，吴国定可不战而下。"

贾充顿了一下，又往下看："今日之计，可厚待刘禅，招降孙休，封刘禅为扶风王，赐其钱财，供其左右。昔日董卓于扶风筑坞堡，可以将董卓坞堡赐予刘禅，封其子为公侯，食邑郡中之县，以示优待。如此，便可开广陵、城阳以待孙休。孙休畏惧大将军威望，必望风而归降。"

一室静寂，唯有贾充翻动奏表的声音。贾充读完，默默将奏表合上，又放回司马昭面前。

司马昭定定地望着贾充，缓缓问道："卿以为邓艾之计如何？"

贾充望着司马昭，肃然说道："邓艾此举，有臣属献计的虚名，却有功高盖主、喧宾夺主之实，大将军不得不防啊。"

司马昭冷笑一声，说："邓艾这口吃将军，我在诏书里才夸奖他几句，他便以为自己是韩信再世，便目空无人了！"

贾充说道："魏伐蜀，数十年皆无尺寸之功，邓艾一战而得成都，自然居功自傲，飘飘然不知所以，大将军须得敲打敲打他才行。昔日伐蜀时，大将军力排众议，派军出征，邓艾却颇有异议，大将军派师纂说服他，他这才听命。而今平定了蜀地，他就趁机提出伐吴之计。吴国该不该伐，该如何讨伐，轮得着邓艾说话吗？"

司马昭神色阴冷，问："卿所言极是。将在外，君命有所不受。如若邓艾不听令，该如何对付？"

贾充沉吟良久，靠近司马昭叽叽咕咕地说了起来。司马昭听得恍然大悟，频频点头。

是日，洛阳城一骑快马驰出，向西奔去，消失在远处。没几日，这匹快马便出现在剑阁关。快马进了剑阁关，直奔钟会的将军府。没过多久，只见卫瓘领着一队人马，疾向成都城奔去。

数日后，侍卫匆匆跑进邓艾府邸报告："监军卫瓘持节召见邓将军。"

邓艾闻言，顿时起身，匆匆步出将军府迎接卫瓘。

卫瓘进了将军府，坐定，便悠悠问道："邓将军向朝廷呈献的奏表，大将军已然过目。"

邓艾一听卫瓘这语气，心里便隐隐感觉不妙。他敛了敛神，严肃地问："大将军有何想法？"

卫瓘神色阴冷，缓缓说道："邓将军行事，最好一概先行报告，由朝廷议定，方可施行，不可擅自做主！"

邓艾心中一凛，沉声问道："这可是大将军的原话？"

卫瓘神情凝重，回道："正是！"

邓艾一听，心里一阵不爽，神色冷冷地对卫瓘说道："既然监军是来传话的，我也有句话烦请监军向大将军代为传达。"

卫瓘神色镇定，说："邓将军有话请讲！"

邓艾闻言，缓缓说道："我奉命出征，如今刘禅已经臣服，封王加爵，安抚其心，此举切合实际。且蜀国地通南中，远连交趾，又东接吴、会之地，若久拖不决，恐生变故。蜀中与洛阳隔着千山万水，国书来往十分不便，若待朝廷议定征伐之事，又路上来往耽搁，将不知迟延多少时日。"

说到这里，邓艾语气变得激昂起来："《春秋》有言：'大夫出疆，有可以安社稷，利国家，则专之可也。'如今东吴尚未宾服，其地与蜀国相连，不可拘泥于常态，坐失战机。《孙子兵法》亦云：'进不求名，退不避罪，唯人是保，而利合于主，国之宝也。'我邓艾虽无古人之节，终不敢因为害怕被怀疑而损害国家大计！"

邓艾这语气，这态度，俨然已是一副"将在外，君命有所不受"的铁面孔，看来不是有点忘乎所以，而是居功自傲，太过分了！跟他在儿子邓忠面前表现出来的得意不忘形，简直是两个模样。

难道邓艾不知道，功高震主，且不听命令，是自找灾祸吗？

卫瓘神情冷漠，默然无言。半晌，只听他问道："邓将军还有什么话要说？"

邓艾昂首说道："我今天想说的话都在这了。"

卫瓘又漠然问道："今天这番话，可能代表邓将军的态度？"

邓艾拍着胸脯说道："监军尽管照原话回禀大将军，我稍后也会将这番话以奏表形式送入朝廷。我为我今天说的话负责。"

卫瓘心里一阵冷笑，脸上却依然漠然，缓缓说道："话已至此，在下回去传话便是。"

说罢，卫瓘转身，悠然离去了。

卫瓘回到剑阁关，立即向钟会报告邓艾的态度，同时写了封奏表，派快马送入洛阳。

冬风凛冽，吹得山林沙沙作响，也吹拂着高高耸立的剑阁关。此时，剑阁关的一处营垒，里面一灯如豆，姜维沉坐在侧，久久思索。他形容枯槁，心里却有一股火热的岩浆正在奔涌咆哮。邓艾顶撞司马昭，似乎确有逆反之志，这让姜维猛然嗅到了天赐良机。如果趁机设计，给钟会再加上一把柴，浇上一桶油，邓艾与魏国朝廷诸将岂不立即就成了你死我活的态势？天若有成人之美，复国就有望了！

姜维想了一夜，一个伟大的冒险计划，在他心里渐渐成形。

第二天，姜维来到钟会大营。钟会摆酒设宴，二人举酒相祝，悠悠畅谈。

喝到酣畅痛快时，姜维举杯叹道："我姜维纵横江湖数十年，征战无数，今日对镇东将军，可谓心服口服啊。"

姜维这一捧，令钟会心花怒放，他哈哈一笑："姜伯约这是抬举我钟某了。"

姜维摆手说道："我这不是抬举，只是实话实说罢了。"

钟会又哈哈一笑："伯约此话怎讲？"

姜维望着钟会，从容说道："多年前，我对士季就已有耳闻。昔日夏侯霸奔蜀，在下曾问夏侯霸，司马懿德行如何？夏侯霸回答说，司马懿把朝廷当自家经营，有什么德行？在下又问，京师洛阳谁可称为一时俊杰？夏侯霸回答说，那就不得不提钟士季，此人若掌管朝政，吴、蜀就不能像今天这样了。"

钟会一听，又是惊讶又是得意，笑道："这只是夏侯前辈的褒奖之辞，姜伯约不必当真。"

姜维又摇头说道："非也，非也！士季之才，货真价实，何需夏侯霸美言？夏侯霸又对我说，司马懿为了控制朝政整日忙碌，无暇对蜀汉用兵。然而钟士季，人虽年少，却有平定天下之志，必将成为吴、蜀之患。这不是个寻常人，必不会久居人下。老夫记得，夏侯霸说此话时，是在十五年前，今日看来，此言不虚！"

钟会两眼睁得老大，惊奇地望着姜维，一时不敢相信。

钟会听得入迷，姜维讲得也十分入戏。只见姜维顿了顿，又说道："十五年光阴弹指一瞬间，钟士季果然率兵征服西蜀，成就盖世功名，无不壮哉！"

钟会摇头说道："征服西蜀，首功当属邓艾将军。钟会区区之功，何足挂齿？"

姜维一边摇头一边摆手，昂首说道："士季不必过谦。老夫经历多少江湖风雨，只服你钟士季一人。区区邓艾，不入我姜某法眼。"

钟会听得一奇，问："伯约与邓艾几次交手，皆不占上风，为何不肯服膺？"

姜维一听，冷笑一声，说道："邓艾为人狂悖，骄傲自大。我听闻他入蜀后，跟蜀汉士大夫说我姜维不是他的对手，所以成都才落入他的手里。此话听来，简直是笑话。"

钟会似乎被姜维一番话吊起了胃口，津津有味地听着。

姜维顿了顿，露出一丝不屑的神情，侃侃说道："昔日我率兵与邓艾于秦岭环山间交过两次手，当时我主攻，邓艾防守，我不得利，亦属当然。此次伐蜀，若不是士季亲率主力，兵临剑阁关，邓艾精锐岂能有机会横穿阴平小径直抵江油？若当时我与之对垒，必叫他有去无回，葬身于茫茫阴平的深山险沟之间！"

钟会沉吟半晌，悠悠叹道："伯约这么说，也不无道理。"

姜维又趁势说道："成都之败，当败于我姜维主力被士季所牵制，所以伐蜀的大功，当在士季一人。邓艾捡了个大便宜，还不知天高地厚，竟不听朝廷命令而肆意妄为。若士季不及时出手，恐怕会受他所累啊！"

姜维这么一激，钟会冷笑一声，问："竖子邓艾，抢功之事，我暂且不与他计较。若他敢叛逆，我钟某岂会放过他？"

姜维见钟会被激怒，心里一喜，表面却肃然道："我听说邓艾自以为是，不听朝廷命令，专权用兵，可有此事？"

钟会神色冷然，答道："确有此事。"

姜维见钟会神色不悦，又说道："既然如此，士季为何不趁机上奏大将军，告邓艾一状，夺他兵权，如此，何愁大事不成？"

钟会一听，眼睛突然一亮，整个人像是被瞬间点燃了似的，不由脱口而出：

"伯约一席话，激起我万千豪情！"

话音既落，钟会举杯对姜维豪迈说道："此生能与伯约一同领兵，三生有幸，有朝一日，若成大事，必赖伯约之力。"

姜维道一声"成大事"，钟会便附和一声"成大事"，到底成的是什么大事，他们彼此都没有说，但都心知肚明。这自是因为聪明人说话，话留七分，改日好回旋。

这时，姜维满怀豪情地说道："有朝一日，士季若需要我，老夫必倾力相助，死而无悔！"

咣当一声，酒杯相撞，酒入肚中，好不爽快。

宴席散后，姜维悠然离去，钟会却毫无醉意，回到内室，又默默想了半天。

半晌，他将管文书的官吏喊来，沉声说道："以后凡是晋公与邓艾的来往文书，必须给我拦下，留给我处理后，方可送出。"

文书官吏不敢多问，大声答道："诺！"

钟会又问道："近日可有洛阳与成都来往的公文？"

文书官吏答道："有。"

钟会目光一亮，说道："把两边来往的所有文书都交到我这里来。"

"诺！"文书官吏说完，便匆匆离去了。

钟会为何要拦截司马昭与邓艾来往的公文？因为他想借自己的特殊本领，再演一场离间大戏。

可还记得，昔日司马昭率军攻打寿春时，钟会曾伪造全辉及全仪家书，派人送入寿春城里劝降全怿等人。当时全怿等吴国将领竟然信以为真，纷纷出城投降。由此，寿春城内军心大乱，这才让司马昭有了可乘之机，从容击败诸葛诞。

钟会伪造的家书为何能以假乱真？

说起来还真让人惊叹不已。在三国的江湖里，钟会不仅是著名的玄学家、谋略高手，竟然还是著名书法家，是当世绝无仅有的临摹造假高手！现在大家终于明白了吧。钟会派文书官吏拦截晋公司马昭及邓艾的文书，就是要篡改两人文书里的措辞，让他们互相猜疑，心生怨怼，如此他就能将这水彻底搅浑。

没过一会儿，文书官吏将洛阳及成都两边所有的文书全都搬来，钟会支开左右，便逐一拆开，热火朝天地干起活来了。

转眼到了第二年春天，正月。

钟会联合监军卫瓘、司马师纂等人，秘密向司马昭告邓艾的状，说他暗怀叛逆之志。且司马昭屡次在邓艾文书中见到了狂悖无礼、肆无忌惮的措辞，终于忍无可忍，彻底翻脸。这一天，司马昭派快马将一道密信送往剑阁。钟会一接到密信，拆开一看，心中不禁一阵狂喜，暗叫：大事成矣！

原来，司马昭下诏，要钟会派人秘密前往成都捉拿邓艾，将其押送回洛阳下狱。同时，为防止邓艾不肯就范，祸乱成都，又给钟会下达了进军成都的命令。

钟会默然沉思半晌，决定借铲除邓艾的大好机会，再除掉军中的一个重要角色。

钟会喊来监军卫瓘，将司马昭的诏书丢到他面前，悠悠说道："大将军下诏，务必派人捉拿邓艾，将其送回洛阳接受审判，不知卫将军怎么看？"

卫瓘将诏书默默看了半晌，严肃地说："大将军的诏令，我没有意见。"

钟会沉声说道："既然如此，那么烦请卫将军先入成都。邓艾若不听诏，我随后率军前往成都。"

钟会说罢，卫瓘一时呆了。

邓艾是什么人？卫瓘的兵力极少，仅有千人，他若只带这么一点人前往成都捉拿邓艾，不亚于虎口拔牙。钟会这么做，摆明了就是想借刀杀人。

卫瓘望着钟会，顿时觉得钟会又可怕又可恨，然而自己却毫无办法。

诏书是司马昭下达的，卫瓘身为监军，只有他有权力控制邓艾，他若不去，便是失职。如此，一样逃不过钟会的诈计，他必然会因失职而把自己也装进囚车里。

真是好歹毒！

去是死，不去便会沦为另一个诸葛绪，被钟会拿下，押往洛阳。半晌，只见卫瓘沉重地说："我愿领命持节前往成都捉拿邓艾！"

说罢，卫瓘转身离去。

钟会望着卫瓘远去的背影，脸上露出一丝得意的神情。若邓艾不甘束手就擒，必会杀死监军卫瓘。军中无人监军，钟会就会变成脱掉了金箍的孙悟空，可以为所欲为了！一时间，钟会仿佛看到一条康庄大道，正在他的脚下缓缓铺向远方。

卫瓘，字伯玉，乃是昔日尚书卫觊之子。他能为司马昭所信赖，被拜为监军，必非常人。

是日，卫瓘率领一支亲兵直扑成都。抵达成都时，正是夜里，他一刻也不敢耽误，发檄文给屯守各处的将领，并宣称自己来成都，只为奉诏捉拿邓艾一人，其余诸将，不会过问。天亮之前，大家务必前来集合，凡听令者，有功有赏，敢不从者，夷灭三族。

正月风寒，冷冷地吹着成都城。一股比天气更寒冷的政治风潮向成都城袭来，诸将闻讯无不震惊。可震惊归震惊，诸将又不敢不从，三更鸡鸣时，许多将领如期前来会合。

独邓艾浑然不知，依然高卧大帐之内。

鸡鸣声此起彼伏。在阵阵响亮的鸡鸣声中，天色破晓，渐渐明亮。这时，卫瓘登上特使专用马车，从小道直扑邓艾大营。

此时，邓艾尚在梦中。卫瓘二话不说，立即动手，命人逮捕邓艾父子，将其装进囚车，运回自己大营。这时，邓艾属将如梦初醒，纷纷率军赶来，将卫瓘大营围了个水泄不通，准备劫走邓艾。

卫瓘大营兵少，士卒们见状大惊，一时不知所措。

侍卫跑去向卫瓘报告："邓艾属将率军包围大营，准备劫人！"

卫瓘神色镇定自若，目光沉着地说道："都别慌，待我出去跟他们解释解释。"

卫瓘没有披甲带胄，更没有陈兵列阵，而是穿着一身便装，从容走出大营。邓艾属将见卫瓘一身轻装出营，皆不由一愣，昂首叫道："卫将军，邓将军犯了什么罪，竟要被装进囚车，送回洛阳？"

卫瓘云淡风轻地说道："这可能是个误会。我正要向朝廷起草文书，申明邓将军并无叛逆之心。相信不久后，朝廷便有公告。"

诸将半信半疑，一时犹豫不走。

卫瓘从容说道："诸君不信我，难道还不相信司马大将军吗？"

半晌，邓艾属将中有人大声叫道："朝廷何时能有判决？"

卫瓘神情镇定，继续说道："不出十天必有消息。邓将军之事不解决之前，我绝不离开成都。"

诸将听罢，这才放下心来，纷纷撤兵离去。

卫瓘望着邓艾属将远去的背影，突然转身对侍卫说："赶紧探听，钟会将军何时抵达成都。"

原来，卫瓘刚才说起草文书向朝廷为邓艾申冤云云都是假话，他不过是使了个缓兵之计。十天之内，钟会大军若赶不到成都，恐怕邓艾就会被劫走，他也离不开成都了。

正月十五日，钟会大军抵达成都。侍卫匆匆跑来向卫瓘报告，镇东将军已到城外。

卫瓘听罢，不胜欢喜，立即出城迎接钟会，同时将邓艾交给了钟会，钟会知道把邓艾留在成都，必会夜长梦多，又派兵立即将邓艾押回京师洛阳。

一场生死较量貌似就这样结束了。然而事实上，这只是个开胃菜，大菜还在后头。

此时此刻，姜维也随钟会再次回到成都，他心里不胜悲哀。对他而言，曾经多么熟悉的成都城，如今看来却是如此陌生，如此遥远。这么一个承载着汉朝风韵的城市，怎么能就此沦入他人之手？

是夜，姜维悄悄进入钟会营帐，与其畅谈。

姜维对钟会说道："听闻司马大将军以士季为张良，可有此事？"

钟会会心一笑，答道："确有此事。"

姜维啧啧叹道："司马大将军在诏书里称邓艾犹胜韩信，这真是经不起推敲的一句虚言。然而若司马大将军以士季为他的张良，这话我服！"

钟会悠然一笑："伯约何出此言？"

姜维说道："昔日，诸葛诞在寿春发动叛乱，士季出谋献策，一举破城，功劳极大。而今平定蜀汉，功勋盖世，晋公能有克敌之功，皆赖君之力啊。"

钟会哈哈一笑："伯约过奖了！"

姜维定定地望着钟会，不禁又摇头叹息道："士季恕我直言，举目魏国，功高者无出士季之右。然而功高盖主，自古以来皆非好事，我不免要为士季担忧啊！不过，我有一计，可使士季化危为安。"

钟会眼睛一亮，说："伯约有话尽管说。"

姜维神情略显深沉，侃侃说道："昔日汉高祖说，他得到天下，靠的是三个人。三人之中，韩信受诛惨死，萧何下狱受惊，唯有张良一人无事，为何？张良被封万户侯而不为所动，功成身退，退隐山林，餐风饮露，与世无争，因此逍遥自在。春秋时，范蠡与文种一同辅佐越王勾践复国，范蠡功成之后，果断离开勾践，化名陶朱公，与美人西施泛舟江湖，真是优哉游哉，好不痛快。反观文种，不听范蠡之话，结果落得个狡兔死、走狗烹的惨烈下场。如今，士季屡建奇功，何不学张良范蠡归隐山林，逍遥自在，以此保身？"

姜维一边说着，一边紧紧地盯着钟会的神情变化，然而钟会却半天不说话。

姜维心里一笑，有些得意。看来，钟会离上钩已经不远了。

良久，姜维叹息一声，忧心忡忡地说道："我与士季是莫逆之交，这番话全是为你好，希望你不要记在心上。"

钟会叹道："伯约之言，可谓用心良苦，可惜我做不到啊！"

姜维一听，故作惊讶地问："士季有什么难言之隐吗？"

钟会悠悠说道："范蠡之时，越国得以复国，天下无事，所以逍遥自在；张良之世，天下已定，他归隐山林，亦不为过。然而如今天下纷纷扰扰，尚未一统，处乱世之间，谁不渴望建功立业，扬名立万？"

姜维心里暗自一喜，果然，大鱼就要上钩了。

姜维叹息一声，一改之前的态度，附和道："士季所言极是。士季有张良之智，谋事不在话下，定会心想事成，也就用不着我多说啰！"

姜维话音刚落，却见钟会摇头说道："伯约此言差矣。当前的形势，恰是需要伯约与我共谋天下大事之时啊！"

姜维故意装作听不懂，愣愣地望着钟会问："士季此言何意？"

钟会望着姜维，目光灼灼："伯约以为，这大魏天下是谁家的？"

姜维脱口而出："眼前看来，实属司马家。"

钟会又问道："汉献帝时，东汉又属谁家？"

姜维答道："属曹家？"

钟会得意地说："说得对。东汉是怎么来的？乃是刘秀从王莽手里抢来的。王莽的新朝又是怎么来的？是从刘氏那里抢来的。汉高祖的汉朝又是怎么来的？是从项羽那里夺来的。悠悠数百年间，王朝更迭，风水轮流转，可无论怎么转，都会转到有实力的人手里！"

姜维静静地听着这番话，心情一时亢奋。

钟会缓了缓，接着又侃侃说道："昔日寿春三叛，王凌及诸葛诞等人何以叛乱？因为司马氏身为人臣，能抢曹家江山，他们又为何不能抢司马家的饭碗？可惜，从王凌到诸葛诞，竟无一人是司马家的对手，全都惨败收场。"

大鱼已经咬钩，钟会即将露出他隐藏多年的真面目了！

钟会望着姜维，眼神陡然一厉，昂首说道："我率军伐蜀，最畏惧的就是邓艾。然而邓艾已被我送往京师，魏国近十六万兵力皆落于我手，姜将军手里亦有四五万兵。我们足有二十万兵马，若以蜀地为基地，在此举起反司马昭的大旗，何愁大事不成？"

姜维一直悬着的一颗心终于放了下来。他深谋远虑，等的就是今天这个结果！

其实，他早就看出钟会心存异志，所以百般离间他与邓艾的关系。如今邓艾被囚，钟会却被他玩弄于股掌之间，如此一来，举兵伐魏，杀向洛阳，不仅复国有望，而且诸葛亮及他的北伐之志亦有望实现。待北伐成功，再杀钟会，夺其兵权，也不过是一顿酒的事。

这时，姜维神情亢奋地对钟会拱手说道："若士季举兵北向，姜维必誓死效劳！"

钟会亦昂首说道："伯约如此倾力相助，何愁大事不成！"

原来钟会心中的大事，就是举兵造反，雄霸天下。

不过，这两人究竟是一时英雄，还是疯狂的野心家？

姜维又问道："当今之势，已如箭在弦上，不得不发，举兵也就是这一两日的事。士季有何谋算？"

钟会铺开地图，指着地图缓缓说道："此时关中空虚，伯约可率五万兵为先锋出斜谷，我率大军随后就到。既至长安，便可派骑兵从陆道，派步兵从水道顺流而下，从渭河转入黄河，不出五日，便可抵达孟津。届时，水陆合兵，共图洛阳，平定天下就指日可待了！"

姜维望着雄心勃勃的钟会，拊掌叹道："妙哉！"

举兵之事由此议定。时间如水，在这恬静又骚动的蜀山间缓缓流动。未来如何，一切都要交给这从容的时间来判决。

钟会一向自视甚高，经姜维那么一捧，简直冲昏了头脑，便自以为有与司马昭争夺天下的实力。那么在外人看来，真实的钟会，实力到底如何？

且看一个当时的高人对钟会的评价。

昔日，司马师新丧，钟会与傅嘏合谋，让司马昭迅速率兵从许昌返回洛阳，终于坐上了大将军之位，牢牢控制了洛阳城。钟会以为自己立了大功，沾沾自喜，面有骄色，尚书傅嘏对他说："子志大于量，勋业难成，要小心谨慎啊！"

原来傅嘏早就看出，钟会是一个野心勃勃的人，必不甘居于人下。且点明了他的缺陷，那就是才华不足以支撑他的野心，十分危险。

如果说，一家之言不足为据，那么我们再看看其他人又是怎么评价钟会的。

钟会最初因为才能而被司马昭重用时，司马昭的夫人王氏曾不无担心地说："钟会此人，见利忘义，好惹是生非，你要是过于宠爱他，必会生乱，不可不防啊！"

司马昭却不以为然，哈哈一笑，安抚王夫人说："功狗永远都是功狗，不会是功人的对手。我既然能把他放上去，就能把他拉回来。"

钟会率军离开洛阳城前，西曹属邵悌隐隐感觉不妙，跑来对司马昭悄悄说："大将军遣钟会率十余万兵伐蜀，愚以为钟会此人心怀诈术，又未留下家人为质，不如另选他人为将。"

司马昭听后，又是哈哈一笑，道："我何尝不知钟会单身无质。蜀国数次寇边，兵疲民困，我讨伐蜀国，易如反掌。然而举国上下，众臣皆言蜀不可伐，这是因为他们内心胆怯，无必胜之决心。既有胆怯之心，则智勇之力就不会被激发，勉强出兵，犹如白白将兵将送入敌贼虎口。所以，众臣之中，皆无良将。独钟会与我意见相合，如今遣钟会伐蜀，蜀必被伐灭。若蜀灭之后，此人作乱，亦不足为惧。为何？蜀汉才灭，遗民震恐，定不会与钟会共图大事。且魏国将士皆有思归之心，必不肯与之同谋。钟会若不识大势而为恶，徒使家族灭亡罢了。所以，卿不必担心，但也请卿不要将我今天的这番话对第三人提起。"

司马昭送走西曹属，府里又来了一个人。不过，让人意外的是，此次为钟会而来的不是别人，竟然是钟会的哥哥，青州刺史钟毓。钟会与钟毓乃是同父异母的兄弟，不知为何，野心勃勃的钟会竟不纳妻生子，长年单身，不得已，钟毓只好将两个儿子过继给钟会。

钟毓忧心忡忡地对司马昭说："钟会心怀不轨，难以保家，您不可以对其委以大任。"

司马昭闻言，又是哈哈大笑："如卿所言，这一天到来之时，我不杀你的子嗣便是！"

看看，钟会的野心藏得一点儿也不深啊！不仅姜维看出来了，连他自己家里、魏国宫里宫外的人全都看出来了，野心家司马昭难道看不出来吗？

司马昭非但看出来了，他还留了一手。

当司马昭给钟会发去密诏，让他前去成都捉拿邓艾时，却没有告诉钟会一件事。

原来，司马昭发出密诏的同时，已经秘密派遣中护军贾充率兵穿越斜谷，直抵汉中，司马昭本人则亲率十万大军屯守长安。

临走前，中护军贾充问司马昭说："钟会若擒住邓艾，夺其兵权，手握十多万兵力，其是否会作乱？"

司马昭一笑："今天我若派卿入蜀，能否怀疑卿之用心？所谓疑兵不用，用兵不疑。钟会到底是什么样的人，等我到了长安，一切皆会明了。"

贾充无言以对，只得率军开拔。

这时，西曹属邵悌又跑来对司马昭说："钟会所率之兵，五六倍于邓艾，命其捉拿邓艾绰绰有余，大将军何必亲自出征？"

司马昭哈哈一笑："哎呀呀，卿之前说过的话难道全忘了吗？我以诚意待人，但愿人不负我。我点到为止，卿可不要将我们的谈话传出去。"

原来，在司马昭的内心深处，他对钟会是既信赖又防范，二者兼而有之。

司马昭如此，也实属无奈。多年来，人们打打杀杀，反复无常，似乎没有一个人是真正可靠的。王凌是司马懿的多年老友，可说叛就叛；毌丘俭和文钦翻起脸来亦是惊天动地；诸葛诞就更不用说了，一旦手握重兵，竟想割据淮南自立！

人心何以至此？也许这不仅是人心的问题，更是个江湖难题。

按照这个手里有兵就想谋反的江湖逻辑，且蜀汉与关中之间又天然横着秦岭，钟会能不生叛逆之心吗？

难啊！

咸熙元年（公元264年）的这个春天，注定不平静。司马昭来到长安，将一切准备妥当，他这才派人给远在成都的钟会送去密信。密信乘着正月寒冷的风飞入成都，落到了钟会的手里。

钟会拆开一看，顿时惊住了。

司马昭在信里这样说道："我担心邓艾不听诏令，特遣中护军贾充率步骑万人从小道穿越斜谷，屯守乐城。我将亲自率领十万兵屯守长安，很快就能与你相见了！"

可怕的司马昭。这封信里字里行间字字暗藏杀机，仿佛他已在千里之外识破了钟会的一切心思。

贾充率万余兵走斜谷，摆明了就是要挡住姜维。司马昭亲自屯守长安，就是要挡住钟会，使其不能东进。

钟会怔忪半晌，才缓缓回神，对左右亲信沉声说道："捉拿邓艾一事，晋公知道我可以独自完成，今天亲自率军出征，一定是有所察觉了！"

左右一片惊呼，连忙问道："钟司徒，为今之计，当如何是好？"

此前，蜀国既灭，司马昭亦派特使给钟会加官晋爵，以之为司徒，封县侯，增邑万户，还封其二子为亭侯，各邑千户。

钟会沉吟半晌，说道："自我随军征淮南以来，一向算无遗策，海内皆知，蜀国既平，我功高盖主，即使返回洛阳，岂能安住？既然如此，唯有速速举兵。事成，可得天下；不成，可退守蜀地，做个刘备也就罢了！"

昔日，刘备是怎么得西蜀的？那是从刘璋手里抢来的。如今，西蜀尽灭，钟会若割据蜀地，自立为帝，那也是易如反掌。

左右亲信对钟会说道："洛阳既已回不去，唯有这么办了。"

钟会安抚了左右亲信，又喊来姜维，问道："大事已泄，伯约以为如何定计？"

姜维一听，倒抽了一口凉气，半晌，才缓缓说道："如此，唯有诛杀北来诸将，率兵起事。"

钟会大惊："杀了诸将，士卒如何安心？"

姜维果断说道："士季可以另外提拔一批人，也可让亲信替代，不然，诸将不听令，大势去矣！"

钟会犹豫不决，沉吟不语。

姜维又怂恿道:"明日一早,士季可将诸将集于堂上议事,趁机将之一网打尽,关进牢里,再一一问话,凡有不从者,只能将其诛杀!"

钟会沉默半晌,这才神情黯然地说道:"此举或可一试。"

姜维见钟会终于肯点头,心里暗暗松了一口气。

姜维回到营里,立即写好一道密书,派人送给刘禅。姜维在密书里这样写道:"愿陛下暂且委受屈辱,不出数日,臣便可使社稷危而复安,日月幽而复明!"

姜维何出此言?原来,他使的正是一出连环计。先游说钟会杀尽北来诸将,然后趁机诛杀钟会,再坑杀魏兵,复立汉主刘禅。

人心如此残酷,如此无情。被喻为张良一般的人物,也不过尔尔,竟然被老江湖姜维玩弄于股掌之中而毫无察觉,真是可笑可叹啊!

正月十六日,一大早,钟会召集护军、郡守、牙门骑督等军官,以及蜀国故官,集于成都朝堂。

众人集合完毕,钟会庄重地登上朝堂,宣布为郭太后发丧。郭太后去年冬天十二月崩殂,他趁机拿此事大做文章。发丧完毕,钟会便亮出郭太后遗诏,对众人说道:"司马昭大逆不道,郭太后崩前便下发遗诏,令我起兵讨伐司马昭。"

钟会将郭太后遗诏交给群臣,令他们传递阅读,并依次在诏书上签名。

天下谁人不知钟会是临摹仿写的高手?他要矫诏,也不过是一挥手的事。但是今天,不管这诏书是真是假,若不在上面签名,这朝堂肯定是走不出去了。

众臣只好一一签字。

众人签完名,钟会杀机顿现,立即宣布由他的左右亲信代替诸将掌管兵权。紧接着,又将诸官全部赶到益州诸曹屋中软禁,关闭城门宫门,并设重兵把守。

搞定了诸将,钟会便将卫瓘单独留下,与之议事。

钟会最初的打算,是想借邓艾的手杀掉卫瓘,然后他以邓艾杀卫瓘为名罗织其造反的罪名,名正言顺地出兵讨伐。不料卫瓘竟然出其不意,成功地把邓艾拿下了。

既不能借刀杀人，除掉卫瓘，只能将他扣下，逼他也登上自己这艘船。

朝堂里空空荡荡，钟会与卫瓘默默对坐。不知过了多久，还是钟会打破了僵局，对着卫瓘缓缓举起一块手版。手版上写着："打算诛杀胡烈等北来诸将。"

卫瓘一看，身体不由得一阵颤抖，神色惊惶地问："钟司徒，你到底想干什么？"

钟会目光阴沉地说道："胡烈等诸将乃是司马昭心腹大将，若不将其诛杀，他们必阵前倒戈，向司马昭投降。"

卫瓘冷冷说道："钟司徒掩耳盗铃，阵前诛杀大将，不怕军中士卒骚动吗？"

钟会摇头说道："你身为监军，有权督杀诸将，只要你肯杀，就没人敢吭声。"

卫瓘心头一震，冷笑一声。他心知肚明，此前此人想借邓艾之手除掉自己，此计不成，现在又想让我动手诛杀诸将，如此，岂不是平白落个诛杀将领的罪名？

卫瓘冷冷说道："诸将无罪，如何诛杀？我不同意。"

钟会面露杀意，阴沉沉地说道："卫将军若不肯，今天你就走不出这朝堂了。"

卫瓘环视四周，转头对钟会说道："既然出不去，我就坐在这里吧！"

钟会轻轻一叹，脸上一笑："既然如此，那我只好陪你坐在这里了。你何时想通了，咱们就何时离开这里。"

卫瓘望了钟会一眼，缓缓闭上眼睛，不再说话。

折腾了一天，天色越来越暗。卫瓘睁开眼，不知何时朝堂里已点起了灯。朝堂空阔，灯光如豆，如星辉般晕染开来，散落一地。

钟会见卫瓘睁眼，不慌不忙地又问道："卫将军，诛杀诸将一事，你是否想通了？"

卫瓘冷笑一声，昂首说道："此乃大是大非的问题，与我的想法有何干系？"

钟会阴沉着脸，又问道："卫将军之意，还是不肯啰？"

卫瓘讥笑道："若你下手诛杀，我当然不会阻拦，即使拦也拦不住。"

钟会哈哈一笑，问："率兵作战，是我的职责；监督诸军，乃是卫将军的职责。我怎可越俎代庖？"

卫瓘反唇相讥："哦？那钟司徒拖来拖去，还是不想亲自动手，落人口实啰？"

钟会又哈哈一笑："卫将军要这么说的话，我也无话可说。"

卫瓘冷笑道："既然钟将军不急，我自然不急，我陪你坐着就是了。"

这时，只见钟会咣当一声拔剑出来，一边抚剑一边冷冷地说道："不能说我不急，只是我比较有耐心。现在已是夜里，我给卫将军一晚上的时间，明早若不定计，后事难料。"

卫瓘见钟会拔剑，勃然大怒，亦咣当一声拔剑叫道："若钟司徒逼人太甚，我大不了陪你一死！"

钟会一听，哈哈大笑。他一边笑，一边将剑横于膝上，缓缓说道："卫将军还是急了嘛。昔日太史公司马迁说，人固有一死，或轻于鸿毛，或重于泰山。今日事急，卫将军求死容易，然而也要看看是否死得其所吧？"

钟会顿了一下，又叹息道："你先想想，明早再论。"

卫瓘懒得反驳，亦将剑横于膝上，怒目圆睁，死死盯着对方。

时间流逝，夜风的凉意浸入骨髓，使人浑身冰冷，好一个煎熬的春夜。卫瓘与钟会谁也不敢合眼，都盯着对方，不知不觉间，天已大亮。

此时，卫瓘还是不肯松口。钟会心头莫名烦躁，他正要说些什么，一阵骚动的声音传来，侍卫匆匆跑来，喘着大气报告说："诸军等待一夜，不见诸将出去，便叫着要见长官，不然就要发兵攻城了。"

钟会心里一震，望着卫瓘，久久不语。

卫瓘见诸军已经骚动，心里一喜，反而不慌了，只静静地坐着，仿佛此事全然与己无关。

半晌，只听钟会缓缓说道："诸军骚动，烦请卫将军亲自走一趟，安抚他们。"

卫瓘一听有出门的机会，心中不禁又是一喜。但是，他定了定心，嘴上却缓缓说道："司徒身为三军之主，此事须得你亲自安抚才是。"

钟会悠然一笑,缓缓说道:"你是监军,你先去吧,我随后就来。"

"哎!"卫瓘沉坐半晌,叹息一声,做出一副极不情愿的样子,缓缓起身。

卫瓘本就患有眩晕病,且身体羸弱,又紧张兮兮地跟钟会对峙了一天一夜,更是疲惫不堪。他才站起来,就觉得身体晃晃悠悠,站立不稳,连忙闭眼吸气,半天才缓缓睁眼,脚步这才平稳了。

卫瓘仿佛踩在棉花上,一脚重一脚轻地走出朝堂,走出大殿,缓缓离去。

钟会望着卫瓘离去的背影,渐觉不妙,却又一时想不出所以然来。半晌,他突然眼睛一睁,猛地叫道:"来人!快给我把卫将军追回来!"

两名侍卫应声而去,迅速出门去追。

此时,卫瓘即将走出大门,他隐隐听到背后有人追来,心中顿觉不妙。他计上心头,身体晃晃悠悠,没走几步,就扑倒于地,一时起不来了。

两名侍卫追到卫瓘面前,见卫瓘口吐白沫,奄奄一息,一时惊慌失措,不知如何是好。

两名侍卫只好一边摇着卫瓘,一边大声喊道:"卫将军,你醒醒,司徒请您回去!"

卫瓘身体软绵绵的,任两个侍卫摇来摇去,就是毫无反应。

这时,其中一名侍卫对另外一名侍卫说道:"你回去报告司徒,我在这里守着。"

一名侍卫站起身,扭头就跑。

半晌,卫瓘缓缓睁开眼,对守护他的侍卫说道:"我眩晕症又发作了,赶紧背我出宫求医。"

侍卫不知所措地望着卫瓘,一时不敢动。

卫瓘语气突然严厉起来,问:"你好大的胆子,竟敢见死不救?"

侍卫一听,连忙说道:"卫将军,在下不敢。"

侍卫只好背起卫瓘走出了大门。才出大门,卫瓘当即命令说:"城外诸军骚动,司徒命我出城安抚诸军。"

侍卫也不敢多说，立即将卫瓘背出城去。到了城外，卫瓘见到胡烈儿子胡渊，立即说道："立即跟我回大营去。"

胡渊支走背卫瓘出城的侍卫，又派士兵将卫瓘抬回大营。一到大营，卫瓘立即大叫道："赶紧给我拿盐汤来。"

没过多久，胡渊军中侍从就端来了一大碗盐汤，卫瓘不由分说，大口喝了起来。才喝完，便剧烈呕吐，几乎断气，顿时倒地不起了。

这时，钟会听说卫瓘已经出城，立即派数十名信使前来追赶。等他们追到大营里时，见卫瓘吐了一地，倒在床上，犹如行将就木之人。

钟会的信使们愣了半天，只好回去复命。

没过多久，又有一拨信使带着御医来到大营，他们诊断了半天，皆默默摇头。

胡渊问道："卫将军还有救吗？"

御医叹息道："来不及了。"

御医及信使见救人无望，只得回宫复命去了。

御医及信使见到钟会，将卫瓘的情况详细汇报一通。钟会得知卫瓘活不了几天，心思顿时定了下来，悠悠说道："既然卫将军身体不适，那便不用管他了。"

慌乱之间，一天又过去了。夜幕一落，成都所有城门通通关闭。这时，只见卫瓘悠悠醒来，对胡渊说道："司徒把你父亲胡烈及诸将都关了起来，准备诛杀他们，时不我待，立即传檄诸军，准备攻城救人。"

胡渊见刚才病得快要死去的卫瓘竟然精神抖擞，惊奇万分，连忙问道："卫将军，你这是诈死吗？"

卫瓘目露神光，昂首说道："我若不诈死，还能活着出城吗？废话少说，传檄诸军！"

卫瓘当即作檄，令胡渊传遍军中。一夜之间，军中皆知城中出现变故，无不群情汹涌，义愤填膺。

夜色里的成都城阴沉而恐怖。监牢里，钟会的先锋大将胡烈独自坐着，神色黯然，面如死灰，十分悲壮。

此时，有一个人在牢外默默地看了胡烈半晌，心有戚戚焉地转身离开了。没过多久，这人来到钟会面前问："胡烈将军两天没吃没喝，可否令他的一名亲兵替他取食物？"

原来，这个前来建言的人叫丘建，原为胡烈部下，后来被钟会赏识，又到钟会帐下做了督将。

钟会沉吟半晌，缓缓说道："行吧。"

姜维鼓动钟会诛杀胡烈等北来魏将，然而钟会与卫瓘对峙了一天一夜，终究还是不敢下这个手。

这时，亲兵将饭菜端到胡烈面前，胡烈似有准备，偷偷将一封信塞给他，让他伺机传到城外，交给儿子胡渊。同时，又让亲兵将他的一番话传给其他人，让他们迅速传给城外诸军。

胡烈的这名亲兵默默领命而去。

当夜，一个耸人听闻的传言迅速传遍军中：钟会亲信督将丘建传来消息称，钟会已派人挖好大坑，准备于明日将城外的散官士卒唤入城中，以拜将封官为名将他们一个个杀掉，埋进坑里。

这传闻如此骇人，竟与卫瓘所说不谋而合，诸军闻言，个个磨刀霍霍，一夜不眠。

正月十八日一大早，成都城外诸多士卒纷纷涌到都城汇聚。中午，胡渊率领其父胡烈旧部，擂鼓出门，对成都城发起进攻。其他军士见胡渊攻城，亦纷纷响应，率军前来攻城。

原来聚集于城下的士兵，也加入了这场攻城之战。

这是一场没有将军的战役。参与战斗的士兵皆是出于对死亡的恐惧以及对钟会的愤怒，自发而为，豁出了性命。

此时，钟会正给姜维分发兵器，准备行事，突然听到外面传来阵阵骚动呐喊之声。他以为是哪里失火了，并不在意，没过多久，侍卫跑来报告说，城外诸军正在攻城。钟会闻言大惊，连忙问姜维："诸军已经不受控制，正在攻城，怎么办？"

姜维果断说道："立即出兵迎击。"

钟会面露凶光，立即调来一支卫队，大声叫道："立即前往益州监牢，诛杀诸将、郡守！"

这支卫队领命匆匆离去。

经过一整夜的煎熬，监牢里的诸将及郡守皆知钟会准备下毒手了，所以他们早已做好防范，将牢门关死，并将桌椅搬来将牢门顶住。这时，钟会的卫队冲进牢里，见每扇牢门都从里面关死，便纷纷拿刀砍门。牢门坚硬，即使破开孔洞，里面的人亦拿起木棍与门外士兵搏斗，一时间，所有牢门都无法打开。

牢里打得欢，城外诸军攻城态势更是凶猛。

城外兵士攀城而上，攻破城门，犹如蚂蚁般密密麻麻地涌进来。箭雨声、厮杀声、呐喊声，震耳欲聋。城里的喊杀声传入了牢里，牢里诸将及郡守闻声，又惊又喜，皆徒手击破门窗，破屋而出，与其军士会合。

诸军找到了他们的将领，更加肆无忌惮，一边分兵把守各处，一边搜寻姜维、钟会的下落。

姜维看着眼前这扑面而来、犹如狼群的魏军，眼睛瞪得老大，只能拔剑狂砍，准备突围。他才砍倒五六人，突然听到有人喊道："姜维与钟会在此！"

士兵们闻言纷纷举剑涌来，一阵乱砍，姜维及钟会皆被斩杀。

一个是名将姜维，一个是自诩张良再世的谋略高手钟会，就这样惨死于乱刀之下。他们一死，诸军没了节制，在成都城中大肆杀戮。卫瓘持节进城，数日后，才将诸军控制住，城里的烧杀抢掠这才平息。

这时，邓艾本营将军师纂突然想起邓艾，立即率兵追赶邓艾囚车，准备迎他返回成都城。

消息一出，卫瓘立即大惊失色。

邓艾之罪是谁定的？就是他卫瓘与钟会一道策划的，并且是卫瓘亲自来成都将他拿下的。如果邓艾返回成都，他卫瓘还有活路吗？

卫瓘立即召来大将田续，问道："听说你未攻下江油关之时，邓艾就准备将你诛杀？"

大将田续答道："确有此事。"

卫瓘猛地大声说道："今日，你可以报江油之辱了！"

田续怔忪片刻，不知卫瓘此话何意。

卫瓘又大声说道："我命令你现在率军追击邓艾父子，如遇阻拦之人，格杀勿论。"

田续恍然大悟，昂首叫道："诺！"

田续当即率领一支骑兵风一般向邓艾囚车追去。追到绵竹城西，却见师纂率兵护着邓艾父子，正准备返程。田续追上去，手起刀落，斩杀邓艾父子，连师纂也一并砍死。

一代名将邓艾，竟先莫名其妙地背上了叛逆的罪名，又莫名其妙地死在了属将田续的刀下。江湖险恶，人生无常，实在令人唏嘘！

出征之前，曾有一位客人向参相国军事刘寔问道："钟会与邓艾二人出兵，能够平定蜀国吗？"

刘寔肯定地回答说："他们一定会攻破蜀国，可是都不能全身而退。"

客人疑惑地问："这是何故？"

刘寔笑而不答。

刘寔为何笑而不答？或许在他看来，这不仅是宿命，亦是一个无法逃脱的人性陷阱。如此罢了。

第十二章

三国归晋

司马昭可能没想到，自己的一封密信就让钟会乱了手脚，土崩瓦解，自寻死路。钟会造反之事，比寿春三叛更富有戏剧性，甚至还有一种强烈的宿命感。为何？寿春三叛及钟会联合姜维叛乱，足以说明司马氏家族历经两代三人，始终不可战胜，创造了三国江湖中不倒的神话。

二月二十六日，司马昭从关中长安率兵悠悠返回洛阳。

司马昭的脾气众所周知，凡有功劳，必有封赏。平定钟会叛乱这么大的功劳，他能放过这个给自己增光添彩的机会吗？必然不会。

三月十九日，司马昭晋爵封王，食邑增加十郡。

数日后，曾贵为蜀汉帝王的刘禅被魏兵挟持着离开成都，翻山越岭，背井离乡地来到了洛阳。不日，司马昭封刘禅为安乐公，并摆酒设宴，为其接风洗尘。

席间其乐融融，宾主尽欢，司马昭突然对刘禅说道："安乐公初来洛阳，未曾听见蜀地音乐，本王为你安排一段蜀乐，如何？"

刘禅一听，眉开眼笑，说："好呀！"

司马昭便昂首叫道："奏蜀乐！"

一曲缠绵多情的蜀乐响起，舞女们莲步翩翩，在座诸多蜀国旧臣听着、看着，一时皆戚戚然。江湖无情，世道艰难，昔日蜀汉君臣，今为异乡亡国人，听着这故国之音，如何不让人触景生情？

当蜀国旧臣皆无不声泪俱下时，只听刘禅一时嬉笑，一时叫好，仿佛对这一切浑然不觉。

司马昭默默地看了刘禅半晌，心里一阵冷笑，悄悄地对贾充说道："刘禅生为蜀国之主，如今亡国沦落他乡，竟不知羞耻，反以此为乐，此人如此无情，即使诸葛亮尚在，也无可奈何，何况是姜维！"

　　贾充亦摇头笑道："晋王封其为安乐公，刘禅得此爵位，也算实至名归。"

　　司马昭听得心里一宽，刘禅这般模样，让他安乐至死，又有何不可？

　　酒宴散去，司马昭对刘禅问道："安乐公还思念蜀国吗？"

　　刘禅脱口而出："在这里喝着美酒，听着音乐观赏舞蹈，何其快乐！如何还思念蜀国？"

　　所谓乐不思蜀，就由此而来。

　　司马昭一听，心里又悠然一笑，刘备不枉为一世豪杰，怎么竟生出此不肖之子？

　　想到这里，司马昭仰天大笑："既然如此，安乐公就好好待在洛阳享乐吧！"

　　宴席在一阵欢笑声中散场了。

　　刘禅回到府中，随从官吏秘书令郤正忙不迭地拉住他说道："陛下，以后晋王要问你是否思蜀，可不能像今天这样回答了啊！"

　　刘禅似傻非傻，愣愣地望着郤正问："那该如何回答？"

　　郤正庄重地说道："若晋王再问，陛下应该流着泪回答说：'先人坟墓，远在岷、蜀，我心伤悲，无日不思。'说完，陛下便闭目不语，以示哀痛。"

　　"先人坟墓，远在岷、蜀，我心伤悲，无日不思。"刘禅默默念了半晌，又说道，"我记住了。"

　　又一天，司马昭宴请刘禅喝酒，喝得高兴时，司马昭又问："安乐公近日可曾思蜀？"

　　刘禅一听，顿时泪如雨下，一边流泪一边说道："先人坟墓，远在岷、蜀，我心伤悲，无日不思。"

　　说完，刘禅紧闭双眼，默然神伤。

　　司马昭看着刘禅，心里想笑，悠悠问道："安乐公此话，可是郤正教你的？"

刘禅大惊，立即睁眼说道："神了！晋王是怎么知道的？"

刘禅话一出口，满座皆笑，歪倒一片。

"安乐公乐不思蜀，是为诚实，为何骗人？"司马昭看着左右笑，也止不住哈哈大笑，又说道，"人生苦短，何不及时行乐？今日就痛饮，不醉不归。"

只听宴席间酒杯相撞的咣当之声不绝于耳，一片热闹景象。

历来读史读到此节的人，不知有多少人摇头失笑，又不知有多少人掩卷叹息。刘禅是真傻吗？看看诸葛亮是怎么评价他的："朝廷（刘禅）年方十八，天资仁敏，爱德下士。"

在诸葛亮的眼里，十八岁的刘禅天资敏捷，仁爱有加，礼贤下士。正因如此，刘禅在诸葛亮、蒋琬、费祎等人的辅佐之下，尚且有道，天下无人说他傻。而刘禅来到洛阳，寄人篱下，若不装出一副没心没肺的样子，又如何保全自己？

他的傻或许是真的，或许是装出来的，但的确是大智若愚。试看刘禅的结局：刘禅离开成都来到洛阳时，时年五十八岁，七年后于洛阳自然病亡。

造化弄人，当众嘲笑刘禅的司马昭，后来竟生出了一个真正的白痴皇帝司马衷。司马衷痴呆不化，皇后贾南风胡作非为，又弄出一个八王之乱，把好端端的一个晋王朝弄得分崩离析，弄得天下再度陷入纷乱，岂不悲哀？

人生在世，笑笑别人，再让别人笑笑。或许，这不仅是司马昭的命运，亦是诸多帝王家无法逃脱的命运。

司马昭晋升晋王的这年，已经五十四岁。此时的他貌似春风得意，到达了人生巅峰。不过，司马昭却迟迟没有想好太子的人选。并不是司马昭不想立太子，而是他心里苦啊。司马昭有两个儿子，长子司马炎，次子司马攸。司马攸性情仁孝，多才多艺，清和平静，与世无争，名声大于司马炎。为此，司马昭极为宠爱这个"文艺青年"。

此前，司马师早逝无后，司马昭便将司马攸过继给了司马师，心里暗有立司马攸为太子之念。然而司马氏自司马懿以来，极信奉儒家，司马昭自知，若废长立幼，必违背儒家的基本精神，且不为士大夫所容，所以，这让他极为犯难，一时难以取舍。

不得已,他只好将几个大臣召来商议此事。

来与司马昭商议太子人选的大臣有山涛、贾充、何曾、裴秀。诸臣坐定,司马昭望着诸臣,缓缓说道:"诸卿以为,本王何以得天下?"

诸臣以为司马昭找他们来是要听他们吹捧其功绩的,山涛便率先说道:"昔日汉高祖云,得萧何、韩信、张良三人者得天下,然而今日,窃以为,晋王神武英明,伐克诸葛诞,平定西蜀,功高无敌,是以得天下!"

贾充等人亦纷纷说道:"山巨源之言,我等深以为然。"

山涛,字巨源,是魏晋竹林七贤之一。

司马昭看看山涛,又看看贾充等人,摇头缓缓说道:"此言差矣。昔日,家父宣王与曹爽辅政,却被曹爽排挤,宣王忍辱十年,当时家兄景王与家父之谋,我并不知晓,待诛曹爽之日,方觉大事将临。此后,家兄景王又坐镇洛阳,料理政事,寿春文钦之乱,他带病出征,不幸死于归途。所以,此天下乃景王之天下,我不过是暂时代其统管罢了。"

司马昭自封为晋王后,又追封其父司马懿为宣王,追封司马师为景王。

司马昭一言既出,山涛、贾充等人无不暗暗心惊,隐隐感觉司马昭话里有话。

半晌,只见司马昭又缓缓说道:"天下既然为景王所得,我百年之后,大业宜归景王之嗣司马攸!"

司马昭以景王之名,行废长立幼之实,此计不可谓不高明!

众人一听,无不目瞪口呆。山涛连忙说道:"晋王废长立幼,违礼不祥啊!"

司马昭就知道这帮人会拿礼教阻拦,他不慌不忙,神色镇定地反问道:"哦,如何不祥?"

山涛定了定神,侃侃说道:"袁绍废长立幼,内生祸端,兄弟阋墙,一败而不可收拾;刘表废长立幼,荆州亦拱手让与曹操。即使英雄一世如曹操者,亦有废长立幼之念,若不是贾诩苦言相劝,恐酿成恶果。"

司马昭心里似乎有所触动,默然无言。

这时，贾充说道："中抚军宽厚爱人，深沉有度量，如此有为君之德，不可改易啊！"

司马炎当时担任中抚军，并行副国相之职。司马昭听了贾充这话，心里一阵冷笑——司马炎有为君之德，难道性情仁静、多才多艺的司马攸就没有为君之德吗？

司马昭沉默片刻，缓缓说道："中抚军聪明神武，有超绝之才，颇有人望，且天姿非凡，非人臣之相。"

此言一出，满座皆惊。

这时，久坐于座的裴秀，似乎看出司马昭心中所想，连忙说道："臣善相术，观中抚军之貌，确有非凡之相。"

司马昭惊疑地望着裴秀问："哦？说来听听？"

裴秀侃侃说道："中抚军立发垂地，双手过膝，此乃古圣君之相，贵不可言。当世之人，无出其右。"

司马昭心里又是惊讶，又是失落，久久出神。

惊讶的是，司马炎不仅相貌非凡，竟还有非凡手段，对朝廷一帮重臣全都笼络有加。失落的是，他喜爱的司马攸可能就要与帝位无缘了。

此时，司马昭又悠悠想起了刘邦当年废立太子的典故。

当年，刘邦执意废太子刘盈，改立少子刘如意，诸臣力劝，其仍然坚持己见。然而有一天，当他看见太子刘盈率领商山四皓那几个活神仙上朝时，不禁叹息着对刘如意的生母戚夫人说："太子羽翼已丰，撼动不了了！"

而今看来，朝廷重臣皆心向司马炎，司马炎的羽翼不是也已丰满，撼动不了了吗？

不知过了多久，只听司马昭叹息一声，无奈说道："听诸卿之言，我心意已决！"

十月二十日，司马炎被立为太子。

第二年八月，司马昭卒。太子司马炎继为相国，封晋王。

十二月十七日，魏帝曹奂禅位，司马炎正式称帝，晋国建立。曹奂被贬为陈留王，建王宫于邺城。

邺城，那是曹操当年当魏王时的都城。邺城依旧在，却再也不见当年那些让人心仪的英雄人物了。这注定是一段回不去的历史，接下来的政局，将由晋朝皇帝司马炎一手导演。

司马炎导演的第一幕大戏，就是彻底终结东吴政权，一统天下。

回首历史风云，英雄人物若成就伟大事业，不仅要看自己有多少能耐，更要看对手有没有给出让你成就霸业的机会。官渡之战，愚蠢自大的袁绍成了曹操的机会，然而赤壁之战，曹操却成了意气风发、沉着镇定的周瑜和孙权的机会。益州之中，平庸无能的刘璋给了刘备机会；夷陵之战，后起之秀陆逊却给刘备上了一课，阻断了他成就霸业的梦想。

再看看蜀汉，自曹操以来，到司马师为止，经历了多少风雨、多少岁月，魏国都无力西进，为何到了司马昭时期，钟会和邓艾就轻易挺进了成都？原因只有一个，平庸的蜀主刘禅给了司马昭建功立业的大好机会。那么，有平定天下之志的司马炎，他的对手会给他这个一统天下的机会吗？

如今的吴主，不再是那个颇有权术的孙休了。

司马昭晋爵晋王的这年，吴主孙休染疾，卧床不起。孙休临死前，口不能言，只得手诏将丞相濮阳兴召到床前，示意太子孙𩅦向濮阳兴行跪拜礼，然后一手把着濮阳兴的臂膀，一手指着孙𩅦，一番比画，示意托孤。

濮阳兴明白孙休之意，连忙说道："臣必不负陛下重托！"

孙休一听，如释重负，缓缓合上双眼走了。孙休享年三十岁，谥号景帝。

孙休驾崩的消息一经传出，吴国上下一片惊骇。今非昔比，恰逢多事之秋，蜀国初亡，交趾守将纷纷反叛，这正是需要孙休整肃国家、对抗外敌的关键时刻，他竟不幸病逝，这如何不让江东朝野惊慌？况且，太子孙𩅦还是个年幼的孩子，又如何拯救得了吴国？

正当吴国陷入群龙无首的恐慌之中时，有人似乎嗅到了这莫大的机会。

孙休在世时，有两位大臣深得其心，分别是丞相濮阳兴及左将军张布。当时濮阳兴掌管军国大事，张布典宫省诸事，一外一里，互相配合。然而此二人皆是投机取巧、耍手段谋利之人，做了一堆让吴国军民深感失望之事，人望极差，所谓君子，皆不屑与之为伍。

当年，蜀主刘禅是如何误民亡国的？乃是被黄皓之流蛊惑所致。孙休生前，似乎也没有比刘禅好到哪里去，竟也被濮阳兴及张布拿捏，欲罢不能。这也许正是历史的宿命。黄皓敲响了蜀国的丧钟，而濮阳兴及张布却联手敲响了东吴的丧钟。

现在，又有人加入其中，联合濮阳兴、张布一起大力敲击丧钟。

这个人就是左典军万彧。

万彧摆酒设宴，请丞相濮阳兴及左将军张布来府中喝酒。喝到畅快处，他便悠悠问道："陛下刚刚驾崩，太子年幼，吴人惊恐奔走，只恐魏兵朝发夕至，渡江而来，如此，二位贵为辅政大臣，不知有何良策？"

二人一听，面面相觑，默不作声。

昔日，孙休被贬为会稽王时，濮阳兴正任会稽太守，张布则是左右督将，二人待孙休十分友好，与之相处甚欢。孙休离开会稽前往建业城时，二人亦跟随左右，由此发迹，成了孙休的宠臣。多年以来，这两人献媚悦主尚可，若论掌国定策，却丝毫没有那个能耐。这也难怪，面对万彧的提问，两人半天答不上话来。

这时，万彧见两人不说话，心里颇为得意，又悠悠说道："我有一计想献给二位，不知可不可行？"

两人一听，眼睛不由一亮，连忙问道："万将军有何良策，但说无妨！"

万彧缓缓说道："治国如治顽疾，若能药到病除，则需先知晓病灶何在。国无良主，上下离心，民心不稳，就是如今东吴之病症，若要根治此病，唯有另选良主，安抚民心，国家方可安定。"

濮阳兴一惊："另选良主，岂不是有负陛下之托？"

万彧冷笑一声道："当前之势，敢问丞相，你是愿负国家，还是负陛下？"

濮阳兴愣愣地望着张布，一时无话可说。

这时，只见张布犹豫了一下，问道："万将军的意思是，你已有了可取代太子的人选了？"

万彧脱口而出："除了乌程侯，别无他选！"

张布惊疑不定，问："何故？"

万彧悠悠说道："昔日太子孙和与鲁王孙霸争宠，一时闹得不可开交。之后，孙和被废，吴人为之悲伤。再后来，丞相孙峻借机赐死孙和，吴人大怒，人心由此离散。至今，吴人仍思念旧太子孙和，乌程侯孙皓乃是旧太子孙和之子，以之为嗣，吴人必然归心，民情必然大定，此为其一；其二，乌程侯孙皓今年二十三岁，年富力强，富有才识，明达善断，有昔日长沙桓王英勇聪达之遗风，他又勤奋好学，奉公守法，以之为嗣，必能力挽狂澜，救吴国于水深火热之中！"

孙权称帝时，曾追封其兄孙策为长沙桓王。万彧为了突显孙皓，竟不惜将名不见经传的孙皓与孙策相提并论，简直让人无语。

濮阳兴与张布听万彧这番滔滔不绝的慷慨陈词，又是心动又是怀疑，一时默然无语。

万彧见状，又说道："如今蜀亡将叛，魏军磨刀霍霍，随时准备饮马长江，二位身为东吴辅政大臣，若不当机立断，徒然坐失良机啊！"

半晌，濮阳兴见不得不表态，叹息一声，说道："若万将军所言属实，我愿负陛下，迎立乌程侯。"

张布也悠悠说道："丞相之话，我深以为然。"

万彧见二位不再阻拦，眼睛大放光芒，啧啧赞道："二公明断，必留名千古。"

说罢，万彧举杯，与濮阳兴及张布一饮而尽。

事情谈妥，濮阳兴与张布相约入宫求见朱太后，将万彧的一番话又说了一遍。

朱太后听后，心里一动，想起了许多往事。

朱太后乃将军朱据与鲁育公主之女。当年，鲁育公主孙小虎支持太子孙和，却被孙大虎等一拨支持鲁王的人陷害，如今，让孙和之子孙皓继大位，也算是遂了朱据及鲁育公主生前的心愿。

朱太后心思微动，却故意说道："我一个寡妇，哪里知道这等事？不过只要能保全吴国，使宗庙无恙，迎立乌程侯亦无不可！"

一语落地，大事便定。不日，东吴迎立孙皓，改元，大赦。

一切看似都很符合大义，也很合理，很和谐。但是，包括濮阳兴及张布在内，所有人都不知道，他们即将迎来的不是光明灿烂、风和日丽的日子，而是一场恐怖的令所有人不寒而栗的风暴。

即将出场的这个被喻为孙策再世的孙皓，就是这恐怖风暴的制造者。

孙皓，字元宗，一名彭祖，字晧宗。孙休刚称帝时，同情其父孙和之死，便封他为乌程侯。当时，曾有善看相之人看了孙皓的面相，称赞道："君之相貌，当大贵。"

孙皓听后，心里暗喜，将这个秘密深藏于心，不敢泄露。

果然，孙休一死，曾为乌程令的左典军万彧，因为与孙皓相善，便主动运作，将孙皓推上了皇位。这大概也是时也，势也，命也！

这一年正是元兴元年（公元264年），五月。

元兴，那是孙皓的年号，其中意义不言自明。他一即位，便做起了取悦吴民的善举，下发优待士民的诏书，开仓廪，赈济困乏，把宫里多余的宫女都赶出宫，令其嫁给无妻之人，至于后苑里的珍奇禽兽，也全部放生。

消息传出，东吴上下一片欢腾，无不高兴遇上了一个明主。

八月，孙皓拜施绩为大将军，以大将军丁奉为左右大司马，张布为骠骑将军、加侍中，凡是有功者，统统封赏。

这下，除了平民百姓高兴，东吴上层官僚也高兴了。可他们高兴得太早了，浑然不知这所谓明主的可怕面目。

九月，孙皓突然下诏，贬朱太后为景皇后，追谥其父为文皇帝，尊其母何氏为太后。

锋利的獠牙一旦亮出，便再也收不回去了。

孙皓自以为坐稳了皇位,开始沉湎酒色,四处立规矩,稍有不顺,便动辄施以刑罚。一时间,宫里宫外这才恍然大悟,濮阳兴和张布推荐的这么一个人,哪里是孙策再世,简直就是个狂悖之徒!

十一月,孙皓又做了一件狂悖之事。他听说濮阳兴和张布二人为迎立他为天子而后悔,便在濮阳兴和张布上朝的时候将其拿下,二话不说,贬至广州,又派人追杀于道上。

没有濮阳兴和张布的举荐,没有朱太后的点头,哪里来的孙皓今日的地位?如此忘恩负义之徒,又能走多远?世人可以说孙皓忘恩负义,然而就江湖手段来说,孙皓借机诛杀濮阳兴与张布,可谓一举两得。为何?首先,濮阳兴与张布二人不过是孙休曾经的部属,孙休一朝得道,他们便跟着鸡犬升天。且数年来,他们在建业城胡作非为,已颇招人怨。诛杀此二人,可以解江东士大夫之恨。其次,濮阳兴和张布自以为迎立孙皓有功,大权独揽,让孙皓如芒在背,将其诛杀,孙皓自可为所欲为。

紧接着,孙皓拜陆凯为左丞相,拜万彧为右丞相。

丞相一职本由一人担任,何以一分为二?当然是为了分权。陆凯乃昔日丞相陆逊的侄子,又是江东世族的代表,以之为左丞相,意在安抚世家大族;万彧则是孙皓自己的人,以之为右丞相,则意在与江东世族分权抗衡。

由此看来,孙皓也的确有几把刷子,功夫十分了得。

杀掉濮阳兴和张布二人,孙皓更加乖张跋扈。他十分厌恶诸官仰视自己,群臣入朝晋见,竟无人敢抬头与他对视。左丞相陆凯劝他说:"君臣之间岂有不相识的道理,万一有事,发生不测,群臣都不知道该救谁了!"

孙皓沉吟半晌,说道:"朕允许你抬头看朕,其余人照旧!"

说完,便拂袖而去。

泰始四年(公元268年)九月底,二十七岁的孙皓率军抵达东关。东关,乃是当年东吴丞相诸葛恪大胜魏兵之地。孙皓亲自抵达东关,意图颇为明显。

果然。十月,孙皓派遣大将军施绩率军入江夏,派遣万彧向襄阳发起进攻。

等了那么久，该来的还是来了。司马炎磨刀多年，一直不动，全因师出无名。如今孙皓无故挑事，可算是给了他出招的机会。

吴军一动，司马炎这边闻风而动，立即派义阳王司马望统中军步骑二万屯守于龙陂，以防不测。同时诏令荆州刺史胡烈出兵应敌。

不久，消息传来，胡烈攻破施绩，吴军败还。

这仅仅是个引子。

泰始五年（公元269年）二月。胸怀平定天下之志的司马炎调兵遣将，开始认真部署攻吴大计。他以尚书左仆射羊祜都督荆州诸军事，镇守襄阳；以征东大将军卫瓘都督青州诸军事，镇守临菑；以镇东大将军、东莞郡王司马伷都督徐州诸军事，镇守下邳。

时势造英雄，深藏江湖多年、默默无闻的羊祜，终于有机会走到了前台。

羊祜，字叔子，泰山南城人。祖父两代，皆是太守，却名不见经传。不过，若提起他的外公蔡邕，那就妇孺皆知了。当年，董卓被诛，素受董卓倚重的蔡邕听闻此事，在王允面前一叹，引来杀身之祸。虽已过去多年，然而人们一提起此事，无不为蔡邕叹息鸣冤。

十二岁，羊祜丧父，不得已，只好跟随叔父生活。少年失怙，无所适从，羊祜开始闯荡江湖。一日，他走到汶水之边时，不禁独自远眺，心中怅然。

羊祜正沉思，突然听到一个苍老的声音在耳边说道："敢问少年，从何处来？"

羊祜闻言一惊，转头一看，原来是一个过路的老者。

羊祜行礼说道："晚辈是泰山南城人，敢问先生有何指教？"

老者端详半晌，缓缓说道："你虽还是个少年，却气度不凡，有一副好相貌，老夫料你不到六十，必建大功于天下。"

羊祜惊奇地望着老者："先生何出此言？"

老者哈哈一笑："天下三分，凡是英雄，无不竞技江湖，成就一时功名。以你之才，必有建奇功之日。"

老者飘然远去，不知所向。天地苍茫，羊祜独立风中，久久深思。

转眼多年过去，羊祜长大成人，模样大变。身长七尺有余，美仪容，博学多才，言辞敏捷。郡将夏侯威见而异之，对其十分欣赏，欣然将其兄夏侯霸的女儿嫁给了他。

成家后，郡守多次征辟，羊祜竟皆不受命。消息传出，时人不禁叹道："羊祜真是当世的颜回啊！"

孔子弟子中有七十二贤人，其中最让孔子欣赏的人就是颜回。颜回努力好学，且淡泊明志，不为俗事所累。以致孔子都情不自禁地叹息道："贤哉，回也。一箪食，一瓢饮，在陋巷，人不堪其忧，回也不改其乐。贤哉，回也。"

既不做官，又甘于贫困而苦读不辍，羊祜却也不负当世颜回之名。

那时，曹爽初任大将军，他听闻羊祜之名，立即派人征辟。王沈亦在征召之列，便前来游说羊祜，与之一同应征。

羊祜却意味深长地说了一句："弃身事主，谈何容易？"

之后，曹爽受诛，王沈因为曾为曹爽故吏亦被罢免。王沈对羊祜感叹道："君有先见之明，不赴曹爽府上任职，实在让人叹服不已。"

羊祜却谦虚地说："世事无常，当初岂能料到曹大将军会有如此下场！"

有远见却从不夸耀，羊祜的江湖名声，就此传开了。

当时，曹爽一死，驻守关中的夏侯霸闻风降蜀，消息传出，夏侯氏诸多亲族皆与之绝交。羊祜却一反常态，更善待妻子，不为所动。

忽然间，世人似乎明白，羊祜实在不是为世俗而活、为俗事所累之人。只是不知道，这个淡然洒脱于官场之外的人，难道要就此终老于故纸堆里吗？

答案很快就会揭晓。

司马昭为大将军时，征辟羊祜。羊祜还是老脾气，不去。司马昭心中大大起疑——为什么多年来无论谁征辟，羊祜皆不肯听命？

他想了半天，似乎想通了。羊祜不受征召，或许不为别的，只因为出的价码不够。

于是司马昭再派公车征辟，拜羊祜为中书侍郎。果然，这一次羊祜没有拒绝，而是欣然接受，前往赴职。

羊祜初入官场的那几年，恰是钟会光芒四射之时。为此，羊祜对钟会总是敬而远之，不敢与之争锋。钟会于成都叛乱受诛后，羊祜却一跃而起，迁中领军，统管宫中禁军，兼管宫内外诸事。司马昭去世后，司马炎身边大臣如贾充、裴秀等，皆极负盛名，羊祜亦不敢与之争锋，凡事都再三谦让。

江湖那么大，各人有各人的志向，各人有各人的命运。

只有羊祜自己知道，他的梦想不是久居洛阳，如贾充之流，整日与一帮老臣为了名利争来斗去，乐此不疲。他的梦想在长江大河，在星辰大海，在天下久久盼望的统一大业！

这天，羊祜入宫晋见司马炎，与之谈论天下大势。

羊祜一见司马炎，便问道："陛下登基将近五年，境内安定，群臣尽节，诸将听命，不知于此有何感想？"

司马炎神色淡定，严肃地说："卿有所不知，寡人整日如履薄冰，战战兢兢，如背负泰山，不敢稍有懈怠！"

羊祜又问道："陛下为何如此？"

司马炎叹息一声，侃侃说道："晋有天下，盖因寡人祖父宣帝、伯父景帝、家父文帝数人立下了不朽功业。朕未立大功，却忝居此位，如何不小心翼翼？"

羊祜昂首说道："陛下有此恭谨之心，乃大晋之大幸。不过，一代人自有一代人之帝业，陛下若珍惜眼前之势，建不朽之功，必能超越秦皇汉武，彪炳史册。"

司马炎听得眼睛一亮，问："卿所言可是东伐吴国，一统天下，令万民归心？"

"正是！"羊祜答道，他顿了顿，又说，"时不我待，陛下不应有半刻迟疑！"

司马炎叹息道："大丈夫当提三尺剑，建不朽功业，然而何其难也。昔日魏武帝亲率数十万大军兵临长江，亦不得志，从此以后，数十年来，东吴的归东吴，中原的归中原，双方拉锯，各有胜负。"

羊祜一听，从容说道："天下大势，久必生变。昔日魏武帝时，天下三分，东吴有孙权周瑜，西蜀有刘备诸葛亮，两地英才辈出，所以魏武帝难以称心得志。时至今日，西蜀已灭，吴主凶暴无德，上下离心，以陛下之英明神武，挥鞭东下，饮马长江，有何不妥？"

司马炎听得精神为之一振，问道："寡人若要平定东吴，该如何定计？"

羊祜早有准备，从怀里掏出一张帛图，缓缓铺开，然后指着地图对司马炎从容说道："臣怀揣一图，无一日不钻研伐吴之计。依臣之计，伐吴当从长江上游入手，兴船坞，建大船，顺流而下，便将势不可当，此为其一。中游荆州兵寡粮少，屡受东吴侵扰，应于此地开垦良田，不出数年，必有十年之粮，由此伐吴，可解决千里运粮之苦，此为其二。下游徐州，可在此地加紧练兵，以备渡江之用，此为其三。有朝一日，时机若成，三路齐出，攻克东吴，指日可待。"

司马炎一听，啧啧叹道："此计不急于一时，立足长远，实在稳妥。"

羊祜悠悠说道："准备妥当，待敌生变，自可有恃无恐。臣立足于长远，如今东吴尚有丞相陆凯，以及陆抗、丁奉等武将。然而吴主凶暴，且刚愎自用，必不听陆凯、陆抗之策，久之，必有机可乘！"

羊祜一席话犹如一盏明灯，照亮了司马炎心中的蓝图。只见他两眼炯炯有神，说道："朕今年三十有四，愿十年磨一剑，一举克吴，一统天下！"

大计既定，司马炎便派羊祜出镇襄阳，着手屯垦练兵。

转眼七年过去，时间来到了咸宁二年（公元276年）。秋天凉爽的风吹过田野，吹起了阵阵谷香，吹得稻浪翻卷。在一望无垠的田野上，人头攒动，都在忙着收割，但见人来车往，不断将装载的粮食运回粮仓。忽然之间，田野深处惊起无数鸟鹭，拍翅长鸣，向南飞去。

天地之间好不安详。

此时，羊祜身着轻裘缓带，久久眺望远方，他身姿威武雄壮，却又豪迈飘逸，在这秋天的天地间，犹如一尊顶天立地的铜像。

这时，军司徐胤从后面缓缓走到一旁，亦望着眼前丰收的田野，感叹道："恭喜羊将军，今年又是好收成！"

羊祜沉吟片刻,笑道:"将士得力,军粮收成极佳,也不枉这些年的努力哪。"

徐胤激动地说:"将军来荆州之前,这里杂草丛生,遍布沼泽,军无百日之粮,是真正的不毛之地。自从将军发布屯垦令后,此地已成丰衣足食之势,积有十年之粮,可谋大事。"

羊祜眸光炯炯,问道:"君可知我此来荆州屯垦,是何用意?"

徐胤拱手说道:"将军之志广如天地,下臣愿随将军渡过浩浩长江,一举平定东吴,以遂所愿!"

羊祜不由得豪情万丈,笑道:"原来你也知我心意!既然时机已然成熟,我当表奏陛下,出兵伐吴。"

是月,羊祜修了一道奏书,派人送往洛阳。不一日,奏书乘风悠悠飘进洛阳宫中,落在了司马炎的案前。

司马炎拆开一看,只见里面跳出一行行炙热文字,似热浪扑面而来:"昔日,先帝平定巴、蜀,天下皆以为东吴当相继而亡,然而十三年过去了,东吴尚凭长汉之险阻得以苟活。所谓大运乃天所授,成就功业,尚在人为。今大运已至,大举伐吴之机已到,千万不要错过良机啊!先帝伐蜀时,阻力重重,即使一世名将邓艾亦心存顾虑。为何?只因蜀地有万重高山,其据险而守,一夫当关,万夫莫开,不易攻取。然而进兵之时,大兵犹入无藩篱之地,一战而胜,直抵成都。汉中诸城将士,皆如鸟栖巢中不敢出战,他们并非没有战心,而是因为不足以与魏军抗衡。待刘禅请降,蜀国诸军亦毫无抵抗之心。如今长江之险,不如蜀之剑阁;吴主孙皓之残暴,远胜刘禅;吴人之困,甚于巴、蜀。而大晋之兵,盛于往昔,若不趁机出兵,一举平定海内,更待何时?"

司马炎看到这里,心里深深一叹,顿了顿,又眼光灼灼地往下看:"今日若伐吴,当先引梁、益二州之兵自长江上游而下;发荆、楚之众攻江陵;发平南、豫州之兵直指夏口;发徐、扬、青、兖等州诸兵会于秣陵。东吴以区区一国之力,抵挡大晋数十万之强兵,势必无法固守。而出巴、汉奇兵攻其空虚之地,一处倾坏,则全局震荡,即使智谋盖世之人,亦无能为力,不能保全东吴。东吴划江为界，东西交接数千里，所敌者众，无有安宁之日。孙皓残暴任性，臣下多不和，其必被朝廷猜疑，士卒被困于野外，无保国之计，如此之势，一旦出兵，必破其国。"

司马炎看了半晌，心里既感慨又亢奋。数年前他派羊祜等诸将各镇一方时所做的所有准备，为的就是今天。羊祜既认为伐吴时机已到，他又何尝不想立即出兵，建不朽之功？

第二天上朝。司马炎将羊祜奏书交给诸大臣，令其传阅，共商伐吴大计。

司马炎缓缓说道："诸卿以为，羊祜提出的伐吴之计如何？"

话音刚落，只见贾充上前一步，大声说道："陛下，臣以为今日谈论伐吴，为时尚早。"

司马炎心里一沉，望着贾充问："卿此话从何说起？"

贾充侃侃说道："长江天险，横绝数千里，昔日魏武帝举数十万大军兵临长江，竟不得志而还。为何？只因东吴士卒擅长水战，而中原士卒擅长陆战。以我所短，击敌所长，战必不利。况且东吴潮湿，北兵水土不服，久拖不决，军中必生瘟疫，无功而返。以此两点，臣以为，伐吴不可行。"

司马炎心里一笑，悠悠说道："依卿之言，何时可伐吴？"

贾充沉吟片刻，说道："臣以为，陛下可以再等等。"

司马炎心里颇为不悦，面无表情地说道："朕今年已然四十有二，人生苦短，若再等下去，何时是个头？"

贾充一时怔愣，哑口无言。

这时，只听侍中荀勖说："陛下若此时举一国之力伐吴，恐怕不祥啊！"

荀勖，字公曾，乃是东汉司空荀爽曾孙。其与贾充合力结党，能量不可小觑。

司马炎见贾充同党荀勖出来说话了，心里更是一沉："何来不祥？"

荀勖侃侃说道："方今之时，鲜卑秃发树机能势力正盛，横行秦、凉二州。若要伐吴，当先伐鲜卑，不然，大军东征，鲜卑趁机于关中作乱，与东吴遥相呼应，自东西两线攻击中原，我大晋必受其苦。"

荀勖一言犹如针刺，狠狠地扎在了司马炎的心里。

昔日，司马昭平定了巴、蜀，岂料却冒出了个叫秃发树机能的鲜卑人，此人勇猛无比，富有谋略。司马炎继位后，曾派名将胡烈率兵攻打他，岂料，胡烈竟不是秃发树机能的对手，兵败阵亡。司马炎偏不信邪，又屡屡派军征伐，却也没能讨到便宜。从此，秃发树机能犹如一块重石，压在司马炎心头，使他不能释怀。如今荀勖再次提起此人，司马炎一时也无话了。

此时，左卫将军冯紞亦沉声说道："陛下，臣以为，贾太尉与荀侍中所言极是，望陛下三思！"

司马炎望着冯紞，心里更是有苦说不出。此三人皆是同党，却一起阻拦伐吴，看来出兵这事，是要黄了？

司马炎正郁闷，突然听见有个声音昂扬说道："陛下，臣以为，伐吴之计可行！"

司马炎循声看去，原来说话的竟是度支尚书杜预。

司马炎见杜预支持伐吴，两眼放光，连忙问道："卿何以见得伐吴可行？"

杜预看看贾充等三人，又望着司马炎缓缓说道："昔日，臣曾与羊将军推演过伐吴之阵。羊将军既不在殿上，臣可代其补充。刚才贾太尉所言，吴人善水战，北兵善陆战，伐吴是以我所短击敌所长，此言不虚。"

杜预顿了顿，看了贾充一眼，见他神色有些得意，突然语调激昂地说："昔日，**魏太祖**率数十万大军兵临长江，一战而败，一则败于长江之险，二则败于周瑜应战的诡诈之道。此时，长江天险固然还在，然而周瑜等诸将却一去不复返。羊祜将军何以见得此时为出兵之良机？正因东吴已无良将。陆抗、丁奉等一代名将亦皆病卒，吴相陆凯亦已作古，万彧之流，竟因与孙皓离心而被杀。由此可见，如今东吴治国率兵者，不过是一群乌合之众，再加上孙皓暴虐，不得人心，失道寡助。此天赐良机，伐吴有何不妥？若举兵伐吴，大晋可借弓弩压制吴军，强行渡江。若渡江成功，其水战之利必荡然无存，而我陆战之兵将畅然无阻，如此攻城，岂不是朝夕可得？"

贾充一听，瞠目结舌，一时无话。

杜预接着又侃侃说道："至于荀侍中所言，鲜卑秃发树机能与东吴呼应，举兵犯境，亦不足忧。为何？昔日，马腾与韩遂屯兵凉州，亦为一时之盛，然而其又何敢进犯关中？昔日，公孙渊盘踞辽东，势力不可谓不强，然中原东征吴国之时，其又何敢出兵犯境？秃发树机能所部逐草而居，只能逞一时之强，哪有与中国争霸天下的雄心？遣一将守住关中，便可无忧。所以，羊将军曾有言，平定东吴，无须担忧胡人。"

杜预一席话犹如春风化雨，融化了司马炎心中的块垒。

这时，贾充见司马炎有赞同杜预的倾向，顿了顿，上前两步，大声说道："皇上，度支尚书杜预与羊祜将军，皆贪功冒进之人，不可听此二子之言，轻举妄动。兵者，国之大事，死生之地，存亡之道，不可不察也。"

话音刚落，荀勖与冯紞亦出来纷纷说道："百足之虫，死而不僵。况东吴立国已数十年，根深蒂固，一时难以动摇。孙皓虽凶暴，却有雄心，其窥视中原已久，我们主动出兵，岂不中其奸计？"

各说各的理，两边似乎都有理。司马炎看看这个，看看那个，一时没有表态。

这时，只听一个声音从容说道："窃以为，贾太尉、荀侍中、冯将军之言，不足以使人信服。"

众人循声望去，原来说话者是中书令张华。

司马炎见又有人出来支持伐吴，眼睛又是一亮："中书令有何建言？"

张华，字茂先，范阳郡方城县人，乃是西汉谋士张良的后裔。其人博学多才，为司马炎赏识。

张华从容说道："非常之功，必待非常之人。昔日先帝欲征西蜀，群臣纷纷劝阻，先帝力排众议，用钟会之计，出兵克敌，建不朽之功。今日，陛下欲建不朽之功，当以果决之志，果断行事。"

司马炎深以为然，心里默默称赞。

这时，只见贾充冷冷一笑，摇头说道："张中书身为陛下辅臣，不为国计，深藏私心,到底是为哪般?"

张华望着贾充,反问道:"依贾太尉之言,我不为国计,却是为何而计?"

贾充冷冷笑道:"恐怕你是哗众取宠,为虚名而计。"

张华反问道:"欲使陛下一统天下,成就千古大名也算虚名的话,我愿意担此虚名。"

贾充反驳道:"你这不是使陛下一统天下成就千古英名,摆明了是想将陛下推入陷阱之中!"

张华漠然说道:"哦,敢问贾太尉,在下挖的是何等大坑?"

贾充看也不看张华,抬头直直望着司马炎说道:"陛下,伐吴之事,望陛下三思而后行。"

张华也不看贾充,对司马炎说道:"陛下,时势造英雄。为君者只有识大势,顺势而为,方可成就大业。羊祜将军屯垦荆州已有数年,积粮无数。且东吴国力衰微,既乏良将,吴主凶暴,又丧失人心。若不趁此时伐吴,待孙皓暴毙,吴人另择明主,岂不是痛失良机?"

张华话音才落,杜预亦接话说道:"中书令所言极是,望陛下果断决策!"

贾充见状,又要说什么。只见司马炎摆摆手,说道:"你们都别争了。既然诸卿对伐吴之事有异议,这事就先搁着吧。"

张华和杜预一听,一时不知所措。司马炎意味深长地望了望张华和杜预,悠悠走了。

伐吴之事,就此搁置。一转眼,两年过去了。

咸宁四年(公元278年)春天。已经五十八岁的羊祜见司马炎久久不能下定伐吴的决心,悲愤交加,一时病发。不得已,他只得上书,请求入朝,退居洛阳。

司马炎听闻羊祜病倒,立即批准他回京。

不日,羊祜回到洛阳,司马炎率张华等亲自上殿迎接。君臣相见,不胜感慨。羊祜对司马炎叹息道:"臣在荆州,日盼夜盼,却总盼不到陛下出兵的诏令。

如今，臣已时日无多，恐怕无力替陛下效命伐吴了。"

司马炎心里一片凄然，握着羊祜的手，诚恳地说道："卿建言伐吴之计，朕一日不敢忘。卿暂且养病，必有杀敌报国之时。"

羊祜见司马炎言词牵强，心里不胜唏嘘，只好低声说道："臣遵命！"

酒罢宴散，司马炎派张华亲自送羊祜回府。羊祜对张华说："孙皓暴虐异常，无药可救。为今之计，只要大军一出，必不战而克。若孙皓暴死，吴人改立贤主，纵使有百万雄师，亦不能跨江而战。若要建功立业，应抓住时机啊。此中利弊，望君再向陛下进言！"

张华叹息道："此前我亦将此话说与陛下。奈何贾太尉、荀勖等人极力劝阻，陛下又不敢得罪他们，只好将伐吴大计暂且搁置了。"

羊祜一听，悲哀地说："有贾太尉如此，我恐怕此生与伐吴无缘矣。完成我志向的人，非君莫属！"

张华握着羊祜的手说道："羊将军此次回朝，陛下又有出征之志。他想让你带病出征，不知可否？"

羊祜一听司马炎又有伐吴决心，眼睛一亮，缓缓说道："陛下有伐吴之心，我心足矣，何必我亲自出征？只要选对良将，攻克东吴，指日可待。"

张华不由问道："若率兵出征，谁可代替将军？"

羊祜沉吟说道："度支尚书杜预可代我！"

张华眼睛亦是一亮："将军的意思，在下一定如实转告陛下。"

十一月，羊祜举荐杜预，令其继任自己的职务。二十六日，司马炎拜杜预为镇南大将军，都督荆州诸军事。

是日，羊祜病卒。

失去羊祜，司马炎痛不欲生。第二年四月，夏天，一道奏书飞入洛阳，司马炎猛然醒悟，决意出师伐吴。

这个恰逢时机给司马炎上书的人，正是王浚。

王浚，字士治，弘农郡人。此人博文广识，才大志大，在羊祜军中任参征南军事，甚得羊祜赏识。羊祜的兄子羊暨曾对羊祜说道："王濬此人志向远大，却性好奢侈，没有节制，不可过分信任，应有所限制。"

羊祜却不以为然，慷慨说道："王濬乃是有大才之人，我将帮助其完成愿望，将来一定会有大用。"

之后，羊祜与司马炎密谋伐吴大计，便秘密上奏，请求拜王濬为益州太守，诏令其大规模造船，以待将来伐吴之用。司马炎依羊祜之计，拜王濬为益州太守，并将造船的任务交给他。王濬到任后，果然不辱使命，加速造船，仅数年之间，便造出诸多可装载两千多人的水上巨无霸大船。这大船体型庞大，可在上面练兵，也可策马奔驰，有四面大门，高耸而起，犹如一座小城楼。

羊祜病卒的消息传到益州后，多年来深受羊祜重用的王濬心里不胜悲哀，慷慨上书，写道："吴主孙皓，每次大宴，必令群臣沉醉。又置黄门郎十人为监司，罢宴之后，即让他们奏报属臣过失，凡有抬头看了孙皓一眼的，或者说醉话的，皆一一列出，然后问罪。大者可诛杀，小者记录在册，或活剥人面，或挖凿人眼。以至于上下离心，无人效忠。孙皓荒唐残暴到了此等地步，宜速征伐。不然，若有一日孙皓死，吴人改立贤主，必瞬间成为强敌。陛下让臣造船已有七年，诸大船已成，却毫无用武之地，每天皆有大船腐败，让人痛心。臣今年已然七十，时日无多。若皓死，若臣死，若船尽毁，三者缺一，将难以伐吴。臣请陛下勿失良机，力排众议，果断出兵。"

司马炎阅后，心里久久不能平静。

他向来只知孙皓凶暴，却不知其荒唐到如此地步。如此残暴之人，他司马炎若不将其铲除，真是有违天道。况且，他既失羊祜，若再失去王濬，此生还如何实现征伐东吴、一统天下的大志？

这天，司马炎正与张华下棋，忽闻侍从报告说："镇南大将军杜预奏书到。"

侍从将杜预的奏书呈到司马炎面前。

司马炎看了半晌，又把奏书推到张华面前。张华一看，只见杜预写道："入秋以来，讨伐东吴之形已然显露，若犹豫不决，孙皓或闻风生计，迁都武昌，修缮江南诸城，迁移居民。如此，大军渡江，城不可攻，野无所掠，待明年再行事，恐怕为时已晚！"

张华看完，推开棋盘，拱手庄重地说："陛下圣武，且国富民强，吴主孙皓淫虐无道，诛杀贤能，今可出兵征讨，一战而定天下，愿陛下勿再迟疑！"

司马炎望着张华，慨叹道："秃发树机能为乱凉州，马隆将军正率军攻打。我想等先克秃发树机能，明年再发兵伐吴。如今看来，可能等不及了。既然箭已在弦上，那就不得不发了。"

不日，司马炎下诏，改拜张华为度支尚书，负责运输军粮。消息传出，贾充、荀勖、冯𬘭三人匆匆赶来求见，一见到司马炎就问道："陛下果真要出兵伐吴吗？"

司马炎望着他们，冷冷说道："有何不妥吗？"

贾充急得直跺脚，说道："陛下，张华等乃贪功之人，不可将国之大事托付给他。且东吴不是西蜀，不可轻易用兵，若无功而返，必折陛下之威，得不偿失。"

司马炎听得心中大怒，呵斥道："尔等前怕虎后怕狼，左也不是，右也不是。如此，就是给朕一百年，伐吴之计也不可行！朕伐吴志决，不可更改，若再有阻拦者，杀无赦！"

冬天，十一月，司马炎诏令出兵，大举伐吴。

进攻方案皆依羊祜生前所设计。遣镇军将军、琅邪王司马伷出涂中，安东将军王浑出江西，建威将军王戎出武昌，平南将军胡奋出夏口，镇南大将军杜预出江陵，龙骧将军王濬、巴东监军唐彬从巴、蜀扬帆直下。东西两线，浩浩荡荡，共有二十万人。

十年磨一剑，终于等到了这一天。

紧接着，司马炎将贾充召到面前，郑重地说："朕命你为持节特使，假黄钺、任大都督，以冠军将军杨济为副将，率兵出征。"

贾充本来就极力反对伐吴，如今让他持节督军出征，心里何其难受。只见他脸露难色，叹息道："伐吴时机未到，请陛下三思。"

司马炎心中大怒，三军皆在路上，这个老臣竟然还推三阻四？半晌，只见他缓了缓神，冷冷说道："朕再问你一次，你到底去不去？"

贾充见司马炎一脸不悦，又支支吾吾地说："臣已老迈，行动不便，不堪元帅之任，请陛下明察！"

司马炎把头一昂，冷冷说道："既然这样，那朕便亲自出征！"

贾充一听，两眼瞪大，连忙说道："昔日先帝平定巴、蜀，也不过是坐镇关中长安。陛下贵为一国之尊，岂能亲征？万一有个差错，臣担当不起！"

司马炎冷笑："卿所言何意？"

贾充只好说道："臣愿领命出征，节度诸军。"

不日，不得不率军出征的贾充离开洛阳，屯兵襄阳，节度诸军。

一转眼冬天就过去了，时间来到了第二年的春天。二月一日，王濬、唐彬击破丹阳监盛纪，扬帆东下。大船驶至长江要塞时，眼前的一幕让他们惊呆了。只见浩荡长江上，吴人早已派人以粗壮铁索横于江上，试图封锁长江航道。同时，又在长江水中丢下丈余长的巨无霸铁锥，阻拦大船通行。

王濬居高临下，眺望远方，二月冰冷的江风吹着他豪迈的身躯。良久，只听王濬大叫道："传令船工建造大船！"

是日，船工便依王濬命令造出数十艘百余步长的方形大船。船上立满稻草人，披甲持戈，好不壮观。

一切就绪，王濬又命令善于游泳的士兵驾小船先顺水而下。小船晃晃荡荡地撞上了江中铁锥，水兵立即将绳子缠在铁锥之上，令急水送船，船带着铁锥，一路向下，顿时沉在江水之中。

移走了江中铁锥，接下来便是绕开这南北铁索了。

王濬命令将士在制造好的方形大船前又造起长十余丈、大数十围的大火炬，灌上麻油，立于船前。数十艘方形大船同时点火，沿江而下，船遇到铁索，叭叭直烧。在呼呼寒风中，这铁索竟不敌这熊熊烈火，没过多久，便融化断裂。

一时间，江面开阔，畅通无阻。

二月三日，王浚率军沿江而下，攻破西陵，杀吴都督留宪；二月五日，又攻克荆门、夷道二城，杀夷道监陆晏。

王浚在上游势如破竹，杜预亦于夜里渡江，攻打江陵。同时，王浑亦率军南下。

晋国诸路并进，吴主孙皓彻底慌了。

孙皓紧急诏令丞相张悌督丹阳太守沈莹、护军孙震、副军师诸葛靓，率三万兵渡江拦截王浑部众。三月，张悌率领的吴军击晋军，不利，被杀。同时，孙震、沈莹等七千八百余人，皆被晋兵斩杀。

此一役，吴军几乎覆没，消息传回建业，吴人大骇。

一波未平，一波又起。此时，王浚的水军正浩浩荡荡地从上游向建业开来。此前，王浚已接到命令，若攻克了建业，便受杜预节度；若到建业，便受王浑节度。杜预见王浚水军势壮，写信给王浚说："足下既已攻破东吴西境，尽可直扑建业，建不朽奇功。"

王浚见杜预放手，心中大喜，铆足劲直奔建业。吴主孙皓见王浚率军袭来，立即派将军张象率水军万余人前往拦截，岂料张象军刚到江上，便望旗而降了。

一时间，王浚水军横布长江，旌旗蔽天，声势浩荡，直贯九天。

此时，建业城的吴宫里，孙皓正端坐殿中，沉默不语。殿下集满了近百亲信，他们听着城外江上传来的一阵又一阵的摇旗呐喊声，齐齐叩首叫道："北军迫城，张象所部望旗而降，如何是好？"

孙皓默默地望了众人半晌，沉声说道："这是何故？"

若问理由，问题当然首先出在孙皓身上。但是亲信岂敢向他问罪，只能替他找个替罪羊了。

众人齐声叫道："今日之故，只因岑昏！"

昔日刘禅亡国，的确是因为宠幸宦官黄皓；今日孙皓即将亡国，亲信亦找了个类似黄皓的岑昏。岑昏乃孙皓宠臣，谄媚讨巧，位列九卿。同时又好大兴土木，搞得吴人怨声载道。

良久，孙皓转头望着岑昏，冷冷说道："既然亡国是由你而起，看来只有把你这奴才杀掉向百姓谢罪了。"

孙皓话音刚落，侍从迅速将岑昏捆住，立即推出宫外斩首。

三月十五日，建业城外，长江风急浪高。王浚率八万水兵浩荡而来，战船前后绵延上百里。此刻，见东吴大势已去，孙皓亲率诸臣，出城向王浚请降。

消息很快就传回洛阳，群臣上朝称贺。司马炎举杯流涕说道："此乃羊祜的功劳！"

没有钟会，就没有司马昭的平定巴、蜀之功；没有羊祜，就没有这长达十几年的筹谋。晋国终于在司马炎时期攻克东吴，建立不朽奇功。至此，三国六十年的分裂态势终于结束，天下重归一统。

滚滚长江东流不竭，夕阳又是几度红。五百多年后，唐朝诗人刘禹锡游历长江之畔，想起这段往事，依然感慨唏嘘，悠悠吟诵道："王浚楼船下益州，金陵王气黯然收。千寻铁锁沉江底，一片降幡出石头。人世几回伤往事，山形依旧枕寒流。从今四海为家日，故垒萧萧芦荻秋。"

一晃眼，这首千古传唱的长诗，连同这风云激荡的历史，又过去了无数个年头。